大学问

始于问而终于明

守望学术的视界

实践社会科学的
方法、理论与前瞻

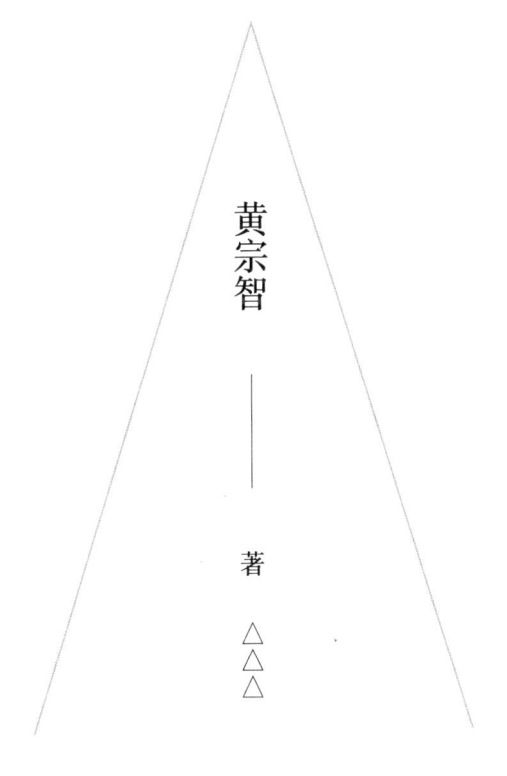

黄宗智 著

THE SOCIAL SCIENCE OF PRACTICE:

Method, Theory, and Prospective Vision

广西师范大学出版社

·桂林·

实践社会科学的方法、理论与前瞻
SHIJIANSHEHUIKEXUE DE FANGFA LILUN YU QIANZHAN

图书在版编目（CIP）数据

实践社会科学的方法、理论与前瞻 / 黄宗智著. --桂林：广西师范大学出版社，2023.9
（实践社会科学系列）
ISBN 978-7-5598-6284-6

Ⅰ．①实… Ⅱ．①黄… Ⅲ．①社会科学－研究方法 Ⅳ．①C3

中国国家版本馆 CIP 数据核字（2023）第 153464 号

广西师范大学出版社出版发行
（广西桂林市五里店路 9 号　邮政编码：541004
　网址：http://www.bbtpress.com　　　　　　　）
出版人：黄轩庄
全国新华书店经销
广西民族印刷包装集团有限公司印刷
（南宁市高新区高新三路 1 号　邮政编码：530007）
开本：880 mm ×1 240 mm　　1/32
印张：27.25　　　字数：590 千
2023 年 9 月第 1 版　　2023 年 9 月第 1 次印刷
印数：0 001~6 000 册　　定价：138.00 元
如发现印装质量问题，影响阅读，请与出版社发行部门联系调换。

"实践社会科学系列"总序

中国和美国的社会科学近年来多偏重脱离现实的抽象理论建构,而本系列丛书所强调的则是实践中的经济、法律、社会与历史,以及由此呈现的理论逻辑。本丛书所收入的理论作品不是由理论出发去裁剪实践,而是从实践出发去建构理论;所收入的经验研究则是那些具有重要理论含义的著作。

我们拟在如下三个子系列中收入精选后的重要作品,将同时推出中文版和英文版;如果相关作品已有英文版或中文版,则将其翻译出版。三个子系列分别是"实践法史与法理""实践经济史与经济学""中国乡村:实践历史、现实与理论"。

现今的社会科学研究通常由某一特定的理论立场出发,提出一项由该理论视角所生发出的研究问题,目标则是证明(有时候是否证)所设定的"假说"。这种研究方法可以是被明确说明的,也可以是未经明言的,但总是带有一系列不言而喻的预设,甚或是无意识的预设。

因为当下的社会科学理论基本上发端于西方,这种认识论的进路经常伴随着西方的经验(诸如资本主义、自由市场、形式主义法律等),以及其理论抽象乃是普适真理的信仰。而在适用于发展中的非西方世界时,社会科学的研究基本上变成一种探索研究对象国家或地区的不足的工作,经常隐含或者公开倡导在西方"模式"道路上的发展。在经济学和法学领域内,它表现得最为明显,这是因为它们是当前最形式主义化和意识形态化的学科。而中国乡村的历史与现实则是最明显与主流西方理论不相符的经验实际。

我们的"实践社会科学系列"倡导把上述的认知过程颠倒过来,不是从源自西方的理论及由此得出的理论假说出发,而是从研究对象国家的实践历史与现实出发,而后进入理论建构。近代以来,面对西方在经济、军事及文化学理上的扩张,非西方国家无可避免地被卷入充满冲突性斗争的历史情境中——传统与西方"现代性"、本土与引进、东方与西方的矛盾。若从西方理论的视野去观察,在发展中国家的历史社会实践中所发生的现象几乎是悖论式的。

我们从实践出发,是因为不同于理论,实践是生成于研究对象国家自身的历史、社会、经济与政治的情境、视域和话语内的。而且由实践(而非理论)出发所发现的问题,更有可能是所研究国家自身的内生要求,而不是源自西方理论/认知所关切的问题。

实践所展示的首先是悖论现象的共存——那些看起来自相矛盾且相互排斥的二元现实,却既真实又真切地共存着。例如,没有(社会)发展的(全球化的)商业化、没有民主的资本主义,或者没有相应司法实践的西化形式主义法律。其挑战着那些在它们之间预设因果关系的主流西方理论的有效性,因此呼吁新理论的构建。此外,理论往往由源自西方的形式演绎逻辑所主导,坚持逻辑上的前后一贯,而实践则不同于理论,惯常地容纳着看起来是自相矛盾的现象。从实践出发的认知要求的是,根据实践自身逻辑的概念化来建构理论——比如中国的"摸着石头过河"。

从实践出发的视野要求将历史过程作为出发点,要求由此出发的理论建构。但是,这样的实践和理论关怀并不意味着简单地拒斥或盲目地无视西方的社会科学理论,而是要与现有理论进行自觉的对话,同时自觉地借鉴和推进西方内部多样的非主流理论传统。此类研究还可以表现在实际层面上,在西方主流的形式主义理论以外,有必要结合西方主流以外的理论传统去理解西方自身的经验——例如,结合法律实用主义(以及马克思主义和后现代主义)和主流的"古典正统"法学传统,去理解美国法律实践的过去和现在,或者结合马克思主义、实体主义和主流的亚当·斯密古典自由主义经济学传统,去理解西方的实践经济史。更重要的还在于,要去揭示这些存在于实践中的结合的运转理论逻辑,在这些看起来相互排斥的二元对立之间,去寻找超越"非此即彼"之逻辑的道路。

我们的丛书拟收入在实践法史与法理、实践经济史与经济学,以及中国乡村的实践历史、现实与理论研究领域内的此类著作,也包括讨论中国创新的著作,这些创新已经发生在实践内,却尚未得到充分的理论关注和表述。我们的目标是要形成一系列具有比主流形式主义研究更适合中国历史、现实的问题意识和理论观念的著作。

黄宗智

代序
实践社会科学：一个总结性的介绍和论析

"实践"概括之创建的主要目的在超越主客观的非此即彼二元对立。我们可以仅凭主观理论设定，或仅凭客观经验堆积来做学术，但实践则是生发自两者互动所产生的结果。也就是说，既不同于简单的客观经验叙述，也不同于已有的主观建构，而是主客观二元的结合。正因为如此，我们才要求从实践出发来做研究，目的在既照顾到理论假设，也照顾到经验发现，是有意识地聚焦于两者的结合。笔者已经以这样的角度和词汇来详细论释"实践"（黄宗智，2023c），但发现上述的"实践"其实还是个不够清晰和不太容易真正掌握的概念。为了更好地说明"实践"的含义，本文试图以更具体的一般"学术实践"为例，来进一步说明"实践社会科学"的含义。

一、超越主客观二元对立的实践理论

我们做研究的时候一般会从某问题或题目出发。有的人一开

始便会比较偏重某种理论,即从自己所看好的理论概念出发;有的人则会比较偏重经验,即主要从某种新的经验材料和证据出发,试图得出新的经验叙述。在研究(学术实践)过程中,有的人——可能是占比较多的人,最终会要么就此得出原先便已基本设定的成果,偏重原来比较主观的设定,要么得出简单的经验发现的罗列或描述。相信大家都看到过并能够想到不少这样的实例。仅有较少数的研究者会在研究和写作的实践过程中,通过从主观的"假设"和经验研究的发现间不断来回地相互连接和阐明,而得出既具有新经验发现又具有新理论概括的成果。

在理想状态下,"实践社会科学"研究的核心正是这样的学术进路。因为实践生成于主客观的二元互动,我们只有通过对它的研究才能得出两者紧密合一的学术成果。

当然我们大家都看到过,也经历过自己不满意的学术实践成果:既没有突出的经验发现,也没有能够对其做出鲜明恰当、有洞察力的新概括。但即便如此,可以确定的是,"实践社会科学"想要做到的绝不简单是某一种可预先设定的主观成果或简单的客观经验转述,而是结合、贯穿两者的成果。

在这方面,"实践社会科学"其实还是一种学术理念。它当然带有一定的不可预测性。譬如,我们在研究中也许没能找到真正关键的经验证据,而仅是一些不涉及基本问题的零散经验;或者,没能对经验发现形成真正贴切和有说服力的新概括。得出兼顾两者的贴切学术实践成果是我们的愿望,但绝不是我们研究的必然结果。

虽然如此,毋庸怀疑的是,这是学术实践应有的理念——做出既带有新经验证据也带有与其相符的新理论概括的贡献,将两者紧密联结起来,相互阐明。它与那些限于原先初步预设和未经真正的经验探索考验的研究的不同之处,是能够做到同时带有新意的经验发现和带有新意的理论概括。在理想情况下,更是涉及对比较重要的问题甚至是对基本问题的贡献。

当然,我们任何人都很可能会在经验研究中犯错,或找不到真正关键的经验证据,或即便有也仍然没有能够成功地构建出带有新发现的、有说服力的恰当、贴切概括。没有学者能够确定自己必定会成功写出兼具两者的主客观合一的学术实践成果。

这里要突出的实践社会科学研究进路显然既是一种方法,也是一种理念。其关键在于:学术实践的目的应该是追求贯通、连接新概括与新经验发现的二元合一的有说服力的成果,而绝对不仅仅是得出简单的二元对立的在研究前便已设定的已有主观理论,或简单的不带贴切概括的经验描述。

这里之所以用学术实践为例,主要是想将讨论置于每位学术研究者都有的切身经历中,用更清楚实在的具体例子,来说明聚焦于实践的研究进路和含义。这是一个不容易具化和清楚掌握的抽象概念,但它是布迪厄实践理论的出发点和核心,尤其可见于他的"习性"(habitus)和"象征资本"(symbolic capital)两个关键概括。(Bourdieu,1977:78—87,171—183;1990[1980]:Chap. 3,Chap. 5)

布迪厄的"习性"概念指的是人们由于其一生的惯习——对布迪厄来说,特别是由于其阶级背景而形成的惯习——所形成的习性或倾向,但仅凭"习性",并不足以决定或充分解释人在某时某刻所做出的行动。后者带有一定的临时性和不可预测性。借此实例,布迪厄意图既挑战自由主义所建构的不顾(阶级)习性的简单"理性人"之偏颇,也超越马克思主义理论中简单庸俗的阶级决定论。

"象征资本"指的则是诸如名衔、地位、学位、职称等("品牌"也可以是一个能说明问题的实例),但在实际运作中,其实随时会转化为物质资本。布迪厄提出这一概念的目的,是要建设性地挑战自由主义经济学对"资本"过度客观主义的简单认识,同时拓宽了马克思主义对"资本"过度客观化的认识,将资本的实质延伸到主观的象征领域。

相比过度狭窄的形式主义化或二元对立化认识,上述的"习性"和"象征资本"都是颠覆性的新概念、新理论。布迪厄的实践理论提出的这两个关键概括,无疑是对之前要么是偏向主观主义,要么是偏向客观主义二元对立的理论和研究的根本性挑战和批评。它拒绝从某种理论设定出发,仅凭演绎推理不经检验而得出的学术成果;也拒绝没有恰当和具有洞察力的概括的简单经验描述。它对主观主义关于自由主义、市场经济、资本主义等主流经济学和法学理论的观点提出了深层的批评,也对马克思主义中被过度机械化的理论做了修正并提出批评。

因此,布迪厄的实践理论也是对之前占据崇高地位的,基于被设定的定理(譬如"人是理性经济人"),通过演绎逻辑得出的"形式理性""理想类型"思路的深层批评。韦伯的著作便是此类理论最突出的经典(尤见 Weber,1978,Chap. Ⅷ,ii:666—752;下面还要仔细讨论)。在这方面,布迪厄的实践理论乃是划时代的贡献。

二、布迪厄实践理论的局限

虽然如此,笔者已经比较详细地论述过布迪厄实践理论的局限。尤其是对中国(或其他非西方国家)的研究来说,布迪厄的理论带有三大主要局限和弱点。(黄宗智,2023c)

一是它完全没有考虑到现代中国(和几乎所有其他后发展国家)这样的国家,在现代西方帝国主义和殖民主义侵入下,几乎不可避免的双重文化性——既带有深层的西方现代影响,也带有深层的本土文化的影响。(黄宗智,2005)也就是说,它们已经成为一个不仅是单一主客观二元的文化体系,而且是一个双重主客观并存的体系。这样的实际,可以具体见于譬如中国国内长期以来争执不休的(西方)现代主义论者和中国本土资源论者的基本分歧。如此的双重文化整体,实际上只能通过两套主客观体系间的矛盾和张力来掌握。这绝不只是类似布迪厄所构建的那种"前现代"相对西方现代的单一文化体中的二维问题,而是一个双重文化体中的四维并存和拉锯问题。此点尤其可以鲜明地见于当今中国的法学与经济学两大领域。布迪厄的理论仅局限于一个被简单化的"前现代"理想类型,和一个被简单化的现代西方理想类型。(黄宗智,2023c)

更有进者,布迪厄在处理完相对主客观二元对立的实际和思维习惯之后,错误地认为并设定:聚焦实践,主客观的二元分歧便不再存在。他没有考虑到,即便是实践,无论是旧的还是新的实践,也几乎必定会带有或逐步形成一套表达性的(话语)体系。后者虽然有可能是与其实践基本一致的,但更多是与其实践有一定的不同,甚至在方方面面相悖。两者之间实际上常常是一种(笔者总结为)"说的是一回事,做的是一回事,但合起来又是另一回事"。(黄宗智,2014a[2001、2007])一个简单的实例乃是中国改革时期的法律条文和司法实践间许许多多的不同和相悖之处。它的表达常常几乎完全是新引进的西式法律,譬如权利原则,但它的实践则仍然带有众多的中国"特色",所以实际上不可仅凭其表达来论析。也就是说,实践与表达间的张力和相悖不会因我们聚焦于实践的学术研究而消失。在实际运作中,新的实践会形成新的主观性表达,而实践与其表达之间仍然会存在一定的差异和张力——当今中国的司法体系、经济体系与治理体系都明显如此。

再则是,布迪厄作为一位人类学家和社会学家,其对"实践"的理解实际上是一个缺乏历史演变,尤其是缺乏长时段历史演变维度的概括,他对"实践"的理解基本仅是就一个横切面(某一时刻或某一代人的人生)的论析。用于中国,这样的瞬间或短期内的实践会忽视复杂和多层次的历时演变。对某一个国家或社会来说,这样的论析几乎等于是将我们的分析仅限于一瞬间或某一代人的实践。即便考虑到其中人一生的"习性"(habitus),仍然照顾不到一个社会或国家或文化体系整体在长时段的历史变迁中所形成的趋向,尤其是其表达与实践之间的不同和张力,以及可能的背离与二元互动合一。(黄宗智,2023c)

一句话,我们在中国研究中采用"实践"进路时,必须考虑到不可避免的跨文化维度,以及伴之而来的表达维度,并且照顾到两者在长时段历史中的演变。我们不可将关于中国的实践的研究视野限于仅仅是单一文化体中的一瞬间或某一代人的时间跨度。

许多中国学者至今仍然强烈倾向要么偏重西方主观理论,要么偏重中国的主观建构,或简单偏重中国的客观经验,较少能够达到从实践出发而得出超越性的研究成果,即不仅超越单一维的主客观二元对立,更超越双重文化中的双重的主客观二元对立,并超越某一历史瞬间或时间段的研究成果。只有具备这样的双重文化和长时段视野,才可能真正建设性地使用布迪厄实践理论的原旨来得出新的学术洞见和贡献。

三、真实感与经验研究

此外,根据笔者自身的学术实践经验,研究者的"真实感"也是实践学术不可或缺的重要条件。即便原始材料再丰富,如果受到过多意识形态或单一文化霸权的影响,或因研究者年纪太轻而缺乏必须的伴随人生经验而来的比较成熟的真实感,也可能会使研究者将主观意识过分强加于被堆积的经验证据,或陷入简单的经验叙述,缺乏新鲜贴切的概括。

在我个人的学术实践经验中,自己对"真实"的经验证据的理解主要得自并可见于三卷小农经济研究:《华北的小农经济与社会变迁》(2023a[1986、2000、2006、2009、2014])、《长江三角洲的小农家庭与乡村发展》(2023b[1992、2006、2014])、《超越左右:从实践历史探寻中国农村发展出路》(2014),以及三卷法律史研究:《清代的法律、社会与文化:民法的表达与实践》(2014[2001、2007])、《法典、习俗与司法实践:清代与民国的比较》(2014b[2007])、《过去和现在:中国民事法律实践的探索》(2014)。

前者是基于之前不可能做到的经验材料占有,结合了"南满洲铁道株式会社"(以下简称"满铁")20世纪30年代后期和20世纪40年代初期非常详细和系统的,运用现代社会科学研究的一个个村庄的一家一户的材料,以及我自己20世纪80年代的后续详细实地调查;后者则是基于众多新开放的县级诉讼档案中的个别实际案件的详细记录。这样的材料允许我们做到比之前的研究更基本、扎实、可靠的研究。笔者将这样的材料称作"一竿子插到底"①的关乎实践和实际运作的研究素材,这样的研究素材是现代社会科学和交通条件兴起之前,极难极少可能掌握的资料。

更有进者,笔者自身虽然相对年轻(15岁)便上大学和进入研究院读博(19岁),但由于受到来自双重文化的深层内心矛盾的影响,直到中年时期(35—40岁)方才进入全心全力投入自己心底里最最关心的问题的研究状态。一方面,确实失去了许多年的时间;但另一方面,则因此能够带有比较成熟的"不惑"真实感而投入自己有幸获得的研究机会和材料之中。其中,一个比较重要的巧合是,在进入中年人生阶段之后,一开始便要求找到使研究者能够"一竿子插到底"的经验材料,而不仅是悬空的、不可实实在在掌握的经验材料。同时,又因为机缘巧合,正好在中美建交和开启学术交流之后的20世纪80年代初期便重访研究满铁详尽调查过的多个村庄,之后又深入地方政府诉讼档案。如今回顾,笔者由于经历过深层的双重文化矛盾并与之挣扎的状态,自始便对所有的理论

---

① 这是我和学术知己国内经济史学界领军人物徐新吾先生用来相互鼓励和称道的话。

(尤其是背后有政权推动的理论,亦即"意识形态")都有一定的保留,坚持要从各家各派理论中选用其对自己的经验发现有用的部分;因此,没有受到过大过多的某一种意识形态的影响。这种对待理论的基本态度当然也受惠于进入中年之后比较成熟的真实感。

二十来岁的青年们不一定能够领悟到我这里谈到的真实感的含义和重要性,但它确实是我自身研究经验中的一个关键因素。作为一个比较重感情的人,我在年轻时候的一个重要弱点是比较容易陷入感情用事和深层矛盾的心态,直到将近中年方才算是从那样的状态走了出来。但不是简单走入了某种"成熟"的单一维的自以为是的理论思维,或单一维的经验认识,而是形成了深层的强烈据实求真的意识。

如今在四十多年之后反思,方才认识到,自己正好在那样的不惑年龄段时期幸运地获得深入实地调查研究的机会,乃是高度偶然的巧合。这不是自己的某种特殊才能,而是一种偶合。这个偶然的幸运机会加上伴随人到中年而来的不惑心态和真实感,才是我之后做求真学术的主要依据和动力。

三、多家理论的启发

影响我的另一重要因素是,自己青年时期曾经(受父亲和导师萧公权先生影响)过度偏重英美自由主义并引起了对其的深层反思,而后又对中国革命在感情上的认同而过度偏重马克思主义和毛泽东思想,要一直到35岁以后方才发现这两大意识形态化理论之外的两大非主流理论,即"另类"的实质主义和后现代主义理论,并逐步在诸多方面受到它们的深层启发和影响。

由于当时已经形成的真实感,我自然而然采纳了深层和相对稳定的对待所有理论的基本态度:取其有助于自己深入认识、理解经验材料并表达自己的发现的那一部分。青年时期,自由主义和马克思主义两大理论对我的影响,确实曾经将我置于深层的矛盾拉锯之中。我在相当一段时间内,实际上是处在一种瘫痪的学术状态,但这也让我对两者有了一定程度的认识,使我后来能够更加成熟地对待这两大理论和新接触到的实质主义理论与后现代主义理论。由于对上述四大不同理论传统的基本思路都有了一定程度的认识,它们全都很自然地成为我对每一项重要的经验研究的认识和理解的出发点和有用工具,使我对所有理论都采纳选择性地使用、改组或推进的态度。只要凭自己的真实感而认为有需要,便会毫不犹豫地试图据某一理论的启发来建立新的概括和表达,特别是能够充分表达从新经验证据得出的"悖论"或"矛盾"性的概括。这样的学术和对待理论的态度不仅聚焦于实践,也聚焦于实用。

这是我创建的不少新概括和用词的依据。我在中年之后的一贯态度是:只要能够更精准地捕获自己的真实感和研究中所看到的经验实际,便会努力使用、建构新概括和用词来表达。举其要者为例,包括有关小农经济的"内卷""内卷型商品化""没有发展的增长""半耕半工""新农民""新农业革命"等,以及有关法学和治理体系的"实用道德主义""第三领域""集权的简约治理""半正式调解"等。相对已有理论,它们都是带有一定的"悖论性"(paradoxical)的概括,反映了其背后的实践和实际运作与西方现有理论预期的不同。

以上这些都带有一定的偶然性。笔者碰巧在年届"不惑"和带有较平稳的"真实感"之后,才获得深入社会底层的实际运作的研究机会;同时,由于早年的深层意识形态和文化矛盾,因此需要对各家各派不同理论洞见的选择性借用、改组、推进来概括中国的基本实际。今天,在40多年之后回顾,我更加强烈地感觉到此中的偶然性。

四、现实与前瞻

上述有关"实践社会科学"的几个维度,多是我从回顾自己之前的学术研究的历史视野中形成的。但其后,伴随自己2004年从加利福尼亚大学洛杉矶校区历史系荣休之后回国教学和投入中国学术界的学术生涯的重要转折,越来越从之前对现实比较消极的关怀心态转入了积极关心中国现状与未来的学术思维。同时,由于更积极的关怀,也认识到前瞻理念的不可或缺。由此,在最近的二十多年中,积极关注现实和探索前瞻理念已经成为我个人学术实践新添加的重要维度。

正是这样的关怀促使我在农村研究方面写成两本新著:一是《中国的新型小农经济:实践与理论》(黄宗智,2020a),此书是对近几十年在农村兴起的"新农业"的研究;一是《中国的新型非正规经济:实践与理论》(黄宗智,2020b),该书聚焦广大农村家庭的新型"半耕半工"新状态,即在部分家庭人员继续从事农耕之外,另一部分人员外出在本地或外地的城镇从事"非正规经济"的打工。后者既是农村新呈现的实际,也是城镇重大变迁的一个关键动力。这两本书一方面将之前的历史研究更全面地延伸到现实研究,另一方面从历史+现实的维度来提出对农村问题的前瞻性设想。与当前一般的"主流"研究不同,我特别强调小农场必然是中国农业长远的主体和出路,而非有的论者所坚决认定的像美国那样的规模化大农场。同时,也提出需要消除非正规经济(没有稳定性和社会保障与福利的)与正规经济间的巨大差别的前瞻愿想。

与西方的主流理论建构不同,以上的理论建构不是来自某种前提性的设定,譬如像西方主流经济学所设定的"理性"和"理性人",或市场经济必然会导致"资源的最佳配置",或像韦伯那样通过演绎逻辑而得出的"形式理性"的理想思维并将其当作给定实际和最高境界;而是从崇高的道德理念,譬如传统的儒家"己所不欲,勿施于人"的"仁"理念,以及中国革命的"为人民服务"和社会主义的人人平等之类从"实质主义"出发的理念。

韦伯作为一位具有宽广视野的比较历史学家,曾经一度认真采用了"实质理性"(substantive rationality)的理论和理念来论析部分非西方国家,包括社会主义的追求。但是,在对比西方法律和全球其他法律体系时,韦伯最终却将"实质理性"简单贬为"实质非理性",并将其与西方现代的"形式理性"完全对立。(Weber,1978,Chap. Ⅷ,ii:666—752)

由此,我们可以看到,作为一位尊重经验证据且视野极其宽广的历史学家的韦伯,与作为一位高度形式化理论的建构者的他之间的矛盾和张力。正是后者促使他最终将中国和所有其他非西方国家的法律体系和思维方式全都简单地贬为"实质非理性",并将其和西方的"形式理性"简单对立,将西方现代——包括其形式化和逻辑化法律、市场经济和资本主义——构建为人类有史以来最理想的"形式理性"状态,而将非西方全贬为"实质非理性"的"卡迪"法律。当然,在韦伯看来,中国和所有其他非西方国家一样,也是缺乏自由市场经济与资本主义的经济和文化体。(同上)

对此,笔者当然不会认同。在我的研究进路中,中国长期以来的历史实践所展示的乃是一种中国式的"三实"(实践、实用、实质)思维模式,与韦伯所代表的西方主流的"三理"(理性、理推、理想)十分不同。(更详细的论析见黄宗智,待刊a)

为此,笔者在自己关于中国的正义体系的历史和现实的三卷本研究之上,又写成关乎中国正义体系的今天和未来的《中国的新型正义体系:实践与理论》(黄宗智,2020c),更精准详细地提出通过融合中西法律来创建"新中华法系",并将其具化到一些已经在实践中呈现的实际运作。

另外,除了上面提到的农村和法律研究(共九卷),得益于多年来对研究方法和理论的持续思考,我又撰写了四卷方法—理论方面的研究著作:从第一本《经验与理论:中国的社会、经济与法律的实践历史研究》(黄宗智,2007),到《实践与理论:中国社会经济与法律的历史与现实研究》(黄宗智,2015),再到带有更明确的前瞻性的《国家与社会的二元合一:中国历史回顾与前瞻》(黄宗智,2022a),到《实践社会科学的方法、理论与前瞻》(黄宗智,待刊b)。它们展示的,是一个从"经验"到"实践"到"前瞻"的逐步延伸和拓宽过程,既带有一定的延续性,也带有一定的修改和推进。

第一卷《经验与理论:中国的社会、经济与法律的实践历史研究》(黄宗智,2007),处理的问题主要是关于中国的扎实经验证据和西方的主流理论(自由主义和马克思主义)之间的矛盾和张力。据此,提出中国实际的"悖论"性(相对西方理论而言的)概括,并从这样的角度得出一些具有中国独特性的初步概括,如上面提到的国家与社会间的"第三领域"和中央与地方中的"集权的简约治理",当然也包括上述关于农业和农村以及法律—正义体系的初步概括(如上述的"内卷型商品化"和"实用道德主义")。

第二卷《实践与理论:中国社会经济与法律的历史与现实研究》(黄宗智,2015),则进一步从客观的"经验"转入聚焦于结合主客观的"实践",特别突出西方理论中习惯性地将主客观设定为二元对立、非此即彼的思维进路的不足,论证我们需要用超越主客观对立的"实践"来取而代之。在西方的话语霸权下(社会科学领域尤其如此),中国一定程度上已经陷入缺乏话语主体性的状态,除了较狭窄的"本土资源"思路,似乎别无选择。但中国在"实践"层面上做出的其实是超越简单的主客观和中西二元对立的抉择,本卷既清楚地展示了中国本土的实践、实用和实质考量,又展示了西方的巨大影响。据此,本书转入了聚焦中国"实践"来突出中国与西方的不同抉择,以及其所展示的更深层和长时段的历史趋势。

由于对中国正义体系的"表达"与"实践"间的张力的认识,笔者进一步论证和突出,中国不仅在司法层面上,在基本思维层面上,也与西方主流理论有着深层的不同,包括其对待主客观二维的基本不同:西方强烈倾向将其设定为二元对立、非此即彼,中国则从古至今都更倾向将其视作一个二元(或多元)的互动合一体。笔者更借此来指出西方自身的实践与其单一面的理论建构的不同

(譬如,在其法律体系的实际运作层面上,紧密结合"古典正统" [classical orthodoxy]和实用主义两大传统),提出超越中西边界的综合性的"实践历史"研究进路。

上述思路背后的一个关键动力,来自笔者越来越多转入关于中国现实和未来出路的研究。正是在"实践"层面上,中国更多受到实用性的考量和实质性的道德价值及对未来的愿望的抉择之影响,而更充分地展示了其本身的"主体性",不会唯西方话语霸权是从。

读者明鉴,《实践与理论》卷同时也显示了笔者在理论和方法层面上仍然面对的一系列问题,在许多方面尚未形成更清晰、精准和集中的主导思路,而是徘徊于一种正在形成的过程中,有一定的过分复杂多维和缺乏明确主线的弱点。虽然,对处于同样状态的研究同人来说,这也许是一个更能与其相互沟通和引起共鸣的优点。但对笔者自己来说,今天读来,此卷具有明显的弱点,在诸多方面,探索与提问多于明确答案。

《国家与社会的二元合一:中国历史回顾与前瞻》(2022),处理的是根据现代中国历史演变的历史过程和中国长期以来的特殊思维方式与道德理念所指向的,国家与社会以及中国与西方二元合一的未来愿景。如此的愿景当然并不排除在实践之中可能出现的过分偏激的倾向和错误,"大跃进"和"文化大革命"便是如此。提出理想的愿景的目的之一是更明确地指出,长远的实践需要平衡与综合的进路,需要避免过分激进的偏颇。

《实践社会科学的方法、理论与前瞻》(黄宗智,待刊b)是笔者关于方法—理论的第四卷著作,它在一定程度上是一本总结性的著作。读者会看到比较简洁清晰的对笔者一系列关键概念及其进路的总结,从(相对西方理论的)"悖论"的中国实际,到一系列新的关于那些在农业与农村、法律与正义及治理实践等领域的悖论实际的简约概括,再到后来添加的与西方不同的(不是形式主义而是)实质主义的前瞻理念,以及不是机械世界的二元对立观而是生物世界的二元合一思维方式,不是单一面的理想化而是实质性、实用性和实践性的认识。

和上面的第一、第二卷一起来看的话,读者能够观察到笔者倡议的"实践社会科学"逐步形成和推进的过程,也能看到笔者论析的中国历史和现代的"悖论性"和"特殊性"与西方现有理论的局限,以及中国特殊的来自道德理念的前瞻性和二元互动合一的思维方式,并由此得出的一种超越中西对立的新型中华文化观的逐步形成。

以上四本书,是笔者四十多年学术生涯中对方法—理论的探索和总结。从历史回顾中所展示的相对西方理论的"悖论",到从中国历史和改革期间的"摸着石头过河"的实践中所展示的中国特殊的思维方式,以及新的价值理念和新的未来愿景。这四卷方法—理论著作,与五卷农村研究著作,加上四卷法律研究,共同组成笔者正在由广西师范大学出版社陆续出版的十三卷"黄宗智著作集"。

全套"著作集"都是从"实践社会科学"出发的比较详细的论证和实用,既展示了笔者从历史到现实再到理论与前瞻整体思想和研究进路的逐步形成,又带有明确的阶段性和延续性,也具有明显的推进和扩展。读者可以从中看到笔者方法—理论的形成过程,更可以看到笔者视野从历史到现实到未来的逐步拓宽和进展。

五、回顾之上的反思和前瞻

如今回顾,在自己总共六十多年的学术生涯中,确实走了不少弯路。先是过度偏向自由主义的研究,在父亲和导师的影响下所写的《梁启超与近代中国的自由主义》(Huang,1972),虽然确实受到自由主义的深层影响,但并没有能够解决自身最深层的诉求,即解决自己心底里最深层的中西矛盾和追求一种更贴近中国历史实际的思路。其后,写过几篇受到马克思主义较大影响的零散、摸索性著作,但仍然没有能够激发、满足自身最深层的学术理念,实际上仍然处于学术的半瘫痪状态。直到自己执教十多年之后,已经接近中年时,方才真正认识到求真的道路,一方面要求自己投入最基本的实践经验材料的研究,另一方面据此探索真正符合那样的基本实际的概括和理论。在此过程中,广泛采用各家各派最具真实洞见的理论概括,并将其按需要适度改造为更能表达、说明自己在关于中国的从实践出发的经验研究中所发现的真实。必要的时候,不仅加以选择,还加以重释或重构,或借助其来建立新的更贴切的概括和理论。

其中,我发现许许多多中国的真实经验不符合西方主流理论,都是具有独特历史根源的现象。在逐步根据这样的发现来形成符合中国实际的新概括之后,自己逐渐真正认识到:理论绝对不应该是给定的、死的概括,必须根据实践对既有理论做出选择、更新、重组、改进,才能产生具有真正生命力的理论,才可能形成真正符合中国一系列相对现有西方理论的"悖论"实际的新精准概括。

我认为，自己由于40岁前后形成的一种一贯坚决求真的学术态度和进路，由于特别关注最贴近实际的实践（而不是单一面的表达或理论，也不是简单的经验堆积），因此形成了一种不断求真的研究进路。这是因为实践不同于表达，实践是时时刻刻都在变动的。去年或上一个十年的实践不一定便是今年的实践。正因为实践生成于主观和客观、现代西方与现代中国间的不断的变动，它既是最新的变化的预期，也是最具有真实分量的实证。它不会是简单的、不符合真实的话语建构，更不会仅是表达层面的主观理论，更毋庸说僵硬的意识形态化的理论建构，它当然也不是简单的经验堆积。这才是我们在学术研究需要追求的实用的和实质的真实，也是我们最需要探寻、塑造最合适的理论概括的真实。这才是笔者这四十多年来采用实践社会科学的学术研究进路的根本原因和理念，也是十三卷"黄宗智著作集"的研究进路。

至于未来，笔者认为，我们不可拒绝今天已经成为中国实际存在的中西并存互动的基本实际。以后的出路将在更清晰、精准和明确地结合中西的优点来达到一种新的超越性的新中华体系，类似汉代以来的"儒法合一"的中华法系。在思维方式上，不仅要延续原有的二元互动合一基本思维，还要有意识地纳入西方特别适合于机械化的不可或缺的形式化演绎思维，也包括其优越的个人本位的自由、权利理念等。当然，这不是将其视作唯我独尊的"真理"和普适的"科学"，而是将其纳入中国更宽广的二维与多维并存互动合一的思维——既超越强势的西方"现代主义"理论和意识形态，也超越中国长期以来的传统文化。一句话，这是对凭借中国宽阔的二元和多元合一思维来达到综合性和超越性的一种新中华体系的认识和思考。就目前来说,许多这样的趋势仅体现于最前沿的实践,但未来无疑将会越来越明确地也显示于新型表达的逐步形成——尽管表达无疑难免会连带有脱离实践的话语建构的方方面面。正因为如此,"从实践中来,到实践中去"的"实践社会科学"应该依然是个相对比较贴近实际运作及其新动态的学术研究进路。

参考文献:

Bourdieu, Pierre (1990 [1980]). *The Logic of Practice*, translated by Richard Nice. Stanford, Calif. : Stanford University Press.

Bourdieu, Pierre (1977). *Outline of a Theory of Practice*, translated from the French by Richard Nice. Cambridge, England: Cambridge University Press.

Huang, Philip C. C. (1972). *Liang Ch'i-ch'ao [Liang Qichao] and Modern Chinese Liberalism*. Seattle: University of Washington Press.

Weber, Max (1978 [1968]). *Economy and Society: An Outline of Interpretive Sociology*, 2 vols. New York: Badminster Press; V. 2: *Economy and Law (Sociology of Law)*. 1978 Second printing. Berkeley and Los Angeles: University of California Press.

黄宗智(待刊a):《中国的"三实"与西方的"三理":一个总结性的回顾、反思与前瞻》。

黄宗智(待刊b):《实践社会科学的方法、理论与前瞻》,桂林:广西师范大学出版社。

黄宗智(2023a[1986、2000、2006、2009、2014]):《华北的小农经济与

社会变迁》,桂林:广西师范大学出版社。

黄宗智(2023b[1992、2006、2014]):《长江三角洲的小农家庭与乡村发展》,桂林:广西师范大学出版社。

黄宗智(2023c):《实践理论与中国研究:法学与社会科学》,载《开放时代》第1期,第138—152页。

黄宗智(2023d):《"参与式社会主义"的中国道路》,载《文化纵横》第1期,第78—87页。

黄宗智(2022a):《国家与社会的二元合一:中国历史回顾与前瞻》,桂林:广西师范大学出版社。

黄宗智(2022b):《从二元对立到二元合一:建立新型的实践政治经济学》,载《开放时代》第4期,第141—161页。

黄宗智(2020,a,b,c):《实践社会科学与中国研究》。第1卷《中国的新型小农经济:实践与理论》;第2卷《中国的新型正义体系:实践与理论》;第3卷《中国的新型非正规经济:实践与理论》,桂林:广西师范大学出版社。

黄宗智(2015):《实践与理论:中国社会、经济与法律的历史与现实研究》,北京:法律出版社。

黄宗智(2014a[2001、2007]):《清代的法律、社会与文化:民法的表达与实践》,北京:法律出版社。

黄宗智(2014b[2007]):《法典、习俗与司法实践:清代与民国的比较》,北京:法律出版社。

黄宗智(2014c):《过去和现在:中国民事法律实践的探索》,北京:法律出版社。

黄宗智(2014d):《超越左右:从实践历史探寻中国农村发展出路》,北京:法律出版社。

黄宗智(2007):《经验与理论:中国社会、经济与法律的实践历史研究》,北京:中国人民大学出版社。

黄宗智(2005):《近现代中国和中国研究中的双重文化性》,载《开放时代》第4期,第43—62页。

目 录

导论　建立前瞻性的中国实践社会科学　1
　一、中国经验的悖论性　1
　二、选择与综合西方不同理论传统　6
　三、探寻符合中国实际的理论概括　11
　四、融合中西方学术　17
　五、进一步的前瞻性探索　23
　六、附录　28

第一编　中国经验的悖论性

第一章　中国研究的规范认识危机——社会经济史中的悖论现象　33
　一、规范认识的危机　34
　二、没有发展的商品化　45

三、其他的悖论现象　54

四、当代史　64

第二章　连接经验与理论：建立中国的现代学术　82

一、一个意识形态化的世界及其原教旨市场主义理论　82

二、新制度经济学在美国和中国的历史背景　85

三、美国法律的主流"古典正统"　89

四、只有特殊的学术模式，没有普适的理论　91

五、现代主义和后现代主义，以及其制度化表现　94

六、历史学界的一个现象　103

七、国内的学术环境　105

八、实践历史中的实用道德主义和第三领域，以及现代革命的实践精神　109

九、实践历史　113

十、课程设计解释　116

附录　"中国社会、经济与法律的实践历史研究"研修班课程大纲　121

第三章　《实践与理论：中国社会、经济与法律的历史与现实研究》导论　127

一、悖论实际与理论概括：农村社会经济史研究　129

二、表达/话语与实践：法律史研究　133

三、具有现实关怀的学术研究　140

四、韦伯与布迪厄之间的道路　159

五、中国的悖论性与中国社会科学理论的建构　167

第二编 选择与综合西方不同理论传统

第四章 学术理论与中国近现代史研究——四个陷阱和一个问题 179
一、不加批判地运用 180
二、意识形态地运用 182
三、西方中心主义 187
四、文化主义 191
五、几对矛盾与新概念 203
六、一个萦怀于心的问题 207

第五章 社会科学和法学应该模仿自然科学吗？ 213
一、法学和社会科学与自然科学的不同 214
二、方法 221
三、兼顾普适主义和特殊主义的社会科学 241

第六章 建立前瞻性的实践社会科学研究：从实质主义理论的一个重要缺点谈起 260
一、实践/实质/实用理论的不足 263
二、走出"规范认识危机"的道路 277
三、新自由主义、马克思主义和后现代主义不可或缺的洞见 282
四、经典马克思主义和后现代主义的盲点 285
五、建立一个新的社会科学研究世界 287

第三编　探寻符合中国实际的理论概括

第七章　集权的简约治理——中国以准官员和纠纷解决为主的半正式基层行政　*295*

　　一、历史证据　*297*

　　二、集权的简约治理　*311*

　　三、儒法合一的治理　*317*

　　四、当代中国的科层制化和简约治理　*319*

第八章　中国的"公共领域"与"市民社会"？——国家与社会间的第三领域　*331*

　　一、哈贝马斯论公共领域　*332*

　　二、与会者的不同用法　*337*

　　三、国家与社会之间的第三领域的概念　*341*

　　四、中华帝国晚期的第三领域　*344*

　　五、第三领域及其新的变迁　*347*

　　六、当代中国的第三领域　*351*

第九章　我们的问题意识：对美国的中国研究的反思　*359*

　　一、"共产主义中国"VS."中国"　*362*

　　二、革命 VS. 现代化　*366*

　　三、西方中心主义 VS. 中国中心主义　*374*

　　四、迈向不同的问题意识　*393*

　　五、对中国研究的含义　*404*

第十章　中国法律史研究的现实意义　*421*

一、来自法律实践历史抉择的例子 *422*

二、未来的方向和图景 *438*

第十一章 探寻扎根于(中国)实际的社会科学 *447*

一、悖论实际与理论概括:中国农村社会经济史研究 *450*

二、表达/话语与实践:法律史研究 *455*

三、带有现实关怀的学术研究 *464*

四、为"实践历史"加上前瞻性的道德理念 *473*

五、中国实践社会科学理论的建构 *480*

第四编 融合中西方的学术

第十二章 中西法律如何融合?——道德、权利与实用 *489*

一、调解制度 *490*

二、离婚法 *493*

三、赡养—继承法 *496*

四、侵权法 *498*

五、刑讯逼供问题 *500*

六、刑事和解 *506*

七、结论 *516*

第十三章 中国古今的民、刑事正义体系——全球视野下的中华法系 *522*

一、中华法系中的民事部分与刑事部分 *527*

二、中国今天的非正式正义体系 *541*

三、世界正义工程(WJP)与非正式正义 *564*

5

四、对研究中国法史、法理和立法的意义　569

第十四章　怎样推进中国农产品纵向一体化物流体系的发展？
　　　　——美国、中国和"东亚模式"的比较　579

　　一、中国和美国农业体系的基本不同　580

　　二、模仿美国模式？　588

　　三、东亚模式的启示　591

　　四、"发展型国家"模式？　597

第五编　进一步的前瞻性探索

第十五章　重新思考"第三领域"：中国古今国家与社会的二元合一　609

　　一、中国历史中的"第三领域"　612

　　二、20世纪的演变　618

　　三、当代中国计划经济时期的演变　622

　　四、改革时期的演变　623

　　五、"第三领域"司法和治理　637

　　六、结语　644

第十六章　探寻中国长远的发展道路：从承包与合同的区别谈起　655

　　一、合同 VS. 承包　656

　　二、二元对立与二元互补　668

　　三、儒家化的法家法律和社会主义市场经济　676

　　四、一个新型的第三领域？　680

第十七章 国家—市场—社会：关于中西国力现代化路径不同的思考 689
  一、现代西方的双重历史实际 690
  二、现代国家能力 696
  三、中国国力的不同的现代化路径 698
  四、中华帝国的治理传统 700
  五、当代的中国国家体系 704
  六、"社会主义市场经济"的内涵与可能的未来 710
  七、传统"第三领域"的现代化 712
  八、想象一个未来的图景 718

第十八章 "小农经济理论"与"内卷化"及"去内卷化" 727
  一、内卷化的两个基本实例 728
  二、"内卷化"概括的内涵 731
  三、"去内卷化"：人多地少地区的农业现代化 734
  四、理论传承 737
  五、不同于西方的新型小农经济的第三条发展道路 743
  六、"内卷化""去内卷化"、小农经济与"非正规经济" 746
  七、中国的未来？ 749

附录

从二元对立到二元合一：建立新型的实践政治经济学 759
  一、思维方式 760
  二、中国发展经验中的二元结合 776

三、国家与经济和社会的二元结合而非对立　788

四、回顾与前瞻　795

代后记　实践理论与中国研究：法学与社会科学　804

一、布迪厄的实践理论与中国　805

二、中西间的深层不同　810

三、中西文化思维方式上的不同　812

四、中国正义体系的宇宙观和实际运作　813

五、清代中国法律体系中的"实用道德主义"　817

六、中国正义体系中的实践与布迪厄实践理论的异同　822

七、瞿同祖、韦伯、布迪厄　825

八、结语　831

导论
建立前瞻性的中国实践社会科学

本书从笔者近三十年来最主要的理论—方法著作中精选了 21 篇论文,分为不同主题的六编。它们足可代表笔者 60 年学术研究生涯中的主要经验发现,以及基本方法—理论概括。

一、中国经验的悖论性

本编开篇是开启笔者理论—方法思考的《中国研究的规范认识危机——社会经济史中的悖论现象》。此文是笔者在完成最早的关于华北和长江三角洲的小农经济的两本专著之后的后续思考。由于认识到中国经验实际与现有几乎全部主要社会科学理论相悖,提出中国研究必须摆脱现有主要理论的框框和局限,从历史经验实际出发来认识中国和建立符合中国实际的理论概括。也就是说,要将一般的认识路径颠倒过来,不是从现有理论出发去认识中国实际,而是要从中国实际出发,将现有理论当作问题而不是答案,通过与现有理论对话并对其进行修改、推进和重构来建立符合中国经验的概括。不然,将陷于诸多源自某种理论性错误预期的无谓争执。

此文发表于1991年。当时,中国研究的主要分歧是美国的新古典经济学理论和中国改革之前的(经过一定程度中国化的)马克思主义理论孰是孰非。两者一方认为西方的资本主义市场经济发展经验乃是普适的经验,另一方则坚决批评伴随资本主义而来的阶级矛盾和帝国主义。两者固然壁垒分明,但仍然有一定的共识,尤其是认为市场经济必定会导致资本主义的兴起/发展,这主要是伴随工业化而来的规模经济效益。正是两者之间的这一基本共识突出了中国经验的悖论性。十四世纪以来长江三角洲大规模从水稻生产转入棉花—纱—布的生产,后者每亩需工180天,相对前者的10天扩大了18倍,但只给予农户数倍的收入。那是"没有(劳动生产率的)发展的总产出增长",也是"没有发展的商品化"和"过密型/内卷型商品化",并且只导致畸形的城乡单向贸易(仅有乡村输出优质产品给城镇,较少逆向的交易)。由于单位土地价格(地租和地价)伴随内卷型农业而上升,完全消灭了之前雇工经营的资本主义农业雏形——那是因为小农户使用廉价的家庭辅助性劳动力来协助生产(笔者称之为农业生产的"家庭化"),使经营式农场无法与之竞争。以上现象都是与两大主流理论预期相悖的中国实际。

当时,此文在国内引起比较广泛的关注和讨论,包括几大主要学刊(《史学理论研究》《中国经济史研究》《中国史研究》)所组织的围绕此文和笔者《华北的小农经济与社会变迁》与《长江三角洲的小农家庭与乡村发展》两书的学术会议和多篇专题讨论。如今回顾,此文所指出的中美在理论上的分歧,与其在分歧之中仍然存在的共识,以及其所引发的"规范认识危机"仍然在主宰着中国研究;其不同不过在于,1990年之前的分歧和共识在中国改革开放四十多年后的今天,已经不再是西方学术和大部分中国学术间的分歧,而是广泛存在于中国国内在改革期间兴起的学术间的分歧,也仍然是新古典自由主义和经典马克思主义之间的分歧。两者间的前提共识,尤其是规模化生产必将替代小农户生产,仍然是与中国实际相悖的。我们需要直面这样的悖论。

本编第二篇文章一方面延续了上一篇文章的思路,探讨的问题仍是为何与如何建立比西方两大主要理论更符合中国实际的概括,但加上了几个前文所没有的维度。它是"悖论"文16年之后的著作,当时笔者已经完成1990年开始做的从法律诉讼档案出发来研究中国传统法律及其近现代演变,试图从法律的实际运作("实践")出发来认识和概括中国法律传统的两本专著。其与之前的《华北》和《长江》的不同,既是由于题目(法律)本身的影响,也是由于受到新理论潮流后现代主义的影响,集中考虑到之前的社会经济史研究所没有的重要维度——法律的"表达"(或"话语")与司法实践之间的关联。

同时,由于中国法律话语/表达与西方十分不同,笔者认识到,两者在思维习惯方面也带有深层的不同——一个比较注重逻辑上的一致性("形式主义"逻辑的思维),并因此具有比较强烈地将其理论推向非此即彼的二元对立思维习惯(下面还要讨论);另一个则相反地强烈倾向二元互动合一的思维(在法律方面,特别是长时期的道德主义和实用主义的二元并重)笔者将其称作"实用道德主义"。这种二元互动合一的思维,与西方的二元对立思维习惯形成鲜明的对照。

由此,笔者认识到,中西方的不同不仅是经验实际和理论概括方面的不同,更是话语和实践之间关系的不同。因此,我们需要做的不仅是认识到中国实际与西方理论间的"悖论",更要认识到两者在表达和思维习惯上的不同。要建立符合中国实际的概括,不仅要照顾到双方经验实际之间的不同,更要照顾到双方表达方面的不同。不仅要认识到二者在话语和运作两维任何单一维之间的不同,更要认识到两者在对待两维之间如何相互关联的不同。

中国长期习惯于两者的互动合一,西方理论思维则多侧重依赖演绎逻辑来达到逻辑上的统一,使其理论成为单一面化的建构,甚至是不符合实际的理想化建构。它不仅对待中国如此,对待西方自身的历史经验也如此。因此我们不仅要照顾到中国实际与西方理论间的背离和差异,更要考虑到西方的理论概括与其自身的实际和实践间的差异和不同。这个问题已经成为笔者之后长期探索的一个重点。

由于该文是笔者为国内青年学子开设的"中国的社会、经济与法律:历史与理论"课程(从 2005 年开始一直持续至今)所写的总结性介绍,在表达的层面上更直白简约,并加上了一些有关学界动态的比较实用的具体说明和细节,也许要比一般的学术论文更简约易懂。笔者后来将其纳入 2007 年出版的第一本理论—方法书《经验与理论:中国社会、经济与法律的实践历史研究》作为代结论。它足可代表和总结笔者当时对于如何处理理论与经验实际之间关联的总体性思考。当然,也是对之前"规范认识危机"一文的推进和更新。

本编最后一篇文章是笔者2015年出版的第二本方法—理论书《实践与理论:中国社会、经济与法律的历史与现实研究》的导论。以上总结前两篇文章的重点在于中国的经验证据和西方的理论概括之相悖。《实践与理论》中包含了之前中国经验与西方理论相悖的内涵,但同时也明确地聚焦于实践与表达之间的相互作用。这是一个受到布迪厄实践理论影响的概念,即用"实践"来超越西方理论界普遍倾向主观与客观、普适与特殊的非此即彼二元对立,将其看作二元互动的领域。譬如,"实践"既带有客观的阶级"习性"的一面,也带有临时、紧迫的主观抉择的一面。又譬如,"资本"同样既带有物质的一面,也带有主观"象征(资本)"的一面,两者可以相互转换。这些是超越主观和客观、能动和结构、物质和象征的非此即彼二元对立思维的重要洞见。

但与布迪厄不同,笔者关注的不仅是横切面中的实践与理论的关联,更是纵向的长时段历史演变中两者既背离又合一的关联。这是布迪厄理论中所没有的维度。笔者聚焦于此的原因,是新近完成三卷本中国法律体系的研究专著。正是在高度道德化的理念和实用性的法律实施(实践)的长期共存和互动中,形成了中国正义体系演变的基本动力,也组成了其"实用道德主义"的核心,即其"说的是一回事,做的是一回事,但合起来又是另一回事"的特征。这不仅是中华法系长期以来的基本特征(和西方现代形式主义法律传统十分不同),更是中国传统思维的一个基本特征。

此文所采用的论析方法是通过中国实践的经验证据,与韦伯的形式主义理论、布迪厄的"实践"理论及康德的"实践理性"理论等之间的来回对话,来澄清笔者所形成的"实践历史""表达与实践""实用道德主义"等主要研究进路和概括。一方面,它是之前中国经验与西方理论之间的"悖论"概括的延伸;另一方面,该文后来成为笔者迄今六七年中的一些进一步思考的主要出发点,尤其是从主要是回顾性的"悖论"文章进入对现实的关怀和研究。它伴随笔者近 15 年从主要为英语读者写作转为主要为国内读者写作,从对中国现实的"想而不写"到积极关怀,更进入对关乎中国未来发展的前瞻性问题的探索。

二、选择与综合西方不同理论传统

上一编的三篇文章是以与西方理论对话为给定前提的。笔者从自身的阅读和学习经验(从 35 岁开始认真关注西方理论)中逐步形成的进路是,我们必须掌握西方不同的主要理论传统。其原因,首先是通过它们之间的争论或相互批评来推进并深化自己对各理论传统的认识;同时,借助西方不同理论关于中国的洞见来推进自己关于中国的悖论经验和实践的概括,目的是创建最符合中国实际和最强有力的理论概括。本编聚焦笔者带着以上目的学习西方理论的一些经验和思考,包括对各大理论传统,从其是否具有对中国的实际洞见的角度来进行论析。笔者将此项工程称作"选择与综合西方不同理论传统来认识中国",对西方不同理论进行有选择的取舍和重构。

笔者自始便多聚焦于新自由主义和马克思主义两大理论和意识形态,以及比较"另类的"实质主义理论,尤其是"小农经济理论"。在后现代主义理论兴起之前,它们堪称西方三大主要学术理论传统。在笔者1990年从农村社会经济转入法学研究之后,则更多关注后现代主义的"话语"理论,并同时将自己所较多借助的"实质主义"理论推广到笔者认为与其具有高度亲和性的实用主义和实践主义理论。笔者一直以来的做法是将各家各派理论都视作问题而不是答案,用关于中国的经验证据来对其做出取舍、修改、推进和重构。

本编第一篇文章发表于1998年,此文是笔者经过二十多年的积极学习和使用理论之后的回顾和反思。文章首先说明,理论绝对不是给定真理而仅是可用资源,使用理论的最好方法是按照经验证据来对其做出取舍,并且绝不限于单一理论传统,而是借助所有可用理论资源来形成关于给定题目或相关经验证据的最符合实际和最强有力的概括。本文回顾自己对新自由主义和马克思主义以及实质主义理论的使用之外,还突出后现代主义理论的贡献及其偏颇。文章同时指出,我们需要避免、防御学术界四大常见的理论运用陷阱:不加批判地盲目使用、意识形态化地使用(为的是权力和控制而不是求真)、出于某种感情因素(如民族感情或西方VS.中国中心主义感情)地运用,或功利性的赶时髦地理论运用。其中关键在于真诚的求真学术动机——尤其重要的是对中国现在和未来的诚挚关心。

本编第二篇文章《社会科学和法学应该模仿自然科学吗?》(与高原合写),是对西方社会科学理论所普遍显示的"科学主义"偏颇的论析,说明社会科学理论大多试图模仿18世纪牛顿力学所追求的普适和绝对真实理论(可以在实验室证实的理论)。但是,两者的研究对象——人间世界和自然世界是不同的。人是具有意志、感情、理念的实体,不可等同于简单的一对一的可以在实验室中重复的牛顿物理世界。虽然这是明显和基本的道理,但社会科学迄今仍然带有追求普适科学规律的强烈冲动。然而,实际上,即便是物理学,如今也已经从简单的牛顿力学转入充满不确定性、相对性的量子力学的认识。但是,今天的社会科学,特别是经济学和法学,仍然坚决追求普适真理和规律。譬如,形式主义法学,特别是美国的"古典正统"法学,仍然坚决将法学设定为类似于欧几里得几何学那样,从几个设定的基本公理(axioms)出发,然后演绎出一系列普适的定理(theorems),坚决要求采用同样的形式化推理来设置、论析人间世界的法律。经济学的"理性经济人"及法学的"个人权利"这两大被设定的前提性公理,相对实际而言,也明显是比较片面化和理想化的建构,但它们迄今仍然主宰着"主流"经济学和法学。

在方法层面上,笔者特别指出,除了传统的演绎和归纳这两大科学方法,我们还可以看到美国实用主义理论鼻祖皮尔士(Charles Sanders Peirce)所提出的合理推测方法(abduction,区别于演绎[deduction]和归纳[induction])。它是如今医学诊断中常用的方法,既不同于归纳也不同于演绎,而是在有限的经验证据之上,逐步做出合理推测,逐步排除错误的推测,最后得出最终的诊断。对社会科学来说,它其实比传统的(形式主义的)演绎和(经验主义的)归纳更为适用。其实,灵活的、有限定经验边界的结合演绎、归纳和合理推测的研究方法,要远比简单地主要依赖演绎逻辑的形式主义论析更强有力,更可能得出符合经验实际的概括。

这里,有的读者可能会联想到社会学家默顿(Robert K. Merton)所提出的学术理念——"中层理论",即有限定经验范围的可资论证的,区别于宏大的不可论证的(只会导致众多无谓争论的)普适理论。笔者认同默顿的这部分思路,但并不认同其意图凭借中层概念的堆积来达到全面的普适理论的追求。

正因为如此,如果能够恰当地界定适用范围,有的理论家确实能够通过对几个关键要素的论析来得出充满启发、带有解释力的局部性理论。笔者在这里以经济史理论界的瑞格里(E. Anthony Wrigley)、博塞拉普(Ester Boserup)和恰亚诺夫(A. V. Chayanov)为实例,指出他们的理论对认识中国历史实际的有力洞见,以及他们和更高度科学主义化和意识形态化,主要追求普适理论的理论家们(如经济学家舒尔茨[Theodore Schultz]、科斯[Ronald H. Coase]、诺斯[Douglass North]等)之间的不同。量化研究也是同理,需要在限定经验范围之内,通过新鲜的资料和洞察才能做出重要的贡献——此点可以用新近的皮凯蒂(Thomas Piketty)借助历时性(而不是横切面)的经验证据来推进对社会公平问题的历史演变的研究为例来说明。

以上总结可以视作笔者个人所追求的理论和方法。它的出发点是承认人间世界与物理世界的不同,承认追求牛顿物理学的普适理论之不适用于社会科学,要求能够考虑到人间世界复杂性的有限定适用范围的、更符合经验实际的局部理论的追求。我们对待普适化的形式主义理论的态度,应该是排除其不符合实际的简单化、片面化、绝对化和理想化的一对一的因果规律的追求,在有经验边界的范围内,符合实际地追求合理的推测,据此做到最可能最贴切地符合真实的概括。说到底,形式主义经济学和法学都做出过有用的研究,但我们需要抛开其追求普适规律野心的意识形态化一面,才能够认识到其可能符合真实世界的实质性贡献。这是笔者对待所有理论的一贯态度。

本编最后一篇文章《建立前瞻性的实践社会科学研究:从实质主义理论的一个重要缺点谈起》,是笔者就迄今对社会科学界影响最大的四大理论传统(新自由主义、马克思主义、实质主义、后现代主义)的综合性论析,集中于笔者(开设了 15 年的)理论入门课程所挑选的示范性著作,分别点出各个传统对中国历史实际至为关键的洞见和偏颇。此文既明确指出经典新自由主义对市场经济的关键性的洞悉,也指出其对市场经济的片面化和理想化表达的偏颇。同时,既指出经典马克思主义对西方资本主义丑恶面的洞察,又指出其与新自由主义一样过度普适化、片面化和意识形态化的偏颇。我们需要认识到它们的局限和偏颇,才能真正认识到其不可或缺的洞见。至于后现代主义,它为我们提供了对前两者共有的科学主义、现代主义及西方中心主义偏颇的有力批评,指出它们对历史实际的虚构和片面化,突出了对话语虚构的认识和关键性。但同时,本文也指出了后现代主义理论自身严重偏向较极端的特殊主义,完全拒绝现代主义,拒绝真实(实际)存在的偏颇。最后是实质主义/实践主义/实用主义。与其他三大理论不同,它更重视真实世界及其经验证据和实际运作,在认识论层面上更倾向于从实际出发,而不是从片面化、普适化的理论前提"公理"出发。但其缺点是容易局限于回顾性的经验证据和实践,缺乏更为明确的前瞻性。因此,笔者特别突出需要为其添加前瞻性的道德理念。笔者所谓"前瞻性的道德理念"指的是扎根于世界各大文明传统的不同的崇高理念,而不是像经典新自由主义那样被虚构为普适的、科学的、排他性的"绝对真理"。尽管笔者认为道德价值的选择具有相对性,但笔者提倡的是:主导中国的崇高理念是来自中国文明和中国革命传统的道德价值,而不是要像西方新自由主义理论那样将其自身的价值观虚构为绝对真实的、科学的、无可辩驳的普适真理。

以上是笔者目前对现有主要理论的基本认识。这当然还是个在逐步形成和探索中的阶段性总结。正因为如此,不带有普适和绝对真实的意图,而仅仅是一个根据笔者数十年在几个有限领域的经验研究积累和认识中所得出的对目前的主要理论传统的判断、选择和综合,故不应看作笔者所要提倡的绝对真理或科学公理。

三、探寻符合中国实际的理论概括

以上两编已经说明,笔者追求的是符合中国悖论实际的理论概括。上面我们已经看到,笔者关于农村社会经济史的两卷专著中所形成的"内卷化",以及关于法律体系的三卷专著中所形成的"实用道德主义"这两大概括,都突出其与西方经典理论及其预期的不同。本编纳入编者其他几篇比较重要的关于中国实际的新概括。

本编第一篇文章中的"集权的简约治理",是笔者沿着两套专著的经验发现进入与其相关领域的经验证据之后得出的概括,追求的是符合中国实际的、迥异于西方理论的概括。首先,19和20世纪关于基层治理实际的档案资料证明,中国的基层治理具有和西方,特别是现代西方,十分不同的特征。中国中央的皇权固然高度集中,与西方古代的封建制度和现代的民主化体系都很不一样,但其基层治理却相对十分简约,无论相对西方的封建制度还是现代官僚体系都十分不同。国家高度依赖基层不带薪酬的准官员。这些不带薪酬的准官员由社区推荐和官府认可,而且基本听其自主运作,在调换人员或发生争执的情况下上级官府才会介入。即便是县政府衙门内部,采用的也是这样的半正式治理模式。正如历史社会学家迈克尔·曼(Michael Mann)所指出的那样:与现代西方官僚体系相比,这无疑是一个既高度中央集权又十分简约的基层治理体系,与西方相对低度的中央集权和相对高度的基层渗透力的体系形成了鲜明对照。

这一制度的形成无疑和中国高密度人口和内卷化农业相关:在相对低的田赋收入的情况下(大约相当于农业总产出的2%—4%,相对西方封建制度下的10%和现代政府的更高税收比),政府只可能支撑较简约的基层治理人员和机构,因此高度依赖半正式的不带薪人员。同时,高度集权的中央政府体系也要求尽可能简约的官僚制度,因为每多隔一层便会加重官员对皇权体系的离心威胁。这样一个晚清治理体系,直接影响到20世纪中国的"现代国家政权建设"型式。这是一个迥异于西方传统治理模式及具有其现代化模式的中国特征。

这个体系的根源部分可以追溯到中国长时期的儒法合一传统。前者要求社区和家族尽可能自治，自我通过调解来解决纠纷，后者则更倾向于高度正式化的国家法律和司法机构。同时，其特征也可见于今天的中国，尤其是在基层的治理方面，同样与西方高基层渗透力的科层制体系很不一样。

本编第二篇文章处理的问题，是哈贝马斯的"公共领域"理论与笔者提出的中国的国家和社会之间的"第三领域"的异同。中国国内对哈贝马斯"公共领域"的理解，主要是将其等同于东欧剧变和苏联解体之后兴起的"市民社会"理论。归根到底，是将"公共领域"和"市民社会"两者都视作自由民主主义政治体系兴起的源头。

但是，正如哈贝马斯自己所指出的，我们需要区别他提出的17世纪后期和18世纪兴起的与国家(政府)对立的"资产阶级公共领域"，与其后由国家的社会化和社会的国家化两大演变过程所形成的处于两者之间的"公共领域"。前者指的是伴随主要在英国和法国的资产阶级(和资本主义)兴起的，与国家形成二元对立的公共领域，那是伴随资产阶级为了从国家和贵族争得更多营利权利而兴起的公共领域，也是伴随古典自由民主主义而来的历史现象；后者则不是，它实际上是之后形成的属于前者的"结构型转型"（该书主标题是"公共领域的结构型转型"），是国家和社会互动的中间地带所呈现的公共领域。

其实，中国近现代历史的演变过程与两者都很不一样。相比前者，中国根本就谈不上与国家机器对立的资产阶级公共领域，或趋向英美古典自由民主主义制度的"资产阶级公共领域"；相比后者，它也十分不同：国家与社会两者之间所呈现的不是两个趋向权力比较同等的实体之间的相互渗透(也不是哈贝马斯所特别关注的那种法西斯主义,以及其极端的种族主义、军国主义和领袖崇拜政治的兴起),而是一种承继"集权的简约治理"的第三领域组织。它是由集权的国家和简约的基层治理的结合与互动所产生的处在国家与社会间的组织,如国家法庭和社区调解的互动所产生的半正式第三领域中的纠纷解决,实际上处理了比国家法庭要多的纠纷。在基层治理层面,它更多依赖不带薪酬的半正式人员。它也包括民国时期在各大城市兴起的商会组织。它们都不是与国家对立的"资产阶级公共领域",也不是来自国家的社会化或社会的国家化的"资产阶级公共领域"的"结构性转型"的产物,而是由国家积极提倡和社会积极参与的产物。此类第三领域更包括集体时期共产党相当程度的领导和掌控的村庄集体社区的自治。以上实例都具有上列的一系列中国"特色",都与中国长期以来的"集权的简约治理"传统直接相关,不能勉强塞进源自西方经验的"资产阶级公共领域"与其"结构性转型"的框架来认识,更不可等同于西方自由民主主义的"市民社会"概括。

本编第三篇文章论述的是笔者在美国教学和写作38年之后对这一经历比较系统的反思,既与本编主题"探寻符合中国实际的理论概括"有关,也和上一编主题"选择与综合西方不同理论传统"议题紧密相关。首先,从笔者亲身经历的三代美国中国研究的核心问题意识的演变中,我们可以清楚看到:前两代主流理论的主导意识,是美国的发展模式是中国必定会或应该追随的模式。先是第一代对共产主义革命模式的完全拒绝,然后是第二代将资本主义+自由民主政治体制的现代化模式看作中国应该遵循的现代化路径。虽然如此,伴随美国反越战潮流和马克思主义理论影响的兴起,美国的中国研究中兴起了反对主流学术的浪潮,形成了左右对立的局面。从中我们可以看到的,不仅是国家意识形态的决定性影响,更是主流和反主流理论的决定性影响。但是,对立双方的基本动力,其实都主要来自美国自身的政治和理论倾向,而不是对中国实际的认识。据此,我们可以更清晰地看到学术是多么深层地受到非学术性、非科学性的意识形态的影响。至于第三代,伴随后现代主义理论的兴起,他们开始反思美国过去的现代主义、科学主义认识论,并倾向强烈批评西方现代主义/科学主义及西方中心的认识论。但是,其动力同样不是来自对中国实际的认识,而主要是受到美国自身理论和意识形态转向的影响。新的反对潮流与之前的主导模式,同样都是来自理论主导的虚构,而不是符合中国实际的扎实研究和认识。其核心是从美国优越论一变而成与其对立的中国优越论(虽然名义上是"去西方中心主义",但实际上仍是根据同样的西方中心标准——市场经济发展程度来立论)。总体来说,三代美国的中国研究的学术演变,其动力最终都来自理论潮流和意识形态,而不是对中国实际的深层认识,更说不上是为了中国人民的幸福。

我们今天需要做的,是摆脱此类理论和意识形态主导的问题意识。对认识真实的中国来说,过去的正反两方所做的都是没有实质意义的论争。我们要摆脱从理论/意识形态出发的恶习,更要摆脱长期以来习惯使用的二元对立、非此即彼思维——要么是美国优越论,要么是中国在同一标准下同等或更加优越的理论。我们需要从经验实际和中国的实际运作出发,看到中国如今的悖论、矛盾实际,关注其二元并存(中西方传统、市场经济与国有经济、市场竞争机制与国家主导的经济决策等)。换言之,即被西方理论习惯视作非此即彼的思路。因为中国的基本实际已经成为中西并存和互动,两者间既有矛盾的一面也有相互作用和互补的一面。只有认识到这点,才有可能正确认识今天的中国,建立更符合中国实际的理论概括。

本编第四篇文章是笔者为三卷本中国法律体系研究专著重版所写的"总序"。该文先比较精简地总结了一些笔者在研究中发现的有关调解、侵权法、赡养和继承法、离婚法、产权法等方面堪称明智抉择的经验证据,以及在程序法、刑事和解、刑讯逼供等方面看起来不那么合适的抉择的经验证据,再将其置于与韦伯的"形式理性""理想类型"的对话之中,以说明韦伯这方面建构的主要论点和逻辑。此文通过比较韦伯的理论建构与中国明清、民国时期和当代法律演变中所展示的抉择、逻辑和具体条文,指出了中国在司法实践中所显示的与西方的不同,以及中国法律传统与其现代演变趋势的特点,目的是突出符合中国司法实践的概括与韦伯代表的西方主流形式理性法律的不同。

本编最后一篇文章是笔者对自己五十多年研究的一个更为全面和系统的回顾,追溯到具体的研究课题和发现,据此总结笔者所提出的创新性理论概括。该文将此编的前两篇文章"集权的简约治理"和"第三领域"的概括置于笔者整体的研究历程和理论思路的框架中来讨论,亦可以视作对本编主题"探索符合中国实际的理论概括"比较详细和具体的总结性论述。一定程度上,此文也是本书前三编的一个总结性论述,是一个结合具体经验/实践研究和理论概括的比较轮廓鲜明和简约的总结。

四、融合中西方学术

以上各编所收文章多突出须脱离西方主流理论惯用的非此即彼二元对立思维,即通过演绎逻辑来排除二元中的一方,偏向其单一方的思维来追求逻辑上的统一性和整合性,并拒绝中国式的二元互动合一思维,由此形成了众多排除真实世界的另一方的片面化论析。在追求像牛顿物理学世界那样的绝对真实和绝对普适理论的动力下,非此即彼二元对立思维常将单一面的实际简单等同于整体实际。以上各编一致反对这样的认识进路,要求我们认识到真实世界的二元(乃至多元)互动的实际,不是将我们的探讨聚焦于片面化/理想化的真实,而是更符合实际运作的真实。

对"后发展"国家来说,其"现代"的给定实际是:西方既是使人仰慕的模范,也是使人痛恨的侵略者,不是两者中简单的单一方,而是两者并存和互动。因此,中国与西方的互动乃是不可避免的基本实际。本编探讨的是如何融合客观实际中的经验,为的是既指出其中成功和优越的经验实例和概括,也指出其失败和错误的实例和概括。

本编第一篇文章集中探讨的是如何融合(来自中国的)道德理念、(来自西方的)权利准则,以及符合中国实际需要的问题。此文主要围绕以下几个实例展开:

首先是原来的社区调解体系的顽强持续,并被扩展为相当广泛的第三领域——由非正式和正式调解互动而产生的各种各样半正式调解,包括法庭调解(下一篇文章将有更详细的讨论和经验证据)。在这个领域中,中国传统(古代和现代革命传统)所起的作用要远大于从西方引进的权利准则等。

再则是离婚法。从中我们可以看到一定的西方影响,特别是关于个人权利和男女平等的法律原则。但是,即便如此,在实施/实用层面上,其实更多还是借助了中国自身革命以来积累的经验。譬如,将"夫妻感情是否破裂"作为最终判断允许离婚与否的准则。与西方有无违反双方结婚合同关系的准则,以及由于该准则容易导致持久昂贵的法庭争执(试图证明对方的过错),西方在1960—1980年间决定不再考虑过错的离婚法实施方案,都很不一样。中国一开始采用的方案,其实是中国革命原先从苏联引进的比较激进的离婚法——一方要求离婚便允许离婚;但是,面对民众的不满和抗议,逐步采纳通过调解来一件一件地处理有争执的离婚案件。这里,再次显示了即便借用了西方的话语和法则,在实施层面上其实也还是更多受到中国自身经验的影响和塑造,其结果是一种带有中国特征的中西融合。

再则是继承法。即便是引进了德国法律的框架(比较有限的赡养责任)、法理和条文,但在实际运作层面上还是添加了中国传统关于赡养父母的道德理念,对继承者的要求要远比西方法律严格。最终,更采用了尽到赡养责任的子女在分割父母财产时可以多得的实用性规定。这些都是中国所借鉴的德国民法典没有的修改和准则。

最后是侵权法。虽然采纳了德国民法典的条文和法则(有过错的侵权要赔偿),却做了颇具实用性的中国化的修改和补充:规定即使没有过错,也应适当承担对对方所造成的伤害的部分责任。这里再次展示了中国思维方式中坚决要求连接抽象法理与经验实际的要求:认为事实上许多对他人造成损伤的行为很可能是无意的伤害,并不一定带有过错;在这种情况下,当事人也应该负一定的法律和社会责任。这就和西方法律中的侵权法的基本原则(有过错才谈得上赔偿)十分不同,中国法律并不要求片面化的逻辑上的统一,而是要求须实用性地处理客观存在的问题。

以上几个实例,都属于正面地融合从西方引进的法理、中国的道德理念和中国的实用需要。这些实例都说明,即便是貌似全面引进、移植西方法律,在实际运作层面,也不一定像西方法律那样坚持逻辑上的统一性,而是多掺有中国自身的连接法理与实际情况的思维方式。

虽然如此,我们还是可以看到一些中国与西方不同的反面现象,特别是相当广泛存在的"刑讯逼供"弊端。这主要是出于功利性的提高司法效率的考虑。再则是不合理地试图援用西方的时髦"恢复性正义"法理(即让加害人和被害人面对面交谈,由社区、家庭或教会成员参与,促成被害人与加害人的相互了解,重点在于加害人的悔过与受害人的宽恕)。其中,基督教关于忏悔、宽恕的思想,其影响看似比较显著,但它的实际作用其实非常有限。在加害人被羁押的中国刑法的实际运作中,绝大多数加害人根本就没有和受害人见面的可能。故此制度的"引进"所导致的,其实是完全违反其原意的凭借金钱来收赎罪行,也包括受害者"漫天开价"等弊端。如今,虽然恢复性正义的适用已经被限定在比较有限的范围,但之前对它的过高估计所引发的问题和经验应该引以为戒。

这样"搭错线"地援用不合适的西方理论来解决中国实际问题,乃是错误的拼凑性"融合"的实例。

本编第二篇文章采用了宽阔的"正义体系"范畴与全球正义体系的比较,来论析中国如今融合中西的制度。其最鲜明的特点(也是"中华法系"长期以来最突出的特点),是高度依赖非正式的民间调解和半正式的机构调解。根据2005—2009年的数据,在每年全国2500万起有记录的纠纷中,有43%是通过调解结案的。首先是社区的人民调解,在每年1000万起纠纷中,解决("调解结案")占了不止一半(52%);再则是众多行政机构的半正式调解("行政调解",尤其是公安部门的调解),解决了另外1000万起纠纷中的38%;最后是正式法院的调解,解决了500万起纠纷案件中的34%。加起来,调解解决了所有纠纷中的43%,与西方一般低于3%的调解(区别于其不同性质的仲裁、庭外妥协、辩诉交易等)结案率相比,这是极其鲜明的不同。

中国对非正式的民间调解和半正式的机构调解的高度依赖,其起源是中华法系长期以来形成的"儒法合一"("阳儒阴法")正义体系:要求家族和社区尽可能以儒家仁、和、让、忍等道德价值主导的非正式调解为主要的纠纷解决方法,尽可能用其来处理社会中的纠纷,尽可能将国家正式的法庭制度限于处理比较严重的、涉及罪行的案件的传统。西方由于历来缺乏这样的司法理念、制度与紧密聚居和整合的村庄社区,故长期以来主要依赖正式法规和法庭处理民事纠纷。如今,中华法系(包括日本和韩国)仍然展示出来自中华法系传统的基本特征,与西方的体系形成鲜明的对照。(我们只有认识到这点,才能正确理解中华法系长期以来"以刑为主"的正规法律体系;有了社会的民间调解,才可能将正规体系限于"以刑为主"。)

影响很大的世界正义工程(World Justice Project,WJP),以及其对全球102个国家的量化"法治指数",已经注意到西方法律和中华法系在这点上的关键不同,并已认识到"非正式正义"与其之前设定的第七"一级要素"中"民事正义"下的第七"次级要素",即西方近期兴起的"非诉讼纠纷解决机制"(Alternative Dispute Resolution,ADR)有实质性的不同。目前该工程已将"非正式正义"设定为其要纳入的第九个关键"要素",并计划将"非正式正义"纳入其对各国正义体系的量化评估。我们可以预期,这样的更改将会直接影响其对中国(以及属于中华法系的日本和韩国)正义体系的评估,使它成为更符合中国实际的衡量指标,可以更精准地认识中华法系在全球正义体系中所占的位置。这一实例再次说明,我们不能仅凭西方法律的标准来认识中国,须认识到中国历史的特点,以及中国如今特殊的融合中西传统正义的特点。

本编第三篇文章是对源自中国、日本和韩国的"东亚小农经济"模式的论析。三地的小农经济现代化,基本都是走"小而精"的农业现代化模式,主要依赖化肥和科学选种,属于劳动与现代投入双密集化的农业。与西方以地多人少的美国为代表的,主要依赖机械的"大而粗"农业现代化模式有很大区别。两者足可代表全球两大主要农业现代化模式,中国可以反映其中最为关键的不同:当前中国的(全职)劳均耕地面积是10亩,户均(由于越来越多的半职农业劳动)也才10亩,而美国的农场则是户均将近2700亩(450英亩)。

但"东亚模式"内部也有明显的不同,其原因主要是日本、韩国(和中国台湾地区)由于一系列的历史偶然性而形成的不同农产品物流体系。其出发点,是日本明治后期所开启的,以农业现代化为地方政府基本职责的制度。通过日本的殖民式统治,这项制度被移植到韩国和中国台湾地区,为两地农业提供了关键性的现代投入——特别是化肥。其后,因美国的占领(或起了决定性影响),(由于其进步的、认同于罗斯福总统新政的农业政策人员的推动)消灭地主经济、扶持小自耕农经济的方针,在日本、韩国和中国台湾地区得以确立。之后,尤其是在日本,由美国占领军总司令部勒令地方政府将其所掌握的资源转交给由下而上的合作社组织来掌握,并由上而下地由国家组织设置了新型(拍卖)批发市场,两者共同形成了新型的农产品物流体系。这一举措为小农户提供了现代化的高效廉价的农产品物流("纵向一体化")服务体系,奠定了三地的农业现代化模式,为三地的整体经济发展提供了稳定的基础,促使其在20世纪下半期便进入"发达"国家(和地区)行列,并做到了相对高度的社会公平。

中国则完全没有采纳这个具有高度偶然性的高效农产品物流体系。时至今日,中国农业依赖的,仍然要么是(由千千万万小商小贩+商业资本+政府部门设立的营利性,而不是服务性的)低效昂贵的粗糙批发市场,要么是较高程度官僚化且昂贵的供销社体系。结果是,小农户的产品盈利要么大多被商业资本,要么被过时的低效物流体系所占据;中国小农户远远没有获得其他东亚国家和地区的小农户所获得的盈利,从而导致较严重的社会不公;这部分国内市场的发展被严重压缩,成为中国进入发达国家行列的障碍。

中国多年来一直以美国模式为典范,实际上这是不切实际和不可能的。支撑美国农产品物流体系的,主要是大型农业企业,而非小农户组织的合作社和政府组织的批发市场。美国的合作社原先主要是为小农场经营者服务的体系,但如今伴随美国金融市场在其经济整体中的压倒性崛起,已经成为一个主要由金融投资逻辑主导的体系:高度依赖金、银、石油等高价"期货"(futures)交易,附带着大量的投机资本交易,区别于以现款现货交易——现货现买(spot-trading)为主的东亚体系。中国甚至试图模仿建立美国式的以企业型合作社为主的专业合作社,结果导致大量虚、空、伪合作社(商业资本借用合作社的虚名来谋求国家资助、补贴或税收优惠)的兴起,并没有真正服务于小农农业。

好在近年(尤其是"十九大"以来)国家在政策上,已经开始给予小农经济前所未有的关怀。最近,国务院发展研究中心配合美国著名的兰德智库,在历经两年的研究合作基础上,提出了需要模仿东亚合作社经验的政策建议,这一政策建议与笔者长期以来倡议的道路一致。

五、进一步的前瞻性探索

本编第一篇文章是对笔者之前的"第三领域"和"集权的简约治理"这两个概括的重新梳理和推进,包括对两者的关联及主要经验证据的总结,并在主要关于古代的论述之上,添加了比较详细的关于当代和改革时期的讨论。此文还纳入了与笔者之前的概括关系比较紧密的周黎安教授关于中国治理体系的"行政发包"理论,特别是中央和地方政府之间作为治理手段的"内包"关系,也包括其与社会实体间的"外包"关系,以及其在改革期间凭借结合"官场"竞争和"市场"竞争来携手推进经济发展的独特运作机制。

笔者和周黎安教授的两套概括具有高度的亲和性,甚至可以说是相互阐明,不仅有助于我们认识中国古代的治理运作机制,也有助于我们认识中国革命的政经体制,更有助于我们认识当前的政经体系及其在中国四十多年所取得的举世瞩目经济发展中的作用。这一政经体系应该可以成为中国未来发展的一个重要方向和特点,本文试图梳理清楚其基本轮廓并探讨其指向未来的发展方向和道路。

本编第二篇文章从合同与承包的区别谈起,试图进一步梳理清楚中国政经体系这方面的特点。"合同"指的主要是市场交易中两个平等体之间常带有讨价还价性质的协议,"承包"指的则主要是由上而下的协议,由上面"发包"责任给下面——如家庭联产承包责任制下的政府发包给农民的承包地,或行政机构中的上层发包责任给下层,一般不带有讨价还价的维度。在改革期间的中国,承包关系占主要地位,即便长期以来被表达为"承包合同",其实主要还是由上而下的发包。"承包"与"合同"两词的混合使用对实际具有一定的误导性,所以我们需要清楚区别两者的不同性质。在国家的正规立法中,两者其实是被清楚划分的,但在社会的实际运作和理解中,更普遍的是两者的混淆不清。

我们固然可以像以往大部分学者那样,要么争论中国必须走上西方的合同(与资本主义)模式,要么争论中国必须坚持中国式的传统发包与承包制度。但实际上,前者与中国近四十年来的市场经济发展紧密相联,后者则与中国传统的"集权的简约治理"及"分块的集权体系"(指地方政府是中央集权体系中的小型复制体)紧密相联。要认识当前的中国实际,二者缺一不可,必须看到两种现象的并存和互动。

从这个角度来考虑,如今一般被学术界认为不过是官方修辞的"社会主义市场经济"其实比较贴切地表达了两者结合的实际。在中国目前的GDP中,私企和国企分别占了接近一半的比例,使得中国既具有与西方合同理论相似的一面,也具有与西方合同理论不同的行政发包制度的另一面;正是两者的结合互动形成了今天中国政经体系的基本逻辑:既是相当高度市场化的体系,也是相当高度国家介入、引导、参与市场经济的体系,但绝不是像古典和新古典经济学所建构的那种坚决要求国家"干预"最小化的政经体系。这个新型体系与其说是来自某种理论上的抉择,不如说是通过多年的实践和实验(从农村土地承包制度,到乡镇企业的发展,再到地方政府协助推动的城镇市场经济和私企的发展)而形成的二元结合的体系。许多学者习惯使用"转型"一词,却多将其误解为中国向西方模式的演变,但中国的实际绝不是非此即彼地从对立一方到另一方的演变,而是两者二元合一互动的演变。

本编第三篇文章转入对中西国力性质和现代化路径异同的思考。首先需要明确的是,即便是西方自身的经历,其实也与其片面化的古典和新古典自由主义的表达截然不同。在后者的表达中,国家相对市场经济尽可能放任无为,任由其"看不见的手"自由运作,尽可能避免"干预"其自由竞争的运作。那是资产阶级为了向国家和贵族争得更多的营利权利的说辞。实际上,长期以来国家一直对市场起到非常大的作用,无论重商主义时期还是之后的帝国主义时期抑或今天的全球化经济时期都是如此。自由主义的表达仅仅是片面化的、理想化的,归根结底是对西方长时段历史实际的单一面化虚构。

对比中西现代国力形成的历史过程,我们可以看到非常鲜明的不同。西方依赖的是资本主义经济的工业化和发展,与低度中央集权和高度基层渗透力的现代民族国家机器及其科层制体系。但中国革命根本没有可能模仿那样的途径,只能凭借共产党的组织和民众动员能力来与西式(包括国民党政府、日本侵略者、"遏制与孤立"中国的美国)的相对高度工业化、现代化、集中于城市和交通运输枢纽的国力和军力相抗衡,从农村包围城市,借助高昂的士气和更优越的情报,以及游击战和运动战(而不是阵地战)来与其斗争。同时,共产党还有类似传统的"集权的简约治理"和"第三领域"的国家组织(包括依赖民众动员以及分块的19个革命根据地)的力量,与西方截然不同的政经体系抗衡。最终的结果,是共产党对相对高度现代化且拥有大量美援的国民党的胜利,对更高现代化的日本侵略者的有效抗战,以及与更加高度现代化的美国在朝鲜战争中形成拉锯局面。

正是经过上述的国力建设路径(以及伴之而来的"路径依赖"),中国形成了一个与西方迥然不同的现代国力体系。它相当高度依赖国家直接参与市场经济,依赖中央和地方政府的"两个积极性",既集权(中央紧密控制的官员体系)又放权(地方政府在中央紧密控制的官僚体系中的竞争和自主),既是计划经济遗留下来的国企(占到经济整体的将近一半)又是相当高度发达的私企的结合,包括日益广阔的、处于政府和社会之间的政府与社会携手的第三领域,以及深深嵌入社会的庞大中国共产党组织(一个拥有9600多万党员,相当于全球第16大国家人口规模的组织)。这一切都和西方主流理论使用的"极权国家"(totalitarian state)建构截然不同。正是这样的历史实际,使我们看到中国与西方不同的历史背景及其未来的可能前景。

本编最后一篇文章再次从笔者1975年开始全力研究和概括的中国社会经济中最为基本的小农经济出发。该文是笔者最新的梳理和总结,指出了"小农经济理论"和笔者论述的"内卷化"和"去内卷化",以及如今庞大的"非正规经济"和全球化经济体系的紧密关联。正是小农户的特殊经济逻辑(集生产和消费于一身),以及中国"人多地少"的"基本国情"导致了"内卷化"农业生产体系的形成(不计劳动力成本的劳动密集化农业),以及其后在改革时期形成的(劳动与现代投入双密集化)"去内卷化"小农经济现代化发展模式。中国的小农经济与西方从封建小农及其后的自由小农到资本主义化农场的转型截然不同,逻辑也迥异。一个依赖的主要是提高地力的化肥和小农劳动投入,一个依赖的则主要是节省劳动力的机械化。正是中国这样的内卷化和去内卷化农业经济,成为改革期间大规模兴起的非正规经济(没有或少有劳动保护和福利的廉价劳动力)的社会基础("半工半耕"农户),使中国成为"全球工厂",并取得了一定的经济发展,但也导致了比较严重的社会不公。同时,这也是中国农村紧密聚居的社区特殊的治理体系及特殊的正义体系(非正式正义体系,以及由其与官方正式正义体系互动所产生的第三领域正义和治理体系)的根本来源。

六、附录

本编所收文章是笔者最新的总结性思考。首先是中国当前在实践中已经形成的一种新型的实践政治经济学,实际上已经远远超越了所有现有理论的概括。譬如,"社会主义市场经济",由国企与私企近乎平分天下,政党+国家的积极领导和介入与自我运作的市场经济和机制并存互动,"仁治""为人民服务"和"社会主义"的理念与权宜性的"让一部分人先富起来"结合等。同时,还有一系列明显带有一定中国特色的实际运作,诸如国家与社会互动的"第三领域"、中央集权与基层仍然常见的"简约治理"、中央与地方间发包与承包("内包")的上下互动关系,以及类似的政府与社会间的"外包"互动合作。这些根本性的变化已经在国家的实际运作(结合主客观的实践)中得到充分展示。仅凭西方已有经典理论(无论是经典自由主义还是经典马克思主义),或中国自身现有的理论、概括或表达,都无法真正认识和掌握这些实践和经验。

其中一个重要的原因,是中国的基本思维方式迄今仍然与现代西方主流的思维模式十分不同。面对二元和多元的实际,中国强烈倾向将自身视作二元或多元的互动合一体,包括社会主义与市场经济、国企与私企、国家与社会、社会与个人、中央与地方、上层与下层等都是如此。其基本宇宙观近似传统的阴阳乾坤观,也近似现代生命科学中的互动而非牛顿力学与机械世界中的推拉关系;其逻辑近乎现代医学中的二元与多元互动合一及合理推断,而非现代西方主流的二元对立和非此即彼。用英语表达的话,贴近西方少见少用的"dyadic"(意为二元互动结合。亦可用"多元"[multi-adic]一词来表达),与西方主流的"二元对立"(dualism／dualistic opposition)十分不同。后者特别适用于机械世界和演绎逻辑,而前者则更适用于生物世界。显然,在未来的自然科学中,中国式的基本思维方式可能会占据更重要的位置。

本书用作后记的最后一篇文章将上述思路更直接地连接到布迪厄倡议的"实践理论"。该文的核心是挑战西方主流的二元对立观和形式化逻辑观,指出"实践"不同于常见的主观主义和客观主义的二元对立与非此即彼,"实践"是生成于主客观双维的互动合一。其逻辑虽然貌似含糊不清,但实际上更接近真实世界,能够超越过分简单化的二元对立。因此,布迪厄所挑战的不仅是英美主流的自由主义思想,也是马克思主义理论中被过度机械化和庸俗化的部分,更是韦伯的"形式理性"理想类型,他的实践理论是具有划时代意义的创新。

尽管如此,我们也还是要直面布迪厄理论相对中国实际的不足。它缺乏双重文化矛盾和张力的视野,实际上仅包含前现代与现代的单一文化体;它也缺乏关于实践与生发于实践的表达(话语)间的可能背离——聚焦实践并不等于可以无视实践所必然连带产生的主观表达;它还缺乏长时段的历史变迁视野,基本仅适用于某一瞬间或时间段。所以,我们需要拓宽布迪厄实践理论在这些方面的视野,才能真正认识中国。

第一编

中国经验的悖论性

第一章
中国研究的规范认识危机
——社会经济史中的悖论现象[①]

中国社会经济史的研究正处于一场规范认识的危机之中。这里指的不仅是以往学术界的各种模式。所谓规范认识指的是那些为各种模式和理论,包括对立的模式和理论所共同承认的、已成为不言自明的信念。这种规范信念对我们研究的影响远大于那些明确标榜的模式和理论。它们才是托马斯·库恩(Thomas Kuhn)1970年《科学认识革命的结构》中的"规范认识"(paradigm)一词的真正含义。近数十年累积的实证研究动摇了这些信念,导致了当前的规范认识危机。这一危机的发生使大家感到现有理论体系的

[①] 本章原载英文版《近代中国》(*Modern China*)第17卷第3期,1991年7月。是我在完成《华北》和《长江》工作后的进一步思考,后来引起国内的一些讨论(连载《史学理论研究》1993年第1、2、3、4期,以及1994年第1、2期)。

不足,并非通过对立理论间的争论就能解决。大家有一种需要新的不同的东西的感觉,但尚未明确地说出需要什么样的新东西。

我们应该系统地估量这一危机,并试图探求新的认识。我们不需要倒退到纯粹的考据,或次要问题的探讨,或"纯科学"的技术手段,或极少数人所热衷的政治争论。相反,我们应该把当前的危机看作反思既有信念和探索新观点的极好机会。

本章先粗略地回顾中国和西方几代人的学术研究,说明近四十年来学术研究中的一些主要的模式和理论体系。尽管不同辈分以及大洋两岸存在着种种差异,但各方应用的主要理论体系实际上具有一系列的共同的基本信念。这些信念一般被认为是不言自明的,无须讨论也不受人注意。学术界的争鸣一般都围绕着各理论体系间的不同点,而不去顾及共同点。然而,数十年累积的实证研究实际上已揭示出一系列与这些信念相悖的现象。规范信念认为不可并存的现象屡屡同时出现。实证研究所发现的悖论现象实际上已经对以往的规范信念提出全面的挑战。本章将列举一些悖论现象,进而分析这些现象所否定的不言自明的规范信念,并探讨如何研究由此产生的新问题的方法。本章无意对以往所有的研究做一综合评述,相反,讨论将限于若干最有代表性的论著,目的在于说明我个人的看法。

一、规范认识的危机

(一) 中国的学术研究

当代中国的史学研究在二十世纪五十年代开始时认为历代王

朝统治下的中国社会是基本上没有变化的,主导的模式是"封建主义",即与进步的近代资本主义相对立的停滞的旧中国。这一模式的基础是斯大林"五种生产方式"的公式,即历史的发展必须经过原始社会、奴隶制、封建制、资本主义和社会主义生产方式这五个阶段。

在"封建主义"的模式下,研究中国近代王朝史的学者主要研究封建阶级关系,即封建统治阶级通过地租、税收和高利贷形式榨取农民生产者的"剩余价值"。他们的研究成果见于编集了大量记载这些剥削关系的资料集(李文治,1957;章有义,1957;严中平等,1955)。一些学者亦将封建经济等同于前商品化的自给自足的"自然经济"。他们认为中国这一生产方式的特点是家庭农业与小手工业的结合,即"男耕女织"。他们认为这是一种结合得异常紧密的生产方式,它阻碍了手工业从家庭中分离出去而形成集镇作坊,并最终阻碍了资本主义发展。他们收集了种种证据,证明"自然经济"在明清时期占优势,并一直延续到二十世纪三十年代。①

早在二十世纪五十年代,上述模式已受到研究"资本主义萌芽"的学者的非难。这些学者认为,明清时期绝非是停滞的,而是充满了资本主义先兆的种种变迁,与西方国家的经历类似。一些研究者致力于收集明清商业扩展的资料,对当时的商品经济做出系统估计,以证明国内市场的形成,认为这标志着封建主义向资本主义的过渡。另外的研究侧重于封建生产关系的松弛和衰落(尤

---

① 参见黎澍1956年的论文。这方面最出色的研究有徐新吾1981年及1990年的研究。徐的研究始于二十世纪五十年代,但在八十年代之前一直未出版。

其是土地租佃关系)与资本主义生产关系的发展(尤其是雇佣劳动关系)。①

"资本主义萌芽论"的最初提出者并未关注到经济发展,他们认为一旦阐明了商品化和资本主义生产关系,资本主义的经济发展就不言而喻了。然而随着二十世纪八十年代改革时的意识形态由"生产关系"转而重视"生产力"(包括技术、资源利用、劳动生产率等内容),新一代学者转向直接探讨经济发展。李伯重尤其强调长江三角洲的新作物品种和肥料的应用,具有一定的代表性(李伯重,1985a,1985b,1984)。

"资本主义萌芽论"虽然成功地冲击了"封建王朝因袭不变"的旧观点,但无论在老一代学者还是在二十世纪八十年代培养出来的新一代学者之中,它均未能广泛地为人们所接受。在西欧历史上,由于十九世纪出现了工业资本主义的蓬勃发展,把这之前的三四个世纪称作资本主义萌芽或向资本主义过渡是有道理的。然而中国的十九世纪并无资本主义发展,有什么道理把这之前的时期称作资本主义萌芽呢?再者,经济的相对落后使中国受害于帝国主义。鉴于这一事实,把明清时期等同于近代早期的英国到底有什么意义?

"资本主义萌芽论"学派试图以西方入侵打断了中国资本主义发展的进程为由来解释这个问题。于是,把十九世纪中国经济的落后归罪于帝国主义,而不是自身的停滞趋势。这一说法虽很符

---

① 关于明清商业发展的杰出研究见吴承明1985年的研究。关于生产关系变动的研究见李文治等1983年的研究。

合反帝情绪,却难以令人信服。西方的经济影响直到十九世纪末仍是很有限的,而中国经济自数百年前的所谓"萌芽"以来,却未显示出自己发展资本主义的动向。十九世纪中国经济落后的事实,重新证明了先前的封建主义与自然主义的经济至少是部分正确的。

"封建主义论"和"资本主义萌芽论"的相持不下使中国的青年学者对两者都抱有怀疑,甚至不屑于再引用前辈们的这些模式。有的全盘搬来西方的一个又一个时髦方法,进一步扩大了代沟,这一情况本身就反映了中国学术界的规范认识危机。

(二)西方的学术研究

西方的学术研究虽然比较多样化,它的主要内容却出人意料地与中国的研究相似。二十世纪五十年代的美国学术界同样持有传统中国在本质上是无变化的观点。当然,这里不再是"封建主义"与"资本主义"的对立模式,而是源自近代化理论的"传统"中国与"近代"中国的对立模式。研究的重点不是"封建"中国的阶级关系,而是"传统"制度与意识形态。在社会、经济领域则强调人口对停滞经济的压力。[1]然而,研究的基本概念是中国在与西方接触之前是停滞的,或仅在"传统范围"内变化,这与中国同行的见解基本一致。

---

[1] 这方面研究的杰出代表作有何炳棣(Ho, Ping-ti),1959。此书通过对明清人口变化的估测企图证明马尔萨斯式的人口压力;在1700年至1850年的"人口爆炸"时期,消费人口的增长超出了农业生产,从而形成了中国近代农村危机的背景。

如果清代在本质上没有变化,那么推动质变的力量则只能来自外部,因而简单地将其归结为"西方的冲击"与"中国的反应"(费正清[Fairbank],1958;费正清等,1965)。在这个"哈佛学派"倡导的"冲击—反应"模式之下,一些重要的著作阐述了西方在中国的出现以及中国的反应(芮玛丽[Wright],1957;费维恺[Feuerwerker],1958)。但是这一观点在二十世纪六十年代后期受到挑战:先是政治性的攻击,"西方的冲击"被认为是为帝国主义和美国干涉越南辩护,①继而在史实上受到论证明清之际发生重大变化的学者的批评。

后一倾向在近年来形成一个新概念:中国在受到西方影响前数百年的时期被称为"近代早期",如同在西欧发生的那样。与中国的"资本主义萌芽论"一样,这一观点的出发点是明清经济的大规模商品化。有的学者更进而把这一观点延伸到社会、政治领域中(Rowe,1984,1989;Susan Naquin[韩书瑞]and Rawski,1987)。

就像"资本主义萌芽论"学者那样,"近代早期论"学者动摇了过去的"传统中国论"及其派生的"冲击—反应"模式。他们的实证性批评比激进学者对费正清的政治批评有效。然而,就像"资本主义萌芽论"一样,这个新的理论也因同样的原因而难以被普遍接受。如果自十七、十八世纪至十九世纪后半叶的中国那么像近代早期的西方,为什么在随后的世纪中中国的变迁这么不同?我们

---

① 见《关心政治的亚洲研究学者学报》,此学刊专门针对既有的理论模式,尤其见佩克(Peck,1969)以及费正清在同卷上的答复。柯文(Cohen,1984)对论战双方加以综述,尤其对费正清的"冲击—反应"以及"传统—近代化"模式进行了深刻的反思和批评。

如何看待帝国主义和二十世纪的革命？一个可能的论点是帝国主义促进了以前就已在内部产生的早期近代化。但是真是那样的话，又如何看待共产主义革命的发生，难道它只是对近代化的一种偏离？另一个可能的论点是帝国主义使中国脱离了近代化的正常途径而导致了革命。目前，"近代早期论"的学者尚未提出一个在逻辑上与他们的论点一致的关于帝国主义与中国革命有说服力的观点。

学术界于是陷入了当前的理论困境："停滞的传统的中国"的旧观念及其派生的"冲击—反应"模式已不再具有影响力，而"近代早期中国"的新观念尚不足以成为支配性的模式。其间，尽管中国史研究领域采用了似乎中立的"中华帝国晚期"来称呼明清时期，但此词过分强调了皇权在中国历史整体中的作用。

(三)两个理论

中国学术的主要模式源自马克思的古典理论。"封建主义"与"资本主义"的范畴均出自马克思对西欧，尤其是对英国的分析。资本主义萌芽论则是中国特殊的模式。如果中国在帝国主义入侵之前是单纯的封建社会，那么，就必须肯定西方帝国主义为中国带来了近代化，但这是任何爱国的中国人所不能接受的。资本主义萌芽的公式解决了这一问题：在西方帝国主义到来之前，中国已开始了自身的资本主义发展进程。西方帝国主义打断了这一进程，使中国沦为"半殖民主义"。如此，资本主义萌芽模式协调了斯大林的五种生产方式的公式(以及列宁的帝国主义学说)和基于民族立场的反帝情绪。

在另一方面,尽管没有普遍的认可,也很少有明白的标示,西方学术的主导模式主要得自两个理论:先是马尔萨斯,后是亚当·斯密。一开始,停滞的"传统中国"被看作一个其资源受到马尔萨斯式的人口压力困扰的社会。这一看法是建立在传统中国是前商品化的社会的假设之上的。后来,明清普遍商品化的史实得到证明,马尔萨斯式的观点便受到亚当·斯密理论的诘难。

斯密的设想是由市场推动资本主义发展。自由贸易会促进分工、专业化、竞争、更新、高效率,以及随之而来的资本积累的发展。在城乡商品交换的推动下,城乡会进入螺旋形的现代化发展(亚当·斯密,1775—1776)。这一设想相当程度地在英国得到体现,从而赋予其有力的史实依据。这一设想也得到了现代经济学界论说的支持:它们多从抽象、简单化了的斯密理论出发。

明清时期果真出现了斯密所想象的那种发展,便不会存在人口过剩的问题,劳动力会像其他生产要素一样根据自由竞争市场的逻辑而达到最合理的使用。这样,马尔萨斯理论便被斯密理论取代而形成了"近代早期"模式。

中国与西方学者争论的焦点首先是中国经济落后的原因是封建阶级关系还是人口压力。中国学者认为中国经济中的资本形成受到了封建统治阶级的阻碍,封建统治阶级盘剥直接生产劳动者的剩余价值,并用于自己的奢侈消费而不投资于生产。西方学者则认为资本的形成为人口压力所阻碍,人口压力减少了消费之余的剩余。① 争论也涉及了究竟是通过社会革命,还是通过人口控制(以及其他改革)来使中国摆脱落后,走向近代化。

然而,在"近代早期中国"模式向"传统中国"模式的挑战中,以及"资本主义萌芽"模式对"封建主义"模式的批评中,争论的焦点转移了。在反对"传统中国"和封建"自然经济"模式时,"近代早期论"与"资本主义萌芽论"是站在同一边的。问题的焦点变为:明清经济到底是已经呈现出近代早期发展(或资本主义萌芽)的高度整合的市场经济,还是仍然处于前商品化时期的、本质上停滞的、处于人口压力重负下的经济?

至于帝国主义问题,中国的"封建主义"与"资本主义萌芽"两个模式当然都强调帝国主义的破坏性作用。"封建主义"学派强调帝国主义如何使封建剥削关系进一步恶化,而"资本主义萌芽"学派则突出了帝国主义如何阻碍了中国资本主义的充分发展。

在西方,首先是用"冲击—反应"模式来反驳上述观点的。例如有的学者争辩说,中国"近代化的失败"的原因不在于西方的破坏性冲击,而在于中国传统的顽固存在(Wright,1957;Feuerwerker,1958)。随后,有的学者转用斯密的模式:随着西方影响而来的国际贸易和外国投资的扩展是有利于中国经济的。如果中国经济的近代化失败,其原因不是西方的影响太强,而是太弱,是因为这种影响仅限于沿海通商口岸(Dembergr,1975;Murphey,1977)。

这一观点最后归结为新近的公式,直截了当地以"市场"代替了旧有的"西方冲击"。不像"帝国主义"概念带有种种政治现实和

---

① 参见章有义编(1957)和利普特(Lippit,1971);对照何炳棣(1959)及艾尔温(Elvin,1973)。拙作(Huang,1985:14—18)对这方面的争论做了概括性论述。

含义,"市场"可以被视作纯粹良好的客观现象:只要市场得以运行,它就会赋予中国像西方那样的发展。这个"真理"见证于种种"事实":国际市场刺激了中国的工农业发展,直至二十世纪三十年代。市场的冲击不像以往研究所讲的那样,仅限于沿海通商口岸,而是实际上深入到中国的农村和内地,带来了广泛的发展。① 照这一观点来讲,中国的不幸在于市场推动的发展被战争、灾荒等畸变所打断。

(四)一个规范认识

尽管中国与西方的学术研究有着种种不同,但两者明显有许多共同点。认为中国历史基本上无变化的一代学者均受到强调中国传统本身有着明显变化的一代学者的挑战。中国经济是个前商品化的、本质上停滞的经济的主张,受到了认为中国经济是高度商品化、蓬勃发展的经济的主张的挑战。两个学术派别均把停滞与前商品化经济相联系,把近代化等同于商品化。中国的"封建主义论"学派认为封建经济是停滞的,是因为把它等同于前商品化的自然经济。与"资本主义萌芽论"学派一样,他们也认为商品化必然会导致资本主义。与此类似,西方"传统中国论"学派认为明清经济基本上没有商品化。例如何炳棣 1959 年的人口著作基本上无视商品化,珀金斯 1969 年对明清农业的研究也把低水平商品化作为

---

① 罗斯基,1989;布兰特,1989。周锡瑞对布兰特一书的评论,待刊于《经济史学报》。参见 Myers,1970。科大卫(Faure,1989)较为合理地认为积极作用仍限于出口农业地区。

一贯前提。而罗威廉（Rowe）1984年、1989年的著作以"近代早期"模式对过去的著作提出挑战，则从种种蓬勃商品化的证据出发。

商品化会导致近代化的构想是贯穿"封建主义论"与"资本主义萌芽论"模式、"传统中国论"与"近代早期中国论"模式的规范信念的一个例证。它贯穿了大洋两岸学术界的两代人，也贯穿了斯密理论与马克思主义理论。

这样的信念一般不被学者讨论。学术界所注意的主要是不同理论、模式间的争论方面。于是我们争论的重点就在明清商品化的程度，或帝国主义和阶级革命的是非功过。我们不去注意那些共同的认识，认为那是再明白不过了，乃至无须再加以讨论。

正是这样的信念，我称之为规范信念。当前学术界往往过分简单地把"规范认识"这一词等同于有影响的模式。这一用法其实抹杀了这个概念的分析力量。若用于存在着众多模式的社会科学领域，尤其如此。本章把规范认识性的信念定义为不同的或对立的模式和理论所共同承认的、不言自明的信念。这样的信念比起任何明白表达的模式和理论来，有着更广泛、更微妙的影响。它们的影响不仅在于引导我们去想什么，更在于不想什么。

于是，我所指的规范认识的危机并非针对某一理论或模式，并非针对学术界的这一代或那一代，亦非针对中国或西方的学术研究。把当前中国史研究中的危机解释为老一代研究的衰微，或认为只发生在中国并意味着斯密理论战胜了马克思主义理论，是误解了这个危机的真实含义。当两个理论体系长期地各以对方来为自己下定义时，一方的危机便足以提醒我们去考虑是否是双方的共同危机。当前的规范认识危机要从两代人和两种表面对立的模式和理论体系的共同危机的角度来理解。

(五) 多重悖论现象

我认为在过去实证研究积累的基础上所证明的一系列悖论现象,已经使我们领域的规范信念濒于分崩的边缘。悖论现象指的是,那些被现有的规范信念认定为有此无彼的对立现象在事实上的同时出现。悖论现象对那些信念的挑战首先在于相悖现象各方并存的确实性。例如,商品化和经济不发展这对相悖的现象确实并存。在更深的层次,悖论现象则对既有的因果观念提出怀疑:商品化是否必定会导致经济发展?明清时期蓬勃的、持久的商品化与糊口农业长期持续的事实,反悖于"资本主义萌芽"和"近代早期中国"模式的断言,也反悖于"自然经济"和"传统中国"模式的认定,这一对悖论现象向所有模式共同认可的"商品化必然导致现代化"的不言自明的规范信念发难。

但是,实证研究揭示出的悖论现象与它们否定的规范信念一般没有在论著中被清晰地披露出来。学者们通常不会讨论未诉诸文字的潜意识信念,即使想讨论的人,也可能由于认为道理过于明显,而觉得不必加以讨论。于是这些实际上已为事实所否定的规范信念继续影响人们的思想,尽管许多人已久有怀疑之心。本章的一个主要意图,就是列举一系列实证研究已经披露的悖论现象,进而揭示被这些现象所否定的"不言自明"的信念。

二、没有发展的商品化

(一)实证研究揭示的悖论现象

明清时期蓬勃的商品化已是不可怀疑的事实。在 1350 年至 1850 年的五个世纪中,几乎所有的中国农民都改穿棉布了。这反映了商品化的一个最大的组成部分:棉花经济的发展,伴随而来的是地区内部和地区之间的贸易。棉产品的交易也意味着粮食商品化的扩展,出现了棉作区与粮作区之间的商品交换和棉农与粮食剩余产品的交换。随着这样的发展,尤其是在长江三角洲出现了相当多的为棉、粮提供加工和交换服务的商业市镇。把明清时期说成是前商品化时期显然是不对的(吴承明,1985)。

然而,我们也注意到尽管有五个世纪蓬勃的商品化,农民的生产仍停留在糊口水平。无论生产跟上人口增长水平(珀金斯,1969),还是落后于人口增长水平(何炳棣,1959;Elvin 1973),农村中没有发生近代式的经济发展是毋庸置疑的。

同样,类似资本主义关系的雇佣劳动的出现也没有疑问。当时已出现了不少农村雇佣劳动,包括长工和短工。土地租佃关系也在松弛下来,分成租的旧方式让位于定额租,实物租让位于货币租。这些变化进一步确认了农村经济的商品化(李文治等,1983)。

然而,我们知道,在当时的农业中几乎没有大规模的资本主义式生产。许多长工、短工只是为一般农户所雇佣,以补充家庭劳动力的不足。在全国各地,包括商品化程度最高的地区,小农家庭农业仍占压倒性的地位。同时,少数使用雇佣劳动的大农场比起小农户来并未获得更高的亩产量(Huang[黄宗智],1985,1990)。

简言之,商品化蓬勃发展与小农生产停留于糊口水平两个现象的同时发生是悖论现象。这就对马克思与斯密理论的共同认识——商品化与近代化有着必然联系——提出了疑问。马克思与斯密的理论主要基于英国的实际状况。在世界其余的多数地区,近代化发展来自其他因素(如政权的中坚领导作用)与商品化的结合,并迟于英国。纯粹由市场推动的经济发展的模式是基于英国的经验,它被后来建立的许多经济分析模式作为前提,但不应混同于世界其他地区的历史真实。

与"市场推动经济发展"理论相联系,人们认为在近代化的过程中,产量与劳动生产率会同步发展。在斯密和马克思所熟悉的英国确实如此,他们因此都没有将产量与劳动生产率加以区分,并未考虑没有(劳动生产率)发展的(产量)增长的可能。

以往的研究已揭示明清时期的情况正是如此。这一时期产量的增长一方面来自耕地面积的扩大,扩大了将近四倍;另一方面来自亩产量的增加,通过提高复种指数及对某些作物增加肥料与人工投入(珀金斯,1969)。然而,尽管"资本主义萌芽"论者致力于论证经济发展,但到今日为止尚无人能够证实单位工作日劳动生产率的提高。提高的只是土地的生产率,主要由于劳动力投入的增加。单位工作日的收益仍是如此之低,小农生产仍处于糊口水平,而中国人口的大部分仍被束缚于粮食的生产。

区分增长与发展对理解中国的农村社会经济史至关重要。尽管有着引人注目的产量增长,但缺乏劳动生产率的发展乃是中国大多数人直至二十世纪八十年代仍困于仅足糊口的食物的生产的原因(Perkins and Yusuf,1984)。与之对比,美国的劳动生产率发展用4%的人口的劳作就能满足其他所有人的食品供应。劳动生产率的发展是近代化的核心含义,但它并未在明清时期出现。

斯密和马克思的另一个共同信念是近代经济发展必然是一个工农业连同发展、城乡一起近代化的过程。这又是根据英国的经验而来。他们均没有考虑到没有乡村发展的城市工业化的可能。

然而,没有乡村发展的城市工业化正是十九世纪后期以来中国的经历。当时中国工业的发展是没有疑问的。自十九世纪九十年代起,投资近代机器工矿业和交通运输的资本每年以高于10%的速度增长。上海、天津、无锡、青岛、汉口和广州等城市的兴起便是这一进程的例证。小城镇也有了蓬勃发展,特别是长江三角洲,甚至城镇中的小手工作坊也有了增长。①

这些发展发生在商品化的加速过程中。此过程的首要内容是小农家庭植棉、纺纱、织布三位一体的崩溃。机制纱,也包括国产的机纱,大量取代了土纱。棉农出售棉花给纱厂,而小农织户则买回机纱织土布。这带来乡村贸易的大量扩增(吴承明,1984;徐新吾,1990;黄宗智,1990)。

不过,我们同时也知道中国经济中的新的资本主义部分从未达到国民经济总产出的10%。当时也出现了传统手工业的衰败,尤其是手工纺纱,并因此导致长江三角洲不少市镇的衰亡,乃至完全湮废。最重要的是,即使在相对繁荣的二十世纪二十年代,农民

---

① 迄今有关中国工业发展的最好研究是吴承明,1990。参照 Ta-chung Liu(刘大中)和 Kung-chia Yeh(叶孔嘉),1965;Rawski,1989。

的收入仍处于仅够糊口的水平，随着三十年代的衰退农民就更陷于困境了。中国乡村人口的大多数仍被束缚于土地，从事仅够糊口的食物生产，经济发展主要是在城市，乡村仍然是不发展的。①

(二)悖事实的争辩

我们如何解释这些悖论现象呢？我们当然可以无视上述为史实证明的悖论现象，而继续坚持这样或那样的古典理论。过去的一个办法是用悖事实的争辩来抹去其间的矛盾。于是，主张资本主义萌芽论的中国学者就讲：如果西方帝国主义没有入侵中国，明清的资本主义萌芽会导致城乡质变性的资本主义化。这样，质变性的资本主义化事实上未曾发生就无关紧要了。这种悖事实争辩的要点在于申明它所认为的应有的历史现象，而无视历史真实。

新斯密学派的美国学者也以同样的方式明确地或含蓄地讲：

---

① 罗斯基(Rawski,1989)和布兰特(Brandt,1989)试图修正刘大中、叶孔嘉(1965)和珀金斯(1969)的广泛为人们接受的估计，认为二十世纪三十年代前的几十年中乡村有显著的发展。我在最近的书中(Huang,1990:137—143)详细讨论了罗斯基的论据，在此不加赘述。周锡瑞在他的评述中也讨论了布兰特的论据。目前没有理由否定刘大中、叶孔嘉和珀金斯原先的估计，即生产的增长仅勉强赶上人口的扩展。罗斯基声称在1914/1918年至1931/1936年的近二十年中，人均产出每年增长0.5%—0.8%(1989:281,329)；即使如此，全期累计增长也不过15%—16%，这样的幅度不足以改变小农生产仅处于糊口水平的整体状况。这样规模的变化也很容易用内卷化来解释。从乡村发展的观点来看，重要的年代是二十世纪八十年代(见后面的讨论)，在只及罗斯基提及的一半时间中(10年)却有了15—16倍于罗斯基所估计的增长速度。那样幅度的变化正好说明了两种现象的不同：一是通过资本化(即增加单位劳动力的投资)而来的劳动生产率的发展，二是通过劳动密集化而来的内卷性增长。

如果没有战争和革命,二十世纪初叶中国乡村由市场推动的发展会导致质变性的乡村近代化(Myers,1970;Rawski,1989;Brandt,1989)。照此逻辑,中国乡村并未近代化的历史真实无关紧要。历史真实成了理论的牺牲品。

类似的论点也被运用到对西方如何影响中国的评价。于是西方影响的积极方面被中国学者抹去了:如果没有帝国主义,中国会发展得更快。① 同样,西方影响的消极方面被新斯密学派的西方学者抹去了:如果西方影响更强一点,乡村的贫困就不会再持续下去了;或者,如果没有西方的影响,那里会更贫困(Hou,1965;Elvin,1973;Demberger,1975)。

这样的悖事实争辩往往伴随着另外两种推理。一是封建制或旧传统必然会让位于市场推动的资本主义发展或近代化。即使事实上并未发生这样的情形,它也应该会发生,或是迟早必定会发生。另一推理是一种因素(如商品化)出现,其他有关因素(资本主义发展和近代化)也必然出现。如若不然,它迟早必定会发生。很明显,这样的论点不仅是违背事实的,而且是结论先行和简缩化的。一个坚持历史发展是沿着必然的、直线的道路,而另一个则把复杂的现象简缩为只含有单一成分的部分。

我们需要做的是从实际的悖论现象出发,寻求能够解释这些现象的概念,而不是凭借悖事实逻辑来否认历史现象。学术探讨应由史实到理论,而不是从理论出发,再把历史削足适履。时至今日,我们应当把两个古典理论与其共享的规范信念造成的认识桎

---

① 甚至吴承明(1990)也含蓄地保留了这一论点。

秸放置一边了。

（三）内卷型增长与内卷型商品化

这里我简短地回顾一下我自己的研究，以说明我想提倡的途径和方法。在我 1985 年的书中，我面对矛盾的历史现象，首先企图通过肯定两代学术和两个古典理论各有的部分道理，来寻求一条调和的途径。而只有在 1990 年的拙作中，我才清楚地看到了历史的悖论现象并向以往两代学术和两种理论共享的不言自明的规范信念提出了挑战。这使我产生了这样的疑问：我们如何来解释诸如蓬勃的商品化与糊口农业长期并存的悖论现象，以及没有发展的增长的悖论现象，或是城市工业化与乡村不发展并存的悖论现象？

这使我最后去反思商品化过程本身的内容。我们习惯地认为农业商品化是由经营式农场主的牟利活动推动的。这是来自斯密和马克思熟悉的英国经验。于是，斯密学派和马克思主义学派的研究均企图找出经营有方的富裕农民。我们认为中国也是一样。然而事实是，这类情况在清代仅占商品化过程的一小部分。更重要的情况是，商品化来自人口对土地的压力。田场面积的缩减使农民趋于内卷化，即以单位劳动日边际报酬递减为代价换取单位面积劳动力投入的增加。长江三角洲的内卷化主要通过扩大经济作物经营的形式进行，尤其是植棉与棉纺织手工业。棉花经济增加了劳动力的投入，比起单一粮食作物来增加了单位土地面积的产值，然而单位工作日的收益却是下降的。这是一种应付人口压力下的维持生计问题的策略,而非为了追求最高利润的资本主义式的策略。它不会带来资本积累。这种主要由人口压力推动的内卷型的商品化,必须区别于推动近代发展的质变性的商品化。①

这里有必要指出,内卷型商品化可能通过充分地利用家庭劳动力而带来较高的家庭收入。它甚至可能通过每个劳动力每年工作更多天数而带来每个劳动力较高的年收入。但是这并不意味着单位工作日生产率和收益的发展,后者通常唯有通过劳动组织的改良、技术的进步,或更多的单位劳动力资本投入才可能实现。换句话说,内卷化解释了没有发展的增长这一悖论现象。

与发展不同,内卷化所可能带来的增长是有限的,局限于一年中劳动力能够承担附加劳动的天数,而通过资本化(增加单位劳动力的资本投入)来提高每个劳动力的生产率则不受这样的局限。更进一步,生产越是内卷化,就越是难以把劳动力抽出而走通过资本化提高劳动生产率的道路。被替代的劳动力必须寻求另外的就业机会。

应该明确,即使没有其他质变性的变化,内卷型商品化也可成

---

① 为把我的内卷化区别于过去的马尔萨斯的论点,我应指出我的分析很大程度上得益于博塞拉普(Boserup,1965)。博塞拉普把马尔萨斯的观点颠倒过来:马尔萨斯把食物生产看成是独立因素,在人口压力下供不应求;而博塞拉普则把人口看作独立因素,推动食物生产。博塞拉普认为人口增长推动了种植业的密集化,尤其是通过提高种植频率,由二十五年一熟的林木火种制到五年一熟的灌木火种制,到一年一熟和一年数熟制。我在博塞拉普的框架上增加了这样的概念:在固定的技术条件下,劳动密集化的过程是有极限的。长江三角洲的水稻生产在南宋时已接近其极限,在明清时期出现的主要是内卷化、劳动边际报酬的递减,而不是收入与劳动投入同步增长的单纯的密集化。我还增加了这样的概念:与家庭手工业相结合的商品化农业生产是内卷化的一种形式。

为市场与城镇发展的基础,就像明清时期发生的那样。小农的棉花和桑蚕生产提供了这些商品贸易的基础,进而影响粮食经济。这样的贸易与附属的加工成了新城镇的支柱,并进而推动了文化领域出现新现象。然而尽管如此,农民的糊口经济依然持续。

换句话说,我们企图找到的解释历史上悖论现象的答案就隐藏于商品化过程自身的特性之中。这一特性并不臆想所有的商品化均会导致资本主义的发生。商品化有着不同的形式和动力,产生着不同的变化,我认为我们不应该坚持讲中国的经验必然是或应该是与英国的经验一样,而需要去认清中国的不同动力和逻辑,其结果是与那些基于英国经验的理论模式相悖的现象。

我采用了类似的方法来分析帝国主义。我不认为世界市场必然有利于中国经济,或帝国主义只是有害于中国。我试图去找出历史真实,并说明帝国主义所引起的积极与消极作用同时并存的悖论现象。西方的冲击导致了由外国企业和国内城市企业组成的近代经济部门与内卷化的乡村经济部门相联结。例如在国际化了的蚕丝经济中,相对资本密集的机器织绸由美国和法国的工厂承担,它们依靠资本不那么密集的中国缫丝工业提供生丝,而中国缫丝工业又靠内卷化的小农家庭生产提供蚕茧。整个体系基于低收益的男性农民的植桑和更低收益的农民妇女的养蚕。在棉花经济中也有类似的逻辑。外国工厂承担大多数相对资本密集的织布,中国纱厂承担相对节省资本的纺纱,而中国农民承担劳动密集的低收益的植棉。于是,帝国主义、中国工业和内卷化的小农连成了一个整合的体系。

（四）微观的社会研究

从方法的角度来看，微观的社会研究特别有助于摆脱既有的规范信念，如果研究只是局限于宏观或量的分析，很难免套用既有理论和信念。然而，紧密的微观层面的信息，尤其是从人类学方法研究得来的第一手资料和感性认识，使我们有可能得出不同于既有规范认识的想法，使我们有可能把平日的认识方法——从既有概念到实证——颠倒过来，认识到悖论的事实。

基于同样的原因，地方史研究也是有用的方法。在对一种因素或一组因素的宏观研究中，我们很难对不同因素间的假定联系提出本质性的疑问。而地方史研究通常检阅了一个特定地区的"全部历史"，从而有可能对不同的因素间的关系提出新鲜的问题，避免把某一历史过程中发生的一些联系套用到另一历史过程中去。在我自己的经历之中，源自第三世界的分析概念比基于西方经历的模式有用。我自己关于内卷化的概念就得益于恰亚诺夫（A. V. Chayanov）和格尔茨（Clifford Geertz）的模式，它们都是基于对非西方社会的微观研究。

最后，我认为鉴定悖论现象是设计要研究的问题的好方法。既有的理论体系之间的争论和共同信念，可以帮助我们去认识悖论现象。一旦认清了悖论现象，以及它所否定的规范信念，我们便可能对假定的因果关系提出怀疑。例如商品化的性质会不会不同于我们以往的估计？近代化的动力会不会只限于商品化？这些问题引导我们去注意未发现的联系，也启发了我们思考可能解释这些悖论现象的新概念。

三、其他的悖论现象

下面我打算进而广泛地考察一些为以往学术研究所揭示的基于实证的悖论现象。我不准备对过去的学术加以全面的转述,而只打算讨论一些特别能说明问题的研究。我的讨论将主要集中于这里所要提倡的研究方向。这就不可避免地忽视了许多学者为突破旧模式和寻找新途径所做出的贡献。

(一)分散的自然经济与整合的市场

大洋两岸的学者近年来在运用微观经济学方法探讨中国经济史上做了一些努力。过去的研究主要是宏观经济的研究,新的研究从总产出转向市场、价格和企业、家庭抉择等被忽略的方面。①

新的研究成功地证实了明清经济中市场的整合趋势。在稻米、棉花、茶叶等商品交换中无疑存在着"全国市场"。我们可以明确地看到各地区间商品流通的路线,并估计出大概的流通量。此外,可以证明不同的地区之间价格同步波动。在民国时期,上述趋势加速扩展,中国的市场进一步连接于国际市场。

然而,我们还知道明清期间的棉纺织生产并不是在城镇作坊进行,而是在小农家庭中进行,与农耕相结合(徐新吾,1981;吴承

---

① 例如,吴承明,1985;陈春声,1984;王业健,1989;程洪,1990。更早的、开拓性的研究还有全汉昇和克劳斯,1975。

明,1990:208—332)。不仅如此,小农生产的大部分仍直接满足家庭消费。最新的系统研究表明,直至二十世纪二十年代,小农为家庭消费的生产仍超过为市场的生产(吴承明,1990:18—19)。换句话说,乡村经济相当程度的仍处于"自然经济"状态。

进而,要素市场的运行尚处于种种约束之下,离完全自由竞争市场的理想模式还很远。土地转移同时受到习俗和法律的约束,必须让邻近田块的亲友优先购买。同时,在广泛使用的典卖交易方式之中,卖主几乎拥有无限期的赎回权(杨国桢,1988)。雇佣交易中讲究私人关系和中间人,从而限制了劳动力市场的空间范围。村内亲友间的贷款(无论个人贷款还是合会),讲究感情和礼尚往来,而未形成脱离人际关系的信贷市场逻辑。小农借贷反映了糊口经济中的为生存而借款的逻辑,月利高达2%至3%,远高于任何盈利企业所能承担的利率(Fei[费孝通],1939;Huang[黄宗智],1990)。

我们当然可以再一次陷入以往的论争。新斯密学派会坚持说,根据某些商品价格同步变化的事实,他们理想中的整体化市场经济的其他因素也肯定同时存在:在中国小农经济中,充分竞争的、教科书式的要素市场如同在先进的资本主义经济中一样存在,小农就像资本主义企业家一样,在市场上为寻求最大利润而做出经济抉择(舒尔茨[Schultz],1964;布兰特[Brandt],1989)。有些人更从这样的简缩性推理出发,进一步得出乡村质变性的近代化必然会由这样的市场发展而来的武断结论。按照他们有悖事实的逻辑,他们不在乎历史真实不是如此,同样可以坚持要不是战争和革命打断这一进程,迟早会有这样的发展这一观点。

与此对照,"自然经济"论学者会坚持说封建经济只可能是"自然经济"。在正常的历史进程中,资本主义和完全整合的市场会发展起来,但这种可能性被帝国主义排除了,帝国主义和中国封建势力的勾结阻碍了这一进程。要是西方没有入侵,情况就会不同了。这样,我们又回到了老一套基本是政治意识的争论。

"经济二元论"(Hou, 1963; Murphey, 1977)把纯竞争性的要素市场模式与自然经济模式合并为一个具有两个不同部门的经济体系模式。但这个模式贡献有限,因为我们可以看到两个部门实际上是紧密相连的,最明显的例子是影响到每家每户的棉花经济。把两种经济想象为分隔的部门是没有道理的。

这三种模式没有一种能勾画出近几个世纪来市场在中国经济中运行的实际情况。在这个论题上,就像在中国社会经济史和其他论题上一样,我们面临着概念上的困境,这正反映了当前规范认识危机的一个部分。打破这一困境所需的第一步,是改变过去由理论到史实的做法,而立足于实证研究。面对分散的"自然经济"与整合市场并存的悖论现象,我们如何解释这两者的同时出现和长期并存呢?还有,我们如何解释不带近代发展的整合市场的形成过程呢?我认为作为第一步,我们可考虑商品化有不同的动力,从而产生不同的结果。这一设想也可以延伸到市场是否按照既定模式运行的问题。一个特别值得探讨的对象是商行,其处于传统的和近代的市场体系的交接点,可以启发我们认识这两种体系是如何运行的,以及它们如何相互渗透和不渗透。

(二)没有公民权利发展的公众领域扩张

美国清史研究者的另一个新的重要研究是关于公众社会团体的扩张,尤其是在长江三角洲,诸如会馆、行会、书院、善堂、义仓之类的组织,均有了扩展。这样非官方公众团体的发起使人联想到哈贝马斯(Jürgen Habermas)研究的关于近代早期欧洲的"公众领域"(public sphere)的概念,并把这一概念运用到明末清初的研究之中。① 表面看来,两个历史过程似乎十分相似。

然而,借用哈贝马斯的词语和定义会带来无意的结论先行和简缩化。在西欧历史上,哈贝马斯研究的"公众领域"是对民主起源的探讨(以及随后的"结构转变")。他所涉及的不仅是公众领域和私人领域间的不同,而且更是两者在国家政权与"公民社会"(civil society)对立面中的地位。就他而言,公众领域与私人领域、国家政权与公民社会这两组概念是相互渗透的。事实上,正是这两组概念的交替使用加强了他的"公众领域"概念的分析力。从民主起源的角度来看,人们生活中公众领域的扩展只属于次要,关键在于与其同步扩展的公民权利。我们必须在这一历史背景之下来理解哈贝马斯的"公民社会中的公众领域"(Habermas,1989)。

近代城市社会生活中,公众领域持续扩张。但这一扩张并不一定与公民权利的发展相伴随。事实上,我们可以设想公众领域

---

① 这方面的许多研究仍在进行之中。其方向可见于罗威廉(Rowe,1989)关于汉口的研究,与Brook,1990。当然这一概念也被运用到晚清与民国时期(参见Esherick and Rankin,1990;Rowe,1990),其对后一时期也许比较适用。

是一块近代国家政权与公民社会争夺的地盘。在民主国家的近代史上,公民社会成功地占领了公众领域,而在非民主国家中则正好相反。革命后中国政权对公众领域的全面控制便可以说明这个区别。

由此,哈贝马斯的概念如果用于中国,它所突出的应不是类似西欧的公众领域与公民政权的同时发展,而是两者的分割。当然,在中国随着城镇发展和城市生活中村社生活方式的解体,公众领域有了扩张(我们只要考虑一下城乡日常生活的不同:乡村居民与家庭成员、亲戚、村邻都有较密切的联系,而与外界较少联系;而城镇居民对亲友保持一定距离,但与近邻之外的外界有交往)。然而,中国不像中世纪晚期和近代早期的西欧,城镇并不处于政权的控制范围之外,城镇的发展并不意味着市民政治权力的发展。在1600—1700年与1840—1895年的中国,市民公众团体确实有了相当的扩张,但并没有相应的独立于国家政权的公民权利的发展。不带公民权利发展的公众领域扩张的悖论现象,进而提出了问题:推动明清与近代早期西方公众团体扩展的动力究竟有何异同?

(三) 没有自由主义的规范主义法制

当前美国研究中国的又一热门是法制史。老一代研究者指出,中国的司法体制中没有司法独立和人权保障。司法当局只是行政当局的一部分,法律主要意味着惩罚,为了维护官方统治思想和社会秩序,因此,在民法方面几乎毫无建树(Ch'u[瞿同祖],1961;Van Der Sprenkel,1977;Bodde and Morris,1967)。与当时中国研究的总体情况一样,他们的研究注重中国历代王朝与近代西方的不同之处。

晚一辈的学者则强调中国的法制传统的规范性和合理性。事实上,司法并非诉诸专横的惩罚和拷问,而具有一定的作证程序,即使按今天的司法标准来看也是行之有效的。同时,这个制度系统地、合理地处理了民事纠纷。① 这批学者几乎与"近代早期论"学者是在同一时期纠正前辈的偏向的。

两代学者运用的不同分析框架呼应了马克斯·韦伯(Max Weber)的实体主义("卡迪"法)和形式主义的一对对立概念(Weber,1954)。对一个来讲,法律是政治的工具,法律服从于统治者的意志和愿望;对另一个来讲,法律是基于规范化的、形式化的成文的原则,并导向司法的专业化、标准化和独立化。后者被马克斯·韦伯认为是近代的理性主义的表现。

两种不同的情景在比较法学家罗伯托·安格尔1976年的著作与他的批评者威廉·阿尔弗德1986年的著作中得到充分反映(Unger,1976;Alford,1986)。对安格尔来说,中国代表了不具备近代自由主义法律和保护个人人权的法制传统。而对阿尔弗德来说,安格尔对中国法律的看法正反映了前一代学者西方本位主义态度的错误。

我认为两种观点均有一些道理。我们不能否认中国的王朝法律已经高度规范化,而且相对的系统化和独立化。但是,我们又无法否认中国的王朝法律仍受到行政干预,尤其是来自皇权的干预

---

① Buxbaum,1967;Conner,1979;Alford,1984.

（Kuhn[孔飞力], 1990）。直至民国时期和西方影响的到来,它也没有向保护人权的自由主义发展。规范主义和自由主义在近代早期和近代的西欧是得到结合的。中国的明清时期并非如此。

争论的双方若只坚持自己一方更为精确、重要,结果将会像关于明清时期是"传统的"还是"近代早期的",是"封建的"还是"资本主义萌芽的"争论一样。我们研究的出发点应是已经证实了的悖论现象:没有自由主义的规范主义的法制。

我们需要去探讨这个法制的实际执行情况,尤其是关于民事纠纷的案件。① 当然,清代的刑法与民法之间并无明确分界。这表明民事司法缺乏明确的划分和独立的领域,因而与近代的自由主义传统的法律不同。但是,清律明确载有相当多的具体的、有关民事的正式条文(诸如关于继承、婚姻、离婚、土地买卖和债务的条文)。清代和民国时期的大量案件记录现在已经可以见到。这些记录所载有的微观信息,使我们可以详细地探讨一系列问题。例如,就一个地方行政官而言,民事案件的审理占多大比重?他在何种程度上根据法律条文来处理案件,或专断地根据个人意志来处理案件?从普通人民的角度来看,在何种程度上,以及出自何种目的而求诸诉讼?在解决民事纠纷的过程中,司法系统与当地社团的调解如何相互关联?对这些问题的回答,可以给我们一个较坚实的基础来分析中国和西方法制传统的异同。

---

① 在路斯基金会(The Luce Foundation)的资助下,关于"中国历史上的民法"的讨论会于1991年8月在加利福尼亚大学洛杉矶校区(UCLA)举行。

(四)中国革命中的结构与抉择

过去对中国革命的研究在结构和抉择的关系问题上划分成不同的营垒。中国正统的马克思主义观点是直截了当的:长期的结构变化导致阶级矛盾尖锐化,尤其是地主与佃农之间的关系。中国共产党则是被剥削农民的组织代表。结构变迁与人为抉择的因素在共产党领导的阶级革命中汇合成同一个运动(毛泽东,1927,1939;李文治,1957;章有义,1957)。

这一观点与社会经济长期变迁的研究是相互呼应的。"封建主义论"学派强调封建生产关系下地主与佃农之间冲突的中心地位。帝国主义加剧了阶级矛盾,从而引起了反帝反封建的阶级革命。"资本主义萌芽论"学派尽管强调帝国主义如何阻碍了中国资本主义萌芽的充分发展,但对于革命的结构性基础得出的是同样的结论:封建自然经济的阶级关系仍占统治地位,从而确定了共产党领导的反帝反封建革命。

保守的美国学者的观点则相反:结构性的变化与人为抉择在中国革命中是相悖的。在二十世纪五十年代的"冷战"高潮时期,最保守的学者甚至坚持中国革命仅仅是莫斯科控制和操纵的少数阴谋家的产物(Michael and Taylor,1956)。其后,保守的主流观点演变成强调共产党组织是造成革命的主要动力。农民的阶级斗争只不过是革命宣传机构虚构出来的,真正重要的只是高度集中的中国共产党的组织工作。

这一观点也得到研究社会经济长期变迁的学者的支持。"停滞的传统中国论"强调人口压力是近代中国不幸的缘由,而新斯密派则强调市场促进发展的作用。无论哪种观点均认为中国共产党领导的阶级革命是与结构性变化的趋势相悖的:人口压力要求控制生育或其他改革,市场推动的发展要求资本主义,两者均不要求革命。

两套观点显然各有可取之处。没有人会否认共产党比国民党获得更多人民的拥护,而人民的支持对内战的结局起了决定性的作用,在中国北方的战役中尤其如此。同时,我们也无法否认列宁主义型共产党组织有民主的一面之外,还有集中的一面。解放后,中国农民在相当程度上仍旧是共产党高度集中的政权所统治的对象,而不是理论中所说的那样。

在二十世纪六七十年代美国的政治气氛下,学者们极难摆脱政治影响而说明上述两点事实。试图论证中国革命的群众基础的著作常带着整套阶级革命的论说(Selden,1971)。而关于共产党组织重要性的讨论则牵带着一整套保守的观点(Hofheinz,1977)。即使小心地避开政治争论的学者也无法避免受到政治攻击。于是,费正清被雷蒙·迈尔斯和托马斯·梅则格攻击为传播"革命范例","他的政治观点迎合了北京的历史观点,阻碍了许多美国学者公正、清醒地分析两个中国政府"(Myers and Metzger,1980:88)。

研究这一领域的大多数学者其实并不相信上述两种观点的任何一种。头脑清醒的学者则冷静地从事于实证研究,以期建立有说服力的分析(如陈永发,1986)。然而,迄今未有人能够提出得到广泛承认的新的解释。

我认为要使这一领域的研究进一步发展,关键在于突破过去关于长期结构变迁与革命之间关系的规范认识。结构变迁不一定导向自由市场资本主义或共产主义革命,还有着其他的可能性。我本人已提出了内卷型商品化的看法。在这个过程中,阶级矛盾并没有尖锐化,农民并没有分化为资本主义农场主和雇农。商品化所起的作用主要是增强了小农家庭和村庄社团再生产的能力。

另一个关于长期结构变迁的不同看法的例子是,太平天国起义后的一百年中江南地区最突出的结构性变迁是地主势力的衰落,其导因是政府的压力、税收的提高和租额的徘徊不上。土地租佃制未必像正统的革命模式者估计的那样,必定要被佃农积极的阶级革命所摧毁。它也可能只是在长期的结构性变迁下自然崩溃,未必通过农民的革命行动才崩溃,至少在长江下游地区是如此(Bernhardt[白凯],即将出版)。

此外,我们需要把结构与抉择的关系看作既非完全相应又非完全相悖的。我们的选择不必限于美国保守派认为的没有人民支持的党或中国共产党的阶级革命浪潮的两种观点。真正的问题是,结构与抉择如何相互作用?

把结构和抉择看作既分开又相互作用是一个重要进步。这使我们把二者间的联系看作是一个过程,而不是预定的结论。在裴宜理关于淮北地区革命运动的研究中(Perry[裴宜理],1980),长期的生态不稳定和共产党的组织活动两个因素得到暂时的协调,这体现在共产党利用农村的自卫组织(联庄会)。在詹姆士·斯科特的"道义经济"模式中(Scott,1976;Marks,1984),传统的村社一贯尊重其成员的道义性"生存权"(如歉收时地主应减租)。在革命过程中,党组织和农民在重建被商品经济和近代政权摧毁的道义

63

经济上找到了共同点。再举一个例子,周锡瑞对义和团的研究表明(Esherick,1987),对农民文化的研究可以帮助我们了解农民思想和行动上的倾向。

要想真的得出新的观点和分析,突破过去几十年在分析概念上的困惑,我们需要获得大量与以往不同的资料。中国研究革命史的学者主要局限于组织史(党史),部分原因是缺乏他种性质的资料,极少有关于革命运动真正接触到乡村社会时发生状况的资料。① 然而,我们现在有可能通过地方档案和当事人(他们的人数正在迅速减少)的回忆获得能够解决问题的微观层面的资料。有的美国学者已在积极从事这样的研究。

四、当代史

当代史的研究同样为上述两套理论所左右。革命源于阶级斗争的分析,延伸到当代便成为"社会主义"模式。根据这一观点,中国共产党是代表中国劳动人民的组织,社会主义革命是中国社会长期结构变迁的应有产物。革命后的政权与中国社会是相应的整体。与之对立的美国保守观点认为,革命全是由共产党组织制造

---

① 关于结构与抉择关键的会合点,我们尚无现成的佐证。只有韩丁(Hinton,1966)和克鲁克(Crook,1959)做的人类学实地调查接近于提供了有关党与村庄社会接触时变化经过的情况。对中国学者来讲,政治意识的表述取代了史实依据:由于党代表了贫雇农的物质利益,一旦有了"正确路线"的领导,就必然会得到贫雇农的支持。美国学者所能得到的资料限于党干部的总结报告,重点在表述政治观点而非实际状况。连近年来在中国出版的资料集也多属这一类。

的,延伸至解放后的中国便成为"极权主义"模式。① 根据这一模式,党政机器通过对人民的极权主义控制来进行统治。政权与社会是对立的,资本主义(而不是社会主义)才是中国社会结构变迁的应有产物。

至于农村变迁,社会主义模式预言生产资料的集体所有制会克服小农生产的弱点而导向经济现代化,同时可以避免资本主义不平等的弊端。资本主义模式则预言集体所有制会因缺乏存在于私有制和自由市场经济内的刺激而受挫,集中计划会导致过分的官僚控制,社会主义经济会陷入效率低下的困境。

中国的决策层自身也长期就此问题争论,并反映在"文化大革命"期间所提的"两条道路的斗争"中。随着官方农村政策的每一次转向,这个或那个模式就被用来为政策变化做解释。于是"大跃进"和"文革"期间强调平等和集体化的成就,而"大跃进"后的调整时期和"文革"后的改革期间则重视市场和物质刺激。

这一争论在某种程度上也进入了西方的学术界。一些学者更同情"毛主义者",而另一些则赞成刘少奇和二十世纪八十年代的改革者的观点。而两种模式最虔诚的信奉者则从抽象模式的观点批评中国的政策,如指责毛政策下国家机器仍然凌驾于劳动人民之上(Lippit,1987),或二十世纪八十年代的改革中市场经济发展仍然受到过分抑制(杰弗逊与罗斯基,待刊稿)。

随着二十世纪八十年代中国放弃集体化农业,新斯密学派认为在改革中看到了对自己信念的认可。对他们而言,中国转向市

---

① 舒(Shue,1988)详细讨论了这一模式在学术分析中所起的中心作用。

场经济意味着社会主义的崩溃和资本主义的胜利;改革意味着中国经济在几十年失常的社会主义革命之后,最后回到了市场推动发展的正确途径。如果问题仍旧存在,那只是因为改革还不彻底,还没有实行彻底的私有制和价格放开,也就是资本主义。

我认为中国近几十年历史给我们的真正教训是两种理论共同的错误。就像对解放前中国的研究一样,当代中国的研究也为两种理论、一个共同的规范认识所左右。学术界的争论主要集中于两种理论间的不同点,但它们共享的规范信念实际上具有更大的影响。

这里,规范信念仍指那些两种理论共同认可的地方,即双方均认为明确得无须加以讨论的地方。在这样的一些认识中,双方均认为城市工业化与乡村发展、产量增长与劳动生产率提高同步发生,形成同一的现代发展过程(不管是资本主义的还是社会主义的)。

双方认可的另两个规范信念也影响到我们如何看待解放后的中国。由于资本主义和社会主义的模式均来自西方及苏联的经验,它们都没有考虑到人口过剩问题。两种估计均认为随着现代经济发展,不管是社会主义的还是资本主义的,人口问题会被轻而易举地克服。双方均未考虑已经高度内卷化的农业,单位面积的产量已经如此之高,已无可能再大规模提高。两者均认为产量可能无限提高。两者都没有去注意在一个内卷化的乡村经济中,工副业生产对于小农的生存是何等重要。两者均认为乡村生产基本上仅是种植业生产。

社会主义和资本主义两个模式通常都认为自己是对方之外的

唯一选择。受这一规范信念影响的人很多,包括对两种模式本身都持怀疑态度的学者在内。在这个规范信念的影响下,乡村发展要么走资本主义道路,要么走社会主义道路,而不可能走两者的混合,或第三条、第四条道路。

(一)集体化时期的城市发展与乡村内卷化

城市工业化与乡村内卷化并存的悖论现象在解放后的中国比起解放前的中国来甚至更为明显。以往的研究清楚地论证了工业发展与农业变化间的巨大差别:在 1952 年至 1979 年间,工业产出以 11% 的年速度增长,共增长了 19 倍;而农业产出年增长速度仅 2.3%,略高于人口增长速度(Perkins and Yusuf, 1984)。这一工业发展与农业不发展的悖论现象直接与资本主义、社会主义模式关于城市与乡村同步发展的预言相冲突。

当然,乡村集体化赋予了中国农业以个体小农无法提供的基本建设的组织条件。通过这样的建设,本来可能提高劳动生产率。然而人口压力和政府政策迫使对单位土地面积投入越来越多的劳动,迫使其边际报酬递减。最后,乡村产出虽然提高了 3 倍,投入的劳动力却扩增了 3—4 倍——通过全面动员妇女参加农业劳动,增加每年的工作日以及乡村人口的近倍增加。这造成了单位工作日报酬的降低,亦即乡村生产没有(劳动生产率)发展的产出增长。

集体化农场与解放前小农家庭农场一样具有某些基本的组织性特点。不同于使用雇佣劳动的资本主义农场,它们的劳动力来源是固定的,不能根据需要加以调节。也不同于资本主义农场,他们都是一个集消费和生产为一体的单位,而非单纯生产的单位。于是,他们有可能为消费需要而高度内卷化,而无视单位劳动的收益。此外,解放后的政府政策进一步强化了内卷化倾向。从政权的角度来看,在劳动力富裕的中国增加劳动投入远比增加资本投入便宜。另外,政府的税收和征购与总产出挂钩,不涉及社员的单位工作日收入。其结局是我称之为集体制下的内卷化,是中国乡村几个世纪来内卷化趋势的继续。

(二) 二十世纪八十年代的乡村工副业

对照之下,二十世纪八十年代出现了大好的乡村发展。乡村总产值(可比价格)在1980年至1989年间猛增2.5倍,远远超过15%的人口增长率(《中国统计年鉴》,1990:333,335,56—57,258,263)。随着这一跃进,出现了中国乡村几个世纪来的第一次真正的发展,表现在劳动生产率和单位工作日收益的提高和糊口水准之上的相当的剩余。

我们如何看待这一进步？一些研究者忽视人口压力和认为乡村生产主要是种植业,把注意力完全放在种植业产出上,指望市场和利润刺激会像资本主义模式预言的那样带来大幅度的增长(Nee and Su,1990)。种植业产出在1979年至1984年间确实曾以平均每年7%左右的速度增长(《中国统计年鉴》,1990:335)。这一事实更促成直观的期望。事实上,中国改革的设计者们自己也把种植业生产看作乡村发展的标志,并自信地预言其可能以同样幅度继续提高(发展研究所,1985)。但实际上,从1985年开始增长已经停止。但是新斯密学派成员仍继续坚持他们的看法,并以有悖事实的逻辑声称:只要中国领导人不半途而废(进而实行私有化和价格完全放开),种植业还会有更进一步的发展。

事后来看,种植业生产在最初的跃升后停滞并不令人奇怪。在中国这样高密度的和内卷化的农业经济中,单位面积产量早已达到了很高水平。除了后进地区因为中国化肥工业的成熟而得以更多地使用化肥,其他地区早已使用了易于应用的现代投入。在土地没有这样密集使用的美国或苏联,大幅度的增长是可能的,但指望中国如此是没有道理的。

人们的注意力主要集中于种植业到底应该以资本主义还是以社会主义的方式进行的问题上,很少有人关注到乡村经济发展的真正动力:工业与"副业"(包括手工业、畜牧业、渔业、林业)。① 在生产资料分配的市场化和政府政策的鼓励下,乡村两级组织积极开创新的企业。工业的增长尤为惊人,自 1980—1989 年间增加了 5 倍,远远超过种植业的 0.3 倍。到二十世纪八十年代末,乡村工业已占农村社会总产值的一半以上,而副业占了另外的五分之一。②

这些部门对农村社会总产出增长 2.5 倍的贡献远远超过了种植业生产(比例约为 9∶1)。到 1988 年,9000 万乡村劳动力在农业外就业(《中国统计年鉴》,1990:329,400)这一变化使数百年来

---

① 乡级机构统计习惯如此使用"副业"指标。中央级的国家统计局则把畜牧业、林业和渔业区分于手工业和"副业",而把所有这些都与种植业一起归入"农业"指标下。
② 《中国统计年鉴》,1990:333,335。这里的"工业"包括建筑业和运输业。如果把后两者分出去,乡村工业占农村社会总产值的五分之二,而非一半。

第一次有可能在中国的某些地区移出种植业生产中过分拥挤的劳动力,出现了反内卷化。通过减少参与分配的劳动力,反内卷化带来了作物生产中单位工作日收入的提高。连同来自新工业和副业的收入,中国农村的许多地区第一次创造了真正的发展和相对繁荣。

最后,把资本主义和社会主义当作仅有的可能选择的规范信念,使许多学者忽略了二十世纪八十年代发展的实质内容。其中占最重要比例的是市场化了的集体企业(《中国农业年鉴》,1989:345—346)。它们是两种生产方式的混合体,是社会主义所有制和资本主义式运行机制的混合产物,既非纯资本主义亦非纯社会主义。我们今日不应再固执于两个简单的旧模式中的任何一个。

(三)没有"公民社会"的市场化

在城市中,二十世纪八十年代中国经济的市场化,伴随着中国政治生活的开放和民间社团的相应兴起。这些发展使一些美国学者用"公民社会"(civil society)的概念来形容改革时期的政治变化(Whyte,1990)。这个概念指出政权与社会间权力关系的问题,比起以往的极权主义模式来是一种进步,因为后者简单地把政权对社会的全盘控制不加分析地作为前提。

然而,就像使用"公众领域"(public sphere)去描述明清时期一样,"公民社会"也容易使我们混同西方与中国的经历。在近代早期的西欧历史上和最近的东欧历史上,民主政治的发展(尤其是从国家政权独立出来的民权和公民个人的人权)伴随着自由市场的发展。"公民社会"包含着各种关系的复合体:伴随着早期资本主义发展而兴起的市民团体,以及民主政治体制的开端。因此,使用这个名词而不去明确注意中国的不同之处,会造成相同的复合体也在中国出现的错觉。

这一提法对二十世纪八十年代的中国来讲,就像"公众领域"对清代一样不适当。它夸大了二十世纪八十年代市场交易和市民团体扩张的民主含意,也进而夸大了公民权利组织的基础。它重复了过去一些人的习惯,用简缩化和结论先行的推理,把西方的理想模式套到中国头上:如果一个复合体的一两种因素出现了,那整个复合体必然会或马上会出现。

我们应当离开源自西方经验的模式,从没民主发展的市场化和没有民主政治发展的市民团体兴起的悖论现象出发。二十世纪八十年代中国的市场化非常不同于资本主义经济的历史经验,而市民团体的形成也同样出自不同于西方的动力。如这些不同能得到分析,将有助于理解市场化带给中国的可能不同的社会、政治含义。

(四)一条资本主义与社会主义之外的道路

当然有人会继续坚持单一资本主义或社会主义模式,并运用这样或那样的旧有的简缩化、结论先行或有悖事实的逻辑。根据那样的推理,市场的出现预示着资本主义的其他部分,如私有制和民主接踵而来。要是其他部分没有出现,它们至少是应该出现的。至此,只差一小步就到了有悖事实的结论:只要中国不顽固地拒绝放弃社会主义和转向资本主义,预想中的发展必然会到来。

中国反对改革的保守人士使用同样的逻辑而得出相反的结论。随着市场化,资本主义的其他不好因素必然会接踵而来:阶级分化、资本主义剥削、社会犯罪,以及诸如此类的现象。因此,必须坚决拥护彻底的社会主义,来反对资本主义萌芽。改革遇到的一些挫折,并不意味着资本主义化还不够,而是过了头。要是计划经济、集体经济没有因改革而被削弱,情况会好得多。

时至今日,我们应把这些争论搁置一边了。中国农村在二十世纪五十年代之前经历了六个世纪的私有制和市场经济,但仍未得到发展,人口的绝大多数仍被束缚于糊口水平的种植业生产。中国农村如果退回到二十世纪五十年代以前的经济组织,会面临比以前更大的问题:人口增加了2倍,来自化肥、电泵和机耕等现代化投入的易实现的进步已经都有了,很难想象市场在这种情况下如何发挥它的魔力。

二十世纪五十年代至七十年代的集体化途径也应放弃了。在这一途径下,农作物产出确实增长很快,但劳动生产率和单位工作日报酬是停滞的。农村人口的大多数停留在仅敷糊口的生活水准。坚持这一途径,与退回二十世纪五十年代前一样,也是不合理的。

那么,出路到底何在?学术研究的第一步应是解释为什么乡村经济在二十世纪八十年代得到蓬勃发展,而在拥有自由市场、私有财产的1350年至1950年以及计划经济的集体化的二十世纪五十至七十年代都没有这种发展?为什么乡村集体所有制与市场化经济的悖论性混合体却推动了充满活力的乡村工业化?

中国革命史上的一个突出特点是乡村起了很大作用。乡村曾是共产党组织和革命根据地的所在地。通过二十世纪五十年代的集体化,村、乡变成土地和其他生产资料所有的基本单位。由于二十世纪五十年代后期以来极严格的户籍制度,村、乡下属的人员长期稳定。接着,村、乡又成了水利、公共卫生和教育等大规模运动的基本组织单位,在这些过程中扩大了它们的行政机器。这些变化给予这些组织在农村变迁中特殊的地位和作用,有别于一般发展中国家和社会主义国家。最后,在二十世纪八十年代扩大自主权和市场刺激的双重激励下,他们成为农村工业化的基础单位。它们在中国农村发展中所起的关键作用提出了这样的问题:在中国出现的这一历史真实是否代表了一条新的农村现代化的道路,一条既不符合社会主义,也不符合资本主义单一模式的道路?

当前中国史研究中的规范认识危机是全世界历史理论危机的一个部分。这一世界性的历史理论危机是随着"冷战"的结束和资本主义与社会主义尖锐对立的终结而出现的。这一局面给了我们一个特殊的机会去突破过去的观念束缚,参加到寻求新理论体系的共同努力中。我们的中国史领域长期借用源自西方经验的模式,试图用这样或那样的方式把中国历史套入斯密和马克思的古典理论。我们现在的目标应立足于建立中国研究自己的理论体系,并非是退回到旧汉学的排外和孤立状态,而是以创造性的方式把中国的经验与世界其他部分联系起来。

参考文献

陈春声(1984):《清代乾隆年间广东的米价和米粮贸易》,中山大学硕士学位论文。

发展研究所(国务院农村发展研究中心)(1985):《国民经济新成长阶段和农村发展》,无出版处。

李伯重(1984):《明清时期江南水稻生产集约程度的提高——明清江南农业经济发展特点探讨之一》,载《中国农史》第1期,第24—37页。

李伯重(1985a):《明清江南农业资源的合理利用——明清江南农业经济发展特点探讨之三》,载《农业考古》第2期,第150—163页。

李伯重(1985b):《"桑争稻田"与明清江南农业生产集约程度的提高——明清江南农业经济发展特点探讨之二》,载《中国农史》第1期,第1—11页。

黎澍(1956):《关于中国资本主义萌芽问题的考察》,载《历史研究》第4期,第1—25页。

李文治编(1957):《中国近代农业史资料(1840—1911)》,北京:生活·读书·新知三联书店。

李文治、魏金玉、经君健(1983):《明清时期的农业资本主义萌芽问题》,北京:中国社会科学出版社。

毛泽东(1972[1927]):《湖南农民运动考察报告》,载《毛泽东集》第1卷,东京:北望社,第207—249页。

毛泽东(1972[1939]):《中国革命与中国共产党》,载《毛泽东集》第3卷,东京:北望社,第97—136页。

王业键(1989):《十八世纪长江三角洲的食品供应和粮价》,载《第二次中国经济史讨论会论文集》(台北)第2卷。

吴承明(1985):《中国资本主义的萌芽》,载《中国资本主义发展史》第1卷,北京:人民出版社。

吴承明(1984):《我国半殖民地半封建国内市场》,载《历史研究》第

2 期,第 110—121 页。

吴承明编(1990):《旧民主主义革命时期的中国资本主义》,北京:人民出版社。

徐新吾(1981):《鸦片战争前中国棉纺织手工业的商品生产与资本主义萌芽问题》,南京:江苏人民出版社。

徐新吾(1990):《中国自然经济的分解》,载吴承明编《旧民主主义革命时期的中国资本主义》,第 258—332 页。

杨国桢(1988):《明清土地契约文书研究》,北京:人民出版社。

严中平等编(1955):《中国近代经济史统计资料选辑》,北京:科学出版社。

章有义编(1957):《中国近代农业史资料》第 2、3 辑:1912—1927,1927—1937,北京:生活·读书·新知三联书店。

《中国农业年鉴》(1989),北京:农业出版社。

《中国统计年鉴》(1990),北京:中国统计出版社。

Alford, W. (1984)."Of arsenic and old laws: looking anew at criminal justice in late imperial China," *California Law Review*, 72, 6 (Dec): 1180—1256.

Alford, W. (1986)."The inscrutable occidental: implications of Roberto Unger's uses and abuses of the Chinese past," *Texas Law Review*, 64: 915—972.

Bernhardt, Kathryn (forthcoming). *Rents, Taxes and Peasant Resistance: The Lower Yangzi Region, 1840—1950*. Stanford, Calif.: Stanford University Press.

Bodde, Derk and Clarence Morris (1967). *Law in Imperial China, Exemplified by 190 Ch'ing Dynasty Cases*. Philadelphia: University of

Pennsylvania Press.

Boserup, Ester (1965). *The Conditions of Agricultural Growth: The Economics of Agrarian Change under Population Pressure.*Chicago: Aldine.

Brandt,Loren (1989). *Commercialization and Agricultural Development: Central and Eastern China, 1870—1930.* New York: Cambridge University Press.

Brook,Timothy (1990). "Family continuity and cultural hegemony: the gentry of Ningbo, 1368—1911," in Esherick and Rankin (1990), pp. 27—50.

Buxbaum,D. (1967). "Some aspects of civil procedure and practice at the trial level in Tanshui and Hsinchu from 1789 to 1895,"*Journal of Asian Studies*,30,2(Feb.): 255—279.

Chen,Yung-Fa (1986).*Making Revolution: The Communist Movement in Eastern and Central China, 1937—1945.* Berkeley and Los Angeles: University of California Press.

Cheng,Hong (1990). "The Rural Commodities Market in the Yangzi Delta,1920—1940: A Social and Economic Analysis,"Ph. D. dissertation, University of California,Los Angeles.

Chuan, Han-Sheng and Richard A. Kraus (1975). *Mid-Ch'ing Rice Markets and Trade: An Essay in Price History*,Cambridge,MA: East Asian Research Center,Harvard University Press.

Ch'ü, T'img-Tsu (1961).*Law and Society in Traditional China.*Paris: Mouton.

Cohen, Paul A. (1984). *Discovering History in China: American Historical Writing on the Recent Chinese Past.*New York: Columbia University

Press.

Conner, Alison Wayne (1979). "The Law of Evidence during the Ch'ing Dynasty," Ph. D. dissertation, Cornell University.

Crook, David and Isabel Crook (1959). *Revolution in a Chinese Village:Ten Mile Inn.* London: Routledge & Kegan Paul.

Demberger, R. (1975). "The role of the foreigner in China's economic development, 1840—1949," in Dwight Perkins (ed.), *China's Modern Economy in Historical Perspective.* Stanford, Calif. : Stanford University Press, pp. 19—47.

Elvin, Mark (1973). *The Pattern of the Chinese Past.* Stanford, Calif: Stanford University Press.

Esherick, Joseph (1987). *The Origins of the Boxer Uprising.* Berkeley and Los Angeles: University of California Press.

Fairbank, John K. (1958). *The United States and China.* Cambridge, MA: Harvard University Press.

Fairbank, John K., Edwin O. Reischauer, and Albert M. Craig (1965). *East Asia: The Modern Transformation.* Boston: Houghton Mifflin.

Faure, David (1989). *The Rural Economy of Pre-Liberation China.* Hong Kong: Oxford University Press.

Fei Xiaotong [Fei Hsiao-Tung] (1939). *Peasant Life in China: A Field Study of Country Life in the Yangtze Valley.* New York: Dutton.

Feuerwerker, Albert (1958). *China's Early Industrialization: Sheng Hsuan-huai (1844—1916) and Mandarin Enterprise.* Cambridge, MA: Harvard University Press.

Habermas, Jürgen (1989 [1962]). *The Structural Transformation of the*

Public Sphere.Cambridge,MA: MIT Press.

Hinton, William (1966). *Fanshen: A Documentary of Revolution in a Chinese Village.*New York: Random House.

Ho,Ping-ti(1959).*Studies in the Population of China.*Cambridge,MA: Harvard University Press.

Hofheinz,Roy, Jr. (1977).*The Broken Wave: The Chinese Communist Peasant Movement, 1922—1928.*Cambridge,MA: Harvard University Press.

Hou,Chi-Ming(1963)." Economic dualism: the case of China, 1840—1937,"*Journal of Economic History*,23,3: 277—297.

Hou, Chi-Ming(1965).*Foreign Investment and Economic Development in China, 1840—1937.*Cambridge,MA: Harvard University Press.

Huang,Philip C. C. (1985).*The Peasant Economy and Social Change in North China.*Stanford,Calif. : Stanford University Press.

Huang,Philip C. C. (1990).*The Peasant Family and Rural Development in the Yangzi Delta, 1350—1988.*Stanford,Calif. : Stanford University Press.

Jefferson,Gary and Thomas G. Rawski (1990)." Urban Employment, Underemployment and Employment Policy in Chinese Industry,"Paper Presented at the Conference on "Institutional Segmentation,Structural Change and Economic Reform in China,"UCLA,Nov. 17.

Kuhn, Philip A. (1990).*Soulstealers: The Chinese Sorcery Scare of 1768.* Cambridge,MA: Harvard University Press.

Lippit,Victor(1974).*Land Reform and Economic Development in China.* White Plains,NY: International Arts and Sciences Press.

Lippit,Victor(1987).*The Economic Development of China.*Armonk,N. Y. : M. E. Sharpe.

Liu, Ta-Chung and Kung-chia Yeh (1965). *The Economy of the Chinese Mainland: National Income and Economic Development, 1933—1959*. Princeton, NJ: Princeton University Press.

Marks, Robert Brian (1984). *Rural Revolution in South China: Peasants and the Making of History in Haifeng County, 1570—1930*. Madison: University of Wisconsin Press.

Michael, Franz and George Taylor (1956). *The Far East in the Modern World*. New York: Holt.

Murphey, Rhoads (1977). *The Outsiders*. Ann Arbor: University of Michigan Press.

Myers, Ramon (1970). *The Chinese Peasant Economy: Agricultural Development in Hopei and Shantung, 1890—1949*. Cambridge. MA: Harvard University Press.

Myers, R. and T. Metzger (1980). "Sinological shadows, the state of Modern China studies in the United States," *The Washington Quarterly*, 3, 2: 87—114.

Naquin, Susan and Evelyn S. Rawski (1987). *Chinese Society in the Eighteenth Century*. New Haven, CT: Yale University Press.

Nee, V. and Su Suin (1990). "Institutional change and economic growth in China: the view from the villages," *Journal of Asian Studies*, 49, 1 (Feb.): 3—25.

Peck, J. (1969). "The roots of rhetoric: the professional ideology of America's China watchers," *Bulletin of Concerned Asian Scholars*, II. 1 (October): 59—69.

Perkins, Dwight (1969). *Agricultural Development in China, 1368—1968*.

Chicago: Aldine.

Perkins, Dwight and Shahid Yusuf (1984). *Rural Development in China.* Baltimore, MD: The Johns Hopkins University Press (for the World Bank).

Perry, Elizabeth J. (1980). *Rebels and Revolutionaries in North China, 1845—1945.* Stanford, Calif. : Stanford University Press.

Rawski Thomas G. (1989). *Economic Growth in Prewar China.* Berkeley and Los Angeles: University of California Press.

Rowe, William T. (1984). *Hankow: Commerce and Society in a Chinese City, 1796—1889.* Stanford, Calif. : Stanford University Press.

Rowe, William T. (1989). *Hankow: Conflict and Community in a Chinese City, 1796—1895.* Stanford, Calif. : Stanford University Press.

Rowe, William T. (1990). "The public sphere in Modern China," *Modern China*, 16, 3 (July): 309—329.

Scott, James C. (1976). *The Moral Economy of the Peasant: Rebellion and Subsistence in Southeast Asia.* New Haven, CT: Yale University Press.

Selden, Mark (1971). *The Yenan Way in Revolutionary China.* Cambridge, MA: Harvard University Press.

Shue, Vivienne (1988). *The Reach of the State: Sketches of the Chinese Body Politic.* Stanford, Calif. : Stanford University Press.

Smith, Adam (1976 [1775—1776]). *An Inquiry into the Nature and Causes of the Wealth of Nations.* 4th ed. 3 vols. London: n. p.

Unger Roberto (1976). *Law in Modern Society: Toward a Criticism of Social Theory.* New York: Free Press.

Van Der Sprenkel, Sybille (1977 [1962]). *Legal Institutions in Manchu China: A Sociological Analysis.* Reprint ed. London: Athlone Press, University of London.

Weber, Max (1954). *Max Weber on Law in Economy and Society*. Max Rbeinstein, ed. Cambridge, MA: Harvard University Press.

Whyte, Martin (1990). "Urban China: A Civil Society in the Making," Paper for the conference on "State and Society in China: the Consequences of Reform 1978—1990", Claremont Mckenna College, Feb. 17—18, 1990.

Wright, Mary Clabaugh (1957). *The Last Stand of Chinese Conservatism: The Tung-Chih Restoration, 1862—1874.* Stanford, Calif. : Stanford University Press.

第二章
连接经验与理论：建立中国的现代学术①

本章突出经验与理论联系问题,因为根据我自己四十多年学术生涯的经验,这是所有从事学术研究的人们共同面临的最基本问题。我近年来为国内研究生开的"中国社会、经济与法律的实践历史研究"研修班便以此为主题(见附录《课程大纲》)。本章的读者对象主要是国内的研究生,目的是把自己对这个问题多年来的一些想法为他们做一个简单的提要。②

一、一个意识形态化的世界及其原教旨市场主义理论

学术研究的首要要求是把意识形态置于一旁。后者一向是历

---

① 本章原载《开放时代》2007 年第 4 期,第 5—25 页。纳入此书,仅做了一些细微的修改。
② 另外,一些在美国的亲友们问我为什么巴巴地老远来为学生们开课。按照美国的收入来说,等于是无偿地开这样的课。此文也许可以说同时是对他们的一个解释吧。

史上的一个主要动力,而现今世界更是个高度意识形态化的世界,其实比过去冷战时期有过之而无不及。在过去两个"超级大国"针锋相对的世界之中,知识意识形态化的事实显而易见,无须赘述。同时,两个超级大国相互制衡,不容许向单方的意识形态一面倒。但在苏联解体之后,美国成为唯一的超级大国,其权威压倒所有其他国家,而其新保守主义统治集团又十分有意识地试图建立美国一国在全世界的霸权,不仅是军事和经济上的霸权,也是意识形态和文化上的霸权。①

在新保守主义意识形态的理解之中,一些隐藏于西方启蒙时代以来现代文明的偏激倾向已经成为一种国家意识形态。我们先看它的经济理论层面,也是我们这个研修班要重点讨论的领域之一。它认为历史已经证明,唯有自由市场经济及最少的国家干预,才可能导致真正的经济发展和富裕。它认为这是西方自己经验的一个真实和准确的总结,今日则更在发展中国家,包括中国,得到无可辩驳的证实。

我们需要明确,这是个不符合历史实际的建构。首先,在市场经济的建立和扩张的历史之中,国家权威一直扮演关键性的角色。与其说市场经济证实国家干预越少越好,不如说唯有在国家干预下才树立了现代的市场经济及其扩张。这个事实从中国的视角和历史经验看显而易见:我们只需回顾十九世纪西方各国入侵中国时所使用的放任自由市场和平等互利贸易借口,其实质则是帝国主义国家的侵略。再则是中国自身改革以来的市场化,其间国家

---

① 美国在"9·11"(2001)前夕,已在国境之外拥有725个军事基地,驻军共约25万。Johnson 有权威性的详细论证(2003:第一、六两章[尤见第151—161页])。

权威的推动和干预是显而易见的。

即便西方本身,其经济实践历史也证明,不存在像新保守主义及其新古典经济学所建构的那样的纯市场经济。首先,回顾西方现代早期,在市场经济初级阶段时的国家重商主义(mercantilism)时期,国际贸易的兴起和国家权力干预的关系实际上是密不可分的。其后是上面已经提到的帝国主义时代。再其后,是资本家对工人阶级的逐步妥协,工人阶级争得部分国家政权,是通过国家立法而得到的结果。我们也可以就近回忆一下美国由市场经济所导致的全世界经济恐慌之后,在罗斯福(Franklin D. Roosevelt)总统的"新政"(New Deal)下,建立了众多的国家对市场的干预制度、工会的权力以及整套的社会福利制度,借此稳定了美国经济。提倡国家干预的凯恩斯主义的(Keynesian,指 John Maynard Keynes 的)经济理论伴之兴起,从 20 世纪 30 年代一直到 20 世纪 70 年代占据了美国经济学主流。

今天国家意识形态化的新市场主义兴起的历史背景是:罗斯福总统新政的国家干预虽然促使美国经济复苏和社会稳定,但多年之后也显示了国家官僚制度的一些弊端,尤其是官僚化的福利制度的成本日益高涨,使国家债务日益膨胀,因此成为古典经济学及其市场主义复兴的促成因素之一。到 1973—1975 年,美国(和世界)经济出现滞胀(stagflation,即经济停滞伴随通货膨胀)危机,便成为新古典经济学在美国取代凯恩斯经济学为主流经济学的契机,随后形成所谓(美国共和党右派的)"里根经济学"(Reaganomics),再其后则是新保守主(Neoconservatism,亦即国内外左派人士所谓"新自由主义")经济学的国家意识形态化。

事实上,20世纪30年代经济大萧条及其后对纯市场主义的反思,起码应该看作是与(苏联与东欧)社会主义国家解体具有同等重要性的划时代历史变化,但当今的市场主义意识形态抹杀了这个历史背景,片面简单地强调资本主义国家的"胜利"(其实,苏联的解体主要出于其内因,而不是一方"胜利"的外因),甚或是"历史的终结"。历史事实是,无约束的市场经济波动导致了20世纪30年代的世界经济大萧条及其后的国家干预,绝对不是所向披靡的单一发展秘方。此外,新古典经济学在近20多年来的输出运用几乎完全失败,最显著的例子是苏联和东欧"休克治疗"的失败,而相反中国的经济发展"奇迹",则是在旧政权维持下,国家大力干预经济而获得的。另一个主要例子是新保守主义为拉丁美洲设计的所谓"华盛顿共识"的失败,已由诺贝尔奖得主经济学家约瑟夫·斯蒂格利茨(Joseph Stiglitz, 2003:33—40)等人论证。但是在国家意识形态化的推动之下,新保守主义的原教旨市场主义完全掩盖了这些历史背景。

二、新制度经济学在美国和中国的历史背景

下面我们要转入由新古典经济学延伸出来的"新制度经济学"(New Institutional Economics),因为它是今日在中国影响力最大的一个经济学流派。它在美国兴起是与新古典经济学复兴的大潮流不可分割的。毋庸置疑,"新制度经济学"常常以批评和修正古典经济学的姿态出现。以诺贝尔奖得主诺斯(Douglass North)为例,他开宗明义地说:真实世界中没有像古典经济学假设的那样完美

的竞争市场,即人人都掌握完全的信息,人人都是完全的"理性"经济人,因为人们的行为不只决定于市场运作,而更重要地决定于"制度"因素,尤其是国家体制和法律(也包括习惯、文化等)。正是这些"制度"因素决定了人们在什么样的程度上能够达到假设中的那种"零交易成本"(zero transaction cost)的完美市场。诺斯因此提倡自由民主政治体制及以产权为主的法律制度。①

我们应该明确,"新制度经济学"对古典经济学的这种批评姿态,绝对不是根本性的批评,而是一种对古典正统的修正和延伸,类似于基督教和天主教之间的关系。它们和原来的正统仍然具有基本共识,其核心信条是:认为理性经济人配合放任市场经济乃是最佳的经济制度,会导致资源的最合理配置和经济的最高效率。任何国家干预,尤其是像社会主义计划经济那种干预,都是非经济的。这是"新制度经济学"和(新)古典经济学的共同信条。②

这里,可以用另一位"新制度经济学"诺贝尔奖得主舒尔茨关于农业经济的论点来做进一步的说明。舒尔茨(承认国家在技术和教育提供方面可以对"改造传统农业"起一定作用)强烈反对国家对市场的干预,对市场主义表示坚定不移的信仰。譬如,他坚持在市场机制运作之下,不可能具有剩余劳动力(Schultz,1964:第四章),其逻辑是因为劳动力必定和其他经济要素一样,是个稀缺资

---

① 见《课程大纲》所列诺斯《经济史上的结构和变革》;亦见 North(1997)关于"交易成本"概念,亦见 Coase(1990)。
② 新制度经济学意识形态的方方面面,可以更明显地见于《课程大纲》所选诺斯理论支柱之一哈耶克的著作;《课程大纲》所选是他的《个人主义与经济秩序》。此外,《课程大纲》所选汪晖《现代中国思想的兴起》,有关于哈耶克的精彩讨论。

源,而市场机制必然会导致稀缺资源的最合理配置。① 显然,这样的建构完全不符合(我们可以称作)中国最最基本的"国情"之一,即明清以来的中国农村社会,包括市场化改革以来的农村经济,其中农村劳动力过剩的事实显而易见。舒尔茨等人的新制度经济学实质上乃是新古典经济学的一个支流,是与之在同一大潮流上兴起的。我的《课程大纲》中所选的何秉孟等的论文,比较详细地把他们的理论置于经济思想史和历史变迁的背景之中来理解。

此外,我们还要指出,美国的新制度经济学和它在中国所得到的理解是很不一样的。首先,在美国,它的提倡是建立在高度发达的市场经济的前提上的。以这样一个市场经济为前提,新制度经济学指出国家制度十分关键,尤其是其法律上的产权制度。他们认为交易成本的决定性因素在于产权,唯有清晰明了、无可置疑的私有产权制度才可能降低交易成本,激发企业家和所有理性经济人的积极性,由此导致市场经济资源配置的最佳运作。很明显,他们对于理性经济人和市场机制的基本看法,是和古典与新古典经济学一致的。

中国改革环境中的新制度经济学则和美国的历史背景十分不

---

① 舒尔茨引用的"经验证据",是印度1918—1919年发生的流行性感冒疫症,当时农村劳动力减少约8%,农业生产因此显著下降。舒推论说,农业中若真有"零价值"的劳动力,生产应该不会因此受到影响。但是,这样的推理明显不符合实际。首先,他假定所有农户受到同等比例的影响,而实际不会如此——有的农户会全家病倒,有的不受影响。此外,农业劳动高度季节化,要看病疫影响是否在农忙季节,而后者即使显示全就业,也并不表示在农忙季节之外农村没有剩余劳动力(亦可称作就业不足或隐性失业)。舒尔茨没有考虑这些经验细节,因为他主要是个理论家,关心的是纯理论问题,而不看重理论与经验实际的紧密连接。

同。中国经济学家对新制度经济学的接受不是在高度发达的市场经济的前提下出现的,而基本是在全计划经济的环境中产生的。在那样的环境下,"制度"带有和美国很不一样的含义。在中国,制度所指首先是计划经济及其官僚"体制"下所形成的一个僵化了的经济。针对于此,中国的制度经济学家特别突出产权问题,试图把财产从公有变为私有,借此改造"制度"整体。他们把产权理解为市场经济建立的前提条件。这就和美国很不一样,因为美国的新制度经济学是把高度发达的市场作为前提的,他们的要求是明确私有产权,把国家干预最少化,让已经存在的市场经济自由运作,发挥它最高效率的功能。中国的制度经济学家则倒过来把产权作为建立市场经济的前提条件。

这是个关键性的差别。众所周知,中国的国企私有化改造所导致的不是设计者所希望的市场竞争机制的运作,而在很大程度上是官商勾结和垄断,不是市场经济的进一步健全,而是畸形的非自由竞争市场经济(房地产企业便是很好的例子)。由各级政府"招商引资"建立的其他各种企业同样如此。

最后应该指出,我们必须区别中国新制度经济学在20世纪80年代和其后的20世纪90年代以来两个时期的不同意涵。80年代初期,提倡新制度经济学可以说是"进步"的,因为它要求搞活一个僵化了的计划经济,改革、削弱一个权威过度渗透的国家机器("体制"),甚或建立民主自由,而它的客观背景是一个相对平等的社会。但是,进入90年代,中国社会经历了极其激烈的变化,从世界上比较平等的国家转化为比较不平等的国家。其客观环境已经从

80年代的相对平等转化为一个阶级差别尖锐的社会。① 此外,在美国新保守主义的提倡之下,"新制度经济学"实质上已经成为美国借以建立世界霸权意识形态的重要组成部分。在这样的不同历史条件下,提倡西方产权制度的意涵已经和80年代时很不一样。私有化和国家最少干预,已经成为维护阶级分化和上层阶级既得利益的思想。同时,它也是在当前关于"全球化"的论争之中,赞同美国新保守主义的观点,而不是优先考虑发展中国家劳动人民利益的思想。

我在这里要特别强调的,是我们不应像今日国内许多经济学课程那样把新制度经济学当作一门跨时空、纯客观建制的"科学"来理解。同一切理论一样,新制度经济学有它的历史性,我们要通过它的特殊社会背景来理解它在不同历史环境之下的不同意涵。唯有如此,才能得到更符合历史实际的理解。在一定的历史条件下,市场经济确实可以促进经济发展,但我们不应就此接受原教旨的市场主义,忘记中国自身在帝国主义时代和国民党统治时代的经历,认为市场是全能的和唯一的经济发展道路。

三、美国法律的主流"古典正统"

美国法律中的所谓"古典正统"(classical orthodoxy),亦即美国

---

① 譬如,中国的"基尼系数"(量度收入不平均系数,以零点为完全平均,100为完全不平均)已从1982年的0.30退落到2002年的0.45(根据世界银行数据)。后者在当年世界131国家中,排名在第90的低下位置。见 *China Development Research Foundation*,2005:第13页。

从19世纪70年代一直到20世纪20年代的主流法学传统,和新古典经济学及新制度经济学的历史是基本并行的。虽然因为美国最高法院的"终身制",其变迁要滞后于经济学。与新古典经济学一样,它把自己的学科看作一门科学,要求它具有同等的普适性和绝对性。这正是古典正统始祖兰德尔(Christopher Langdell)所提倡的基本精神。他把法律比喻为古希腊的欧几里得几何学(Euclidean Geometry),亦即西方现代文明长期以来认为是其独有的最为科学的演绎逻辑性的文化传统。它实质上是把特殊历史背景下所产生的资本主义经济和社会的法律制度(譬如其合同规则)形式化、科学化、普适化。①

虽是主流,但它自始便受到美国第二主要的法哲学传统法律实用主义的质疑。后者的始祖是兰德尔在哈佛法学院的同事(后来当上最高法院大法官)霍姆斯(Oliver Wendell Holmes, Jr.)。他与兰德尔的不同首先在于认识哲学上的不同,霍姆斯不承认可能有绝对的、超时空的普适不变的真理。他更强调实用,认为法律必须验证于实用,到20世纪20年代,导致了从此衍生的法律现实主义(Legal Realism)的兴起,要求法律应时而变。② 与要求国家干预的凯恩斯主义经济学一样,法律实用主义在世界经济大萧条后罗斯福总统新政的大氛围中,取得了法律界的主流地位,长期在最高法院的九名法官中占有多数。与古典正统不同,法律实用主义更

---

① 我的课程大纲中没有选兰德尔(Langdell)的著作,而是选了影响更大(不限于美国)、思想更完密的韦伯来作为现代形式主义法律思想的代表。
② 虽然法律现实主义的两位主要代表人庞德(Roscoe Pound)和卢埃林(Karl Llewellyn)之间多有争议。见 Wiecek,1998:p. 197ff;参见 Hull,1997。

注重法律的社会效果,与新兴的社会科学(尤其是社会学)紧密联结并更重视社会公正问题。这一切在我的《课程大纲》所列的《中国法律的现代性?》一文中都有讨论。

很明显,美国实践历史中的法律制度其实产生于这两大传统的长期并存、拉锯、相互影响和渗透。这和美国实践中的经济制度一样,产生于反国家干预的古典市场主义和赞同国家干预的凯恩斯主义的拉锯。美国的新保守主义却完全无视两大传统共存的事实,与他们在经济领域的立场一样,片面地认为自家的意识形态乃是独一无二的真理,否认实践历史中两者的相互影响。

四、只有特殊的学术模式,没有普适的理论

我在这里首先要突出的一点是,世界上没有放之四海和古今皆准的绝对、普适真理。任何理论都有它一定的历史和社会背景,都得通过当时的环境来理解。我们不要迷信所谓"科学"。在人文社会科学领域,我们研究的是有意志和感情的人,不应该也不可能完全依赖对没有意志和感情的物质世界的那种数学、物理似的科学方法去理解。前者与外因的关系是双向的、由客观与主观因素互动的,后者才是单向的或客观的。即便是生物科学,也不可能具有今日许多经济学家自我宣称的那种类似于数学那样的科学性、精确性、绝对性。其实,物理学本身也早已超越了牛顿物理学那种绝对的时空观。

上面已经讨论了美国新制度经济学和古典正统法学的历史与社会背景,这里不妨用我自己的"内卷化"理论来进一步说明"理

论"的历史性。明清时代因为各主要河流流域的核心地区人口已经基本饱和,人口的持续增加要么导致了向边缘地区的移民,要么是核心地区的"内卷化",即在按日报酬递减的情况下把农业生产进一步劳动密集化。例如,从一年一茬水稻转到一年两茬的水稻和冬小麦;抑或从粮食种植转向蚕桑(—丝绸)和棉花(—纱—布),以数倍的劳动投入来换取不成比例的收益。后者同时提高了商品率,因此也可以称作"内卷型商品化(或市场化)"。

这个现象背后的逻辑是家庭农场的特殊组织性。家庭成员的劳动力是给定的。同时,家庭农场与资本主义企业不同,它既是一个生产单位,也是一个消费单位。这样,在人口压力下,也就是说在土地不足的情况下,一个家庭农场会为生存需要而在土地上继续投入劳力,逻辑上直到其边际报酬下降到零(而一个资本主义企业则会在边际报酬降到低于市场工资时,停止再雇用劳动力)。这个道理是苏联的恰亚诺夫在俄国农业经济的大量经验证据上提炼出来的(见《课程大纲》所列恰亚诺夫[1996])。

这种内卷趋势在民国时期仍旧持续下去,在中国农业经济"国际化"(其实应该说是帝国主义化)的趋势下,包括外来资本(尤其是日本在山东)所建立的纱、布工厂,棉花经济进一步扩充。花—纱—布的分离(手工种植棉花,工厂产纱,再由农村手工织布),大规模提高了农村的商品率,但内卷性逻辑基本一致,农村劳力普遍种植少于自己劳动力在理想条件下所能耕种的面积。

进入中华人民共和国时期,随着现代科技因素(主要是机械化、化肥与科学选种)的投入,本来可以像在许多其他发达和发展中国家那样,提高劳动生产率、去内卷化;但是,面对人口的快速增长(主要由于现代卫生医疗所导致的死亡率下降,以及政策上对生育控制的忽视),农业进一步劳动密集化,复种指数大规模上升,结果是内卷化的持续。进入八十年代改制后的蓬勃农村工业化,在十年间吸收了一亿农村劳动力,尽管国家采取了严格的人口控制政策,农村工业的新就业仅仅吸纳了其自然增长的劳动力,农业仍然内卷,农业劳动力中有三分之一到一半处于隐性失业状态中。

直到20世纪90年代,由于在"全球化"资本投入的推动下,一亿多农村劳动力进入城市打工,连同乡村工业化,因此形成了历史性的两亿多农民的非农就业大趋势。进入新世纪,这个趋势正好与其他两大趋势交汇。一是生育率的下降终于反映于新就业人数的下降。另外是伴随国民收入上升而来的食物消费转型,从以粮食为主的模式转向粮—肉、鱼—菜、果兼重模式,并因此形成了对农业生产的不同需求,推动更高劳动投入和成比例和超比例价值农产品的需求。三大历史性变迁的交汇正为中国提供了一个历史性契机,可以走出长时期以来的农业内卷化困境,提高农村土地/劳力比例,提高务农人口收入,使农民逐步达到小康生活水平(见《课程大纲》中黄宗智《制度化了的"半工半耕"过密型农业》《中国农业面临的历史性契机》,以及黄宗智、彭玉生《三大历史性变迁的交汇与中国小规模农业的前景》)。上面已经提到,新制度经济学家舒尔茨坚持在市场机制运作下,不可能有劳动力过剩。事实是,中国农村长期以来都处于劳动力过剩的状态,而今日的历史性契机则完全来自舒尔茨视野之外的社会和经济因素。

显然,我自己的"内卷"概念,自始便和特殊的历史和社会背景相连。它是从历史实际提炼出来的分析概念,是一个与经验证据紧密结合的概念。从明清以来直到20世纪80年代,中国农业是"内卷"的,但在近年"三大历史性变迁的交汇"下,未来的趋势很可能将是"去内卷化"。显然,我的"内卷化"理论自始并不具有超越特殊历史情况的普适野心,也不可能成为(国家)意识形态;它从来就只不过是一个学术分析概念,不能超越时空。上述这些结论可以见于我的《华北》《长江》两本书,以及上面提到的近两年关于农业的三篇文章。

我在《课程大纲》中选择了汪晖先生的著作,是因为它很好地显示了他所使用的思想史方法的威力:任何理论,无论它的提倡者多么想自封为超越经验证据的科学理论,都得放在历史环境中去理解。意图普适的理论,其历史背景都是特殊的,与特殊理论的不同最终只在于其话语权力。换句话说,汪晖先生的方法是把今天主宰学术界(人文与)社会科学的理论思想化和历史化。这是破除迷信西方"现代主义""科学主义"(乃至"后现代主义")的最好药方。也就是说,大家千万不要迷信追求任何超越实际的全能性理论,因为它只可能是通过强权建立的意识形态。

五、现代主义和后现代主义,以及其制度化表现

人们对绝对的、全能理论的追求有它一定的深层来源。与中国的传统不同,西方天主教—基督教传统一直深信掌握绝对、全能真理的上帝。进入现代,伴随人们思想的世俗化,科学和"理性"(Reason)很大程度上在人们的心目中取代了原来宗教中上帝所占的位置。现代哲学始祖笛卡尔(Descartes)试图通过"理性"论证上

帝的存在,便是两者关联的很好例证。理性和科学被建构为绝对的、普适的、超历史的。在法国革命之后的恐怖统治(Reign of Terror)之下,"理性"曾经成为新时代的宗教,具有近乎原教旨天主教教会的生死权威。

在西方现代文明中,这样的信仰尤其体现于现代思想(亦可称作现代科学)的两大组合传统之一:演绎逻辑。从笛卡尔开始,达其大成于康德(Immanuel Kant),现代主义深信人们可以通过理性的演绎推理而掌握绝对真理。虽然在具体的科学实践中,演绎逻辑是和经验归纳同时并用的,并在科学实践的发展中显然缺一不可,但作为一种意识形态,现代主义自始便具有强烈的偏向演绎逻辑的倾向,也就是后来在各知识领域中被称为"形式主义"或"形式化"的理论传统。

这种现代主义的基本倾向可以见于许多方面和领域。我们不妨就近并且具体地以美国今天一般大学对知识的组织制度为例。在美国一流大学的哲学系中,基本不存在西方文明之外的课程,占中心地位的是源自古希腊传统的数学逻辑和形式化推理及西方现代早期以来的哲学家。因此,今天美国的哲学系,首先是不承认世界其他文明传统的哲学是一门哲学。譬如,一般美国哲学系中不开中国或印度或阿拉伯哲学的课;后者的讲授主要由历史系,或东亚、中东等语文系的思想史课程来提供,不算真正的哲学。

我个人有过这方面的具体经历。1985年,因普林斯顿大学的聘请,UCLA全力挽留,请我负责为UCLA建立一个世界一流的中国研究中心。(这是美国学术界高度市场化的一个具体例证:教授们一般唯有在"市场""竞争""机制"的运作下,才有可能得到校方的特殊待遇。)为此,我曾投入十年精力,尽一切可能想在各学科中增补中国研究专家,努力建立像美国五六十年代成为风气的那种由多种学科组成的跨系中国研究中心。但是,我发现当时的许多学科的发展趋势已经走向淘汰所谓"外国区域研究"(foreign area studies),而哲学领域则处于这种大趋势的前沿。20 世纪 80 年代中期,美国一流大学哲学系的在职教员中,以中国哲学为主要研究主题的总共才两三人。当时 UCLA 哲学系根本没有可能认真考虑聘请研究中国哲学的教授。

剩下来的是各门社会科学:经济系、政治学系、社会学系。为此,我投入了很多精力与时间。一开始时,以为不会很困难,因为当时几个最大的中国研究中心,如加大伯克利校区、哈佛、耶鲁等都有研究中国经济、政治和社会的学者。但我发现,真的做起来,却是困难重重。首先是经济系,它们近年的主流倾向先是高度形式化或数学化的、脱离时空与实际的理论;次之,则是高度数学化的计量技术。UCLA 当时的经济系主任甚至断言说,他们只愿考虑每年全国毕业生中数学本领最高的前 100 名博士;不然,不予以考虑。我曾经向他们推荐当时一些其他著名大学和智库研究中国的经济学家,但全都立刻就被否决掉。后来只短期聘请了林毅夫博士,主要是因为 UCLA 经济系特别倾向(新古典)芝加哥学派(因此被称为西岸的芝加哥,"Chicago West"),而林正好是芝加哥出身的博士。事实是,今日美国经济学系已经基本没有研究中国的经济学家。就以哈佛为例,在学历比我要高一辈的帕金斯(Dwight Perkins)之后,便已没有研究中国的专家。加大伯克利也是一样。至于其他学校,若有,如普林斯顿和斯坦福,则多是偶然的。主要

第二章　连接经验与理论：建立中国的现代学术

是因为系里某华裔经济学家，在本学科得到一定地位之后，出于对中国的关怀，而又具备阅读中文资料的条件，就连带研究中国经济。但这样来源的中国经济专家的看家本领多是某派理论和某种计量技术，对中国历史、社会、政治等不一定十分关心，所做的研究主要是验证某一种经济理论，与中国的实际可能有关联，但也可能没有。

这样的趋势现在已经渗透到其他的社会科学领域。他们普遍的价值观是一个学科，越接近"硬"的科学，亦即模仿数学和物理学那样的绝对性和精确性，便越高明；越"软"，越接近某区域、国家的特殊性，不可普适化或计量化，便越低级，越得不到本行的重视。在各学科科研审核的要求中，在区域研究的刊物上发表的论文基本不算数，要求的是在本学科主流和"硬"的刊物上发文章（例如，American Economic Review, American Journal of Sociology, American Political Science Review 等类型的刊物）。作为一个中国区域研究刊物 Modern China 三十多年来的创刊编辑（虽然 Modern China 是美国区域研究领导刊物之一），我对此也有许多切身感受。

这种区别也体现于教授们的待遇。一般大学之中，"硬"的学科的平均工资都要比"软"的学科来得高，这虽然是不会见于明白说明的文字材料的，但已经广泛地在院长和系主任级的行政人员中形成一种默契。美国是个市场经济主导的国家，学术人员的市场价格便是全社会价值观的最好例证。

各社会科学领域中的这种倾向，其根源即在我上面提到的现代主义追求知识绝对化、普适化、理论形式化。它是长时期积累下来的倾向，不是一朝一夕的事，它体现的是现代主义认识论的基本精神,今日在高等教育中已经越来越制度化并趋于僵化,以形式和技术来替代实质性的学问。

这种学术的明显误区,是无视理工与人文社会两个领域的主题在性质上的基本差异:前者主题是物质世界,后者则是带有意志、感情的人类社会,不容简单地形式化、计量化。这是一个人们普遍能体会到的常识(就凭我们在实际生活中的观察,人们的行为明显不是只受"理性"左右的,随时可能受到理性之外的意识形态或感情左右),但今天已经完全被现代主义的认识精神和方法掩盖,甚至不承认这是个问题。(这正是"科学主义"的意涵,它本身就是西方现代文明的一个主要倾向,却被哈耶克等人建构成共产主义"极权"国家的特征,与西方自由—民主、资本主义—市场主义对立。实际上,科学主义中的形式主义和实证主义是启蒙时代以来整个西方现代文明最基本的倾向之一。见《课程大纲》所选汪晖著作的有关讨论。)

我这里对现代主义知识体系的批评,并不来自我个人,而可以广泛见于西方现代传统本身,并且不限于西方"另类"传统,诸如批评资本主义的"左派"马克思主义传统(本身也具有十分明显的全能理论倾向),或近年的后现代主义(下面还要讨论)。我这里提的批评可以见于西方自己产生的,本身也是西方"主流"或近乎主流的传统,尤其是美国的实用主义传统和英国的经验主义传统。上面已经提到,美国法学"古典正统"虽然高度形式主义化,但在美国法史实际中,长期与以实用为最高标准的实用主义传统并存、拉锯、相互影响和渗透。又比如,现代科学的实践不仅包含演绎方法,也同时广泛依赖从经验证据出发的归纳方法,两者并用。但是,在理论上对全能形式化理论和绝对知识的追求,仍然可以说已渗透到整个知识界、学术界,哪怕是最"软"的社会科学,也都试图向这种认识看齐。

相对来讲,历史学、微观人类学—社会学、(外国)区域研究及其他跨系组织(如高等研究中心),比较重视主题的特殊性与跨学科的总体性,对形式化理论和实证主义型的计量比较带有保留。虽然也有强烈的"硬"化倾向,但总的来说,宏大历史理论(grand theories)和计量史学(quantitative history)在整个历史学科里仍然只是一个次级的支流。正因为如此,我个人认为它是纠正认识的过度科学主义化的一个重要基地。微观人类学—社会学、外国区域研究和高等研究中心似的跨系组织同样如此。

西方现代主义的反面是后现代主义。应该先说明,我上面所写的许多对现代主义的批评是出于后现代主义著作的启发和影响的。本来后现代主义对现代主义及其科学主义是很好的纠正,并且带动了文化研究,以及一些过去不太受到重视的课题的研究,如妇女、"少数民族"等。但是,同时应该指出,后现代主义受其"敌人"的影响深远(这是历史上常见的现象),最终它自己与现代主义同样地高度意识形态化。针对现代主义对"理性"的、绝对的、客观的真理的迷信,后现代主义得出的是推向相反极端的结论:世界上没有科学的或绝对的认识。因此,一切认识最终只可能是一种主观话语或表象,而任何"事实"也只可能是一种话语,一种表象,只可能是某一方的观点。所以,后现代主义最终把所有事实都概括为"所谓事实",对任何"所谓事实"都持怀疑态度。这是在后现代主义著作中常见的一个基本论调。《课程大纲》选了在国内影响较大的格尔茨（Clifford Geertz）和萨义德（Edward Said）的著作为例。格、萨两人都特别强调表达/话语，萨并把它与对帝国主义意识形态的分析联结起来形成其"东方主义"的强有力分析概念，但与此同时，两人同样认为所谓事实最终只不过是某种主观建构或话语。格尔茨甚至把所有认识比喻为美国法庭上都为其雇主卖命的敌对双方的律师。

在中国，对后现代主义的理解和在美国不太一样，多主要突出其"去西方中心化"意涵，把它当作批评西方现代主义的理论依据。在一定程度上，也把同样观点延伸到马克思主义，把它看作现代主义的一个侧面，并要求从唯物倾向转向唯心。但是，一般没有像在美国那样程度地质疑所有经验证据。在中国，它的核心更在于与民族尊严感情的连接（但是，真正踏实地把西方经验和理论置于西方历史背景中去理解的研究并不多）。在美国，后现代主义的核心则最终在于它的认识论，显示出西方文明经历了对上帝和其后对理性的信仰的解体之后，在认识上的特殊焦虑。其具体表现就是上面所说的从绝对真理信念的极端走到了怀疑一切经验证据的极端。

在这点上，后现代主义在美国知识界所起作用与新保守主义的影响不谋而合。这是个颇耐人寻味的现象，因为后现代主义者多自视为激进（左派）人士，而新保守主义者则多被视为（极）保守（右派）人士。两者联合的一个重要原因，是后现代主义特别强烈地反对19世纪以来的实证主义及其对绝对客观性事实的信赖，但对现代主义传统中更深层而又影响更大的形式主义，则反而讨论较少，也因此对（提倡高度形式化新古典经济学的）新保守主义批评较少。反倒是从唯心主义的认识观点对马克思主义的唯物偏向批评较多,最终完全否定了旧的政治经济学,走到了极端的主观主义(或文化主义)。同时,正因为其自身对任何"事实"都抱有怀疑,在这方面对新保守主义蔑视经验证据的意识形态(既已掌握绝对真理便不需要多考虑事实)的态度也比较包容。无论如何,结果是后现代主义不仅没有与旧左派联合抗拒新保守主义的极右浪潮,反而常常与新保守主义共同攻击老左派。有些自己前身是老左派的后现代主义者在这方面尤其不遗余力(也许是因为人们常常对自身的"错误"过去会显得特别不耐烦)。至于年轻一代,对后现代主义的虚无认识理论当然感到极大的诱惑,因为掌握时髦理论要比做踏实的经验研究容易得多。无论如何,总的结果是美国知识界在后现代主义和新保守主义两大潮流的影响下形成了普遍蔑视经验证据的学术氛围。①

我想再次以自己置身其中的美国大学制度来说明这个问题。根据我在加大头20年的经验(始于1966年),当时校级关键性的为每次评职称或聘任新教授的特设委员会(ad hoc committee)(是个跨系、保密的临时委员会),在其运作中,一般都相当严谨,普遍要求每位委员详细阅读有关资料(并为此设有专室多套),然后开会认真讨论,最起码也要两小时,一般三小时。讨论中会根据经验证据试图对申请人的学术做严谨、详细和客观的判断,而后根据那样的评价向校方和学术人事委员会(Committee on Academic Personnel,简称CAP)提出行动方案建议。但是,到了80年代以

---

① 正是在这种认识气氛之下,美国在虚构的"证据"之上对伊拉克做出战争决策才成为可能。Johnson(2003:217—236,283—312)对整个虚构证据的经过有精辟的论证。

后,后现代主义的虚无认识精神及新保守主义意识形态的影响渗透到整个学术界,许多学校同仁都认为学术没有客观标准可言,不可能做出真正"客观"的判断(起码不敢明目张胆地采取这样的立场),默认任何评价实质上只是一种政治或学派观点的反映,随着潮流越来越轻视经验证据。为此,学术评价制度也逐步转化,到90年代,已经不再要求评审委员会的成员认真阅读有关材料,做出自己的判断,在程序上干脆只把外校"专家"的来信复印转发给各成员,以作为评价的主要依据。开会则一般只开个把小时,草草了事,主要任务是由主任分配写形式化的总结报告。这样,学术评价逐渐变成一种人事权术活动(有的人甚至事先联系本行同仁,做买卖交易性的互诺:你今日帮我升级,明日我会回报)。许多(而不是个别)没有认真做过经验研究的同事,可以凭时髦理论的轻浮炫耀得到很高的认可。整个学术评价制度已经变成没有任何真正标准可言的制度。

后现代主义本来应该是对现代主义中科学主义的很好纠正,但由于它的虚无认识态度,结果对美国学术界实际操作的影响反而(和现代主义同样地)加重了新保守主义把一切知识意识形态化的趋向。结果是,各学科越来越倾向于脱离实际的纯理论(为理论而理论)或纯计量(为技术而技术)。美国学术界今天因此正面临一个十分严重的危机,而中国今日广泛地没有保留地要求与之"接轨"的,正是这个处于严重危机的学术制度。

六、历史学界的一个现象

　　新保守主义和后现代主义的联合可以见于众多的学术领域，下面我们就以新近对18世纪中国重新阐释的学术为例来加以说明。这股潮流的出发点是从原教旨市场主义来重新认识清代前期：认为它是一个高度市场化的经济，而根据市场主义理论，人们在那样的环境下的理性抉择必定会导致资源的合理配置。据此，得出的结论首先是，在人口史方面，中国的变迁并不是像过去的认识那样由死亡率（天灾人祸）推动，而是和西欧一样由人们的理性生育行为所主宰。中国人民其实长期以来就习惯控制生育，包括溺婴的"产后堕胎"手段。因此，18世纪中国所面临的人口压力程度其实不过与西方基本相似。同时，在市场机制和人们的理性抉择推动下，清代前期的经济实际上达到了与西欧同等的发展。

　　至于中国经济在其后19和20世纪的落后，则有两种说法：一种是纯粹原教旨市场主义的，认为帝国主义把西方文明带到了全世界各个角落，落后国家一旦走上了资本主义市场经济的正轨，便能得到西方似的经济发展；另一种观点同样把经济发展等同于市场发展，但是承认帝国主义也许更多地为西方带来了发展，在落后国家则触发了20世纪的民族解放战争和革命运动。问题是后者走上了反市场、反资本主义的道路，因此妨碍了正常的经济发展。在中国，一直要到"改革开放"方才再次走上正途。

　　上述这种论点同时采用了后现代主义的姿态，把坚持18世纪西、中基本相等表述为"去西方中心化"的论点，是否定西方现代主义目的先行的历史叙述的观点。不少倾向后现代主义的学者们因此认同这种论点。在国内,不少学者这样理解:如果18世纪英国的发展程度只不过和中国基本相等,那么英国后来的发展只可能从外因,亦即其殖民主义和帝国主义来解释。这样,便突出了西方现代发展的偶然性和强暴性,否定了西方中心化的历史"元叙述"。显然,这样的理解在此论点上注入了民族感情内涵(也同时把自己表述为"与国际接轨"的学术)。其实,这样的理解完全忽略了此论点的原教旨市场主义基本核心,无视它完全否定了中国自己的反帝国主义的民族解放斗争和革命运动——起码从经济角度如此。

  在经验证据层面上,新保守主义者和后现代主义者的思路也基本一致:认为任何史学论争最终决于理论观点,经验证据并不重要。为此,我写于2002年的《发展还是内卷？十八世纪英国与中国》特别强调经验证据,总结了近二十多年西、中学术积累的翔实证据,说明像18世纪英国经历的五大社会经济"革命"那样程度的变化(农业、手工业工场、消费、人口行为和城镇化革命)在中国的长江三角洲其实一个都找不到。事实是,后来的英国工业革命不能仅从殖民主义和帝国主义的外因来理解,因为它确实具有一定的源自18世纪的内因,哪怕是偶然性的。18世纪英、中所面对的人口/资源压力十分不同,英国煤炭业的特早发展也和中国很不一样。我们需要的,不是中西哪一方更优越的感情性和意识形态性论争,因为那样只能再次陷入简单化的市场/革命、西方/中国的非此即彼选择。我们需要的,是基于中、西双方复杂历史实际的踏实研究和概念创新。

七、国内的学术环境

　　今天国内,也许部分出于过去革命传统造成的思维习惯,在处理思想和学术理论问题上,同样具有强烈的意识形态化倾向。这当然也与古代长期一贯具有正统地位的思想传统有关(虽然儒家的中庸精神自始便比较能够包容其他思想)。无论如何,年轻一代的研究生对待新接触到的理论,相当普遍地带有寻找绝对、普适真理的倾向。借用一位研究生给我的来信说,他过去一直在寻找这样一种理论,企图用它来指导自己的研究。(他后来放弃了这样的探寻,但因此感到十分困惑。)

　　同时,由于处于一个转型时期,今天的意识形态中矛盾重重。正如一位最近重新就读研究院的博士生的来信中说的那样,她刚入学的时候,学的是马克思主义政治经济学,但现在则已完全改学西方新古典经济学。当然,有的研究生完全跟随潮流,把舶来的新经济学当作真"科学"来学习(不过,也有则对新来的意识形态持保留意见的)。不少学生(和教员)则抛弃理论而寄一切希望于技术,把学问等同于计算,完全接受了简单的实证主义认识方法。

　　法学和社会学也有类似的西化倾向。今日国内法学院所教所学多以西方形式主义传统法学、理论和法典为主。至于中国自身的法学传统则只有很少数教员研究,不大吃香。虽然,法学院师生群体中,也有强烈的"本土资源"呼声和意识,但是真正系统地在中国自己的法律、法学历史中挖掘现代化资源的学术还比较少见。

　　至于今天的社会学院系,也基本都以西方文献为主。譬如,对研究生们"开题报告"的"文献"讨论部分的要求，主要是与当前西方学术研究"接轨"，而与之接轨的常常限于二、三流的复杂繁琐的当前学术著作，没有进一步考虑到基础性的经典源流。这样，学生们的视野难免陷于庸俗，提出的问题多是次级的问题，不能深入到根本性的层面。当然，也有"本土化"的呼声，这是可用的资源，并且可以走向费孝通先生那种建新鲜概念于踏实的经验研究，并付之于实践检验的优良传统。但是，这方面的文献尚嫌单薄。

史学则多偏向纯经验研究。与日益理论化（要么是新古典经济学类的理论，要么是其相反极端的后现代主义理论）的西方史学相比，今天的中国史学则更多地倾向于简单的经验主义。这是一个对毛泽东时代高度意识形态化及今天全盘西化潮流的一种反应，也是一个延续清代以来考证史学传统的倾向。如果说西方史学越来越倾向于单一左手的使用，中国今天的史学则倾向于相反的单一右手的使用。在这样的偏向下，研究生们所得到的培训缺乏概念锻炼，结果等于使他们脑袋里的那块"肌肉"萎缩、退化，即使试图使用理论时，也多显得力不从心，不能精确有力地掌握、连接概念。客观地说，考证史学缺乏经验主义中用归纳方法的概念提升，更没有与演绎逻辑对话的概念创新，实质上等于是全盘拒绝现代科学的闭关自守。

考证史学的反面则是意识形态化的史学。过去是由马克思主义—毛泽东思想主宰的史学，今天则是由其反面的原教旨市场主义主宰的史学。但我们需要的既不是意识形态化的史学，也不是简单的经验积累，而是经验与理论的双手并用，是紧密连接经验与理论、从新鲜的经验证据提升新鲜理论概念的历史学。

在今天转型期间无所不在的浮躁之风下,真正心向学术的青年学生当然会感到十分困惑。什么是真的学问?怎样去做?什么是正确的理论?怎样使用?在一次和某大学历史系的研究生们座谈的时候,我问了在座的十几位同学他们认为本系最大的长处是什么?最大的弱点是什么?他们说觉得自己在史料掌握上比较踏实,但作为新的一代,对老师们缺乏新概念和方法的研究觉得不太满意(据说,有的教授甚至积极抑制研究生们使用外来概念,排斥西方近几十年与社会科学结合的史学趋势),但又不知自己该怎样去做。在另一次与某大学社会学系的研究生们的讨论中,我问了他们同样的问题。他们对前者的回答是学习自由,接触到许多不同理论和模式;对后者的回答则是,从老师们那里得不到令人满意的指导或榜样,自己不知道该怎样去做。

在这样的学术氛围中,面对社会的众多诱惑与压力,有的年轻人难免追求速成,不能安心去做踏实严谨的学术研究。不少最聪明的学生选择轻浮炒卖时髦理论的"捷径",要么是新制度经济学的"真理"(多见于经济系,也可见于社会学、法学和历史学),要么是后现代主义的自觉"反思"与"去西方中心化"(尤其多见于中文系,也可见于有的历史系)。另一种学生则完全依赖经验堆积,甚或自己的感性认识,自以为是,轻视任何外国的著作,但对本国的研究却缺乏真正的好奇和独立思考。这样,西化与本土化两大倾向同样陷于轻浮。难见到的是结合理论与经验的严谨研究以及有分量的学术交流。在近年学术制度官僚化、形式化的大潮流下(譬如,不可思议地定下硕士、博士生发表论文的数量指标),只可能更加如此。

以上是我个人注意到的今日国内学术环境中的一些明显问题。但是,我这里要指出,今天中国的青年研究生们同时具有很多优点,这也是我自己愿意大老远来为他们开课的原因。首先,优秀的学生之中,不乏中国传统知识分子所特有的社会、文化责任感,其中包含中国现代知识分子的救国救民于苦难的精神。这种意识在美国学生中是看不到的。伴随这种意识的是某种"本土化"的学术倾向,虽然今日这种倾向多出于感情用事(例如自以为天生就懂中国而洋人则不可能达到同等认识),但它却不失为一个可以用来纠正全盘西化趋势,建立独立自主学术的资源。再则是中国知识分子所特有的历史感,哪怕是在西化的大潮流之下,许多研究生还是常常具有一种几乎是下意识的历史感,觉得自己作为一个中国人,必须认识自己本国的历史,就连偏重现实的社会科学的研究生也是如此。这在美国社会科学研究生中也比较少见。另外,研究生们对本国的社会现实一般都具有一定的感性认识,他们之中又不乏农民子弟,对中国农村的现实与危机有一定的体会,面对不符合实际的理论,自然而然会感到有所保留。美国学生则相反。我们在美国执教的教授们,为学生讲授中国的时候,最难做到的是使在美国生活环境中长大的青年能够想象到中国的现实,包括农村的贫穷和危机。这可以说是我们教学中遇到的最大障碍。因此,更谈不上高层次的要求,譬如从实际中提炼新鲜概念,同时质疑美国主流思想等。最后,根据我在国内与研究生接触的经验,哪怕是比较偏向理论的学生,许多还是具有一种中国长期以来偏重经验与实用的思维倾向,即便是在来势汹汹的西方形式主义理论潮流下,仍然不太会完全盲目地接受其理论,会要求验之于经验证据。

而这样的态度,我认为正是连接经验与理论问题中最最关键的。

八、实践历史中的实用道德主义和第三领域,以及现代革命的实践精神

中国旧传统与现代革命传统,都具有可供我们今天探索中国自己的现代性学术应用的资源。首先是帝制时期遗留下来的传统。我最近已经详细论证,中国传统法律的一个重要特征是在经验与理论这对范畴之中,偏重经验,但并不忽略概念。它要求的是抽象概念与具体经验情况紧密结合。与欧洲大陆法中可以用韦伯作为代表的形式主义法律传统不同,中国法律一贯要求寓抽象概念和法则于具体事例,不像形式主义法律那样要求抽象出脱离具体情况的普适法则。譬如,在产权方面,中国传统法律没有像西方现代法律那样的私有产权抽象法则,而是在当时的历史环境中,立法取缔"盗卖田宅"(比如,欺诈性地将他人土地或房屋当作自己的财产出售,或侵占他人田宅)、"擅食田园瓜果"等侵犯他人产权的具体事例,以及"卑幼私擅用财"(不顾父母意愿擅自使用家庭财产)的事例。又譬如,它没有抽象出婚姻合同的概念,而是立法规定惩罚各种欺诈违约行为(比如,"再许他人"或"有残疾者,妄作无疾"或"期约未至而强娶""期约已至而故违期"等行为)。在"民法"的另外两个主要领域——继承和债务——做法也是一样。

有的学者(包括韦伯)因此认为中国古代法律只重特殊具体情况,缺乏抽象概念和原则,但这是一种误解。中国古代法律与西方现代形式主义法律的不同,不在能否抽象、处理非具体的问题,而

在于其对怎样连接经验和理论的不同思维方式。形式主义要求通过法律(演绎)逻辑,建立脱离具体情况的普适法则,而中国传统法律则要求寓抽象原则于实例。一个很好的例子是清代关于杀人的立法:全部有关法则其实是围绕一个十分抽象的范畴——意图而组织的。杀人罪分六等,取决于不同程度的意图。惩罚最重的是"谋杀",例如用毒杀人;次之是"故杀",例如在愤怒的时候有意杀人;再次是"斗殴杀",即在斗殴中杀人;而后是"戏杀",譬如在拳击比赛之中无意杀了人;更次是"误杀",譬如在玩火或者玩射箭的时候杀了人;最低的是"过失杀",是完全出于无意的,譬如在山坡上拉车失去控制而因此杀了人(薛允升,1970:849—857)。我们可以说,这样的区分要比后来模仿德国法律的国民党法律的"故杀"和"过失杀"两分法来得细致(正因为如此,民国法官判案时常常转而使用清代法律的概念和区分)(详细分析与案例见 Neighbors,2004)。它不是出于纯抽象的概念(有意或无意),而是把抽象概念与具体事例紧密联接起来。这些我已在《课程大纲》所列的《中国民事判决的过去和现在》《中国法律的现代性》两文中详细论证。

同时,清代法律绝对不是一个仅仅具有回顾性,完全根据过去发生的具体事例建立的法律(有人据此批评美国法律实用主义,说它缺乏明确的立法日程,归根到底只是对古典正统的一种反应),而是一个具有强有力的前瞻性理想的法律制度。它对社会前景的设想寓于道德理念。譬如,认为在理想社会中(当然,儒家话语把这种理想等同于过去的圣王时代),人们将会基本没有诉讼,全凭道德解决纠纷,即使有诉讼,也将由地方"父母官"凭道德教化解决。

第二章　连接经验与理论：建立中国的现代学术

但是，在具备这种道德理念的同时，清代法律在实践中设立了十分讲求实用性的处理所谓民间"细事"（约相当于现代的"民事"范畴）纠纷的司法制度。首先依赖社区或宗族调解，而后是社区调解和法庭干预间互动的"第三领域"（下文还要讨论），最后，如果纠纷仍然得不到解决，才由"州县自理"的庭审来解决。而法官们在拥抱儒家治理道德话语之外，同时经常在实践中采用具有高度实用性的判决（亦即所谓"断案"），明辨是非，依法判决。我称这种结合为"实用道德主义"，体现了中国帝国时期法律体系的基本思维方式（详见《课程大纲》所列黄宗智《清代的法律、社会与文化：民法的表达与实践》《中国民事判决的过去和现在》《中国法庭调解的过去和现在》）。

这种思维方式的部分特征可以见于毛泽东时代。当然，上面已经提到，毛泽东时代建立了全能性的国家意识形态，其绝对性比西方现代主义有过之而无不及。但与此同时，也有一个类似实用主义的传统，我们可以称之为"实践主义精神"。其主要诞生自中国共产党自己的革命经验，是对党早期的教条性马克思主义的反应。在大革命失败之后，革命根据地转向农村——也是当时大部分党员所不太熟悉的环境，因此造成重新认识理论与实际的关系的契机。其后，在抗战时期，大量来自沿海地区城市的知识分子，来到延安地区，因不了解当地实际情况，他们甚至无法与当地农民"群众"交谈，造成党组织本身的一个危机：怎样去团结这两大群体。这就是"实践论"形成的部分历史背景。当时强调，首先要深入农村，获得"感性认识"，并认同劳动人民的"阶级感情"，而后经过知识分子所掌握的理论的提升，才有可能进入更高层次的认识，

111

最后要验之于实践。基于这种现代的革命认识论,形成了全党普遍的"调查研究"要求("没有调查便没有发言权"),成为一股风气。时至今日,许多国内的社会科学教师仍然经常带领学生出去做实地调查,了解具体情况。这种精神国外绝少能够看到。这一点,我已在《课程大纲》中的《认识中国:走向从实践出发的社会科学》《悖论社会与现代传统》两文中讨论。

在法律领域,毛泽东时代因应特殊历史要求而在民间和社区调解制度之上广泛运用法庭调解制度。后者的起源主要是为了处理离婚纠纷,在党早期对婚姻自由的激进允诺(单方要求离婚便允许离婚)之下,面对农村的激烈反对,试图一起一起地通过调解来处理有纠纷的离婚申诉,消解党和农村人民之间的矛盾。我个人认为,这个现代革命的法律传统,今天可以配合中国法律中的由实际到法则到实践的思维方式来推进使用。西方形式主义法律从抽象权利原则出发,要求其适用于任何事实情况,因此造成必争对错胜负的对抗性法律制度。但是,真实世界中的纠纷既有附带过错的纠纷,也有不牵涉到过错的纠纷(在离婚法领域,西方本身到了20世纪80年代已广泛改用无过错原则)。根据中国法律从实际出发的思维方式,今天可以考虑采用这样的区分:在事实情况不涉及一方过错的情况下,使用调解,包括法庭调解,因为在这样的纠纷中调解成效较高;反之,则依法判决,维护法定权利,采用西方法律的优点。事实上,现今西方法律,针对其对抗性法制所导致的诉讼过于频繁的实际,正在试图摸索出一条补充性的非诉讼纠纷解决道路。中国在这方面所积累的经验远比西方丰富,所以应有意识地朝这个方向发展。我在《离婚法实践:中国法庭调解的起源、虚构与现实》《中国法庭调解的过去和现在》《中国法律的现代性?》三文中,对这个方向做了初步的探讨。

九、实践历史

最后,我想对上面使用的"实践"概念做进一步说明和总结。本章对"实践"一词的使用主要包含三个交搭而又不完全相同的意涵。中国革命所提出的"实践"是相对"理论"而言的概念。这和我自己在《清代的法律、社会与文化:民法的表达与实践》书中,主要是相对"表达"而言的"实践"概念比较接近但又不同。这两者应区别于布迪厄(Pierre Bourdieu)主要是相对制度而言的"实践"。毛泽东的"实践"指的主要是应用,突出应用"普适"的(西方)理论于中国实际的问题,而我则更多强调中国自己的"表达"和理论也会与其"实践"脱节,指的主要是行动。布迪厄则提出"实践的逻辑"的概念,要求到人们的"实践"过程中,亦即实际运作中,而不只是制度结构中,去挖掘一个社会的逻辑真髓,并借此超越西方长期以来主观和客观二元对立的问题。

事实是,西方现代文明在理论层面上具有强烈的二元对立倾向,一再把认识推向非此即彼的选择。上面已经讨论了现代主义理论倾向,要么完全信赖"理性"演绎逻辑要么完全信赖经验归纳,要么完全依赖形式主义理论要么完全依赖实证主义经验积累。这一(同是科学主义的)倾向引发了后现代主义怀疑一切的反应,走到了相反的虚无主义极端。客观主义与主观主义的对立也是一样。要么是像实证主义那样完全信赖客观性,以为事实绝对客观,要么是像后现代主义那样完全信赖主观性,怀疑所有经验证据。

但是,西方本身的实践历史并不像其理论倾向那么偏激,所体现的是客观与主观的双向互动。上面已经提到,现代科学的实践历史其实同时依赖演绎与归纳,形式理论与经验研究。美国的政治经济实践其实既非纯粹的市场经济也非纯粹的政府干预,而是两者的并存和拉锯。其法律制度的实践历史也是一样,既非纯粹的"古典正统"也非纯粹的法律实用主义,而是两者的并存和拉锯。

上述几种相近又不同的"实践"概念都有助于理解中国实际,解决连接经验与概念的问题,而我这里更要突出"实践历史",提倡从其中提炼紧密连接经验与理论的分析概念。譬如,中国法律传统中的表达和实践(行动)虽然背离,但在法律整体的实践(实际运作)中其实密不可分,所以我们不能像现代主义的二元对立非此即彼思维方式那样把中国法律简单地等同于其表达或其实践的任何单一方面。清代的法律其实应该这样理解:它说的是一回事,做的是一回事;但是,两者合起来,则又是另一回事。也可以说:清代法律在"应然"层面上说的是一回事,在"实然"层面上做的是一回事;但是,两者连接起来,则又是另一回事。而其法律整体所包含的"实用道德主义"思维方式,正体现了表达和实践结合起来的逻辑,不同于其中任何单一方面的逻辑。

我们可以进一步以中国治理实践(实际运作)的历史为例。西方现代关于国家与社会关系的理论受其自身从法国革命开始,由于资产阶级争取自己权力的历史经验,造成深层的社会与国家对立、非此即彼的理论框架之影响。这种思维方式可以鲜明地见于韦伯以来到今天的哈贝马斯(Jürgen Habermas)的(历史)社会学理论中。"国家"主要是指其正式(formal)的官僚体制,社会则主要是指其非正式(informal)的自发组织,不多考虑介于两者之间的半正式(半官方)领域,也因此不符合中国治理的历史实际。中国治理实践中更多的是在中央集权的国家机器直接统治范围之外,国家与社会互动或联合的半正式运作,体现于清代处于国家与村庄关键联结点上的(由社区举荐和县衙批准的)准官员(乡保),半正式纠纷处理(官方县衙与社区调解互动的"第三领域"),以及晚清兴起的半官方地方组织(比如,劝学所和商会)。其主要行政方法是简约的,准官员既不带薪水也不带文书,而国家机器要在遇到纠纷或人事变更时方始介入。这种"集权的简约治理"实践,既不同于正式官僚体制,也不同于非正式的民间组织,而是具有它自己的逻辑的治理方法。这一切我已在《中国的"公共领域"与"市民社会"?——国家与社会间的第三领域》《集权的简约治理:中国以准官员和纠纷解决为主的半正式基层行政》两文中详细论证。

上述从实践历史出发的认识方法,与中国长期以来偏重经验和实用的传统具有一定的连续性。它体现的是一个不同于西方现代由形式主义(与其后的后现代主义)主宰的偏激认识观念,是一个可供中国用以建立自己的现代认识方法和理论的资源。它可以用来超越经验与理论非此即彼二元对立的思维方式,其关键在于经验与理论的紧密连接。一旦连接理论,便有可能超越经验的简单描述性、回顾性和纯特殊性;同时,一旦连接经验,便会承认理论的历史性,避免其超时空的绝对化或意识形态化。我们可以这样来总结:经验是一回事,理论是一回事;但是,连接起来,则又是另一回事。

十、课程设计解释

(一)阅读方法

基于上面总结的思路,我在研修班的《课程大纲》中,首先突出要养成连接概念与经验的阅读习惯。读书必定要首先掌握作者的中心论点(当然有许多没有形成中心概念的著作,甚或主要是经验信息堆积类的著作。有的价值不大,但有的是十分珍贵的参考书。我这里关心的不是参考书的编撰,而是学术专著的写作),而为了精确地掌握一本书,也是为了锻炼自己的概括能力与养成连接经验与概念的思维习惯,我特别强调读书笔记要总结作者为支撑自己的中心论点所使用的主要经验证据,并同时照顾到中心论点次一级的阐发性概念及其经验根据。最后要回答这样一个问题:作者把你说服了没有?为什么?(更有进者,如果由你来写这本书,你会做怎样的修改?)这样的读书习惯也是为自己做学术研究,写学术专著的一种锻炼。能够清楚掌握好的专著的设计和结构,才有可能自己撰写优秀的学术著作。

这样的读书习惯另外有一个很实用的考虑,就是为了积累自己将来研究和教学的可用材料。根据我自己的经验,我们看书之后,在个把星期到几个月之中,对一本书的记忆是比较清晰完整的,之后便逐渐模糊,几年之后便几乎不可能在脑袋里做详细找回检索。因此,我们要在记忆清晰的时候,精确地总结这本书以备将来之用。而这样的总结,不是被动摘抄,而是积极消化,迫使自己在记忆最完整的时候,按照上述的方法精确地掌握这本书并对其进行系统思考。那样,将来可以随时找回检索使用。我自己要到30岁之后才清楚了解到自己的记忆(或仅仅把书排列在书架上)的不可依靠,开始积累笔记。有不少在研究院时候读过的书,后来都得回去重看。

(二)理论学习

同时,《课程大纲》所建议的是我自己经验中行之有效的理论学习途径。前人有众多理论著作,对我们来说都是有用的资源。我自己提倡的途径是要掌握主要的不同流派的理论,作为入门途径。阅读时要求与之对话,而不是简单的死学。而对话、决定取舍的最好方法,乃是看它对组织、解释自己掌握的经验材料有用没用。

学习理论的目的不是寻求或掌握全能性的真理,而是提出问题,较高的一个境界是在理论和实际的脱节点上,或不同流派理论的交锋点上,提出问题,试图超越现存视野。学习理论的另一用途,是通过与现存理论的对话来澄清、推进自己的分析概念。这样,理论更多的是工具或对手,而不是答案。

另一个有用办法,是区别经典理论与庸俗理论;前者较少,后者俯拾皆是。前者一般视野比较宽阔,提出的概念更清晰并强有力,后者则比较模糊繁杂,除非和自己的研究课题有直接联系,一般用途不大。这种庸俗模式的大量存在本身便是西方形式主义倾向的一个例证:今日美国一般的社会学、政治学系,对学生的要求首先就是建立所谓"理论"或"模式",然后才做经验研究,这种认识方法的结果之一是"模式"堆积如山,绝大多数十分庸俗。而与这样的"模式"对话,虽然可能会起点公关作用,但对推进和提高自己的分析概念不会有太大帮助。

最后一种可行的理论学习方法,是先在某一种流派之中深入浸淫一段时间,作为入门方法,锻炼自己概括和连接概念的能力,然后再学习其他流派。国内许多年长一点的学生,已经接触过马克思主义理论,可惜的是其教学方法,大多是当教条死背,而不是活学活用地用来提出问题。但也有少数的学生,还是能够从其中得到概括能力的锻炼,这是宝贵的资源,可以当作学习其他流派理论的基本功。

(三) 研究写作

《课程大纲》的最后部分是研究论文的写作。我这里要强调的是,设计这样的论文首先应要求自己能在经验层面做出前人所未做的贡献,因为作为一个青年学者,思想上多未完全成熟,若能老老实实做经验研究,最起码可以在某个层面上做出新的贡献。但这不是说只做经验信息的简单堆积,因为那样无从区别重要和不重要的信息。优秀的学术贡献需要带有明确的问题,经验证据的目的是用来解决重要的问题,而问题的建立要靠经验与理论的连同使用,不可只靠单一方面。最理想的状况是通过新鲜的经验证据来提炼新鲜的概念,用以解决重要的理论问题。而所谓理论问题,上面已经提到,既可以是不同流派理论的交锋点,也可以是理论与实际的脱节点。另外,最好是自己特别关心的问题,因为那样才会有驱动力,使自己能够长时期地持续投入。

这里应该说明,寻找自己最想做而又最能做的题目常常是一个曲折的过程。我当年便因导师的影响而选择了思想史的题目,并试图为导师而挑战当时占美国首席位置的列文森(Joseph R. Levenson)。后来才发现,自己无论在感情上还是在能力上,都更倾向于关注普通人民,而又比较喜欢解答有关人们实际生活的问题,所以更适合做经济史、社会史和法律史。但清楚认识这一点的时候,我已经近乎不惑之年了。基于以上经验,我自己一贯避免指定学生做某个题目,因为我认为这几乎等于是在替他们找对象。做学问是个长时期的磨炼,非常有必要找到自己真正愿意一生与之作伴的主题。但国内由导师包办的做法仍然比较普遍,这点亟需改革。

最后回到本章主题,亦即怎样在经验证据上提炼新鲜概念。上面已经提到,一个好的方法是从经验证据与现存理论的脱节点出发,与现存理论尤其是经典性的著作对话,来澄清、推进自己的概念。最好是跨越不同流派的理论,因为同一流派中的论证,多只关乎次级问题,而不同流派的交锋点,常常是最为基本和关键的问题。有的同学可能会觉得掌握单一流派的理论已经很不容易,要求同时与不同流派对话,可能是苛求。但实际上,只掌握单一流派,常常会陷于不自觉地完全接受其预设前提,久而久之,甚至会认其为天经地义、无可置疑的"真理",因此陷入由意识形态主宰的研究。而且,通过不同流派之间的争议,可以更清晰深入地同时掌握不同概念,并把自己的认识和问题提高到最基本的层面上。这方面中国的研究生其实具有比美国学生更优越的条件。作为处于两种文化冲击下的知识分子,中国的研究生更能体会理论与实际的脱节与不同理论之间的交锋。今天中国的研究生,几乎不可避免地都是"双重文化人"(见黄宗智《近现代中国和中国研究中的文化双重性》),和美国一般研究生很不一样。若能既不迷信普适理论,又不迷信自己的感性认识,这本身就是一个可资学术使用的重要资源。最后是通过严谨的经验研究与高层次的理论问题意识的探讨,来回反复连接,由此才可能建立既是中国的也是现代性的学术,并为全人类建立一个不同于西方现代主义传统的学术传统。谨以此与国内的青年研究生共勉!

参考文献:

薛允升(1970):《读例存疑》(五卷),黄静嘉编校,台北:成文出版社。

China Development Research Foundation(2005).*China Human Development Report*.United Nations Development Programme,China Country Office.

Coase,Ronald H. (1990)."The Nature of the Firm" and "The Problem of Social Cost," *The Firm, the Market, and the Law*.Chicago:University of Chicago Press.

Johnson,Chalmers(2003).*The Sorrows of Empire:Militarism, Secrecy, and the End of the Republic*.New York:Henry Holt and Company.

North,Douglass(1997)."Prize Lecture"(Dec. 9, 1993), in Torsten Persson ed. *Nobel Lectures,Economics 1991—1995*.Singapore:World Scientific Publishing Co.

Hull,N. E. H. (1997).*Roscoe Pound and Karl Llewellyn,Searching for* *an American Jurisprudence.*Chicago：University of Chicago Press.

Neighbors,Jennifer Michelle(2004).*Criminal Intent and Homicide Law in Qing and Republican China.*Ph. D. dissertation,University of California,Los Angeles.

Stiglitz,Joseph(2003)."Challenging the Washington Consensus(An interview with Lindsey Schoenfelder),"*The Brown Journal of World Affairs*,Vol. 9,No. 2(winter/spring)

Wiecek,William M.(1998).*The Lost World of Classical Legal Thought：Law and Ideology in America*,*1886—1937.*New York：Oxford University Press.

附录 "中国社会、经济与法律的实践历史研究"研修班课程大纲

此门课程的基本设想,是把我在加利福尼亚大学设计的博士课程核心内容压缩到一年之内。课程主要分三部分:首先是阅读方法和习惯,然后是经验证据和概念的连接——包括学术理论的掌握、运用和建造,最后是具体研究计划的设计和研究成果的写作和讨论。有意申请参加此课的学生,请于2007年6月30日之前把附件"报名表"直接发给我(邮箱略——编者注),说明自己为什么要参加,并附交一篇不超过两千字的关于我任何一本书的读书笔记。

此门课程的中心问题是事实和概念的连接,也可以说是经验研究和理论概念的媒介。这不是一朝一夕、一年半载的事,而是每一个研究人员终身面对的问题。它是每一个人需要通过研究的实践来寻找答案的问题,唯有通过具体去做才有可能发现自己的长处和短处,并形成自己独特的风格。我对怎样处理这个问题没有什么特殊的方法或秘诀;这门

课程只不过是把问题提到大家面前来,要求大家有意识地去寻找自己的答案。

根据我的经验,美国学生比较偏向理论,近一二十年来尤其如此。经验知识需要长期的积累,而时髦理论则可以很快掌握。因此,越聪明的青年学生越偏向理论,每一代都是如此。因此,我在美国强调的是经验研究那一只手。国内实证研究的传统比较强,倒是理论上的训练可能比较薄弱,起码历史学科如此。因此,尽管我这门课程在设计上更强调学术理论传统的概念的掌握和形成,但是不可脱离经验研究。

我们阅读的书也是从这个角度来选择的。纯理论性的著作不大容易掌握,我一般的做法是把某一理论著作和使用那个理论的经验研究放在一起来读。那样,更容易掌握理论概念,也更容易进行判断和决定取舍。这门课程限于时间将主要阅读我自己的三本书,由此进入那几本书中讨论得比较多的不同理论著作。这些著作不一定跟你最关心的专业有直接联系,但是可以用锻炼自己理论能力的态度来读。我的几本专著比一般历史学著作引用理论更多,因此也可以看作是向纯理论性著作的过渡。另一考虑是我要强调的养成精确阅读的方法和习惯:作为作者本人,我更有资格判断你的笔记到底精确与否,协助你养成高效率精确阅读的习惯。毋庸说,我希望课程前半部分的这些讨论会对后半部分大家自己的研究课题有帮助。

I.阅读方法与习惯

我个人认为,学术著作都应具有一个中心论点。阅读这样的著作,首先要掌握其中心论点,用自己的话(一段,甚或是一句话)表达出来。然后,用三四段总结其主要的次级论点,同时总结其经验证据。总结的时候,关键在于不要摘抄,要用自己的话,因为那样才会消化,使它变成自己的东西。一个可行的阅读次序是先看首尾,掌握其中心论点之后才逐章阅读,每章看完之后用自己的话总结。最后要回答这样一个问题:作者把你说服了没有,为什么?(甚或更进一步:如果由你来写这本书,你会做怎样的修改?)至于比较纯理论性的著作,我们要问:它对了解中国的实际或你自己的研究课题有什么用?这样的看书写笔记方法乃是一种思维上的锻炼,也是养成自己的思考、写作习惯的办法。关键是养成看后就写系统笔记的习惯,不可依赖自己的记忆,因为几个月(最多一两年)之后肯定会变得模糊不清。笔记最好既不要太简短也不要太详细,应在一两千字的范围之内。这样长年积累,随时可供将来的研究和教学之用。为了帮助大家养成好的阅读和写笔记习惯,请大家起码每两周提交一篇书面的读书笔记给我看。

我们将每周讨论一本书。上课时我将随时点名,请三五个人做10分钟以下的总结。班上讨论程序是:先把要讨论的著作精确地"放在桌面上",然后才进行讨论。

1—3,略。

4.黄宗智:《华北的小农经济与社会变迁》,北京:中华书局,2006(1985,2000)年。

5.黄宗智:《长江三角洲小农家庭与乡村发展》,北京:中华书局,2006(1990,2000)年。

6.黄宗智:《清代的法律、社会与文化:民法的表达与实践》,上海:上海书店,2007(1996,2001)年。

参考:黄宗智:《法典、习俗与司法实践:清代与民国的比较》,上海:上海书店,2007(2001,2003)年。

以下转入理论阅读。我个人认为,学习理论不应限于任何一个传统或流派，而应从掌握各个(至少两个)主要传统的基本论点出发，用经验实际来决定取舍，按实际需要来挑选，完全可以同时采用不同理论的不同部分。更好的办法是从不同流派的交锋点出发，根据实际建立自己的概念和解答。也可以说，我们要从理论得到的不是答案，而是问题。下列书单是目前主要理论体系的一些入门性著作，阅读目的是建立基础，让大家今后可以按兴趣和需要继续深入。

7.恰亚诺夫：《农民经济组织》，肖正洪译，北京：中央编译出版社，1996年。

参考：詹姆士·斯科特：《农民的道义经济学：东南亚的反叛与生存》，程立显、刘建等译，南京：译林出版社，2001年。

黄宗智：《制度化了的"半工半耕"过密型农业(上)》，载《读书》2006年第2期，第30—37页。

黄宗智：《制度化了的"半工半耕"过密型农业(下)》，载《读书》2006年第3期，第72—80页。

8.舒尔茨：《改造传统农业》，梁小民译，北京：商务印书馆，1999年。

参考：诺斯：《经济史上的结构和变革》，北京：商务印书馆，1992年。

哈耶克：《个人主义与经济秩序》，北京：生活·读书·新知三联书店，2003年。

中国社会科学院"新自由主义研究"课题组：《新自由主义研究》，载《马克思主义研究》2003年第6期，第18—31页。

黄宗智：《中国农业面临的历史性契机》，载《读书》2006年第10期，第118—129页。

黄宗智、彭玉生：《三大历史性变迁的交汇与中国小规模农业的前景》，载《中国社会科学》，2007年第4期，第74—88页。

9.韦伯：《法律社会学》，康乐、简惠美译，桂林：广西师范大学出版社,2005年。

黄宗智:《中国民事判决的过去和现在》,载《清华法学》2007年第10辑,第1—36页。

黄宗智:《中国法庭调解的过去和现在》,载《清华法学》2007年第10辑,第37—66页。

黄宗智:《中国法律的现代性?》,载《清华法学》,2007年第10辑,第67—88页。

11.格尔茨:《地方性知识:事实与法律的比较透视》,邓正来译,载梁治平编《法律的文化解释》,北京:生活·读书·新知三联书店,1999年,第73—171页。

萨义德:《东方主义》,王宇振译,北京:生活·读书·新知三联书店,1999年,第1—144页。

12.汪晖:《现代中国思想的兴起》下卷,第二部《科学话语共同体》,北京:生活·读书·新知三联书店,2004年,第1107—1492页。

13.布迪厄:《实践感》,蒋梓骅译,南京:译林出版社,2003年。

毛泽东:《实践论》。

参考:张小军:《杨村土改中的阶级划分与象征资本》,载《中国乡村研究》2003年第2辑,第96—132页。

孙立平:《社会转型:发展社会学的新议题》,载www.gongfa.com。

黄宗智:《认识中国:走向从实践出发的社会科学》,载《中国社会科学》2006年第1期,第85—95页。

黄宗智:《悖论社会与现代传统》,载《读书》2006年第2期,第3—14页。

黄宗智:《中国法律的现代性?》,载《清华法学》2007年第10辑,第67—88页。

II.思考性论文

在理论阅读期间,请写一篇简短的论文(不要超过三千字),讨论自己从我们阅读的理论著作中获得的心得。可以适当突出一个概念,或借用,或修改,或作为对话对象,尽量对该概念做出经验检验。

13—18,略。

III.研究计划/成果

请提交自己的计划/论文,讨论前发给大家,不要超过一万字。计划应该尽可能包括经验材料的讨论与自己要解答的问题及初步想法。论文则应具有一个中心论点,尽可能是发前人之所未发的论点。

19—25,略。

参考:研究课题设计的关键,首先是选择一个自己特别关心且在经验研究层面上可能有所创新的题目。通过对新鲜材料的掌握,建立中层的新概念。应该避免空泛的理论探讨,以及没有问题意识的经验信息堆积。以下是几本示范性的(有中译版本)专著:

珀金斯:《中国农业的发展(1368—1968)》,宋海文等译,伍丹戈校,上海:上海译文出版社,1984年。

阎云翔:《私人生活的变革:一个中国村庄里的爱情、家庭与亲密关系(1949—1999)》,龚小夏译,上海:上海书店出版社,2006年。

白凯:《中国的妇女与财产(960—1949)》,上海:上海书店,2003年。

孔飞力:《叫魂:1768年中国妖术大恐慌》,陈兼、刘昶译,上海:上海三联书店,1999年。

第三章

《实践与理论：中国社会、经济与法律的历史与现实研究》导论[①]

　　理论是清晰的、抽象的和符合逻辑的,其目标是跨时空和普适,而实践则常是模糊的、具体的和不符合逻辑的,是在某一特定时空中的特殊行为。两者之间可能是相符的,但也可能是背离和互动的,或充满张力和矛盾的。虽然如此,在人们的认知过程中,抽象概念/理论和具体经验/实践明显都是不可或缺的一个方面。本章强调,我们需要集中研究的不是两者之间的任何单一方面,而是两者之间如何连接的问题。

　　西方现代的社会科学界长期以来多倾向于一种二元对立、非

[①] 本章是笔者为2015年出版的《实践与理论:中国社会、经济与法律的历史与现实研究》一书所写导论。纳入本书,仅调整了参考文献部分,去掉没有在正文中引用的笔者著作。

此即彼的思维习惯。而且,由于其所占据的霸权地位,这种倾向今天已经渗透到全世界的学术研究。普适主义与特殊主义之间非此即彼的选择,甚至已经成为不同学科的基本倾向。在社会科学领域,一般划分为要么是普适理论建构,要么是特殊经验或应用研究,并明显偏重理论——如经济学和社会学,也包括法学,而历史学和人类学则比较偏重经验。在今天的中国,更造成主流经济学、社会学和法学全盘引进西方理论,而主流历史学则几乎完全拒绝(西方)理论的分裂状态。在法学领域,甚至普遍把"法理"和"法史"划分为两个不同的"二级学科",造成两者各行其是、互不过问的局面。有的学术管理者甚至以"分工"来为这样的隔离辩护。

在这样的学术倾向下,失去的是我们常识性的根本认识:认知不可能单凭抽象/理论或单凭经验/实践任何单一方面,而必须兼顾、连接两者,从经验中得出概念和理论,在理论中看到经验和实践。本书强调,非此即彼倾向其实偏离了学术应有的最终目的——怎样最好地认识真实世界。其中的关键,在于对概括/理论和经验/实践适当的、不违背现实的连接。我们需要的是超越简单的特殊性而朝向较宽阔的概括,然后再返回到经验检验,如此不断往返的认知过程。本书的目的即从连接实践与理论的问题角度,来回顾笔者自己从事学术研究 50 年中所得出的一些关于方法和理论的体会,讨论的既是阶段性的积累和演变,也是一幅从局部到较全面的图像逐步形成的过程。

一、悖论实际与理论概括：农村社会经济史研究

(一)《华北的小农经济与社会变迁》

笔者进入不惑之年后的第一本专著,是《华北的小农经济与社会变迁》。此书提出的学术理念和方法,是"试图从最基本的史实中去寻找最重要的概念,然后再不断地到史料中去验证、提炼自己的假设"(《中文版序》,第2页)。同时,以连接经验与理论为中心问题,"有意识地循着从史实到概念再回到史实的程序进行研究,避免西方社会科学中流行的为模式而模式的作风"(同上),总体目的是要创建符合经验实际的概括。在对待理论上,则有意识地同时借鉴当时的三大理论传统,即形式主义、实体主义和马克思主义学术理论,借助与之对话来形成自己的概念,凭经验证据来决定其中的取舍。

根据以上研究进路,笔者首先采用了关于革命前中国农村最系统和细致的调查资料,尤其是"满铁"(日本"南满洲铁道株式会社")的经济人类学调查。根据翔实的关于一家一户的经济实践资料来认识农家经济,并辅之以各种历史文献资料来掌握长时段的历史变迁,并与各大理论对照。拙作得出的结论首先是,三大理论传统均有一定的洞见和是处,共同组成了小农的"三种不同的面貌",伴随其阶级位置而异。雇佣劳动的"经营式地主"和"富农"更适合从形式主义的盈利单位来理解,而受雇的雇农和打短工的贫农及租地的贫农,则比较符合马克思主义中被剥削的劳动者的图像。但在系统检视和比较两种农场的历史演变之后,出乎笔者

意料的发现是:华北在近三个世纪的商品化(市场化)和人口增长两大趋势下,所展示的主要现象不是农村向此两端的分化,而是小农家庭农场凭借农业+手工业和打短工"两柄拐杖"的强韧持续,一直占到总耕地面积的绝大比例,而"经营式农场"则一直没有能够超过百分之十的比例。两种农场在劳动组织上不同,但在亩产量上则基本一致,其间主要的差别只是后者因为可以按需要而调节其劳动力而达到较高效率的劳动力使用,而前者的家庭劳动力则是给定的,在农场面积不断缩减的压力下,只能凭借投入越来越密集的劳动力来应付生存需要。相比之下,经营式农场达到较适度的劳动力使用,而小家庭农场则明显趋向劳动边际报酬的递减。由此,我们可以很具体地理解"人口压力"的含义。在三大理论中,最贴近这样的经验证据的,其实是"另类"的实体主义理论所突出的小农家庭农场在组织和行为逻辑上与资本主义雇佣单位间的不同。

读者明鉴,上述的基本学术研究进路是:一、从经验到概念/理论的方法;二、凭借经验证据来综合多种理论传统的使用,决定其不同部分的取舍。也可以说,这是一种有意识地超越任何意识形态化理论的研究进路。

(二)《长江三角洲的小农家庭与乡村发展》和《中国研究的规范认识危机》

在《华北》一书之后,笔者1990年出版英文版的《长江三角洲的小农家庭与乡村发展》也基本沿着以上的研究进路。此书再次使用翔实的微观调查材料,并辅之以笔者自己连续数年的实地追踪调查。在经验发现层面上,之前的华北研究使我感到意外,长江

第三章 《实践与理论：中国社会、经济与法律的历史与现实研究》导论

三角洲则更使我感到惊讶。此地商品化(市场化)程度要远高于华北,但在明末清初之后,其"经营式农场"便基本消失,完全被高度市场化(主要是棉花和蚕桑)和家庭化(纺纱织布和缫丝)的小家庭农场所压倒。微观层面的资料所展示的,是在单位耕地面积上比华北还要高度劳动密集化的生产。

据此,笔者在借助当时占据主流学术地位的形式主义经济学和马克思主义经济学的洞见的同时,对两者都更鲜明地提出了商榷与批评。笔者的商榷和批评主要针对的是其对市场化(商品化)必定会导致资本主义生产发展的基本信念,论证中国农村经济的"悖论"现象并提出了更符合中国农村经济实际的几个"悖论"概念:"没有发展的商品化"及"没有发展(笔者定义为单位劳动生产率和报酬的提升)的增长(笔者定义为总产量的提升)",而不是经典理论所预期的两者同步并进。这就是笔者用"内卷化"或"过密化"(借助廉价的家庭辅助劳动力来进行边际报酬递减的生产)两词来表述的,高度劳动密集化家庭生产及其所推动的"内卷型商品化"。与有的不可论证的宏大理论概念不同,这是可以证实的概念:譬如,明清以来从水稻+冬小麦种植转入越来越多的棉花+纺纱+织布或蚕桑+缫丝生产,毋庸置疑是伴随单位劳动日报酬递减(亦即"过密化")而进行的(譬如,纺纱的按日劳动报酬只是种植水稻的约三分之一),而这样的低廉报酬是由家庭辅助劳动力来承担的(笔者称之为"农业生产的家庭化")。

与《华北》不同,此书还根据比较翔实的访谈资料及由当地政府提供的数据和文字资料,把研究延伸到集体化时期和改革初年(当代部分约占全书的一半)。使笔者惊讶的是,集体化农村经济展示了与之前的家庭农业同样的"过密化"趋势,而改革初年则展

示了与西方经验很不一样的"农村工业化"。

《长江》出版之后,笔者在1991年发表的后续思考性论文《中国研究的规范认识危机——社会经济史的悖论现象》中,更明确地论析道:以西方理论来看待中国实际,几乎所有的社会经济现象都是"悖论的"(paradoxical)——从现有理论上看来是一对对相互排斥的悖论现象,但实际上都是并存和真实的(如"没有发展的增长""过密型商品化(市场化)""集体化下的过密化",以及"没有城镇化的工业化")。这些都是与经典理论(新自由主义理论和马克思主义理论)预期不相符的社会经济实际,是它们所没有考虑到的实际,需要重新来理解和概括。这就意味着长期以来由西方经典社会科学理论所主宰的中国研究中的"规范认识危机",也意味着中国的社会科学研究必须创建新的更符合中国实际的概念和理论。笔者提出的"内卷化"和"内卷型商品化"等概括便是这样的尝试。此文可以看作笔者在《华北》《长江》两本专著的基础上总结出的学术方法和理论思考,当时在国内引起较广泛的讨论。① 故纳入本书

---

① 《史学理论研究》最先以《中国经济史中的悖论现象与当前的规范认识危机》为标题发表了拙作的前半部分,删去了对1949年以来研究的讨论(1993年第1期,第42—64页)。在接下来的五期中,《史学理论研究》连载了一系列关于这篇文章及《华北》《长江》两本书的讨论。一开始是由四位学者对拙作的简短评论(1993年第2期,第93—102页),接着是一篇论文(1993年第3期,第151—155页),接下来是关于针对拙作召开的两次会议的报告:一次是由《中国经济史研究》杂志发起的,主题为"黄宗智经济史研究之评议"(《史学理论研究》1993年第4期,第95—105页),一次是由《史学理论研究》《中国史研究》《中国经济史研究》三个杂志联合召开的,主题为"黄宗智学术研究座谈会"(《史学理论研究》1994年第1期,第124—134页)。这些讨论最终以主题为"黄宗智学术研究讨论"的六篇文章作结。(《史学理论研究》1994年第2期,第86—110页)。《中国经济史研究》也报道了两次会议的议程(1993年第4期,第140—142页;1994年第1期,第157—160页)。

作为正文部分的首篇。

这里需要重申,笔者以上论述中的一个关键认识和体会,是要从实践到理论再返回到实践检验的侧重实践的认识方法,此认识方法与一般社会科学从理论到经验到理论的侧重理论的方法正好相反。笔者提倡的这种方法要求的是,在扎实的经验研究基础上进行抽象化和概括——既非纯经验堆积也非纯理论空谈,而是两者的结合,因此可以说是"双手并用"。同时,有意识地避免从抽象化概括跳跃到理想化、普适化的违反实际的理论。笔者追求的是对史实的最真实理解和概括,而不是普适理论的建构。这才是"到最基本的事实中去探寻最重要的概念"的基本研究进路。

二、表达/话语与实践:法律史研究

(一)《清代的法律、社会与文化:民法的表达与实践》

从1989年开始,笔者在其后的15年中把主要精力转入了法律史的研究。笔者这一转向的部分原因是获知诉讼案件档案的开放,认为这是进一步深入研究中国社会的极好机会;部分原因是在后现代主义理论潮流的影响下,笔者对自己过去隐含的唯物主义进行了一定的反思,觉得很有必要纳入后现代主义所特别突出的"话语"层面,而诉讼案件是明显具有话语表达和行动实践双重层面的史料。

在详细阅读、梳理和分析来自三个县的628起诉讼案件档案并把其与《大清律例》条文对照之后,笔者认识到的不是后现代主义所坚持的、要以话语为一切研究的主要对象,而是话语/表达层面和实践层面的背离,以及其所导致的两者间的长期互动的复杂历史过程。笔者从经验证据逐步得出的结论是:中国法律体系是一个既包含高度道德化表达也包含高度实用性实践的体系,两者所组成的是既矛盾又抱合的统一体。也就是说,"说的是一回事、做的是另一回事,合起来则又是另一回事"。其中关键在于"合起来"的"又是另一回事"。与后现代主义理论(例如,萨义德[Edward Said]和格尔茨[Clifford Geertz]的理论)不同的是,中国法律体系绝对不能简单视作一套话语,而需要看到其话语表达和实践间的相互作用。法律史的演变其实多是出于两者的互动而形成的。与理论/概括和实践/经验间的连接一样,我们需要集中探讨的是两者之间的连接和互动,而不是任何单一方面。

基于此,笔者在1996年出版的《清代的法律、社会与文化:民法的表达与实践》中建立了"实用道德主义"(既矛盾又抱合)的悖论概念来表述清代法律体系的特色。同时,论证民间的非正式调解制度和法庭判决的正式制度的二元并存(而不是非此即彼),由此形成一个悖论统一体,以及源自其间的互动的"第三领域"。

《表达与实践》一书的主要理论启发来源和对话对象是韦伯、后现代主义的萨义德和格尔茨,以及布迪厄。韦伯代表的是形式主义理性的视角,那既是他的中心论点,用来代表西方现代的理想类型,也是他本人的基本思维。笔者从韦伯的理论获得的,是其极其宽阔的比较视野及对现代西方法律体系主导逻辑的认识。后现代主义则如前所述,促使笔者更多地关注到表达层面的建构和话语。与韦伯和后现代主义不同,布迪厄强调的不是韦伯那样的理论化(和理想化)的"理想类型",或后现代主义的话语,而是"实践"与其所包含的"实践逻辑",对笔者逐步形成的"实践历史"研究进路和方法有一定的影响。

但是,即便笔者明显受到三者的影响,与三者都不同的是笔者一贯以认识真实世界而不是建构普适理论为目标,因此特别侧重从经验证据出发的研究进路,凭此来决定对各种理论论点的取舍、重释或改组,最终目的是阐明中国的实际而不是建构理论,而韦伯、萨义德、格尔茨和布迪厄则都是偏重建构普适理论的理论家。

笔者在法律史研究中选择的进路,其实是过去农村社会经济史研究进路的进一步延伸。同样从大量经验材料出发,同样借助、关注多种理论传统并凭经验证据来决定其间的取舍或做出选择性修改。与之不同的是,在经验与理论的关联之外,更关注到实践与话语/表达间的关联,而又同样避免在两者之间做出非此即彼的选择,同样坚持在认知过程中两者缺一不可。我们研究的焦点不该是两者任何单一方面,而是两者之间的连接和媒介。

正是这样的进路使笔者看到韦伯理论的弱点:当他遇到自己建构的"理想类型"与他转述的中国历史实际不相符的时候,他曾试图合并两种类型来表述其性质,即关乎中国政治体系的世袭君主制(patrimonialism),加上关乎西方现代的官僚科层制(bureaucracy)的"世袭君主官僚制"(patrimonial bureaucracy)概念,以及关乎中国法律体系的"实体主义理性"概念。但是,他最终仍然偏向单一方面的选择,凭借形式逻辑而把中国简单划归为非理性的世袭君主制类型和实体主义非理性类型。韦伯在论述中国以外的其他非西方"他者"时,也同样如此,展示的是深层的西方中心主义和主观主义倾向。

实际上,韦伯建构的"形式理性"法律,是一个既排除伦理/道德也排除非正式法律制度的理想类型。他认为,像中国传统法律这样高度道德化的法律,最终只可能是"非理性的",只可能促使法外威权介入法律。同时,像中国以道德价值为主导思想的(非正式)民间调解制度,也只可能是非形式理性和非现代性的。他建构的形式理性理想类型是限定于完全由形式逻辑整合的体系,也是限定于正式制度的体系(详细讨论亦见纳入本书的《道德与法律:中国的过去和现在》)。

后现代主义理论虽然可以视作是对韦伯的现代主义和西方中心主义的有力批评,但在话语(表达)与实践的二元对立间,同样偏重话语单一方面。而笔者认为,要理解清代的法律体系,需要的是分析话语与实践之间的变动关系,而不是其单一方面。

至于布迪厄,他对实践的重视和阐释对笔者影响深远,但是笔者同时也看到他缺乏关于表达与实践背离和互动的问题的思考,以及缺乏长时段的历史趋势的视野。基于笔者自己的经验研究,笔者认识到"实践逻辑"不仅是(布迪厄所强调的)现实时空横截面上的逻辑,而更是通过实践积累而形成的长时段历史趋势,并与表达积累所形成的长期趋势是相对独立的和相互作用的。后者才是笔者所集中探讨的问题,也是布迪厄没有关注的问题。

上述研究方法的关键是,面对理论和经验实际、表达和实践的二元对立,我们要做的不是非此即彼的选择,而是要认识到:对真实世界来说,二元中的任何单一方面都是片面的,真正需要我们去集中关注的是两者间持续不断的相互关联和互动。而韦伯、布迪厄和后现代主义都忽视了这个问题。

(二)《法典、习俗与司法实践：清代与民国的比较》

在 2001 年出版的专著《法典、习俗与司法实践：清代与民国的比较》中，笔者面对的是中西法律乃至中西文明碰撞与混合的大问题。从法典和大量实际案例出发，笔者发现的是：从表达或法典或话语层面出发，会造成民国时期的法律体系已经完全抛弃传统而全盘引进西方法律的错觉，看到的只是法律文本上的全面更改以及国家领导人与立法者全盘拒绝传统法律的决策。但是，从法律的实践/实际运作出发则会看到众多不同的中国与西方法律并存和互动的实际：中华民国法律既包含鉴于社会实际而保留的清代法则和制度（尤其突出的是典权），也有与引进的西方法律相互妥协、适应和融合的方方面面（如产权、债权、赡养、继承法律），也有充满张力的勉强并存（如妇女权利。从不符合中国社会实际的西方现代法律的妇女完全自主法则出发，结果抛弃了清代法律给予妇女的一些重要保护，如借助法庭来防止丈夫或姻亲强迫自己改嫁或卖淫）。中西方法律两者的混合绝对不是一个简单的全盘西化过程，也不是一个简单的传统延续的过程，而是两者的并存和互动。这样，更突出实践视野的不可或缺与历史视野的必要，也突出了探寻兼容两者，甚或超越性地融合两者的必要。

从实践和实用的角度来考虑，法律不可能存在于简单抽象和理想的空间，必须适应社会现实。也就是说，韦伯型的形式理性理想类型和跨越时空的（形式主义理性）普适法律不仅是对实际的抽象化，更是脱离实际的理想化。读者明鉴，抽象化固然是认知的必要步骤，但理想化则不是——它多是脱离或违反实际的，对西方本身来说已经如此，对非西方世界更加如此。简单把西方法律移植于非西方世界，只可能是违反实际的法律。要研究中国现代的法律，我们必须在条文之上更考虑到实际运作，考虑到条文与实践之间的关联。近现代中国的一个给定前提条件，是中国与西方、历史与现实、习俗与条文的必然并存。我们不可能，也不应该做出简单的西化主义或本土主义的非此即彼抉择，我们必需从历史传统和社会实际（包括民众意愿）来考虑立法中的抉择以及运作中的实际。

（三）研究方法与反思

与以上两本专著并行的是笔者继《规范认识危机》一文之后对方法和理论的进一步反思。首先是根据笔者的法律史经验研究得出的结论：清代法律的一个基本特征是正式审判制度与非正式调解制度的并存，而像韦伯那样的理论则只考虑正式制度，无视非正式制度。更有进者，正式制度和非正式制度是相互作用的，并且在两者之间形成了一个相互作用的、具有一定特色的"第三领域"。笔者1993年发表英文原版的《介于民间调解与官方审判之间：清代纠纷处理中的第三领域》详细论证了清代法律实际运作中的这个中间领域。

此后则是笔者同年发表英文原版的《中国的"公共领域"与"市民社会"——国家与社会间的第三领域》。此文通过与当时在中国研究中十分流行的哈贝马斯的"公共领域"概念/理论及国内外广泛使用的"市民社会"理念/理论的对话,再次指出中国的悖论性:其关键不仅在正式与非正式制度的并存,也在两者互动所组成的中间领域,借此来拓展处于国家与社会之间由两者互动而组成的"第三领域"概念。这里再次强调的是,面对理论中的二元对立,我们需要看到的不是两者中的任何单一方面,而是兼顾两者及两者之间的关联和互动。

而后是笔者1995年发表英文原版的《中国革命中的农村阶级斗争——从土改到"文革"时期的表达性现实与客观性现实》,通过检视中国的土地改革和"文化大革命"来阐释表达/话语与实践/经验两者间的变动关系。土改和"文革"都展示了激烈的阶级话语变更并导致了其与社会实际之间的张力和背离,阐明的是话语和社会实际既是相对独立的也是相互作用的。"文革"时期两者的极端背离最终导致"阶级斗争"之被"实事求是"完全取代。两者之间的变动关系对真实世界的洞察力,要超过单独考虑两者的任何单一方面。这个思路既受惠于布迪厄的启发,也与他有一定的不同——如上所述,他并没有关注话语与实践之间的可能背离与互动,也没有关注由两者互动所组成的纵向历史趋势。

在1998年第一次发表的《学术理论与中国近现代史研究——四个陷阱和一个问题》中,笔者比较平实地回顾和反思了自身学习和探讨理论与史实间的关联和背离的经验,由此来说明从实际出发而兼顾理论的学术研究进路,并突出尚待解答的中国的"现代性"问题。文章再一次强调,学习理论需要避免不加批判或意识形态化的使用,其中关键在于凭借经验实际来决定对不同理论传统各部分的取舍,在于看到中国实际的悖论性,也在于不偏向二元实际的单一方。那样,才能够适当使用并借助现有理论的洞察力。

再则是笔者2000年发表的《近现代中国和中国研究中的文化双重性》,该文从近现代中国历史、国外的中国研究学界及笔者自身经历的双重文化性角度来探讨中西文化碰撞与混合的问题,提出了超越两者的融合的实例和设想。文章论证,我们需要区别政治领域中的帝国主义 VS. 民族主义的非此即彼二元对立,以及双重文化/双语人群中的中西并存与融合现实。在理论和学术层面上则同样需要超越普适主义(理性主义、科学主义、实证主义)和特殊主义(后现代主义、相对主义、历史主义)非此即彼的二元对立,探索其间的并存与融合。

读者明鉴,这些论文既阐释了以上总结的基本主线,也展示了当时的一些困惑和未曾解决的问题,反映的是笔者自身核心思路的逐步形成。其中前后一贯的是拒绝在理论与经验、表达与实践以及中国与西方的二元之间做非此即彼的抉择,强调要看到其实际上的二元并存和互动。在研究中要做的是聚焦于二元间的并存和互动,关注其间的连接和媒介。

三、具有现实关怀的学术研究

笔者2004年从加利福尼亚大学退休,之后转到国内教学,十多年来都主要以中文写作,把自己写作的读者对象从英语读者转为中国读者。在这个转变过程之中,自然而然地也从对中国现实问题的消极关怀(想而不写)转为积极关怀。在这个过程中,连接历史与现实很快成为笔者学术研究的新的主要动力。同时,在过去侧重实践经验的研究进路之上,更明确地开始关心另外两个问题:一是探寻建立中国以及中国研究自身的社会科学方法和理论的道路,一是探寻解决中国现实问题的可能途径。在方法论层面,不可避免地也要问到:我们该怎样去发现、建立符合中国实际的社会科学?同时,怎样去改变现实——不是象牙塔里的凭空设想,而是具体可行的实践道路的抉择?

首先,在学术研究方面,对现实的关怀成为自己完成关于当代农村的第三卷和当代法律的第三卷的主要动力。我觉得需要对学生们说明,自己对明清以来的研究和理解对当代的现实问题具有什么样的含义?一方面是学术研究方法的问题,一方面也是现实问题的解决路径问题。

同时,面对近年来农民的大规模进城打工以及他们所遭受的不平等待遇和重重阻难,笔者看到了中国面临的社会危机,并且自然而然地兴起了不平之感与对中国未来的忧虑,希望能为这个问题做出学术性的贡献,尽自己的微薄之力。这样便很自然地把农村研究延伸到农民工的研究,以此作为自己在农业和法律两个领域之外最关心的第三课题,写了一系列的论文。最终把那些有关农业和农民以及有关农民工法律的论文,分别纳入了自己关于农业和法律的第三卷专著。

此三项研究都继续了之前的研究方法,即从经验证据到理论再返回到经验的认知进路,并同样尽可能摆脱意识形态,采用多种理论资源,目的同样是最好地认识中国实际,而不是建构普适理论。为此,笔者一贯地聚焦于实践/经验和理论、实践和话语以及中国和西方的并存、互动和连接问题,由此试图建立更符合中国实际的概念。此外,为了对青年学者们说明这是一个什么样的认知方法以及为什么要这么做,写了一系列方法论方面的论文。

(一)《超越左右:从实践历史探寻农村发展出路》

在农业问题上,笔者再一次看到了中国的悖论性。近三十年来,中国经历了一场意义深远的农业革命,但却是和之前世界历史上的农业革命(以及根据其所得出的理论)很不一样的革命。它不是主要通过畜力和畜肥的使用(像18世纪英格兰的农业革命那样)而提高了一些主要作物的产量,也不像后来在20世纪60和70年代所谓的"绿色革命"中,主要由于现代投入(化肥、科学选种和机械)而提高了主要作物的产量。中国当时的现代投入并没有能够提高农民的劳动报酬——再一次因为农业生产(在集体制度之下)和之前同样地过密化,产量的提高多被人口的增长和劳动密集化所导致的边际报酬递减所蚕食掉(当然,也包括国家为工业发展而从农业提取剩余的战略决策所起的作用),以致农民收入并没有显著提高。直到20世纪80年代以后,中国农业方才真正进入了新的局面。

然而,其动力不是像人们熟悉的过去那种农业革命动力,而是来自十分不同的三大历史性变迁趋势的交汇。一是人们伴随非农业经济增长而来的收入提高所导致的食品消费转型(从8:1:1的粮食、肉食、蔬菜比例向当今中国中上阶层和台湾地区的4:3:3比例转化),以及伴之而来的农业转向越来越高比例的高值农产品(鱼肉禽、高档蔬菜、水果、蛋奶等)的种植和养殖,而那样的高值农产品则既是现代投入/"资本"(如化肥、科学选种、饲料、生物剂、塑胶膜和拱棚等)密集化的,也是劳动密集化的(譬如,蔬菜、水果种植以及种养结合需要数倍于粮食的单位面积劳动投入),由此既提高了农业收入也吸纳了更多劳动力。一是从1980年开始的生育率下降终于在世纪之交体现为每年新增劳动力的缩减。再则是农民的大规模进城打工。这三大趋势的交汇导致了农业的"去内卷化"以及农业总产值的显著增长,伴之而来的则是六个世纪以来农业收入的第一次显著提高。在农业总产值上,展示为每年年均约6%的增长,远远超过之前农业革命所做到的增长率(十八世纪英国才年均0.7%,20世纪的"绿色革命"才年均2%—3%)。在农场规模上,则逐步迈向更适度的(亦即从"隐性失业"到"充分就业"的演变)规模。

因为这样的变化并不显而易见,笔者称之为"隐性农业革命",它主要可见于人多地少的后发展国家(特别是中国和印度),与西方人少地多(主要依赖机械化的)农业现代化模式十分不同。以上是笔者2009年出版的当代中国农业研究的阶段性成果《中国的隐性农业革命》的主要内容。

在其后续的研究中,笔者进一步论证,中国这种农业现代化模式具有多种"悖论性",它不是"大而粗"的农业而主要是"小而精"的劳动与资本双密集化的农业。它的主体不是规模化的(雇工)生产而主要是小家庭农场生产(尤其是大、中、小棚蔬菜种植,水果种植,以及种养结合的小农场)。它主要依赖的现代投入不是节省劳动力的机械而更多是节省土地(提高地力)的化肥、良种等投入。

这样,与西方(尤其是美国)形成了世界历史上农业现代化的两大截然不同型式。

正因为它从西方经验和理论来看是悖论的,是与西方当前的主流经济学和农业经济学理论不相符的模式,它还没有被许多学者和决策者真正认识到。其中有不少人仍然沉溺于之前的经典模式,错误地以为农业现代化必须主要依赖"规模经济效益"——在计划经济时代错误地认为必须是规模化的集体大农业,今天则认为必须是雇佣劳动的大企业农场。而悖论的事实是,中国的新型农业革命的主体其实是使用自家劳动力的小家庭农场,以及其结合主劳动力和家庭辅助劳动力的家庭生产组织。固然,伴随生育率的下降、劳动力的外出打工以及新农业(劳动和资本双密集)所吸纳的劳动力,农业农场的规模正在朝向更适度的劳动力与耕地面积配合演变,但它绝对不像西方经验中主要依赖农业机械化和产业化的大农场。

正因为决策者和学者们由于之前经典理论(马克思主义经济学和新自由主义经济学都同样)深信农业生产现代化必须以规模经济效益为前提条件,没有认识到这些基本的悖论事实。为此,在政策上也一直向农业企业公司和大农户倾斜,基本无视小规模的家庭农场。即便是2013年以来提出的发展"家庭农场"策略,实质上也是向(超过百亩)的大户倾斜,预期和依赖的仍然是较大规模的农场。对此,笔者一再呼吁,要认识到几亩到几十亩的劳动和资本双密集化小家庭农场乃是今天农业发展最重要和最基本的动力。它们亟需得到政策上的重视,需要政府更积极地支持,也需要政府更积极地引导和协助组织真正以小农为主体的合作社,来为农民提供融资和产—加—销"纵向一体化"(而不是横向一体化的农业产业化、规模化)的服务,借此把更多的市场利益归还给农民生产者,而不是像当前那样,让市场利益大都被商业资本所获取。后者采用的经营方式其实大多并非真正的规模化生产,而是凭借"合同"、协议或"订单"农业等形式来利用一家一户的相对廉价的家庭劳动力以及其自我激励机制来进行农业生产,不是经典理论中那种大规模雇佣劳动的大农场。许多商业资本经营的只不过是一种虚伪的"产业化"生产,只是凭借迎合了官方的招商引资要求来争取更多的政府补贴。经过比较系统的数据检验,我(和高原、彭玉生)论证,今天农业中的全职受雇的劳动力只是全部农业劳动力中的约3%。中国农业迄今仍然基本是悖论的"没有无产化"的一家一户的小农业。而且,他们的资金来源很多是农民家庭成员打工的收入,而不是商业企业的投资(或国家的补贴)。这些事实进一步说明小家庭农场的关键性以及中国农业的悖论实际。

拙作同时论证,今天农户其实既是农业生产主体也是(通过打工)工业生产的主体,在这样的现实下,解决农民问题不仅需要农业方面的决策,更需要对经济整体的重新认识和思考。我们需要认识到中国农户长期持续的"半工半耕"悖论特征,认识到其对中国经济发展所起的关键作用,以及其对扩大国内市场和内需所具备的巨大潜力。

同时,要认识到其所被迫承受的待遇乃是不经济的决策。在法律层面上,我们应该为农民和农民工提供劳动法律的保护以及社会福利,而不是像今天这样把户籍农民排除在劳动法适用范围之外,并且基本没有(或只有低等的)社会福利。对农民和农民工的公平待遇其实是提高农民生活水平和购买力最好、最快速的办法，也是扩大国内市场的关键。优先提高农民和农民工生活水平是一条"为发展而公平，为公平而发展"的道路，特别适合中国当前的实际。它既不是集体时期那种贫穷下的公平道路，也不是近年来盲目"发展主义"下的"先发展后公平"的道路。其实，在中央的指示之下，有一个突出的地方实验已经证明这是一条可行、有效的道路。为此，笔者详细论证了那个经验，试图对其实践经验进行抽象的概括。以上这些内容，加上原先关于"中国的隐性农业革命"的内容，组成了笔者2014年出版的关于农业的第三卷专著《超越左右：从实践历史探寻中国农村的发展出路》。

(二)《过去和现在：中国民事法律实践的探索》

今天中国法学界的分歧主要在西化主义 VS. 本土主义，一方强调西方法律的普适性，一方强调中国历史与实际的特殊性。虽然如此，在全盘引进西方法律的今天，前者无疑是"主流"倾向。这个基本事实可以见于中国法律史的研究已经日趋式微，其教员、学生、课程日益减缩。法律史的研究其实已经呈现一种博物馆管理员的性质，偶尔可以展示其珍藏品，但与当前的实际毫无关系，在立法层面可以说几乎完全没有(或完全放弃)发言权。法理课程和研究的内容几乎全是舶来的理论，难怪法理与法史一般自行其是，基本没有关联。

面对这样的现实，笔者的研究再次强调实践层面。从实际运作来看，中国当今的法律体系非常明显是一个三大传统，即古代法律、革命法律和从西方引进的法律的混合并存体。笔者在2009年出版的法律研究方面的第三卷专著《过去和现在：中国民事法律实践的探索》，详细梳理、论证了一系列今天中国的法律实践中仍然延续着的古代法律传统（如调解制度、家庭主义的赡养、继承和产权法则和制度），以及当代中国一直使用的来自革命传统的法律（特别是婚姻和离婚法律）以及革命所创建的法庭调解制度。再则是融合中西法律的方方面面（例如侵权法）。在刑法领域，传统和革命因素更加明显，尤其是负面的因素，例如嫌疑人权利的缺失，被广泛使用的"刑讯逼供"、威权主义的政治干预等。目的是要论证三大传统并存的经验实际。

在深一步的层面上，笔者分析了中、西方法律基本思维的不同，不仅在清代如此，在民国和当代也是如此。西方强烈倾向逻辑和程序，中国则仍然展示了一定程度的道德和实质倾向。固然，从实践层面来观察，双方其实都具有对方的另一面，如中国古代的法庭判决和程序化规定，与西方法律中的"实体主义"的方方面面，包括由"自然法"传统遗留下来的道德理念（我们可以质问韦伯：作为他所推崇的形式主义理性法律的人权和个人主义权利前提法则，何尝不带有一定的实体主义/道德理念的成分？）。更不用说美国的法律实用主义，提倡实用性和社会改革理念，长期以来一直都和其"古典正统"的"法律形式主义"抗衡，一定程度上与之共同组成美国法律体系的实际性质。当然，今天的中国法律已经大规模引进和偏重西方形式化法律。虽然如此，我们仍然可以看到，中国法律依旧带有侧重道德和实质的顽强倾向，仍然和西方法律很不一样。

在更深的层面上,笔者指出,过去和今天的中国法律思维在其道德主义倾向之上,还带有实用(主义)倾向的一面。正因为其主导思想是道德理念,是关乎"应然"的思想,它不带有形式理性逻辑那么强烈的跨时空普适主义倾向,没有把用逻辑梳理出来的抽象法则等同于实然,并把抽象法则推向对现实的理想化那么强烈的倾向。中国长期以来的道德主义化法律相对比较能够承认自身代表的是一种理想化,不会简单地把道德理念等同于实际,会看到理念与实际之间的差距(譬如,儒家思想把理想状态划归"三代"和"先王",强调"君子"的"修身"等),并接受其间需要某种媒介来连接现实。这正是笔者所提出的"实用道德主义"的核心。

同时,中国法律,尤其是古代法律仍然可见于今天,也反映了一种从经验到理念/理论到经验的认知进路,要求寓抽象概念/理念/准则/法则于实际事例,坚决保持道德准则/法律原则与具体事实情况之间的连接,与西方现代的形式理性强烈趋向把抽象推向脱离实际的理想化普适法则或理论不同。纯粹从逻辑化角度来考虑,后者肯定更简洁、清晰、易懂,而前者则显得模糊、复杂,甚至不符合逻辑。但是,从真实世界的实际来考虑,中国法律其实更贴近实际。即便是今天的中国法律,也展示了同样的倾向。譬如,中国侵权法认定在造成民事损失的案件中,双方都没有过错的案件普遍存在,而没有像西方侵权法那样基本拒绝考虑此种案件,甚或认定其不可能存在,把其排除于侵权法律涵盖范围之外。中国法律则不然,它从明显可见的实际出发,并由此修正了从西方引进的法律。

基于此,《过去和现在》的中心论点,以及其所指出的立法思路,是要求从法律实践出发,从其中找出连接社会实际和法律规范的实例。该书论证,这些实例之中既有明智的抉择,也有错误的抉择。笔者在探索反映"实践智慧"的具体立法经验以及错误的立法经验基础上,指出朝向应然改变的方向。其中包括如何适当调和法则与实际以及如何到实践经验中去探寻综合中西方法则的方法,借此来探寻更贴近中国实际的立法进路。

在2014年出版的《清代以来民事法律的表达与实践》三卷本中,笔者更纳入了另外三篇新的文章(作为附录)。《中西法律如何融合?——道德、权利与实用》明确提出了融合三者的框架性设想和具体实例,并把这样的分析延伸到刑事法律领域。《历史社会法学:以继承法中的历史延续与法理创新为例》提出了"历史社会法学"新学科的初步设想,并以传统的家庭主义和引进的个人主义并存和拉锯于继承/赡养法律为实例,提出协调中西法学与法律的具体实例。再则是《重新认识中国劳动人民——劳动法规的历史演变与当前的非正规经济》质疑近年来脱离这方面的革命法则的倾向,并直接联结了笔者的农村社会经济史研究、农民工研究和历史社会法学研究,指出法律和社会改革的必要。

(三)方法与理论

1.从实践出发的社会科学

与以上两部专著研究同时进行的,是笔者以方法和理论为主的探索。近几年来,笔者比较明确地提出对建立中国研究自身的新社会科学的方案:先是2005年发表的方向性文章《认识中国:走向从实践出发的中国社会科学》及与之同年发表的姊妹篇《悖论社会与现代传统》,初步提出了本章总结的基本学术方法,以及用"实践历史"和"实践社会科学"两词来表达的研究进路。除了"悖论"和"实践"两大关键概念,更强调中国近百年在应对西方挑战的实践之中所积累的"现代传统",突出其中的明智抉择。

2.法律的实践历史研究

更详细的分学科讨论主要是笔者 2008 年发表的《中国法律的实践历史研究》,该文梳理了"实践"的含义。首先,文章区分了三种交叠而又不完全相同的含义:相对"理论"而言,相对"表达"而言,以及相对"制度"而言的实践,并以美国法律史、清代法律体系及当代中国男女继承法律的实例来阐明每一种含义。然后,借助与韦伯"形式主义理性"法律理想类型的对比,来说明中国法律思想一贯坚持的寓抽象法则于具体事例的思维方式。同时,借助与倾向纯回顾性的实用主义对话,来说明中国的"实用道德主义"在实用性之上,也包含前瞻性道德理念。而后用现、当代的离婚法律历史为实例来阐明以上的多种特征。同时,区别正面实例与 21 世纪初年的盲目援用西方法律程序的"当事人主义"于中国离婚法领域的负面实例,目的是说明实践历史之中,既可能包含可资指导立法的明智抉择,也包含应该引以为鉴的盲目模仿西方的负面实例。

再则是《中国法律史研究的现实意义》,该文从现实立法需要的角度总结了笔者从经验研究中所发现的:在传统法律、西方法律及中国革命法律三大传统的互动下,中国在近百年的法律实践中所做出的抉择,包括所保留和所拒绝的中国传统、所接受和所拒绝的西方法律、所援用和所拒绝的革命法律,以及在三者中所做出的调和与重新理解。此文总结的实践经验包括正面和负面的抉择,据此来勾勒今天法律所应该采用的立法方向和方法。文中作为对手和陪衬的是韦伯的理论,凭借中国法律的实践历史来说明韦伯理论中形式主义与实体主义、理性与非理性、西方与中国的非此即彼二元对立框架对理解中国法律的盲点、误区和不足。文章强调的是中西法律两者不可避免的并存和互动,以及我们需要的是澄清综合两者的原则和方法。

最后是同年为了进一步阐释笔者提倡的"历史社会法学"写的《〈历史社会法学:中国的实践法史与法理〉:导论》,该文借助纳入该集子的笔者近年来接触到的国内优秀青年学者和学生的论文,来更具体地说明笔者提倡的研究进路。这些文章都根据中国的实际来质疑硬把中国历史塞进西方(如早期现代化、现代化、理性化等)框架的倾向,通过在中国社会情境中的法律实践来说明其与法律条文的异同,以及其所包含、展示的与西方形式主义法律不同的概念、逻辑和理论。文章的后半部分则对当今可资借用的西方的多种非形式主义法学理论传统进行了梳理,说明创立更符合中国实际的结合法律史和社会史、实践历史和理论概括的"历史社会法学"新学科的议想。

3.实践经济史研究

在经济方面,首先是关于经济史和经济学理论的《从实践出发的经济史和经济学》,该文作为2009年的《中国的隐性农业革命》一书的结论,之后修改、增订为2014年出版的《明清以来的乡村社会经济变迁:历史、理论与现实》三卷本第三卷的结论。此文比较系统地梳理了主要的相关(西方)理论。形式主义经济学理论(舒尔茨、刘易斯等)惯常从理论前提(如纯竞争性市场必然会导致资源的最佳配置)出发,而后搜集相关证据/数据,再返回到理论前提,但要了解中国的实际,我们必须把这个过程倒过来,即从实践出发而后进行概括再返回到实践来检验,如此方能掌握实际并由此建立合适的概括与理论。可资我们借助的是西方一些非形式主义的、从实践经济史出发的理论(如瑞格里、博塞拉普、恰亚诺夫等),也包括在来势汹汹的原教旨市场主义意识形态潮流之前几代中西方奠基性人口和农业研究。笔者提倡从中国人多地少的基本国情出发来分析市场、资本、技术、社会结构和国家体制等其他经济因素,看到它们和这个基本国情之间的互动,而不是凭借理想化的市场建构来排除对中国这个基本国情的考虑。最后,从中国改革期间的"隐性农业革命"现实以及一个最近的地方实验出发,提出符合中国实践经济史的进一步改革方向。

再则是2014年笔者为《明清以来的乡村社会经济变迁:历史、理论与现实》三卷本写的总序,该文通过分析农业经济和工业经济的基本不同,来说明舒尔茨等的形式主义经济学(以及其所抽象化、理想化的美国经验)中的基本错误。而后从人口与土地的关系角度来论证这些西方经典理论是如何因其教条而完全忽视了中国基本国情,并因此也忽视了当前的庞大非正规经济现实和其历史根源。据此,笔者再次提倡"从证据到理论再到证据"的实践经济史研究进路。由此,方有可能掌握中国的实际并创建带有中国主体性的理论。

最后是同年发表并作为该书后记的《家庭农场是中国农业发展的出路吗?》,该文根据以上研究进路,比较详细地回顾、论证了"小而精"的中国(以及东亚和印度)农业现代化历史经验与"大而粗"的西方农业现代化经验的不同。后者在现代化过程中依赖的主要是节省劳动力的拖拉机,其前提条件是人少地多,而前者则更多依赖节省土地的化肥和科学选种,是由人多地少基本国情所驱动的方式。以日本和美国为例,日本1970年所使用的劳均机械才是美国的1/45,但每公顷所使用的化肥则是美国的450%。中国的经验则更加如此。实际上,由于受人力和地力的自然限制,农业生产是和工业经济十分不同的生产,其中人地关系是个先决条件,不可像一般的经济学那样混淆两者。本章对"主流"经济学和中国近年来受其理论影响的、偏重规模经济的农业政策提出了理论和方法上的质疑,指出小规模家庭农场在中国农业现代化中的关键角色。

中国今天需要做的,是更积极地扶持以小规模(几亩到几十亩)的真正的家庭农场为主体的合作化服务。特别值得借鉴的是日本、中国台湾地区和韩国带有一定偶然性的历史经验——从原先以农政为主的日本模式的基层政权,加上其后在美国统治(或强大影响)下的改造而把基层政府的资源管理权让给农民组织的合作社。

4.非正规经济

此外是聚焦中国"非正规经济"(没有法律保护和没有或只有

低等社会福利的劳动力,主要是农民工)的三篇论文。首先是 2009 年发表的《中国被忽视的非正规经济:现实与理论》,该文论证非正规经济在改革三十年之后的中国,由于(寻找最廉价劳动力的)全球资本的进入,已经和其他发展中国家同样占到城镇就业人员的大多数。文章比较系统地梳理了这个来自国际劳工组织的分析概念的学术起源。它是根据发展中国家近半个世纪以来的经验实际得出的概括,但它多被"主流"经济学和社会学所忽视。在人们广泛援用的新制度经济学和市场经济理想类型,以及现代化主义和橄榄型社会等模式的影响下,中国这个根本和庞大的现实被广泛地掩盖和否认。即便是中国国家所搜集的正式统计数据也都如此。文章呼吁,要把意识形态化的理论建构置于一旁,从经验实际出发来概括中国当前的社会经济实际。

其后是 2010 年发表的《中国发展经验中的非正规经济实践:历史与理论》。此文首先仔细梳理了今天国内影响最大的(哈耶克、科尔奈、科斯等的)新制度经济学理论,而后检视与其敌对的(魏昂德[Andrew Walder]和钱颖一等的)理论。后者正确地指出,科斯等因其理论教条(唯有私有产权和私营企业才可能促进经济发展),忽视了地方政府在中国改革中所起的关键作用。但是,即便如此,魏、钱等立论的依据最终也没有脱离主流经济学的掌控:他们争论,中国地方政府起到如此的作用是因为改革之后它们的行为变得与市场化的私营企业一样(尤其可见于其所创办、经营或控制的乡镇企业)。这样,正反双方的意见都没有能够看到改革后期的关键现象,即地方政府通过非正规廉价劳动力以及各种各样的非正规补贴和优惠(尤其是土地)来吸引外资,促使中国成为全球资本的第一选择,借此推动了中国的发展"奇迹"。此中关键在于地方政府和企业间的协同运作,而不是其中任何单一方面。这个过程不是政府向企业的"转型",而是政府的非市场行为和非正规(包括反法规)行为赋予了其所招引的企业特低的成本和超额的收益。其道理不在于政府和市场的非此即彼二元对立,而在于两者的协调与搭配。事实是,政府+企业,尤其是在中国的后计划经济环境下,比纯企业具有更强的竞争力。具有讽刺意味的是,特别突出"制度"的新制度经济学居然完全没有考虑到这个基本的制度性因素。这种做法既导致了经济发展,也导致了严重的社会不公。针对后者,文章论证在中央指示下的重庆实验的突出之处正在于政府和企业更优质的配合,做到对非正规人员的较公平待遇,借此来促进更好的经济发展。

最后是2013年发表的《重新认识中国劳动人民——劳动法规的历史演变与当前的非正规经济》,该文论证非正规经济中的农民工今天已被完全排除于正规的国家劳动法保护范围之外。在实际运作中,被认定为处于非正规的"劳务关系"而不是正规的"劳动关系"之中,因此不适用劳动法。来自革命传统的劳动法今天其实只被适用于国家公务员、事业单位人员和具有一定特权身份的少数蓝领工人,并不包含绝大多数的劳动人民。国家政权和法律实践实际上严重偏向国有单位人员和资本一方而不是劳动一方。

今天,传统的"工人"和"农民"两大范畴已经不再能够表达中国社会的实际情况,因为绝大多数的"工人"是农村户籍的农民,而绝大多数的农民家庭都有部分人员在城镇打工。如此由农民和农民工共同组成的非正规经济,今天已经占到全国总就业人员中的

83.2%。剩下的 16.8%正规经济人员中则足足有一半是国有单位人员。如此的经验实际与左右双方的经典理论预期都不相符。事实是,非正规经济从业人员既是中国发展经验中的关键,也是其社会危机的主要体现。后者乃是当前亟需国家尽力解决的问题。文章最后论证,最好的解决方案是采纳"为经济发展而推进社会公平"的方案。

5.政治经济体制

另外则是关于政治和经济体制的探讨。首先,笔者沿着原来"第三领域"的思路,把其拓展到 2008 年发表的《集权的简约治理:中国以准官员和纠纷解决为主的半正式基层行政》,突出中国历史上国家体制既集权又简约的悖论治理方式,依赖的是半正式的准官员,国家的正式官僚体系要在遇到纠纷时方才介入。文章论证如此的传统一定程度上仍然可见于当今的中国,也仍然具有一定的借鉴价值。

但是,这里需要说明,此双悖论现象明显不足以描述和指导当前的政治体制。因为在当代,它首先被纳入了一个既是高度集权也是高度渗透社会的党国全能体制。之后,又经历了改革期间一定程度的现代西方型的专业化、科层制化,也经历了基层政权的往上收缩。同时,又形成远比之前鲜明得多的中央集权与地方分权的悖论结合。结果是多重悖论的复合并存于单一体系。同时,作为一个掌权体,政治体制又从来就是特别坚韧和难以改革的体系。由此形成的是史无前例的庞然大物,不是任何单一双悖论现象所能表述的,更毋庸说现有的强烈倾向非此即彼单一方面逻辑的经典理论。

政治体制当然和经济体系紧密相关,而后者同样是一个多重悖论的复合体:一是古代灿烂都市文明下的过密化糊口小农经济,也是今天非正规经济的历史根源;一是计划经济下庞大的国营工业体系,今天仍然占据全国民经济产值的将近一半;一是"市场化""转型"下的资本主义私营企业的兴起;再则是国有企业"抓大放小"的私有化以及大型国企的公司化和营利化。结果同样是个由多重悖论组成的错综复杂的庞然大物,不是任何现有西方经典理论所能概括和阐明的。新自由主义和新制度经济学理论偏重单一的逻辑整合性,不能掌握悖论结合的实际,更毋庸说多重的悖论。譬如,由于坚持私有产权+市场机制模式而拒绝认真考虑营利型国营企业的积极面,但市场化的后者实际上已经成为中国今天经济发展的重要动力。当然,也完全忽视非正规经济的庞大制度实际。即便是近年来广为使用的带有悖论合一性的"国家资本主义"或"社会主义市场经济"两大范畴,也只能捕捉到这个体系的部分实际。在多重悖论复合的实际下,这个庞然大物形成了一系列的悖论特征。

关于这个改革"转型"期政治体制的思考,笔者在2009年发表的《改革中的国家体制:经济奇迹和社会危机的同一根源》是一篇探索性的文章,该文初步梳理了一些主要的问题和相关文献。文章比较清晰地提出,改革中所形成的特殊国家体制其实既是中国经济奇迹的根源也是其社会(以及环境)危机的根源。同时,从国家体制角度来总结笔者自己之前的非正规经济研究,进而提出如何改革的初步设想。

而后是 2014 年发表的《"项目制"的运作机制和效果是"合理化"吗?》,该文论证今天被广泛依赖的项目制治理方法——由上层政府依赖个人和政府机关的(为追求政府项目补贴而竞争的)逐利机制来引导下层行为,在缺失道德价值的环境中,已经逐渐形成一个凝固了的官—商、权—钱结合体系。该文从一个农村经济政策出发,论证项目制并没有像新自由主义理论所预期的那样,由于市场机制的运作而导致最佳的资源配置,反而是由于国家的强势介入而扭曲了市场机制,导致凭借国家补贴而采用不经济经营方式的大户的兴起。此外,农村的合作社、扶贫等领域中的项目制也展示了类似的权—钱结合情况。更有进者,地方上的"土地财政"运作其实也展示了同样的逻辑,所呈现的是由地方政权和商人所组成的招商引资和"力项致富"体系,充满腐败倾向,而且正在凝固为一个违反国家和人民意愿的利益体系,亟需改革。政府和企业的搭配本身可优可劣,其中关键在于主导价值观念——仅凭逐利价值,几乎必然导致大规模的腐败,需要的是较崇高的道德价值驱动。

此外,笔者在 2012 年发表的《国营公司与中国发展经验:"国家资本主义"还是"社会主义市场经济"?》论证,人们惯常借用的新自由主义经济学及由其衍生的新制度经济学今天已经成为认识中国经济的严重障碍,凭理论教条而拒绝考虑其所显示的基本悖论实际,特别是混合经济的现实以及其盈利性国营公司在发展中所起的积极作用。事实是,在中国的经济体系中,国营公司具备比私营公司更有利的竞争条件——唯有借助国家的权力和资源才有可能与庞大的国际跨国公司竞争。

同时，新自由主义经济学和社会学凭借其意识形态化的理论前提建构，同样拒绝承认中国非正规经济和城乡差别所显示的严重社会不公，坚持使用所谓的"刘易斯拐点"和"橄榄型"社会"理论"来夸大劳动市场的整合性和"中产阶级"所占的比例，借此来否认、掩盖中国贫富悬殊的社会实际。

文章借助中央引导下的重庆实验来论证，以上两大问题的关键不在国营企业应否存在，而在于其利润的使用。当前关于中国政治经济体制的两大分析模式是"国家资本主义"和"社会主义市场经济"。前者突出国营公司之为盈利而盈利的一面，后者则指向用其所得利润于民生。当然，其主要的贡献在于经济和农民工方面的政策，但仍然欠缺更清晰可行的推进农村发展的政策，也缺乏如何通过民主化来改革目前的威权主义+官僚主义政治体制的可持续方案。

读者明鉴，中国国家体制及其改革是个关键而又特别错综复杂的问题。笔者自己的研究仍处于探索阶段，有待于更深入的长期持续研究，也有待于更多他人研究的启发，更有待于实践/实验之中的发明。但是，笔者深信掌握此问题的关键是：从中国实际出发，排除现有理论条框和单一学科的束缚创建符合中国实际的概括，而后返回到实践去检验，逐步摸索出长远的可持续道路。

四、韦伯与布迪厄之间的道路

拙作《清代以来民事法律的表达与实践》三卷本以及相关的方

法论文所未曾解决的一个大问题是,中西方法律两者的结合该怎样来更全面、系统、清晰地梳理和概括?我们该如何在非此即彼的二元对立大潮流下,更清晰地提出调和、融合、超越两者的方法和理论?我们的目的不仅是要证明在实践历史中两者混合并存的实际,也不仅是要挖掘出其"实践逻辑"而突出其悖论性,在其中区别"实践智慧"和错误的抉择,而是要探寻更全面的阐释。此外,需要超越"实践"所带有的纯"回顾性"(要做了之后才谈得上"实践逻辑"),纳入带有关乎未来的前瞻性抉择方法。这里,笔者试图通过借助西方启蒙哲学大师康德的实践理性理论来讨论对自己过去研究带有强大和持久影响的韦伯和布迪厄,借此来回答这些问题。

(一)韦伯和布迪厄 VS. "实践理性"的道德价值

韦伯和布迪厄在对待理论和实践之间的关系上几乎是完全敌对的。在上文以及笔者之前撰写的多篇文章中已经说明,韦伯可以说是主流形式主义理论的最佳代言者之一(同时也是其最佳分析者之一)。他认为,现代性的关键在于"理性化",而他对"理性"的理解主要是形式化(演绎)逻辑,认为现代最佳的政治体制和法律乃是最高度形式理性化的体系。其中关键在于凭借逻辑而自成体系,其传承主要来自掌握逻辑的法学专家,而其运作则主要是(形式逻辑所主宰的)官僚科层制和形式理性法律。他认为,形式理性的对立面是实体理性——后者凭借的不是普适的理性逻辑而是特殊的道德价值观以及特殊的具体事实或统治者的意志等"非理性"因素。这些因素都容易成为外部势力侵入法律领域的途径。

第三章 《实践与理论:中国社会、经济与法律的历史与现实研究》导论

他认为,现代科层制以及形式理性法律要求的是合理化,即整合于逻辑,达到普适的逻辑性,不受非理性因素的影响。在如此非此即彼的二元对立之中,他基本不考虑理论和实践之间的复杂关系,而要求整合一切于前后一贯的、单一的形式理性。

固然,在叙述具体历史时,韦伯偶尔也考虑到结合自己建构的两个不同类型。我们上面已经看到,一个例子是他转述中国政治体系时初步提出的"世袭君主官僚制"(patrimonial bureaucracy)概念,另一个是转述中国法律制度时提出的"实体主义理性"概念,合并了他建构的两种不同类型,隐约含有笔者所采用的悖论的二元并存思路。但是,他并没有进一步如此阐释,而是最终仍然返回到自己的演绎逻辑而把中国的政治体制简单地划归世袭君主制非理性类型,把中国的法律体系归类为非理性的实体主义法律。他的总体思维倾向是把原先来自西方经验的抽象化进一步理想化为形式主义理性的主理想类型,而把非西方的"他者"归属为实体主义非理性的主对立类型。因此我们可以说,韦伯最终是位强烈倾向唯心主义的思想家/理论家,他并没有真正贯彻对理论和实践、类型和历史之间复杂关系的关注,更不用说把如此的问题设置为自己探索的中心。

布迪厄一定程度上是韦伯的对立面。他特别突出的是实践而不是理论,探索的是他所谓的"实践逻辑"而不是韦伯的形式理性理想类型。首先,布迪厄批评了过去的非此即彼二元对立思想并试图提出超越如此对立的理论概念。譬如,他提出"习性"(habitus)概念:与主观主义完全把(阶级)行为理解为纯粹主观选择(意志主义)不同,他认为人们的阶级属性会影响他们的实践抉

择,通过一生的生活习惯(地位、举止、衣着、言辞等)而形成一种习惯性的意识和倾向,从而影响(但不是完全决定)他们的实践。同时,与客观主义/结构主义把(阶级)行为理解为(最终)由客观的结构(阶级关系)决定的马克思主义理论不同,他又认为人们具有一定的能动性,其行为同时也受到主观意志和抉择的影响。这样,他试图超越结构主义和意志主义的二元对立。同时,他的"象征资本"概念试图把马克思主义的"资本"论析拓展到非物质的象征领域,认为那样的象征资本(譬如,教育背景、特长、地位等)可以转化为物质资本,而后又再转化为象征资本(例如声誉、品牌),如此往复。这样,布迪厄试图超越主观主义和客观主义的二元对立,在这方面和韦伯很不一样。(Bourdieu,1977)

布迪厄"实践逻辑"概念的含义主要是日常生活实践中所包含的(常是未经明言的)"逻辑"。对他来说,"习性"便是这样一个(容易被忽视的)实践逻辑的具体例子,"象征资本"也是,而两者的逻辑都不是简单主观性或客观性的、结构主义或意志主义的,而是处于两者的并存和互动的模糊、矛盾地带的。这无疑是对韦伯理论的一种批评和超越。读者明鉴,这样的理论也许没有形式理性理论那么清晰,但明显比韦伯单一面的"理想类型"更贴近真实世界的实际情况,说明真实世界不是韦伯那样的理想化理论所能涵盖。

但是,布迪厄的实践逻辑也具有关键的弱点。除了上面已经提到的缺乏历史感和缺乏对表达与实践背离问题的关注之外,他没有仔细分析主观抉择的性质。习性说明的是某一种客观条件所导致的主观倾向。但在这种倾向以上的主观抉择呢?人们做出抉

第三章 《实践与理论：中国社会、经济与法律的历史与现实研究》导论

择的时候，还有什么样的非客观机制在起作用？其抉择到底是怎样形成的？布迪厄并没有解答。

这里，我们可以借助康德的理论做出以下的概括：人们的主观抉择可能来自某种主观终极目标（例如某种宗教或意识形态信仰），也可能是纯功利性的（为了自己或某些人的利益），更可能仅仅是出于某一种特殊客观情况下的特殊行为。而这些都说不上是可以通过理性逻辑来普适化的法则。它们包含的主要是特殊性而不是普适性。康德集中论析的则是源自其所谓的"实践理性"（practical reason）而做出的抉择；具有自由意志的人们，可以凭借实践理性来做出多种多样道德准则之中的理性抉择，由此来指导行为。此中的关键是他的"绝对命令"（categorical imperative）——主导如此行为的道德准则是否可以被理性地想象为应该普适化的法则？不只适用于行动人，更可以凭理性辨析而得到别人的支持，可以适用于所有的人？如果可以，便是理性的道德抉择，不然，便不是。

康德这里的贡献在于树立了怎样在繁杂多样的特殊道德准则中做出理性抉择的标准。这是他的实践理性的核心。他的论析可以为布迪厄的实践逻辑提供其所没有的道德价值维度，提供借此来从众多实践逻辑中做出抉择的方法，由此可以为其加上其所缺乏的前瞻性。布迪厄则因为罔顾"善""恶"问题，只关心实践行为，而使其"实践逻辑"最终只可能成为一种纯回顾性的被旁观的（人类学）学者所观察出来的实践逻辑，不带有改变现实的前瞻性导向。也就是说，布迪厄的实践逻辑理论最终并不足以指导行为或决策的选择。布迪厄本人固然是位进步的真诚关心普通民众的学

163

者,但他并没有试图把自己的进步价值观和感情加以理性化梳理。正因为布迪厄完全没有考虑到这样的道德维度,其理论只能是回顾性的,不足以指导我们关心的立法进路、农村政策抉择或经济战略的问题。

至于韦伯,康德的实践理性则提供了强有力的逻辑化论析,足够说明韦伯对"理性"的理解只局限于理论理性,完全没有考虑到实践理性/道德理性,而后者正是理论理性与实践间的关键媒介。韦伯偏重理论理性,没有考虑到连接理论与实践的问题。这是他归根到底为一位偏向主观主义的思想家的重要原因。

更有进者,康德的"绝对命令""实践理性"思路其实是符合中国文明的基本倾向的。中国古代至当代的法律历史所展示的是:中国文明中最坚韧持续的特征之一是儒家的道德化思维,其核心长期以来可见于儒家的"己所不欲,勿施于人"的"黄金规则",实际上它至今仍然在中国的调解制度中被广泛援用。它其实完全可以被"现代化"为相当于康德的"绝对命令"的道德标准。它显然可以成为一个被一般公民所接受的标准。它也和康德的"实践理性"一样附带有自内而外的道德抉择观点,与西方此前的"自然法"把道德视为客观存在于自然的思路很不一样。过去的儒家思想虽然把如此的道德抉择局限于"君子",但这是个完全可以大众化、全民化的理念(儒家自身便有"有教无类"的理念),也完全可以适用于今天的立法抉择。

这样,我们可以辨析出一条处于韦伯的过度形式化的形式理性和布迪厄的缺乏前瞻性的实践逻辑之间的道路,从而得出一个凭借实践理性(道德理性)的标准来决定道德准则的取舍,借此来指导实践的道路。根据这样的标准所做出的抉择显然可以一定程度地适用于他人，甚至可能达到适用于所有人的普适性。

(二)实践理性与毛泽东思想

我们也可以从实践与理论问题的关联的角度来回顾中国的革命传统。其实过去的"毛泽东思想"便是一套聚焦于如何连接实践与理论问题的思想。我们可以想象，在中国共产党高度依赖共产国际的物质援助和政治领导的早期阶段，要脱离其所设定的夺取大城市和依赖工人阶级的"总路线"，从实际情况出发而得出实用可行的建立(农村)根据地、游击战(运动战)战略、人民军队以及从农村包围城市的实践方针是多么不容易，多么需要突破理论的条条框框，多么需要从实践出发而概括出符合实际情况的方针，由此来连接基于中国实际情况的实践和马列主义理论(包括被共产国际提升到理论层面的苏联革命经验)。我们甚至可以把这一经验和革命传统视作这里提倡的学术对真实世界的认知进路的佐证，而当年的陈绍禹(王明)、秦邦宪(博古)等人则使我们联想到今天主张简单模仿美国经济和法律的全盘西化学者和决策者。

但是，很有必要指出，"毛泽东思想"后来从一种认知和探索方法转化为僵硬的意识形态。它被非常有意识地塑造为霸占马列理论和中国实践之间媒介角色的思想，最终成为一种比舒曼(Franz Schurmann,1970)称为"纯意识形态"(pure ideology)的马列主义更为全能的"实践意识形态"(practical ideology)，其实际效果是完全垄断、控制了连接理论与实践的关键中间地带。用其自身的隐喻来表述，唯有毛泽东才是能把马列理论的弓箭"有的放矢"地射中中国实际的目标的弓手。随后是在延安时期的党内关乎具有至高权力的"最高领导"制度的建立。之后，可以说几乎由毛泽东一人控制了人们思想的全部——从理论到实践到其间的连接。

这和笔者这里要提倡的凭借实践理性（道德理性）做出具有独立意志的人们所自愿接纳的抉择绝对不是同一回事。毛泽东思想的洞见在于非常清晰地认识到学术界和理论家们较普遍忽视的关键问题，即怎样在实践和理论间进行连接。这是他和中国共产党革命成功的秘诀，但毛泽东思想后来的绝对化则完全违反毛泽东原先抗拒党内主流意识形态化理论的精神。固然，在抗日战争和革命战争时期，甚或在中华人民共和国的初期，如此的绝对化思想也许是可以理解的，但对今天的中国来说则肯定是不适用的，亟需从绝对化改为方法化的思想。最终，我们可以说，毛泽东思想既为我们提供了这里提倡的认知方法的实例和佐证，也为我们敲响了关于所有绝对化思想—理论的警钟。这里提倡的是一种认知的方法，绝对不是全能的意识形态。当然，笔者这里对康德的实践理性的援用也是一个方法化了的重新理解。

没有康德实践理性标准的方法来对不同道德准则做出抉择，我们最多只能在繁杂多样的"实践逻辑"之中探寻出展示实践智慧及其反面的例子，但不足以梳理出能够朝普适方向迈进的实践逻辑。笔者在自己过去的研究中，曾经仔细区别当代中国立法经验中展示的明智抉择和错误抉择，借以探寻处于韦伯型形式主义理性之外的立法方向。但是，与布迪厄一样，当代中国立法之前缺乏的是一个完整的前瞻性抉择的原则和方法。

以上的认知方法显然不仅适用于学术研究,也适用于国家决策。从后者的角度来考虑,"实践理性"同样十分必要。正是这样的实践理性才能够区别"善"与"恶"之间的抉择。决策者到底是为了老百姓的幸福还是一己之利或某种狭窄的利益而做出抉择?对中国人民的未来来说,这是个关键的问题。我们不仅不该像韦伯那样拒绝道德在立法和决策中所应起的作用,而且要提倡借助于这样的道德标准。

五、中国的悖论性与中国社会科学理论的建构

最后,回顾笔者五十年来的经验研究,一个关键的转折点是认识到中国实际的"悖论性"。读者明鉴,现今的社会科学理论几乎全都来自西方。我们如果把那些理论,尤其是其"主流"理论"历史化",便会认识到它们几乎都源自对西方某种经验的抽象化之后,将其进一步理想化,进而普适化和意识形态化。其原先可能是比较符合西方实际的抽象化,但之后则通过逻辑推理而被绝对化,而后是被政权意识形态化。今天它们被广泛引进中国,被当作是中国"现代化"和"与国际接轨"的必要构成部分,甚至在研究中国自身方面也如此。在这样的大环境之下,我们只有从中国的经验实际/实践出发,而不是从舶来的理论出发,不是把中国的历史和现实盲目地塞进西方的理论框架,才可能看到中国的悖论性。这正是笔者一贯提倡从经验/实践研究出发的根本原因。

正是中国实际本身的悖论性成了笔者多年来研究的基本认识和动力。但我们的研究不可以停顿在仅仅"证伪"西方的理论,因

为那样的话,其实仍然只是其"脚注"。我们需要做的,是从悖论的实际出发来建构符合中国实际的新概念和理论。问题是怎样去做?

笔者一贯的做法不是简单地拒绝西方(主流)理论,而是借助它们,以及与它们敌对的西方"另类"理论。这是因为,中国和中国研究自身的社会科学理论还没有太多的积累,需要借助西方的理论资源来建构自己的概念和理论。笔者认为,最好的办法是通过中国的经验实际来与西方理论对照(对话),由此鉴别其中对中国实际有洞察力的和没有洞察力或错误的部分。这样才可以既借助于它也独立于它,目的是要建立更符合中国实际的概念和理论。

在这个过程中,笔者还体会到,第一步固然是对西方理论的掌握,而且不仅是对其理论建构本身的掌握,更是对其历史背景和思维方式的掌握,借此来更好地鉴别其洞见和更有根据地拒绝其误区和盲点。在此过程中,与其敌对的非主流理论是个有用的资源。总体来说,现代西方学术界比较自由多元,"主流"的意见多会引发有见地的"非主流"批判,其中不少是深刻且有用的批判。对中国和中国的研究来说,这些都是可资借用的资源。在笔者以上所举的例子中,马克思主义、实体主义和后现代主义理论都是比较突出的非主流传统。掌握多种理论传统可以帮助我们看到每一种理论传统的局限,更好地鉴别其适用与不适用的部分。

同时,笔者一贯的倾向是侧重经典理论家多于其继承者。总体来说,经典理论家的思路更为清晰有力,也更集中于重要问题,而其后续者则比较容易沉溺于繁琐的次级问题,甚至完全脱离原先真正的理论洞见,要么把其当作无需辨析论证的绝对真理,要么完全陷于(学术界常见的)关于枝节的争论。如果陷入繁琐杂碎的枝节,便很难掌握一个理论传统真正的洞见和缺陷,也会使自己陷入次级或琐碎问题的研究。

如果某一理论传统被当权者所采纳,并凭借政权和宣传机构塑造为统治意识形态(如西方当前的新自由/新保守主义,一定程度上也包括今天舶来的新自由主义),则必定会被简单化、庸俗化、教条化和绝对化,会成为求真、求实的学术的障碍而不是助力,亟需警惕。这也是笔者一贯强调要采纳多种理论资源的重要原因。我们要避免把任何理论当作绝对真理,不然的话,不可能借助它来做出真正创新性的学术。

再则是研究问题的选择。笔者的经验是,除了通过经验研究来发现悖论实际,另一个特别有用的方法,是借助不同理论的交锋点来选择、形成自己的"问题意识"。一般来说,如果从广为本专业接受的理论或概念出发来设计自己的研究,很容易会陷入意识形态化理论的误导,脱离实际也脱离真实,不太可能会有新的、重要的发现。但是,处于不同理论传统的交锋点上的问题,则更可能会是重要的问题,对此做出扎实的研究,更有可能会发前人之所未发,更可能会洞察到关键的、重要的实际问题。以上列举的新自由主义、马克思主义、实体主义、后现代主义的交锋点,以及其引发的问题便可以被视作这里说的方法的实例。

当然,这些不同理论传统对中国实际所共有的盲点,更是值得研究和挖掘的问题。笔者自身认识到的一个关键盲点是西方理论在二元对立之间强烈倾向非此即彼的思维习惯,理论与经验/实践、话语/表达与实践、道德与法律、市场与国家、传统与现代、中国与西方都是如此。其背后的动力演绎逻辑,被广泛认为是西方文明独有的资源,要求把一切理论整合于前后一贯的逻辑。这就形成理论上的一个重要盲点,即忽视二元并存的实际以及其间的连接与互动问题。由此,韦伯最终偏向单一的形式理性、普适主义和现代主义;后现代主义则偏向单一的话语和特殊主义;即便是布迪厄,也偏向单一的实践,没有考虑到其与话语之间的可能背离和相互作用。而笔者从经验研究得出的一个体会是,理解真实世界的关键其实在于如此的二元的并存以及其间的连接、张力和互动,而这恰是较普遍地被西方理论所忽视的问题。

在这个根本性的问题上,笔者自己长期以来其实出乎意料地受到中国传统思维方式的深层影响。在抽象和经验的连接问题上,相对西方思维而言,中国一直更侧重寓抽象于具体事例,而不是像现代西方那样强烈倾向凭借演绎逻辑而把原来比较符合实际的抽象推向脱离实际的理想化和普适化。这是中国法律史中所展示的中国的基本思维。同时,面对众多西方所(再次是演绎逻辑的驱动而)建构的二元对立,中国长期以来的习惯思维是兼顾两者,看到其并存和互动,而不是做出非此即彼的单一抉择。在笔者看来,西方的思维能够产生更清晰的思想,但中国的思维则更贴近实际。显然,笔者之所以这么看和这么想,除了从经验证据积累所看到的实际,也和中国文明传统有深层的关联。但即便如此,笔者认为今天我们需要把这样的思维进一步精确化、清晰化、逻辑化,也可以说"现代化",但是要贴近实际的抽象化和逻辑化,而不是脱离实际的理想化和普适化。此点也许可以视作笔者学术方法思想的深层核心。

方法和理论最终只是方法和理论，它可以对学术有一定的帮助，但仅靠其本身是不可能创建有价值的学术的。在这点上，笔者常对学生们强调"历史感"（看到从哪里来才可能得出较实际的到哪里去的想法）和"真实感"（辨别真伪）的必要，以及研究者本身的价值观和研究动力是出于真诚的、比较崇高的道德理念还是其他？是来自心底的动力还是其他？当然，如果能在其中得出无穷的乐趣则更可持续。

至于中国研究的未来，建构"中国特色"的社会科学不一定应该成为我们的终极目标，因为诚挚的求真、求实的学术最终是没有国界的，我们的目标也许应该是既具有实践理性道德的前瞻性，又是符合实际的经验/实践与概括/理论的连接，既具有清晰有力的分析概念也具有扎实可信的经验证据的学术，并且是关注重要问题的学术。那样的学术才是最有说服力的学术，也是最足以指导实践抉择的学术。

参考文献：

黄宗智专著：

《明清以来的乡村社会经济变迁：历史、理论与现实》。第1卷《华北的小农经济与社会变迁》；第2卷《长江三角洲的小农家庭与乡村发展》；第3卷《超越左右：从实践历史探寻中国农村发展出路》，北京：法律出版社，2014年。

《清代以来民事法律的表达与实践：历史、理论与现实》。第1卷《清代的法律、社会与文化：民法的表达与实践》；第2卷《法典、习俗与司法实践:清代与民国的比较》;第3卷《过去和现在:中国民事法律实践的探索》,北京:法律出版社,2014年。

《过去和现在:中国民事法律实践的探索》,北京:法律出版社,2009年(英文版2010年)。

《经验与理论:中国社会、经济与法律的实践历史研究》,北京:中国人民大学出版社,2007年。

《法典、习俗与司法实践:清代与民国的比较》,上海:上海书店出版社,2003年(2007年重版[英文版2001年])。

《清代的法律、社会与文化:民法的表达与实践》,上海:上海书店出版社,2001年(2007年重版[英文版1996])。

《长江三角洲的小农家庭与乡村发展》,北京:中华书局,1992年(2000、2006年重版[英文版1990年])。——获美国亚洲研究协会列文森最佳著作奖

《华北的小农经济与社会变迁》,北京:中华书局,1986年(2000、2004年重版[英文版1985年])。——获美国历史学会费正清最佳著作奖

黄宗智论文:

《〈历史社会法学:中国的实践法史与法理〉导论》,纳入黄宗智、尤陈俊编《历史社会法学:中国的实践法史与法理》,北京:法律出版社,2014年。

《道德与法律:中国的过去和现在》,载《开放时代》2015年第1期,第75—94页。

《〈中国乡村:明清以来的乡村社会经济变迁〉总序》,纳入黄宗智《明清以来的乡村社会经济变迁:历史、理论与现实》,第1卷,北京:法律

出版社,2014年,第1—17页。

《从实践出发的经济史和经济学》,纳入《中国的隐性农业革命》,第11章,北京:法律出版社,2009年。修改、增订版纳入《明清以来的乡村社会经济变迁:历史、理论与现实》,第3卷《超越左右:从实践历史探寻中国农村发展出路》,北京:法律出版社,2014年,第16章。

《总序:中国法律史研究的现实意义》,纳入黄宗智《清代以来民事法律的表达与实践:历史、理论与现实》,第1卷,北京:法律出版社,2014年,第1—18页。

《〈历史社会法学:中国的实践法史与法理〉导论》,纳入黄宗智、尤陈俊编《历史社会法学:中国的实践法史与法理》,北京:法律出版社,2014年(英文版2014年)。

《"项目制"的运作机制和效果是"合理化"吗?》,载《开放时代》2014年第5期,第148—159页。(黄宗智、龚为纲、高原合著)

《"家庭农场"是中国农业的发展出路吗?》,载《开放时代》2014年第2期,第176—194页(英文版2014)。

《重新认识中国劳动人民——劳动法规的历史演变与当前的非正规经济》,载《开放时代》2013年第5期,第56—73页。

《国营公司与中国发展经验:"国家资本主义"还是"社会主义市场经济"?》,载《开放时代》2012年第9期,第8—33页。

《中国发展经验的理论与实用含义——非正规经济实践》,载《开放时代》2010年第10期,第134—158页(英文版2011年)。

《中西法律如何融合?道德、权利与实用》,载《中外法学》2010年第5期,第721—736页。

《改革中的国家体制:经济奇迹和社会危机的同一根源》,载《开放时代》2009年第4期,第75—82页。

《中国被忽视的非正规经济:现实与理论》,载《开放时代》2009 年第 2 期[英文版 2009 年],第 51—73 页。

《中国法律的实践历史研究》,载《开放时代》2008 年第 4 期,第 105—124 页。

《集权的简约治理——中国以准官员和纠纷解决为主的半正式基层行政》,载《开放时代》2008 年第 2 期,第 10—29 页。亦见《中国乡村研究》第 5 辑,福建:福建教育出版社,2007 年(英文版 2008 年),第 1—23 页。

《近现代中国和中国研究中的文化双重性》,载《开放时代》2005 年第 4 期(英文版 2000),第 43—62 页。

《悖论社会与现代传统》,载《读书》2005 年第 2 期,第 3—14 页

《认识中国——走向从实践出发的社会科学》,载《中国社会科学》2005 年第 1 期,第 85—95 页

《学术理论与中国近现代史研究——四个陷阱和一个问题》,《中国研究的范式问题讨论》,北京:社会科学文献出版社,2003 年(英文版 1998 年),第 102—133 页。

《中国革命中的农村阶级斗争——从土改到"文革"时期的表达性现实与客观性现实》,《中国乡村研究》第 2 辑,北京:商务印书馆,2003 年(英文版 1995 年),第 66—95 页。

《中国的"公共领域"与"市民社会"?——国家与社会间的第三领域》,纳入黄宗智《中国研究的范式问题讨论》,北京:社会科学文献出版社,2003 年(英文版 1993 年),第 260—285 页。

《中国研究的规范认识危机——社会经济史中的悖论现象》,作为《后记》纳入《长江三角洲小农家庭与乡村发展》。此文的前半部分(删去了当代部分),以《中国经济史中的悖论现象与当前的规范认识危机》

为标题首先发表于《史学理论》1993年第1期,第42—60页。

英文:

Bourdieu, Pierre (1977). *Outline of a Theory of Practice*, translated by Richard Nice. Cambridge: Cambridge University Press.

Schurmann, Franz (1970 [1966]). *Ideology and Organization in Communist China*. New Enlarged Edition. Berkeley: University of California Press.

第二编

选择与综合西方不同理论传统

第四章
学术理论与中国近现代史研究
——四个陷阱和一个问题①

理论读起来和用起来可以使人兴奋,但它也能使人堕落。它既可以使我们创造性地思考,也可以使我们机械地运用。它既可以为我们打开广阔的视野并提出重要的问题,也可以为我们提供唾手可得的现成答案并使人们将问题极其简单化。它既可以帮助我们连接信息和概念,也可以给我们加上一些站不住脚的命题。

---

① 本章中文版原载黄宗智编《中国研究的范式问题讨论》,北京:社会科学文献出版社,2003年,第102—133页。英文原作 Philip C. C. Huang, "Theory and the Study of Modern Chinese History: Four Traps and a Question," *Modern China*, 24, 2 (April 1998): 183—208。由强世功从英文译成中文,作者对译文进行了仔细的校订。作者在此感谢 Perry Anderson, Lucien Bianco 和 Alexander Woodside, 尤其是 Kathryn Bernhardt 对本文所做的评论,同时也要感谢参加"学术理论在中国近现代史研究中的运用"会议(1997年5月10日在加利福尼亚大学洛杉矶校区举行)的同事。纳入本书,做了一些修改。

它既可以使我们与中国研究圈子之外的同行进行对话,也可以使我们接受一些不易察觉但力量巨大的意识形态的影响。它既可以使我们进行广泛的比较,也可以使我们的眼界局限于狭隘的西方中心或中国中心的观点。对理论的运用就像一次艰难的旅行,其中既充满了令人兴奋的可能性和报赏,也同样布满了陷阱和危险。

让我先来讲一讲我能从自己的经历里回忆起的理论运用中最诱人的陷阱。为了表述的方便,我将它们分为四个主要的陷阱:不加批判地运用、意识形态的运用、西方中心主义和文化主义(包括中国中心主义)。

一、不加批判地运用

我自己在华盛顿大学的研究生训练完全是强调经验研究的训练:强调在选定的题目中寻找新的信息,阅读文本和文件,使用文献检索手段,细致的脚注等等。在这样的训练中是不接触理论的。我相信这不是华盛顿大学在教学安排中有意设计的产物,毋宁说,这是我的在校导师们的史学风格所带来的后果。

我依然能回忆起我"在田野中"(为准备毕业论文而在日本和中国台湾做研究)首次与那些来自其他学科的研究生(尤其是那些系统地接触过理论文献的社会科学的研究生)的接触。他们对我的评价是类似于"聪明有余而训练不足"这样的说法,而我出于自卫,则称他们为"脱离实际的空谈者"(facile lightweights)。此后的一些年我仍然抵制理论,自认为我所受到的训练是正确的并加以捍卫。

在完成第一本关于梁启超的著作(Huang,1972)之后的一些年中,我开始阅读理论。这时我发现理论使我兴奋起来,与我所读到的经验史学的学术著作以及20世纪60年代中国学领域学术概念极其贫乏的状况相对照,社会科学理论看起来是繁纷复杂的、丰富多样的、变化多端的和强大有力的。它完全不同于那时中国学这个狭窄领域中的专著。

一旦接触到理论,我就如饥似渴地阅读几乎所有的东西。就像一个已经到风景胜地旅游过(而其他人只是听说而已)的游客,我迫切地想讲述甚至炫耀我新发现的那些"理论洞见"。想显示我是如何变得在理论上"具备了洞见",这种诱惑是极其巨大的。正是这种诱惑促使我把一些已经成型的模式运用到我的研究中。

我尤其记得这样一些概念很有吸引力:"无产化""阶级联合""近代国家政权建设"和"道德经济"。将这些概念全盘运用到研究中的诱惑是相当大的,因为这些概念确实有助于理解我所收集的关于中国乡村的大部分材料。读过我写的关于中国华北这部著作(Huang,1985)的人们,很容易发现上述这些概念对我产生的影响。

事后来看,如果说我在使用那些概念时还保留了一些批判性辨识的话,那应当归功于我所使用的材料的丰富性。满铁调查的巨大力量在于这些材料中有丰富的细节。① 无论摩尔(Barrington Moore)、蒂利(Charles Tilly)和斯科特(James Scott)这样的人已经就这些问题做出了多么灵活和富有创造性的重新解释,但是要将

---

① "满铁"是日本"南满洲铁道株式会社"的简称。在这个机关的资助下,日本人在中国进行了许多乡村调查和考察,由此形成了关于乡村社会可资利用的、差不多是最丰富的文档材料。详细讨论参见 Huang,1985:第三章。

其中所有的信息都强塞进马克思主义理论和"实质主义"理论的简洁模型中,确实很困难。比如说,我们可以用形式主义的证券组合管理(portfolio management)(涉及多种经营与长期和短期投资)概念来有效地理解小农农场,而不仅仅是使用家庭作为生产—消费单位的恰亚诺夫模式或被剥削的小农这幅马克思主义的图景。我在结束时写了小农的"三幅面孔"。事实在于满铁材料捕获了大量乡村生活的真实片段,而且乡村生活极其复杂而多维,以至无法轻易地完全符合一个现成的模式。最后,我关于华北小农经济的书采取了一个折中的路径,汲取了许多理论传统中只要有助于理解材料证据的那些看似零碎的东西。

二、意识形态地运用

除了学理上的诱惑,理论还具有不可避免的意识形态吸引力。在(美国)反越战运动如火如荼的日子里,我们中许多人开始对批评美国社会的前提假定推而广之,对我们中国学领域中占统治地位的范式,尤其是"现代化"范式和"西方冲击"范式,进行了前提性质疑。一股强大的力量把我们吸引到另一套理论概念上来,大多数人尤其被吸引到马克思主义的观点和理论上来,被吸引到社会革命和反对帝国主义的民族解放这些相反的范式上来。

但是,我们中几乎没有人"庸俗"到全盘采用被赤裸裸地官方化了的斯大林主义等意识形态。相反,我们被吸引到一些学术思想纷繁复杂的理论家这边来,诸如蒂利(Tilly,1975a,1975b,1979)和佩吉(Paige,1975),他们更加灵活、精致地使用阶级理论,教导我们把阶级看作是过程而不是固定数量,把阶级行动看作是处于不断变化中的"联合",并把阶级关系看作是各种生产关系处于不断变化中的种种组合;把国家机器进一步看作是一个半独立自存的机构,而不是仅仅把国家看作是"统治阶级"的机构,它既不是归于任何单一的阶级,也不仅是几个阶级的联合(这种观点远远早于斯考切波[Skocpol,1979]表达的观点,它隐含在蒂利著作中)。这些观点对马克思主义理论进行创造性的重新解释和重新提炼,极大地增强了它在知识上的吸引力。

也许更为重要的是那些"进步的""实质主义的"理论家们的贡献。他们发现了不同于资本主义经济的小农经济的另一套逻辑,发现了不同于城市社会和市场伦理的村庄社区和道德的另一套逻辑。其中,有恰亚诺夫(Chayanov,1986[1925])关于小农家庭农场的洞见,有斯科特(Scott,1976)关于社区与经济的道德维度的洞见,还有汤普逊(Thompson,1966)关于阶级和共同体形成的过程及其非物质维度的洞见。这些洞见极大地丰富了我们的概念选择。

事后来看,可以公平地说,蒂利这些人对中国学领域的影响(始于密歇根大学的整整一代研究生)首先体现在他同时既使用马克思主义理论又使用实质主义的理论。他对当时流行的形式主义/资本主义/现代化理论的批评是相当有力的,因为这些批评扎根于两个而不是一个不同的理论传统。马克思主义的观点和实质主义的观点在蒂利著作中的这种结合肯定增加了他对我们的吸引力。

但是,如果我仅仅指出这些观点在知识上的吸引力,而对其在政治意识形态上的吸引力避而不谈的话,那么我就是不诚实的。

无论在情感层面上还是在知识层面上,我们都对美国在越南明显的滥用武力感到惊恐不安;我们(十分美国式地)认同于抵抗战士,他们冒着极大的风险在为一个民族的解放而战。几乎是以此类推,我们开始质疑用于中国研究中的那些似乎不证自明的现代化理论的前提假定。我们开始相信,中国革命也是一个受害者反抗国内外压迫的斗争。所以,我们被马克思主义—实质主义的学术理论家所吸引,部分是由于知识的原因,部分是由于政治意识形态的原因。

在此,我想再说一遍,我的两本关于小农的著作(Huang, 1985, 1990)在某种程度上努力避免了意识形态对学术的过分影响,可能首先应当归功于我所受的经验训练:只要仔细阅读满铁材料就绝不会像官方化了的毛主义那样,将中国的村庄描写为一幅简单的阶级斗争的图景。① 当然,我的书也受到了那些纯粹出于意识形态驱使的中国"文化大革命"期间的"学术研究"中的负面例子的影响。最后同样重要的一点是,我的两本书受益于我的写作时间,它们主要完成于20世纪70年代后期和80年代,那时候的政治气氛比起60年代末期和70年代初期要平静得多。

但对我而言,学术理论与意识形态之间的关联依然有很大的教训。我们当年的世界是一个充满意识形态的世界(即使在"后共产主义"的今天也依然如此)。意识形态的影响不仅仅渗透在当时两个超级大国的官方宣传中,而且渗透在它们的新闻媒体中,更为有力的是渗透在学术话语和日常话语所使用的语言本身中。毫无

---

① 有关这一点的讨论,参见我的论文(Huang, 1995)。

疑问,毛泽东时代的中国与当代美国之间存在着巨大的不同。在中国,学术的理论与官方的意识形态之间没有区分,因此一个肯定会渗透到另一个之中。学术理论不可能也没有宣称自己是一个自主的领域。理论公认是由统治思想左右的。在美国,学术理论享有相当大的不受官方统治思想影响的自由和自主性。我们处在极其多元化的知识环境中。但是,这并不意味着学术理论真的能够完全区别于意识形态。实际上,有时恰恰是由于意识形态披上了学术的外衣,才使得意识形态产生了相当大的影响。就意识形态影响学术而言,中国与美国的区别主要是程度上的不同。在美国,学术理论与政治意识形态的联系更加微妙。尽管如此,可以肯定的是学术理论与政治意识形态的联系在美国依然存在。

我很快就知道,无论我的著作是多么地重视经验,在提出理论问题的时候,它都会不可避免地激起意识形态的敏感性。大家只要浏览一下我关于中国华北和长江三角洲(Huang,1990)的著作所激起的种种争论和研讨,尤其是那些与马若孟(Ramon Myers)在《亚洲研究》上的争论(Huang,1991a),以及与其他人在中国台湾举办的研讨会上的讨论(Huang,1992),就会明白这一点。一个人怎么能在马克思主义的理论中找到如此多的有效解释?一个人怎么胆敢挑战资本主义的基本原则?一个人怎么能在集体农业中发现价值?在中国大陆的学术界,我的著作有幸在两次会议和一系列探讨会上得到讨论,但是也受到了同样的批评,尤其是"资本主义萌芽"范式所具有的意识形态的批评。① 在中国台湾地区,我的著作在出版了"繁体字版"之后,也重演了早些年出现在美国的意识形态批评,尽管这些批评来得迟了一点。②

就我个人的教训而言,运用理论不可避免地伴随着意识形态的意涵。理论使我们思考一些更大、更为一般的问题。但是这样做也不可避免地使我们进入意识形态的问题领域,且不能避免由此激起批评。这正是我们运用理论的代价。

尽管如此,我们依然能够避免掉入受意识形态驱使来进行学术研究的陷阱。在此,我能使自己免入陷阱的最好保护,可能还是我所使用的满铁调查材料及我自己对经验材料的偏重。材料中显示的丰富现实和我对重视经验的学术这一理想的笃信,使我无法接受用意识形态的观察和推断来取代调查所发现的东西。举例来说,不同于马克思主义者的预言,我在材料中没有看到"经营式农场"的生产力有了根本性的提高,尽管它使用了雇佣劳动这种"资

---

① 拙文《中国研究的规范认识危机:社会经济史中的悖论现象》在国内引起了广泛的讨论和争论。见《史学理论研究》从1993年第1期开始到1994年第2期共6期的讨论,包括关于由《中国经济史研究》杂志发起的主题为"黄宗智经济史研究之评议"的会议报道(《史学理论研究》1993年第4期,第95—105页),以及由《史学理论研究》《中国史研究》《中国经济史研究》三个杂志联合召开的主题为"黄宗智学术研究座谈会"的会议报道(《史学理论研究》1994年第1期,第124—134页)。《中国经济史研究》也报道过这两次会议的会议议程(1993年第4期,第140—142页;1994年第1期,第157—160页)。

② 《近代中国史研究通讯》第20期(1995年11月)以概要的形式发表了就我的著作进行的一个貌似学术的讨论。我的《华北》和《长江》两本书的第一个中文版是在大陆由中华书局出版的(黄宗智1986,1992b),后来由中国香港的牛津大学出版社出版了繁体字版。关于范式危机的论文全文最初由上海社会科学出版社全文出版(黄宗智,1992a),后来又由中国香港的牛津大学出版社再版(黄宗智,1994a)。

本主义的生产关系"(Huang,1985:尤其第8章)。但是,无论我的研究是多么地遵从经验,一涉及理论问题依然不可避免地导致意识形态的论辩。

三、西方中心主义

当然,近代的意识形态和学术理论在很大程度上是由西欧和英美世界支配的。无论是正统的概念还是反正统的概念都来源于这个世界。现代化理论源于将西方的历史经验理想化地抽象为一个普遍适用的模式;而作为这种理论主要批判者的马克思主义理论,仍然来自西方。20世纪中国出现的反对西方帝国主义的革命所依赖的理论指导,也并不是来源于本土文化传统中的意识形态和理论,而是来源于异己的西方的意识形态和理论。

在西方大多数理论文献中,无论是维护现存体制的理论还是革命的理论,中国从来都不是主题,而仅仅是"他者",它们研究中国与其说是为了中国,不如说是把中国当作一个陪衬。[①] 无论是在马克思那里,在韦伯那里,还是在新近的一些理论家那里,中国常常被用来作为一种理论阐述的策略,通过以中国的例子作为反面对照,得出对这些理论家来说至关重要的论题。因此,对于马克思而言,中国受"亚细亚生产方式"的支配,它处在西方世界从封建主义到资本主义转变的发展之外(Marx,1968)。对于韦伯而言,中国的城市是行政管理的中心而非商业—生产中心,中国的法律是实

[①] 当然,这使我们想起萨义德的经典之作《东方主义》(Said,1978)。这里的分析与他有所不同——见以下的讨论。

质性的和工具主义的而非形式主义的,中国法的组织逻辑是非理性的而不是"理性的",中国不同于近代早期和近代的西方。

通过把中国作为一个"他者"的例子来使用,像马克思和韦伯这样的理论家对我们的影响是:要么遵从他们的思路,主张中国不同于西方;要么与此相反,坚持主张中国与西方一模一样。无论是同意还是反对,我们都会受到他们所建立的这种原创性的非此即彼话语结构的影响。我们几乎在不知不觉之中选择了其中的一种思路。这在中国研究领域中也不例外。

中国研究领域中的第一种反应是,有一代人的学术遵从西方思想家的思路,将中国看作"他者"。这一代人共同关心的问题就是将上述思路简单地转化为:中国为什么没有像西方那样实现现代化?这个问题将中国与西方对立并置看作是天经地义的。它把这种对立当作是已经给定的东西予以解释。而为这个问题提供的答案既有"中国文化中心论",又有"儒教抵制现代化的要求",还有"官督商办"等。①

那一代人的学术反过来又激起相反的主张,这种主张不过是在上述原创性的二元框架中从一个极端走向另一个极端。他们不同意把中国区别于西方,相反主张中国与西方一样。一个很好的例子就是对韦伯把中国城市概括为行政管理中心这种观点进行批评的方式,这种批评方式努力证明中国在与西方接触之前就已经如何如何形成了大的商业城市。这种努力的用意就是为了显示中

---

① 当然,我指的是以下一些人的著作,John Fairbank(如 Fairbank and Reischauer, 1960;尤其第 290—294 页;Fairbank, Reischauer and Craig, 1965),Mary Wright (1957)和 Albert Feuerwerker(1958)。

国与西方没有什么差别,也有其自己的"近代早期"时期(Rowe,1984,1989)。最近,又有一种努力试图在中华帝国晚期找到"公共领域"或"市民社会",并将其等同于可以称之为"民主萌芽"的东西(Huang ed.,1993)。

这种善意的努力也许首先是受到主张中国与西方平等这样一种欲求的驱使。我本人无论在寻找无产化、资本主义萌芽,还是最近在前近代中国中寻找西方式的民法,也都是受到这种趋向强有力的吸引。一旦给定了支配理论话语的结构,抵制将中国贬斥为"他者"的唯一出路看起来就是坚持中国与西方一样。

对于中国大陆持民族主义的学者而言,寻求中国与西方的平等远远早于美国学者在这方面的反应。马克思的"亚细亚生产方式"很早就受到了"资本主义萌芽"模式的直接挑战:中国如同近代欧洲早期一样向着相同的方向发展,直到西方帝国主义的入侵才使得中国偏离了正确的发展道路。这里的关键除了明显的反对帝国主义,就是主张"我们自己也有"。①

无论是对于国外的中国学家而言,还是对于中国大陆的学者而言,追求中国与西方平等的情感驱动在许多方面比马克思主义这种反正统意识形态的影响更为有力。马克思主义的影响显而易见,因为我们从冷战中获得高度的敏感性。但这种感情上对我们研究主题的骄傲和认同却并不那么明显,尤其是由于这些情感总是隐藏在表面上价值中立的学术术语之中而没有公开地表述。

然而,无论把中国放在与西方"相等同"的位置上,还是说它是

---

① 我在中国研究的"范式危机"一文中对此有详细的讨论(Huang,1991b)。

西方的"他者",都是以西方为中心的,这一点应当是毋庸置疑的。两种说法理所当然都把西方作为价值标准,理论的和意识形态的参照框架都是源于西方的,它们所宣称的主张也都是基于以西方为中心的假定。

当然,仅仅指出这些主张是以西方为中心的还不够。首先,这些主张可能是以西方为中心的,但同时也可能是真实的。抛开规范的意蕴,马克思在这一点上可能是完全正确的:中华帝国晚期很少显示出它有资本主义(马克思所发现的那种出现在近代早期的英格兰和欧洲的资本主义)发展的实质性动力。与此相似,韦伯在这一点上也可能是正确的:中国并没有遵循他对西方近代早期所辨识出的"理性化"模式。这也同样适用于那些试图将中国等同于西方的相反主张。

对我自己而言,马克思和韦伯的问题最终是一个经验实证问题。马克思认为,资本主义的生产力必定会伴随着资本主义的生产关系而出现,但在帝国晚期的中国乡村则根本没有发生这种情况。马克思(或者至少是意识形态化了的马克思)进一步认为,资本主义的发展伴随着各种各样的商业化而出现,但在中华帝国晚期情况与此完全不同。① 与此相似,韦伯认为法治将是形式主义理性的产物,否则就只能是专断的卡迪司法。但是,中国具有发达的法治传统却没有形式主义的理性化。②

---

① 这些正是我在华北农村和长江三角洲农村两本书中的两个主要论点(Huang, 1985, 1990)。
② 这一点在我关于清代民事审判和民事调解的新著中有详尽的阐述(Huang, 1996:尤其第9章)。

对于那些通过坚持主张中国与西方完全相同来反驳马克思和韦伯的人,我的疑问也是一种源于经验实证的疑问。从西方的理论观点出发,我们看到在中华帝国晚期许多相互矛盾的经验现象结合在一起,这一事实意味着把中国化约为"与西方相同",与把中国化约为西方的"他者"同样不符合史实。在中华帝国晚期,出现了资本主义的生产关系、商业化(市场化)和法治,这些与近代西方早期一样。但是,不同于西方,这些东西并没有带来生产力的突破、资本主义的发展和形式主义理性化。如同认为中国是西方的他者一样,坚持认为中国与西方一模一样也是错误的。

四、文化主义

另外一个陷阱是文化主义,既包括老一代汉学研究中的中国中心论,也包括最近激进的"文化主义研究"。目前,比起西方中心主义,这种倾向对中国研究的影响可能会更大一些。

(一)中国中心论

我在华盛顿大学的老师们与其说是历史学家不如说是汉学家。他们穷几十年之功来掌握中国"大传统"的文本,他们彻底地认同一个古老的中国,以及她自己的世界和文明。他们沉迷于这样一些假定:中国有发达的文化,这些文化既是独特的也是优越的。他们不仅在智识上而且在情感上献身于他们所研究的主题。① 如果他们读西方人的著作的话,那一般也是经典之作,因为他们同样是用了解中国的方式来了解西方的。他们对当代理论化了的社会科学的反应,主要是将它们看作是一些无关的东西而不予理会。在他们看来,根本就不需要理会那些不了解中国的理论家们所做的关于中西方的比较。

实际上,在台湾做毕业论文期间,对于那些更具有理论倾向的同行的批评,我正是诉诸这样的世界观来为自己做辩护的。我自己也过分满足于我跟随爱新觉罗·毓鋆所读的儒家经典著作,满足于我对儒家精英在智识上的认同,满足于我所选择的知识分子思想史这一研究领域,满足于我偶尔读到的西方经典著作。② 我的感觉和反应和我的老师们都是一样的:其他的那些学生汉语水平太低,更毋庸说古文;他们根本不尊重证据和文本;他们倾向于不费力气地提出概念。我正是在这种思维框架中写作关于梁启超的博士论文。③

今天,我不赞成老一套汉学中关于知识分子思想史研究的理由,与我 25 年前脱离它而研究社会经济史的理由是一样的。在我看来,这种研究的问题在于完全将关注点限定在上层文化(high culture),而忽略了普通人民。这种研究很少或者根本就不关心物

---

① 熟悉萨义德关于东方主义著作的读者将会注意到,我在强调萨义德所忽略的东方主义的另一面;许多汉学家(就像伊斯兰文化主义研究者)也许更多的是喜爱和认同于他们所研究的主题,而不是诋毁他们所研究的主题。
② 爱新觉罗·毓鋆(他也常用汉姓"刘")被他的一些学生赐封为"满族皇子",他是康有为关门一辈的学生。
③ 后来出版的书名是《梁启超与近代中国的自由主义》(Huang,1972)。

质生活。它反对社会史,现在仍和以前一样,通常都是由反对共产主义的意识形态所驱使的。最后,这种研究在强调中国独特论的同时,实际上反对所有的社会科学理论。这将使我们的研究领域限定在汉学的狭隘领域中。①

但事实在于,我们/美国的中国学家是在西方的语境中给那些带有西方理论前提的读者来写作的,而且也是给那些带有西方理论前提的学生来讲课的。为了使大家弄明白我们的主题,我们必须比较西方与中国。无论我们是有意识地还是无意识地这么做,仅就遣词造句而言,我们事实上也一直在比较中国与西方。在我看来,明确地对应于西方的理论文献是与我们的听众进行沟通的最好方式,因为这种文献有助于搞清楚那些在我们读者和学生的头脑中经常隐含着的理论前提。

(二)文化主义研究

20世纪80年代开始,用"文化主义研究"(Cultural Studies)这个新的时髦术语所包装的后现代主义和解构主义开始影响中国研究领域,尽管比起其他领域这种影响有点迟缓。这种影响的一个主要来源就是萨义德(Said,1978)对"东方主义"的反思批判(reflexive critique)。萨义德表明,西方人关于东方的研究不可避免地与帝国主义的历史联系在一起。将东方建构为落后的他者预示着帝国主义的殖民支配,并且将这种支配合理化了。现代社会

---

① 我这里指的是一种狭隘的汉学思想史,并不包括汉学领域中伟大的汉学家,他们多有非常广阔的视野和见地(Olympian vision)。

理论,尤其是现代化理论,就是这种传统的继承者,它保留了努力服务于西方的以西方为中心的主导叙述(master narrative)。当代学术正如大众表象(popular representations)和20世纪前的学术一样,深深地受到了与政治意识形态交织在一起的话语型构(discursive formation)的塑造。这些批评深深打动了我们,尤其是那些长期以来一直批评帝国主义的社会史学家。

此外,新的文化主义研究有力地批评了社会史研究中由于受马克思主义的影响而不经意地带有的唯物主义。无疑,我们中的一些社会史学家受到了汤普逊和斯科特这些人所持的非唯物主义倾向的影响。但不可否认的是,在"反叛"现代化理论家们将"文化"作为一种理论构架(a construct)来解释中国"现代化的失败"时,我们中许多人实际上倾向唯物主义。与此相反,我们的文化主义研究同行提倡重新强调非物质的主题。① 这种提倡使文化主义研究的同行们在研究汉学的思想史学家中找到了现成的听众,因为他们长期以来一直感到被社会史排挤在外。

进一步讲,当诉诸"批判理论",将所有西方社会科学作为有文化边界的构造物,从根本上加以抵制时,我们那些研究文化的同行又在其他的方面打动了研究汉学的史学家。他们的这种批评为汉学家们所长期相信并实践的那一套提供了理论上的正当性。文化主义研究者主张,本土的文化应当用它们自己固有的价值概念而不是西方的价值概念来研究,这自然吸引着那些一直坚持中国独

---

① 在我们的领域中,这种批评的最好例子可能就是白露(Barlow, 1993)。这篇文章确实提出了一个有价值的观点:批评帝国主义的前几代人主要是把帝国主义看作一种社会—经济现象,而不是文化现象。

特性的汉学家。

但与此同时,这些激进的文化主义研究的同行们也激起了我们这些循规蹈矩的史学家们的强烈反对。尽管文化主义理论在强调事实随着建构的表象而显现这一点上是正确的,但他们由此得出事实只不过是表象这种结论,我相信这肯定是错误的。尽管我可以同意这样的观点——我们需要对强加在事实之上的种种不同的"杜撰"保持敏感并加以批判,但这并不意味着我会主张不可能有无法化约为表象的事实。而这正是萨义德受到福柯理论的启发而得出的结论:

> 真正的问题在于是否真的能有对某物的真实再现(a true representation),或者是否所有的表象仅仅因为它们是表象而首先体现在语言中,并因此而体现在表现者(representer)所处的文化、制度和政治氛围中。如果后者是正确的(正如我坚信的那样),那么我们必须准备接受这样一个事实:除了"真理"(真理本身就是一种表象)之外,表象还暗含、体现于其他许多东西之中,并与这些东西纠缠、交织在一起。这在方法论上必然导致认为表象(或者与其仅仅有程度之别的假象)栖息在一个共同的游戏场域中,这一场域并不是由某种内在的共同内容所单独决定的,而是由某些共同的话语历史、话语传统和话语世界所决定的。(Said,1978:272—273)

依照这种逻辑,也就真的无所谓是否仔细地搜集证据,是否准确地解读文本,因为除了它所体现的话语,就没有什么客观的东西了。最后,真实的证据和编造的证据没有什么差别,差别仅仅在于二者的假象(misrepresentation)程度不同,二者反映的仅仅是史学家的文化趋向,二者最终不过是话语体系的一部分。

推而广之,社会科学理论几乎要遭到彻底的摒弃。因为几乎所有的社会科学都源于西方,几乎所有的西方理论必然具有文化上的边界,并且必然与更大的与帝国主义纠缠在一起的话语型构结合在一起。因此,除了"批判性"的摒弃,任何汲取都会受到怀疑。所以,不可能严肃地讨论与我们的课题密切相连的现代化问题、发展问题和民主问题。任何这样的讨论都有可能成为与帝国主义支配计划的合谋。最终,萨义德完全拒绝了所有19世纪和20世纪的西方学术,所有这些东西都被他作为"东方主义"话语的一部分而加以斥责。

无疑,萨义德的著作提出了许多有效且有说服力的观点。尤其是该书第一部分,讨论了19世纪末和20世纪初帝国主义如日中天时所做的那些拙劣的一般化假定。但在该书第二部分和第三部分,说服力就没有那么强了。他所做的种种联系也越来越没有那么明确了。而事实在于,当西方学术在19世纪之后成熟起来时,它变得更加严格了,变得更具有经验基础了,变得更加多元化了,因此很难如此简单地化约为东方主义。无疑,如萨义德所做的那样,人们依然能够发现帝国主义的、西方中心的或现代中心的意识形态和理论的影响。但是,人们也可以发现一大把与此相反的例证:严格的学术、可供选择的概念,甚至对研究主题在情感和知识上的极度认同。在中国研究领域,大多数汉学家都是中国文化爱好者,有时他们对中国的迷恋甚至超过了对他们自己的文化,他们无论如何不能简单地等同于萨义德所说的"东方主义者",不能成为对他们的研究主题的诋毁者。

在此,我们有必要指出与萨义德这种片面主张相对立的另一面。以前的(还有现在)比较优秀的西方"东方主义者"中的"(外国)区域研究专家"大多十分热心于他们所研究的主题。这种努力,包括花很长的时间进行语言学习,使得其中许多人深深地浸淫于他们所研究的文化中。尽管这种浸淫并不一定能使他们彻底摆脱对他们自己文化的自我中心意识,但比起其他人,他们肯定更有可能摆脱这种种族自我中心的文化主义。萨义德自己的双重文化背景使得他能够以一个巴勒斯坦人的眼光来看问题,从而使他具有了一个他所需要的批判西方学术的视角。他的《东方主义》没有考虑到许多和他一样的"东方主义者"所同时具备的这种双重文化性(biculturality),是如何成为超越他如此强烈批评的那种单一文化视角的基础。"东方主义"的另一面就是双重文化性,它使我们能够从两方面来看待问题,并为我们提供了可供选择的视角和概念。

萨义德的《东方主义》最终只不过为我们提供了对西方学术的反思批判,但格尔茨关于"解释人类学"和"地方性知识"的著作却进一步提出了具体的替代方案。对于格尔茨来说,真正的人类学研究就是要摒弃掉所有的社会科学架构和假定客观的事实。他的目的在于通过"深描"来为我们"翻译"本土的概念结构,"深描"旨在探寻这种结构的特征("深描"是相对于"浅描",后者仅仅努力重述"事实")。"深描"和"浅描"的不同涉及的是"解释"路径或"符号学"路径与实证主义路径的不同,而不是这两个词在表面上所暗示的那种对事实进行繁复描述或简单描述。由此我们可以引申出这样的结论:唯一有价值的知识就是将这种本土概念结构翻译和解释给本土之外的读者的"地方性知识"。类似于"深","地方"在此也不是指我们社会史和地方史学家们对这个术语的理解,而是指对本土话语的符号学研究(Geertz, 1973a, 1973b[1972],1978)。

如同萨义德那样,对格尔茨而言,并不存在独立于表象的事实。其实,格尔茨认为坚持事实与(解释性的)法律的分离应当被看作是现代西方法中某种类似于怪癖(quirk)的东西。按照他的观点,在伊斯兰文化、印度文化和马来西亚文化中就没有坚持这样的区分。相反,这些文化认为,事实与表象的不可分离是天经地义的。对格尔茨而言,如果我们正确地理解"事实"的话,它最终仅仅是倡导者的表达(representation),就像在对抗制这种法律制度中双方律师所展现的"证据"一样。在这一情境中,组织"事实"并给"事实"赋予意义的话语和概念结构成为唯一值得研究的主题(Geertz, 1978)。

尽管格尔茨用法庭做类比强有力地支持了他的观点,但在我看来并不能由此得出结论,说所有的事实只不过是表象。无疑,一般说来法庭上的律师仅仅是"枪手",他们与其说关注于真相不如说关心如何打赢官司。我们这些学者大多数肯定不是完全不受这种驱动的影响。但是,我们要记住,(美国的)法庭中不仅仅有两种对立的表达,而且也有法官和陪审团,他们具有查明真相的理想。在我看来,查明真相的理想(truth-ideal)无论多么不可能完美地得到实现,但它对于司法制度的运作来说绝对是最根本性的。放弃这种理想的真相意味着放弃实现公正的任何可能性。

同样,放弃在经验证据的基础上来寻求真理的理想,也就意味着放弃做真学问的任何可能性。这涉及在历史研究中,我们的证据究竟是经过仔细、精确地收集还是粗心、错误地收集或者完全地加以虚构。这涉及我们是否已经研究了档案和记载,是否以某种纪律和诚实来进行我们的研究。这涉及在人类学调查中我们是否花时间学习当地的语言并细心地从事田野工作,而不是像旅游者一样浮光掠影地走一圈。仔细地收集档案和田野证据(尽管这些东西大半是建构的),依然是接近我们研究主题的真实性(reality)的最佳途径。如果抛弃掉这些证据材料,就意味着抛弃掉了我们研究的主题本身,其结果要么会像萨义德的《东方主义》那样,仅仅用反思批判来取代历史;要么会像格尔茨的"解释人类学"和"地方性知识"所主张的那样,仅仅来研究"地方性的"话语和表象。

格尔茨认为唯物主义的化约论使我们丧失了对符号意义和深层意义的洞察力,这一点无疑是正确的。但是,他所提出的替代性方案只不过是一种唯心主义的化约论,这种化约论将使我们在企图仲裁不同表达之争时,完全不考虑经验证据。如果我们这么做的话,我们的法庭很快就会变成仅仅是枪手之间相互争夺的场地,我们的学问也会变成仅仅是倡导性的表达。如果是这样的话,我们可能不如干脆抛弃掉法庭的所有证据规则,在学术中抛弃掉证实证据的所有常规,并抛掉所有追求真理的借口。这样,人们完全没有必要对法律或学术花如此大的精力。我们可能仅仅剩下表达的政治,或者借用"文化大革命"中流行的口号来说,仅仅剩下了"政治挂帅"。

我对文化主义研究的另外一个质疑就是其极端的相对主义。① 格尔茨的"地方性知识"不管其字面上的含义,是一种非常独特的知识:一种对本土概念结构的符号学解释。但是,我从自己的研究中得出的看法是,正如外来的建构一样,本土所建构的也可能同样与实际上所实践的完全相反。清代中国的官方记载可能坚持认为它的法律并不关心民事方面的事务,但是档案证据表明,官方的衙门经常是依照正式的律令来解决民事纠纷。换句话说,清代的表象与现代主义的表象一样,可以给予人们对事实的错误印象。也就是说,清代的法律实践本身也带有一些虚假的表象,但并不能因此将实践仅仅化约为建构出来的表象。我们可以把二者分开。如同西方的"主导叙述"一样,本土的建构同样要服从于经验证据的检验。表象与实践之间的背离(disjunction)和相互独立,能够为我们揭示出法律制度的关键性特征(Huang,1996)。

进一步讲,我们决不能否定中国自己的现代性,极端的文化相对论就有这样的趋势。我们的世界是一个逐渐融合的世界,与此相伴随的是工业化、现代通讯和国际贸易(有人会说"世界资本主义")的共同性。尽管这个世界中的人们根据自己不同的传统被划分为不同的民族/文化,但我们决不能认为现代性仅仅是一个西方的建构而与中国毫不相干。中国自身一直在迫切地努力使自己在这些意义上变得现代起来:提高婴儿的成活率,延长寿命,提高每

---

① 有人攻击格尔茨为相对主义者,格尔茨对此的批评和反击,参见其《反击反相对主义》(Geertz,1989)和《差异性的运用》(Geertz,1986)。关于这一点的批评性评论,参见罗蒂(Rorty,1986)。我在这里的讨论更多地涉及中国研究中的实际问题,而不是这种争论中涉及的哲学问题。

个劳动者的生产率,摆脱生存压力等。

对于我们这些近现代史学家而言,格尔茨的"地方性知识"无法容纳我们所要做的。前现代本土的概念体系(conceptualizations)充其量只不过构成了问题的开端。我们还需要进一步追问,官方建构和民间建构的不同是如何形成的,并且是如何与实践相互联系的(例如,清代法的官方和民间表达与清代法的实践)。然后,我们的研究需要转向在与西方世界的接触中中国法律的建构是如何做出反应并发生改变的(例如,在起草近代法典中,既模仿西方的模式又对其加以修改以适应中国的习惯),以及法律实践是如何改变和不变的。我们必须关注中国如何寻找一个具有中国特色的现代性(例如,体现在民国和新中国的法典中所阐明的理想)。这种寻求自己的特色本身已经构成了我们必须理解的地方性知识的一部分。格尔茨狭隘的后现代主义的地方性知识根本不能包括我们所必须面对的复杂问题。

(三)"新文化史"

(旧)汉学传统的一些思想史家和一些新的激进的文化主义研究同行已经联合起来,他们试图确立一种"新文化史"。二者的结盟是相当令人惊奇的,因为搞文化主义研究的这些同行通常自认为是激进左派分子,而长期以来,对我们这些社会史学家中的许多人来说,旧汉学传统的思想家一般都是一些保守分子,甚至是"反动分子"。二者结盟的一个首要基础就是:它们认为自己面对的是共同的敌人——西方中心主义的理论和唯物主义倾向的社会史。

这种结盟还基于二者的研究问题中有一些共同的重点:用本土的价值标准来说明本土传统。二者坚信他们研究的主题是独一无二的,至少不能化约为以西方为基础的理论。但是,这种独特性对于前者是基于中国中心主义,对于后者则是基于后现代的文化相对主义。目前,这个分歧似乎无关紧要。此外,前者几乎完全关注上层精英,后者的同情则集中在下层的沉默。至少就目前而言,这些不同由于二者联合起来主张一种"新文化史"而被掩盖起来了。

在此,我想从不那么令人满意的激进文化主义论(包括中国中心论)倾向中离析出一些我认为新文化史中有价值的方面。新文化史对旧社会史中隐含的唯物主义的批评是恰当的。它创造性地使用了话语分析和文本分析这些重要的工具。同时,最优秀的新文化史研究的主要内容不仅考虑精英文化而且考虑民间文化,不仅考虑文化的非物质方面而且考虑文化的物质维度。它并不反对经验调查,而是强调档案工作的重要性。在理论方面,新文化史汲取了"批判理论"的洞见,但又没有走向极端的反经验主义和极端的文化相对论。它并不像萨义德或格尔茨所坚持的那样,认为话语是唯一的现实因而是唯一值得研究的主题。事实上,如果我们将亨特(Lynn Hunt)作为新文化史的一个具有代表性的发言人,我们就会发现最近她批评的靶子已从社会史研究中的唯物主义转向激进的文化主义研究中的极端反经验主义(Appleby, Hunt, and Jacob, 1994:尤其第六章;参见 Hunt, 1989)。

我相信新文化史已经对我自己产生了很深的影响。一些从事社会史和经济史研究的朋友可能看到了我最近关于法律的著作(Huang, 1996),这本书与其说属于老式的社会经济史研究,不如说更类似于"新文化史"。这部著作对表象和实践给予了同样的关注。我关注于二者的背离是基于假定二者是相对自主的。这直接针对粗糙简单的唯物主义,正如我在书中所指出的那样,中国的司法制度首先应当被看作是道德性的表达与实用性的行动的一个矛盾结合。任何一种单一维度的进入都不足以把握清代的司法制度。对于我们理解清代的司法制度而言,意识形态和话语与实践和物质文化具有同样重要性。

法律史对我有如此特殊的吸引力,正是由于它促使我们不仅要面对行动还要面对表达,不仅要面对实然还要面对应然。比起其他的材料,法律文件更能阐明习惯性实践和官方意识形态二者各自的逻辑,以及二者之间关系的逻辑,尤其便于寻找一些隐含的原则和遵循的逻辑。最终,我反对的并不是新文化史,而是激进文化主义的某些倾向。法律档案纪录向我显示了表达的重要性,但是它也提醒我注意真实的证据和虚假的证据、真相和虚构之间的关键性差异,这些正是激进的文化主义所要努力消弭的差异。

五、几对矛盾与新概念

近些年来,我自己的思路集中在几对矛盾上。[①] 经验证据表明,中国的现实与大多数西方理论的预期是相矛盾的。比如,马克思假定在某种生产关系和某种生产力发展水平之间有一种必然的联系。但矛盾的是,我的经验研究告诉我,中国华北的经营式农场

[①] 我在 Huang(1991b)中第一次明确地表达并详细阐述了这一观点。

从生产关系的角度看是资本主义的,但从生产力的角度看是前资本主义的。马克思和亚当·斯密,至少在其意识形态化了的理论中,都假定商业化与经济发展之间存在着必然的联系。但矛盾的是,我所做的经验研究使我看到长江三角洲的乡村具有生机勃勃的商业化和(总产出的)增长,却没有(单位劳动时间中劳动产出的)发展。最后,韦伯假定法治与形式主义的合理性联系在一起。但是,我的经验研究表明,中国的司法制度中只能见到法治却没有形式主义的理性化。

我相信,我能够指出上述这些矛盾,是因为既利用了对理论文献的研究,又没有掉入对理论机械模仿的陷阱或者无视经验证据、不加批判地运用理论的陷阱。我在研究中试图与马克思和韦伯的理论形成对话,而不是陷入("西方"与"他者")两个极端之间非此即彼的选择。同时,我也寻求既在经验层面又在概念层面上对理论进行评析。经验表明,矛盾的是中国既类似于这些理论所建构的西方又不同于这种西方。中国的现实能够帮助我们提出这些理论的隐含前提中所存在的问题。

如果从西方的观点来看,中国的现实确实充满了矛盾,所以我们必须建构出更符合中国现实的新概念。我发现,以现有理论作为刺激,有利于在经验证据的基础上提出我们自己的概念。例如,我提出的"内卷型商业化"就是这样一种尝试。经验证据向我们显示出,明清时期长江三角洲家庭农场的商业化程度相当高,但是每个劳动日的产出是停滞不前的或者还有所减少。正是在这个地方,涉及恰亚诺夫(Chayanov,1986[1925])关于家庭农场独特性的分析,尽管他自己没有进一步分析家庭农场组织和商业化之间的关系。家庭农场不仅仅是一个生产单位,也是一个消费单位,它是按照生存的要求来行事的。而且劳动力是给定的,不像资本主义企业那样是雇佣的。面对土地不足的压力,家庭农场经营将更密集的家庭劳动投入到农业和(或)手工业中,即便此时劳动的边际回报低于雇佣劳动力的边际成本(在这一点上雇佣劳动力的资本主义农场将停止增加劳动,因为再投入劳动力将意味着负回报)。我发现,长江三角洲农产品和手工产品的商业化正是对这一境况的反应,由此导致了"内卷型商业化"。长江三角洲家庭农场的这一典型模式正是用机会成本很低的家庭劳动(如妇女、儿童和老人的劳动)容纳了劳动的低回报。这就是我所说的"生产的家庭化",它是"没有发展的商业化"的基础(Huang,1990)。

同样的方法也适用于我所提出的清代县官"实用的道德主义"。经验证据表明,清代的县官(以及清代一般的官方话语)把自己描述为一个通过言传身教进行统治、通过教谕调解(didactic conciliation)平息纠纷的高度道德主义的地方官,但他们在实践中实际上更像严格使用制定法并遵循常规化程序的官僚来行事。在我看来,清代的法律制度是韦伯的两种理想型——与世袭家长制联系在一起的绝对权威的实质主义的统治、与官僚化政府联系在一起的法律的常规化统治——混合在了一起。这两种相互矛盾的维度之间的紧张与相互依赖恰恰构成了清代法律制度的结构(Huang,1996:第九章)。

我上面对"矛盾"/"悖论"(paradox)一词的使用,主要是指一个经验现象与我们通常理论预期相反的另一个经验现象的并存(因此看起来是冲突的或矛盾的)。比如,"没有资本主义发展的资本主义生产关系""没有发展的商业化""没有发展的增长"和"没有形式理性化的法治"。

在最近的著作中,我用"悖论"来指示与唯物主义和唯心主义所期待的相反的现象,我称之为表达与实践之间的"背离"(Huang, 1996)。唯物主义理论坚持实践对表达的决定作用,唯心主义理论则与此相反。通常二者都假定表达与实践之间基本上是一致的。我的研究目的是指出二者的背离(或"离异点"[disjunctures],我用这个词是指分离出现的具体地方),从而强调二者的相对独立性。

我的目的是在目前学术界流行的两分法中,即在社会科学中理性选择理论的唯物主义趋向与人文学科中后现代主义的唯心主义趋向之间,寻找中间地带。清代法律的表达和法律在实际中的实践之间的背离,使我们看到仅仅关注其中任何一个维度都是不够的。反过来,它强调"实用的道德主义"和"实质合理性"的法律系统,乃是同时包含两个既矛盾又相互依赖的系统。①

对这些概念及其他一些我所提出的概念,我目前只是做了一些零散的尝试性阐述。其实,我还远远没有能够就晚清帝国和近现代中国的组织模式和历史变迁逻辑勾画出一幅内部连贯一致的图画。在这一点上,我不敢肯定自己将来所做的进一步的经验研究和概念建构将是什么样子。

但是,就本章的目的而言,我希望已经讲清楚我自己对待理论问题时所侧重的路径。历史探究要求在经验和概念之间不断地循环往复。在这个过程中,理论的用处就在于帮助一个人在证据和

---

① 韦伯本人在阐述"实质合理性"时就暗示了这一点。有关讨论参见 Huang, 1996:第九章。

观点之间形成他自己的联系。理论也许可以是我们的动力、陪衬或指南,但它从来都不应当成为现成的答案。

六、一个萦怀于心的问题

不过,对我来说依然有一个问题萦怀于心。大多数理论都带有一个关于未来的理想图景,比如亚当·斯密的资本主义的无限发展,马克思的无阶级社会,韦伯的理性统治的社会。他们的理论甚至可能从属于他们对未来图景的设想,并且是对这些未来图景的理性化的阐述。无论如何,他们的理论与他们对未来的设想是不可分割的。换一种针对中国的理论就要求我们换一种对中国未来图景的设想。

换句话说,当我们在为中国寻求理论的自主性时,我们所面临的问题部分地是寻求中国未来的另一种图景。如果中国过去的变化型式和推动力确实不同于西方的过去,这种过去又是如何可能转译(translate)到现在和未来的现实中?如果没有发展的商业化最后只不过是让位于简单资本主义市场的发展,没有形式主义合理性的法治最后只不过是让位于简单地全盘移植现代西方法律,那么我们就不如简单地使用标准的西方理论范畴,诸如资本主义和"理性化"这样的范畴,或者"资本主义萌芽"甚至"民主萌芽"这样的范畴。如果事情的结局最终与西方没有什么不同,我们就没有必要花如此大的精力为不同模式进行经验证明和理论的概念化。

如果中国本身已经为我们提供了其未来图景的可能迹象,那么关于中国的另一种图景将不会遇到这样的问题。但事实上,中国今天仍然在努力寻找一种中国特色的现代性。近现代中国占支配地位的意识形态根本就没有为此提供答案。清王朝在其改革还没有充分发挥效果的时候就已经崩溃了。国民党败于中国共产党。毛泽东以一种独特的、崭新的文化构想了社会主义中国的图景,但这种图景由于"大跃进"和"文化大革命"而失败了。毛泽东的后继者奉行的是实用主义,他们不愿也无法提出一种远没有实现的未来图景。今天,尽管距中国被迫与西方发生接触已经有一个半世纪了,但是依然有一个没有解决的大问题:在现代性中,"中国"对我们意味着什么?在现代世界中,中国文明的内容将是什么?

我们这些历史学家大多数都逃避了这个问题,但我想一种凭据历史的方式能够有助于通向这一问题。我们有可能找到一幅关于中国历史变迁的动力和型式的内容连贯一致的图画,这幅图画既是经验的又是理论的,同时又没有陷入上面所勾画出的种种陷阱。我们可以提出这样的问题:在这些历史演变型式中,哪一种可能与中国未来的另一种图景相关联?我们也可以转向中国的思想家们来寻找指南。在20世纪的中国,并不缺少关于中国未来的各种不同的图景。甚至统治者也曾提供了一些没有实施过的关于未来的富有洞见的阐述。在这些不同的图景中,哪一种图景符合可验证的历史模型?我们的目标可能就是要回答下列的问题:一个从历史的眼光来看既现代而又独特的,从西方的角度看来是悖论的中国,它将会是什么样子呢?对于西方的后现代主义者,这样的问题看起来似乎是一个现代主义式的老掉牙的问题,但对于中国而言,它一直是一个根本性的重要问题。

参考文献:

黄宗智(1986):《华北的小农经济与社会变迁》,北京:中华书局。

黄宗智(1992a):《中国农村的过密化与现代化:规范认识危机及出路》,上海:上海社会科学出版社。

黄宗智(1992b):《长江三角洲小农家庭与乡村发展》,北京:中华书局。

黄宗智(1994a):《中国研究的规范认识危机》,香港:牛津大学出版社。

黄宗智(1994b):《长江三角洲小农家庭与乡村发展》,香港:牛津大学出版社。

黄宗智(1994c):《华北的小农经济与社会变迁》,香港:牛津大学出版社。

Appleby, Joyce, Lynn Hunt, and Margaret Jacob(1994). *Telling the Truth about History*. New York: W. W. Norton.

Barlow, T. (1993). "Colonialism's career in postwar China studies," *Positions* 1, 1 (Spring): 224—267.

Chayanov, A. V. (1986 [1925]). *The Theory of Peasant Economy*. Madison: University Wisconsin Press.

Fairbank, John K. and Edwin O. Reischauer(1960). *East Asia: The Great Tradition*. Boston: Houghton Mifflin.

Fairbank, John K., and Albert M. Craig(1965). *East Asia: The Modern Transformation*. Boston: Houghton Mifflin.

Feuerwerker, Albert (1958). *China's Early Industrialization: Sheng*

Hsuan-huai (1844—1916) and Mandarin Enterprise. Cambridge MA: Harvard University Press.

Geertz, Clifford (1973a). "Thick description: toward an interpretive theory of culture," in Clifford Geertz, *The Interpretation of Cultures: Selected Essays*. New York: Basic Books, pp. 3—30.

Geertz, Clifford (1973b [1972]). "Deep play: notes on the Balinese cockfight," in Clifford Geertz, *The Interpretation of Cultures: Selected Essays*. New York: Basic Books, pp. 412—453.

Geertz, Clifford (1978). "Local knowledge: fact and law in comparative perspective," in Clifford Geertz, *Local Knowledge: Further Essays in Interpretive Anthropology*. New York: Basic Books, pp. 167—234.

Geertz, Clifford (1986). "The uses of diversity," *Michigan Quarterly Rev.* 25, 1 (Winter): 105—123.

Geertz, Clifford (1989). "Anti anti-relativism," in Michael Krausz (ed.), *Relativism: Interpretation and Confrontation*. Notre Dame, IN: Notre Dame Press, pp. 12—34.

Huang, Philip C. C. (1972). *Liang Ch'i-ch'ao and Modern Chinese Liberalism*. Seattle: University of Washington Press.

Huang, Philip C. C. (1985). *The Peasant Economy and Social Change in North China*. Stanford, Calif. : Stanford University Press.

Huang, Philip C. C. (1990). *The Peasant Family and Rural Development in the Yangzi Delta, 1350—1988*. Stanford, Calif. : Stanford University Press.

Huang, Philip C. C. (1991a). "A reply to Ramon Myers," *Journal of Asian Studies* 50, 3 (Aug.): 629—633.

Huang Philip C. C. (1991b). "The paradigmatic crisis in Chinese studies: paradoxes in social and economic history," *Modern China* 17,3 (July): 299—341.

Huang Philip C. C. (1992)."The study of rural China's economic history," *Republican China* 18,1 (Nov.): 164—176.

Huang Philip C. C. (1995). "Rural class struggle in the Chinese revolution: representational and objective realities from the land reform to the cultural revolution," In Symposium on "Rethinking the Chinese Revolution: Paradigmatic Issues in Chinese Studies, Ⅳ," *Modern China* 21,1 (Jan.): 105—143.

Huang,Philip C. C. (1996).*Civil Justice in China: Representation and Practice in the Qing*.Stanford,Calif. : Stanford University Press.

Huang,Philip C. C. [ed.](1993).Symposium on "'Public Sphere'/ 'Civil Society' in China? Paradigmatic Issues in Chinese Studies, Ⅲ," *Modern China* 19,2 (Apr.): 107—240.

Hunt,Lynn (1989)."Introduction: history, culture, and text" in Lynn Hunt (ed.), *The New Cultural History*.Berkeley: University of California Press,pp. 1—25.

Marx,Karl(1968)."Preface to A Contribution to the Critique of Political Economy," in Karl Marx and Friedrich Engels, *Selected Works*. New York: International Publishers.

Paige,Jeffery M. (1975).*Agrarian Revolution: Social Movements and Export Agriculture in the Underdeveloped World*.New York: Free Press.

Rorty,Richard.(1986)."On ethnocentrism: a reply to Clifford Geertz," *Michigan Quarterly Rev.* 25,3 (Summer): 525—534.

Rowe,William T. (1984).*Hankow: Commerce and Society in a Chinese*

City, 1796—1889.Stanford,Calif. : Stanford University Press.

Rowe,William T. (1989).*Hankow: Conflict and Community in a Chinese City, 1796—1895*.Stanford,Calif. : Stanford University Press.

Said,Edward W. (1978).*Orientalism*.New York: Pantheon Books.

Scott,James C. (1976). *The Moral Economy of the Peasant: Rebellion and Subsistence in Southeast Asia*.New Haven,CT: Yale University Press.

Skocpol, Theda (1979). *State and Social Revolutions: A Comparative Analysis of France, Russia, and China*. Cambridge, Eng. : Cambridge University Press.

Thompson,E. P. (1966).*The Making of the English Working Class*.New York: Vintage.

Tilly,Charles(1975a),"Revolutions and collective violence,"in Fred I. Greenstein and Nelson W. Polsby (eds.),*Handbook of Political Science*,vol. 3.Reading,MA: Addison-Wesley,pp. 483—555.

Tilly,Charles(1975b)."Western state-making and theories of political transformation,"in Charles Tilly (ed.),*The Formation of National States in Western Europe*.Princeton,NJ: Princeton University Press,pp. 380—455.

Tilly,Charles(1979)."Proletarianization: theory and research,"Working Paper no. 202, Center for Research on Social Organization, University of Michigan.

Wright,Mary Clabaugh(1957).*The Last Stand of Chinese Conservatism: The T'ung-chih Restoration, 1862—1874*.Stanford,Calif. : Stanford University Press.

第五章
社会科学和法学应该模仿自然科学吗？①

在全球的现代化历程之中，自然科学无疑起到了至为关键的作用，而在中国全力追求现代化的今天，几乎一切都要向自然科学看齐已成为一种不言而喻的信条。这样的意识可以见于"法学科学"（juridical science）和"社会科学"（social science）这两个词本身——虽然人们曾经试图把社会、经济、政治以及法学等学科与自然科学区别开来，但是，久而久之，大家都几乎没有例外地采用了"社会科学"和"法学科学"两词②，而且习惯性地把其中各个学科

---

① 本章原载《开放时代》2015 年第 2 期，第 158—179 页。文章由黄宗智负责社会科学和法学方面的论述，高原（获得理论物理学博士学位后转入社会经济理论与历史研究）负责自然科学方面的论述，而后共同修改写成。感谢白凯、赖俊楠、彭玉生、余盛峰和张家炎的详细阅读、批评和建议。纳入本书时做了一些修改。
② 在美国，"法学院"一般是和"社会科学院"并行的，同是"院"级单位，高于社会科学院下属的经济学、政治学、社会学等"系"级单位。在国内则大多把"法学"当作社会科学下属的学科之一。

都与"科学"相提并论,在国内尤其如此。这种倾向可见于学术管理人员的思想,当然也可见于各个学科的专业人士。

本章的目的首先是要说明"社会科学"与"自然科学"的多重不同。当然,这不表示笔者提倡社会科学应与自然科学完全隔离,拒绝任何借鉴,而是面对当今"科学主义"——认为关乎人间世界的社会科学应该和自然科学同样追求普适规律的强大威势,更需要澄清的是两者之间的不同。本章之所谓的"科学主义"所指不仅是哲学史中的"自然主义"和"实证主义"等影响强大的思想,而更是由于科技在现代世界中所起到的有目共睹的广泛作用,它在人们心目中有着无比的威信,从而促使人们认为其方法不仅适用于物质世界,也适用于人间世界。本章强调的则是,唯有认识到两种世界的不同,才有可能有限和有效地借助真正的自然科学方法来认识真实的人间世界。

一、法学和社会科学与自然科学的不同

(一)研究对象的不同

首先,应该说明两者研究对象的关键差别。人是个具有意志、理性、感情的主体,而不是物体,而人间社会是由如此的主体相互作用所形成的,因此,尤其是在实践生活(区别于理论建构)之中,明显在客观性之外更具有主观性,在普适性之外更具有特殊性,在确定性之外还具有模糊性和偶然性。而关乎物质的研究,则只需考虑其客观性和普适规律性。固然,自然科学在其现代发展中,似

乎日益关注特殊性,譬如,划分为众多不同的领域/次级学科,分别具有其不同的研究对象、规律和方法,但是,总体来说,自然科学仍然强烈倾向普适主义和纯粹的客观主义。这一倾向,在自然科学的第一个系统化的现代成果牛顿力学那里,表现得非常突出。其基本信念是:第一,科学的研究对象外在于研究者并永恒存在且不带有主观因素;第二,认为自然世界是被几个关键普适规律所支配的;第三,认为关于自然世界的命题与判断可以由可确定的几个基本公理的组合、应用推理出来,就像欧几里得几何学那样。(Bohm,1971[1957]:130—132;Cohen,2002:57—58)

人们多认为,社会科学研究的最高目标应该是追求、模仿像自然科学那样的普适主义。殊不知,正是普适和特殊以及客观和主观的并存实际才足以说明人与物质世界的不同。其中关键不在于排除特殊而简单偏重普适规律,而在于同时看到普遍性和特殊性的并存以及其间的异同和互动。关乎真实人间世界的抽象应该同时照顾到普遍和特殊,而不是把两者简单化约为单一方面。这也是为什么现有的不同学科共同组成了一个从普适主义到特殊主义的连续体,其两极是普适主义的自然科学和特殊主义的人文研究,而法学和社会科学则正居于其间。

(二)研究对象背后的基本关系的区别

自然科学所界定的研究对象,是处于人类意识之外的自然世界。在自然科学看来,这一研究对象背后起主要作用的主导性规律,是确定性的因果规律。自文艺复兴与启蒙运动以来,寻找自然现象中促因(cause)与后果(effect)之间确定性的因果规律,逐渐成为自然科学最重要的任务。对这些因果规律的发掘与认定,逐渐被视作理性(rationality)的重要能力。(Von Wright,1971:2—3)这一特征,在自然科学的核心——物理学那里尤为显著。而物理学中,牛顿力学最早得到系统的发展与严密的数学化。这和牛顿力学本身特别适合处理一对一的确定性因果关系(一个原因对应一个后果,而且这种对应关系是确定性的)有很大的关系。牛顿力学的对象——物体的运动,特别适合用一对一的确定性因果关系加以把握。(Bohm,1971[1957]:5—6,12,34)

在人间社会,当然也有较为明确的一对一因果关系存在,但是,重大的历史现象(如英国的工业革命、中国革命、中国近20年的"隐性农业革命",见黄宗智,2014a,第三卷:第2章;黄宗智,2003[1995];黄宗智,2014a,第3卷:第5章),多源自几个不同来源和半独立的历史趋势的交汇或交叉,在社会经济结构性因素之外,还有源自人的主观意志的抉择,也有实践世界中的无穷的特殊性和模糊性;在确定性的因果规律之外,还存在偶然性;而源自实践中的偶然性的长期积累,更可能成为具有强大影响力的历史趋势。也就是说,对理解人间社会来说,要逼近真实不能从确定规律和抉择、客观与主观、必然与偶然、普适与特殊等二元双方中简单做出非此即彼的单一选择,而在于看到两者的并存和相互关联。

(三)普适与有限的规律

相应的不同是,物质世界与人间社会间的"规律"性质的不同。

前者追求的是确定化、普适化的真实——是能够在实验室里重建设定条件并且没有例外地证实（或证伪）的规律，但在人间社会这是不可能达到的条件，最多只能探索到有限真实的有限规律。在我们从经验做出概括和抽象化的过程之中，只能希望达到一种局部有限的真实，而不是普适的、完全确定的可以通过可重复的实验来证实的真实。即便是在现今追求高度"科学化"（形式化）的法学和经济学领域中，也会承认法律/经济是不可以像自然科学那样无条件地普适化的：譬如，把美国法律不加选择地完全照搬、实施于中国，或把来自美国经验的经济规律不加选择地完全适用于中国。

在社会科学领域，历史学科相对最偏向特殊主义。今天在国内，历史学科尤其带有强烈的完全特殊化倾向，其主流几乎拒绝任何抽象化（概括），只求忠于史实，只求精确"真实"地"反映""重建"史实，因此导致了（批判者所谓的）史学的"碎片化"。但这和经过半个多世纪的社会科学影响的国外历史学科很不一样。在西方发达国家，历史学科已经广泛采纳了社会科学众多的方法和理论。这种倾向尤其可见于经济史、社会史、家庭史、人口史等领域，并创建了认识上的重要突破。但这并不等于简单地采用科学主义、简单地追求绝对化的规律、简单地模仿自然科学，而是有限定界限的抽象化、规律化和理论化。

其实，历史上的重大事件，譬如中国革命，既不可以仅凭叙事来理解，也不可以仅凭社会经济结构来理解，而是要兼顾两者，既要掌握长时段的结构性变迁，也要认识到关键人物的意志和抉择。也就是说，兼顾结构与能动、普遍与特殊、规律与偶然，而且更要看到两者间的互动。中国革命史充满抉择与结构间的张力、相悖以及适应的例子。(例见黄宗智,2003[1995]关于土改和"文化大革命"的论析)譬如,适当结合倾向特殊主义的叙事史学和倾向普遍主义的社会科学化史学,要比简单依赖任何单一方更能解释中国革命。

(四) 一统的规范认识和多元的理论

自然科学领域较多地认同于单一理论/规范认识。即便如此,仍然会呈现由于规范认识危机而导致的"科学革命"。正如库恩(Thomas Kuhn)说明的,科学界一般倾向于大多数专业人士都接纳同一规范认识(paradigm)的常态,要到积累了众多违反规范认识的经验证据之后,才会形成一种范式危机,最后导致规范认识的修改和重组。(Kuhn,1970[1962])我们可以用以下的例子来阐释库恩的这个论点:17 至 18 世纪,物理学的规范认识是以牛顿运动定律为核心的。在这一规范认识下,物体的运动可以用严格确定的一组微分方程来描述。给出恰当的初始条件(initial conditions),我们可以推算物体在此后任一时刻的运动状态,特别是该物体的位置(position)与动量(momentum,质量与速度的乘积)这两个描述物体运动状态的关键变量。而物理世界的全部现象,最后均可化约、归结到由这样确定性规律所左右的物体的运动。① 追求这样带有确定性、可预测性、一对一因果关系的普适规律迄今仍然是(社会科学中的)科学主义的主要内涵。

---

① 对牛顿力学及确定性机械论的一个简洁总结,参见 Bohm,1971(1957):34—35。

但是,在 19 与 20 世纪之交,随着微观领域物理实验手段的发展,科学家逐渐发现,在原子层面这样的微观现象领域,物体(粒子)的运动状态存在内在的、固有的不确定性,因此相应的物理理论,只能以概率(probability)来刻画粒子的运动状态。这种非确定性的运动规律,一个最广为人知的表述就是不确定性原理(uncertainty principle),亦即粒子位置与动量无法同时确定,同时,这一不确定性是可以通过一个数学不等式来描述的。[1] 到 20 世纪 30 年代可以精确分析微观物理现象的量子力学的基本框架已经被建立起来,其基本精神便是对牛顿力学规范认识的否定。从牛顿力学到量子力学的转变,正是一种由实验领域新发现的积累否定原有规范认识,并且在实验与理论的相互刺激下,催生出新的规范认识的典型历史经验。[2] 今天,牛顿力学的自然观甚至被批评为一种机械主义的决定论。(Bohm,1971[1957]:64)但是,以概率和不确定性为主的科学观至今仍然没有渗透到社会科学,其"主流"仍然强烈倾向之前的牛顿力学的世界观。

物理科学的常态是统一的规范认识,而社会科学,正因为其主题以及其性质的不同,不会趋向同样的统一性。而且,社会科学完全不像自然科学那样,能够以普遍有效的可重复的实验方法,对理论/规范认识进行检验和约束,从而保证在整个学术圈中规范认识的一统性。长期以来,法学与社会科学更多倾向一种天下分而不

---

[1] 与不确定性原理相关的实验,及该原理的数学描述,参见 Braginsky and Khalili, 1992:2—11。
[2] 关于量子力学这一新"规范认识"的形成,一个简明的介绍可参见 Dear, 2006: 142—148,其中包含了促进量子力学形成的主要实验现象与理论探索。

合的常态,在形式主义理论的主流之外,有众多其他影响较大的非主流理论与之对抗(例如,倾向特殊主义的后现代主义和实质主义或实用主义/现实主义,当然也包括与形式化的新自由主义对立的马克思主义,虽然后者同样带有强烈的普适主义冲动)。如此的现象是我们这里要论证的法学和社会科学与物理科学有实质上的不同的佐证。而这个社会"科学"的"特征"说明的不是其不足,而正是社会与物质世界的实质性不同。

人们其实凭直觉就能相当广泛地认识到,在人们追求的真、善、美之中,唯有"真"应该是部分由科学研究主宰的,而"善"与"美"则明显是特殊化的,不能普适规律化。其实,我们在上面已经看到,即便是在"真"的领域,人与人间社会也与自然世界十分不同,部分原因是"善"和"美"一定程度上也是人间社会的重要组成"因素",也是其中占据一定重要性的动因。这也是为什么试图建立科学主义认识的形式主义理论一般都排除关乎"善"与"恶"的道德伦理,而与之对抗的后现代主义和实质主义则倾向强调道德伦理在人间社会中所扮演的角色(下面还要讨论)。

对我们拒绝科学主义的人来说,社会科学的多元常态是正面而不是负面的。正是其多元常态使我们可以在科学主义化的形式主义主流传统之外找到更多、更有洞见的理论资源,赋予我们可资借用的非主流资源。

(五)意识形态的作用

我们也可以从意识形态——背后有政权推动的理论的作用的

角度——来理解法学和社会科学与自然科学之间的不同。在后者之中,可以说绝少见到"左"和"右"之分。这当然和其研究对象的不同直接相关:追求物质世界的规律一般谈不上什么政治意识。而社会科学则完全不同,几乎所有的社会科学理论都会涉及意识形态,因为"意识形态"几乎都是与社会科学理论交搭的。这就是为什么毛泽东时代的马列主义、毛泽东思想意识形态几乎完全左右了"社会科学"和历史学的原因,也是"新自由主义"(新保守主义)在近几十年的西方已经完全(再次)占据法学和社会科学中的主流位置的原因。马列主义和新自由主义同样是高度意识形态化的理论,都是试图掌控所有不同社会科学学科(包括历史学和法学)的理论。也正因为如此,在社会科学领域我们会看到对这些意识形态的众多反应和抗拒。在改革时期的中国,则由于原来的马列主义和改革中舶来的新自由主义的并存,几乎也达到与西方世界同等的多元化理论的局面——当然,仍有不少"禁区"。

以上各项不同,说明我们不该也不能简单地把法学和社会科学等同于自然科学,不能简单地模仿自然科学、简单地运用其理论和方法于社会科学。

二、方法

这并不是说我们要完全拒绝自然科学及其方法。毋庸置疑,自然科学具有一整套比较系统的研究方法,因为其更可以确定、统一认识,更可以规范化、规律化,更可以凭借能够重复的实验对理论进行检验,更可以较好地结合归纳与演绎方法。其精确性以及对经验证据的尊重是值得我们社会科学界学习的，但绝对不是要像有的机构和学科的管理人员那样要求无条件地模仿和援用。简单地模仿其实会导致完全脱离社会实际的研究，硬把人间社会现象物质化。也就是说，把人间社会简单化和片面化，会导致科学主义的错误，乃至意识形态化的认识。

（一）演绎与归纳

在科学的认知方法中，比较广为应用的是两种不同的抽象化：一是对经验证据的归纳（induction），也可以说是从具体证据来提出抽象概念（abstraction）；二是根据演绎逻辑的推理（deduction）以及与演绎推理紧密联系在一起的公理体系（axiomatic systems）来建立普适化和绝对化的真理。前者是对经验证据的概括和论析，应该是通用于社会科学与自然科学的方法（下面还要讨论），后者则是一条充满陷阱的途径。

演绎逻辑的典范是古希腊的欧几里得几何学，这也是西方文明最引以为豪的一个传统，被普遍认为是西方文明所独有和特别突出的文明财富。它今天被广泛认可为西方现代哲学学科的核心。譬如，今天美国的主要高等院校哲学系都以形式化甚至数学化的演绎逻辑为主要方法，并拒绝纳入没有同等传统的其他主要文明传统（包括中国、伊斯兰、印度文明）的哲学，坚持它们不是真正意义上的现代哲学。结果是美国全国排名最高的哲学系普遍只教西方哲学，排除其他文明的哲学思想，使它们全都被置于诸如"东亚语文""近东语文""南亚语文"等系，在正规的哲学系里占不到一席之地。①

今天演绎逻辑推理被广泛用于(自以为是社会科学中最"硬"的)经济学和法理学。尤其是经济学,广泛要求经济学从设定的公理出发,用数学化推理来表述和"证明"。而法学则要求像韦伯强调的那样,把法律条文完全整合于演绎/法律逻辑。在美国的主流"古典正统"法学传统,即由兰德尔(Christopher Columbus Langdell, 1870—1895年任哈佛大学法学院院长)开启的传统中,非常有意识地把法学等同于欧几里得几何学,坚持法学可以同样从几个"公理"(axioms)出发,凭演绎逻辑而得出一系列真确普适的定理(theorems)。在兰德尔那里所采用的方法是从案例出发,但目的不是从众多案例的经验证据来归纳出不同的法律实践,而是凭借演绎推理来从选定的案例建构一个自洽和普适的理论和法则体系。②(见Langdell,1880:1—20关于合同法的论述)由此树立了美国法学的主流"古典正统",更奠定了美国法学界普遍采用的训练和教学方法。其把法学"科学化"的意图的影响今天仍然广泛可见于美国的主要法学院——譬如,它们所采用的"法学科学博士"学位(Doctor of Juridical Science,简称JSD)制度,被设定为各法学院的最高学位。

在中国,形式主义经济学今天已经占到绝对的主流地位。其中,在新古典经济学上添加了产权理论的"新制度经济学"影响尤

---

① 这是笔者在加利福尼亚大学洛杉矶校区主持中国研究中心时试图向哲学系介绍、引进中国哲学专业教授的亲身经历。
② 兰德尔著作其实极少,他的影响力主要来自他在哈佛法学院开启的教学方法。虽然如此,一篇能阐明他的观点和方法的例子是Langdell,1880:1—20,这是关于该书选编的合同纠纷案例的导论。亦见格雷关于兰德尔的细致分析。(Gery,2014:第3章)

其巨大(下面还要讨论)。至于形式主义法学,部分由于中国学者对演绎逻辑感到难以接受或陌生,并更习惯使用"实用道德主义"思维①,则尚未占到与形式主义经济学同等的近乎霸权的地位。但是,在全面引进西方形式主义法律条文的大潮流下,其所附带的形式主义逻辑起到更大影响只是迟早的问题。此外,我们更可以指出,要清醒地做出不同的抉择,中国法学界非常需要掌握美国"古典正统"法学理论以及德国"形式主义理性"法学理论背后的形式化逻辑基本思维——这是本章重点讨论兰德尔和韦伯的原因。

归纳加上演绎方法之被广泛援用于社会科学,其本身无可厚非。因为社会科学的认知过程同样包括从经验得出概括,由经验证据得出抽象化的概念,而后从抽象化的概念试图加以推理来延伸。但是,在实际运作层面上,演绎逻辑之被用于社会科学其实常常会变成一种简单地从贴近经验的抽象跃进到理想化的"理论"。即便是深奥如韦伯的理论建构,也展示了这样的倾向。首先,他把西方法律历史抽象为倾向"形式主义理性"的演变,突出形式逻辑在其中所起的关键作用。这是一个具有一定经验证据基础的抽象化概括。(Weber, 1978 [1968]:784—880[第ⅳ—ⅶ节]。韦伯关于法学的论述集中于他的第八"章",第641—900页,其中第784—880页的第四至七"节"是其历史叙述部分。)但是,他进一步把其建构为四大法律"理想类型"中的一个(Weber, 1978 [1968]:655—658),而后更试图论证它是西方独有的、日趋完美的趋势。最终,由于其逻辑体系和形式主义方法本身的驱动,把它论述为一个完

---

① 这是笔者对中国法律思维的总结表述,见黄宗智,2014b,第1卷:第8章,亦见第3卷:第8章。

全由逻辑整合的自洽体系,与其他的类型形成非此即彼的对立。由此,一再坚持形式理性法律乃是四大法律类型中唯一充分体现现代"理性"的法律传统,是唯一真正理想的类型,而其他文明的传统则基本全是非理性的,亦即现代西方反面的"他者"。(关乎中国的论析尤见第 818、845 页;亦见黄宗智,2014b,总序,第一卷:1—18;黄宗智,2015;赖骏楠,2015)也就是说,从原先的有限归纳跃进到普适规律和理论。如此的论述实际上是一种脱离实际的理想化,名副其实地成为"理想(的)类型"(ideal-type)。读者明鉴,这里我们需要清楚区别抽象化和理想化:前者是认知过程中不可或缺的步骤,但后者则是脱离和违反实际的跳跃。

这里,可以再以诺贝尔经济学奖得主舒尔茨(Theodore Schultz)为例。他从新古典经济学设定的"人是理性经济人"以及"纯竞争性市场必定会导致资源的最佳配置"(农作物市场被认作最佳的例子之一)的两大前提"公理"出发,由此来论定劳动力的过剩不可能存在。他的出发点和与他同年分享诺贝尔经济学奖的刘易斯(W. Arthur Lewis)是完全对立的——后者特别强调的则是(主要是第三世界)农业中"劳动力无限供应"的现实。当然,舒尔茨也曾经用其在印度走马观花获得的经验数据为其论点提出"经验证据",即在 1918—1919 年的印度异常流行性感冒疫症中,有 8% 的人受到感染,而农业生产因此显著下降。他论述,如果真的有劳动力过剩,那么 8% 的人受到感染便不会导致生产的下降。(Schultz,1964:第 4 章)在逻辑上,如此的论析似乎很有说服力,但事实是,疫症感染不会同样程度地影响每个农户的 8% 的劳动力,因为有的农户没有感染,而有的则全家感染,由此影响总产出。但舒尔茨并不在乎这样的经验实际,因为在他的思维之中,设定的公理和其推演才是关键:如果市场经济必定会导致资源的最佳配置,那么,劳动力"过剩"便不可能存在;如果人是"理性经济人",那么,便不可能为"零价值"而劳动。对劳动力过剩做出如此的定义,本身便是一种仅凭演绎逻辑得出的定义;论者所言的"过剩",其实多是相对的过剩而不是"零价值"的绝对过剩——后者只是舒尔茨凭其设定的公理来拟造的稻草人。舒尔茨所模仿的正是简单的、类似于欧几里得几何学的演绎:如果出发点的公理是真实的,而其后的演绎推理是正确的,那么,由此得出的结论必定也是真实的。在舒尔茨那里,所谓的经验证据,说到底只是一种装饰;演绎逻辑才是一切的关键。(详细论证见黄宗智,2014a,第3卷:第9章)与其对比,韦伯的视野要宽阔得多,并且带有较深的历史研究,虽然最终同样强烈倾向形式主义化的理想建构。

但是,真实的人间社会是不可能像欧几里得几何学那样凭几条公理来化约的,其经验证据也不可能达到自然科学那样的确定性,更不可能抽离出可以完全控制的具体条件——经过可复制的实验来证实,而又通过演绎推理达到一种普适化的认识。在不可能做到如此的推演过程的实际情况下,试图建构绝对和普适的理论,只可能要么是像韦伯那样从抽象化跳跃到理想类型化,要么是像舒尔茨那样从设定的脱离实际的理想化"公理"推演出不符实际的"定理"。

演绎逻辑的典范是欧几里得几何学。在其几何学体系中,首先给出的是一组最基本的"定义"(definitions)。这些定义界定了点、直线、平面等这些几何学将要处理的最基本的对象。紧接着这组定义的,是五个"公设"(postulates,第一公设是"从任意一点出发可向任意一点作一条直线")和五个"一般观念"(common notions,第一个一般观念是"和同一事物相等的事物,它们彼此亦相等")。[①]"公设"和"一般观念"一起,形成作为推理前提的"不证自明"的"公理"。此后任何一个涉及具体几何问题的命题,都可以通过对概念、公理和其他(由概念和公理推导出的)已知命题的组合运用,推导而出。(Lindberg,1992:87—88)譬如著名的毕达哥拉斯定理(勾股定理)"直角三角形斜边的平方和等于两直角边的平方和"便可由基本的公理推导而出。[②] 这是一个在设定的前提条件下的数学—逻辑世界中适用的方法,一定程度上适用于物质世界,但用于人间世界,只可能是脱离实际的建构。

正是出于模仿这样的典范的动机,高度形式主义化的新古典经济学一开始便设定类似的公理,如"理性经济人"和"纯竞争性市场",而法学则设定个人权利的必然性前提。而后,两者都从所设定的前提公理出发,凭借推理来得出其自身认作普适的定理。上述兰德尔关于合同基本定理的论析便非常有意识地模仿这套方法。在科学主义的大潮流下,正是试图把数学世界中的演绎推理用于社会现象,促使这些学科的"主流"采用如此的理论建构进路。

之后,进一步(像兰德尔领导的哈佛法学院以及新自由主义经济学主导的芝加哥经济学系那样)制定,所有本学科专业人士都必

[①] 关于欧几里得几何学的定义、公设及一般观念的详细内容,参见 Heath ed.,1908:153—155。
[②] 此定理是欧几里得几何学第一卷中的第 47 个命题,其具体正面参见 Heath ed.,1908:349—350。

须经过这样的训练,由此形成强大的制度化力量,把本学科专业人士全都推向接纳其设定的前提。如此,更促使本学科大部分人员都把其前提公理和被推演出的定理认作普适的真理,要么把其认定为真实世界的必然状态,要么更简单地把理想化的状态等同于真实世界的实际。

但是,上述的理论前提显然只是一种理想化的建构,绝对不是什么跨时空的普适规律。我们只要看到人们的实际性质,由此出发,便不可能简单地设定人只是简单的纯理性经济人主体。正如上面已经说明,人明显不是简单的"理性人",也是"感性人",更可以是遵循道德理念的人。在其实际生活(实践)和人际关系之中,一般都不会遵循单一清晰的逻辑,而是错综复杂和模糊的逻辑。把人简单设定为一个完全理性的个体,完全没有感情化、道德化或偶然化的主体,再把如此的设定当作不证自明的给定"公理",其实是一种脱离实际的理想化建构,绝对不是符合人间世界实际的普适真理或规律。

如果从真实的人间世界出发,我们其实更需要把人的多元性和复杂性作为前提,从人们的"实践"/实际行为而不是其理想化的理论建构出发。那样,便不可能制定形式化/理想化的公理,也得不出其后的一系列由演绎推理得出的定理。譬如,在历史和现实中所存在的市场,都是与政府权力密不可分的,都带有不同程度的政府政权建立、维护、干预、控制。从实际存在的市场出发,便不会得出(完全没有政府干预的)纯竞争性市场的理想化建构。同样,符合实际地设定人既是理性人也是感性人,其实比简单的"经济人"建构更能解释历史上市场经济的多次危机——它们其实多与迷信必然增值和盲目逐利(贪婪)而不是理性抉择相关。在法学领域亦然,如果从法律的实际运作出发,便会看到舶来的法律条文几乎不可避免地要经过重新理解才能适应中国社会现实。譬如,在产权法律领域,其实家庭(及其人际关系)的"权利"一直是主要的,在现当代则和舶来的单一个人的权利并存。而且,"家庭主义"的产权并不一定劣于个人主义的产权法理,其间差别不在真实与否,而在道德价值抉择。(详细讨论见黄宗智,2015;黄宗智,2014b,第3卷,附录二:285—297)

这里要进一步说明,在社会科学领域,演绎逻辑应该被当作一种用来达到有一定界限的认知或洞见,而不是终极真理的手段。譬如,我们可以有意识地就局部真实来建构一个模式,用以进行模式化推理,目的在于探寻出某种被忽视的逻辑关系,借以阐明某种有限的概括。这其实是理论家们常用的手段,但也是常被其门徒或后人错误理解的手段,把其等同于普适规律。

在经济史领域,一个能够阐释这样的方法的例子是农业经济理论家博塞拉普(Ester Boserup)关于人口增长与农业劳动密集化的模式。她指出,人类的农业历史是一个趋向越来越劳动密集化的过程——从二十五年一茬的森林刀耕火种到五年一茬的灌木刀耕火种,再到固定耕地的三年两茬的"短期休耕",而后一年一茬到一年数茬。从这样的基本经验概括出发,经过逻辑论析,说明其中的关键在于人地关系的演变:如果有无限的土地,刀耕火种是劳动投入最少的方法,要在一定的人地压力之下才会采用下一步的种植方法。也就是说,人地压力推动了农业的演变。(Boserup,1965;亦见黄宗智,2014a,第1卷:总序)她的理论在中国研究领域中,得

229

到珀金斯(Perkins,1969)很好的量化阐明(虽然只是一种巧合)。这里,我们要清醒地认识到这样的理论的适用界限,以及其所采用作为手段的逻辑推理方法,才能适当地认识到其洞见,而不是错误地把其等同于超越时空的普适规律。

再譬如,经济史理论家瑞格里(E. Anthony Wrigley)指出,传统农业经济与现代工业经济的关键不同在于其使用的能源不同,从有机能源如人力、畜力到"基于矿物的能源"(mineral-based energy,如煤炭)。其间的主要变化是,单位劳动力所产能源扩增了许多倍(一个矿工一年能够挖掘200吨的煤炭)。(Wrigley,1988:77;亦见黄宗智,2014a,第1卷:总序)这是一个基于经验事实的概括,其洞见在于清晰有力地说明农业经济和工业经济间的关键差别。在普遍援用源自工业经济的经济学理论于农业经济的今天,这是一个十分重要的(有限)理论。在(户籍)农民仍然占总人口大多数,以及小家庭农场仍然占农业生产最大比例的中国,尤其如此。这并不是说瑞格里给出了一个永恒的规律,譬如,他完全没有考虑到地力的有限性问题,土地其实和人同样也是个有机体。但他的理论毫无疑问地在其所限定的范围内具有一定的洞察力。(黄宗智,2014a,第1卷:总序)

另一个有效创建有一定界限的理论的例子,是农业经济理论家恰亚诺夫。他从家庭作为一个(农业)生产组织的基本经验实际出发,即它既是一个生产单位也是一个消费单位,凭借数学化演绎推理,说明其与一个只是生产单位的雇佣劳动的企业单位在经济行为上的众多不同,同时又返回到经验证据中去验证。他得出的是一系列关乎两者在不同条件下的不同行为的强有力的洞见。例如,在人地关系的压力之下,两者的经济行为逻辑十分不同,一个以消费需要为主,一个以营利为主。这也是从经验概括到理论抽象再到经验的有效认知方法的例证。在小家庭农场仍然是农业主体的中国,这些理论洞见尤其关键。和瑞格里一样,这并不是说恰亚诺夫总结出了一个无可置疑的规律。譬如,他并没有考虑到家庭生产单位在商品化/市场化中所起的关键作用,而是说,他的理论具有一定的洞察力,并且特别适用于中国。(Chayanov,1986[1925];亦见黄宗智,2014a,第1卷:总序)

在法学领域,我们可以从法社会学、法律实用主义、批判法学、后现代主义以及实践理论等非主流西方理论传统吸取认识,但不容易找到直接适用于中国实际的理论。虽然如此,我们仍然可以从中国自身近百年来的法律实践(区别于舶来的条文),看到许多兼顾条文和社会实际的创新性尝试。但是,在目前西方法理占据绝对话语霸权的情况下,较难看到系统的法理概括和建树。笔者近25年来关于中国古代、现代和当代的法律实践研究特别关注的正是这些实践中的法理创新实例,包括经过一定程度现代化的传统调解制度(尤其是法庭调解),比较独特的当代婚姻离婚法、考虑到赡养的产权法、侵权法的特殊适用等。笔者在中国古今法律及其实践中看到的是与西方十分不同的,结合道德理念和实用考虑,兼顾抽象和具体、普遍和特殊的实用道德主义法律思维方式。它完全可以主导中国今天的法律。(黄宗智,2014b,第3卷)

其实,无论是法律还是经济领域,中国的实践早已远远超前于其理论,其中的众多创新都尚未得到中国自身的理论概括,更不用说现有的西方理论了。在经济领域,中国改革期间举世瞩目的快速发展显然如此。在法学领域,现阶段我们需要做的一项重要工作是对实践中的创新进行适当的理论概括。如此的探讨一方面可以说明中国在韦伯理论视野中的悖论性,一方面可以说明中国创建符合自身国情的法律体系的可能道路。韦伯的理论显然不足以概括中国的实际。(黄宗智,2014b,尤见第1卷:总序)

虽然如此,我们如果从认知手段的角度来理解韦伯的类型学,仍然可以看到其洞见,即从经验实际抽象出"形式主义理性"理想类型,能够展示一些特定条件间被忽视的逻辑关系——譬如,高度形式化和专业化的法律体系可以(但绝不必然)成为一种防御外来权势侵入法律领域的力量。如此的理解十分不同于简单把这种法律等同于唯一的、普适的"现代""理性"法律,并把其他文明传统的法律简单等同于"非理性"的他者。我们必须清楚区分韦伯类型学作为认知手段的价值,以及将其理想类型学作为真实世界的超越时空的写照或必然的指示的谬误。

正如诺贝尔经济学奖得主哈耶克多年前已经从一个内部人的角度论证:许多经济学学者会把新古典经济学的形式化建构等同于真实,把数学化/简单化的模式等同于真实,从而把真实世界等同于理想化的理论。(Hayek,1980[1948]:尤见第2章,亦见第3、4章)其实,这些理论并不是如经济学家所想象的那样,是一种对外在世界的绝对把握和客观再现,而只是经济学科这一系统内部建构出来的"知识"的集合。这些知识被接纳为"真",是因为它们的创制符合了学科训练体系的规范性方法。舒尔茨便是很好的例子。同样,许多法学家都经过类似的形式主义训练,并同样简单地把形式理性法律等同于唯一"真正"的"现代"法律。把博塞拉普和

第五章 社会科学和法学应该模仿自然科学吗?

舒尔茨进行对比,我们可以看到,博塞拉普的设定前提是历史经历:在有限的土地面积上不断增长的人口;其结论也限定于人地关系,并且是具体的历史经验。其模式所起的作用是指出(之前人们没有清晰看到的)历史经验之中的逻辑关系,适当地、有界限地使用演绎推理于从经验归纳出的抽象。而舒尔茨则不同,其出发点是理论前提(公理),而后加上适合其前提的经验装饰,由此得出的结论只不过是根据其原先的前提的演绎,其实是循环的论证。两种理论间的差别是:一是从经验到抽象再到经验的理论化,一是从前提到经验再到前提的理论化/理想化。这是个关键的差别。

从中国的法律实践经验出发,我们可以看到中国的传统法律体系不简单是韦伯凭其理想类型所突出的非理性"卡迪法",而更具有韦伯所没有认识到的"实用道德主义"逻辑。至于现当代的中国法律,其给定实际是中国古代法律传统、革命时代的立法传统,以及舶来的西方法律三大传统的必然并存,而韦伯建构的片面化的形式主义理想类型则明显把西方和中国都简单推向非此即彼的二元对立。也就是说,对理解现当代中国法律来说,韦伯的理论只能是有用的对话对象,绝对不是其真实的写照,也不可能是其必然走向的指示。

更有进者,形式化的理论,正因为其高度简单化和绝对化,对当权者来说,特别适合被采纳为统治意识形态,而一旦被政权设定、推广、强加为统治意识形态,便不可避免地会被更进一步简单化和庸俗化。在历史上,我们可以看到,19 世纪的帝国主义的借口正是把偷运鸦片进入中国建构为(古典自由主义经济学中的)"自由贸易"和"平等"的国际关系大原则,而把鸦片战争建构为西方"文明"进入"野蛮"中国的战争。而今天,同样的(新自由主义经济学)理论被广泛作为"软实力"的武器来应用于全球霸权的争夺,运用于为跨国公司无限制地在全球逐利的借口和辩护。(当然,今天独立自主的中国可以设定条件来利用全球化资本和市场。)19世纪的形式主义国际法(当时中国根据其自身脱离实际的道德化思维倾向而接纳了"万国公法"的翻译),同样把其适用限定于"文明"国家,对"野蛮"的中国则使用了凭侵略战争强加的不平等条约。(赖骏楠,2014)20世纪60年代和70年代的所谓"绿色革命"便是由农业跨国公司和发达国家政权推动的一种意识形态,其依据则是上述舒尔茨的理论。当然,在中国自身的历史中,我们也可以看到理论话语的表达与社会、政治实际背离的例子——"文革"中的"阶级斗争"便是就近的一个例子。(详细讨论见黄宗智,2003 [1995])

毋庸赘述,要贴近真实,我们需要对这样的理论和话语建构具备来自历史知识和意识的警惕和自觉。要借用科学方法,需要有同样的自觉,认识到社会科学和自然科学的不同。那样,方有可能真正认识到人间社会的实质,而不是其形式化/理想化了的建构。那样,才有可能适当借用自然科学的方法而不至于被其误导为高度简单化或意识形态化的认识。

(二)演绎与归纳之外的第三方法

美国实用主义创始人皮尔士①(Charles Sanders Peirce,1839—1914)指出,人们惯常使用的推理其实既不是演绎也不是归纳,而是一种凭借经验证据推导出来的合理猜测。譬如,如果我们知道这些球都是同一壶里的球,也知道此壶里的球都是红色的,那么,如果从壶里拿出一个球来,它必定是红色的。这是演绎推理,在设定的条件下,是无可置疑的。但如果我们并不知道壶里所有的球都是红色的,而是经过从壶里拿(抽样)出好几个球,看到它们都是红色的,由此推测壶里的球多半全是红色的。这是归纳,有一定程度(概率)的可信性,并且可以经过反复实验而证实。但是,如果我们看到一个红色的球,并知道旁边壶里的球全是红色的,凭此猜测,这个球多半是从该壶里拿出来的,那样的推测,既不同于演绎也不同于归纳,仅是一种合理猜测。这是一个不可确定的猜测,因为这个红球很可能另有来源。② 在自然科学领域,这样的因果猜测等于是个初步的假设,可以通过演绎推理来设定相关假设而后通过实验来验证。皮尔士把这种理性猜测称作"abduction",即尚待精确化、确定的合理猜测,而不是相对较可确定的归纳(induction),更不是可以完全确定的演绎(deduction)。皮尔士指出,这样的猜

---

① 皮尔士(Peirce)、詹姆士(William Jams)、杜威(John Dewey)一般被视作美国实用主义哲学的三位大家。詹姆士是皮尔士的同学,杜威则师从皮尔士。关于皮尔士最好的简短介绍是 Burch,2014。
② 这是 Burch,2014 给出的阐释性例子。

测其实是人们在日常生活中常用的理性推理,也是医学诊断中的一个常用方法,其实是自然科学设置初步"假设"的常用方法。他争论道,这样的合理猜测乃是演绎和归纳之外的第三科学方法,其实是科学认识中的第一阶段,之后才会进入演绎推理和归纳实证。"科学方法"(scientific method)乃是三者的并用,不仅是演绎和归纳。①

皮尔士没有区别自然科学和社会科学。在我们看来,社会科学领域关乎因果关系的理论很像这样的合理猜测。它有点类似于探寻杀人凶手。我们要做的是,尽可能严谨地找出佐证(譬如,附近并没有别的红球的可能来源),尽可能达到较高程度的说服力、可信力(plausibility)。但同时,与自然科学不同,我们需要承认,我们的推测一般是不可能完全确定的,是会有错误的。我们可以凭借演绎推理和对所有可用证据的归纳来尽可能提高这种推测的正确概率。但是,十分关键的是,需要承认我们不能达到绝对真实,因为我们不可能像自然科学那样设定同样条件的实验来证实我们的推测。我们更不应该像形式主义理论那样,把自己的推测设定为给定的不证自明的公理,再凭演绎推理来建立定理和整套普适

---

① 譬如,见 Peirce,1998:第16章(即其1903年在哈佛讲解实用主义的第七讲)。皮尔士著作极多,已发表的约有12 000(印刷)页,另有80 000页未曾发表的手稿,涉及面极广,从数学、逻辑、语言到历史和经济(其全集尚在整理和陆续出版的过程中)。也许正因为如此,他的写作带有较严重的"初稿"气味,文字有点晦涩,思路有时候也比较混乱。同时,他长期从事应用科学(大地测量)的非学术职业。也许正因为如此,其思想更侧重实用。今天,他被比较普遍认为是实用主义传统中最具有创见的哲学家。

理论。那样的话,只可能是对真实世界的严重误导。①

(三)计量

与以上论述紧密相关的是计量方法的应用。计量本身无可厚非。首先,量的概念可以起到把我们的经验证据精确化的作用。具体数字和比例要比"很多""较多"和"很少""较少"精确。即便是在某一时期的某一地方/社区的内部,我们也常常需要知道,我们注意到的现象在该处到底具有什么程度的普遍性。更有进者,"量"能够让我们更精确地说明自己从质性经验证据得出的概括/抽象到底具有什么程度的普遍性。譬如,我们从某一时期某一地方的历史研究或某一微观社区(如自然村)的田野调查得出的经验证据,把其概括/抽象为概念之后,可以通过计量来有效地估计其到底带有何等程度的普遍性——是只限于某种类似的特殊条件的地方或村庄?还是具有更宽阔的普遍性?其实,像这样的量化经验证据,是对我们从经验得出的抽象概念进行适当延伸的有用方法。它是一种有效结合特殊主义和(有界限的)较普遍适用性的研究方法。量化既是一种延伸,也是一种限定的手段。

另一种量化研究是在充分掌握质性知识之后,发现不被人们

---

① 近年来,哲学学术界纠结于试图通过演绎逻辑来确定皮尔士关于合理猜测的概念,从"最简单的解释是最佳解释"这一"定理"出发,试图把合理假设到确定规律的过程形式化,并逐渐把合理猜测(abduction)改述为"最佳推理"(inference to the best explanation)。(Douven,2011)我们认为,对社会科学来说,如此的追求没有实用意义,其实是违反社会科学所应该研究的真实人间世界的基本性质的形式主义追求。

注意到的问题,既可以是根据质性认识而发现的问题,也可以是通过不被人们注意到的数据(或者通过对常用数据的重新理解)来发现广为人们所忽视的认识。以新近的皮凯蒂(Thomas Piketty)的《21世纪资本论》为例,他通过使用过去鲜为人使用的所得税和遗产税记录和数据(之前多依赖横切面的家计抽样调查数据,不具有跨越代际的历史深度)初步证实,在最近的1970年到2010年的40年间,美国和主要欧洲国家最富裕的1%的人所占的社会总财富的比例一直在上升,在美国从不到30%扩增到约34%,在欧洲则从不到20%扩增到约24%。之前,从1810年到1910年,同比扩增非常显著,在美国从25%扩增到45%,在欧洲则从约51%扩增到约63%。此后,一度趋向较平等的分配,但在1970年之后,税收率大规模下降,导致分配不公重新上升。(Piketty,2014:349,图10.6)

检视最富裕的10%的人所占的社会总财富比例,结果也是一样:在美国,1810年不到60%,到1910年增加到80%,之后下降到1970年的约64%,而后再次攀升,到2010年的约70%;在欧洲,从1810年的约81%增加到1910年的90%,之后下降到1970年的约60%,之后再次攀升到2010年的约63%。(同上)

皮凯蒂解释说,以上的现象之所以如此,是因为资本的回报率一般要高于经济增长率。在主要是农业经济的时期,增长率一般低于1%,而资本的回报率则达到4%—5%。这样,长期下来,继承大量资本者越来越富,所占比例越来越高。但在两次世界大战时期,经济增长率显著上升,达到3%—4%的地步,而同时,由于所得税和遗产税的累进税率较普遍地提高(在美国最高超过70%),分配趋向平等。但之后,累进税率降低,经济增长率也降低,财富不均再次回升,导致1970年之后40年的持续攀升。

据此,皮凯蒂呼吁,各国政府需要再度采纳较高额度的累进税率,甚或是新的"资本税"税法,不然,社会将重蹈覆辙而趋向越来越不公平。(Piketty,2014:347—358;亦见崔之元,2014对全书的论析)

此书引起很大的轰动,主要是因为其上述具有较强说服力的精细计量研究,对广为人们所接受的新自由主义经济理论带来了强劲冲击,可以说很好地展示了计量研究所可能发挥的威力。美国著名经济学家、哈佛大学前校长萨默斯(Lawrence H. Summers)甚至写道,皮凯蒂证明了不平等趋势这个事实,是个"值得获得诺贝尔奖的贡献"(is a Nobel Prize-worthy contribution)。(Summers,2014)其实,皮凯蒂著作的关键不仅是精细的计量,更是独立思考与创新,而不是不假思索地接受主流"权威"理论。

但是,我们今天常见的不是这样由经验证据和与其紧贴的概括出发的计量,而是另一种计量,即从给定的形式化理论并由其产生的时髦"问题"出发,由此定下某一"假设",而后搜集数据来证实该"假设"。上述的舒尔茨便是一个例子。又譬如,从市场化和私有化必定会导致更高效率的理论前提出发,由此来估计私营企业相对国有企业的各种要素的生产率(或要素的综合生产率),借此来试图证实自己已经认为是给定的真实前提。如果数据不符合原先的假设,则指出现实的不足,得出私有产权和市场机制运作尚不够完善的"结论",凭此来提倡进一步朝向早已被理想化了的"理论"和其前提条件的改革。一个就近的例子是天则经济研究所的《国有企业的性质、表现与改革》,试图通过计量研究来"论证"国有企业必定是低效的,据此拒绝任何混合所有制,要求完全的私有化。(天则经济研究所,2011)殊不知,中国国家(包括地方政府)在改革期间的发展中,其实起到十分关键的作用,而且,在全球范围的激烈竞争中,中国作为后来者,其实只有通过国家机构在资源和资本等方面的特殊优势方有可能和世界先进的大规模跨国公司竞争。(见黄宗智,2010,2012)。形式主义的计量研究其实多是一种理论先行的"研究",其实质是一种循环论证的逻辑,其推理其实已经包含在其当作前提的公理体系之中。它说到底不过是一种数据游戏,而且高度意识形态化,与真实世界无关,但今天却是我们常见的"科学""研究"。

那样的研究,究其根源,最终还是来自对形式主义理论的盲目接受,把其等同于普适规律,试图借助计量来"科学地""证明"自己已经认为是给定的真理。这是没有真正求真动机的"研究",是不会有创新性发现的研究,也大多是可以利用、雇佣他人——如研究生来不经批判思考做的经营式"学术"。

另一种常见的计量研究不带有(自觉的)理论意识,是简单来自对数字和对(误解了的)科学方法的盲目信仰。用于历史学科,那种计量常常缺乏基本的质性知识,使具备专业知识的人士对其所提的问题和所追求的答案要么觉得完全不靠谱,要么觉得再明显不过,但这种研究的组织者却往往能够凭借科学主义的包装而获取资助,由此组织一批学生来为其"项目""打工"。

以上两种研究如今常被学术管理者认作"科学"的研究,并直接影响到其所支配的项目资金的"发包"。(关于"项目制"的论析,见黄宗智、龚为纲、高原,2014)其根源在于对科学主义的迷信,错误地把人间社会等同于物质世界。

三、兼顾普适主义和特殊主义的社会科学

(一)形式主义理论为什么会成为"主流"?

在物理科学里,演绎和归纳是相互证实和推进的。这是因为其所研究的物质世界本身是带有可确定的规律性的。由归纳得出的规律,以及基于这些规律建构起的理论体系,时时刻刻都需要接受可重复的实验方法的检验。上述的牛顿力学便是如此,至今仍然适用于一般生活中的物质世界。其后的量子力学的建立同样是由归纳和演绎相互刺激而促进的所谓"范式革命"。

我们可以根据光量子理论(这是通向量子力学的关键一步)的形成,来更具体地说明物理学中理论与实验、演绎与归纳之间相互刺激的关系。在1905年爱因斯坦提出此理论之前,物理学主流将光理解为一种连续分布于真空中的电磁波。由此,光所携带的能量,也被认为是在空间中连续分布的,并且可以无限细分为任意小的部分。这是与一般物质(例如水、金属、空气等)截然不同的理解:一般物质被认为由大量离散的原子构成,该物体所携带的总能量,则是构成它的各个原子的能量的总和,是不连续分布的,不能被无限细分。这种光的波动理论,可以很好地解释日常生活中的光学现象,例如光的衍射和散射。(Einstein, 1998［1905］:177—178)

然而,19世纪后半叶的实验进展,尤其是黑体辐射①与光电效应②,却与上述光波动理论存在明显的矛盾。黑体辐射实验数据显示,辐射源向外散发的光束所携带的能量是不连续的。光电效应实验数据显示,光与金属板上的电子之间进行的能量传递,同样是不连续的。(Dear, 2006:142—143)基于这些实验的启发,爱因斯坦提出将光同样视为一种由基本的单元——光量子构成的物理对象。③ 由这一新的光量子理论出发,立刻可以推理而知,光在辐射和传递过程中,其所携带的能量也是离散的而非连续分布的。由此,光量子理论及其数学计算可以很好地解释黑体辐射与光电效应的实验数据。此后该理论不断被新的实验证明其有效性,并成为后来一些重要的工业技术,例如激光、半导体和光纤通信等赖以实现的重要理论支柱。上述光量子研究是"真正"的现代科学方法的例证。它很好地展示了我们之前讨论的自然科学研究方法的一些基本特征:合理猜测加上演绎和归纳的相互刺激和支撑(及其相关数学计算)。同时,也可以被视作自然世界的一种支配性规律的例证。

由于科学主义的巨大威势,社会科学从来没有放弃过试图得出像物理科学那样的关键性普适规律。但是,人间世界,正因为其

---

① 黑体指的是一个完全吸收而不反射任何外来电磁波的物体。但同时,该物体仍会向外散发电磁波,称为黑体辐射。因此,测量该物体(黑体)向外辐射电磁波的实验数据,能够排除那些并非来自该物体的外来电磁波的影响,从而能够准确地反映这个物体向外界辐射电磁波的机制。
② 光电效应指的是光照射在金属表面上激发出电子的现象。
③ 实验现象的启发在爱因斯坦提出光量子理论的原始论文中体现得非常明显,尤其可参见该论文的开篇部分(Einstein,1998[1905]:177—178)。

与自然世界在本质上的不同,其实际是由众多对立的二元或多元所组成的,既带有逻辑性和可确定性,也带有悖论性、偶然性、特殊性。而演绎逻辑最基本的要求则是从设定的公理出发,通过严密推理来建立定理。它是一个具有严格的自洽性要求的方法。就像欧几里得几何学那样,所有的定理都必须在逻辑上符合原定的定义与公设和公理。它不允许例外、不允许悖论、不允许模糊或偶然。因此,在人间社会中,仅凭演绎得出的普适公理,必定会和从实际得出的归纳带有一定的张力、背离、矛盾。两者是不能像自然科学那样相互证实的。这是为什么形式主义经济学在追求普适规律的驱动下,强烈倾向摆脱归纳而单一依赖演绎来设定片面化、理想化的前提"公理",而后试图模仿欧几里得几何学凭借推理来建构其普适规律。这也是为什么形式主义理论长期以来会受到持续不断的挑战,尤其是侧重特殊的理论,如实质主义和后现代主义的强有力挑战。

但如此的挑战却没有导致类似于物理科学界那样的范式革命。部分原因是,关乎人间社会实际的归纳不可能带有和物理世界同样的确定性——因为在人间社会中,不可能通过实验来复制指定条件而证实可确定的规律,它不可能对形式化理论具有同等的挑战力。因此,面对相悖的经验实际,形式化理论仍然有余地来坚持争论,认为形式化理论本身是正确和真实的。如果当前的归纳不符合其理论推理,这要么因为其归纳是错误的,要么因为经验实际尚未达到其必然发展到的状态。形式化理论惯常借助"反事实的推理"(counter-factual reasoning)来卫护其理论:如果某一经济体能够更高度市场化,就必定会呈现理论所预测的现象;如果它具

243

备更完全的私有产权,便必定会更像理论设定那样更高度发展。(关于反事实推理的进一步讨论见黄宗智,1993[1991])

但事实是,资本主义经济世界在历史上所经历的多次危机——最主要的当然是1929年至1933年的经济大萧条以及2008年的金融海啸,都完全没有被经济学家们预测到,实际上完全违反其主流理论所设定的图景。这其实是形式主义经济学试图追求自然科学那样的普适规律和可预测性的失败的明确实证。但是,虽然如此,在经历了一定程度的批评之后,形式主义经济学仍然能够对其理论略做修改和补充而卷土重来,再次以其形式逻辑化的理论来占据学科的主流。在法学领域,韦伯—兰德尔型的形式主义,同样在经过众多经验研究和其他理论传统——如历史法学、法社会学、实用主义法学、批判法学、实践理论以及后现代主义等一再强有力挑战其普适意图之后,凭借科学主义和演绎逻辑的强势再次成为其学科的主流。(详细的论析见黄宗智,2014c)

(二) 从实践出发的法学和社会科学

本章强调,研究真实人间世界的社会科学,不应该从形式主义理论出发,因为其所设定的前提公理只可能是抽离人间真实世界的高度简单化、片面化和理想化的设定,而且,由于形式逻辑的驱动,必定会把整套理论逼向排除悖论和相反的实际,进而绝对化和普适化。正因为如此,我们需要摆脱由形式主义理论主导的认识方法而从实践出发,也就是说从紧贴真实世界的经验出发,而后由此概括/抽象,再凭借推理来发现特定经验现象间的逻辑关系,最终再返回到经验中去检验,如此不断往返,方才能够避免演绎逻辑的理想化驱动,方才能够兼顾特殊和有限度的较宽阔适用性。这是为什么本章在上述的例子中一再强调从经验/实践出发,避开形式化理论那样的普适主义驱动。(详细论析见黄宗智,2015a)

当然,我们也要避免陷入简单的特殊主义的泥沼之中。特殊经验的碎片化叙述虽然能够澄清个别史实的真伪,但不可能就此提高到抽象化的认知层面。认识不应该只停留在像搜集邮票那样的堆积,而是必须配合抽象化概括。事实和概括的适当结合才是真正有说服力的认识。

但仅此还不够。我们还需要试图尽可能把研究得出的发现朝向更宽广的含义推延,甚或对其因果关系做出合理猜测——是有限度的扩延和理论化,而不是绝对化和普适化。在此过程中,我们必须同时照顾到特殊性可能包含的可以被有限度扩延的适用性,以及有限扩延的适用性所包含的特殊性,如此方有可能从特殊的经验积累中挖掘出真正的洞见。

此中的一个关键问题是如何处理人间世界一系列的并存二元因素:如客观与主观、普适与特殊、理论与实践、抽象与经验、现代与传统、西方与中国等。我们的研究应该尽可能兼顾二元双方,起到双方间的媒介、连接作用。而演绎主义则因为其排除特殊性和偶然性而强烈地把我们的思维推向在二元之间做出非此即彼的选择。我们在上面看到,韦伯便是一个鲜明的例子。但真实世界是个二元(多元)并存和相互作用的世界。正因为如此,我们要做的是使用能够兼顾两者的认知和研究道路。(详细论析见黄宗智,2015a;尤见导论)

更有进者,我们绝对不该放弃理论领域,让它变成完全由形式主义主宰的天下。历史告诉我们,形式化理论,尤其是被政权采用为统治意识形态的理论,是具有极大威势的武器。正因为科学主义/形式主义理论高度简单化,当权者多倾向于采用其为意识形态,由此更壮大了其威势。我们需要做的是,从真实世界的视角来与之进行对话、质疑,并提出不同的、更贴近真实的有界限的理论。对习惯把自身设定为特殊主义研究的历史学学科和区域研究来说,此点特别关键。我们需要认识到,从经验出发的研究才是最有资格提出理论洞见的研究,绝对不可放弃自身在理论界应有的发言权。

(三) 有限的理论 vs. 普适的理论

笔者在上面列举了几个有效的兼顾(有限定条件和范围的较宽阔的)适用性和特殊性的理论的例子。人间世界和历史固然包含无穷无尽的特殊事实,但是,我们可以通过扎实、深入的研究来察觉特定经验现象之间的逻辑/因果关联,而凭借有限度的推理来精确地说明这些关系,进而把原先从经验证据得出的抽象概念进一步延伸、推广,由此形成具有一定洞察力的局部的/有界限的适用性的理论。而后,返回到经验世界中去检验其正确性,如此不断往返。如此的理论不是普适规律/理论,而是局部和有限的抽象及其延伸。其威力在于对相似历史现象/实际之下的适用性,而不是简单的普适性。

也可以说,我们要提倡的从实践出发的社会科学是一种结合

(倾向特殊化的)实践研究和(倾向普适化的)理论抽象,在特殊中探寻更宽广的(有限)适用性,在理论中探寻能够兼顾特殊的概括。对待质性和量化研究,我们同样提倡兼顾两者,结合使用。当然,这并不是说所有的研究都必定要这样做,研究者完全可以也应该追求各自最喜欢或能够做得最好的一种研究。虽然如此,面对真实世界的无穷多元和复杂性、偶然性,我们认为最好的办法是使用多种可资利用的资源和学科来逼近真实及其所包含的逻辑关系,而不是试图把其化约为形式化普适理论/规律。笔者认为,这样才是面对人间世界的实质性所应该使用的真正的"科学方法"。

这里,有的读者也许会联想到社会学家默顿(Robert K. Merton)的所谓"中层理论",它在专业人士中影响非常之大,描述了其学术实践中比较普遍试图采用的方法。默顿认为:宏大的(关乎全社会系统的)理论实际上已经成为社会学学科发展的障碍,因为它们是不可论证的,只会导致无谓的争执,而他之所谓的"中层理论"则是可以论证的,也是可以积累的。(Merton,1968:第2章)这里,他所强调的结合经验证据与理论概括的方法和我们提倡的研究进路具有一定的交搭性。

但需要说明的是,我们和默顿不同首先是,默顿没有明确提倡我们这里所说的从经验证据到概括再返回到经验证据的研究进路,他也没有探讨演绎逻辑在形式主义理论中所起的关键作用,没有提出我们需要把它们置于一旁。同时,他的设想最终仍然是一种科学主义/实证主义的设想,认为人们可以凭借积累和"巩固"(consolidate)众多中层理论而逐步形成全面完整的理论,由此来建树类似于自然科学那样的普适规律/理论。(Merton,1968:尤见第

2章)而我们则认为,如此的理念本身便是错误的。我们提倡的是另一种研究,即从人间真实世界的多元、悖论、模糊性出发,承认绝对化普适理论/规律之不可能,但同时,不是完全拒绝普适主义的演绎逻辑,而是排除其绝对化和普适化驱动,而把其当作手段来运用于发现真实世界中特定条件下的逻辑关系,借此来建立局部的但是具有洞见的有限适用理论。

我们的用意并不是要完全拒绝形式主义大理论。首先,因为它们原先(在其形式化和普适化之前)多含有一定的洞见。排除了其夸大的包装,便能看到其洞见。只要我们不把它们当作给定、全面的真理,完全可以从中得到一定的启发。同时,如果适当配合对其提出挑战的非主流理论,会有助于我们形成自己的问题意识:譬如,从两者的交锋点来提出问题。最后,如果是像韦伯(和马克思)那样极其宽阔的理论,与之对话会有助于拓宽自己的视野。

这里提倡的方法的关键在于追求特定经验条件和界限下的理论。其实,今天的自然科学方法的重点一定程度上已经不再是追求几个关键的支配性普适规律。伴随大量有限规律的发现,更重要的工作是对各个规律的适用范围的精确限定。库恩之前所谓的"规范认识革命"其实更多是一种叠加性而不是颠覆性的发现。牛顿力学仍然适用于相当广泛的领域之内,例如人类日常生活不可或缺的建筑与工程设计;而在物体速度接近光速以及处理宇宙中极大宏观尺度的时空现象时,则需用相对论代替牛顿力学;在极为微小尺度的原子层面,则需应用量子力学。在现代科学的视野下,自然世界日益被视作拥有无限丰富的侧面。科学家最多能够构建有限的理论和规律来把握自然世界某些侧面的性质,而无法做到将自然世界的无限复杂化约、还原为几个普适规律。(Bohm,1971[1957]:31)也许,正是限定条件下的有限规律的探寻,才应该是我们社会科学应该借鉴的自然科学方法。

以上的论述中已经举了一些具体例子,这里我们可以加上科斯(Ronald H. Coase)的交易成本理论来进一步说明此点。他精辟地指出,之前的(微观)经济学理论极少考虑到"公司"(firm)的运作逻辑,只考虑价格以及供给与需求。在一个像20世纪美国那样高度市场化、法规化和公司化的经济世界中,作为一个逐利体,公司的"交易成本"特别关键——诸如信息、交涉、合同、执行、验收以及解决纠纷等在交易中必定涉及的成本。如此的交易需要一定的法规制度环境,不然,交易会变得非常混乱而其成本会变得非常昂贵。科斯由此做出推论:譬如,公司的组织逻辑是要做到最低的交易成本——它会借助扩大公司自身的规模和功能来尽可能降低其交易成本,直到其边际成本变成大于凭借与其他公司签订合同来进行同样的行为的成本。这套理论(科斯自己说他21岁的时候便已经说明其基本轮廓)原本显然是一个具有特定条件和经验根据的概括,也用上了逻辑推理。(Coase,1988,1991)

与科斯相似,诺斯(Douglass C. North)的出发点是在保留新古典经济学的基本信念(市场机制会导致资源的最佳配置)之上,对其做出了以下的修改和补充:在市场交易的大环境下,经济发展的关键在创新,而稳定和有保障("高效")的产权是创新的主要激励动力,由此才会推动其他相应的制度变迁,减少交易成本,进而促进经济发展;之前的新古典经济学则没有考虑到私有产权法律制度在经济发展中的关键作用。(North,1981;尤见第1、2章;North,

1990;尤见第 13 章)这也是带有一定经验条件和根据(市场经济、私有产权、法规制度)的见解。

但是,1997 年,诺斯与科斯共同创建了"新制度经济学国际学社"(International Society for New Institutional Economics)。(North, 1993;Addendum,2005)在两人的诺贝尔奖象征资本以及一定程度的科学主义的推动下,试图把(只有私有)产权(才会推动经济发展和创新)设定为其普适规律,由此来解释所有的发展与欠发展经济现象。正如诺斯自己说明的,他出身于(美国的)经济史研究(一般比较侧重特殊),但在其学术生涯中,一直都在追求解释经济为什么发展和不发展(也就是说,普适的经济规律)。正是由于那样的深层冲动,促使他试图把自己原先的(有特定条件的、有限度的)洞见建构为一个超越时空的普适规律,配合新古典经济学关于市场经济的建构,由此来分析历史上所有的相关经济现象。他认为历史上最高效的产权"制度"是稳固的私有产权,在竞争的环境下,它会取代低效制度(虽然如此的变迁也可能会被独裁、专制的制度妨碍),由此推动了大部分西方国家经济体的高度发展。(North, 1993;North,1981;尤见第 3 章)在他实际的经济史研究中,虽然论述非常复杂和多元,甚至不可捉摸,但其核心其实主要是凭借其设定的普适规律(虽然是自我表述为尚待证实的理论假设),来阐释西方的成功发展经验以及其他地方的欠发展经验。最终,其实和舒尔茨一样,其经验论述成为一种只是为了突出其所设定的普适规律的装饰。两人的研究最终其实同样是前提先行的理论演述。

其结果是一个由形式主义经济学和形式主义法学合而为一组成的理论体系,同时凭借两者来建构其"新制度经济学"的"普适公理"。说到底,它也是一种类似于韦伯那样的自我正当化的"理想类型"、自我普适化的理论,等于是说明现代西方优越性的必然。之后,它又被"新自由主义"(新保守主义)采纳为其意识形态而进一步绝对化、庸俗化。在中国则更被其信仰者当作绝对真理("天则")来使用,据此一再提倡全盘私有化,拒绝任何混合产权制度,拒绝任何国家干预,要求完全引进被理想化了的西方资本主义政治经济制度,也就是说全盘西(美国)化。

我们认为,要认识到科斯和诺斯真正的洞见,我们需要把他们的理论放回到其原先有限度的、贴近真实世界的概括,剔除其后的简单化、绝对化、普适化和最终的意识形态化。后者只可能衍生出没有独立思考的伪学术和伪科学。我们需要认识到社会科学与自然科学的不同,对普适化的社会科学理论要具备来自历史和理论知识的警惕。我们反对的是理论先行/决定的研究;我们要提倡的是从问题而不是给定答案出发的学术研究。由此,方有可能认识真实世界。

(四)公理设定还是价值抉择?

最后,需要说明,我们绝对不是想要提倡一种纯回顾性的学术,因为我们认为,学术应该带有改善我们的世界的关怀,应该带有一定的前瞻性。但是,我们要清楚区别公理设定和价值抉择这两个不同的前瞻方法。我们上面已经看到,形式主义理论的一个惯用手段是把其(实际上是)价值的抉择建构为价值中立的科学公理,例如,经济学理论中的"理性经济人"和法学理论中的"个人权利"。前者归根到底其实是西方源自启蒙时代的关乎理性的理念,不是什么"不证自明"的普适公理;后者则可以追溯到基督教关乎人的灵魂的永生性的信仰,同样不是一种属于绝对真实的范畴。而在中国文明核心的儒家思想之中,并没有设定这样的公理的冲动,其核心理念明确来自关乎人间社会的道德伦理,而不是模仿自然世界的普适公理,也不是来自关乎死后来生的宗教信仰。

笔者认为,两者之间的差别会带来很重要的不同后果。把理念设定为普适公理,会促使人们把自己原先带有一定特殊性的价值抉择普适化为绝对真理。结果是,原先的价值抉择被赋予了科学和绝对真理的"公理"标签,甚至进而(像韦伯的理想类型那样)完全拒绝道德抉择,把道德归类为带有强烈"非理性"的"实质主义"。正因为如此,驱动了一系列的排他抉择,包括把西方文明普适化和绝对化,把非西方文明排斥为非理性的他者。

中国传统中的道德抉择则很不一样。它的出发点是关乎应然的道德抉择,不是科学主义/自然主义中的普适公理/规律;它不带有从公理演绎出普适真理的冲动。它比较明确地认识到实然与应然之间的不同。正是出于如此的思想体系,中国文明更能容纳不同的理念和道德抉择,不会像西方文明传统那样强烈倾向排他的普适化,把自己等同于唯一的真理。也就是说,它不带有同等的科学主义倾向。正因为如此,它不会导致形式化的科学主义理论。

两大文明之间这方面的不同最终是关于"真"与"善"之间关系的问题。我们已经看到,现代西方科学文明强烈倾向于把道德抉择排除在"真"之外,强烈认为"真"完全归属于科学,并在近现代世俗化的大趋势下,强烈把"善"划归宗教领域。在社会科学领域,更特别提倡和自然科学同样完全价值中立的学术。这也是本章所谓的"科学主义"的部分内涵。而高度道德化的中国文明则不然,一直把"真"和"善"并置于人间社会,认为缺一不可(虽然也附带有一定程度的把"善"等同于"真"的冲动),不像现代西方文明那样,把两者推向非此即彼的二元对立。

其实,西方现代文明的启蒙大师康德,早已对此问题做过比较深入的论析,他提出"实践理性"(practical reason)的概念,把其作为纯粹理性(或理论理性,pure reason)和实践之间关乎道德价值的关键媒介。这就是他著名的"绝对命令"——"你要仅仅按照你同时也能够愿意它成为一条普遍法则的那个准则去行动"①的用意,要求以此为标准来在众多带有一定特殊性的、指导行为的道德价值中做出"理性"的抉择。② 笔者认为,儒家的"黄金规则"——"己所不欲,勿施于人"其实与此带有一定的共通性,今天仍然在调解制度中被广泛援用,足可用来指导我们今天的道德价值抉择。(详细讨论见黄宗智,2015)

笔者自身的道德抉择可以说是谋求普通人民的福祉,虽然并不排除其他的价值抉择(如求真、求实、求乐趣)。在我们看来,坦率表明自身的价值观,而不是佯装不可能的价值中立,才是诚挚的学术,才是对我们研究的对象和我们的读者的尊重。如此的价值抉择会影响我们的志趣和问题意识,但并不影响我们学术的求真和求实。在我们看来,完全价值中立的社会科学学术理念既是不

---

① 这是邓晓芒的翻译,见邓晓芒《康德论道德与法的关系》,载《江苏社会科学》2009年第4期,第1—9页。
② 欧尼尔(O'Neill,1996)关于康德这方面的思想和解读特别清晰和有见地。

可能做到的,也是错误的理念。其实,那样的设定本身便是一种试图模仿自然科学的科学主义选择。我们认为,学术研究不仅必然带有价值取向,而且应该带有如此的取向。我们追求的不仅是要认识到人间世界的实然,也是怎样去改善这个世界的应然。

我们认为,真正的自然科学方法是结合演绎与归纳的方法,但社会科学和法学的形式主义理论,在科学主义的驱动下,一贯偏重演绎。归根到底,这是因为真实的人间世界的二元性和多元性、悖论性和矛盾性、规律性和偶然性,其经验证据几乎必然(起码部分)违反演绎逻辑所要求的一致性和自洽性。正因为如此,试图模仿自然科学的形式主义理论最终只能依靠(从设定"公理"来推论定理的)演绎方法来建构其所追求的普适规律。那样,只可能成为片面的、违反实际的理论建构。为此,我们提倡的是,从真实世界的经验证据的归纳出发,借用合理猜测与推理来挖掘特定经验条件之间的逻辑关系,由此来发现符合实际的洞见和构建有特定条件及界限的理论,而后再返回到经验世界中去检验。那样才是真正科学方法的恰当使用。同时,在选题方面,研究者完全可以坦诚地表明自己的道德价值抉择,而不是像形式化理论那样,试图把自己的研究包装为完全价值中立的科学。价值抉择并不影响求真、求实的研究,反倒是科学主义的价值中立标榜才会真正误导读者和研究者本人。真正的科学方法是,摆脱科学主义而适当结合归纳、合理猜测、演绎和道德抉择来认识真实的人间世界。

参考文献:

崔之元(2014):《〈21世纪资本论〉:经济学的"统一场论"?》,载《新知》第5期,第56—63页。

黄宗智(2000[1993]):《中国研究的规范认识危机——社会经济史中的悖论现象》(英文版于1991年出版),载黄宗智(2000)《长江三角洲小农家庭与乡村发展》,北京:中华书局。此文的前半部分以《中国经济史中的悖论现象与当前的规范认识危机》为标题发表,载《史学理论研究》1993年第1期,第42—60页。

黄宗智(2003[1995]):《中国革命中的农村阶级斗争——从土改到"文革"时期的表达性现实与客观性现实》(英文版于1995年发表),载《中国乡村研究》第2辑,北京:商务印书馆:第66—95页。

黄宗智(2010):《中国发展经验的理论与实用含义——非正规经济实践》,载《开放时代》第10期,第134—158页。

黄宗智(2012):《国营公司与中国发展经验:"国家资本主义"还是"社会主义市场经济"?》,载《开放时代》第9期,第8—33页。

黄宗智:(2014a):《明清以来的乡村社会经济变迁:历史、理论与现实》。第1卷《华北的小农经济与社会变迁》;第2卷《长江三角洲的小农家庭与乡村发展》;第3卷《超越左右:从实践历史探寻中国农村发展出路》,北京:法律出版社。

黄宗智:(2014b):《清代以来民事法律的表达与实践:历史、理论与现实》。第1卷《清代的法律、社会与文化:民法的表达与实践》;第2卷《法典、习俗与司法实践:清代与民国的比较》;第3卷《过去和现在:中国民事法律实践的探索》,北京:法律出版社。

黄宗智(2014c):《〈历史社会法学:中国的实践法史与法理〉——导论》,载黄宗智、尤陈俊编《历史社会法学:中国的实践法史与法理》,北京:法律出版社。

黄宗智、龚为纲、高原(2014):《"项目制"的运作机制和效果是"合

理化"吗?》,载《开放时代》第 5 期,第 148—159 页。(我在文章里引用的是我的导论)

黄宗智(2015a):《实践与理论:中国社会、经济与法律的历史与现实研究》,北京:法律出版社。

黄宗智(2015b):《道德与法律:中国的过去和现在》,载《开放时代》第 1 期,第 75—94 页。

赖骏楠(2014):《主权与"文明":19 世纪国际法的东亚故事》,载黄宗智、尤陈俊主编《历史社会法学:中国的实践法史与法理》,北京:法律出版社,第 323—359 页。

赖骏楠(2015):《"家产官僚制"与中国法律:马克斯·韦伯的遗产及其局限》,载《开放时代》第 1 期,第 95—107 页。

天则经济研究所(2011):《国有企业的性质、表现与改革》(第三次修订稿),天则新闻中心,http://www.unirule.org.cn/indeX.php? c = article&id = 269。2012 年查阅。原文之后被从天则的网站撤下。原文见香港中文大学中国研究服务中心网站,http://www.usc.cnhk.edu.hk/PaperCollection/Detail.aspx? id = 8067。

Bohm, D.（1971 [1957]）. *Causality and Chance in Modern Physics*. Philadelphia: University of Pennsylvania Press.

Boserup, Ester（1965）. *The Conditions of Agricultural Growth: The Economics of Agrarian Change Under Population Pressure.* Chicago: Aldine.

Braginsky, V. B., and F. Y. Khalili（1992）. *Quantunm Measurement*. Cambridge: Cambridge University Press.

Burch, Robert（2014）. "Charles Sanders Peirce," in *Stanford Encyclopedia of Philosophy*, http://plato.stanford.edu/entries/peirce/.

Chayanov, A. V.（1986 [1925]）. *The Theory of Peasant Economy*.

Madison: University of Wisconsin Press.

Coase, R. H. (1988 [1990]). *The Firm, the Market and the Law.* Chicago: University of Chicago Press.

Coase, R. H. (1991)."(Nobel) Prize Lecture," http://www.nobelprize.org.

Cohen, I. B. (2002)."Newton's Concepts of Force and Mass, with Notes on the Laws of Motion," in Cohen and Smith (eds.), *The Cambridge Companion to Newton.* Cambridge, England: Cambridge University Press, pp. 57—84.

Cohen, I. B. and G. E. Smith(eds.)(2002).*The Cambridge Companion to Newton.* Cambridge, England: Cambridge University Press.

Dear, P. (2006).*The Intelligibility of Nature: How Science Makes Sense of the World.* Chicago: University of Chicago Press.

Douven, Igor (2011)."Abduction," *Stanford Encyclopedia of Philosophy,* http://plato.stanford.edu/entries/abduction/.

Einstein(1998[1905])."On a Heuristic Point of View Concerning the Production and Transformation of Light," in Stachel (ed.), *Einstein's Miraculous Year.* Princeton: Princeton University Press, pp. 177—197.

Grey, Thomas C. (2014).*Formalism and Pragmatism in American Law.* Leiden: E. J. Brill.

Hayek, F. A. (1980 [1948]). *Individualism and Economic Order.* Chicago: University of Chicago Press.

Heath, T. L., ed. (1908).*The Thirteen Books of Euclid's Elements (vol. 1).* Cambridge, England: Cambridge University Press.

Kuhn, Thomas S. (1970 [1962]).*The Structure of Scientific Revolutions,* 2nd ed. Chicago: University of Chicago Press.

Langdell, C. C. (1880). *A Summary of the Law of Contracts*. Boston: Little, Brown, and Company.

Lindberg, D. C. (1992). *The Beginnings of Western Science: the European Scientific Tradition in Philosophical, Religious, and Institutional Context, Prehistory to AD 1450*. Chicago: University of Chicago Press.

Merton, Robert K. (1968). *Social Theory and Social Structure*, Enlarged edition. New York: The Free Press.

North, Douglass C. (1981). *Structure and Change in Economic History*. New York: W. W. Norton.

North, Douglass C. (1990). *Institutions, Institutional Change and Economic Performance*. Cambridge, England: Cambridge University Press.

North, Douglass C. (1993). "Douglass C. North-Biographical," http://www.nobelprize.org/nobel_prizes/economic-sciences/laureates/1993/north-bio.html (accessed October 2014).

O'Neill, Onora (1996). *Towards Justice and Virtue: A constructive account of practical reasoning*. Cambridge, England: Cambridge University Press.

Perkins, Dwight H. (1969). *Agricultural Development in China, 1368—1968*. Chicago: Aldine.

Peirce, Charles Sanders (1998). *The Essential Peirce: Selected Philosophical Writings*, v. ii (1893—1913). Bloomington: Indiana University Press, 1998.

Piketty, Thomas C. (2014). *Capital in the Twenty-first Century*, trans. by Arthur Goldhammer. Cambridge: Harvard University Press.

Schultz, Theodore (1964). *Transforming Traditional Agriculture*. New Haven, Conn. : Yale University Press.

Stachel, J., ed. (1998). *Einstein's Miraculous Year*. Princeton, NJ: Princeton University Press.

Summers, Lawrence H. (2014). "The Inequality Puzzle: Piketty Book Review," http://larrysummerscom/2014/05/14/piketty-book-review-the-inequality-puzzle/.

Von Wright, G. H. (1971). *Explanation and Understanding*. London: Routledge & Kegan Paul.

Weber, Max (1978 [1968]). *Economy and Society: An outline of Interpretive Sociology*, Guenther Roth and Claus Wittich (eds.), trans. by Ephraim Fischoff et al., 2 vols. Berkeley: University of California Press.

Wrigley, E. Anthony (1988). *Continuity, Chance and Change: The Character of the Industrial Revolution in England*. Cambridge, England: Cambridge University Press.

第六章
建立前瞻性的实践社会科学研究：从实质主义理论的一个重要缺点谈起[①]

今天影响最大的社会科学采用的研究进路主要是从理论出发得出某种"假设"，而后搜集经验证据来支撑其假设，最终再返回到理论。笔者多年来提倡的则是要将此进路颠倒过来，即从经验证据出发，借此来检验各种理论，据此来决定对其的取舍、汇合、重构、推进，达成更符合经验实际的概括，然后再返回到经验中去检验。

[①] 本章原载《开放时代》2020年第1期，第34—48页。文章是作者关于学术研究方法和理论的简约总结和后续思考。文章论述个别理论的大部分内容的详细论证可见于笔者之前的《经验与理论：中国社会、经济与法律的实践历史研究》(黄宗智，2007)和《实践与理论：中国社会、经济与法律的历史与现实研究》(黄宗智，2015a)两本书，这里不再一一列出相关细节和文献。文章中的经验判断及其理论含义，则大多来自作者关于小农经济的三卷本和第四本(黄宗智，2020a)，以及关于正义体系的四卷本(黄宗智，2020b)。

第六章 建立前瞻性的实践社会科学研究：从实质主义理论的一个重要缺点谈起

这就意味着，首先，我们不会将现有理论当作给定答案，而是要将所有理论都"问题化"。这是因为，真实世界千变万化，绝非任何单一理论所能完全概括。也是因为，现有理论多源自西方经验的简单化和片面化，但中国的经验，从源自西方的理论来看，则是充满"悖论"的（譬如，充满一双双被认为"不该"并存的实际）。而且，即便是相对西方实际本身，由于在现代科学主义的霸权下，"社会科学"充满对普适理论建构的冲动，强烈倾向将复杂的实际建构为简单化的、片面化的、逻辑上整合的、排他的普适规律。我们需要将那样的认识过程和研究进路颠倒过来，从实际出发再返回到实际中去检验，而不是从理论出发，将实际剪裁来纳入某一理论。

如此研究进路的优点在于，它不易被任何现有理论或意识形态所主宰，并意味其概括与经验证据更加紧密联结，更有可能导致更符合实际，尤其是中国的实际的概括和其新理论的建构。

虽然如此，这样比较"实质主义化"的研究进路的一个不可避免的弱点是，缺乏试图普适的理论所附带的前瞻性。后者将其自身建构为依据某种不言自明、无可怀疑的普适"科学""公理"/规律，但实际上，多是某种理想化价值的设定（譬如，"理性经济人"或"劳动价值论"），而后通过演绎逻辑将其建构为一个逻辑上整合的模型。它借助科学主义的大潮流而将本身建构为类似于自然科学所迫求的无可置疑的真理。其弱点是将复杂多面的实际简单化、片面化，但同时，它也因此带有比较强烈的前瞻性，因为它不单是对实际的概括，更是对其的理想化。它更容易被人们接纳和被政权采纳为统治意识形态，由此成为"主流"。而笔者提倡的实践社会科学研究进路，则缺乏前瞻性意识形态化的可能，因此只可能成为某种"另类"理论。

这里,笔者的建议是有意识地根据不同文明传统自身至为崇高的道德理念来做出主导性道德价值的选择,并借此来区别"善"与"恶"的实际和实践,目的不仅在于要更精准地认识实际,更是要提出改造实际的主导性道德价值观。后者虽然带有一定的"普适"意图,但它完全尊重全球各大文明传统的不同的崇高道德理念的正当性。其中关键在认识到那样的理念的宽阔普适的一面,也要认识到其特殊的一面,由此来建构一个带有开放性而不是排他性和封闭性的新型社会科学。

本章将通过笔者多年来开办的实践社会科学研究的入门课程所讨论的当今四大主要社会科学的理论传统的得失的讨论,来点出其分别的贡献和弱点,借此来进一步说明这里要阐释的研究方法和进路,也借此来说明占据霸权地位的形式主义化理论传统的不足。

目前,中国正处于一个堪称漩涡似的"规范认识危机"之中:中国与西方传统、革命与改革传统、经典马克思主义与新自由主义传统相互冲击,形成一个充满矛盾的思想世界。两大主流理论——经典自由主义理论与经典马克思主义理论——都起码部分不符合中国的基本实际,但它们仍然具有强大的影响,一定程度上仍然主宰着人们对中国的认识以及各高等院校的社会科学(包括历史)学科培训。而批判这两大理论的主要理论,其一是实践/实质/实用主义理论传统,严重缺乏前瞻性,其影响基本限于对过去的历史的认识;其二是后现代主义理论,则主要限于话语研究和对现代主义的批判,同样并不带有强有力的前瞻建设性。

第六章 建立前瞻性的实践社会科学研究：从实质主义理论的一个重要缺点谈起

本章先从实践(实质/实用)理论出发，一方面论述其学术认识方法的优点，一方面建议为其添加前瞻性的道德理念及相关话语。这并不是要提倡建构绝对/普适/排他性的理论，而是主张一个带有多元性和宽容性的认识方法和理念。在此之上，我们仍然需要纳入经典新自由主义和经典马克思主义所包含的一系列不可或缺的洞见。同时，也要借助后现代主义来认识到那两大理论所依赖的简单化的、普适化的(逻辑上整合的)"理想类型"理论建构方法，以及其隐含的现代主义和科学主义。在认识方法层面上，"从实践中来，到实践中去"的研究进路要比普适性和排他性的经典自由主义和经典马克思主义理论都更符合实际、更具多元性和包容性。相比后现代主义，则并没有走到怀疑一切客观真实的话语主义极端中去。

简言之，我们要做的是根据扎实的经验证据来决定对不同理论的取舍、对话、重构和推进，再返回到经验/实践中去检验。我们做学术的目的应该是求真，并带有前瞻性的道德理念，而不是追求任何时髦或给定的理论。面对千变万化的实际，现有理论应该成为我们探索实际所提出的问题而不是答案。

一、实践/实质/实用理论的不足

以下先讨论的是迄今至为重要的几位实践/实质/实用主义理论家，通过对他们理论的评述来指出实质主义在认识论方面的比较贴近实际的优点，十分不同于形式主义理论有脱离实际的强烈冲动。但同时，正因为如此，实质主义也缺乏形式主义理论那种科学主义化和高度简单化、普适化和理想化所附带的前瞻性和意识形态化威力。本章的建议是,实质主义理论应该明确纳入一种自身所欠缺的前瞻性,它由世界各大文明传统的崇高道德理念来赋予,能够区别"善"与"恶"实践,以此来与形式主义的霸权相抗衡。

(一)实质主义论析举例:波兰尼、恰亚诺夫和瑞格理

1.波兰尼

我们可以从波兰尼(Karl Polanyi)的实质主义理论开始。波氏研究的一个重点是对"前资本主义"世界的论析,说明其中的交易/交换不是"价格设定的"(price-making)、"自律的"(self-regulated)资本主义市场交易,说明在前资本主义时期,交易/交换其实主要是"互惠、再分配,或政权主导下"的,乃是"嵌入于社会"的现象。当时的经济体所关注的主要是生存和使用,区别于资本主义经济中,追求资源最佳配置和利润最大化的市场交易。这是对理解"前资本主义"社会经济早期的有力洞见,可以协助我们认识、理解诸如礼品交换、生存主导的生产和交换,乃至于政权主导的贸易等。

借鉴于此经验证据,波兰尼还提出了对自由主义关乎资本主义市场经济的理论建构的质疑,特别强调市场经济实际上不可脱离社会"嵌入性"(embeddedness)来认识和理解。土地、劳动力和货币其实并不是真正脱离社会的商品,仅是虚假的商品(fictitious commodities),都脱不开与国家和社会的紧密关联。更有进者,波兰尼还论证,英国(从前资本主义到资本主义市场经济的)"大转

型"历史过程,乃是一个市场商品经济侵入社会而受到"能动的社会"(active society)的自卫和反抗的过程,从而形成了"被规制的市场"(regulated market),而非新自由主义所虚构的"自律的市场"。自由主义建构的"经济市场"实际上乃是一个"社会(中的)市场"(social market)。(Polanyi, 2001 [1944]; Polanyi, Arensberg and Pearson eds.,1957)

同时,面对20世纪30年代的经济大萧条以及法西斯主义的兴起,波兰尼对马克思主义显示了一定程度的认同,倾向"民主社会主义"的理想(Block,2003)。部分由于此,他相当广泛地受到反对新自由主义经济学霸权的社会学家们的认可,一定程度上也受到新一代马克思主义学者们的认可。

正如他的主要阐释者布洛克(Fred Block)所指出的,波兰尼倾向将市场认作"始终都嵌入于社会"(always embedded in society),虽然他并没有更明确、透彻地阐明这个概念,也没有冠之以鲜明的称谓。部分由于此,他的理论尚有待后来者更为明确地推进。布洛克正是据其经济市场必定"嵌入于社会"的论点而将波兰尼视为社会学分科的"经济社会学"的奠基人之一。而布洛维(Michael Burawoy)作为一位马克思主义社会学家,强调的则是波兰尼和葛兰西(Antonio Gramsci)思想间的亲和性,特别突出两者对资本主义市场的"霸权"的认识,突出劳动者对其抗拒的必要,由此而提出了聚焦于劳动者研究的新的"社会学的马克思主义"(sociological Marxism)设想。

正如沈原阐释的,这是当今面对全球化了的"第二次大转型"研究中的两大学术研究进路之一:一是主要关注全球化资本下的新劳动者的社会学的马克思主义视角;一是"新古典社会学"(例如塞列尼[Ivan Szelenyi])主要关注全球化中的新的精英(如掌控新"文化资本"而不是旧型的产业资本家)的视角。(Block,2003;Burawoy,2003;沈原,2006,2007)

对我们研究中国历史和实际的学者们来说,还要认识到,波兰尼的论说其实主要限于前资本主义经济早期和资本主义经济两端的对立体,基本没有考虑到处于两者之间的前工业长时段历史实际,即部分为市场、部分为生存的经济体系。后者实际上是中国帝国时期后半期的经济史的主要内容。波兰尼的论说则主要限于其前期和"大转型"间的不同。

固然,波兰尼的研究并不具有普适野心,它具有一定的经验适用边界,那是其相对符合实际认识方法上的优点;但另一方面,它欠缺真正可以与两大经典主流理论影响相抗衡的鲜明的前瞻性。这也是为什么布洛维要为其添加马克思主义的内容和标签的原因,并借此形成了更为鲜明的"社会学的马克思主义"学术理论流派。

2.恰亚诺夫

恰亚诺夫(A. V. Chayanov)虽然也和波兰尼一样常被当作实质主义的代表性理论家,但与波兰尼有一定的不同。他更关注19世纪和20世纪初期的俄国,即处于波兰尼的前资本主义早期和工业化的资本主义经济体系之间的历史阶段,亦即兼具波兰尼型交换和现代资本主义市场交易的中间阶段。恰亚诺夫从小农户既是

第六章　建立前瞻性的实践社会科学研究：从实质主义理论的一个重要缺点谈起

一个生产单位也是一个消费单位这个基本事实出发，阐明了其与资本主义单位的不同：由于其经济决策同时考虑消费和生产，并由于其所依赖的劳动力几乎全是农户家庭自身的给定劳动力，而不是雇佣的工人，其经济行为与逐利的资本主义单位十分不同。譬如，在商品经济的环境中，一个资本主义的雇佣单位不会在劳动力边际报酬降到低于雇佣劳动力成本的情况下，继续在单位土地上投入更多的劳动力，因为那样是会亏本的。而一个小农户则不同，在土地不足的情况下，由于生存（消费）的压力，会为了家庭消费的必要，几乎无限地继续投入更多的家庭劳动力。（Chayanov, 1966 [1925]）

在中国的经济史中，这个道理主要展示于小农从粮食转入劳动更加密集但单位劳动报酬较低的商品生产（主要是棉花—纱—布和蚕桑—缫丝）：一亩的棉花—纱—布生产需要约180天的劳动，18倍于水稻，但只得到数倍的报酬；蚕丝则需9倍于水稻的劳动，但只带来三四倍的收入。这样的农业+手工副业的低报酬劳动都是由家庭老人、妇女和孩子（"家庭化生产"）来承担的。笔者曾将这种商品化论析为"内卷型商品化"，既区别于"剥削型商品化"（譬如，由地主将收纳的实物地租卖出），也区别于资本主义式的"营利型商品化"。由于此，在同一个商品经济中，小农户单位土地的产出会超越一个资本主义单位，从而支撑更高的地租，也就是说地价也会更高。正因为如此，在明清时期的江南地区，高度劳动密集化的小农户完全消灭了资本主义型的雇工经营式农场；在其他地区也占据农户的绝大多数。对认识共和国成立之前的中国经济史来说，恰亚诺夫提供了极具启发性和洞察力的论析。（黄宗智，

2014a,第1卷,第2卷)

同时,恰氏还预见到小农户在工业时代和高度发展的市场环境下,可能长期延续的实际,并提出了一个可能的前瞻性方向——提出建立为小农提供在商品经济中的"纵向一体化"服务的农民合作社的设想,即既非资本主义(企业化)型的市场经济,也非完全与资本主义对立的集体化计划经济。它既不同于波兰尼型的前资本主义论析,也不同于共产主义苏联和中国的计划经济设想。(黄宗智,2015b,2018)

一定程度上,恰亚诺夫可以说超出了波兰尼理论的范围。这是他与波兰尼的一个重要不同,也是他具有特殊理论洞见的一个方面。虽然如此,恰亚诺夫的理论仍然缺乏更为宽广和长远的前瞻性,因为他关注的只是小农经济,即便是商品化了的小农经济。

3.瑞格理

此外,我们还可以用实质主义经济史理论家瑞格理为例。在认识方法的层面上,他与恰亚诺夫相似,也是从最基本的事实中去探寻最重要的理论概念。他特别突出前工业经济所依赖的有机能源和工业经济的无机(矿物)能源之间的关键差别。前者的极限乃是马力,最多只可能达到一个人劳动力能量的七倍,远远不及后者单一个矿工(在19世纪)每年所能生产的约200吨煤炭的能量。我们知道,在工业时代,单一辆人们常用的轿车便可以达到数十到数百匹马力的能量,突破了此前极其有限的人畜能量所限定的产出水平。瑞格理借此说明前工业时代的农业经济与工业时代的工业经济的基本不同,连带也含蓄地说明了基于后者的经济学并不适用于前者的原因。(Wrigley,1988)这是个对基本实际的洞悉,但常被如今的新古典经济学家们所忽视。他们习惯将源自资本主义工业经济的理论逻辑用于所有经济体,包括前工业时期的农业经济。(黄宗智,2020a)

虽然如此,我们也要考虑到,波兰尼和瑞格理等(也包括恰亚诺夫以及其他可以被看作实质主义的理论家,如博塞拉普[Ester Boserup]和斯科特[James Scott]等)实质主义类型的理论家们基本全都聚焦于前工业时期社会经济的论析,缺乏关于工业化了的社会经济体的现代性和前瞻性,不如新古典经济学理论或马克思主义理论那样具有明确的现代性和前瞻性。这是他们的影响只可能成为另类理论的一个重要原因。

(二)实践主义:布迪厄

与上述理论家们不同,布迪厄很好地突出了实践理论与形式化"理想类型"主流理论之间在认识论层面上的根本性差异:前者更贴近真实世界,是超越单一的主观主义或客观主义、单一的意志主义或结构主义、唯心主义或唯物主义的理论。他认为,实践是超越两者,经过其互动与结合所产生的,因此其逻辑是模糊的而非清晰的,但是更符合实际。布迪厄给出的重要例子是阶级"习性"和"象征资本",比偏向单一方(阶级结构或物质资本)的形式化理论更符合实际,因为真实世界不可能是完全简单取决于主观或客观、意志或结构、唯心或唯物,以及理性或感情的任何单一方。简单将二元对立的任何一方排除于认识之外,乃是不符合实际的建构。它仅是西方现代主流理论的惯用方法。在认识论层面上,布迪厄的实践理论要比上述的实质主义理论家们更为明确地符合真实世界的实际。尤其是他的象征资本概念,已经促使"左"和"右"的经济学和社会学——人类学界较广泛地采用了诸如"文化资本""社会资本""关系资本""政治资本"等一系列衍生用词和概念。有的还根据他的启示,在这些其他的领域中洞察到他所阐释的(类似于阶级关系中的)剥削关系,包括"象征暴力"的概念。(Bourdieu,1977,1990[1980];黄宗智,2015a)

但同时,我们也要承认,布迪厄的实践理论缺乏一个能够区别"善"的实践与"恶"的实践的标准,容易陷入一种纯回顾性或纯"客观性"的陷阱,缺乏前瞻性准则。"左""右"形式主义理论,相比实质主义或实践主义理论,则不仅关乎实然,更连带关乎应然。那既是它将实际简单化和片面化的弱点,也是其具备强势影响的部分原因,使其更简单易懂,更带有明确的前瞻性,也更会被当权者借用为统治意识形态。布迪厄的实践理论则虽然更符合实然世界,但欠缺关乎应然的设定。

虽然如此,布迪厄的自我认同无疑是一位马克思主义者,并且他长期广泛参与为劳动者争取权益的各种活动。他的"象征资本"概念,无疑是要将马克思的阶级论析推进、扩延到象征领域,而他关于"实践"的论析则是要更进一步阐明马克思之强调行动胜于思想的基本理论倾向。同时,布迪厄对片面化的"理想类型"理论建构方法提出了根本性的质疑。根据笔者的理解,他的理论一定程度上不仅是对自由主义也是对马克思所采用的理论建构方法的批评和修正。

在我看来,布迪厄的理论还需要更明确地考虑后现代主义所突出的"话语"维度,那是前瞻性道德理念不可或缺的维度。因此,我们不可避免地要考虑到"表达"和"话语"及其与实践之间的关联,并认识到两者既可能是一致的,也可能是充满张力甚或是相悖的。布迪厄则完全没有考虑到这样一个层面,几乎等于是设定了两者之间必然一致。

笔者曾经特别突出,在中国的法律历史中,道德理念与实用考量所结合的"实用道德主义"起到极其关键的作用,两者既有相符之处也有相悖之处。正是两者的结合和互动形成了中国法律长时段历史变迁背后的主要动力(黄宗智,2014b),亦即"说的是一回事,做的是另一回事,但合起来又是另一回事"。这是布迪厄没有关注到的维度。

(三)实用主义

在美国的环境中,伴随形式主义法学而来和与之抗衡的不是实践主义,而是实用主义理论。兰德尔(Christopher Langdell)从1870年到1895年执掌哈佛法学院25年,乃是美国形式主义"古典正统"(classical orthodoxy)法律思想的创始者和奠基者。他非常有意识地将法学等同于欧几里得几何学,将其建构为一个从给定的、不言自明的"公理"(个人权利)出发,凭借演绎逻辑来得出一系列定理,借此将其前提公理贯穿于整个法律体系。兰德尔虽然学术著作很少,但他一心一意地聚焦于上述目标,通过教学和其在哈佛法院学的权力和影响,成功地将心目中的法学建构为美国(所谓)"古典正统"的主流法律理论。(黄宗智,2007,尤见第15章;亦见黄宗智,2015a:后记一;黄宗智,2020b)

如此的法学其实与被韦伯看作"形式主义理性"理想类型法律的传统非常近似。其弱点在于简单化(单元化)和理想化了实际:和欧几里得几何学一样,它是一个在被假设的世界中方才适用、在真实世界只可能是片面和简单化的理论。但同时,由于它自我设定为(像几何学一样的)一套无可怀疑的数学/"科学"理论,借助现代"科学主义"的巨大浪潮而占据"主流"强势的地位。而且,由于它还是对实际的理想化,也带有前瞻性,甚至常常会使理念被简单等同于实际。(尤见黄宗智,2015a:后记一)

正因为违反实际,它也促使与其对立的"实用主义"法学理论的兴起。后者的奠基人物是兰德尔在哈佛法学院的同事,后来的最高法院大法官霍姆斯(Oliver Wendell Holmes)。他开启了长期以来与古典正统对立并存的法律实用主义传统。该传统关注真实世界的法律实践多于被建构的条文和理论,也比较关注实用性的社会改良。在政治立场方面它是相对比较"进步"的法学传统,在美国多来自民主党而非相对较"右"和较保守的共和党。

在其实际的操作中,美国的法律体系与其说是古典正统/形式主义的,不如说乃是结合形式主义和实用主义两大传统长期拉锯的一个体系。那样结合的实际非常具体、形象地体现于美国最高法院的组成:在近一个世纪中,先由形式主义占到其九名大法官的大多数,在经历了1929—1933年的经济大萧条以及罗斯福总统的"新政"之后,转为实用主义占到大多数,近几十年则伴随新保守主义的大浪潮而再次反之。在实践层面上,我们可以说两者的拉锯结合才是美国法律体系整体历史真正的核心,并且赋予了美国的正义体系比其任何单一面更强大的生命力。(尤见黄宗智,2007:第15章;亦见黄宗智,2015a:后记一)虽然如此,形式主义的一方无疑因前瞻性一直占据话语层面的高地。

韦伯区分了四大类型法学传统(形式非理性、形式理性、实质非理性、实质理性),用意是要勾画出历史上不同法律体系的划分地图。他论析的主线是,将西方法律体系的历史视作一个逐步趋向形式理性的传统,将其论述为西方法律的最重要的特征以及其为现代化的核心(虽然,他也对其未来表达了一定的忧虑——讨论到形式理性类型未来可能会成为一个"铁笼"似的体系)。至于非西方的法律传统,他虽然偶尔还使用了"实质理性"的矛盾结合范畴来讨论中国(以及西方的社会主义法律),超出了自身所设定的片面化的形式理性和实质非理性两类非此即彼的二元对立建构,但他对所有的非西方法律传统的最终判断,是将它们全都划归为"实质主义非理性"类型。他将实质主义等同于专制权力和不可预测性(区别于高度逻辑化、专业化和独立的形式理性法律体系),也将其等同于道德价值理念,同样缺乏形式理性的逻辑性。他更将形式理性法律视作科学的、普适的、无可辩驳的逻辑化体系。结果,在他对全球不同文明的法律体系历史论述中,非西方文明最终只不过成为其论述的西方形式主义理性法律体系的陪衬,是他赖以突出西方形式理性文明"特色"的"他者",一如后现代主义对现代主义的批评那样。(Weber,1978[1968]:第8章;黄宗智,2014b,第1卷:总序;亦见同书第9章;亦见本书所纳入的赖骏楠文章)

在笔者看来，理想类型的理论建构方法，虽然其初衷可能仅是一种学术研究方法，即凭借将复杂实际简单化、片面化，凭借演绎逻辑来梳理、洞察那单一面所隐含的机制和逻辑，但通过前面的论述我们已经看到，如此的理论建构后来多被绝对化、普适化、理想化了，甚至被等同于复杂得多、多元得多的真实世界。

简言之，形式主义理论的弱点在于对经验实际的简单化、片面化，但其优势也来自同一根源。它不仅将实际片面化，同时也将其理想化，由此而占据了前瞻性话语层面的高地。它的特点正是通过对实质/实践/实用的经验实际的简单化，通过以高度"科学化"、普适化的自我包装，占据了对现代和未来理想化的高地，借此占据了"主流"位置。它也多被西方资本主义国家，特别是美国和英国，采纳为统治意识形态。

相对来说，实践/实质/实用主义的优点主要在于其对形式主义认识论的批评，说明其乃是对真实世界的简单化和片面化，突出真实世界的复杂性，从而占据了批判形式主义的主导地位，并长期以来一直与其拉锯不休。但相对形式主义而言，它（们）的弱点是虽然更符合实际，但缺乏形式主义的简单、前后一贯的清晰性，也缺乏其前瞻性和连带的话语威权。形式主义理论借用理想类型的建构来将其理论理想化——人不再是结合理性与感情、理念与现实的实体，而是通过理想化、形式化、逻辑化而被建构为简单的"理性人""逻辑人""科学人"；近现代的资本主义经济和经济学不再是复杂的结合发展与剥削的资本主义实体，而是被建构为科学化、理性化的经济体。这正是形式主义在认识层面上脱离实际的弱点，但也是其能够成为"主流"统治意识形态的秘诀之一。

第六章　建立前瞻性的实践社会科学研究：从实质主义理论的一个重要缺点谈起

(四) 前瞻

我们要问的是,如今和未来的社会科学研究应该往哪里去? 笔者认为,我们应该有意识地选择、采纳更符合实际的实践主义认识方法,摆脱形式化理论将其本身(实际上同样是价值的抉择——如自由主义的个人权利)建构为一个不言自明的客观科学公理,使人们形成了以形式化理论替代实际的惯习。那样的研究方法很容易成为认识真实世界的障碍。

同时,我们应该直面价值选择的必要,并接受人们价值选择的多元性。它应该是被一个国家/社会的人民所公认为值得拥护的价值抉择,是值得成为社会/国家的崇高理念的抉择,但它也应该能够容纳世界上不同的社会/国家和人民所选择的不同的道德理念。形式主义(实际上所做出)的价值抉择不是,也不该被建构为一个唯一的放之四海而皆准的科学普适"公理"。

在中国,儒家所设定的"仁"与"仁治",或"亲民"和"止于至善"的道德价值观,以及历代的谚语所说明的"得民心者得天下"的治理理念,具有悠久和根深蒂固的传统。它也和后来的中国共产党"为人民服务"和追求最大多数人民的利益的理念(譬如,"共同致富")相互呼应,包含着一整个表达/话语体系。它完全可以被采纳为中国社会和国家治理的最高道德价值,并没有必要将其像西方理论那样不符实际地建构为一个排他性的"科学的"普适"公理"。

这里还要说明,中国的"仁"理念其实和西方现代启蒙哲学大

275

师康德(Immanuel Kant)的"绝对命令"具有一定的亲和性。康德有说服力地论析,在纯理性和实际行为之间,我们还需要一个中介性的"实践理性"范畴来帮助认识和理解。康德根据启蒙时代的基本道德精神,为实践理性设定了一个"绝对命令",认为行为应该符合这样一个理性标准:行动者是否愿意(根据其理性判断)将其行为依据的准则设定为一个普适的标准?如果是,则应该可以就此行动;不是,则不可。儒家"仁"的道德准则"己所不欲,勿施于人"(可以被称作中国的"黄金规则")其实和康德的"绝对命令"同样可以被设定为一个现代的崇高准则,带有同样广泛的适用性。其中的差别仅是一个被据实认作道德理念的抉择,另一个则在后来的科学主义时代被演绎为个人权利并建构为"理性"的普适科学公理。(黄宗智,2015a:第22章,亦见同书后记一)

与后来的经典自由主义所强调的个人的绝对价值和经典马克思主义所设定的最高价值观(劳动价值论)的基本公理不同,儒家和康德原来提出的道德(哲学)标准不具有将道德理念假设为无可辩驳的、绝对普适化的科学公理的冲动,它自始便将如此的前瞻性道德抉择视为道德哲学理念,是人们需要追求的目标,而不是无可置疑的、普适的客观公理。

因此,儒家和康德的标准也不会连带有科学主义化、绝对化的冲动,以及将理念等同于实际的冲动,不会像形式主义理论那样将实际/历史简单化、片面化、排他化,并促使人们将理念等同于实际,甚至以"文明""科学""现代化"等借口而强加于非西方世界,成为帝国主义的("东方主义",Said,1978)话语和侵略的一个重要动因和借口。

第六章 建立前瞻性的实践社会科学研究:从实质主义理论的一个重要缺点谈起

道德准则可以给予我们上面已经论证为相对比较符合实际和真实的实质/实践/实用理论所缺乏的前瞻性。它不会像形式化公理那样连带着片面性和绝对性,成为认识真实世界的障碍。借此,我们既能够更好地认识真实世界,也能够更宽容地认识并设定一个国家和社会的崇高理念,但同时又排除现代主义那样的绝对性、排他性和假科学性。由于它在认识论层面上更为包容,并强调从实际出发,它更能够纳入其他理论和文明的洞见来对待真实世界,让人们更好地观察世界,更好地认识今天,也更好地设想未来。毋庸说,它也可以成为一个足可与形式主义抗衡的理念和话语体系。①

二、走出"规范认识危机"的道路

面对目前中国漩涡似的规范认识危机,我们首先要认识到,中国的革命传统仍然具有无可怀疑的正当性。马克思主义在中国革命的过程中,揭露了西方资本主义/帝国主义/现代主义的丑恶面,揭露了其在"文明主义""现代主义""民主主义""自由主义"等善良面之外的帝国主义、殖民主义、强权主义、阶级剥削的一面,揭露了其自我宣称的"理性(经济)人""纯竞争性市场""资源最佳配置"等被理想化一面之外的侵略主义、帝国主义、殖民主义的贪婪

---

① 高原的新作《再思社会科学方法论的形式主义与实质》颇具创新性地提出,实质主义认识方法应该纳入近几十年数学领域前沿的、被用于有限定经验范围的"实质主义化全模型"论析方法——作为一个尽可能贴近经验实际和带有实用效应的方法,它已经给偏重普适规律的古典和新自由主义经济学带来了强烈的冲击,已经成为新一代的前沿经济学动态。

的一面。

同时,中国革命,在几经周折之后,也认识到经典马克思主义、列宁主义的局限,先是认识到由苏联控制的"共产国际"的局限,包括苏联革命模式不符合中国实际,教条化、普适化地执行了以城市为中心的革命总路线战略,最终导致"大革命"的惨败。之后方才逐步认识到中国实际与经典马克思主义论析的不同,几经挫折,方才确立了以农村根据地为中心,农村包围城市,以工农劳动人民为主要依据,而不简单是城市工人的无产阶级为主的革命总路线。这些是作为经典马列主义理论和中国实际之间的媒介的"毛泽东思想"(亦可理解为"实用意识形态"[practical ideology],区别于"纯意识形态"[pure ideology]——见 Schurmann, 1970[1966])的核心。其正确性被中国革命的胜利所确证。

虽然如此,经典马克思主义以及苏联的模式仍然将中国引导上了终止市场经济而全面采纳计划经济的道路。在共和国前三十年中,虽然在重工业发展(1952 至 1980 年年均增速达到 11%——Perkins and Yusuf, 1984:第 2 章)以及国力方面,起到了无可否认的正面作用,包括"两弹一星"、民众的教育和卫生方面的可观成绩,但其经济发展实际上远不如西方的资本主义经济那么全面。最终,在经过了"大跃进"和"文化大革命"之后,转向了重建、振兴市场经济的决策,之后大力推动私营企业的发展,直到形成今天私营经济占到国内非农生产总值的大约 60% 的局面。

如今中国已经纳入经典自由主义经济学理论的一些洞见,包括通过市场竞争机制来进行资源配置,确认私营企业和逐利机制的正当性等不属于马克思主义的抉择和措施,并且实现了举世瞩目的快速和相对长期的经济发展。一定程度上,改革四十多年来的实践经验已经证实了市场经济和激励机制对推动经济发展的作用,也证实了国家能力(譬如,"招商引资")在其中所起的不可或缺作用,这和新自由主义建构的国家"干预"最小化的理论和话语十分不同。

目前,两大意识形态传统并存于中国,形成一种二元对峙共存的状态。国家公共政策时不时源自其中单一方,也许更多时候乃是其间的妥协。一方偏重推动逐利性经济发展,主要以 GDP 增长率为主,另一方时不时关注、强调社会公平。情况有点像如今高等院校中的两者分别共存,前者控制经济学院/系——多被简单等同于西方新古典经济学,但后者也有其一定的地盘,如马克思主义(政治经济学)学院/系。

正因为两者都被认为是比较高度形式化、普适化的"理想类型"理论,同样虚构了给定公理(理性经济人和竞争性自由市场 VS. 劳动价值论和阶级剥削论),同样凭借演绎逻辑而自我形成一个逻辑上整合的理论体系,同样自认为乃普适真理,所以它们一定程度上只可能成为非此即彼的对立二元。

虽然如此,两者也有一定的共同之处。譬如,共同认为规模效益乃是"科学的"、普适的经济规律。在国家过去的农村政策中,我们可以看到这种信念的深层影响:国家一再优先推动大型农业企业,以及美国基于农业企业的专业合作社模式,2013 年以来又大力扶持成规模(超过 100 亩土地的、被设想为美国型)的"家庭农场"等,相对较少关注实际上占据中国农业绝大多数的小农户。(黄宗智,2020a)不过,如今已经显示了一定的转向。

在如此的局面下,中国亟需探寻出一条能够超越两者二元对立的局面的思想和学术道路。笔者认为,要摆脱理想类型化、绝对化的经典理论和意识形态,需要从中国革命和改革的经验和实践实际出发,逐步形成更符合真实世界的复杂性和多元性的长远发展方向和道路。

如今,中国在实践层面上已经做出了一些基本性的选择,初步跨越了两者间的分歧而采纳了"社会主义市场经济"的大框架:既大力纳入市场机制和动力,又保留举足轻重的国营企业以及一个具有强大能力的政党—国家体系,连带其社会主义(人民大众共同致富的)理念。后者其实也包含传统的仁与仁政道德理念,以及其在革命实践过程中所形成的"为人民服务"理念。那些不是形式化的理论建构或虚构的假科学,而是在"摸着石头过河"的实践之中所形成的符合基本实际的大方向、大理念。与现代西方经典理论不同,它没有从某一理论建构的公理出发,凭借演绎逻辑而得出简单化、形式化、单一化的抽象理论,而是通过实践中的临时性、模糊性抉择而逐步形成包含两者的方向性概括和指导性道德抉择。(黄宗智,2019)

在依赖实践和其所展示的认识论上,中国其实已经拒绝了形式理性的理论建构,采纳了实践中的抉择。同时,它实际上也已经拒绝了西方形式主义理论所习惯性地使用的、西方演绎逻辑常用的将实际中本是合一的二元设定为非此即彼、务必在二者中选一的思维。这正是中国文明思想中历来与西方的关键不同。在综合两者的思想抉择中,既展示了中国文明的特色,也展示了中国自身的理论主体性。

更有进者,在采用融合不同社会阶层的战略性决策(如"三个代表")方面,也同样展示了中国文明传统中的二元乃至多元合一的宽容思维(犹如对待儒、释、道三大传统中的宽容性、综合性,以及对待"儒家"与"法家",综合温和的儒家道德理念和严峻实用的法家法律条文的基本思维[笔者将之称作"实用道德主义"]——见黄宗智,2014b,第1卷;亦见黄宗智,2020b)。正是在以上思维方式的基础上,中国已经重构和容纳了西方形式主义理论的一些关键部分,包括对私营企业和市场经济激励机制等的适用。

同时,中国维持了传统中的基本儒家道德主义传统。在革命时期,中国已经对经典马克思主义进行了一些根本性的重构,例如毛泽东和中国共产党的人民内部"非对抗性矛盾"的建构,以及将西方自由主义的"民主"重新建构为"为人民服务"的中国化治理道德理念,特别是将马列主义划归"经典理论"或"主义"范畴,注重对实践层面的"毛泽东思想"的重新理解,并运用于中国实际。

以上这一切都是笔者理解为"道德化"或"前瞻化"的实践社会科学的关键组成部分,意在超越西方排他性的形式主义"理想类型"理论建构传统,代之以中国的前瞻性道德理念,以及更符合真实世界的实践/实质/实用性社会科学学术和研究进路,实际上也是综合中华文明传统、中国现代革命传统以及现代西方启蒙传统的三大传统的前瞻性实践认识道路。

三、新自由主义、马克思主义和后现代主义不可或缺的洞见

在以上对各大理论流派的批评之外,我们需要更明确地指出其各自不可或缺的洞见。

1.新自由主义

首先是新自由主义理论关于市场经济的洞悉。竞争性市场无疑是个高效的资源配置机制——历史已经证明,它要比计划经济高效得多。同时,市场逐利乃是推动创业创新的有效机制,其效率同样明显超过计划经济。再则是伴随市场经济而来的个人自由抉择,同样有助于创新和发展(对学术研究来说尤其如此)。正因为如此,中国才会在经过共和国前三十年对计划经济的实践经验之后,做出了纳入市场经济机制的战略决策,做到高效高速的经济发展。这些是无可辩驳的实践史实。

虽然如此,我们也要认识到,古典和新古典经济学的一个关键信条乃是国家和市场的二元对立,认为国家对市场的"干预"必须最小化,尽可能完全让市场机制("看不见的手")自由运作。对西方最强势的资本主义国家来说,这样的选择和话语建构也许是可以理解的,但对经历了内忧外患交织,以及软弱的晚清和民国初期的政府的中国来说,如此的理论建构乃是不符合实际需要的。这也是为什么无论是意图模仿西方的国民党还是反帝国主义的共产

第六章　建立前瞻性的实践社会科学研究：从实质主义理论的一个重要缺点谈起

党,都同样认为强大的国家能力是现代中国不可或缺的基本条件之一。在采纳市场经济的改革时期,国家实际上无疑起到了至为关键的作用。

2.经典马克思主义

同时,我们还要认识到,经典马克思主义的理论洞见也同样不可或缺。正是马克思主义使我们认识到资本主义市场经济的丑恶面。首先是资本主义的极端追逐私利的一面,其基本逻辑和动力乃是资本的营利追求,为之可以完全不顾劳动者/弱势者的利益,依赖强制手段来压迫、剥削劳动者,并且凭借其诸如"水涨船高"、现代化、发展主义等单一面的建构来掩盖资本家和劳动者之间的不平等关系的实际。

经典马列主义,也包括后现代主义,更说明资本主义更可以凭借"现代化""发展""平等交易"等概念来侵略、压迫后发展国家,实质上成为帝国主义和殖民主义的借口。这是资本主义的基本历史实际,也是被新自由主义所掩盖或忽视的历史实际,而马克思主义则非常鲜明地论析和解释了资本主义这些方面的实质内容。

中国作为被侵略、被剥削的国家,对这样的历史实际都有过切身经历,自然能够看到其历史真实。即便被新自由主义经济学和法学理论的"科学性"和"理想性"所暂时迷惑,但绝对不可能被长期蒙蔽。何况领导反帝国主义、反阶级剥削的中国革命的共产党是国家的执政党。中国的社会科学学术界是不可能长期被新自由主义的说辞所摆布的。现代西方不可仅凭其理想化的理论来认识和理解,必定要同时认识到其凶恶的一面;国家的角色不可简单地与市场对立,必定要认识到其关键性;问题的根本不在国家应否起到重要作用,而在其所起作用是良性还是恶性的。

3.后现代主义

至于具有不那么明显的西方资本主义在话语和价值观方面的"东方主义"/帝国主义和西方中心主义,西方自身所产的后现代主义理论对此已经提出非常犀利和透彻的批评,指出了其虚假的"科学性"和"普适性",根本性地质疑了其实证主义认识论,详细分析了其所建构的"东方主义话语",以及其所包含的"现代主义"和"西方中心主义"。后现代主义理论已经明确指出,需要通过彻底的关于东方主义的话语评析和关于非西方世界的"地方性知识",才有可能认识非西方世界的文化和"意义网"。唯有如此,才能认识非西方世界,看到现代西方的非普适实质。(Said,1978;Geertz,1983;亦见黄宗智,2007:第五章)

如此的论述乃是对韦伯复杂宏大的形式主义理性理论体系和历史观犀利有效的批判,鲜明地洞察到其科学主义和形式(逻辑)主义的弱点,突出了其影响巨大的意识形态化的理想类型理论建构认识方法和话语。后现代主义和马克思主义,作为西方的非主流、"另类"理论,乃是对西方的资本主义—帝国主义—现代主义的深度和强有力的批评,在这些方面无疑引起了历史上曾为受害方的中国人民的共鸣,当然中国革命在中国人民心中仍然具有强大的正当性也是一个重要原因。

四、经典马克思主义和后现代主义的盲点

虽然如此,我们也要看到,在上文已经指出的弱点和优点之外,对认识中国来说,经典马克思主义和后现代主义还都具有比较关键的盲点。我们可以说,它们一定程度上都没有预见到中国今天的实际。

1.马克思主义

举其要者,首先是经典马克思主义对中国小农经济过去和未来的错误判断。它的一个根本错误是根据西方(特别是英国)的经验来认识中国的小农经济,误以为其必定会伴随资本主义的兴起而消失,被雇工经营的资本主义大农场所取代。但实际上,中国迄今仍然有两亿人从事农业,其中绝大多数乃小农,而且明显在相当长的时期中会仍然如此。经典马克思主义理论没有认识到恰亚诺夫所洞察到的19世纪和20世纪初期的实际,即在俄国和世界其他许多地方,小农户虽然已经相当高度商品化,但仍然是农业的实际主体。而且小农户经济不一定必须被规模化的集体农业和计划经济取代,更加需要的是扎根于农村社区的合作社来协助小农户与大市场打交道,凭借其自己的组织力来建立新型的农产品物流体系,借此来卫护小农户在高度商品化(资本主义化)的大市场中的利益。这个洞见已经由于一系列历史偶然因素而被实施于日本,一定程度上也可见于韩国以及中国台湾地区。(黄宗智,2020a)

一个连带的错误是,认为伴随现代工业经济的兴起,除了资本主义体系或计划经济体系的非此即彼,别无选择。实际上,改革以来的中国已经搭建出一个马克思所没有想象到的结合社会主义和市场经济的总体性框架(以及结合工业经济[和信息产业]与[新型]小农经济),并没有像不少马克思主义学者预期的那样,变成完全是个资本主义或"国家资本主义"的体系(黄宗智,2019)。当然,它是一个强大国家组织和市场经济的结合体,不是像新自由主义建构那样对市场经济放任的国家。迄今,两者的结合已经展示了强大高效的经济发展成绩。虽然如此,它也显示了一些尚待解决的庞大和深层的问题(如一定程度的社会不公和官僚主义)。中国未来的发展道路仍然是一个在摸索中的过程,其未来的组合与逻辑都尚待实践中的探索来明确。这也是马克思、列宁所没有想象到的发展现象和道路。

2.后现代主义

至于后现代主义,我们也要认识到,它具有极端的相对主义的倾向,走到几乎完全拒绝"客观真实"、拒绝任何普适价值、全盘拒绝现代主义的极端。它虽然强有力地批判了现代主义,却最终还是与其相似地依据演绎逻辑而走到了相反的极端。前者从其所建构的普适的"公理"出发,演绎出一整套被认作是普适的真理,后者则从其相反的"特殊"极端出发,演绎出与其相反的逻辑上整合的极端相对主义,拒绝一切客观真实,一切普适价值或理念,因此成为一个只能批评不能建设的理论(国内许多学者对后现代主义的理解/转释仍然局限于其对西方中心主义的质疑的一面,忽视了其更为根本的认识论上的虚无主义和反现代主义)。在西方,它虽然大力鼓励了对非西方以及弱势群体的文化和话语的研究,促进"文化多元主义"(multiculturalism)的兴起(虽然,其"多元"实际上多是隔离的而不是融合的多元),但它对我们特别需要认识的发展中国家的政治经济体的贡献较小。由于其偏重近乎单一的话语分析,一定程度上甚至成为认识和改造这些方面的学术的一种虚无主义障碍。(黄宗智,2015a;尤见第五章)

更有进者,要更好地认识真实世界,我们需要看到话语和实践的二元互动关系,既要看到其可能一致的一面,也要看到其背离的一面。实践真实源自两者的互动。一如以上所述,通过实践/实质/实用与表达的结合与互动,我们才能看到中国正义体系的实用道德主义特征,以及美国正义体系的形式主义+实用主义整体。同时,即便是话语本身,我们也不仅要看到现代主义的丑恶一面("东方主义"),也要看到其崇高理念的一面(自由、民主),更要看到其矛盾结合,以及其与实践真实之间的多维、复杂关系,而不是像现有理论那样,仅聚焦于其中一面。

五、建立一个新的社会科学研究世界

简言之,要为实质主义添加前瞻性的第一步是借助另外两大理论传统,马克思主义和后现代主义,来协同指出当今占据霸权的形式化的资本主义/自由主义理论模式的不足。同时,也要认识到新自由主义中已经被证实的重要洞见:一方面是新自由主义关于市场经济方面的已经被历史证实的强大威力,另一方面是西方已经具有深远传统的马克思主义和后现代主义对其资本主义丑恶面的深刻有力的洞察。同时,也要认识到实质主义理论本身缺乏前瞻性理念和话语建构方面的不足。如此,才有可能进一步建构超越现有理论局限的新学术世界。

本章提倡,首先在认识论和方法上,我们需要清醒地认识到经典新自由主义和经典马克思主义同样将真实世界简化为(主观与客观、唯心与唯物)二元单一方的偏颇,也要认识到其言过其实地自我设定为无可辩驳的"科学"和普适真理的偏颇。我们要返回到实践理论对真实世界的复杂性,多元、多面性的认识,拒绝两大主流理论对其简单化、科学主义化,乃至于西方中心主义化,一如后现代主义洞察到的那样。但同时,也不可像后现代主义那样走到话语主义的极端,忽视话语与实践间的多维互动关系。

同时,要对实践理论的回顾性和缺乏前瞻性具有清醒的认识,在以实践/实质/实用真实为主的认识方法之上,确立中国和中国人民自身在道德理念方面的抉择,借此赋予实践理论所欠缺的前瞻性,以判别"善"与"恶"的实践。既要承继中华文明长期以来的核心道德观,也要综合其与西方现代启蒙时期的"实践理性"和"绝对命令"黄金规则理念的共通性,超越两者的非此即彼二元对立。并且,确认其乃道德价值理念,避免将其像西方科学主义那样建构为科学的、普适的理论。因为那样的话,最终只可能成为唯我独尊、强加于他人的类似于"东方主义"的理论建构。如此,方才能够建立一个新型的道德理念和话语体系,一个结合指导性的崇高理念与符合实际的认识进路。

第六章 建立前瞻性的实践社会科学研究：从实质主义理论的一个重要缺点谈起

这里的目的是要破除目前社会科学界中的科学主义和西方中心主义认识论的弊端，借助更符合实际的实践社会科学认识论来纠正其认识论上的偏颇，也借助各大文明自身至为崇高的道德理念来赋予如此的认识方法应有的主体性以及多元化的、宽容的前瞻性道德价值观和话语体系。这样，既可以形成中国带有自身主体性的社会科学，也可以符合实际地探索其历史和未来的长远道路，并为全球化的社会科学创建一个更为宽容、全面、符合实际的学术世界。

我们对待所有现有理论的基本态度是把它们当作问题而不是答案。相对千变万化的实际而言，理论只可能是片面的或局部的，不可能是普适的；只可能是随相应真实世界的演变而变的，不可能是给定的永恒真理。学术可以也应该借助不同流派的现有理论来协助我们认识实际，来推进我们对实际的概括，但绝对不应该像高度科学主义化的主要西方理论那样用来表达虚构的普适规律，或对真实世界实际片面化和理想化，甚至将理想等同于实际。真正求真的学术是根据精准的经验研究，通过对现有理论的取舍、对话、改造和推进来建立带有经验界限的、可以行之有效的、更符合经验实际的概括，然后再返回到经验/实践世界中去检验。如此的学术探索应该是由求真和崇高的道德价值动机出发的问题，不该局限于如今流行的比较庸俗和工具主义/功利主义的研究方法或所谓的"问题意识"。这才是本章提倡的"前瞻性实践社会科学研究"的实质含义。

参考文献：

黄宗智(2007)：《经验与理论：中国社会、经济与法律的实践历史研究》，北京：中国人民大学出版社。

黄宗智(2014a)：《明清以来的乡村社会经济变迁：历史、理论与现实》。第1卷《华北的小农经济与社会变迁》；第2卷《长江三角洲的小农家庭与乡村发展》；第3卷《超越左右：从实践历史探寻中国农村发展出路》，北京：法律出版社。

黄宗智(2014b)：《清代以来民事法律的表达与实践：历史、理论与现实》。第1卷《清代的法律、社会与文化：民法的表达与实践》；第2卷《法典、习俗与司法实践：清代与民国的比较》；第3卷《过去和现在：中国民事法律实践的探索》，北京：法律出版社。

黄宗智(2015a)：《实践与理论：中国社会、经济与法律的历史与现实研究》，北京：法律出版社。

黄宗智(2015b)：《农业合作化路径选择的两大盲点：东亚农业合作化历史经验的启示》，载《开放时代》第5期，第18—35页。

黄宗智(2018)：《怎样推进中国农产品纵向一体化物流的发展？——美国、中国和"东亚模式"的比较》，载《开放时代》第1期，第151—165页。

黄宗智(2019)：《探寻中国长远的发展道路：从承包与合同的区别谈起》，《东南学术》第6期，第29—42页。

黄宗智(2020,a,b,c)：《实践社会科学与中国研究》。第1卷《中国的新型小农经济：实践与理论》；第2卷《中国的新型正义体系：实践与理论》；第3卷《中国的新型非正规经济：实践与理论》，桂林：广西师范大学出版社。

黄宗智编著(2020d)：《实践社会科学研究指南》，桂林：广西师范大学出版社。

沈原(2006):《社会转型与工人阶级的再形成》,载《社会学研究》第2期,第13—37页。

沈原(2007):《社会的生产》,载《社会》第2期,第170—191页。

Block, Fred(2003). "Karl Polanyi and the Writing of The Great Transformation," in *Theory and Society*, 32: 275—306.

Bourdieu, Pierre (1977). *Outline of a Theory of Practice*, translated by Richard Nice.Cambridge: Cambridge University Press.

Bourdieu, Pierre (1990). *The Logic of Practice*, trans. Richard Rice. Stanford, Calif. : Stanford University Press.

Burawoy, Michael (2003). "For a Sociological Marxism: The Complementary Convergence of Antonio Gramsci and Karl Polanyi," in *Politics and Society*, Vol. 31 No. 2 (June): 193—261.

Geertz, Clifford(1983). *Local Knowledge: Further Essays in Interpretive Anthropology*.New York: Basic Books.

Perkins, Dwight and Shahid Yusuf(1984). *Rural Development in China*. Baltimore, Maryland: The John Hopkins University Press (for the World Bank).

Polanyi, Karl (2001 [1944]). *The Great Transformation: The Political and Economic Origins of Our Time*, 2nd edition.Boston: Beacon Press.

Polanyi, Karl, Conrad M. Arensberg, and Harry W. Pearson, eds. (1957). *Trade and Market in the Early Empires: Economies in History and Theory*.Glencoe, Illinois: The Free Press.

Said, Edward(1978). *Orientalism*.New York: Pantheon.

Schurmann, Franz (1970 [1966]). *Ideology and Organization in*

Communist China. New Enlarged Edition. Berkeley: University of California Press.

Weber, Max (1978 [1968]). *Economy and Society: An Outline of Interpretive Sociology*. Ed. Guenther Roth and Claus Wittich, trans. Ephraim Eschoff et al. ,2 vols. Berkeley: University of California Press.

第三编

探寻符合中国实际的理论概括

第七章
集权的简约治理
——中国以准官员和纠纷解决为主的半正式基层行政①

近二十多年来的档案研究显示,清代民事司法体系的那套原则和方法,出人意料地被广泛应用于众多其他的治理领域。时至今日,已经积累了不少证据,足使我们能够得出一些有关清代基层治理的初步结论,而这些结论又足以促使我们重新思考有关中华帝国和中国现代国家本质的一些主要理论阐述。

---

① 本章中文版原载《中国乡村研究》第五辑,福州:福建教育出版社,2007 年,第 1—23 页,并纳入《中国国家的性质:中西方学者对话,(一)》专辑,载《开放时代》2008 年第 2 期,第 10—29 页。英文原作 Philip C. C. Huang, "Centralized Minimalism: Semiformal Governance by Quasi-Officials and Dispute Resolution in China," *Modern China*, 34, 1 (January, 2008)。在此感谢白凯(Kathryn Bernhardt)、夏明方、李怀印、彭玉生、Bradly Reed、Elizabeth VanderVen 和汪洋在本文修改过程中提出的宝贵意见。汪洋为本文译出初稿,谨此致谢。译稿经我自己详细校阅修改,基本准确。但因概念众多,不容易翻译,文字去理想甚远,尚盼读者见谅。

首先，简要地重述一下我们对于民事司法体系的认识：清代对民法的整体看法被概括在它的"细事"范畴中。这是一个接近西方现代法律"民事"范畴的概念。清代的认识是，有关土地、债务、继承和婚姻（以及老人赡养）的纠纷都是"细"微的、相对不重要的事情。这首先因为，在国家眼里这些事件的纠纷远不如刑事案件来得严重，于是国家很少或者根本不加以惩罚。其次，比较不那么明显的一点是，国家认为这些事情最好由社会（社区、亲族）以妥协为主的纠纷调解机制而不是国家以依法断案为主的公堂来处理。事实上，大多数纠纷正是由社区和亲属调解解决的。

但是，还有很多有关"细事"的纠纷并不能由此解决，而是告到了县衙公堂上。在这些场合里，国家首先依赖的是一个半正式过程。在此过程中，法庭体系和（因控诉而）再度启动的社会调解一同运作。两种体系之间的联系由社会提名、国家批准确认的不带薪准官员"乡保"担当。县令收到诉状、辩词和各种禀呈的时候，通常会写上简短的批词，而那些批词一般会被公布，或通过乡保传达给诉讼人。作为知县意见的初步表达，这些批词会在重新启动的社会调解过程中起重要作用，一方或另一方可能会更愿意妥协，由此达成调解协议。如果这样的庭外调解成功了，知县几乎没有例外地会认可调解结果，因为对他来说，那样的结果要比任何公堂裁决来得理想。这个依赖准官员、法庭体系和社会调解间互动的半正式过程运用得非常广泛，几乎是个制度化了的常规程序。在告到公堂的所有"细事"案件中，可能有40％通过这种方式得以解决。只有在民间的和半正式的调解过程失败时，知县才会正式开庭按照法律裁决纠纷（Huang, 1993b; 1996：第五章；中文见黄宗智，

2001)。

这种治理的基本进路——有了控诉才介入,并尽可能依赖民间调解和半正式程序,不仅运用于民法体系中,也广泛地运用于整个清代地方行政中。尽管高层权力十分"集权化",但是不同于现代官僚政府及其使用的正式监督和形式化文书,清代利用准官员和半正式纠纷解决机制进行地方治理的方法也许可以用"简约治理"和"简约主义"来概括。本章将从总结已经积累的证据开始,对中国过去和现在的治理方式提出一些看法。

一、历史证据

由于战争的破坏,晚清、民国的县政府档案存留下来的相对稀少,但是仍然有一定数量的资料相当完整地幸存下来,并在过去二十多年内得到比较细致的研究。它们展示了民事(细事)司法的方法如何被应用于行政的其他领域,包括县以下的税收、教育、司法管理、村庄治理,甚至县衙门自身的管理。综合在一起,这些研究提供了一幅清代地方治理主要手段和特性的综合画面。

(一)晚清宝坻县例证

晚清宝坻县的档案资料(中国第一历史档案馆,顺天府档案资料)向我们展示了该县县级以下行政单位的实际运作,区别于宣示于众,其仅仅显示了国家意图和设计的规章制度。档案揭示,县级以下的准官员乡保是个关键性的人员,每人平均负责管理二十余个村庄(宝坻县总共 900 多个村庄)的赋税征收和司法事务。这些乡保是县衙门和地方社会之间的主要联络人。他们是不带薪的准官员,来自地方社会,由地方提名,经国家批准确认。处在国家与社会的交汇点上,他们具有两副面孔,既是社会代表人,也是国家代理人。他们可能是地方社会中的强势人物,也可能仅仅是这些强势人物推举的作为应付国家索取的缓冲器式的小人物;他们可能是地方利益的代表,也可能是利用自身和国家的联系,在地方上滥用权力以谋取个人利益的人。一些乡保仅仅是县衙门政令和通告的传递者,而另一些乡保却握有相当大的权力,甚至可以依靠自己的权威解决纠纷。这些不同在很大程度上依地方情况和乡保个人品性而异(Huang,1985:224—231 税收部分;1996:127—131 司法管理部分;中文见黄宗智,1986、2001)。

我们对乡保的了解并非来自任何形式化的官僚行政文书,而是主要来自涉及乡保任命和针对乡保的控诉"案件"。宝坻县档案收有 1830 年至 1910 年间关于乡保任命和再任命的案件 99 例。① 有时,案件涉及运用各种手段谋求乡保职位的地方人士间的争夺;有时却又正好相反,案件涉及用尽各种可能手段避免被任命为乡保。就后一种情形而言,我们有众多被提名的和现任乡保逃亡的例子。甚至在一个例子里,某人一再容忍提名人的敲诈,以求避免自己被任命为乡保(Huang,1985:238;中文见黄宗智,1986)。此外有很多涉及乡保的控诉案例,诉状通常指责乡保滥收税款或滥用权威(例如 Huang,1985:225,28—30;中文见黄宗智,1986)。

---

① 这是王福明用该县 20 个里中 5 个里的材料整理出来的案件数。(从翰香,1995:26—33)

第七章 集权的简约治理——中国以准官员和纠纷解决为主的半正式基层行政

例如,在一个记录得特别详细的案件里,乡保田奎因为滥用职权一度被罢免,几年后,当他在 1814 年试图重新出任乡保时,再次遭到多位地方领袖的控告(宝坻县档案,87,1814,12.4;参见 Huang,1985:229;中文见黄宗智,1986)。在另一个案例里,拥有 20 000 亩土地的缙绅、大地主董维增,一次又一次挑选并提名自己手下的一个人担任乡保,目的是借此逃避田赋。1896 年,当地其他精英联合起来控告董和他的乡保,纠纷由此进入了司法系统(宝坻县档案,94,1896,5;1898,2;1898,7.15;参见 Huang,1985:230;中文见黄宗智,1986)。

正是这样的记录使我们得以勾画出乡保的图像。与此相对照,县衙门程序化的诉讼记录只能给我们提供一个在知县"饬令""查情""禀报"等程序化用词中,没有生动面孔的乡保。唯有从涉及乡保自身的案件和纠纷中,我们才能知道他们是谁,做了什么,卷入了什么样的纠纷。

但是过去的学术研究,包括我自己在内,都没有从材料中提炼出基层行政的特有方法,而这正是本章的焦点所在。在这些涉及乡保自身的案例中,知县的行为和他们在民事案件中的所作所为非常相似。在没有针对他们进行正式控诉时,乡保一般都在没有官方监督和正式文书要求的情况下,按自己的意愿行事。因此,他们很少出现在县衙门程式化的文书中。唯有因关于乡保的控告或任免而卷入纠纷时,才会产生关于乡保的正式档案记录。在那些案件里,知县基本像在民事案件里一样作为。他的优先选择是让社会机制解决纠纷。如果这一机制失败了,他会做出明确的判决。在关于乡保任免的纠纷中,如果双方对峙,他会毫不犹豫裁定由何人任职;在涉及滥用权力的持久纠纷时,他会判决哪方在理,或罢免或保留现任乡保。这种治理方法的目的在于,用最少的官僚付出来维持现存体系。

正如我在关于"民事"诉讼的研究中所展示的那样,清代知县既没有时间也没有动机在公堂上卷入旷日持久的调解,为他眼中的下层人物达成自愿妥协而付出努力。对他来说,让诉讼双方达成自愿协议要远比直接判决耗费更少的时间和精力。① 并且,考虑到国家制度将"细事"当作应由社会自己解决的事务,那些拒绝社会调解而在诉讼程序中一直坚持到正式堂审的当事人,一般都是比较固执地坚持自身立场的人。无论知县的道德教化多么热诚或高尚,这些案件通常不易经过教化、调停得到解决。在实践中,仅从行政效率来考虑,这便要求知县按照法律作出明确的判决(Huang,1996;2006a;中文见黄宗,2001,2007a)。关于乡保的控诉案件道理相同。

但是,这一事实并没有阻止知县在其写作中或发表的案例中,仍旧用儒家理想化的词汇将自己建构成一个凭借道德楷模和说教来进行治理的人。正是因为这种意识形态化的表达,有的学者把知县看作是公堂上道德化的调解人。② 事实上,大多数知县通常只是职业化的官僚。遇到非判决不能解决的纠纷时,他们会选择迅速地根据法律判案。在那样的案件之外,大多数县令在某地有限

---

① 当然,这也是当今改革时代,随着案件数量的增长,法庭倾向少采用调解而更多诉诸简单判决的原因。
② 关于我和滋贺秀三在这个问题上的争论,见 Huang,1996:12—13;中文见黄宗智,2001。

的任期中,在治理上尽可能从简,没有必要便不介入——换句话说,尽可能依赖民间的社会机制和半正式治理方式。

(二)民国顺义例证

我们当然可以说,在民国时期,国家试图通过"现代国家建设"或科层制化(bureaucratization,亦译"官僚化")的方式(见下文),深化自身对乡村社会的控制。国民政府通过将国家正规官僚机构延伸到县以下新建的"区",加强其对乡村社会的权力。每一个区有一个由国家支付薪水的区长,具有正式文书和警察甚至武装保安的支持。这一重要的官僚化步骤出现在清末开始的各种改革之后。在新政时期,国家试图通过在自然村一级设立村长这一准官员职位,而不是像过去的乡保那样的跨村职位,强化自己对乡村社会的影响力。

然而,伴随20世纪官僚化的"国家建设",旧的草根阶层的简约治理仍然有相当部分保留了下来。这里,像清代一样,我们的信息来源依然主要是涉及新村庄领导的任免和针对他们的控诉的档案。资料来自河北省顺义县。从1929年到1931年,顺义县政府共收到88份涉及村长的诉状。其中70份来自要求允许其辞职的现任或刚被提名的村长(顺义县档案,3:42和50,1929,1—12;3:170,1930,9—1931,9)。其他6份是针对现任村长滥用职权,主要是针对他们在税务管理中滥权的控诉。剩下的包括5份由其他村庄领导递交的要求任命新村长的诉状,5份报告现任村长的死亡并要求新任命村长的诉状,以及两个特殊的案例①。

这些记录告诉我们,清代宝坻县关于乡保的记录所揭示的行政方法,仍然广泛地应用于民国的乡村治理。像乡保那样,新的村长是由地方领导提名并得到县令批准确认的。他们不是带薪的官员,更多的是村庄社区的代表而不是国家官员。除非有针对他们的控诉,或者有任命新村长的必要,否则大多数时候他们都是自行其是的(Huang,1985:241—244;中文见黄宗智,1986)。

1929—1931 年间顺义县资料中出现大量要求辞职的诉状,乃是由于国民党政府强化对乡村的控制,增加赋税,尤其是杂税(即"摊款"——主要是为了建立警察、保卫团和学校而征收),从而加重了乡村政府的压力。与清政府在宝坻县只试图控制到人均管辖20个村庄的乡保一级不同,新政府试图通过村长直接把自己的触角延伸到自然村一级。与清政府满足于通过乡保在跨村一级运作不同,新政府希望让新的村长对税收负责。与清政府在两个世纪内将许多事务尽可能留给地方自身负责不同,新政府试图征收更多税款来进行现代化改革——建立现代警察、武装力量和学校制度。最后,在国民党和军阀交战时期的战略区域,军队的过境要求村庄提供粮食、畜力、住宿、人力和其他后勤服务(Huang,1985:278—280,284—285,288—289;中文见黄宗智,1986)。

---

① 一份是一名村长提起的针对几个村民的控告。另一份是三名新成立的(虽然不是普遍建立的)"检查委员会"成员提起的针对一名村长没有遵照国民党新指示公布村庄账目的控诉。在 1996 年的书中,我说有"大约 120 份"这样的诉状(Huang,1996:43—44;中文见黄宗智,2001)。更细致地看,那个数字包括了 15 份诉状复件,10 份不涉及村长的诉状,6 份只是由个别村民提起的普通民事诉讼。总共是 119 份。因此当时说一共"大约 120 份"。

第七章 集权的简约治理——中国以准官员和纠纷解决为主的半正式基层行政

这些新的压力致使许多旧村长申请离职,许多新被提名的村长试图逃避负担。一些人借口年老体衰或健康状况不佳,另一些人借口自己是文盲,没有能力或资格任职,还有一些人则借口自己有其他的责任和义务。在好几个例子里,刚被提名的村长转身就提名他人做村长,而那个被提名者又反过来申请要求避免这样的"荣誉",并坚持最初的那个人更有资格担任村长一职。许多乞求脱离村长职务的请愿人都提到了新增税款给村长增加的压力。另外一些人则提到了战时的军事索取。

这些资料使我们确信,国民党治下的乡村治理仍然带有许多和清代宝坻县档案所揭示的一样的特性。和清政府在乡保任命上的做法一样,国民党政府也从地方抽取人员,要求本乡本土的领导从社区成员中提名村长。国家并不任命或派遣这样的村长,而将自己的角色限于批准社区的提名。而且,和乡保一样,新的村长也是没有薪水的准官员。除非村长像乡保一样成为被控告对象,或者自己要求辞职或由他人替代,否则只要满足税收指标,村长都可以无监督地依自己的意愿行事。这也正是为什么关于村长的主要信息来源是针对他们的控诉或者他们自己提交的呈诉。

从20世纪30年代到40年代初期,日本满铁("南满洲铁路株式会社")所做的田野调查提供了重要的口述史信息,确证和充实了我们从档案记录中得到的认识。满铁研究人员在1939—1942年间调查的华北六个村庄,为半正式的乡村治理提供了细致具体的例证,可以分为三种不同的模式。在鲁西北的后夏寨和冷水沟,由社区领导提名的早期村长大部分一直供职到40年代初期。他们通常更多地代表社区利益,而不是国家利益。他们所在的社区是以一个有内聚力的整体来和国家打交道的。这些村庄内的社区纽带大部分都在 20 世纪的变革中维持了下来。县政府根本没有干涉村庄事务。我们关于这些事务的认识来自口述史而不是县档案(Huang,1985:259—264;中文见黄宗智,1986)。

另一方面,在沙井和寺北柴(前者靠近北京,后者在冀中南),在国家对村庄经济新的压榨和索取之下,长期担任村长的人辞职了。这导致了权力真空,使得滥用权力的"无赖"得以窃取村长职位,并利用职务为自己牟取私利。但是,这些村庄的社区纽带依然足够强劲,在滥权行为面前,村民们联合起来,向县政府提起申诉,并最终罢免了这些无赖。在沙井的案例里,这一过程发生在抗日战争时期的 1939 年。在村庄(联合了邻近的石门村)向县政府提起针对无赖樊宝山的正式控诉后,后者被罢免并遭到刑事处罚(有期徒刑两年)。在寺北柴的案例里,这一过程发生在 30 年代早期。当长期担任村长的张乐卿辞职以后,无赖李严林在接下来的两年里接替了他的位子。直到村庄向县政府提起控诉之后,李才被罢免,张重新回来担任村长。这里,我们的认识来自满铁调查员所提供的村庄口述史和他们搜集的县政府档案(Huang,1985:264—270;中文见黄宗智,1986)。

在第三种模式里,在冀东北的吴店和侯家营,社区的旧领导放弃了位子,而让"无赖"式的人物独占了村政府。在日本人进行调查的 1941—1942 年间,两个村庄都处在滥用权力的村长的管理之下,但是村庄并没有能够团结起来提起正式申诉。县政府完全没有介入村庄事务;因此,我们对发生在这两个村子里的事情的了解全部来自村庄的口述史(Huang,1985:270—274;中文见黄宗智,

1986)。

这些满铁资料确证,清代依赖准官员和纠纷解决进行统治的简约治理方法,仍然被国民党政府,甚至日本占领军政府所沿用。他们并没有试图在村长位子上放上带薪官员,把村政府正式官僚化。相反地,他们继续采用了半正式行政的方式,将自身限定在批准和认可下面提名的领导人上。只有在针对滥用权力的控诉和新的任命发生时,政府的官僚机构才会介入。(而且,正如我们已经看到的那样,当新的压力和张力打破了旧有的社区联结纽带时,这种做法很容易为机会主义者和无赖窃取权位打开方便之门。)在原则上和方法上,这种统治方式和清政府处理"细事"的方式有一定的相似和延续之处。

(三)晚清和民国获鹿县的税务管理

李怀印对保存较好的(河北中南部)获鹿县晚清至20世纪30年代档案资料的研究,为上面的观察提供了进一步的确证。在获鹿,和宝坻县乡保一级相当的县以下关键"官员"是所谓的"乡地"。和乡保一样,乡地没有薪水,由社区提名(通常依照长期存在的"村规"轮流任职),并得到知县的确认。但是,与乡保不同,每个乡地通常与一个特定的村庄相连。相对于宝坻县人均负责20个左右村庄的乡保,这里典型的情形是一个乡地负责一个村庄。如李怀印所观察的那样,这一情况的出现可能是因为冀中南较之宝坻县所在的冀东北生态更稳定,土地生产率更高,由此保障了更紧密联结的村庄社区和更高程度的社区团结(Li,2005:9;2000:第一章)。

较高程度的社区团结和较高程度的县行政渗透似乎矛盾,其实共存。但政府的行政方法是相同的。这里,有关"乡地"的资料主要来源同样是涉及乡地的提名和确认的"案件",以及针对他们滥用权力和职责的控诉。和真正科层制化的组织不同,在政府的正式档案里,我们很少得见乡地的日常行为。有关乡地的文书大多限于非常规的、知县干预了的"案件"和"诉讼"。

获鹿县税务管理的主要模式是由乡地先预付应征款项,然后再由他们在社区成员中分配税额,收缴税款。如果进行顺利,县政府收到了应征税款,那么征收大体上由乡地个人负责,基本上任其自己运作。只有当这一体系的运作出现问题,在纠纷、控告和人事变动中,知县才会介入(Li, 2000:第五章;参见 Li, 2005:第四、五章)。

在清末新政和紧随而来的民国时期的"现代""国家建设"中,乡地体系和新建立的村长体系并存了下来。但是二者都遵循着旧有的简约治理原则:除非纠纷和申诉发生,这些不带薪的准官员基本自行其是。

(四)东北地区海城县的乡村学校和教育管理

这里要提及的另一批档案证据来自东北地区的海城县,材料相当完整,是樊德雯(Elizabeth VanderVen)博士论文(2003)的核心内容。在海城县,中央政府从新政时期开始呼吁按照中央的指导方针建立乡村社区学校。部分村庄过去有教授《三字经》《百家姓》和《千字文》的私塾(其上是教授"四书""五经"的私塾),当时整个教学体系都被导向国家主办的科举考试。现在旧的私塾体系要被新的学校体系替代。后者预期将教育普及到所有儿童,并强调数学、地理、历史、科学、国文、体育、音乐等新式科目。(VanderVen,2003:第三章)

中央政府为新型乡村学校所做的设计虽然相当详细,但并没有为它们划拨任何官方资金。一般村庄都是利用村里的庙宇或村政府自己的收入来建造校舍,自行选择和聘雇学校老师。它们可以收取学费,以资学校运转,但是由于它们在设计上是社区的"公共"学校,学费通常很低。有的新学堂是经过改造的私塾,在课程里将新式和旧式的科目合到了一起。(VanderVen,2003:第三章;VanderVen,2005)

就地方教育管理而言,晚清政府(在 1906 年)建立起了部分科层制化和部分半正式的"劝学所"。这些县以下的劝学所负责监察地方和村庄的教育。他们并不是县衙门的一部分,也不从属于某一行政部门。在这一点上,他们和过去的乡保类似。但是,他们在一定程度上官僚化了:所里任职的官员有薪水,对在其管辖权限内的学校做定期的巡视,并将结果报告给知县。所的长官(至少在理论上)是由地方社会提名并得到知县任命的。而他反过来(至少在理论上)选择本所的其他"绅董"和工作人员,理论上要经由知县确认。由于这些教育机构的成员无一例外地来自当地,他们通常更认同地方的利益。在例行的汇报之外,除非遇到纠纷或控诉,这些机构在很大程度上可以自行其是。(VanderVen,2003:第六章)

我们关于这些学堂和教育机构的信息部分来自他们向县政府递交的官僚化了(甚至具有固定的表格)的有关学校的定期报告。

这些报告涵盖了教学质量、学校管理、学生表现、健康状况、卫生工作等各方面内容。但是,就像我们在搜集有关乡保、乡地的资料时那样,在这里,更多的信息来自涉及乡村违反规则、特殊的申诉或纠纷等有待知县解决的"案件"。在这种场合里,这些教育机构的官员们很大程度上像乡保一样充当村庄和县衙门之间的联络人。知县主要在这些控诉和纠纷中直接介入。(VanderVen,2003:第六章)

樊德雯的上述发现,在李怀印完成他的博士论文之后对冀中南获鹿县教育所做的研究中得到了进一步的确证。和樊德雯一样,李怀印的材料主要由涉及新式学校的纠纷和申诉的"案件"组成。这些材料显示了和东北海城县相同的部分科层制化、部分半正式行政的原则和方法。(Li,2005:第八章)

使人惊奇的是这种由国家发起、结合了村庄社区和地方精英参与的治理模式产生了十分深远的影响。它开创了全国范围的乡村学校建设。很多今天的乡村学校都可以追溯到这个时期。"文革"时期广泛建立的村庄集体(大队)学校,尤其清晰地显示了与这些建于20世纪初期的学校的延续性。像新政和民国时期的前身一样,集体制下的村办小学主要是由村庄(集体)自己出资建立的。当然,它们是在中央指导和其所制定的蓝图之下实施基础教育的。实际上,它们是村庄在国家简约主义的设计下由社区自己积极参与和推动的产物。

(五)清代四川巴县的衙门行政

最后,白德瑞(Bradly Reed,2001)对四川省巴县衙门档案的研究表明,同样的治理原则和方法甚至也被应用于衙门自身的管理。根据清政府的设计,知县是县衙门里唯一由中央任命的带薪官员。很早以前瞿同祖的研究就明白地指出了知县的"非正式"(瞿的用词)私人"幕友"所扮演的重要角色:特别是知县带着随他去各处赴任的刑名幕友和钱谷幕友的至关重要的作用。知县用他自己正常"薪水"以外的"非正规"收入(来自礼物之类)来支付这些师爷的收入(Ch'ü,1962)。而白德瑞的研究向我们展示了衙门的日常工作人员——那些在衙门各房里任职的书吏和差役的运作。

这些吏役也是半正式人员。他们中的绝大多数被假定是根本不存在的,因为清代行政法规明确地将县衙书吏和差役的人数分别限制在几十人以下,仅相当于19世纪大多数县真实人数的很小比例。他们的收入也被条例限定在19世纪吏役实际收入的小部分的数额上。然而,这些居于正规条例外的灰色人物担负着衙门的日常行政工作。他们一般都展现了一种准官员的价值观,将自己的资格和志向与正规官僚相比拟。

白德瑞所用材料的核心也是"案件"记录。再一次地,这些案件主要涉及在各房吏役的任命和再任命中,以及围绕该房控制权所展开的争夺,或者是房与房之间围绕县衙门的权力和财政控制权所展开的争夺。正如白德瑞指出的那样,由于县衙门财政收入的大部分来自刑房在地方纠纷案件中所收取的费用,刑房也就成了特别容易发生冲突的地方。当这些冲突爆发的时候,冲突的一方或另一方会向知县提起申诉,希冀知县介入来解决纠纷(Reed,2001:第二章)。

正是通过有关这些纠纷的"案件"记录,我们了解到各房及其吏役的实际运作情况。白德瑞强调,这些案件向我们展示了县衙门日复一日的运作,非正规的吏役如何悖论地组成衙门的日常工作人员,他们如何同时带有非正规人员的不合法性和正规官僚的合法性(亦即白德瑞所谓的"非法官员"[illicit bureaucrats]),在法定规则之外承担着地方政府的必要职能。

我在这里要补充指出的是衙门管理运作与司法、税务、教育管理运作间的共同之处。再一次地,我们看到了它们对准官员的依赖,它们不是由政府而是由地方社会拨款,或由衙门从自己提供的服务所获得的收入中支取来维系的半正式人员。这种方法也是为了让正式的国家机构尽可能少地介入地方事务,避免使用程式化的监察和文书工作等官僚政治手段。知县作为正式科层制的代表,仅在因纠纷而产生控诉的时候才介入地方事务;否则的话,基本上任其自己运作。

值得注意的是,知县几乎完全以管理他治下的村庄的办法来管理县衙门各房。各房头目由各房自己提名,然后由知县认可。每一房"代表"的准官员薪酬由各房自己负担。每一房首先依赖自己的内部机制解决纠纷。知县只有在不介入便无法解决纠纷时,或者在产生针对吏役滥用权力的控诉时才会介入。一旦介入,知县接下来便按照他处理细事案件的方式来解决纠纷和处理控告。这同样也是简约主义的行政。

第七章 集权的简约治理——中国以准官员和纠纷解决为主的半正式基层行政

二、集权的简约治理

韦伯在他的两个理想政府类型"世袭主义君主制"和"科层制"("官僚制")之间做了重要的区分。前者以一个把国家当作统治者个人领地的世袭君主制度为特色;后者以一个非人格化的、带薪官僚阶层行使专业职能的现代政府为特色。但是,当他讨论帝制时期中国的历史时,认识到实际和他提出的用以阐明理论联系的两个理想模型不同,因此颇具洞见地使用了"世袭主义(君主制)的官僚制"(patrimonial bureaucracy)的概念,而不是简单地使用两个模型中的一个或另一个去进行描述。正如我在另文提及的那样,韦伯的建议可以理解为一个既矛盾又统一的框架——一个是"世袭主义的君主制度"同时又是科层制化的"官僚制度"的体系(Weber,1978:1047—1051;请比较 Huang,1996:229—234;中文见黄宗智,2001)。孔飞力在关于1768年叫魂恐慌的研究中强调"君主独裁"和"官僚制"间的冲突(Kuhn,1990),我的建议则是将二者看作在单一悖论体系中相互依存的两个部分。

然而无论如何,韦伯的理论框架对厘清中华帝国治理的两个重要特征很有说服力:(1)尽管在理论上皇帝有世袭权力,但是实际上他在很大程度上依靠官僚体系来确保自身统治的稳定性,并赖以抗衡世袭制统治的分裂倾向(导向独立的地方世袭领地);(2)虽然韦伯本人并没有清楚地表达出这一点,官僚制尽管具有自我复杂化和延伸的倾向,但是世袭制的统治明显限定了政府机构必须尽可能地保持简约;否则的话,地方官员和皇帝本人将会被过多

311

的中间阶层隔开,由此威胁到赖以编织这个体系的官员对皇帝的个人忠诚度,促使地方(世袭制)统治的分权倾向压倒官僚制的中央集权(Weber,1978;特别是1047—1051;请比较 Huang,1996;第九章;中文见黄宗智,2001)。("世袭主义的官僚制"作为"世袭主义君主制"和"官僚制"两个概念的融合,其实证伪了韦伯本人从前现代的、前官僚化的国家变化到现代的、官僚化的、理性国家的直线理论体系。)

但是韦伯的概念并没有考虑到作为本章中心议题的半正式治理。无论是他的理想化治理模型,还是关于中国历史实际的"世袭主义的官僚制"概念,最终都局限于政府的正式机构和功能上。这是从国家和社会非此即彼二元对立概念出发的思路。沿袭这样的思路,治理问题就会变得局限在民间社会对立的政府正规机构。

这样的概念框架,在官方治理之外,能够考虑到中国非正式的士绅精英和宗族扮演的角色,就像韦伯本人所考虑的那样。这也是过去中国研究关注比较多的课题(例如 Chang,1955,1962;Ch'ü,1962;Freedman,1966)。但是这样的概括并不能涵盖作为本章上述讨论核心的半正式乡保、乡地、村长和"非法官员"。其实,它也不能涵盖瞿同祖所突出的"非正式""幕友",也不能涵盖与政府协作,在公共事务和地方治理中,扮演越来越重要角色的晚清和民国时代的士绅以及商人精英。新式的商会特别能说明问题:它们是由政府(在1904年)提倡建立并受其管束的,但同时代表"私人领域"(private)个体商人的利益,并逐渐承担了很多政府职能,例如维持新式的市政服务,建立公共安全机构和调解纠纷。①

在韦伯之后,曼(Michael Mann)在政府正规权力中区别了中央集权化的程度(相对于其他与之抗衡的权力),他称之为"专制权力"(despotic power);和政府深入社会的程度,他称之为"基层渗透权力"(infrastructural power)(Mann,1984;Mann,1986)。由此,考虑到政府权力在行政、立法、司法三个部门间的分立,这些部门间的相互制约以及市民社会的权力,我们可以说当今美国政府的专制权力程度比较低,但是它的基层渗透权力程度却非常高(无论在其税务局权力、警察或联邦调查局在追捕逃犯时的触角,还是战争动员中,都可以见到)。与此不同,考虑到以皇帝个人名义代表的中央权威,中华帝国的专制权力程度很高;但是,考虑到官僚机构仅仅能延伸到在19世纪人均负责管理25万人的县令一级,它的基层渗透权力的程度很低。低度基层渗透权力和高度专制权力的矛盾结合,是思考中华帝国政府及其和当今美国政府不同之处的一个有效路径。

曼的见解在王业键对中华帝国土地税的研究那里得到很好的支持。尽管清政府高度集权,王业键的研究证明,土地税(田赋、附加和耗羡)收入相对于农业总产出只占很小的一个比例:在18、19世纪,税入仅仅占到产出的2%—4%。相比较而言,明治时代的日本和欧洲封建国家(更不用说现代国家)的税入则占到产出的

---

① 参见 Rowe,1984,1989 和 Rankin,1986。他们的研究先是将这一趋势等同于哈贝马斯的和国家并置对立的"公共领域",但后来更多地将它看作国家与社会间的中间领域(Rowe,1993;Rankin,1993)。我1993年的论文对这些评述做了总结(Huang,1993a:220—221)。

10%,甚至更多(Wang,1973;参见 Huang,1985:278—281;中文见黄宗智,1986)。税收当然是衡量政府基层渗透权力机构和影响力的一个很好的标志。晚期帝国政府获取的农业产出的低比例税收证明了这个政府相对薄弱的基层渗透权力。当然,这也表明了有限的财政收入对官僚体系规模的限制。

但是尽管有上述见地,和韦伯的分析一样,曼的分析也不能阐明政府正式机构之外的治理。他的双向区分仍然局限于和市民社会的民间权力并置对立的政府正式机构。他不能说明作为我们讨论焦点的半正式治理。换句话说,曼的专制权力和基层渗透权力间的区分,不能把握发生在政府官方和民间社会的中间领域内的治理方法。

正是在这一背景下,我提出了存在于国家、社会之间的"第三领域"概念,突出这二者之间重叠和合作的治理领域。在民法体系内,第三领域存在于以依法判决为主的官方法庭体系和以妥协为主的民间社会调解机制之间。向衙门正式提起控诉通常并不意味着社会调解的终结,反而是刺激了更多的调解努力。同时,知县对诉状、辩词和各种呈禀的批词,作为知县初步意见的明示,会对社会调解起一定作用。法庭体系则几乎没有例外地认可庭外调解的结果,其背后的理论是庭外居中调解有助于把纠纷双方的敌意最小化,避免纠纷恶化或重现。(Huang,1993b;Huang,1996:第五章;中文见黄宗智,2001)

同样,处在官方政府机构县衙门和民间社会调解机制之间的乡保也体现了清代治理中的"第三领域"。乡保在国家与社会间的灰色领域内运作,同时向知县和提名他的地方社区负责(Huang,

第七章 集权的简约治理——中国以准官员和纠纷解决为主的半正式基层行政

1993a;参见 1996:127—131;中文见黄宗智,2003,2001)。我们在上面也已经看到 20 世纪的村长,甚至帝制时期的县衙门房长,也拥有共同的特性。这些特性也可见于 20 世纪扮演公共服务和政府角色的士绅和商人精英。20 世纪的乡村教育同样并不简单属于社会或国家,而是二者合作的结果。

我提出"第三领域"概念的目的并不是要否定"国家"(譬如,正式的官僚机构)和"社会"(譬如,自然村庄)领域的无可否认的客观存在,当然也不是要继续沉溺于国家、社会非此即彼的二元对立建构之中,而是要超越那样的建构。正如我们已经看到的那样,清代治理涵盖了二者之间的一个巨大领域。在这一领域内,二者相互重叠,协力运作。

但是,我的"第三领域"概念虽然突出了中间区域的存在,显示出其中准官员的身份,但它没有很好地把握这个领域中的简约治理方法。帝国的官僚体系本来可以选择全面官僚化和各部门职能专业化,以及与之相连的形式化文书工作。这样的话,会是一种繁密的"官僚政治"进路。然而,帝国政府相反选择了接近简易做法的一端,它坚持使用准官员而不是带薪的正式官员,除非发生纠纷和控诉,尽可能不介入此"第三领域"。仅当只有介入才能保障这一广泛领域内的治理能连续和平稳运作时,政府才会介入。

为了把握这一治理进路和政府的整体组织,我在这里提出了"集权的简约治理"概念。之所以是中央"集权",是因为帝国以皇帝个人名义声称拥有绝对(世袭)的权力。行政权威并没分割于相对独立的政府各部门,也没有为政府和市民社会所共享,而是聚集在中央。

这样一种中央集权制要求一个简约的正式官僚机构。尽管帝国政府有一个宏大的彻底控制社会的设想，特别是它的十进制户籍管理组织——里甲、保甲制度（见 Hsiao，1960）。然而事实上，世袭主义制的逻辑要求政府机构保持最少数量的科层，以免切断整个体系倚为纽带的个人忠诚，造成地方性的世袭分割。当然，从一个长时期过密化小农经济中抽取的有限赋税也是对官僚机构充分科层制化的另一个限制，恰巧契合了清政府减少国家强加于社会的负担的愿望。由此，清政府规定将每个县的胥吏和衙役人数分别控制在几十个之内，试图将地方知县下的吏役控制在最低限度上（Ch'ü，1962：38，58），并且朝廷许诺了"盛世滋丁，永不加赋"。

这样一个简约的正式官僚机构继而导致了对通过准官员和纠纷解决机制进行治理的半正式的简约行政方法的依赖。正因为正式机构结束在县一级，县以下的行政必须依赖准官员来完成。对准官员和社会调解机制的依赖，要求正式官僚体系只在纠纷或申诉中介入。

当然，这一"集权的简约治理"概念在某一层次上会使人联想起韦伯的"世袭主义的官僚制"和曼的"高专制权力—低基层渗透权力"。但与它们的不同在于，这个概念不仅试图把握政府正式组织的性质，而且试图把握政府行政的实践；它不仅试图指出政府正式机构的组织方式，而且试图阐明在官方政府和民间社会之间的灰色领域内运作的半正式行政实践。

三、儒法合一的治理

儒法合一的,或者可以说是"儒化的法家"治理,能够涵盖这样的治理实践的一部分。法家的意识形态是要通过法律、刑罚和官僚制度来进行治理。① 这种严苛现实主义的治理意识形态被儒家的仁政理想所中和。② 在地方治理的层次上,这种融合带来了将知县看作"父母官"的理想。我们可以说,这一理想把一个代表刑罚、纪律和去人格化行政的法家的严厉父亲形象,同一个依赖仁慈、和谐与道德楷模的儒家慈祥母亲形象结合在一起。二者同样视中央集权为理所当然,因此把政府比喻为父母亲,把被统治的人民比喻为子女(子民)。另外,儒家还信奉对社会事务最小干预的理念。儒家的政治理想是一个近乎自我管理的道德社会。政府官员们的理想角色限定于以树立道德楷模为主要治理方法。这样,法律的理想原点是社会自己解决纠纷,国家机构尊重社会机制进行的纠纷调解。国家只有在这种机制失败、自己不得不介入的时候,才进行干预。诉讼是失常现象,依法判决的庭审则出于应付这种失常现象的必要。这就是将民法看成"细事"的意识形态支柱。这样的仁政对民众而言应是尽可能不繁重的——因此这也是18世纪将政府官员和税额指标定在极低的政策的根源。

在这里,读者自然会联想起已被众多学者研究过的11世纪司

---

① 关于法家法律的"儒化",请参见瞿同祖,1961;并比较 Bodde and Morris,1967。
② 正如瞿同祖(Chü,1961)所揭示的那样,法家意识形态同样也和儒家的社会等级观融合。

马光与王安石的论争。司马光可以被看作是这里所讨论的儒家简约治理诸多方面的代表:他主张将官僚机构保持在简约的状态上,让社会尽可能自我治理。王安石提倡依赖带薪的正规官吏来进行治理;司马光反之,要求把县以下的治理寄托于社会自身的士绅精英(Bol, 1993: 169, 173—176, 177—181;比较萧公权, 1982: 487—493, 515—517)。司马光的观点后来成为整个明清时代占统治地位的儒家主流政治观点。

但是,这种儒家简约主义不能充分涵盖帝国统治的意识形态——就此而言,甚至不能概括司马光自身政治观点的全部。就像我们已经看到的那样,帝国政府实际运作中的意识形态其实来自儒家和法家的融合。这一融合有着比11世纪司马光王安石辩论更加深远的历史根源。甚至司马光自己也视依赖高度烦琐的官僚规章制度为理所当然。事实上,他的政治观点可能更好地被概括为"儒化的法家"治理意识形态,而不是简单的"儒家简约主义"。

然而,即便是这里阐述的"儒化的法家"概念也不能全面涵盖上面描画的简约治理的各个维度。上面讨论的对准官员和纠纷解决机制的运用,作为一种治理方法,是来自行政实践的结果,而不是意识形态的原则。无论是儒家的简约主义,还是法家的治理都没有预见到使用乡保那样的准官员来作为国家官僚制度和社会调解之间的联结,在二者之间创造出治理的"第三领域",也没有预见到要求知县只有在非介入不能解决纠纷的时候,才采取直接行动的实际。在儒家简约主义理想延续不变的情况下,这些方法是政府在人口增长的背景下逐步扩延的结果。考虑到统治者坚持的世袭制集权,而又同时企图把世袭制统治内的分裂最小化,并承诺把税收最小化,以及由此而来的简化政府机构的愿望,使用纠纷解决方式的半正式行政可能是维护整个体系的高效率、低负担的办法。这就是帝国政权行政实践的隐藏逻辑,而"儒化的法家治理意识形态"概念最多只能涵盖其部分内容。

"儒化的法家"概念更不能够把握产生于20世纪现代化需要中的那些简约治理维度。准官员村长的设置,部分正规化、部分半正规化的"劝学所"的成立和由地方精英与新式商会承担的公共服务职能,都是这些维度的例证。更重要的也许是,在新式乡村学校兴起中,国家推动与民众参与相互结合。儒家简约治理设想认为,地方士绅精英在地方行政中承担关键作用乃是理所当然,这也是司马光政治观点的核心。但在20世纪的乡村中,这样的士绅精英早已不存在了。新式学校中的民众参与更多来自儒家视野以外的村民和村庄农民领袖。儒化的法家归根到底是农业国家及其等级秩序的治理意识形态;它不能涵盖20世纪半正式行政的实践。

四、当代中国的科层制化和简约治理

自从韦伯系统概括近代西方民族国家政府机关的逐步扩张(和"理性化")以来,"科层制化"("官僚化",bureaucratization)被看成从前现代到现代治理的主要变化。从这个角度来看,民国和当今中国共产党的政党—国家体系相当清楚地显示了一条"官僚化"之路。从国民党统治在县级政府之下设立官僚化的"区"开始,到随后的中华人民共和国设立更加复杂的"公社"(乡镇)一级行政机构,国家机构比过去任何朝代都更加深入社会。由国家支付薪水的官员呈几何状增长,从晚清的 25 000 多增长到 1949 年以后政党—国家的以百万数计算的国家干部——1979 年"机关团体"人员共 500 万人,1989 年 1000 万人(1999 年到达顶峰 1100 万人,2002 年是已发表官方统计数字中最新的一年,人数稍微少了一些,见《中国统计年鉴》,1990:114;2005:125)。大量繁杂的官僚规章、程序和文书工作伴随着这一毋庸置疑的官僚化进程。

考虑到这样一个明显并惹人注目的官僚化进程,人们很容易忽视与之平行的另一过程:那就是帝制和民国时期简约治理传统的部分特征的持续存在。在改革时代之前,被称作"集体"政府的"村政府"实际上具有许多过去的半正式行政方式的特性。最低一层由国家支付薪水的干部是公社(乡)一级的干部;村干部(即生产大队和生产小队干部)没有中央政府的财政支持,而是由村庄自己负担——集体干部吃"集体粮",而不是"国家粮"。而且,在作为政党—国家代理人或"官员"的同时,他们也是村庄的代表。当然,新的政党—国家利用了向下延伸程度远甚于正式政府机构的党组织来控制这些乡村领导。由此,村的共产党党支部可以说相当于旧制度下的村长。支部服从于一个达到前所未有的中央集权化程度的政党—国家的控制。然而很多过去的治理方法还是保留了下来。就支部成员而言,他们几乎都是乡村自身的成员,和乡村自身的利益紧紧缠绕在一起;不可避免地,他们不会仅仅认同政党—国家,也会认同自己的村庄。

事实上,当代中国的乡村治理需要被理解为官僚统治和延续下来的简约治理方法之间的互动,而不仅仅是前一种或后一种模式。村(大队)小学为二者的复杂历史提供了一个例证。我们已经看到,从20世纪乡村教育运动的一开始,乡村社区就积极参与到乡村教育的发展之中。很多乡村学校主要是由村庄自身发起和出资的。国家设定了教育的指导方针,对学校进行监督检查,并且试图树立一定程度的正规化教育,但学校还是主要由社区自身维持和运作的。1949年以后,尽管国家控制程度提高,许多1949年以前的传统还是保存了下来。例如在"文革"时期(1966—1976),"民办公助"办学模式("民办"指由大队[村]和公社[乡]办理,"公助"指由政府在资金、师资等方面提供不同程度的帮助)成为典型,推动了农村义务教育空前程度上的普及。(Pepper,1996:414ff)在国家制定的指导方针下,乡村大多管理和维护着自己的学校。很多学校雇用自己的教师,其工资起码一部分由集体工分来支付。农村的民办学校和城市的精英学校在质量上虽然有明显的差距,但是这个民办体系成功地为绝大多数农村人口提供了免费的小学教育。

然而,在改革时代,市场化和乡/村财政收入的减缩(相对于其职责),把整个半官方的乡村教育体系推入了危机状态。免费的教育被一个为钱驱动的、大规模增收学杂费的教育体系所取代。教育变成农民沉重的经济负担,许多人根本就无法承担。乡/村的财政短缺又导致了教师工资的拖欠、名额的不足和对(便宜的)代课教师的广泛依赖等现象,导致了教学质量的急剧下降。整个体系实际上已在崩溃的边缘摇摇欲坠。(李梁、许桐珲,2005)

中央政府因此宣布了九年(小学和初中)免费义务教育的意图,教育部宣称要将全国380万乡村教师纳入正式预算,保障一定标准的工资(教育部2005年12月9日)。这当然会导致更高程度的正规化和更深层的国家控制,并相应降低地方社区的半正式参与。

今天,乡村教育正徘徊在十字路口,也可以说是陷于漩涡之中。在毛泽东时代,大队和公社提供了以简约主义为基础的免费民办教育;改革时代的市场化却将早期的教育体系变成为一个极其昂贵和充满故障的体系;新的21世纪福利国家模式则希望全部由国库出钱,为所有人提供免费的九年制义务教育。这种过去和现在的混合,究竟会形成什么样的前景还是个未知之数。但是,旧有的国家发起与社区参与(建立在地方自我本位的公共服务动机上,而不是简单的牟利之上)相结合的半正式进路,仍有可能起一定的作用。也许,同样的逻辑也适用于卫生保健,其价格今日已像教育一样超出了大多数农村人口的承受能力。① (宋斌文、熊宇红、张强,2003)

这些观察也许可以扩展到乡村治理的整体。首先,毛泽东时代集体制的大队和公社成功地提供了免费教育、卫生服务以及高度的公共安全,虽然是以政党—国家对农村人口和经济的过分全能主义控制为代价的。② 这是一个矛盾的结合,同时包含全能主义政党—国家的高度官僚化治理和过去的半正式简约行政进路。

事实上,毛泽东时代的乡村治理可以看作一个具有相当强烈的反官僚主义治理传统,一个可以追溯到延安时期的"简政"口号的传统。"文革"时期的政府机构在控制文化和思想的努力上可能

---

① 杨团(2006)提出了极具启发性的"第三条道路"医疗卫生服务体系模式。
② 相较于旧的"极权主义"(totalitarianism)概念,邹谠建议使用"全能主义"(totalism)一词(参见邹谠,1994:222ff)。

比共产党政党—国家更加"全能主义",但是就正式的国家机构而言,它毋庸置疑比后者倾向简约。当然,毛时代的政治运动和过去的简约主义治理有很大不同,但是这些不同不能消弭二者在治理方式上所有的共性。

就改革时代而言,它首先在20世纪80年代成功地利用了良好的乡村集体干部和新式市场刺激的结合,推动了令人瞩目的"乡村工业化",并且提高了农民的收入和生活水平。但是在市场化下,乡村治理逐渐屈服于货币主义和功利主义。首先,随着党组织权力的退却和乡村自治的呼声渐高,村、乡干部比改革之前有了更大的行动自由。事实上,地方治理在很大程度上,不再像改革以前那样,完全遵循党的要求办事,而是在税收和计划生育等基本任务之上,只要避免党所明令禁止的事情,便多可自行其是。随着公共服务道德的崩溃,地方干部变得更加功利主义和自私自利。权力滥用广泛出现在省、地、县地方政府为企业发展和房地产开发的征地之中(以期增加地方政府/官员的小金库,或提高其所谓"政绩"),以及为了自身或某些个人利益出售国有企业,并且使用专横权力支持那种行为,镇压抗议和反抗。这些行为多数没有受到中央的严厉制裁。政党—国家的官僚机构越来越多地主要在国家既定目标不能达成,或纠纷发生的时候,才介入干预。各级上访部门堆积了大量民众对各级政府或某干部的申诉。① 这种权力滥用最极端的案例可以看作全能主义和简约主义的恶劣融合,近乎一种新型

---

① 从1990年新《行政诉讼法》颁布开始,可以通过法庭对政党—国家代理人滥用权力的行为进行申诉(参见Pei,1997)。但是直到今天,半正式的上访体系仍然是普通公民赖以抵制这些权力滥用行为的首要途径。

地方官僚世袭主义。

进入21世纪,一种新的地方治理模式正在兴起,可能会用新的公共服务型福利国家来取代过去的和改革早期的控制提取型国家。农业税已被废除,中央政府宣布了它彻底改造乡村教育和卫生服务的愿望。但是国家向新模式的转型并不容易,多半会带来许多意想不到的结果。村干部越来越成为只是简单地由上级政府拨款支薪的职工,不再是由地方社区财政自己负担的准官员。这似乎意味着韦伯式的"官僚化"或"理性化",但是这一变化是伴随社区(集体)资源和税收的锐减以及乡/村干部所承担的角色和功能的锐减(停止征税,因缺少财力和权威而停止提供公共服务)而发生的。① 令人担忧的是,村级治理的正规化和官僚化可能仅存于形式上,缺乏实质内容,附带烦琐的文书却没有真正的工作,正如近期的一个调查报告所指出的那样(董磊明,2006:第三部分)。官僚体系的上层到底能否全面承担和接手公共服务仍待观察。

当然,在今天高度工业化和全球化的中国,对为农业国家设想的"儒化的法家"治理模式的多种要求已经不复存在了。官僚体系的规模也不再受到以农业为主的国民经济的有限税收的限制。而对教育、卫生、市场、交通和通讯基础设施的现代要求意味着新的政府和过去必定会有很大不同。简约主义治理模式必须联系今日从汲取控制型国家到公共服务型国家的转型,才可能起作用。然

---

① 集体单位瓦解后,乡村教育卫生服务的资金一度来自乡(镇)政府提留和统筹的费用。但是,2003年(在减轻农民负担的目标下)的税费改革取消了所谓"三提五统"。其后两年,资金缺口一度由扩征的农业税(几乎翻番)弥补。但是,随着2005年农业税的正式废除,乡一级政府在税收和财政上真正完全被"挖空"了。(周飞舟,2006)

而,20世纪早期地方自治和由地方推动的公共服务先例,以及毛泽东时代的国家+地方参与模式(起码部分源于旧有的简约治理传统),排除其过度"全能"的弊端,仍然值得借鉴。民众参与和控制关乎地方利益的项目,有可能会推进近几十年来被市场经济原子化了的社区纽带的重新建立。考虑到小农经济和村庄将长期存在,简单地依赖西方科层制化的福利国家模式,不见得能够解决政府转型中的实际问题。

就我们在这里的目的而言,重要的一点是我们不能简单地用从现代西方舶来的"科层制化""官僚化""理性化"和"现代化"等概念,或者它们的对立面(如"去官僚化")来理解国家治理的变化。我们还要把20世纪治理实践中占有一定地位的半正式行政及其依赖的准官员和纠纷解决治理方法,纳入我们的思考之中。

上面讨论的多对不同的概念——韦伯的世袭主义的官僚制,曼的高专制权力和低基层渗透权力,以及"儒法合一的治理"——有明显的重合。我们或许可以将高专制权力或者中央集权权力和法家联系起来,而将简约主义主要和儒家联系起来。我们或许也可以把官僚(科层制)治理主要和法家联系在一起,而将君主世袭制及其对简约治理的要求主要和儒家联系在一起。

但是这几对概念都更多地展示了政府制度上的结构和目的,较少涉及政府的实际运作或治理实践,而恰恰是后者赋予了前者实质内容。这里的区分在于政府的正式结构和实际运作之不同,在于政府机构和行政实践之不同。正如本章所建议的那样,中华帝国的政府机构确实应看作是官僚制和世袭主义制,高专制权力和低基层渗透权力,以及法家和儒家的矛盾结合。但是,中华帝国在其政府与社会的关键性交汇点上的实际运作,则寓于半正式行政的治理方法、准官员的使用以及政府机构仅在纠纷发生时才介入的方法。由此,我在这里提出了"集权的简约治理"概念。正如我们已经看到的那样,帝制时期遗留下来的这一治理传统,有一定部分的内涵在国民党时代、毛泽东时期和改革开放时的治理中留存下来。新时代对福利国家的需求当然会使旧有的简约治理传统的部分内涵过时,但是简约主义中的半正式行政方法以及国家发起结合社会参与的模式,也许仍然可能在中国起一定的作用,在其追求自身特色的政治现代性中扮演一定角色。

参考文献:

宝坻县档案,北京:第一历史档案馆,归顺天府;以卷号、年、农历月、日顺序引用。例如,宝坻县档案 87,1814,12.4。

顺义县档案,顺义县档案馆,依照目录号、卷号、年、阳历月、日(若有)顺序引用。例如,顺义县档案 3:42 和 50,1929,1—12。

从翰香编(1995):《近代冀鲁豫乡村》,北京:中国社会科学出版社。

董磊明(2006):《村将不村——湖北尚武村调查》第一到第三部分,见 www.snzg.net。

黄宗智(1986):《华北的小农经济与社会变迁》,北京:中华书局(2000,2005 年重版)。

黄宗智(2001):《清代的法律、社会与文化:民法的表达与实践》,上海:上海书店。

黄宗智(2003):《中国的"公共领域"与"市民社会"?——国家与社会间的第三领域》,载《中国研究的范式问题讨论》,北京:社会科学文献出版社,第260—285页(此文是我英文原作[1993a]的翻译稿,错误较多,在本集中已适当改正)。

黄宗智(2007a),《中国民事判决的过去和现在》,载《清华法学》第10辑。

黄宗智(2007b):《中国法庭调解的过去和现在》,载《清华法学》第10辑。

教育部(2005):《教育部拟将农村教师四百亿工资列入预算》12月9日,载 www.edu.cn。

李梁、许桐珲(2005):《免费义务教育百年跋涉》,《南方周末》11月24日,见 http://hsyong.e-dublogs.org。

宋斌文、熊宇红、张强(2003):《当前农民医疗保险的现状分析》,载《当代中国研究》第83期(第4卷),见 www.chinayj.net。

邹谠(1994):《二十世纪中国政治:从宏观历史与微观行动角度看》,香港:牛津大学出版社。

杨团(2006):《医疗卫生服务体系改革的第三条道路》,载《学习与实践》第5期,见 www.cass.org.cn。

《中国统计年鉴》(1990),北京:中国统计出版社。

《中国统计年鉴》(2005),北京:中国统计出版社。

周飞舟(2006):《税费改革对国家与农民关系之影响》,载《社会学研究》第3期,见 www.sachina.edu.cn。

Bodde, Derk and Clarence Morris (1967). *Law in Imperial China, Exemplified by 190 Ch'ing Dynasty Cases*. Cambridge, Mass. : Harvard University Press.

Bol, Perter (1993). "Government, Society, and State: On the Political Visions of Sima Kuang and Wang Anshi," in Robert P. Hymes and Conrad Schirokauer eds. *Ordering the World: Approaches to State and Society in Sung*

Dynasty China,pp. 129—193.Berkeley: University of California Press.

Chang Chung-li (1955). *The Chinese Gentry: Studies on Their Role in Nineteenth Century Chinese Society.*Seattle: University of Washington Press.

Chang Chung-li (1962). *The Income of the Chinese Gentry.* Seattle: University of Washington Press.

Ch'ü T'ung-tsu (1961). *Law and Society in Traditional China.* Paris: Mouton.

Ch'ü T'ung-tsu (1962). *Local Government in China under the Ch'ing.* Cambridge,Mass. : Harvard University Press.

Freedman,Maurice (1966). *Chinese Lineage and Society: Fukien and Kwangtung.*London: University of London,The Athlone Press.

Hsiao Kung-ch'üan (1960). *Rural China: Imperial Control in the Nineteenth Century.*Seattle: University of Washington Press.

Huang,Philip C. C. (1985).*The Peasant Economy and Social Change in North China.*Stanford,Calif. : Stanford University Press.

Huang,Philip C. C. (1993a). "'Public Sphere'/'Civil Society' in China? The Third Realm between State and Society," *Modern China*, 19, 2 (April): 216—240.

Huang,Philip C. C. (1993b)."Between Informal Mediation and Formal Adjudication: The Third Realm of Qing Justice," *Modern China*, 19, 3 (April): 251—298.

Huang,Philip C. C. (1996).*Civil Justice in China: Representation and Practice in the Qing.*Stanford,Calif. : Stanford University Press.

Huang,Philip C. C. (2001).*Code, Custom and Legal Practice in China: The Qing and the Republic Compared.* Stanford, Calif. : Stanford University

Press.

Huang, Philip C. C. (2006a). "Civil Adjudication in China, Past and Present," *Modern China*, 32, 2(April): 135—180.

Huang, Philip C. C. (2006b). "Court Mediation in China, Past and Present." *Modern China*, 32, 3(July): 275—314.

Kuhn, Philip A. (1990). *Soulstealers: The Chinese Sorcery Scare of 1768*. Cambridge, Mass.: Harvard University Press.

Li, Huaiyin (2000). "State and Village in Late Qing and Republican North China: Local Administration and Land Taxation inHuailu County, Hebei Province. 1875—1936," Ph. D. dissertation, University of California, Los Angeles.

Li, Huaiyin (2005). *Village Governance in North China. 1875—1936*. Stanford, Calif.: Stanford University Press.

Mann, Michael (1986). *The Sources of Social Power, I: A History of Power from the Beginning to A. D. 1760*. Cambridge, Eng.: Cambridge University Press.

Mann, Michael (1984). "The Autonomous Power of the State: Its Origins, Mechanisms and Results," *Archives européennes de sociologie*, 25: 185—213.

Pei Minxin (1997). "Citizens V. Mandarins Administrative Litigation in China," *China Quarterly*, pp. 832—862.

Pepper, Suzanne (1996). *Radicalism and Education Reform in 20th Century China*. Cambridge, Eng.: Cambridge University Press.

Rankin, Mary Backus (1986). *Elite Activism and Political Transformation in China: Zhejiang Province, 1865—1911*. Stanford, Calif.: Stanford

University Press.

Rankin, Mary Backus (1993). "Some Observations on a Chinese Public Sphere." *Modern China*, 19, 2(April): 158—182.

Reed, Bardly W. (2000). *Talons and Teeth: County Clerks and Runners in the Qing Dynasty*. Stanford, Calif. : Stanford University Press.

Rowe, William T. (1984). *Hankow: Conflict and Community in a Chinese City, 1796—1889*. Stanford, Calif. : Stanford University Press.

Rowe, William T. (1989). *Hankow: Conflict and Community in a Chinese City, 1796—1895*. Stanford, Calif. : Stanford University Press.

Rowe, William T. (1993). "The Problem of 'Civil Society' in Late Imperial China," *Modern China* 19, 2(April) : 139—157.

Vanderven, Elizabeth (2003). "Educational Reform and Village Society in Early Twentieth-Century Northeast China: Haicheng, County, 1905—1931,". Ph. D. dissertation, University of California, Los Angeles.

Vanderven, Elizabeth (2005). "Village-State Cooperation: Modern Community Schools and Their Funding, Haicheng County, Fengtian, 1905—1931." *Modern China*, 31, 2(April) : 204—235.

Wang, Yeh-chien (1973). *Land Taxation in Imperial China, 1750—1911*. Cambridge, Mass. : Harvard University Press.

Weber, Max (1978 [1968]). *Economy and Society: An Outline of Interpretive Sociology*. Ed. GuentherRoth and Claus Wittich, trans. Ephraim Fischoff et al. 2 vols. Berkeley: Univ. of California Press.

第八章
中国的"公共领域"与"市民社会"?
——国家与社会间的第三领域①

"资产者公共领域"(bourgeois public sphere)与"市民社会"等概念,就其被运用于分析中国时的用法而言,预设了一种国家与社会之间的二元对立。倘若坚持这一预设,我们就会冒这样一种风险,即将此次讨论会的论题化约成只不过是争论社会与国家何者对所讨论的现象影响较大。本章提出,哈贝马斯自己实际上已给出另一种较为复杂的概念构造,它可以发展为解决当下问题的一

---

① 本章原载邓正来与 J. 亚历山大编《国家与社会:一种社会理论的研究路径》,北京:中央编译出版社,1999 年,第 421—443 页。英文原作 Philip C. C. Huang,"Public Sphere / Civil Society in China? The Third Realm between State and Society," *Modern China*,19,2(April 1993): 216—240。中译文由程农译,邓正来校。感谢邓正来先生发给我原来的电子译稿。译稿在当代部分错误颇多,现经作者重新校阅改正,并稍做补充、删节。

种办法。我认为,国家与社会的二元对立是从那种并不适合于中国的近现代西方经验里抽象出来的一种理想构造。我们需要转向采用一种三分的观念,即在国家与社会之间存在着一个第三空间,而国家与社会又都参与其中。再者,这一第三领域随着时间的变化而具有不同的特征与制度形式,对此需要做具体的分析和理解。我拟对这种第三领域在中华帝国、民国与当代中国不同时期中的一些实例做一简要讨论,其间的一些观点与经验材料既采自我早些时候出版的有关华北乡村和长江三角洲的著作,也采自我目前正进行的有关民事审判和乡土社区(rural community)变迁的两个研究项目。

一、哈贝马斯论公共领域

(一)两种含义

哈贝马斯对"公共领域"一词有两种不同的用法,一种含义非常特定,另一种含义较为宽泛。首先,他将此词用作"资产者公共领域"的简称,用以特指17世纪后期英国和18世纪法国开始出现的现象。他颇为精心地指出,那些现象是与市场经济、资本主义及资产阶级的兴起相伴而生的。正如他在《公共领域的结构性变化》一书前言中所说的:

> 我们把资产者公共领域视作某一时代特有的范畴。我们既不能将它从起源于欧洲中世纪晚期的那一"市民社会"的特

第八章 中国的"公共领域"与"市民社会"?——国家与社会间的第三领域

定发展历史中抽象出来,也不能将其概括为理想类型,转用于其他表现出形式上类似特征的历史情势。举例来说,正如我们努力表明公共意见(public opinion)一词只有被用来指涉17世纪晚期的大不列颠和18世纪的法国才是用法精当的一样,我们大致亦将公共领域视为一个历史范畴。(Habermas, 1989: xvii—xviii)

但是,哈贝马斯也在较宽泛的意义上使用这一词语,以指称某类现象,而资产者公共领域只是这类现象中的一个变数类型(one variant type)。因而,他会讨论资产者公共领域的"自由主义模式"同另一个与之相对的模式——"平民公共领域"(the plebeian public sphere)之间的差别。在他看来,这两个模式构成了"资产阶级社会里公共领域的两个变数"。这两个变数又"必须严格区别于"另一个变数,即"高度发达的工业社会中那种公民表决加万众欢呼式的,以专制为特征的被宰制的公共领域"(同上:xviii)。通过哈贝马斯对"公共领域"一词用法的说明,可以看出他在指涉一种普遍现象,即现代社会里日益扩张的公共生活领域,它可以呈现为不同的形式并涉及国家与社会之间各种不同的权力关系。哈氏是在暗示一种关于公共领域的类型学,"资产者公共领域"只是其中的一个变数类型。

哈贝马斯的主要注意力就放在资产者公共领域上面。他详细阐述了与之相关的特定历史事实。资产者公共领域除了与资本主义相关联,还在"(资产者的)私人领域"里有其渊源。在哈贝马斯看来,资产者公共领域首先就是从私人领域和公共领域的明确界分中生长起来的。这种界分在中世纪采邑制下并不存在,只是随着商品交换和资产阶级式家庭的兴起才呈现出来(同上:14—26)。正是这些"私人化的"(privatized)资产者个人聚集起来进行理性的、批判性的公共讨论,构成了"公共意见"的基础。这种"公共意见",就其对专制权力构成制约而言,成了资产者公共领域的本质特征。从而:

> 资产者公共领域可以首先被理解为众多个人聚集成为公众的领域:他们随即宣称控制了那一自上而下调整的却与公共当局本身相对抗的公共领域,设法同它们就调整商品交换和社会劳动这一属于私人但又具某种公共性的领域里的各种关系的一般规则展开争论。(同上:27)

比起分析资产者公共领域的兴起,哈贝马斯对其自19世纪后期开始的衰落要更为关注,因此他的著作才定名为《公共领域的结构性变化:对资产阶级社会一个范畴的探究》。自由主义的资产者公共领域是在与国家的对立中形成的,它一直是私人领域的组成部分。然而,随着福利国家、大众社会与广告业的出现,这一公共领域却经历了一种结构性变化。国家与社会相互渗透,模糊了私人领域与公共领域之间的界线。从而:

> 资产者公共领域变成了国家与社会之间充满张力的区域。但这种变化并未妨碍公共领域本身仍属私人领域的组成部分。……与国家干预社会并行的是,公共职能转由私法人

团体(private corporate bodies)承担;同样,社会权力取代国家权威的相反进程却又与公共权威在私人领域的扩张相关联。正是这种共存并进的国家逐步"社会化"与社会日益"国家化"的辩证交融,逐渐损毁了资产者公共领域的基础——国家与社会的分立。可以说,在国家与社会之间及在两者之外,会浮现出一种重新政治化的社会领域,而有关"公共"与"私人"的区分对其无法有效施用。(同上:142)

换言之,公共领域已为齐头并进的"国家化"与"社会化"所腐蚀瓦解。

(二)两种意图

哈贝马斯所论公共领域的两种含义体现了他的两种意图。首先,作为社会学家与历史学家的哈贝马斯努力想把实际历史经验归类为若干模式。显然是出于这一意图,他才会认为公共领域有许多种类型,而资产者公共领域不过是其中的一个变数。他对近代英国和法国进行了具体的讨论,并从中抽离出资产者公共领域的抽象模式,背后也有这一意图存在。

但是,哈贝马斯又是道德哲学家与政治哲学家,其主要旨趣在于批判当代政治。就此而言,他所提出的资产者公共领域便成了据以评判当代社会的一种抽象判准(abstract standard)。在他看来,他抽象出的近代英法理想形态所具有的那种理性与道德力量,当代民主已丧失了大半,广告操纵与利益集团的花招取代了前此时期的理性公共意见。在论述民主的"结构性变化"时,哈氏实际是在高擎理想以批判现实。

(三)两种空间概念

从理论上讲,哈贝马斯的公共领域占据着两种不同的空间(spaces)。他在构建多种类型的公共领域的时候,将公共领域明确定位为"国家与社会之间充满张力的空间"。就是在这个居间性空间里,国家与社会相互作用,产生出各种不同类型的公共领域,其或为资产阶级社会的"自由主义"类型或"平民"类型,或为在"高度发达工业社会里专制"之下"被宰制的"类型。在将这一居间性区域的概念扩展并用来分析结构发生变化的公共领域时,他论述的便是这一空间如何为国家干预社会(国家化)与社会僭取国家威权(社会化)的双重过程所侵蚀瓦解。

然而,与此同时,哈氏的"资产者公共领域"却是一种在与国家对立中发展出来的区域。在这一概念的构建中,"众多个人……聚集成为公众",控制了"那一自上而下调整的却与公共当局本身相对抗的公共领域"。在这里,国家、社会与公共领域的三分观念又变成了将社会与国家并立的二元观念。公共领域成了仅是(市民)社会在其反对专制国家的民主进程中的一种扩展。

(四)两种动力

两种不同的区域概念又涉及两种不同的变迁动力。在论及资产者公共领域时,哈贝马斯主要关注的是整体社会的变迁(societal change),即众多个人聚集起来形成产生理性意见的"公众"。我们可以称这一过程为近代自由—民主式的全社会整合(societal integration)。至于国家方面可能会发生的种种变迁,哈氏几乎置之不论。

然而,在论及公共领域的"结构性变化"时,哈贝马斯既讨论整体社会的变迁,也讨论了国家的变化。一方面,进行理性讨论的个人聚合让位于"大众社会"的各种利益集团;另一方面,"自由主义的宪政国家"则让位于福利国家。前者屈从于"国家的'社会化'",后者屈从于"社会的'国家化'"。这种双重过程导致了"国家与社会二分"的瓦解,而这却曾是"资产者公共领域的基础"。

二、与会者的不同用法

在我看来,上述内容就是哈贝马斯复杂思想的基本内核。我们这些从事中国研究的人如何才能妥当地运用他的观点呢?

本次研讨会首席发言者魏斐德的文章,针对那种把哈贝马斯的资产者公共领域模式机械地套用于中国历史经验的做法提出了批评。他指出,这类做法无论是有意还是无意都会导致某种目的论暗示,以及对含义两可的材料做片面的解释。罗威廉在其两部著作(Rowe,1984,1989)中展示过若干演化进程,并以此证明独立于国家的"近代公共领域"的浮现;而魏斐德却极其强调国家在这些演化进程中所具有的持续且重要的作用。就玛丽・兰金(Rankin,1986)与戴维・斯特朗(Strand,1989)未能仔细限定其解释而言,他们也同样犯有片面解释之过。

为对罗威廉公正起见,我们可以回溯一下他构造其论式时处身其间的情境。当时,曾支配五六十年代学术研究的有关独特、僵固的"传统"中国的设定,在中国研究领域依然影响巨大。正是囿于这种情境,罗氏才会把马克斯·韦伯选为论辩对手。他的论著在某种意义上使我们注意到了清代与近代西方相似的那些现象,从而有助于破除中国静止不变的早先设定。就此而论,他的贡献类同于那些提出"资本主义萌芽"的中国学者,他们通过阐述明清时期活跃的商业化而瓦解了先前中国学界有关"封建中国"固化不变的看法。我对这些学术走势已做过较详细的讨论,此处不赘(Huang, 1991)。

在罗威廉提交此次研讨会的论文里,我们可以看出一种新的倾向在涌动。他不再是单纯地搜寻清代与近代西方的相似之处,而是也关心起两方的差异。此一取向已足够清楚:原先的指导模式现在却可能成为理论批判的靶子。

把哈贝马斯资产者公共领域理论从向导变为论敌的一个好处是,不仅凸显了表面现象异同的问题,而且突出了哈氏分析的深层方面。正如罗威廉在其著作中不仅要对韦伯视中国城市为行政中心的描述性概括做论辩,而且要对韦伯有关中国城市缺乏引发市场经济与商人阶级之发展动力的分析性推断做论辩一样,我们也要辨明哈贝马斯有关立基于资本主义与资产阶级兴起之上的资产者公共领域的论断是否充分适用于清代的情况。

玛丽·兰金提交的论文也显示了相似的走向,即不再是颇为机械地搬用哈贝马斯的资产者公共领域模式,而是努力采用哈氏

第八章 中国的"公共领域"与"市民社会"?——国家与社会间的第三领域

第二种较宽泛的用法(关注多种多样的公共领域)。她试图勾勒一种中国类型的公共领域。同时,我们还可以看到,兰金力图放弃那种对公共领域与国家做简单的二分对立的做法,转向采用哈贝马斯有关公共领域介于国家与社会之间的三分概念。这些也都是我自己在本章前面部分所主张的取向。

但是,这种取向的问题在于,哈贝马斯本人的概念不是太特定就是太宽泛,难以真正适合中国。资产者公共领域概念的历史特定性太强,无法用以指导对中国的分析。说实话,把它作为论辩对象要比将其作为指导模式更有助益。另一方面,多种公共领域类型的概念又过于宽泛,没有多少价值。如果我们用零碎的、主要是乡村的地方共同体来取代哈贝马斯整合的城市公共领域,一如兰金试图做的那样,那么"公共领域"这个概念究竟还剩下什么可以证明应当保留这一术语呢?

再者,哈贝马斯把大部分注意力都放在资产者公共领域方面,对介于国家与社会之间并随两者变化而变化的公共领域这一较为复杂的观念却少有关注。他的资产者公共领域的理论最终又退回到将国家与社会做简单的二元对立。与此相同,兰金分析的最终归宿也是将公共领域描绘成在国家之外或与之对立的整个社会的发展。对于国家与社会如何在居间区域里一道起作用,或国家变迁与社会变迁可能怎样地相互结合以影响公共领域的特质,兰金都未能给出详尽说明。

在提交论文的人里,唯有理查德·麦迪森(Richard Madsen)明确无疑地站在作为道德哲学家的哈贝马斯一边,致力于倡扬民主的应有形态,而不是像作为历史学家与社会学家的哈贝马斯那样

339

关心对实际经验的分类。在麦迪森看来,哈贝马斯的道德—文化理想是一个当代西方与当代中国都未达到的普适标准。他倡导那种依据哈贝马斯的理想来评判当代中国发展状况的研究。

麦迪森的研究路径的长处,是它毫不隐讳其道德意图。他并未试图借助表面"价值中立"的理论来遮掩自己的道德主张。依循麦迪森的思路,读者会很清楚自己被导向何方。

但是,麦迪森式进路也有问题,即它极容易用主观意愿取代对已然的和实然的事实的精准把握。诚然,研究者多少总要受其自身价值取向的影响,也正是有鉴于此,弄清楚我们自己的价值倾向比懵懵懂懂要强得多。但在我看来,这种自觉应当用以帮助防止对历史材料的曲解。无论以什么样的方式,我们都不应当用这种自觉来支配我们的研究。尽管我非常赞同麦迪森对道德的、理性的民主的信奉,却无法同意那就是放之四海而皆准的永久处方。至于要用这样一种道德视界来左右我们的研究进程,就更难让人苟同了。倘若抱有这样的宣传动机,若干重要的变迁与发展就仅仅因为它们似乎与既定旨趣无关而容易遭到漠视。一旦事态果真如此,那么即便是秉有最良好的意愿的道德视界也会变成歪曲历史真实的意识形态枷锁。

最后,希斯·张伯伦(Heath Chamberlain)的文章虽然关注的不是公共领域概念而是市民社会概念,但我觉得其提出的问题与麦迪森并无二致。张伯伦所界定的市民社会已大致相当于某种可称为民主主义萌芽的东西。与麦迪森一样,张伯伦对自己的宣传意图并不遮掩,并集中关注于那些与理想的市民社会相契合的中国现象。

此外,张伯伦主张重新厘定市民社会所占据的区位。他拒斥"市民社会"一词当前的通行用法。这种用法依据东欧新近事态的发展而形成,指独立于国家的一切社会组织或社会活动。这种用法把市民社会与国家简单对立起来,并将市民社会与社会混为一谈。与此相反,张伯伦要求恢复这一概念在18、19世纪的用法,即将市民社会定位为国家与社会之间的区域,经由现代化变迁中国家与社会的交互作用而生成。这样理解下的市民社会就与哈贝马斯公共领域的第二种区域概念相近了。

三、国家与社会之间的第三领域的概念

本次专题研讨会的目的及笔者提交论文的目的,首先便是要指出因公共领域这一术语而产生的极其复杂的一揽子问题:这一术语既具有社会学和历史学的意图也具有道德哲学的内涵,既指高度概括的结构又指极为具体的结构,既是设于国家与社会之间的三分观念又是置国家与社会相对抗的二分观念。哈贝马斯本人的不同界定及我们这些论文撰写者对哈贝马斯概念的不同诠释,凸现了这一概念的价值气息和含义的多样,因而此一概念的用法存有如此之多的困扰,也就不足为怪了。这个原因,或许会使我们拒绝继续运用这一概念去描述中国现象。

然而,这并不意味着我们就不能从哈贝马斯的观点里深受教益。哈贝马斯的复杂思想所欲辨明的核心问题——在国家与社会发生根本转向时两者之间变动着的关系,无疑是重要的。他显示应当同时依照国家变迁与社会变迁,而不是单独参照一方来理解

这种关系变化(尽管他自己的资产者公共领域只关注社会方面的变迁),我认为这也是一个出色的观点。至于他有关这种关系的变化应当从居于国家与社会之间的区域来考察的立场,似乎更是一个可以进一步发挥的重要观念。

让我们回到魏斐德与罗威廉争论的例子上以说明这个问题。魏斐德指出19世纪汉口的新型商人组织与国家有密切关联,这点肯定是正确的。但是,他们的自主自立并没有达到如罗威廉著作所论断的那种程度。我们究竟要从这一事实得出什么结论呢?如果那些历史现象不能单纯从整个社会的发展来理解,我们就得严格依照国家行动来理解它们吗?我们是否必须照国家与社会二元对立的预设所限定的那样,只可在两者之间选择一个呢?

我认为,比较妥当的做法是采取哈贝马斯的建议,依照在国家与社会之间存在一个两方都参与其间的区域的模式来进行思考。罗威廉讨论的那些商人组织显然既反映了商人的力量又体现了国家控制。单纯从社会组织或国家权能出发,都无法领会其内涵。

为了确切把握这一居间区域,避免在使用哈贝马斯公共领域概念时出现误用与混淆,我建议使用"第三领域"(third realm)一词。它是价值中立的范畴,可帮我们摆脱哈贝马斯资产者公共领域那种充满价值意义的目的论。比起哈贝马斯的公共领域概念,它也可以更为清晰地界分出一种理论上区别于国家与社会的第三区域。

这样一个概念还可以阻止把第三区域化约到国家或社会范围的非此即彼倾向。我们将首先承认国家与社会两者在同时影响着第三区域。据此,我们可以讨论国家或者社会或者两者一起对第三区域的影响,但却不会造成这一区域会消融到国家或社会里或同时消融到国家与社会里的错觉。我们将把第三领域看作超出国家与社会影响的具有自身特性和自身逻辑的存在。

这里可以借用父母对幼儿的影响来做一类比。倘若只是从父母影响的角度讨论幼儿,我们就容易在双亲谁影响更大的简单化论断上纠缠。这时,我们已忽略了真正重要的问题:孩童自身的成长与变化。

用这样一种第三领域的架构来看魏斐德与罗威廉的争论,即便我们不接受罗氏有关一种自立于国家之外的社会公共领域在浮现的论断,我们也能够保留他观点中的真知灼见。可以肯定地说,罗威廉(以及兰金与斯特朗)正确地指出了某种新的长期趋向,尽管这种趋向不能等同于哈贝马斯的公共领域。运用第三领域的概念,我们就能依据这一领域的扩展与制度化来讨论那些变化趋向,而不会再陷入国家与社会的简单化对立。我们甚至能论说第三领域诸部分的国家化或社会化(采用哈贝马斯分析公共领域结构性变化时的启示),而不会把此领域消融到国家或社会里。

倘若扫视一下清代、民国与当代中国,就应明了在中国的社会政治生活中始终存在着一种第三领域。这一领域在清代比较具体和特殊,并且是半正式的,但在20世纪则日趋制度化,其公共职能的范围也在与日俱增并稳步扩展。下面我将转而讨论自清代至今这一第三领域及其变迁的一些实例。

四、中华帝国晚期的第三领域

(一) 司法体系

我是从自己目前有关中国法律的研究里产生第三领域的观念的。在进行此项研究的过程中,我竭力主张用三分的概念考察清代司法体系:带有成文法典和官家法庭的正式司法体制,由通过宗族/社区调解解决争端的根深蒂固的习惯性做法构成的非正式司法体系,以及在两者之间的第三领域。人们对前两块相对比较熟悉,第三块却基本上一直被忽视。

我在别处指出过,在三个县(直隶的宝坻、四川的巴县与台湾的淡水—新竹)自 1760 年代至清末的 628 件民事案件中,只有 221 宗一直闹到正式开庭,由地方县官裁决。剩下的几乎全都在提出诉讼后未闹到正式开庭,就在诉讼中途了结了。其中大多数都是经由正式司法体制与非正式司法体制的交互作用而在中途获得了解决(Huang,1993)。

实现此种解决的机制是,在县官意见与社区/宗族调解之间存在一种半制度化的交流。诉讼一旦提出,一般都会促使社区/宗族加紧调解的工作。同时,县官们依常规会对当事人提出的每一诉讼、反诉与请求做出某种评断。这些评断意见被公示、传达,或由当事人通过其他渠道得知,从而影响到社区中正在进行的和解协商。反过来,县官们一般并不愿意让事态弄到开庭判案的阶段(因为清代法律制度的一贯态度是民间纠纷最好由社会本身解决,国家法律要到迫不得已的时候方才介入),故而对已达成的和解办法一般都会予以接受。

　　经此途径形成的和解办法,既不应等同于正式法庭的裁决,也不应等同于非正式的社区/宗族调解。因为他们将正式、非正式两种司法体制都包括到一种谈判协商的关系之中。县官们的审案意见一般是遵从成文法典中制定法的指导,而民间调解者则主要关心如何讲和与相互让步。这两方的相互作用甚至在清代就已实现了部分制度化,构成了司法体系中第三领域的重要部分。①

(二) 县级以下的行政

　　县级以下的行政也存在同样的模式。清廷的正式行政管理只到县衙门为止,对于县级以下的公共行动,国家的典型做法是依靠不领俸禄的准官吏(semiofficials)。无论是乡镇一级的"乡保"②还是村一级的牌长,这些县级以下行政职位的任命,原则上都是由社区举荐,再由政府认可。理所当然,这些职位立足于国家与社会之间并受到两方面的影响。

　　正是依靠这些第三领域准官吏的帮助,正式国家机构才能扩

---

① 这些观点及佐证这些观点的证据,在我即将发表的论文里有详尽阐述(Huang,1993)。
② "乡保"在不同区域有不同称呼:在 18 世纪的四川巴县叫"乡约"(Huang,1993),在 19 世纪的宝坻叫"乡约地保"(或简称"乡保")(Huang,1985:225—232),在 19 世纪台湾的淡水—新竹叫"总理"(Allee 1987;Huang 1993)。"乡保"是清代法典里使用的概称。在 19 世纪的宝坻,他们平均要负责约 20 个村庄的事务,规模接近当代的"乡"。

展其控制范围,渗透进社会的基层。这些官吏的一般职能包括收税、司法执行及维持公共治安。在特定的情形中,他们还协调各种公益事业活动,如治水、赈灾和地方保卫等。他们帮助国家与社会联结在一起。

处身现代社会,我们已对具有强大基层渗透能力(infrastructural reach)的国家习以为常。与国家机构的俸禄官吏直接打交道,也已被视为正常之事。但清代的情况却并非如此,当时国家的基层渗透能力还比较有限。对生活在基层的大多数人来说,与国家的接触主要发生在第三领域。

(三) 士绅的公共功能

治水、赈灾或治安等地方公益事务典型地发生在第三领域,是在国家与社会的共同参与下进行的。一方面,从国家这边看,它没有独自从事这类活动所必需的基层渗透能力,因而县衙门通常要向社区领导人求助;另一方面,从士绅方面讲,由于他们没有可以实施大规模公共活动的民间组织,国家的领导与介入是必不可少的。

在自然灾荒与社会动荡加剧的王朝衰败时期,对这类公共活动的需要随之增加。某些时候,国家极其衰弱,无力提供领导,士绅们便会完全接管有关事务。更为常见的是,国家权力衰败主要限于中央权力而非地方权力,此时地方政府与地方社会就会共同承担起日益繁多的公共活动。因而,不能依照公共领域与市民社会模式的导向,以为士绅公共功能的一切扩展都意味着某种独立于国家的社会自主性日增的长期趋向。

(四)在国家与社会之间

为了使本章运用的区域概念更为清晰,可以把中华帝国晚期的社会—政治体系设想为一个由大小不同的三块构成的垛子。顶部小块是国家的正式机构,底部大块是社会,处在两者之间的是大小居中的第三块。这便是清代司法第三领域的运作之处,便是诸如乡镇的乡保与村里正、牌长等县级以下行政职位的立足之处,便是国家官吏与士绅领袖合作进行公益活动的地方。我们还需要进一步探究这一第三领域的其他各种面相,探究其间的种种权力关系、运作样式和组织形式。

五、第三领域及其新的变迁

上文勾勒的第三领域在晚清与民国时期经历了重大变化。罗威廉与兰金认为构成一种新的公共领域的若干现象实际上并不新奇。它们不过是第三领域公共职能在王朝衰败时期固有的周期性扩展的组成内容。只有与晚清及 20 世纪特有的新现象结为一体的那些变化才是真的新事物。

(一)近代的社会整合、国家政权建设与第三领域

清代社会整合方面的新趋势是显而易见的。在商业最为活跃

的地区,新的城镇开始涌现。与这些城镇一起涌现的还有各种新型社会群体,尤其是商人团体。城镇所达到的社会整合水平也可能比村落零散的乡村更高。在这样的环境里,商人团体常常与国家合作从事各种公共活动,诸如公用事业建设、维持救济组织、调解争端等等。随着清末十年新型商会的兴起,这种趋势达到了巅峰。更有甚者,正如兰金所强调的:由于王朝衰败与列强环伺的刺激,晚清与民国时期的精英们开始动员起来,进行公共活动和关心救亡达到了前所未有的程度。伴同上述社会整合的诸种趋势,许多新制度如地方议会、自治社团等也纷纷浮现。

时至清末,"近代国家政权建设"(modern state-making)这一长期走势亦已有了端倪。早先,国家只关心税收、治安与司法之类事务,正式的官僚机构至县衙门一级就到了头。在平定太平天国之后的重建时期,政府开始设立常规官职以从事专属第三领域的诸种公共活动,如土地开垦、水利建设等(Bernhardt, 1992: 122—125)。随着清末十年"新政"的实施,政府进而开始承担一系列近代型活动,如建立新式警察,开办西式学校,设立近代法庭,乃至创办各种专事农业改良、商业兴办、新式交通和实业发展的机构。与此同时,正式(俸禄)官僚体制在民国时期也开始扩展到县级以下,伸展到了区一级。

晚清与民国时期近代社会整合与近代国家政权建设的双重过程虽然与西方相比可能尚属有限,但已导致国家与社会两方面的相互渗透加剧,并使第三领域的活动日渐增多。其中既有治水、修路、救济、办学堂、调解争端等传统的公共活动,也有由绅商精英尤其是有改革意向的成员所进行的新型活动。

随着这些变化,第三领域的制度化也在加强。从半正式的负责公共工程的"局"到"自治"组织,各种新兴制度都成了绅商精英从事活动的凭借。诚然,有些新制度体现了充分官僚化(或曰"国家化")的步骤,构成了近代国家政权建设过程的一部分。另一些制度则体现了彻底社会化(用罗威廉的话叫"私人化")的步骤,构成了近代社会整合过程的一部分。但是,大多数新制度显示的却是国家与社会在两者之间的第三领域持续的共同作用。

新型商会是国家与社会同时卷入第三领域新制度里的范例。尽管这些组织由商人们组成,但它们是因国家政策的倡导(1904年)而成立的,并且按政府的方针进行运作。商会的出现,既反映了国家在如何看待商业问题方面经历了长期变化后对商业做出的正式肯定,也反映了商人群体在规模和实力上的增强,这种现象在大型商业城市表现得尤其明显。这些新型商会与地方政府机构密切合作,在范围广泛的行政、半行政和非行政事务方面确立了制度化的权威。这些事务包括维持城市公益事业、创立治安队伍、调解争端及有组织地代表商人利益。单纯参照国家或社会是无法把握商会意义的。[①]

(二)地方化的第三领域

正如兰金所指出的,在清末民初的脉络里,所谓绅商公共活动的第三领域主要是在地方和乡村层面上运作的,而不是在国家与

---

① 最近分别出版的有关天津和苏州商会的档案材料(天津市档案馆等编,1989;章开沅等编,1991)使我们对这些组织有了较为清晰的认识。

城市层面上运作的。这就使中国的情况与主要属国家性与城市性现象的哈贝马斯的资产者公共领域迥然不同。所以,我们不应仍在公共领域的名目下将中国与欧洲混为一谈,而需要去努力说明两者之间的差异。

在我看来,近现代欧洲的民主是从高度的近现代社会整合与高度的近现代国家政权建设中产生的(尽管哈贝马斯在其资产者公共领域模式里实际只讨论了前者)。从社会公众整合为一种全国性公众(a national public)和国家经由现代科层机构而扩展的两重过程里,民主才浮现出来。在这种脉络里,国家权力与社会力量不仅在地方层面相互渗透,而且在国家层面上亦相互渗透。为民主成长确立了根本背景的正是这两方之间的相对平衡,甚或是社会发展的实力超过国家政权建构。

然而,在清末民初的中国,全国性的社会整合与现代国家政权建设却没有扩展到同样的程度。向现代城市工业社会的全面转型没有实现,有的只是一种农业经济和自然村的社区的内卷化延续。社会整合的进展主要限于局部的县、乡与村,而不是在全国性层面上。中央政权在衰败、军阀武夫在崛起,近代西方式"开明专制"与民族国家却未见兴起。在此一脉络里,国家权力与社会力量的重叠与合作就主要限于地方与乡村层面。

但是,对于20世纪中国地方性和乡村性的第三领域来说,现代化程度已足可使之与先前的第三领域有了重大差别。在像长江三角洲这样的发达地区,扩展的现代型公共活动已成为风气。这种活动通常由官方与精英共同进行,并且常常是依托新兴的制度化形式。由此,国家与社会在第三领域的合作既在扩展,又获得制度化。

确实,诸如商会或自治社团这样的新制度形式,为塑造国家与社会间新的权力关系开拓了许多可能性。地方商会的商人群体或自治社团的士绅相对于国家的日益自主,当然是一种可能性,但国家控制的巨大强化也是一种可能性。就民国时期成为现实的一切而言,我觉得比起社会自主性的增长或官僚制控制的加强,社会与国家两方在第三区域里的持续合作更加引人注目。

六、当代中国的第三领域

如果就清代与民国而言,用社会自主与国家权力的理想型对立来描绘中国是一种误导,那么对于国家权力比先前任何时候都更具渗透性和覆盖性的当代中国,这就更会引人误入歧途了。从社会整合与国家政权建构两个过程的并行来衡量,共产党革命导致国家政权建构的剧烈加速与推展,使得两方面的关系更不平衡。整个社会组织的范围急剧缩小,但正式国家机构的规模却成倍增大,其结果是传统第三领域大幅度地(借用哈贝马斯的话来说)"国家化"。

更有甚者,除了正式国家机构的控制范围在扩大外,党与国家还把第三领域的剩余部分大片地彻底制度化,以尽量扩大其影响力。党与国家不再拘从国家与社会在具体事宜上合作的做法,而是创立了这种合作必须在其中进行的若干制度框架。其目的是确保国家即使在它承认居于国家与社会之间的那些区域里也有影响力。

民事法律体系依然是一个很好的例子。在革命胜利后的时期里，正式法庭的职能范围大幅度扩展，它们不仅承担审理案件之责，而且负责纠纷调解。清代法庭很少诉诸调解。地方官吏在正式进行庭讯时，几乎总是依据法律进行有倾向性的裁决(Huang,待刊)。清代的调解不是在正式司法体系里进行，而是在非正式体系和第三领域里进行的。但是，进入民国，法院除了负责司法审判的部门还创设了调解部门，开始承担调解之责。在1949年后的法院，这种趋势更加增强，调解成了法院的常规工作。

此外，革命后的国家还竭力把社区/宗族调解制度化，以扩展自己的影响力。过去的调解者是在社区内因事而定，此时的政府却要求专设人员负责调解事务，并由社区干部组成半正式的调解委员会配合其工作。这种农村调解组织构成了中国司法中一种新型的第三领域。虽然这种第三领域已经制度化，但它既不完全属于正式政府，也不完全属于民间社会，依其结构，它同时包括了两方面的影响因素。

（一）集体时期

在农村行政与组织方面，也存在着国家进入第三领域，以及将该领域制度化的同样模式。国家正式科层机构的扩展已超过民国最基层的区，下到公社(镇、乡)一级，并且通过党组织进而达到大队(行政村)一级。与此同时，政府又创设出采取农村集体形式的一种新型第三领域。

从经济上看，这些集体当然与国家单位不同。它们在理论上

第八章 中国的"公共领域"与"市民社会"？——国家与社会间的第三领域

属于集体所有,而非国家所有(称为"全民"所有)。其净产品在国家税收与征购之后即为集体成员所共同拥有。这样,其成员的收入就直接取决于其所属的个别集体,而与国家工资水平无关,也与国营单位的工人情况不同。

在政治方面,这些集体被认为既非官僚国家的组成部分,亦非民间的组成部分,而是介于两者之间的事物。它们的行政管理与国家机关不同。在公社一级,它们由通常属上级任命的国家干部和自社区内部选拔出的集体干部共同实施管理。在大队一级,尽管存在党支部及其党支部书记的领导,但它们完全是由来自本社区的干部自己管理的。最后,在最基层的生产队一级,则往往由连党员也不是的社区干部负责管理。

当然,在这些社区的实际管理过程中国家与社会的关系并不平等。一种极端情况是,集体干部只能照国家干部传达下来的指示行事;在另一极端,占据着公社中下级职位及大队和生产队全部职位的集体干部,能压服国家干部,使之屈从自己的固有利益和行事方式。但实际情形一般在这两种极端之间。

国家与村庄社区的实际关系绝不是极权主义模式的简单翻版,也不是"道德经济"(moral economy)模式①那种简单的村落与国家对立的体现。应当将其理解为发生在革命后的第三领域新制度内部的一种需要国家与村庄同时卷入的过程。

---

① 这些集体单位已被20世纪的国家政权建构与社区整合彻底地改变了。不能以斯科特式"道德经济"模式的方法去勾画某种竭力抗拒国家吞并的先已存在的"传统村落"。今日的村镇与革命前的村镇已没有多少相似之处。它们既涉及国家又涉及社区,既有农业又有工业,既有农民又有工人,并且还有高度精致与制度化的行政体制(Scott,1976;Huang,1990)。

353

(二) 改革时期

如果说集体时期发生的主要是第三领域的国家化,那么在70年代末发端的改革时期,这一领域经历的则是大幅度的"社会化"(再次借用哈贝马斯有益的术语)与"去国家化"(de-stateification)。现在,第三领域的那些制度形式事实上只到生产大队一级还存在,大队以下的制度已经所剩无几。与此同时,由于"指导性计划"取代了传统的"指令性计划",镇(公社)与村(大队)管理的自主性远比先前要大。而就镇级管理本身而言,居中下层职位的社区干部也获得了对国家任命的上司更大的讨论还价余地。最重要的或许还是乡镇企业那些新型的颇有实力的经理,尽管他们大多依"责任制"方式行事,对村镇领导承诺达到某种产量与收入定额,但享有充分的管理权力。一般而言,较大的乡镇企业的经理们,在其与村镇领导打交道中具有强劲的讨价还价实力。

当然,这些新现象并不意味着出现了什么"社区民主"(community democracy)。选举基本上流于形式,选出的机构也大多没有实权,所谓政企分开也常常只是说说而已。① 然而,应当明确的是,不能简单地把这些基层实体的行政领导视为国家官僚体制的组成部分。在这些基层领域层面上,上级任命的外来国家干部与受强大乡里关系网约束的社区干部之间的交互作用是题中必有

---

① 其设想是乡镇领导好比董事会,乡镇"公司"的头头好比经理。农村干部们毫不讳言地承认,"工业公司"(或"副业公司""农业公司")的"经理"事实上形同乡长的助理。

之义。最好是将其理解为既非纯粹国家的又非纯粹社会的,而是两方在居间的第三领域里生发出的结果。

村镇社区的经济情况正如其社会政治情况一样,不能简单地依照国家计划经济或非计划的市场经济格局来把握。它们体现的是两种因素的混合,其中既有国家指导性计划的影响,又有半自主的按市场导向谋求利润的作用。它们既不是国营经济,也不完全是或简单是私营经济,而是有相当部分属于区别于上述两种经济的第三类经济。乡镇企业受到国家控制(如限制其经理层与工人之间的工资差异以及监督其对社区福利尽赞助义务)与市场激励的双重影响。

(三)私人社会与第三领域

当然,改革时期还有私人社会与私人经济领域的巨大扩展。国家控制的放松给公民个人带来了较多的自由。经济的市场化促使从小型家族公司到较大企业的各种私有产业兴起。此外,宽松化与市场化还给解放思想创造了必要的空间。不难理解,这一系列现象合在一起,会让人联想起公共领域/市民社会模式所构造的那种结礼团体——这些模式极大地影响了近年西方的中国研究。

然而,一旦我们不再忙于推测可能会发生什么,转而看看实际发生的一切,就会看到新的私人领域不能从简单的西方经验(更不能从其理念化的古典自由主义模式)来理解。首先,改革初期集体经济曾经起了关键作用。在经历了十年改革之后的1989年,私营企业仍然只占工业总产值的4.80%①,集体经济则足足占了35.7%。集体的乡镇企业其实是改革头十年经济发展的主要动力(国家统计局编,1990:416;亦见51,413,481)。其后,集体经济虽然逐步解体并为蓬勃发展的私企所取代,但后者并不能用简单的国家/社会二元对立模式来理解。

新型私人企业的很大部分同党—政国家权力机构有着千丝万缕的联系,绝对不能看作完全独立于国家机器的领域,更毋庸说看作与国家机器对立的领域。事实是,改革时期市场经济和私营企业的很大部分是在国家机器和官员扶持下兴起的,与其说它们完全是"体制"外的东西,不如说是体制和市场互动的产物,说到底更像我们这里所说的"第三领域"的现象。

在一个党—政国家统治的社会里,指望如公共领域与市民社会模式所勾画的那种真正独立于国家的社会组织会在短期内兴旺发达是脱离实际的。或许未来政治变革的希望应当是在第三领域,而不是在仍被限制着的私人领域。正是在第三领域这一地带,国家联合社会进行超出正式官僚机构能力的公共活动,也是在这一地带,新型的国家与社会的关系在逐渐衍生。这里可能是更具协商性而非命令性的新型权力关系的发源地。

要想理解这些实体及其历史背景,我们需要破除将国家与社会做简单二元对立的旧思维方式。与公共领域/市民社会模式的图式相反,中国实际的社会政治变迁从未真的来自对针对国家的社会自主性的持久追求,而是来自国家与社会在第三领域中的关

---

① 如果算上中外合资、国家—私人共营和集体—私人共营等"其他类型"企业,则相当于8.25%(国家统计局编,1990:416)。

系的作用。此一领域的内容与逻辑并不是从西方经验中抽取的理想构造所能涵括的,它迫切要求我们予以创造性的关注与研究。

参考文献:

天津市档案馆等编(1989):《天津商会档案汇编,1903—1911》,第一辑,天津:天津人民出版社。

章开沅等编(1991):《苏州商会档案丛编,1905—1911》,武昌:华中师范大学出版社。

国家统计局编(1990):《中国统计年鉴 1990》,北京:中国统计出版社。

Allee, Mark Anton (1987). "Law and Society in Late Imperial China: Tan-shui Subprefecture and Hsin-chu County, Taiwan, 1840—1895," Ph. D. dissertation, University of Pennsylvania.

Bernhardt, Kathryn (1992). *Rents, Taxes, and Peasant Resistance: The Lower Yangzi Region, 1840—1950.* Stanford, Calif. : Stanford University Press.

Habermas, Jürgen (1989). *The Structural Transformation of the Public Sphere: An Inquiry into a Category of Bourgeois Society.* Trans. by Thomas Burger.Cambridge, Mass : M. I. T. Press.

Huang, Philip C. C. (1985).*The Peasant Economy and Social Change in North China.*Stanford, Calif. : Stanford University Press.

Huang, Philip C. C. (1990).*The Peasant Family and Rural Development in the Yangzi Delta, 1350—1988.*Stanford, Calif. : Stanford University Press.

Huang, Philip C. C. (1991). " The Paradigmatic Crisis in Chinese Studies: Paradoxes in Social and Economic History," *Modern China*, 17.3

(July): 299—341.

Huang, Philip C. C. (1993)."Between Informal Mediation and Formal Adjudication: The Third Realm of Qing Justice,"*Modern China*,19. 3 (July).

Huang, Philip C. C. (forthcoming). " Codified Law and Magisterial Adjudication in the Qing,"in Kathryn Bernhardt and Philip C. C. Huang eds. *Civil Law in Qing and Republican China*, forthcoming. Stanford, Calif. : Stanford University Press.

Rankin, Mary Backus (1986).*Elite Activism and Political Transformation in China: Zhejiang Province, 1865—1911.* Stanford, Calif. : Stanford University Press.

Rowe, William T. (1984).*Hankow: Commerce and Society in a Chinese City, 1796—1889.*Stanford, Calif. : Stanford University Press.

Rowe, William T. (1989). *Hankow: Conflict and Community in a Chinese City, 1796—1895.*Stanford, Calif. : Stanford University Press.

Scott, James C. (1976).*The Moral Economy of the Peasant: Rebellion and Subsistence in Southeast Asia.*New Haven, CT: Yale University Press.

Strand, David (1989).*Rickshaw Beijing: City People and Politics in the 1920s.*Berkeley: University of California Press.

第九章
我们的问题意识:对美国的中国研究的反思[1]

我们的问题意识——在研究中所提出的中心问题,可以说是学术工作中至为重要和决定性的组成部分。它设定了我们想知道什么,以及我们所想问和没有问的问题。它把我们的探照灯照向某一个方向,由此在相当程度上决定了我们会找到什么。

在美国的学术研究中尤其如此,因为它几乎在所有的学术刊物中都设定了一个固定的格式:要求研究者先说明其所要解答的问题,一般多涉及某某理论,而后围绕一个中心论点来提出其经验证据。这样的格式和其他西方国家的学术有一定的不同(譬如,英国比较强调经验主义的学术),也和最近几年才开始模仿美国规范的当代中国学术有一定的不同。当然,问题的实质内容要远比格

---

[1] 本章原载《开放时代》2016 年第 1 期,第 95—123 页。纳入本书,做了一些细小的修改和调整。

式重要,因为它常是学者们代际或国际间的主要不同所在。

本章先是根据笔者自己五十多年来参与其中的经验而写的,关于美国战后三代学者所处理的主要问题的简略叙述。目的不在争论所有美国学术都可以被纳入这些问题,而是要说明这些是每一代最具影响力的学者们所试图处理的问题。此部分意图不在详尽的文献综述,而在借助笔者最熟悉的领域和研究来阐明本章的论点。其意图也不在否认偏重经验或求真研究的学者多不会参与讨论那些理论—意识形态问题(他们常是这方面的"沉默的大多数"),但我们仍然需要批判性地剖析那些最具影响力的著作,这是因为其影响力多源自某种理论或意识形态潮流。我们需要清醒地认识自己工作的思想环境,这样才能更好地区别自己的研究和可能是被误导的"主流"。

这里需要连带说明,根据每一代最具影响力著作的不同程度意识形态化,有的可能有意或无意地违反现有经验证据来论证自己所想得出的某种答案。与此不同,真正求真的学术,即便是在某种问题意识框架之内所做,仍然可能具有重要的学术价值。但如果主要是被意识形态所推动的研究,其学术价值会伴随某种时尚意识形态或理论潮流的没落而消失。

在梳理了关于过去的研究的问题意识之后,笔者将把其置于现代西方关于中国的思考这一历史中来论析。在我看来,它们体现的是一个特别顽强的二元对立思维方式,乃至于一直都要么是特别突出西方的优越性,而中国只不过是其对立的"他者",要么是像最近一代那样强调中国和西方是相等的、一样的,甚或更优越的——使用的其实仍然是原来西方的标准和非此即彼的二元框架。两种论点基本都来自西方的理论和问题意识,都严重违反了现代中国的基本实际,即不可避免的古今、中西混合。

这不仅是美国(和不少其他西方)的中国研究的问题,也是当代中国本身的中国研究的问题,后者也许更加如此。现代中国的学术大多受到西方的理论建构和问题意识的影响。譬如,之前中国的马克思主义研究便试图用一个来自西方的分析框架来理解中国。其后在近三十多年中,则试图用新自由主义的框架来理解中国。同时,两者都触发了一定的反动,即坚持必须用本土的概念来理解中国,拒绝西方的理论和框架。

本章论证,我们需要把这个二元对立的框架置于一旁,而从现代中国不可避免地是由中西相互渗透所组成的实际出发。对这个基本实际的认识,是摆脱过去从过分简单化的源自西方的问题意识和理论出发的第一步,避免其所导致的对中国的严重误解,避免其甚至把想象中的或夸大了的实际投射于中国。这样,方才能够走向建立中国研究在理论层面上的主体性,正如不少优秀的中国研究学者早已提倡的那样。如此方能促使中国研究不仅在西方也在中国更符合中国实际,并把其置于一个真正的全球视野中来理解。

更有进者,非此即彼二元对立的思维方式也可以见于一系列其他相关的一元建构,诸如现代 VS. 传统、工业 VS. 农业、城市 VS. 乡村、市场 VS. 人口、市场 VS. 国家、形式理性法律 VS. 实体非理性法律、普适 VS. 特殊等。历史的视野要求我们把这些二元视作相互关联和相互作用而不是相互排除、非此即彼的。本章将提出一些具体的例子来阐明笔者所提倡的研究进路。

一、"共产主义中国"VS."中国"

笔者在华盛顿大学(位于西雅图,以下简称"华大")读研的时候(1960—1966),中国研究的大问题是怎样理解"共产主义中国"。许多汉学家进入中国研究领域是因为他们对中国文化的爱好和认同,尤其是对(精英阶层的)"大传统",但中华人民共和国则明显拒绝了那个传统而拥抱马列(共产)主义,并且是在"冷战"的大环境中做出了那样的选择。研究中国的学者该怎样来应对两者间的巨大分歧?一个是"可爱的",另一个是"可恨的";一个是对美国友好的(蒋介石的)台湾当局(虽然是软弱的),另一个是与美国敌对的共产主义中国。那些深层的矛盾在当时的具体体现是美国是否该承认共产主义的中国并支持其进入联合国(拒绝蒋介石的台湾当局),还是像美国的右翼政见(被朝鲜战争进一步激化和扩大)主张的那样,仍然支持其盟友国民党和蒋介石及其在联合国的位置?

在华大,当时的主要"右翼"中国研究中心,答案主要来自该研究所的正所长泰勒(George Taylor)和副所长麦克尔(Franz Michael),他们坚持"共产主义"是外在于中国文化的,是外部环境影响和强加于中国的。泰勒和麦克尔主要在他们的教科书《现代世界中的远东》中宣扬这个意见。(Michael and Taylor, 1964 [1956]:412,423,430,432)笔者对当时为他们的课程当助教的经历记忆犹新。

当然,华大的"远东和俄国研究所"(Far Eastern and Russian Institute)的所作所为并不仅止于此。它同时还集合了当时一些优

第九章　我们的问题意识：对美国的中国研究的反思

秀的中国研究学者(包括来自中国的华裔学者)来从事有实质性内容和价值的研究,而其中的一位主要学者便是(笔者的导师)萧公权(Kung-ch'uan Hsiao)老师,一位无论以什么样的标准评判都是世界级的学者。研究所的学术成果包括张仲礼关于中国"士绅"阶层的两卷本(Chang,1955,1962)、萧公权关于19世纪国家对农村的控制的大部头研究(其实是一项奠基性研究,更像一本参考书而不是意识形态化的著作)(Hsiao,1960),以及麦格尔和张仲礼的《太平天国叛乱:历史与文件》两卷本(Michael and Chang,1966,1971)。它们都是重要的学术贡献。

　　华大中国研究的另一维度是魏特夫(Karl August Wittfogel)。他当时每年从哥伦比亚大学来华大工作一个学期并从事其"东方专制主义"研究。与华大的其他教员不同,他不是一位中国文化的爱好者,其学术动力主要来自对心目中的所谓"极权"的憎恨。(Wittfogel,1957)华大的敌对方是费正清在哈佛比较开明和没有华大那么"右"的中心。他们的主要著作是史华慈(Benjamin Schwartz)的《中国的共产主义与毛泽东的崛起》,它与华大的观点对立,论证了"毛主义"的中国特征。对史华慈来说,"中国的共产主义"主要使原来的目的是在工业世界的无产阶级的马列主义,重新理解并适用于中国的农民社会和农民革命。中国的共产主义革命因此并不是一个由莫斯科控制的运动,而是在毛泽东的领导下逐步独立于莫斯科的革命运动(Schwartz,1951)。他的论点被表述为共产主义的"中国化"而被引用于哈佛的教科书《东亚:现代的大转型》(Fairbank, Reischauer, and Craig, 1965[1960]:851,855)和《美国与中国》之中(Fairbank,1972[1948])。

363

对这个(美国的)"中国问题"的关心无疑是20世纪50年代和60年代中国研究的问题意识的核心。虽然如此,仍然有不少比较纯粹的学术著作,而且双方都致力于提高其学术水平、扩大和深化其图书馆藏书,以及培养新一代受过更好语言训练(中文和日文)的青年学者,而又同时相互竞争试图获取更多的"国防教育法"(National Defense Education Act)以及基金会等研究机构的资助和研究生的外语学习与实地研究奖学金资助。

上述的"中国问题"不仅比较明显地影响了以上那些中国研究,也不那么明显地影响了其他的研究。譬如,在中国的"士绅"阶层方面,华大的主要论点是,其基础主要寓于其所承担的处于国家和社会之间的中介功能,而不是像马克思主义理论所设定的那样,是基于"生产资料"(土地)占有的"统治阶级"。那是一个和魏特夫的"东方专制主义"主要源自治水功能相契合的论点,也是一个认同于中国士大夫阶层、"学者官员"和大传统的汉学家们所欢迎的论点。而且,它是一个具有一定实质性经验证据的论点,虽然它并没有能够证实土地占有并不重要。

"中国问题"在思想史领域也具有不那么明显的影响。在史华慈的第二本主要专著《寻求富强:严复与西方》中,我们可以看到其先前的研究方法的延续,即探究中国是怎样重新理解和阐释西方思想的。此作证实,严复对西方的一些经典自由主义著作的翻译和阐释并没有集中关注个人相对国家的自由(那是西方古典自由主义的核心),而是特别关注自由怎样释放了个人能量并把其凝聚为促进国家富强的群体力量。史华慈并更进一步论说,在严复对西方的重新理解中,我们可以看到某种类似于托克维尔(对美国的观察)的那种现象,即一位外来者更能够洞见本土人所看不到的,即西方的一种基本的"浮士德式性质"(Faustian character,即为知识和权力而把灵魂卖给了魔鬼)。(Schwartz,1964)它是一本罕见的著作,既受到当时问题意识的影响,也展示了如今半个世纪之后仍然具有洞察力的研究进路。

与此不同,当时中国研究领域的明星式人物列文森(Joseph Levenson,任职于加利福尼亚大学伯克利校区),虽然也同样关注到中西文明关系的问题,但采用的是中西二元截然对立的概念框架。在他关于梁启超的第一本研究中,其基本论点是这样一个公式:梁在思想上已经脱离了中国传统,但在感情上则仍然与其纠结(intellectually alienated from his tradition, but still emotionally tied to it),而其思想的主线是要试图"埋没历史与价值间的冲突"(smother the conflict between history and value)(Levenson,1959 [1953]:1—2,34—51)。在其后来的《儒教中国及其现代命运》三部曲中,他试图把这个公式从思想 VS. 感情,改为主观意义 VS. 客观意义(subjective significance VS. objective significance),即由于其价值观和制度的解体,儒家思想已经不再具有客观意义,只具有主观意义。(Levenson,1972[1958,1964,1965]:x—xii)

列文森所反映的不是扎根于经验证据研究的高度概念化和理论化论析,其实是西方长期以来把西方和非西方截然划分为二元对立的思维框架——这是一个贯穿西方启蒙时代以来关于中国的思考的基本框架(下面还要讨论)。他认为,马列主义在中国的兴起反映了儒家思想之从历史舞台完全退出:从此"价值"将隶属于西方而不是中国传统。如果史华慈关于严复的研究展示的是试图超越简单的中西,以及共产主义和西式民主的二元对立,列文森的研究显示的则是这个非此即彼的二元框架对美国的中国研究的强大和深层的影响。这种影响在第二代和第三代的研究中将更为明显。当时,列文森的研究似乎比史华慈的影响要大,也更为广泛地被阅读,但实际上则远远没有后者那样持久的学术价值。

这些著作也说明,高度政治化的"中国问题"已在逐步淡出。1971年,中华人民共和国恢复在联合国的合法席位,终结了之前西方对中国革命胜利的历史实际的意识形态化否认。继之而来的是1972年的中美《联合公报》以及1979年的正式建交。那些历史事件标志着美国战后第一代中国研究的主导问题的没落和消失。深一层的,伴随是否该承认中国共产党胜利这一实际的问题的退出,关于怎样去思考中国的过去和现在的问题将会浮出水面。

二、革命 VS. 现代化

即便是在承认中国与否的问题消失之前,美国的中国研究已经显示了对"现代化"范式的深层认同。它主要被理解为资本主义+自由民主的发展,是冷战时期赖以与苏联和中国所倡导的社会主义战斗的理论/意识形态。两者之间的斗争行将成为主导美国中国研究的问题。

现代化范式早已可见于一系列不同的研究。首先,在外交史领域,被费正清设定为一双二元对立的建构,即现代民族国家之间的平等关系理念(虽然是在帝国主义凭借侵略和战争而攫取"不平等条约"的历史实际之上的建构)VS. 中华帝国的"民族优越感"

(ethnocentrism)、"中国优越感"(Sinocentrism)和"朝贡关系"(tributary relations)。这个框架也被运用于费正清指导下的一系列专著,包括张馨保关于鸦片战争的研究——争论该战争的导因主要是"文化冲突"而不是鸦片(Chang,1964);徐中约的总理衙门研究——特别突出"中国之进入民族国家的大家庭"(Hsü,1960)等著作。和费正清一样,张馨保和徐中约把"朝贡关系"设定为现代主义的国际关系的对立面。

现代化主义也可见于其他重要著作的问题意识,如芮玛丽(Mary C. Wright)关于"同治中兴"以及费维恺(Feuerwerker,1958)关于盛宣怀和"官督商办"的研究,其焦点都在"中国为什么没有能够现代化"(why China failed to modernize)。芮玛丽写道:"是因为现代化的必需条件和儒家追求稳定的要求直接冲突。"(Wright,1966[1957]:9)虽然如此,芮玛丽的研究是如此地扎实和详尽,即便是在其问题意识的局限之下,也不失为一本具有长远价值的学术著作。

20世纪60年代后期和70年代的新趋势是对现代化范式的挑战。它是伴随反越战运动而来的:美国真的是像官方表达的那样为了现代化和民主而介入越南内战的吗?还是,代表帝国主义而与革命和民族解放(有的人把其表达为美国威尔逊主义下的"自我决定"[Wilsonian Self-determination])斗争而战?对年轻一代(包括费正清在哈佛的一些学生)来说,这当然也包括对中国革命的理解:它不仅是一个中国化了(由上而下)的马列主义,更是一个人民的反帝国主义解放战争。这些新的视野是伴随西方的马克思主义与受其影响的理论而来的。在之后的二十年中,具有影响力的著作几乎都必须考虑到马克思主义对现代化范式的挑战。

在现代化主义的一方,早期的理论概括主要依据关于西方发展经验的如下设定和概括:认为其是,或者应该是一条普适的从"传统"到"现代"的演化道路,它的主要特征包括(资本主义的)工业化、自由民主、城市化、专业化、理性化、高效化、蓬勃动力化等。① 正是那样的范式指导或影响了上述第一代的学术。它是第二代"主流"学术的基本范式。

与中国有特别关联的是两位经济学理论家,他们后来于1979年同时获得诺贝尔经济学奖。首先是舒尔茨(Theodore Schultz),虽然他具体讨论的主要是印度而不是中国,但他可以被视作20世纪60年代和70年代主张"绿色革命"的理论家,他倡导的是个人创业和技术更新的农业发展模式,针对的是苏联和中国的集体化农业。(Schultz,1964)他还特别强调,劳动力过剩(他把其定义为一个稻草人,即零价值的劳动,而不是人地的相对压力和劳动力的隐性失业)其实并不存在。刘易斯(W. Arthur Lewis)则聚焦于发展中国家所谓的"二元经济",其"传统"部门是"劳动力无限供应"的一元(相对于充分就业的现代部门)。但即便如此,伴随个人创业、技术更新以及市场机制的运作,如此的经济必定会进入一个"拐点",之后其二元经济将会被整合为单一的现代经济,其劳动力资源(以及其他资源都)会得到最佳配置。(Lewis,1954,1955)舒尔茨凭借理论排除了中国相对人多地少的问题,而刘易斯则一开始便直面该问题。但即便如此,刘易斯仍认为,这是一个现代化必定

---

① 一个不错的总结是 Eisenstadt(1974)。

会克服的问题。这样,他最终也接受、参与了普适主义的现代化理论的建构。两人等于是共同凭借理论而排除了中国自身称作其"基本国情"的现实,而且完全无视20世纪30年代以来三代美国优秀学者卜凯(John Lossing Buck)、何炳棣(Ping-ti Ho)与珀金斯(Dwight Perkins)等所积累的研究成果。当然,这里不是要争论人口是决定性因素,而是要说明市场机制并不能排除人地压力因素;两者是互动的而不是非此即彼的——此点将在后面进一步澄清。

以上的理论组合被伴随反越战运动而兴起的左派学术所挑战。在马克思和列宁的原著之外,还有一系列的左派学术成果,它们大多是来自中国研究领域以外的左翼的理论家和史学家。经济学家弗兰克(Andre Gunder Frank)提出了"依附理论"(Dependency Theory),争论在拉丁美洲,资本主义的介入和美国的援助并没有导致现代化的发展,反而促使其长期陷入"依附"关系和"欠发展"(underdevelopment)状况。(Frank,1967)他的著作具有较大的影响力,不仅是因为其所指出的显然是真相的一个方面,也是因为其简单化了的夸大使其论点变得更为直白明了。

另外,还有学术方面的重要贡献,如英国的汤普森(E. P. Thompson)关于英国劳工及其阶级形成中的文化维度的研究,深深影响了其后的劳工研究(Thompson,1991[1963,1968]),以及法国年鉴学派的勒华拉杜里(Emmanuel Le Roy Ladurie)等,其著作代表了从精英人物的政治史和思想史转入新的底层"小人物"的社会史研究(Le Roy Ladurie,1974)。

在中国研究中,历史社会学家蒂利(Charles Tilly)可能是影响最大的一位理论家,这是因为其同时使用马克思主义和实体主的理论(下面还要讨论)资源来批评现代化主义,因为其对马克思主义理论的创新性使用(如"阶级联盟"[class coalition]和"集体行动"[collective action])以及其关于现代国家机器的(起源和)建造(modern state making)理论。(Tilly,1975a,1975b,1975c)在此期间一个对中国研究意义特别重要的论争是新自由主义政治学"理性选择"理论家波普金(Popkin,1979)对实体主义理论家斯科特(Scott,1976)的批评:农民集体行动的动力到底是来自个人的"理性利益"的追求还是农民社区为了"生存权利"而对资本主义和现代国家的入侵的抵制? 斯科特所代表的是在现代化主义和马克思主义之外的"第三"选择:实体主义理论传统(如恰亚诺夫[A. V. Chayanov]和波兰尼[Karl Polanyi])。双方分别代表日益众多的关于中国革命和民众运动的研究中的两个重要的理论传统。它们是从政治史和思想史转向社会史的大潮流的一个组成部分,也是中国研究之进入社会科学,包括社会学、人类学、政治学和经济学的大倾向的一部分——促使各大中心都吸纳了各个不同学科中的中国专家。这些新的趋势进一步丰富了美国的中国研究。

当时最紧迫的问题当然是美国在越南所扮演的角色。20世纪60年代后期和70年代的反战运动引发了一整代的学者的政治化,导致美国学术总体和其中国研究明显的"左"倾转向。在那个理论—意识形态的变迁之中,以及社会科学中的区域研究和史学中的社会史的兴起之中,最主要的大问题无疑是现代化 VS. 革命。如此的问题意识主导了一整代学术领导者的研究,如塞尔登(Mark Selden)和他关于"延安道路"的历史社会的研究——一定程度上捕获了延安时期中国共产主义运动是怎样在一个边远的贫穷地区成功地动员了农民并创建了一个士气高昂、相当高度平等的新社会和政府,一个能够高效地执行人民战争和革命的实体(Selden,1971)。周锡瑞类似地将年鉴学派"总体历史"(total history)的方法应用于地方层面(湖南与湖北)的(晚清)改革与(辛亥)革命历史的研究,说明其社会基础主要是城市中追求西方化的精英,与广大的农村人民几乎完全无关。(Esherick,1976)它们预示了一整代的"新社会史"研究的来临,代表的是一个有意识地从外交史、思想史和大人物研究转向民众研究的趋势。它们大大丰富了美国的中国研究。

此一代的学者中有不少既是学者也是政治行动者。他们聚合起来组织了"关心亚洲(问题)学者委员会"(Committee of Concerned Asian Scholars,CCAS),其宗旨是反对越南战争和批评美国在亚洲的帝国主义行为。会员包括几乎所有20世纪60年代和70年代在美国兴起的各大研究中心的领导者。他们出版了《关心亚洲(问题)学者通报》学刊,提供了许多关于亚洲、美国政策以及中国和越南革命的相关研究,多是比较激进的,并常是马克思主义的研究。

当时现代化 VS. 革命这个主要问题,曾被具体化为一个围绕美国中央情报局在亚洲研究中所扮演的角色的论战。其事实背景是,在哈佛的亚洲研究机构中,有中情局的人员参与,有的作为研究人员在那里工作,有的作为学生在那里学习和攻读学位,偶尔还有人员在那里为中情局征募新人员。① 作为一个在冷战中成长起来并且原先是因为"国防"需要而建立的研究机构,这其实是一个不足为奇的现象。论战始于研究生佩克(Jim Peck)写给中心(社会学)教授傅高义(Ezra Vogel,后来是继费正清之后的中心第二任主任)的一封公开信,质问哈佛和中情局的关系以及其可能与美国越南战争政策同谋的关系。费正清的回复是,学术研究必须具有"包容性和公开性",对中情局人员的包容,其性质无异于当时哈佛对作为共产党员的某些欧洲学者的邀请(来哈佛做学术报告——所指的应该是研究中国工人运动的法国名学者谢诺[Jean Chesneaux]),但是,据他所知,中情局人员并没有在哈佛进行征募新人员的活动。继之而来的是研究生利文斯顿(Jon Livingston)致费正清的公开信,信中具体说明在他认识交往的学生中,便有数位有过被征募的经历。由此,利文斯顿尖锐地提出,学者们对一个"灭绝(越南)民族的战争"(genocidal war)以及"卫护蒋介石的独裁"的政策应该肩负一定的道德责任。利文斯顿还提到美国政府当时的兵役规定对学生的切身影响的问题。傅高义对此的回复是,"感情不能替代理智","在政府之内工作"来"试图改变政策"是比"纯洁的道德"更好的选择。②

当时双方都曾一度提到把论争导向建设性活动的可能,特别

---

① 论战中有关用词的分歧,学生方面用的是近乎"特务"意义的词"operatives",费正清用的则是比较学术化的"研究者"(analysts),笔者这里采用的是比较中性的"人员"(personnel)一词。
② 傅高义本人后来确实在1993年至1995年出任国家东亚情报官员。原来的信件见 Committee of Concerned Asian Scholars, *Newsletter*, No. 2(Nov.), 1968,重版于 Peck et al. (2009)。

是建立一个定期讨论的平台并组织关于各个研究中心和政府间关系的系统研究,但结果并没有付诸实际行动。论争基本结束于和其肇始时同样对立的状态。在那样的背景下,现代化 VS. 革命的非此即彼二元对立几乎是必然的,而且不仅是理论上的对立,更是政治立场和行动上的对立。有的学生运动的领导后来完全脱离了学术界,有的则继续做研究,其中有的是以马克思主义者的名义而进行研究的(其马克思主义多是在野的批判性学术理论而不是由政权推动的意识形态),有的则主要从事进步的/批判性的学术研究。其中有不少人后来做出了重要的学术贡献。但人人都几乎不可避免地多少受到对立的现代化主义 VS. 革命问题的影响。

《批判性亚洲研究》(*Critical Asian Studies*)是 CCAS"通报"后来采用的名称,是一份重要的、一直维持至今的学刊,但它已经不大涉及中国,主要关注的是其他的亚洲国家。至于当代中国,主流的刊物一直是早年由中情局资助(通过其所谓的"文化自由代表会议"[Congress for Cultural Freedom]和"法弗德基金会"[Farfield Foundation]傀儡组织)的《中国季刊》(*China Quarterly*)。(MacFarquhar,1995:692,696)①

在那样的制度和意识形态环境下,非此即彼的二元对立几乎不可避免。而"革命"范式不仅在美国也在中国,与其敌手现代化主义一样,是一个全面化和普适化的建构。两者的对立不仅是学术—理论的,也是政治—意识形态立场和观点的显现。在美国的两者对立中,它们占据了中心地位,掩盖了(我们回顾起来可以看

---

① 笔者 1975 年创办的(如今仍在主编)《近(现)代中国》(*Modern China*)则是处于两者之间的学刊。

到的)与中国实际更为紧密相关的问题。譬如,日益显著的城乡差别问题——从1952年到1979年,城市工业产出一直相当快速地以平均每年11%的速度增长,而乡村农业的年均增长率则只是2.3%(相对于2.0%的人口增长率)。又譬如,在二十多年的革命运动之后,人民生活水平并没有显著提高的问题。也就是说,问题是中国要怎样才能做到不仅是"革命"的目标,也是"现代化"(特别是提高人民生活水平)的目标,而不只是其中之一。

三、西方中心主义 VS. 中国中心主义

(一)新保守主义

20世纪80年代以来,美国呈现了新的意识形态和学术研究的转向,主要是新保守主义的兴起。它是之前现代化主义的重组和更新,并在倡议资本主义和自由民主的意识形态内容上,比之前更加原教旨化。它是伴随全球化资本+国外廉价劳动力的跨国公司模式扩张到主宰全球经济的地位而来的,并导致了美国的阿富汗和伊拉克战争。到20世纪90年代,它已不再受到前社会主义国家的挑战的约束,在苏联和东欧体制的崩溃下,成为一个带有得意洋洋的凯旋意识的意识形态大潮流。

在学术界,首先是古典自由主义经济学的复兴。其主要代表是哈耶克(Friedrich August Hayek,1899—1992),他成为美国1981年到1989年的总统里根(Ronald Reagan)和英国1979年到1990年的首相撒切尔(Margaret Hilda Thatcher)最推崇的经济学家。早在

1948年,哈耶克在其《个人主义与经济体系》中,便从对新古典的课本经济学的有力批评出发,论证其分析多是从掌有完全信息的完全理性个人以及纯竞争性的市场的设定出发的,但实际是,人们和市场绝对不像其所设定的那么完美。因此,它代表的只是一种"伪个人主义"。同时,新古典课本经济学过分依赖数学模型、(供需)平衡分析、建构的理论以及对自然科学的模仿。他认为正是这些倾向最终导致了极端的科学主义,特别可见于共产主义国家的计划经济。经济学需要的是"真正的自由主义",即直面个人和市场的非完美实际,但仍然据此认识到即便如此,依靠个人选择和市场价格信号的经济体系乃是人类迄今所看到的最好的体系。(Hayek,1948)

哈耶克在1974年被授予诺贝尔经济学奖(当时是和瑞典的"左派"经济学家缪达尔[Gunnar Myrdal]分享的),但其影响要到20世纪80年代在新保守主义大潮流和里根、撒切尔的特别推崇下才达到顶峰。据说,撒切尔在1975年保守党对是否该采纳一条经济上的"中间道路"的讨论中,从其手提包里拿出了哈耶克的《自由的宪法》一书,拍在桌上,宣称:"我们相信的是这个!"(Ranelagh,1991:ix)至于里根,他曾宣称哈耶克是对其影响最大的两三人之一。(Anderson,1988:164)哈耶克的古典自由主义原教旨自由市场经济学,正是其与颇具影响力的政府干预性的凯恩斯主义的关键不同。在市场VS.国家的二元对立中,哈耶克是坚持听由市场机制运作、反对国家干预的论者。正因为如此,他对里根和撒切尔具有特殊的吸引力。

哈耶克的反科学主义论述的实际效果是,协助把新古典的课本经济学从对其的"实证主义"/科学主义猛烈攻击中挽救过来,把那样的攻击转向了共产主义计划经济。哈耶克本人则公开明确地认同把个人和国家对立起来的古典自由主义,这也是像里根和撒切尔那样的原教旨保守主义人士特别欣赏他的原因。他给予了所谓的"里根经济学"(Reaganomics)哲学内容,使其成为新保守主义的核心。哈耶克对里根和撒切尔的影响甚至超越了他芝加哥大学的同事弗里德曼(Milton Friedman)。与哈耶克不同,弗里德曼坚持经济学是一门跟任何自然科学领域相等的科学(例见其诺贝尔奖讲演[Friedman, 1976])。他在1976年获得诺贝尔奖,后被邀请参加里根总统的经济政策咨询委员会,并在1988年被里根授予(代表至高荣誉的)"总统自由勋章"。在哈耶克和弗里德曼两人的联合下,古典和新古典课本经济学(亦可统称新自由主义经济学)如今实际上成了一门鱼与熊掌兼得的学科,既批评了科学主义和实证主义,又一仍其旧地普遍依赖高度科学主义化的数学模式和统计数据。

在那样的混合物之上,课本中新自由主义还添加了所谓的"新制度经济学",哈耶克早已在芝加哥大学教经济与法律课程时便已启示了其内容。它继承了古典和新古典经济学的前置公理——市场经济是最佳的资源配置机制,而后添加了私有产权是经济发展的至为关键的条件的论点。科斯(Ronald Coase,和哈耶克同样在芝大教经济与法律)和诺斯(Douglass North)两人都和哈耶克同样从(貌似)对新古典经济学的批评出发,前者特别批评其忽视了公司交易成本的关键经济因素,后者特别指出其忽视了国家和法律的关键角色(Coase, 1990[1988]; North, 1981),他们共同强调的是稳定私有产权的不可或缺。科斯在1991年获得诺贝尔经济奖,诺斯于1993年获奖,由此巩固了两人在新保守主义时代经济学理论界中的显赫地位。以上的复合理论成为跨国公司全球化利润追求的意识形态的核心。私有企业+市场交易被视作一切经济发展的关键。在中国研究领域,这个理论潮流导致了几乎完全由市场主义主导的经济史研究,迥异于上两代以人口问题为主的研究——特别是何炳棣(Ho, 1959)和珀金斯(Perkins, 1969)的重要学术贡献。新保守主义的市场主义理论的意图是完全抹掉人口因素,就像舒尔茨所争论的那样。

(二)后现代主义

具有讽刺意味的是,这股新保守主义的学术—政治—意识形态大潮流是和另一股"激进的"后现代主义理论潮流共同兴起和并行的。后现代主义首先是一个对实证主义(科学主义)在知识论层面上的挑战,质疑其对"客观"和"科学"知识及研究的深信不疑。新的批判性转向归根到底来自西方所面临的"认识论危机":之前,人们一度信仰的是"上帝"所揭示的真理,而后在启蒙时代,神被理性和科学所取代,如今则是对科学和理性的质疑,所提出的问题是知识的根据到底是什么的基本性问题。在其最清晰和强有力的论析中,后现代主义坚持所谓的"客观真实"其实不过是一种话语建构,历史其实也不过只是一种需要解构的文本,不是什么"客观真实"。话语建构才是历史和知识中真正基本的元素。后现代主义中最突出的理论家,如德里达(Jacques Derrida, 1930—2004)和其对一系列主辅对立的二元建构的批判,以及福柯(Michel Foucault, 1926—1984)和其所突出的话语的独立性和关键性,是对"启蒙现代主义"及其所导致的现代化主义强劲有力的质疑和批判。

后现代主义的第二主题是其"去西方中心"论。其中,对关于非西方世界的学术影响最大的是萨义德(Edward Said)和格尔茨(Clifford Geertz)。萨义德争论,学术最主要的工作是对现代主义话语的批判和解构,特别是西方关乎"东方"的(帝国主义)"东方主义"话语(Said, 1978)。格尔茨则论述,学术该做的工作是要阐释非西方文化的主观的、特殊的"意义网络"(而不是像现代化范式那样地追求"客观"和"普适"的"真实"和"真理")。(Geertz, 1983)二人志趣相近,写作中相互推崇和引用。两人都认为,现代化主义的普适主义应该被后现代主义所强调的特殊主义取代,普适性的实证主义研究应被话语主义/意义网络主义研究所取代。也就是说,他们的特殊主义是普适性的,是源自普适与特殊非此即彼的二元对立框架而来的,其用意和其现代主义对手同样是普适的。

但在我看来,求真、求实的学术,其关键在于普适和特殊两者间的关联和互动,不在其非此即彼。实际无疑既包含普适也包含特殊,既包含话语也包含实践双维。学术研究的核心正在于根据经验证据来质疑、界定或重构普适理论所带有的可能正确性;同时,也要根据特殊的经验事实,通过连接恰当限定的理论洞见来探寻其更宽阔的含义。学术的目的既不简单是普适主义化,也不简单是特殊主义化,而是两者间的相互关联。(黄宗智、高原, 2015)

但极端的后现代主义理论,虽然在一般民众中影响有限,在学术界却取得了巨大的影响。"反思自身性"(reflexive)的"批判性"(critical)学术成为时尚,而且不仅是在年轻一代的学者之中,也在不少曾经是唯物主义/科学主义的年长一代的左派学者中。至于比较传统的思想史学者们,他们认为这些对客观主义的攻击是自身主观主义思想史研究获得更大影响的好机会;同时,他们也被"话语"和文本"解构"分析概念所吸引。这股潮流由此成为强大的潮汐。在中国研究领域,其影响虽然稍滞后到20世纪80年代及其后,但通过新近信仰或改信仰后现代主义的学者们,扩延到一整代的青年学者——乃至美国亚洲研究协会年会上提交文章的目录越来越像是一个后现代主义范畴和题目的罗列。

新保守主义和后现代主义的并行兴起把两者都置于和之前的左翼学者冲突的位置。后者,即便是长期批判斯大林主义的人,也不可避免地被与苏联、东欧共产主义政权体制的崩溃相联系。对有的后现代主义者来说,哈耶克那样的经济学也许显得没有共产主义计划经济那么令人反感。更重要的是,新保守主义和后现代主义在学术领域同样处于新兴的在野地位,而左翼的和进步的(如社会史)学者,在20世纪80年代大多已人到中年并在多个学术领域和高校院系占据领导地位,新保守主义者和后现代主义者才是后来者、未曾掌权者。而且,新保守主义者与后现代主义者相互之间似乎并没有明显的冲突,因为他们主要分别针对两个似乎截然分开的领域:一个是经济学科,另一个是人文学科,不像马克思主义那么"包揽"一切。在那样的三分天下局势下,新保守主义者和后现代主义者常常成为敌对左翼学者的同一方。

在中国研究领域,代表性的后现代主义著作首先是柯文(Paul

Cohen)的《在中国发现历史》,把费正清对中国近代史的西方中心的"冲击—反应"分析模式颠倒过来,争论需要从以中国为中心的内生动力来理解其过去和近期的历史。(Cohen,1984)这是一个与后现代主义无关但受认同于中国文化和传统的美国学者们所欢迎的论点,也是不少中国学者所乐意接受的中国中心论点。在那样的感情性动力上,中国近现代的历史其实不可能只是任何单一方的结果,只可能是两者互动的结果这样一个简单实际,变得似乎无关要紧。柯文的论点显然是夸大了,但其简单化的夸大,却给予其论点更清晰易懂的威力。

(三) 后现代市场主义

从学术潮流的角度来考虑,更重要的是另一种由新保守主义和后现代主义的一些不同部分结合而组成的观点。其所声称的目的是"去西方中心"化(de-center the West),所采用的不仅是后现代主义对现代主义的批判,也是新保守主义的全球化原教旨自由市场主义。

弗兰克(Andre Gunder Frank)之前(在 20 世纪 60 年代后期)曾经因其把现代化主义颠倒过来而声誉显赫一时。而在 20 世纪 90 年代,凭借其对学术潮流异常的敏感性,又想重演过去,这回把西方中心主义的全球经济观颠倒过来,争论中国在全球经济体系中的中心地位。他借用的在根本上是自由市场主义和货币主义,但给予其以去西方中心化的激进包装,由此组合了其新的模式。(Frank,1998)他的《重新看待东方:全球经济的亚洲时代》居然在

1998年到2002年间被加利福尼亚大学出版社重印了四次。① 与其之前的著作一样,此著作也比较意识形态化和简单化。

其经验证据核心是世界的白银从1400年到1800年间一直从西方流向中国这个历史事实。弗兰克本人,因其散射似的写作风格,并没有集中有序地在单一处解释清楚这个现象,但其实质是相当显而易见的:从1400年前后开始,欧洲(尤其是西班牙)白银相对丰富,其后则由于16世纪在新大陆(尤其是在秘鲁和墨西哥)发现白银,白银价格在西方要比在中国低廉,在16世纪欧洲白银和黄金的比价约为12:1,在中国则是6:1,其后在17世纪(中国)上升到先是7—8:1,而后是10:1,但一直要到1750年前后,其与西方间的差值方才消失(见陈昆,2012:第7—9页的表)。这就意味着白银不仅作为交易货币,也作为商品,从西方(新大陆经过欧洲或马尼拉)流向中国是有利可图的。加上当时中国的丝织产品,以及棉、麻、茶、瓷等产品比起西方既价廉(丝织品价格才是欧洲和墨西哥的三分之一——见陈昆,2012:第3页)又物美(由于中国在这方面的早发展),西方的买商既可以获利于商品的廉价也可以获利于其用以支付的白银的更高值。两者相互提高了其分别的盈利。结果是白银在这期间大量地流向中国。根据弗兰克提供的数字,在1550年到1800年的250年间,从西方流向中国的白银总量达到60 000吨,也就是平均每年240吨。(Frank,1998:149)对弗兰克来说,这就是证明当时中国是全球最富裕和最高度发达的经济体,中国处于"全球经济/体系"(world economy / system)中心位置

---

① 根据弗兰克本人的网页 http://www.rrojasdatabank.info/agfrank/pubs_new.html。

381

的经验证据。

正是从这个经验核心出发,弗兰克建构了其中国中心的1400年到1800年全球体系"理论"。由此出发,他更建构了一个长达五千(乃至七千)年的"世界经济/体系"理论,该体系不仅是一个整合的体系,而更是具有可以辨析的一系列的"长周期"(long cycles)的体系。其中,从1400年到1800年是一个以中国为中心的长周期,之后被西方中心的长周期所取代,但行将再次被以中国和亚洲为中心的长周期所取代。如此这般,他批评了所有此前的论著,包括沃勒斯坦(Immanuel Wallerstein)的"世界资本主义体系"理论,认为他也是西方中心的,因为他仅仅关注了西方1500年以来的兴起,而弗兰克本人才是真正具有"全球视野"的论者,论证了西方的兴起只不过是全球视野下数千年中众多长周期中的一个周期而已。

弗兰克没有解释为什么中国的商品(不仅因为白银的差价)会比西方的便宜,但这其实也是一个很好理解的现象。笔者过去已经详细论证:人地关系的压力促使许多农民必须依赖副业生产(使用家庭较廉价的辅助劳动力,即妇女、老人、儿童),尤其是蚕桑(和缫丝)以及棉纺织来协助维持生计,由此形成了远比欧洲强韧的农耕和手工业的紧密结合。英格兰和西北欧在其"原始工业化"(手工业发展)的过程中,很快就呈现了农耕和手工业的分离,一个成为农村的生产活动,另一个成为城镇的生产活动,两者都能够分别满足其生产者的生存需要。那就和中国十分不同,因为在中国两者都不能单独支撑其生产者的生计。因此,它们一直紧密缠结,一直到1949年之后的当代中国仍然如此。(黄宗智,2011,2002,2014a:第3卷,第13章;亦见黄宗智,2014a:第1卷,2014a:第2卷,

2014c）

正是西方白银在中国的相对高值，中国丝织和棉布等优势产品相对低廉的劳动成本，以及中国人口和国家的规模，促使中国出口比进口的产品要多，因此导致白银随着西方购买这些产品而流入中国。这个现象所揭示的并非中国是当时最富裕和最先进的经济体，而其实是其相对较低的人均收入。麦迪森（Angus Maddison）合理地估算了18世纪英格兰人均收入和中国的差距：1700年英格兰的人均收入是1405美元，中国是600美元；1820年英格兰和中国的人均收入分别是2121美元和600美元（根据1990年"国际美元"估算[Maddison,2001:90,表2-22a]）。

这个现象其实有点类似于近三十多年来美元之流入中国。廉价和守秩序的中国劳动力制造了相对廉价的中国产品，而美元（作为如今国际贸易的定值标准和储备货币）的丰足促使其价值在西方要低于中国，在美国财政部可以随意印刷更多美元的现实之下尤其如此。两大因素的结合推动了美元大量流入中国，如今已经达到四万亿之巨。但这并不意味着中国积聚了全球的财富，而这真正反映的是美国的跨国公司通过"外包"而借助中国的廉价劳动力而获得巨额的利润：跨国公司所掌控的是高利润的产品设计和销售两端，把低利润的中间生产环节外包。苹果公司和富士康（雇用了一百万中国工人，主要为苹果公司代工）便是典型，其始末两端的利润率高达30%，因此使苹果成为美国利润率最高的公司之一，而中间环节的利润率则才7%。（封小郡,2015）在全国人均收入方面，根据世界银行2014年的数据，美国的是55260美元，中国的是7380美元，二者的比例是7.5∶1。（World Bank,2014,根据其

"Atlas"计算方法①)我们如果以"非正规经济"的(没有法律保障的、没有福利或只有低额福利的)农民工(是其所雇佣的大部分的工人)来计算,差距还要大得多。(黄宗智,2014a:第3卷,第11、12章)这绝不等于弗兰克所说的(中国是)全球最富裕和最先进的经济体,以及世界经济体系的中心,而只是在总量上可能成为世界最大的经济体。

但对弗兰克来说,根据其市场主义和货币主义的经济观,这种贸易和货币的流动是经济高度发展的无可置疑的证据。他的整个七千年以来的"世界经济体系"和其"长周期"是根据这样的"证据"来建构的。② 对他来说,它证明了中国是当时世界上最富裕和最先进的经济体,要到其后两个世纪方才被西方所取代,但如今行将再次成为世界经济体系的中心。这就是他"去西方中心"建构的整体。

如此的"理论"的问题是,它完全无视之前的贸易"体系"和如今的体系之间截然不同的规模和性质。白银在弗兰克研究的1400年至1800年间的流动总量,只占当时中国经济体的一个极其微小的百分比。我们即使只考虑当时的物流条件以及中国的人口规模,此点便已十分明了。具体估计的话,根据弗兰克年平均240吨白银流入中国的数字,它只占到1750年中国粮食生产总值的

---

① "Atlas"计算方法是根据平均的外汇兑换率,经过通货膨胀调整来计算的,而"购买力平价"(purchasing power parity,PPP)则是根据购买力来计算的。用PPP计算,相应的数字是美国55 860美元,中国13 130元,即约4.25∶1之比。
② 对此,张国刚和吴莉苇(2002)有代表性的书评。

0.4%,这是根据目前最好的估量来计算的数字。① 这就和如今的中国十分不同,其进出口总量达到国内生产总值(GDP)的60%以上(黄宗智,2014a:第3卷,第12章;亦见 Naughton,2007:377)。一个是微不足道之量,另一个是极其重要之量(虽然并不是单一决定性的)。把两者等同起来是荒谬地把如今高度全球化的经济投射于截然不同的前工业化历史时期,极端地夸大了世界贸易在前现代的作用。其所真正说明的是,当时世界各地有一些贸易接触,但绝对没有形成像如今这样高度整合了的世界经济体系,更不是一个遵循和今天同样的逻辑和带有周期性运动的体系。

但是,在弗兰克比较荒谬的"理论"著作之后,还出现了一系列与其观点比较接近的著作。其中,影响最大的可以说是彭慕兰(Kenneth Pomeranz)的"大分流"。彭的著作重申了弗兰克的论点,试图论证直到18世纪末,中国(和其最先进的长江下游地区)的生活水平及劳动收入与西方(和其最先进的英格兰)基本一致。彭慕兰争论,两个经济体在市场发展程度方面基本相似,在私有产权方

---

① 我们没有关于此时期国内生产总值的可用估计,但我们有比较细致可靠的年粮食生产总量的估计。珀金斯的估量采用的是每年人均产出/食用400斤到700斤粮食,实际估算用的是人均产出500斤到600斤。(Perkins,1969:14—15)我们如果据此而用人均产出550斤的数字,乘以珀金斯对该年人口的估计(2.70亿),得出的粮食总产量是1485亿斤(也就是7425万吨)。再用土业键的该年1.64两银子一石(约160斤)稻谷的数字,亦即每一百斤粮食价格约为一两银子,得出的粮食产值是约1485万两。(稻谷价格可以粗略地代表粮食平均价格——见 Perkins,1969:288)然后,用约27两银子等于一公斤白银来计算,得出的是5500万公斤银子,亦即55 000吨白银。这样,弗兰克的平均每年240吨银子流入中国之数,是粮食总产值的0.4%。麦迪森用的人年均食用粮食数字(644斤)要比珀金斯的高,其1750年人口数字(2.30亿)则比珀金斯的低,但所得出的粮食总产量是7400万吨,和珀金斯基本一致。(Maddison,2001:表1.6)

面也基本一致,在资源禀赋乃至人地压力方面也没有什么分别。所以,其"大分流"要在之后 19 世纪的工业发展中方才呈现,而那个变化的导因主要是英格兰(偶然的)特别丰富的煤炭资源以及其从殖民地所获得的资源。(Pomeranz,2000;黄宗智,2002)

这里,我们需要进一步说明彭慕兰所采用的理论逻辑,即在前工业化时期,两个经济体的市场发展程度如果基本一致,就必定会导致类似的资源配置效率和发展水平。所以,如果中国在(自由)市场发展(包括私有产权的确立)方面和欧洲基本相等的话,其经济的其他各方面也会基本相等,劳动力资源的配置会大致相等——如舒尔茨所争论的那样,在一个市场化的经济体中,根本就没有"劳动力过剩"或"人口压力"可言。同理,双方的人均收入和消费也必定会基本相似。这样,要促使农业现代化,只需要现代技术的投入,无论是西方还是中国都如此。正是由于这个原因,西方和中国的分流要到 18 世纪之后方才出现。西方和中国的"大分流"要到 19 世纪的工业化革命方才实现。(Pomeranz,2000;尤见"导论")

未经以上学者明言的是,中国后来的革命把其经济从正确的市场经济轨道挪移了出来,因此,要到之后在其改革时期的市场化下,方才走上快速发展的正轨,而且可能行将超过美国。[①] 这正是弗兰克所提出的论点,而他是以被认作彭慕兰等所谓"加州学派"

---

① 这里,有的读者也许需要注意,正如珀金斯等学者早已证实,中国的工业在毛泽东时代的计划经济下,是以 11% 的年增长率发展的(而农业的年增长率则只达到 2.3%)。(Perkins and Yusuf,1984:第 2 章)那个早期的工业化成果为后来改革时期的经济发展奠定了工业基础。

的成员之一而引以为荣的。(Frank,2001)

这样,哈耶克的新保守主义、古典自由主义、原教旨市场主义,把市场贸易设定为经济体系的决定性核心因素,并排除了人口、国家等其他因素,被与后现代主义的激进去西方中心主义结合成为一个统一论点。这样,新保守主义对市场主义的普适化信仰(包括诺斯和科斯的私有产权主义)被全球化并纳入了中国经济,由此一举抹掉了中国(过去和现在)与西方的巨大不同。在这样的建构下,人地关系的不同、社会关系(如主佃关系、商农关系,乃至城市中产阶级的形成)的不同、城乡关系的不同、殖民国和被殖民国、资本投资国和劳动力供应国之间的关系和不同等,都变得无关紧要。彭慕兰论点的错误在于,除了其理论—意识形态依据之外,和弗兰克一样忽视了中国经济的一些基本实际。18世纪中国家庭农场的耕地面积只是当时英格兰的百分之一,在人地关系资源禀赋上中国面临的是严重得多而不是相似的人口压力。正是那样的压力迫使耕作主业和手工副业紧密结合,副业的低收入则由家庭的辅助劳动力来吸纳,两者共同组成的是维持农家生计的两根拐杖。这迥异于英格兰当时已经呈现的城镇"原始工业化"的发展,以及其从农村种植业的分离。沉重得多的人地压力是把副业劳动报酬压低到不可单独维持生计的主要原因,也是阻止为节省劳动力的技术和资本投入于农耕和手工业的主要原因。

彭慕兰完全忽视了中国和英格兰之间的这个差别,并无稽地试图论证当时江南地区农民每人每年的生产和消费(他简单地把两者等同了起来,无视长江三角洲农民多通过地租向城镇和全国其他地区输送大量棉丝)不止十套棉布和将近两套丝绸衣服(14.5

磅棉纱①和2磅生丝——Pomeranz, 2000: 138, 140—141)。他似乎不知道只有城镇的上层社会才会穿着丝绸,而农民则一般每人只有两套布衣。(黄宗智, 2002: 166; Huang, 2002: 522—523; 亦见黄宗智, 2014a: 第1卷, 2014a: 第2卷)在前工业时期,这是非常悬殊的不同,是贫穷和相对富裕之间的差别,也是生存边缘与相对高收入的差别。这是关于中国经济史的基本常识。彭慕兰的著作因为完全没有一手研究,所依赖的完全是根据二手资料的推论,才会出现如此脱离实际的错误。(黄宗智, 2002)

彭慕兰对长江三角洲的错误认识也可以见于他关于棉纺织手工业的论述:他认为,当时棉纺织手工业的回报其实已经超过种植业。得出这样的论点,是因为他错以为较高回报的织布程序乃是棉布生产程序的全部或大部分。(Pomeranz, 2000: 102, 322—323)但实际上,在生产一匹布所需的七天之中,织布只占一天,而低报酬的纺纱(只有种植业的1/3到1/2的回报),则需要足足四天(剩余的两天用来弹花和上浆)。(黄宗智, 2002: 158)正是那样的错误认识使他完全忽视了关于中国农村生产的常识,也就是人们广泛使用(耕作)"主业"和(手工)"副业"两词来表达的区别,②前者主要由家庭主劳动力来做,后者则主要由"辅助"劳动力(女人、老人、儿童、少年)来做。这是研究中国经济史不可或缺的基本知识。

至于英国,数十年的关于18世纪英格兰的社会经济史和人口史研究已经证实,该地的"原始工业化"更导致了早婚和更普遍的结婚,因为其青年男女可以凭借城镇的手工业来维持生计,不必再

---

① 一套棉布衣服需要用上1.3斤棉纱,亦即1.43磅棉纱。
② 当然,20世纪80年代之后,由于农村的一系列变迁,这两个词语已经比较少用。

等待继承其家庭农场才能够独立谋生(Levine,1977;Schofield,1994)。这些现象完全没有在中国出现。伴随英格兰原始工业化而来的城镇发展更导致了消费上的演变(以及其所包含的城乡贸易发展的含义)——亦即德弗里斯(Jan de Vries)称作"早期城镇化"(early urbanization,即小城镇而不是大城市的发展)的变化(De Vries,1984),以及辛勤的劳动者所促成的(所谓的)"勤勉的革命"(industrious revolution)①(De Vries,1993,1994;参见 Weatherill,1993)。中国则不同,城乡贸易主要限于强大人地压力下的贫穷乡村向城市的输出,而不是双向的贸易。小农户为城镇居民提供细粮、肉—禽—鱼、优质棉花、生丝等;他们不具有购买城镇产品的能力——他们的市场交易主要是生存物品,以棉布换粮食或反之。(黄宗智,2014a:第2卷,第5、6章)18世纪的英格兰—西北欧洲和中国的市场经济其实十分不同。但这些差别都完全被彭慕兰忽视了,因为他关注的只是要论证中国和英格兰的同等,其目的是时髦

---

① 可惜的是,"勤勉的革命"一词的含义已经越来越含糊不清。最先使用此词的是日本学者速水融(Akira Hayami),所指的是日本德川时代小农户之结合农耕与手工业生产(Hayami,2015)。后来,德弗里斯借用该词来表达英格兰和西北欧在近代早期发生的消费上升是伴随更多家庭成员工作更长时间的(原始工业)生产而来的上升。后者的性质其实很不一样,因为它较快成为农业和手工业、农村与城镇分离的生产。再其后,又被日本学者杉原薰(Sugihara,2003)用来表述他所谓的劳动密集的"东业"农业与工业(区别于西方,尤其是美国的资源和资本密集型农业和工业),没有考虑到日本和中国间的重要不同:在日本,在20世纪初期机械和化肥等现代投入来临的时期,农业人口基本没有增加,从而导致快速的农业现代化、农业收入的上升,以及农业和手工业的分离;而在中国则迟至20世纪60年代和70年代,现代投入是伴随大幅度的人口扩增而来的,其所带来的产出上的增长基本被快速增加的人口所蚕食掉。农业和手工业仍然(在集体化的村庄中)紧密结合,要到20世纪80年代(伴随农村工业化)方才分离。这是一个需要分别讨论的议题——简短的论析见黄宗智(2014a,第3卷:6,113—116)。

的所谓"去西方中心"。(黄宗智,2002)

诸如此类在经验和研究层面上的基本错误,在我们这个认为所有经验"事实"不过是某种话语建构的后现代主义时代,以及认为原教旨市场主义乃是不需验证的给定公理的新保守主义时代,似乎无关紧要。在这个信息无穷无尽的时代,越来越少的人关注经验证据、依据经验证据而做出判断,而大多倾向依赖简单笼统的概念,没有认识到它们多是来自没有经验依据的理论——意识形态,只是不久即将成为过时的短暂时尚倾向。

彭慕兰的论点的另一重要组成部分,是李中清及其协作者们的著作。他们试图在人口史领域做出同样去西方中心化的论述,坚持中国也具有类似于西方的相对晚婚的"预防性"生育控制行为。在李中清那里,其关键概念是其"产后堕胎"建构,匪夷所思地把溺杀女婴说成是"理性的""预防性"生育控制,把其等同于西北欧的晚婚。具体来说,这个建构使得他能对其相当严谨地得来的数据——中国的生育率和死亡率要远高于西方(寿命预期则远低于西方)——进行调整:一旦把被溺杀的女婴(根据他们自己的数据,高达25%)理解为"产后堕胎"便可以把其排除于生育率之外,也排除于死亡率之外,这样,便把中国的生育率和死亡率都压低到和西方比较接近的数位(Lee and Campbell,1997:70;Lee and Wang,1999:61)。这也是彭慕兰所重述的论点。(Pomeranz,2000:38)正是这样的逻辑使李中清和彭慕兰都能得出中国和西方在生育率、死亡率和寿命预期上相差无几的结论。他们并不在乎,实际上溺杀女婴大多是贫穷的人们由于生存压力迫不得已而做出的选择,而此事实本身便说明中国所面对的是极其沉重的人地关系压力,这压力已达到西方所不可想象的地步。正是那样的压力导致了中国18世纪中叶之后两个多世纪的严重社会危机,即便今天仍然是中国乡村面对的一个严重问题。(黄宗智,2002:167—174;亦见Huang,2002:524—531)他们的论点其实等于是抹掉了(人们至今仍然称作)中国的"基本国情"。

常被彭慕兰和李中清所依赖和引用的中国学者李伯重,则进一步试图论证中国江南地区在宋元明清时期的生育控制技术要远远超前于其同时期的西方,争论当时堕胎已经广泛被人们使用。(李伯重,2000)这个论点被李中清所引用和重述。(Lee and Wang,1999:88,90—91,92)最近,所有这些著作所采用的"经验证据"被苏成捷一一系统检视,证明其实他们三人并没有提供任何具体的可以为证的堕胎案例,连一个都没有,他们不过是根据一些医学著作的选择性推测来作为其论证依据的——是根据书本的想象而不是实在的案例。苏成捷根据其所搜集的诉讼案件档案,挖掘了共24个实际堕胎案例,其中,17名妇女因堕胎而死亡,其余的要么事后严重患病,要么没有记录。(Sommer,2010:130;亦见苏成捷,2012:28—29)更有进者,苏成捷根据民国时期和20世纪50年代较翔实的资料得出,传统的堕胎方式明显是具有死亡危险的应急性措施而绝对不是人们所广泛采用的措施。苏成捷已经无可辩驳地证明李伯重、李中清和彭慕兰等人是把自己的想象,实际上并不存在的想象投射于清代中国。但是,在我们这个后现代主义时代,苏成捷的此篇著作并没有获得其应有的注意,起码在中国以外的经济史研究领域里如此,也没有被热衷于认为中国比西方优越的史学家们接受。在近年来兴起的、重要的世界历史著作潮流中,有不少盲目接纳了上述的彭慕兰、李中清的论点,这是其中一个比较严重的弱点。

我们看到,新保守主义、后现代主义,以及结合两者的后现代市场主义("后现代新保守主义"),仍然主要是源自西方的理论——意识形态观点,与中国的实际和实用需要的关联十分有限。如果从中国的实际问题出发,我们会更多地关心不同的问题:譬如,近三十多年来中国社会经济的发展所导致的一定程度的社会不公问题;2.7亿的农民工已经成为中国工人中的绝大多数,但他们仍然是在没有或少有法律保护和没有或只有低等的福利下工作(而且,他们中的大多数没有能力长期在城市居留,而其家乡与社区的环境也发生了较大改变);在经历了三十多年的严厉生育控制之后,人地压力有所缓解,但随之而来的是每对独生子女夫妇必需协助赡养四位父母的困境。[1] 对上述这些问题,李中清、彭慕兰等学者眼中的中国没有人口压力的论点显然不会起到任何正面作用,只可能妨碍对这些问题的认识。还有,我们要问:如今已经成为一个结合市场经济和中国的革命性社会主义(以及中国共产党统治的)的中国,今后将如何维持两者的结合?对这个问题来说,后现代市场主义(后现代新保守主义)的去西方中心化和中国/东亚/亚洲中心化论点,显然完全无济于事,同样只可能导致对实际的误解。

---

[1] 2015年10月29日,中共十八届五中全会宣布将全面实施一对夫妇可生育两个孩子政策。

四、迈向不同的问题意识

但是,凭借理论—意识形态潮流来推动的论点是不能仅凭经验证据来推翻的,起码在我们这个后现代主义和新保守主义的时代如此。我们需要的是对这些仍然影响很大的论点的思想和"理论"依据做出更为深入的分析。下面我们从问题意识的角度对后现代主义和新保守主义,以及结合两者的"后现代新保守主义"做进一步的检视。

(一)西方 VS. 中国的二元对立

在启蒙时代之前,西方对中国的知识主要来自耶稣会士,其所关心的主要是使中国人和平皈依基督教,其研究因此多集中于儒家思想与基督教的相通之处。从18世纪的启蒙时代开始,由于西方自身进入了所谓的"理性时代",逐渐形成了西方与其他文明不同的意识,而伴随"理性"和科学的进展,以及工业化的来临,接踵而来的是强烈的西方优越感,乃至认为其文明是典范的和普适的。在那样的大背景下,一个"没有成功现代化"的中国只可能成为一个"他者",成为突出西方优越性的陪衬,并说明其必须现代化/西方化的例证。

下面只以两位影响较大的思想家为例。首先是黑格尔(Georg Wilhelm Friedrich Hegel,1770—1831),其晚年(1825年)开始定期开办关于中国的讲座。那些讲演表达了一些至今仍然有一定影响的对中国和中国文明的批评意见,都是从西、中二元对立的框架出发的论点。黑格尔认为,哲学是一切知识中最高、最重要的领域,但中国则根本就没有哲学可言,只有一些初级的抽象概括,没有像西方哲学那样的持续的推论。中国的主要思想家,尤其是孔子,没有能够做出持续的思辨;只有西方文明才具有真正的哲学。这个意见迄今仍然可见于众多哲学学者:在美国的顶尖高等院校哲学系中,一般只开设西方哲学的课程,而中国、印度、伊斯兰等其他文明的"思想"则只能在各个"语文系"(东亚、南亚、近东等系)开设(之前被统称为"东方学",也就是萨义德所集中批判的"东方主义"范畴所指)。更有进者,黑格尔声称中国根本没有法律可言,只有"实质的"(特殊的)道德价值和规则,这是如今仍然有人坚持的论点——因为它根据的不是理性、自由、意志和自觉(self consciousness)。(古代)中国的政体极其专制,其人民没有自由意志、自觉"精神"(spirit)和"主体性"(subjectivity)。中国甚至并没有真正的宗教——儒学只是一些习惯和行为规则。(Hegel, N. d., "Hegel's Philosophy of History, Part I, The Orient, section 1. China"; Hegel, N. d., "Hegel's Lectures on the History of Philosophy, Oriental Philosophy"; Kim, 1978; 张国刚, 2006)

  黑格尔的现代主义意见在其后得到不少更为系统的表达和推进,其中影响最大的是韦伯(Max Weber, 1864—1920)。对韦伯来说,现代法律必须是由"形式理性"所整合的,其从(演绎)逻辑得出的所有抽象和理性原则都可以一贯适用于所有的具体事实情况。中国没有那样的法律,因此,其法律体系只可能是"实体主义"的,即具体而非抽象、道德化而非理性化、特殊而非普适的。它随时可

第九章　我们的问题意识：对美国的中国研究的反思

能受到统治者的干预，要么是随意性的要么是特殊道德性的干预，因此，它只可能是"非理性的"。西方的法律历史所展示的则是一个长时段的形式理性化演变过程，其起源既可见于罗马法，亦可见于天主教教会法规(canon law)，最终形成了现代(大陆法系的)德国法。相比之下，即便是英美的普通法系，因为其依赖普通人民(而不是精通法律逻辑的法学家)的陪审团制度，也有非理性的缺点。(Weber,1978:尤见 654—658,845,889—891;黄宗智,2015a;黄宗智,2014b:第1卷,第9章)对韦伯来说,宗教也十分关键,而他认为只有在西方才能看到加尔文主义的精神，而它正是促使资本主义经济发展的关键。(Weber,1930[1905])无论是其关于法律还是关于宗教的研究和论述，其主要目的是探索西方现代文明和资本主义的核心，中国只是作为陪衬的他者。

韦伯的论点至今仍然具有强大的影响，无论是在比较法研究领域，还是在中国法律研究领域。这不仅是由于其理想类型理论的洞察力和其极其宽阔的视野，更是因为资本主义和工业化在现代西方得到显赫的发展，其军事和经济势力具有压倒性的优势。同时，也由于其普适性的科学和技术方面的发展。

在更深的一个层面上，虽然是人们不多讨论和明言的层面，是这样的一种意识：西方早期的演绎逻辑的发展(欧几里得几何学是其典型)使其文明特别适合于发展普适的现代科学与法学，使其在这些方面特别突出于世界各种文明之中。兰德尔(Christopher Columbus Langdell,1826—1906),哈佛法学院院长(1870—1895)和美国法学"古典正统"的创始人，便一贯特别强调这一方面。(Grey,2014:Chapter 3;Langdell,1880;黄宗智,2015b)他坚持法律

395

和法学要从有数的几个(被认为是不言自明的)公理出发,凭演绎推理得出一系列的定理,由此来整合整个体系。正是那样的思维促使人们似乎别无选择地得出西方与其他文明非此即彼对立的结论。如果西方的法律在逻辑上是前后一贯的整体的话,它只可能被当作一个整体而被全面接纳,而不同文明的不同法律则只可能被视作非理性的"他者"。如果只有演绎逻辑能够带领我们进入理性和普适的真理,欠缺如此逻辑的文明只可能是非理性的和与西方完全相反的。所以,现代化只可能是全盘引进西方法律,全盘接受现代西方文明。

我们可以在过去三代美国的中国研究中看到这些思想元素。首先是第一代的"中国问题"中设定的非资本主义、非自由民主和非理性的共产主义,在那个"他者"和西方之间,西方现代化的优越性被认为是无可置疑的。在那个层面上,中国的共产主义到底是像华大一方所坚持的非中国性的,还是像哈佛一方所论证的是经过中国化的,其实最终无关要紧,因为无论哪一方都不是真正的西式现代化,而后者则是双方都同意的观点。从这样的角度来看,两大学派之间的争执只不过是对中华人民共和国不同程度的拒绝。其深一层的现代化主义/西化主义并没有被任何一方所认真质疑。现代化主义的方方面面是否真的全都适合非西方世界,是一个没有被问的问题。现代西方的普适性被认为是不言自明的。

现代化主义要到第二代才遭到挑战,但只是遭到仍然是来自西方的马克思主义的挑战。西方的现代化主义没有从其并不适合非西方世界的角度被质疑,也没有被因非西方的后发展国家思想家的启发而被质疑,更没有被不同的非西方的"现代性"的图像质

第九章 我们的问题意识:对美国的中国研究的反思

疑,而是主要从一个西方的革命性社会主义的角度来挑战的。它设定一个更高度发展的社会主义的西方来取代资本主义的西方,一个没有阶级的社会主义民主制度以及一个国家(机器)逐渐消失的共产主义社会,来取代阶级化资本主义下的民主制度和法律。其中心思想从来不是西方文明会因与非西方文明相互作用而改变和进展,而是西方资本主义+自由民主的今天将进一步发展成为没有阶级矛盾的社会主义的未来,而那样的道路被认作是普适性的。那样的想法并不仅限于西方对中国的思考,更是来自"毛主义"下对其自身的过去和现在用舶来的西方马克思主义理论的思考。普适主义的现代化主义被同样是普适主义的马克思主义所取代。

美国"左"倾的反越战运动的思想源泉主要是西方的马克思主义理论家,他们的影响远比毛泽东或其他非西方国家对马克思主义的重新理解来得深。在实际的学术研究中,他们主要是中国研究领域之外的马克思主义理论家和其他进步的历史社会学家/理论家,如穆尔(Barrington Moore)、蒂利(Charles Tilly)、佩奇(Jeffery Paige)和斯考切波(Theda Skocpol),和其他非中国和非中国研究的理论家们,如恰亚诺夫、波兰尼、斯科特等。在美国的语境中,"毛泽东思想"只是极其边缘的思想,费正清便写道:"他的创新只在于实践,不在理论。"(Fairbank, Reischauer, and Craig, 1965:855)具有讽刺意味的是,那样的判断和伟大的迈克尔和泰勒的几乎是一样的。

与此主流不同的极其少量的著作之一,是舒尔曼(Franz Schurmann)关于毛泽东时代中国的"意识形态与组织"的敏锐分析,他强有力地区别了"纯理论"(pure ideology,即马列主义)和"实用理论"(practical ideology,即毛泽东思想)(Schurmann, 1970

[1966]）。他的分析可以被理解为与康德（Immanuel Kant）关于"实践理性"是怎样作为"纯理论"和实际行动之间的媒介的论析比较相近的论点。（黄宗智，2015a）但那样的思路对反对费正清的关心亚洲学者委员会成员们的思想来说并没有什么影响，对大多数关于当代中国的研究也没有多大影响。

有的青年美国学者无疑也受到"文化大革命"（以及毛泽东思想）的影响，但当时美国的中国研究对其实际运作所知十分有限，主要只是受到该"群众运动"（但是被"最高领导"所倡导的）一些修辞的影响。而那些修辞（如消除"三大差别"）引起那些挑战现代化主义的论者的共鸣，主要是由于他们自身在美国的反战运动中的经历和理解。说到底，中国和越南的实际情况对美国的中国研究学者们来说，只是一些自己所知无几的、比较遥远的经验。对"文化大革命"的脱离实际的、从美国本身的未来来理解的想象，将会导致其中不少人对中国革命和当代中国整体的"失望"，而在中国自身官方话语对其的攻击之下，变得更加如此。

转向后现代主义的第三代与前两代既十分不同也在较深的层面上基本相似。首先，我们要承认，后现代主义是对西方近三个世纪以来的启蒙现代主义的全面的挑战，包括对知识的依据的根本性质疑，以及对"科学"的质疑——对没有从事过实际的科学研究、经历过其中的困难和不确定性的外行学者们来说，它是那么容易成为科学主义的根本性质疑。而新的话语概念工具以及话语分析又似乎是那么地强有力和吸引人。加上十分令人忧虑的极端的新保守主义，直接导致了在阿富汗和伊拉克的战争，我们可以理解为什么许多之前的左派学者也投入了后现代主义的大潮流，来表达他们对(似乎是越来越)保守的、帝国主义化的美国现实的不满。

但在后现代主义和之前的左派之间也有深层的分歧。对"反思自身"的后现代主义者来说,马克思主义,尤其是官方化了的共产主义,似乎要比现代化主义和(哈耶克型的)新保守主义犯了更严重的实证主义和科学主义错误。同时,对有的马克思主义者来说,后现代主义和新保守主义显得同样地主观,前者因为其对"客观真实"的拒绝,后者则因为其对原教旨基督教、古典自由主义/个人主义和自由市场主义的信仰。① 也许更重要的是,即便是对激进的后现代主义者来说,斯大林的压迫性的一面,以及共产主义体制在苏联和东欧的失败,似乎是无可置疑的事实。左派的学者,即便是一直都批判斯大林主义的,也不可避免地受其牵连。

以上这些因素也许可以部分解释新保守主义和后现代主义对前左派(带有一定偶然性的)共同的敌视,但在更深的层面上,还有西方长期以来对中国的一贯的基本思维:上面已经讨论了西方是如何一直把西方和中国设定于一个二元对立的框架之中来理解,这可以清晰地见于黑格尔和韦伯的思想。在那样的思维框架下,逻辑似乎迫使我们相信:如果要对西方中心主义提出商榷,唯一的做法是站在其对立面,即中国和西方是多么地相似,或比西方更优越。我们看到,柯文、弗兰克、彭慕兰、李中清和李伯重都是从那样的框架和思维出发的;要去西方中心化的话,必须论证中国在同样的标准下的同等性或更加优越性。因此,像柯文那样,如果要坚持推翻把西方当作原动力、把中国当作消极回应的论点,我们必须把

---

① 正是那种轻视客观经验证据的态度,导致了对"大规模杀伤性武器"是否有真实凭据的无视,而促使美国政府一步步几乎无可阻挡地进入了第二次伊拉克战争。

其颠倒过来而争论中国的历史其实是由其内部的动力所推动的。或像弗兰克那样,争论中国经济在 1800 之前的世界经济体系中,根据市场主义的(在世界经济中的市场发展程度)普适标准,其实比西方先进,而且今后将会再度如此。或像彭慕兰那样,坚持 18 世纪中国的人均收入和生活水平是和英格兰一样的。或像李中清(和彭慕兰)那样,坚持论证中国也有像西方那样的"预防性"生育控制,并没有承受比西方更沉重的人口压力。或像李伯重那样,坚持中国的生育控制方法其实比同时期的西方要先进。正是二元对立的基本框架推动着这些论点。要反对西方中心主义,我们除了论证中国在同样的标准下也同样先进之外,似乎别无选择。正是那样的支配性框架,促使他们无视,甚或违反经验证据;同时,也忽视了中国实际的、实用性的问题。

(二)超越二元对立的思维

已有不少学术研究探索了怎样超越过去这个二元对立框架的道路,不仅是对新保守(新自由)主义的(关于西方资本主义+自由民主+科学/理性的)主导性叙述的批判,也不仅是与其对立的中国中心论的批判,而是试图在更宽阔的视野下既纳入这两种视角也超越之,试图勾画出不同的关于现代性、经济发展、社会前景、政治体制、哲学、文学、学术、艺术,乃至于科学的图像。笔者将不试图转述自己只具有局部认识的那些其他领域的学者的贡献,只集中说明自己所最熟悉的一些领域。目的绝对不是想要占据某些"地盘"或宣示自己的独特贡献,而是要举出一些比较具体的、能够说

第九章 我们的问题意识：对美国的中国研究的反思

明不同于二元对立的研究进路和思维的例子。在自己已经做了初步的探索的领域,将注明那些著作,为的是对有意进一步了解那样的思路的读者指出可能有用的材料。

首先,中国与西方的诸多不同是无可置疑的实际,例如在其主流儒家思想(以及一定程度上"中国的共产主义"思想)中持续不断的道德主义倾向、其相对缺乏演绎逻辑、其相对不那么重视形式化和程序化的正义体系、其对西方的资本主义+自由民主道路比较难以全盘接受等。笔者自己,在社会经济领域,特别强调了中国十分不同的人地关系和特别强韧的小农经济的基本国情,而在法律和法学领域,则特别强调了其从汉代中期以来便偏重基于道德价值观念的非正式正义体系多于正式化的法律体系,虽然并不排除后者。(黄宗智,2016,2015a;亦见黄宗智,2014b:第1、2、3卷)

当代中国的一个基本现实是这些特征的顽强持续,即便是大规模引进了市场经济、"形式理性"法律、英语学习、欧几里得几何学、西方法学和社会科学,更不用说规范化了的自然科学等,也仍然如此。现代和当代中国的一个基本现实,是中国过去的一些方面与从西方引进的一些方面的必然混合和相互渗透。即便是当前的汉语,在引进了众多西方(和日本)的单词、概念、专业术语及话语之后,已经与之前十分不同,但仍然维持了其众多的基本特征。

中国的经验实际其实多是"悖论的"——两种被西方二元对立框架视作是矛盾的、不可并存的,但实际上是共存的并都是真实的面向。譬如,在前现代中国乃至当代中国,高度发展的城市和落后的乡村的共存(即城市发展与乡村内卷的并行)、高度市场化的经济和农民的糊口经济的共存(黄宗智,2014a:第1、2、3卷);在古

401

代,高度道德化的儒家正义体系和高度理性化的法家法律体系的共存;在现代,舶来的西方法律与强韧的中国社会实际的共存(黄宗智,2014b:第1、2、3卷);民主制度和现代国家的形式与旧官僚体系运作特征的共存;改革时期,市场经济与计划经济的共存、私有企业与国有企业的共存;以及社会主义的共产党领导的市场化和经济发展的共存等。(黄宗智,2015b,1993[2000])

从当前的中国的视角来看,中国实际上根本就没有可能像有的西方和中国学者想象的那样,做出完全中国化或完全西化的选择。两者间的碰撞、矛盾和拉锯,以及重新理解、混合和调和,都是给定的实际,排除了非此即彼选择的可能。无论设想全盘西化还是全盘中化,都是违反实际的思路;给定的实际是中西、古今的混合和相互作用。这正是为什么西方现代主义和后(反)现代主义都是违反中国基本实际的建构。非此即彼的二元对立只有在西方关于中国的理论建构上才是可能的和可以想象的。它是唯有置于西方对中国的思考的历史中才可以理解的问题意识,不是一个与实际相符的、中国真正面对的问题的意识。

由于西方理论对当代中国(以及民国时期的中国)的强大影响,许多中国学者也采纳了西方的非此即彼二元对立思维。在经济和经济学领域,曾经一度完全拒绝(西方的)资本主义—现代化模式而采纳了社会主义—马克思主义理论,而后在改革时期则倒过来采纳了(西方的)新自由主义理论,而两者又都激发了对其的本土主义反动。这些反复和非此即彼的设定都是违反中国实际的,真正需要的是怎样去重新阐释西方理论以适应于中国的追求(例如史华慈对严复的研究),怎样将西方的理论导向中国的实际

第九章 我们的问题意识：对美国的中国研究的反思

(例如舒尔曼对毛泽东思想的阐释)，怎样由此建构中国自身的、符合中国实际的理论，以及怎样调和中西——不仅要直面两者间的张力和矛盾，更要使其相互适应、结合与调和，乃至于超越。

这样的反复可以最清楚地见于现代中国的立法和法学，先是拒绝了传统法律而采纳了西方法律，而后是拒绝了西方的法律而主要采用了民间的调解惯习和非正式(和半正式)的正义体系，加上一些从苏联引进的法律，而后又再次全盘引进西方法律。如今到了应该采用一个更符合实际需要以及可持续运作的中西、古今协调与结合的方案的时候了，应该有意识地从两者中选择不同的方面，对其进行重新理解，乃至超越(黄宗智，2016，2014b：第3卷)，就像在中国文明史上对待儒家和法家、儒学和佛学、固定的农业经济文化和流动的游牧经济文化等二元的调和那样的进路。

笔者认为，那样的问题意识才能让我们将长期以来不仅一直困扰着美国也困扰着中国自身的非此即彼的概念死结置于一旁。如果从中国和西方必定相互渗透的基本问题意识出发而为之探索出路，我们将会探寻调和两者的方案，而不是从一个(西方中心的)极端摆到另一个(中国中心的)极端，从西方优越论摆到中国同等/优越论的极端。如此的问题意识才会使我们有可能像过去一些最优秀的中国研究学者早已提倡的那样，建立中国研究自身的理论主体性。这当然不是要完全拒绝(西方的)现有理论，而是要有选择、有批判地使用西方现有理论，通过与之对话来建构新的理论。在那样的研究进路上，西方的中国研究学者方才能够真正借助其双重文化特长来做出对理解中国以及我们这个多种文明的世界的特殊学术贡献。(黄宗智，2005)

五、对中国研究的含义

上面我们看到，美国最具影响力的中国研究的问题意识是怎样受到美国自身的影响多于中国的实际的，是怎样被美国的政治—思想大环境所塑造多于中国本身的问题的。它们反映的其实更多是关于美国的政治、意识形态和理论，而不是关于中国主题的本身。在如今的一代中，新保守主义和后现代主义的中国研究是同样被其西、中二元对立的思维框架所主导的。正是那样的框架导致了一些对中国经验实际的严重夸大和误导。近几十年来，美国的中国研究学者们确实在语言能力方面有了一定的提高，其人员和研究中心数量也有一定的扩增，与中国的第一手接触也越来越频繁，理论知识的水平也在不断提高；但即便如此，美国的中国研究在一定程度上仍然是被其主题的中国以外的、违反中国实际的政治—意识形态和理论潮流所主导的。

西方 VS. 中国的二元对立是个贯穿三个世纪以来西方关于中国的思考的基本框架，它深深塑造了不仅是过去西方看待中国的西方中心主义，也同样塑造了最近对其做出深层反思的中国中心主义。当影响较大的一些学者对西方中心主义进行反思时，他们所做的是简单地争论其对立面，从现代化主义到革命主义，从西方中心到中国中心。西、中二元对立的基本思维结构的影响是如此的强大，以至那些学者完全忽视了中国的基本实际，即现代中国必定是其过去和现在并存、中国和西方相互渗透的结果，而不可能是非此即彼的。在最近的这一代中，有的学者深深沉溺于后现代主义的一些理论建构,因此看不到中国自身不仅企望其现实和未来是中国式的,也企望其是西方—现代式的这样一个基本实际。"现代中国"实际上只可能是双重文化的,如今更不简单的是计划经济或市场经济的,而是既是市场经济的也是社会主义的。要真正将西方去中心化、真正把中国中心化,我们的问题意识需要从中国的实际问题出发,而不是从西方的理论建构出发。

上面我们已经看到,西方 VS. 中国的非此即彼二元对立思维更被扩延到一系列其他的二元:如现代 VS. 传统、工业 VS. 农业、城市 VS. 乡村、市场 VS. 人口、市场 VS. 国家、形式理性法律 VS. 实体主义法律等。多数西方学者的一贯做法是,在理论和意识形态中追求逻辑上的统一,非此即彼地在二元之中完全偏重单一元,常常无视经验证据和实用实际。

笔者已经比较详细论证的一个具体例子是,我们不该简单排除中国的小农经济而采纳现代西方的资本主义化和产业化农业的道路,而是要探寻一条发展小规模家庭农场的道路。东亚国家和地区(特别是日本、韩国和中国台湾)之前的农业合作化经验——为"小农户"提供"纵向一体化"(加工和销售)服务来应付"大市场"的经验是值得借鉴的。它来自一个历史上的偶然巧合,先是明治时代晚期的地方政府把发展现代农业设定为其主要任务,而后在战后的美国占领下(单指在日本,在韩国和中国台湾则是受美国的决定性影响),进行了扶持小自耕农的土地改革,又把地方政府所掌控的部分农业发展资源转让给民主化的农民合作社,借此来推动合作社的组建,由此成功地(在 20 世纪 60 年代和 70 年代的日本以及稍后的中国台湾和韩国)确保了持续的农业发展以及普通农民有尊严的生活水平。它们的经验展示了中国大陆今天能够走的一条道路，而不是像当前那样，由于既来自新自由主义也来自马克思主义的认识误区，只给予合作社十分有限的扶持，完全偏重规模化的大农业（企业）。（黄宗智，2015c，2014c，2014a：第3卷，第10章）只有建立实质性的合作社，才有可能改进如今的一定程度上的社会不公问题以及农村社区面临的危机问题。

这里要提倡的不是要偏重人口因素而排除市场因素（或相反），而是必须同时考虑两者。人地压力是中国小农经济顽强持续的主要原因，即便是在相当高度的市场化经济下，无论是过去（帝国时期和中华民国时期）还是近几十年的改革时期都如此。而处于人地压力下的小农经济的顽强持续则决定了农产品市场的性质——把贫穷的小农户完全置于大型商业资本的摆布之下。正因为如此，"小农户"特别需要联合起来组织（加工和销售的）合作社来应对"大市场"，借此来为小农户保留其市场利润。市场机制运作本身并不会像新保守主义理论设定的那样消除人地压力问题；两者是相互塑造的。我们在上面已经看到，清代的市场交易主要是单向的，由贫穷的小农为城镇提供优质农产品，但他们无力购买反向的产品，和亚当·斯密所概括的城乡双向贸易十分不同，也和德弗雷斯所谓的勤勉革命中的消费转型十分不同。无视人地压力基本资源禀赋便不可能理解其市场，相反亦然。在中国的实际之中，两者不可能是非此即彼的，只有在新自由主义理论中才如此。（黄宗智，2014a：第3卷，尤见"导论"和第10章）

如今中国由2.7亿农民工组成的巨大的非正规经济同样如此。与舒尔茨的理论截然相反，其所展示的农村劳动力（相对）过剩和就业不足是无可置疑的,无论是在过去还是在今天的市场经济下都如此。同样,与刘易斯的理论也截然不同,现代经济部门的兴起并没有导致传统部门被整合入现代部门,而是导致了处于农村和城市、传统和现代两者之间的庞大非正规经济的爆发性突现。事实是,脱离了人口和市场之间的互动,便不可能理解如今的劳动力要素市场。(黄宗智,2014a:第 3 卷,第 11、12 章;亦见黄宗智:2009,2010a)

新保守主义的市场 VS. 国家的二元对立也同样。市场主义理论认为,中国近 35 年的发展要完全归功于市场化和私有化,其不足则是由于市场化和私有化程度还不够透彻。但事实上,中国共产党的领导在这段经济发展历史中起到至为关键的作用,包括其利用国家拥有的一切土地资源产权来融资(即地方政府的所谓土地财政)、其利用农村廉价劳动力(和其他由国家提供的激励)来吸引资本、其积极推动贸易和扶持国有企业等。对中国的快速发展经验来说,把国家和市场设定为非此即彼的对立二元,可以说是完全不得要领。(黄宗智,2015b)

至于正义体系的组建方面,我们不应该简单排除中国过去的正义体系(特别是扎根于社会的非正式正义体系)而全盘采纳高度正式化的西方法律体系,而是要探寻如何把两者结合为一个必然既是中国的也是现代的体系。优先由民间调解而不是法庭判决来处理民事纠纷是汉代中期以来经过"(法家)法律的儒家化"而确立的"中华法系"的核心。它处理了民间大部分的民事纠纷。正因为如此,历代法典才能够是"以刑为主"的。那个儒家化的正义体系也深深地塑造了其他东亚文明国家(特别是日本和韩国)的正义体系。如今在中国,"民间调解"仍然起到解决每两起基层社会的(有记录的)民事纠纷中的一起的作用,而"法庭调解"则解决了每三起民事诉讼案件中的一起。在韩国和日本,调解同样起到重要作用。这正是今天"东亚文明"国家的正义体系和一般西方国家的正义体系的关键不同。此点尚未被近年来的一些试图评估全球各国"法治指数"的机构所理解,因为它们多是从现代西方的标准出发的。(黄宗智,2016)在这点上,"中华法系"和"东亚文明"仍然具有一定的现实含义。

实际上,当代中国的经验,不管是其成功的经验还是其失败的经验,都需要从中西两者的结合和互动来理解,而不是从非此即彼的单一元来理解。中国的成功经验,如中国共产党在四十多年改革中所领导的高度市场化的经济发展,便是由两者的结合而来的。而其严重的问题,如利用中国的廉价农民工劳动力来吸引(国内外)资本的投资,因此而导致了一定程度的社会不公,也是源自两者的结合而来的。(黄宗智,2015b)在法律领域,其非正式正义体系仍然起到了通过调解来解决纠纷以及借此减少诉讼频率的重大成效,乃是其如今的正义体系中的一个亮点;而在建造了一个模仿西方的法庭体系的同时,以实用性和提高施法效率为借口,导致仍部分存在的"刑讯逼供"现象,则是其比较恶劣的一面。(黄宗智,2016;亦见黄宗智,2010b)这些成功的和失败的经验都是来自中国过去(帝国时代或革命时代)和西化的今天的结合下的结果。

在农业领域,中国不同于其他的东亚国家,由于当时的快速人口增长而没有能够通过"绿色革命"来实现农业和农民生计的现代化。结果是,农民生活的改善要等待后来的,另一种性质不同的农业革命,即资本和劳动力双密集化的"小而精"的"新农业"(即生产高附加值农产品的农业,如蔬菜、水果、肉食、鱼)的快速发展,在1980年到2010年的三十年间,农业总产值(可比价格)因此上升了590%,达到6%的年增长率,远高于之前历史上其他农业革命的经验。(黄宗智,2014a:第3卷,第6章)笔者把这称作"隐性的农业革命"("隐性"是因为其性质与之前历史上的农业革命——多是由于某些作物的单位面积产出的提高带来的——很不一样,容易被忽视),是一个来自三大历史性变迁趋势的交汇而形成的农业革命:一是源自国民经济整体收入上升所导致的中国人食物消费结构的基本演变,粮食:蔬菜:肉食的消费比例从8:1:1向4:3:3(即城市中上等收入人群以及中国台湾的比例)演变;二是源自20世纪80年代启动的计划生育政策所导致的世纪之交以来新就业人口数量的下降;三是大量农民工的非农就业。后两者使得劳均耕地面积有一定程度的扩增(达到劳均约十亩的幅度),虽然仍然是以小规模农业为主。(黄宗智,2014a:第3卷,第5章)上文也已经提到,由于对有关理论的认识误区,政府依然主要采取了扶持规模化农业(企业)发展的政策。学者们也由于同样的理由而较多忽视了这个划时代的变化。(黄宗智,2014c,2015c)

回顾过去三代的美国的中国研究,我们可以径直把第一代高度意识形态化的简单问题意识置于一旁,而第二代的革命 VS. 现代化则对理解近现代中国仍然具有一定的意义,但需要从不是非此即彼的二元对立角度来思考。学者们已经浪费了太多时间从革命的视角来全面谴责现代化,以及从现代化的视角来完全排斥革命,如今需要了解到现代中国是多么地期望两者兼具,多么努力地在探寻一条革命性的现代化道路。近四十多年来借助全球市场和资本来推动中国经济发展,是不可厚非的政策,当中呈现出来的问题,需要通过不断的改革来解决,而绝不是通过暴力革命的方式。对待第三代的西方中心主义 VS. 中国中心主义也一样:中国今天真正的问题不是用中国中心主义来取代西方中心主义,不是非此即彼地在全盘西化和全盘中化之间选择其一,而是探寻中西的最佳结合。我们需要避免的是再次陷入非此即彼的二元对立,要探寻的是对两者的符合实际的和可持续的重新理解,由此来组合一个新型的现代性中国。

我们不要盲目地援用时髦的西方理论和其所关注的问题,譬如来自后现代主义理论的如下问题:话语是否是最终或最主要的实际/真实?我们应该看到,现实中话语和实践都扮演着重要的角色,而真正重要的问题是两者之间的关系和互动。一个透过话语表层而深入中国实际的做法,不是要坚持争论话语或实践哪一方更加重要,而是要探索两者间相符和相背离之处,理解实际是同时包含这两方面的。过去和今天的中国法律实践实际上多斡旋于条文和社会实际及其变迁之间。笔者曾经建议,一个可用的研究进路是挖掘实践之中呈现的超越简单二元对立的创新,由此来建构新的理论,而不是像有的美国和中国学者那样,在后现代主义认识论的影响下,只关注单一元或坚持某一元更加重要。(黄宗智,2016,2014b:第1、2、3卷)

把非此即彼的二元对立思维框架置于一旁而采用两者必然相互关联、相互渗透的问题框架,当然并不等于决定我们要研究哪些历史和现实领域,或强调哪一种论点。我们肯定会继续看到近乎纯粹的经验研究,而且是具有长久价值乃至极其重要贡献的研究;也会看到学者们由于其个人特长或志趣而进入各种各样不同题目的研究;也会看到由于个人的价值观而主要关注或认同于精英或民众、思想和大传统或社会经济和民众文化的研究等。在过去三代美国的中国研究之中,主要的学术贡献可以说不是来自那些在理论或意识形态层面上最具影响力的学术"领导者",而是来自那些严谨求真求实、埋头做研究的学者。我们需要的是结合严谨求真的学术和理论意识与概念创新。

所有研究中国的学者,无论是在美国还是在中国,应该把源自西方的,由西方投射于中国的,脱离或违背中国实际的研究问题置于一旁。我们选择的问题、题目和论点不该局限于来自西方的时髦理论和问题。如果那样的话,中国研究将永远只是一个西方政治和思想的附属品,并且不可避免地会出现论点与经验证据之间的脱节和背离。我们需要破除过去对中国研究影响深远的非此即彼西方 VS. 中国二元对立框架。我们应该返回我们研究的主题——中国,由它的实际来塑造我们的问题意识。

参考文献:

陈昆(2012):《明代中后期世界白银为何大量流入中国》,载《中国经济史论坛》。http://economy.guoxue.com/? p=7414.2015 年 8 月查阅。

封小郡(2015):《制造紧张:富士康生产过程的基本矛盾》,北京大学社会学系硕士论文。

黄宗智(2016):《中国古今的民、刑事正义体系:全球视野下的中华法系》,载《法学家》第 1 期,第 1—27 页。

黄宗智(2015a):《道德与法律:中国的过去和现在》,载《开放时代》第 1 期,第 75—94 页。

黄宗智(2015b):《中国经济是怎样如此快速发展的?——五种巧合的交汇》,载《开放时代》第 3 期,第 100—124 页。

黄宗智(2015c):《农业合作化路径选择的两大盲点:东亚农业合作化历史经验的启示》,载《开放时代》第 5 期,第 18—35 页。

黄宗智(2014a):《明清以来的乡村社会经济变迁:历史、理论与现实》。第 1 卷《华北的小农经济与社会变迁》;第 2 卷《长江三角洲的小农家庭与乡村发展》;第 3 卷《超越左右:从实践历史探寻中国农村发展出路》,北京:法律出版社。

黄宗智(2014b):《清代以来民事法律的表达与实践:历史、理论与现实》。第 1 卷《清代的法律、社会与文化:民法的表达与实践》;第 2 卷《法典、习俗与司法实践:清代与民国的比较》;第 3 卷《过去和现在:中国民事法律实践的探索》,北京:法律出版社。

黄宗智(2014c):《"家庭农场"是中国农业的发展出路吗?》,载《开放时代》第 2 期,第 176—194 页。

黄宗智(2011):《中国的现代家庭:来自经济史和法律史的视角》,载《开放时代》第 5 期,第 82—105 页。

黄宗智(2010a):《中国发展经验的理论与实用含义》,载《开放时代》第 10 期,第 134—158 页。

黄宗智(2010b):《中西法律如何融合?道德、权利与实用》,载《中外法学》第 5 期,第 721—736 页。

黄宗智(2009):《中国被忽视的非正规经济:现实与理论》,载《开放时代》第 2 期,第 52—73 页。

黄宗智(2005):《近现代中国和中国研究中的文化双重性》,载《开放时代》第4期,第43—62页。

黄宗智(2002):《发展还是内卷？十八世纪英国与中国——评彭慕兰〈大分岔：欧洲、中国及现代世界经济的发展〉》,载《历史研究》第4期,第149—176页。

黄宗智(1993[2000,2006(英文版1991)]):《中国研究的规范认识危机——社会经济史中的悖论现象》,作为《后记》纳入黄宗智《长江三角洲小农家庭与乡村发展》,北京：中华书局。此文前半部分(删去了当代部分),以《中国经济史中的悖论现象与当前的规范认识危机》为标题首先发表于《史学理论研究》1993年第1期,第42—60页。

黄宗智、高原(2015):《社会科学与法学应该模仿自然科学吗?》,载《开放时代》第2期,第131—167页。

李伯重(2000):《堕胎、避孕与绝育：宋元明清时期江南地区的节育方法及其运用与传播》,载李中清、郭松义、定宜庄编《婚姻、家庭与人口行为》,北京：北京大学出版社,第172—196页。

苏成捷(Matthew Sommer)(2012):《堕胎在明清时期的中国——日常避孕抑或应急性措施?》,载《中国乡村研究》第9辑,福州：福建教育出版社,第1—53页。

张国刚(2006):《欧洲的中国观：一个历史的巡礼与反思》,载《文史哲》第1期：108—118页。

张国刚、吴莉苇(2002)《西方理论与中国研究——从〈白银资本〉看待西方理论架构的几点意见》,载《史学月刊》第1期,第98—106页。

Anderson, Martin (1988). *Revolution: The Reagan Legacy*. San Diego: Harcourt Brace Jovanovich, Publishers.

Chang, Chung-li (Zhang Zhongli [张仲礼]) (1955). *The Chinese Gentry: Studies on Their Role in Nineteenth-Century Chinese Society*. Seattle:

University of Washington Press.

Chang Chung-li (1962). *The Income of the Chinese Gentry*. Seattle: University of Washington Press.

Chang, Hsin-pao (1964). Commissioner Lin and the Opium War. Cambridge, Mass. : Harvard University Press.

Cohen, Paul A. (1984).*Discovering History in China: American Historical Writing on the Recent Chinese Past*.New York: Columbia University Press.

Committee of Concerned Asian Scholars, Newsletter (renamed Bulletin after the first three issues).Available online at http://criticalasianstudies.org/assets/files/bcas/v01n02.pdf.

De Vries, Jan (1984). *European Urbanization, 1500—1800.* Cambridge, Mass. : Harvard University Press.

De Vries, Jan (1993). "Between Purchasing Power and the World of Goods: Understanding the Household Economy in Early Modern Europe," in John Brewer and Roy Porter eds. *Consumption and the World of Goods*.London and New York: Routledge.

De Vries, Jan (1994). "The Industrial Revolution and the Industrious Revolution,"*Journal of Economic History*,54 (2): 249—270.

Eisenstadt, S. N. (1974). "Studies of Modernization and Sociological Theory," *History and Theory*, v. 13, no. 3 (Oct.): 225—252.

Esherick, Joseph (1976). *Reform and Revolution in China: The 1911 Revolution in Hunan and Hubei*.Berkeley and Los Angeles: University of California Press.

Fairbank, John King (1972 [1948]). *The United States and China*. Cambridge, Mass. : Harvard University Press.

Fairbank, John K. , Edwin O. Reischauer, and Albert M. Craig (1965 [1960]).*East Asia: The Modern Transformation*.Boston: Houghton Mifflin Co.

Feuerwerker, Albert C. (1958).*China's Early Industrialization: Sheng Hsuan-huai (1844—1916) and Mandarin Enterprise*. Cambridge, Mass. : Harvard University Press.

Frank, Andre Gunder(1967).*Capitalism and Underdevelopment in Latin America*.New York: Monthly Review Press.

Frank, Andre Gunder(1998).*Re-ORIENT: Global economy in the Asian Age*.Berkeley and Los Angeles: University of California Press.

Frank, Andre Gunder (2001). Review of "The Great Divergence: Europe, China, and the Making of the Modern World Economy," *Journal of Asian Studies*, v. 60, no. 1 (Feb.): 180—182.

Friedman, Milton(1976)."Freedom and Employment," Nobel memorial lecture. http://www.nobelprize.org/nobel_prizes/economic-sciences/laureates/1976/friedman-lecture.pdf

Geertz, Clifford(1983)."Local Knowledge: Fact and Law in Comparative Perspective," in Clifford Geertz, *Local Knowledge: Further Essays in Interpretive Anthropology*.New York: Basic Books: 167—234.

Grey, Thomas C. (2014).*Formalism and Pragmatism in American Law*. Leiden: Brill.

Hayami, Akira (速水融) (2015). *Japan's Industrious Revolution: Economic and Social Transformations in the Early Modern Period*. Springer Japan, e-publication.

Hayek, Friedrich A. (1948[1980]).*Individualism and Economic Order*. Chicago: University of Chicago Press.

Hegel, Georg Wilhelm. N. d. "Hegel's Philosophy of History, Part I, The Orient, Section 1, China, Marxist Internet Encyclopedia. https://www.marxists.org/reference/archive/hegel/works/hi/lectures1.htm, accessed August 2015.

Hegel, Georg Wilhelm. N. d. "Hegel's Lectures on the History of Philosophy, Oriental Philosophy," Marxist Internet Encyclopedia. https://www.marxists.org/reference/archive/hegel/works/hp/hporiental.htm, accessed August 2015.

Ho, Ping-ti(何炳棣)(1959). *Studies in the Population of China, 1368—1953*.Cambridge, Mass.: Harvard University Press.

Hsiao, Kung-ch'uan(萧公权)(1960). *Rural China: Imperial Control in the Nineteenth Century*.Seattle: University of Washington Press.

Hsu, Immanuel(1960). *China's Entrance into the Family of Nations.The Diplomatic Phase, 1858—1880*.Cambridge, Mass.: Harvard University Press.

Huang, Philip C. C. 2002."Development or Involution in Eighteenth-Century Britain and China?" *Journal of Asian Studies*, v. 61, no. 2 (May): 501—538.

Kim, Young Kun. 1978."Hegel's Criticism of Chinese Philosophy," *Philosophy East and West*, v. 28, no. 2 (April): 173—180.

Langdell, Christopher Columbus (1880). *A Summary of the Law of Contracts*.Boston: Little, Brown.

Lee, James Z. and Cameron Campbell(1997). *Fate and Fortune in Rural China: Social Organization and Population Behavior in Liaoning, 1774—1873*.Cambridge, England: Cambridge University Press.

Lee James Z. and Wang Feng (1999). *One Quarter of Humanity:*

Malthusian Mythology and Chinese Realities. Cambridge, Mass. : Harvard University Press.

Le Roy Ladurie, Emmanuel(1974).*The Peasants of Languedoc*, tr. John Day.Urbana: University of Illinois Press.

Levenson,Joseph R. (1959 [1953]).*Liang Ch'i-ch'ao and the Mind of Modern China*.Cambridge,Mass. : Harvard University Press.

Levenson,Joseph R. (1972 [1958,1964,1965]).*Confucian China and Its Modern Fate: A Trilogy*.Berkeley: University of California Press.

Levine, David (1977). *Family Formation in an Age of Nascent Capitalism*.New York: Academic Press.

Lewis, W. Arthur (1954). "Economic Development with Unlimited Supplies of Labor,"*The Manchester School of Economic and Social Studies*,v. 22,no. 2 (May): 139—191.

Lewis,W. Arthur (1955).The Theory of Economic Growth.London: George Allen & Unwin Ltd.

Maddison, Angus (2001).*The World Economy: A Millenial Perspective*. Organization for Economic Cooperation and Development (OECD).

MacFarquhar, Roderick (1995). "The Founding of the China Quarterly,"*China Quarterly*, no. 143 (Sept.): 692—696.

Michael,Franz and Chung-li Chang (1966,1971).*The Taiping Rebellion: History and Documents*,2 vols.Seattle: University of Washington Press.

Michael,Franz H. and George E. Taylor ([1956] 1964).*The Far East in the Modern World*.New York: Henry Holt and Company.

Naughton,Barry (2007).*The Chinese Economy: Transitions and Growth*. Cambridge,Mass. : The MIT Press.

North, Douglass C. (1981). *Structure and Change in Economic History*. New York: W. W. Norton.

Peck, Jim et al. (2009). "Knowledge to serve what ends? An exchange from 1968." *Critical Asian Studies* 41,3: 469—490.

Perkins, Dwight H. (1969). *Agricultural Development in China, 1368—1968*. Chicago: Aldine.

Perkins, Dwight H. and Shahid Yusuf (1984). *Rural Development in China*. Baltimore, MD: The Johns Hopkins University Press (for the World Bank).

Pomeranz, Kenneth (2000). *The Great Divergence: China, Europe, and the Making of the Modern World Economy*. Princeton, N. J. : Princeton University Press.

Popkin, Samuel (1979). *The Rational Peasant: The Political Economy of Rural Society in Vietnam*. Berkeley and Los Angeles: University of California Press.

Ranelagh, John (1991). *Thatcher's People: An Insider's Account of the Politics, the Power, and the Personalities*. London: Harper Collins.

Said, Edward (1978). *Orientalism*. New York: Pantheon.

Schofield, Roger (1994). "British Population Change, 1700—1871," in Roderick Floud and Donald McCloskey eds. *The Economic History of Britain since 1700*, 2nd ed. , v. 1, 1700—1860, Cambridge, England: Cambridge University Press, 60—95.

Schultz, Theodore (1964). *Transforming Traditional Agriculture*. New Haven, Conn. : Yale University Press.

Schurmann, Franz (1970 [1966]). *Ideology and Organization in*

Communist China. Berkeley and Los Angeles: University of California Press.

Schwartz, Benjamin I. (1951). *Chinese Communism and the Rise of Mao.* Cambridge, Mass.: Harvard University Press.

Schwartz, Benjamin I. (1964). *In Search of Wealth and Power: Yen Fu and the West.* Cambridge, Mass.: Harvard University Press.

Scott, James C. (1976). *The Moral Economy of the Peasant: Rebellion and Subsistence in Southeast Asia.* New Haven, Conn.: Yale University Press.

Selden, Mark (1971). *The Yenan Way in Revolutionary China.* Cambridge, Mass.: Harvard University Press.

Sommer, Matthew H. (2010). "Abortion in Late Imperial China: Routine Birth Control or Crisis Intervention," *Late Imperial China*, v. 31, no. 2 (Dec.): 97—165.

Sugihara, Kaoru (杉原薰) (2003). "The East Asian Path of Economic Development: A Long Term Perspective," in Giovanni Arrighi, Takeshi Hamashita and Mark Selden eds. *The Resurgence of East Asia, 500, 150 and 50 Year Perspectives.* London and New York: Routledge, 2003. pp. 78—123.

Thompson, E. P. (1991 [1963, 1968]). *The Making of the English Working Class.* Toronto: Penguin Books.

Tilly, Charles (1975a). "Revolutions and Collective Violence," in Fred I. Greenstein and Nelson W. Polsby eds. *Handbook of Political Science*, v. 3: *Macropolitical Theory*, Redding, Mass.: Addison-Wesley, 483—555.

Tilly, Charles (1975b). "Food Supply and Public Order in Modern Europe," in Charles Tilly, ed. *The Formation of National States in Western Europe.* Princeton, N. J.: Princeton University Press, 380—455.

Tilly, Charles (1975c). "Western State-Making and Theories of Political Transformation," in Charles Tilly ed. *The Formation of National States in*

Western Europe.Princeton,N. J. : Princeton University Press,601—638.

Wang Yeh-chien (1992)."Secular Trends of Rice Prices in the Yangzi Delta,1638—1935," in Thomas G. Rawski and Lillian M. Li eds. *Chinese History in Economic Perspective*. Berkeley: University of California Press, 35—69.

Weatherill,Lorna (1993)."The Meaning of Consumer Behavior in Late Seventeenth and early Eighteenth-Century England," in John Brewer and Roy Porter eds. *Consumption and the World of Goods*. New York and London: Routledge.

Weber,Max (1978).*Economy and Society: An Outline of Interpretive Sociology*,2 vols.Berkeley and Los Angeles: University of California Press.

Weber,Max (1930 [1905]).*Protestantism and the Spirit of Capitalism*, trans. by Talcott Parsons and Anthony Giddens.London: Unwin Hyman.

Wittfogel,Karl A. (1957).*Oriental Despotism: A Comparative Study of Total Power*.New Haven,Conn. : Yale University Press.

World Bank (2014). "Gross national income per capita, 2014, Atlas method and PPP." http://databank. worldbank. org/data/download/GNIPC. pdf (accessed August 2015)

Wright,Mary C. (1966[1957]).*The Last Stand of Chinese Conservatism: The T'ung-Chih Restoration, 1862—1974*.Stanford,Calif. : Stanford University Press,reprinted by Atheneum.

第十章
中国法律史研究的现实意义[①]

仅从法律文本和理论来看,当今的中国法律似乎完全拒绝、抛弃了传统法律及革命法律,走上了"全盘西化"的道路。但是,如果从法律的实践历史来看,则中国法律明显是个混合体,其中有旧帝国传统的延续和演变,也有新革命传统的创新和延续,更有对西方法律所做出的选择性转释和改造。本序根据作者这 25 年研究清代以来法律史的一些基本认识,试图指出创建具有中国主体性和符合中国社会实际的法律的方向,并初步勾勒出其可能的图景。

[①] 本章是作者为 2014 年出版的法律史三卷本《清代以来民事法律的表达与实践:历史、理论与现实》(北京:法律出版社)所写总序,围绕与韦伯的对话来总结三卷本的内容。

一、来自法律实践历史抉择的例子

拙作《清代以来民事法律的表达与实践:历史、理论与现实》三卷本,首先论述清代法律及其实际运作所展示的长期以来中国法律独特的思维方式。它结合高度道德化的表达与比较实用性的实践,形成一个表达和实践既背离又抱合的统一体。这个基本的"实用道德主义"思维方式也可以见于中华民国的民事法律制度:即便在理论层面上完全采纳了西方的现代法律(其典范是德国1900年的民法典),它仍然对舶来的西方法律做了选择性的重新理解和应用。进入革命时代的解放区法律和1949年以后毛泽东时代的法律,以及其后改革时期的再度大规模引进西方法律,我们仍然可以看到这方面的一些基本的延续,也可以看到创新。既可以看到明智的抉择,也可以看到盲目的模仿。以下是一个简单的总结,为的是指向一条创建适用于当前和未来的中国法律制度的途径。

(一)中国法律的思维方式

首先,清代法律实践历史所展示的特殊思维方式是:在连接概念和经验方面,一贯要求紧密结合法律概念和经验情况,寓抽象法律原则于具体事例,拒绝脱离具体事例的抽象化。这是《大清律例》所展示的基本思维方式。这就与韦伯所认为的西方现代法律的核心——形式理性(formal rational)思维方式十分不同。正如韦伯所说,形式理性主义法律要求的是:"(1)所有的法律决定必须是抽象法律命题之'适用'于具体的'事实情况';(2)所有的事实情况,必然能够通过法律逻辑而从抽象的法律原则得出决定。"(Weber,1978:657—658;中文翻译参考韦伯,2005:29。作者这里的翻译是根据英文版做的,与康乐、简惠美[2005]的翻译略有不同)。韦伯心目中的"逻辑"显然是西方的所谓"演绎逻辑","演绎逻辑"也被他和许多西方知识分子认为是西方文明所独有的逻辑思维。美国"法律形式主义"(legal formalism,亦称"古典正统"[classical orthodoxy])鼻祖兰德尔(Christopher Columbus Langdell)便特别强调现代法律的这个特点,把法律等同于古希腊的欧几里得几何学(Euclidean geometry),坚持法学能够同样地从有限的几个公理(axioms)得出众多的定理(theorems),而后通过"法律逻辑"来适用于任何事实情况。在韦伯眼中,中国传统法律绝对不属于这样的"形式理性"类型,而是属于"实体主义法律"(亦称"实质主义法律")类型。他认为,后者的特征是:它偏重具体事实,缺乏抽象原则,更缺乏法律逻辑。而对韦伯来说,这些都是形式理性主义法律所必备的条件。

我在拙作中已经详细论证:中国法律思维不是缺乏抽象概念,而是一贯认为事实情况千变万化,不是任何抽象原则所能完全涵盖,因此要赋予抽象原则实质性的意义,必须通过实际具体的例子来阐明,而法律所未曾考虑到的事实情况则可以通过比附类推方法来处理。相对韦伯提倡的从抽象到事实到抽象的思维方法来说,中国法律一贯使用的可以说是从事实到概念到事实的认识论。

此外,清代法律实践还展示了另一个一贯的法律思维方式。它有前瞻性的一面,但依赖的不是西方现代法律的权利前提"公理",而是儒家的道德理念,例如"仁政""和谐""无讼"及君子的"忍"和"让"等。同时,它也有比较实用性的一面,允许在实际运作中,相应社会实际做出调整。这种思维既可见于《大清律例》中主要采用道德性表达的"律"及众多比较实用性的"例"的结合,也可见于官箴书中的道德话语和实用话语的并存。

在韦伯眼中,以上的思维方式都不是他所特别认可的形式理性思维。他认为道德理念介入法律正是"实体主义"的特征而不是"形式主义"(独立的法律体系),它特别容易陷入"非理性",即由外来的个人意志或感情所主宰而不是"理性的"——坚持依赖法律逻辑来做出决定。

(二) 中国的调解传统

韦伯所谓的实体主义法律的最好例子可能是中国的调解制度。在调解之中,无所谓普适的法律原理和逻辑,也无所谓抽象原则之适用于所有具体情况。它的重点不在抽象法律原则,而在解决具体纠纷。它的方法不在依据法律逻辑从抽象原则得出关于对错的判断,而在探寻实际可行的妥协方案。它的目的不在维护抽象普适的法律原则,而在维护社区长期共同相处人们间的和谐关系以及"己所不欲,勿施于人"的道德理念。在韦伯眼中,这样的制度是十足的"实体主义"法律类型的制度。

同时,调解制度也展示了中国"实事求是"的思维方式。它的重点不在抽象原则而在事实情况和可行性。唯有通过对事实情况的掌握,调解人员才有可能提出实际可行的纠纷解决方案。我们也可以说，它在乎的不是形式理性法律所十分着重的（形式化）程序而是解决实际问题。它不会像形式主义法律那样区别"法庭真实"和"实质真实"，不会为了服从程序法而排除实质性的真实，不会把法庭的探究限定于在法律现有程序所允许的范围之内所得出的"法庭真实"。形式理性主义法律认定这是作为人为法律所可能获得的最贴近实质真实的真实，因为真正的绝对性真实唯有上帝才能知晓。按照韦伯划分的类型，中国调解制度背后的认识论和纠纷解决方法是完全来自"实体主义"的。

固然，中国的调解制度在近百年来经历了多重的变迁。在清代，它主要是社区和宗族的非正式（非官方）调解制度，其组织和运作基本是上述的模型。进入中华民国时期，一方面是原来的制度在农村的延续，另一方面是国民党极其有限的、不十分认真的尝试把调解纳入其正规法庭制度。但在中国革命的解放区，调解制度则大规模扩延，在社区的调解之上增加了基层干部的调解和调处、基层政府的行政调处，以及法庭调解（包括带有强烈判决性的调解）等一系列的制度创新。这些变化在1949年之后的毛泽东时代更得到前所未有的扩展，一度成为法律制度整体的主要内容。但在改革期间，既由于农村社区的变化（从熟人社会到半熟人、陌生人社会的演变），也由于农村干部功能和权力的收缩，调解所起作用曾经显著收缩。同时，面对越来越多的诉讼案件，法庭也越来越倾向更多地依赖较高效率的判决，较少依赖很花工夫和时间的调解——尤其毛泽东时代那种深入基层调查研究、走"群众路线"的调解。

虽然如此，世纪之交以来，在社会需要（人民广泛认为，相对法

425

庭制度而言，调解是费用较低而成效较高的制度)和政府积极推动的双重动力下，调解制度重新扩展。今天，它仍然是中国法律制度中一个极其重要的组成部分，其所起作用和规模要远远超出世界其他大国的法律制度。目前，在每两个纠纷之中，仍然有一个是通过社区干部调解而消解的(而旧式的非正式亲邻朋友调解制度也在一定程度上重新呈现——虽然其数量不好估计，因为没有关于它们的系统统计材料)。剩下的一半进入法庭制度的纠纷中，每两起中仍然有一起是由法庭(不同程度地)借助调解手段来解决的。可见，调解在当今中国仍然显示出顽强的生命力，不失为中国法律制度很有特色的一个组成部分。

拙作通过众多实际案例和跨时演变的分析，提出了一个简单的原则性建议：在没有过错(或当事人基本同等过错)的事实情况下，适用调解；在有过错的情况下，方始采用形式化的法庭判决制度。中国完全没有必要像西方对抗性的形式理性制度那样，把没有过错的纠纷推向必分对错的非此即彼的形式理性对抗法律程序。中国完全可以在无过错的纠纷情况下，侧重调解。这样划分调解和判决的分工，既可以避免西方对抗性制度的弊端，也可以避免运用调解来处理有过错的纠纷的"和稀泥"弊端。

实体主义的调解制度与来自西方的形式理性法律制度在今天的并存其实是中国三大法律传统并存的具体例证。社区调解明显属于源自古代的法律传统和思维方式，而干部、行政和法庭调解则是中国革命的创新。这些制度与移植而来的形式理性法律条文和制度并存正好证实了中国近百年来的历史实际和当前的混合型法律现实。在实践层面上，这一切都是无可置疑的现实。当前和未来的问题其实主要是如何从理论层面上来理解这样的现实。

(三) 对侵权法的重新理解

三大传统在中国法律里的并存和混合,不仅可以见于调解制度和形式化法庭制度的结合,也可以见于形式化法律制度内部的一些例子。拙作探索的一个重要例子是侵权赔偿法律制度的条文和运作。其源自西方的法律文本是韦伯型的"形式理性"法律:法律从个人权利的"公理"出发,通过法律逻辑,得出在民事法律中,由于侵权行为的过错而规定不同数量的金钱赔偿的"定理"。但是,拙作在大量实践案例的基础上说明,在许多(甚至是大多数的)所谓侵权纠纷中,实际上双方都没有过错(例如偶然无意的损伤)或双方都具有大致同等的过错(例如一般的斗殴纠纷)。按照韦伯的形式理性思维,法律面对侵权纠纷时必须明确区分对错,不然便没有赔偿和民事责任可言。为此,很容易把事实上没有过错的纠纷推向对抗性的处理。但是,中国法律则没有,甚或不能理解西方法律这样的逻辑性冲动和需求。对此问题,当代中国的立法者采用的是一种从事实出发的"常识性"处理方法:简单地承认没有对错的侵权纠纷的事实存在,由此出发,规定在那样的情况下仍然可以根据实际情况让无过错的当事人承担一部分的民事责任,借以解决这个因有人遭受较为严重损失而发生的社会问题。这里展示的正是上面说的从经验到法律到经验的实用性思维方式,与韦伯所阐释的形式理性法律完全不同。对韦伯来说,像中国这样的思维完全是"实体主义"性的,甚至是矛盾的或非理性的。但我们应该把上述的例子理解为中国立法者对移植来的西方法律的选择性阐释和改造。虽然如此,这样的抉择没有被提高到理论层面,而只是一种显示了实用道德主义思维的例子。

(四)赡养与家庭主义产权

另一个对西方法律重新做出选择性理解的例子涉及财产权利和赡养义务。按照西方个人主义法律的思路,孩子对双亲的赡养只负有比较有限的带有条件的义务。德国1900年的民法典规定,一个孩子只在下述两个条件之下才负有赡养双亲的义务:一是父母亲没有自己谋生的能力,二是孩子能够维持自己所习惯享有的生活水平。不然,便没有赡养双亲的义务。我们知道,中国古代法律规定孩子不赡养双亲是要受到严重惩罚的。即便是模仿西方,几乎照抄《德国民法典》的《中华民国民法典》(1929—1931年颁布)都把赡养双亲转释为基本无条件的义务。在上述《德国民法典》的规定之后,《中华民国民法典》立刻便声明,如此的规定不适用于孩子的"直系血亲尊亲属"。《中华人民共和国继承法》(1985年颁布)则更进一步,做出《德国民法典》所没有的法理创新:它规定,赡养双亲的孩子可以在继承财产上多分财产,没有尽如此义务的则可以少分。这样,既把赡养定为基本无条件的义务,更制定了一定的物质激励来确定孩子会为双亲尽其赡养义务。这里展示的正是中西方不同的家庭观念。费孝通比较生动地称中国的为"反馈模式",西方的则是"接力模式"。

"家庭主义"在中国法律里的顽强持续也可见于财产继承法律

的一些其他方面。大家知道,中国传统的继承法律把家产视作一个基于父子关系的跨代际权利。与西方法律不同,任何父亲不能凭其意愿(比如,通过遗嘱)把一个儿子排除在继承自己土地的权利之外。这就和西方的个人主义法律十分不同。这是因为中国传统法律把家产基本认作一个以父子为中心的(可以称作"父子一体"的财产观念)跨代际权利。在国民党法律之下,立遗嘱人照样不可以通过遗嘱而把具有法定继承权利的孩子排除在继承之外,规定他们最起码可以得到所谓的"特留份",相当于均分财产的一半。这也是中国传统家庭主义财产观延续的一面。(但国民党法律允许所有权拥有人在生前通过"赠予"而绕过继承法这方面的限制。)而在人民共和国的法律下,遗嘱法律虽然表面上似乎像美国个人主义法律同样允许立遗嘱人无限制的财产处分权,但在实际运作层面上,迄今仍然规定立遗嘱人的房产继承人必须通过其他合法继承人的同意方才可以自由处分所继承的房产。这就和这方面的美国法律十分不同。

当今,个人主义的遗嘱法及赠与法,与古代法律遗留下来但在现代从"父子一体"被转释为"父母亲和孩子一体"的继承法(与古代相同之处在于跨代,与其不同在于男女平等的继承权利)两者之间仍然在拉锯。其间的张力、矛盾和妥协,可以见于近年最高法院三次关于父母亲能否把房产通过赠与而确定为自己已经结婚的孩子单方个人所有财产的"解释"。

(五) 典权

在大规模从西方引进法律理论和条文的潮流下,以上具有"中国特色"的财产权利法律的延续可以说是中国面对西方法律所做出的选择性改造。另一个例子是传统的"典权"惯习。它允许土地典卖人长时期以十分有利的条件回赎自己出典的土地的权利。这是作为中国现代法律范本的德国民事法律所没有的法律范畴和法理。中华民国民法典的立法人通过复杂的争论之后,最终决定直接沿用这个传统的得到国家法律认可的民间习俗,其基本用意是照顾弱势人民(被迫出卖土地者),声称那才是"圣王之道",所拒绝的是简单的西方个人主义的比较绝对的产权概念。人民共和国的成文产权法律则最终拒绝了传统的"典权"。但是,我个人认为,中国将来如果允许土地的自由买卖,典权法律几乎肯定会重新呈现于民间。目前,因为国家严禁农村个人自由买卖土地,典权传统被暂时置于一旁。

(六) 男女平等产权与司法实践

对西方法律的选择性援用也可以见于农村关于男女平等财产继承权利的实际运作。在法律条文上,男女权利平等是得到确认的。但是,在司法实践中,即便在国民党时期,鉴于农村的女儿出嫁的社会实际,男女平等的继承权利一直都没有被实施,只在城市中起作用。关键在于,一般的赡养责任是由留家的儿子(而不是出嫁的女儿)来承担的,因此父母亲的土地和房子实际上都仍然和清代一样是由儿子继承的。在人民共和国时期,没有土地私有产权,但房子方面的司法实践是和中华民国时期基本一致的。我们上面已经看到,在法理层面上,人民共和国还做出了直接连接赡养义务与财产继承权利的创新。这样,在法理上,儿子继承家里的房子不是因为他们是男子而不是女子,而是因为他们承担并尽了赡养义务。这也是根据中国实际情况对西方法律做出的合理改造。

(七)革命法律传统

对中国的法学界来说,传统法律在今天法律实践中的延续相对来说比革命法律传统的延续更好理解。一是因为研究相对较多,也是因为在今天的话语氛围中,传统由于民族感情比革命更容易占到一定的正当性。目前,许多人对革命的几乎全盘否定使人们不容易看到革命传统所起的作用。我个人对革命法律的研究最多只能算是个小小的开端,还有大量的工作和材料等待新的研究人员去挖掘。我这里只能非常粗略地提到自己做过的几点相关研究,其中包括完成法律第三卷之后对劳动法规的历史演变所做的初步探讨(在本书中作为进一步的探讨而纳入附录)。

1.婚姻和离婚法

首先是婚姻和离婚法。革命法律的出发点,是既拒绝传统的婚姻法律也拒绝西方的现代法律。一个关键性的立法是离婚自由。根据1931年的《中华苏维埃共和国婚姻条例》，夫妻任何一方坚决要离婚便可以即行离婚。当时反映的当然是革命知识分子中的理想，也是1926年苏联婚姻法的典范作用。这个法律条文在当时的世界范围内是比较激进的，代表的是革命党对进步青年的一种承诺。

但是，如此的离婚法很快便遇到强烈的反对。首先是革命军人，法律允许军属与其丈夫离婚正犯了他们的忌讳。另外，则是农民的反对。对一般农民来说，婚姻是关涉一辈子的一大花费，不能容忍都市中产阶级人民那种比较随便的结婚、离婚。面对农村人民广泛的反对，中国共产党很快便做出了一系列的退让，从其原先的革命性承诺逐步后退，最终确定了一个十分实用性的处理方法：一起一起地通过调解来处理所有有纠纷的离婚要求，目的是尽可能地把党和革命军人与农民之间在这方面的矛盾最小化。

这个具有一定历史偶然性的演变所导致的结果之一，是法庭调解制度的广泛兴起。在革命时期及1949年之后的毛泽东时期，离婚纠纷毫无疑问地占据了中国民法最大比例的地位，其处理方式不仅决定了婚姻和离婚法的实践，一定程度上也决定了民法整体的实践。

离婚法在实践中形成了一系列很有特色的运作方式。当时要求的是法庭调解人员深入基层，亲自调查研究，了解夫妇间的"矛盾"根源，并尽一切可能，配合当地政权组织试图使得双方"调解和好"。为此，可以动员当地的党组织和亲属、邻居来协助法庭为当事人解决矛盾，甚至可以在劝说的压力之外，更借用物质刺激，包括按需要为当事人安排更好的工作条件等。同时，也不排除高压的、具有判决性(不准离婚)的压力,尽可能促使当事人放弃离婚要求。在这个过程中,形成了一些来自实践的方法和法理原则,尤其是深入实地调查研究和依赖群众的方法,它的影响超出婚姻和离婚领域而涉及民事法律制度整体。同时,也形成了比较独特的"夫妻感情是否确已破裂、调解无效"为准则的离婚法理。

2.法庭调解的制度创新

如此的离婚法实践正是促使法庭调解制度创新的一个关键动力。拙作详细论证,清代法庭做的是断案,不是调解。做调解的是社区和亲族,不是法庭。法庭的理念是尽可能由社会自身来处理"细事"纠纷,官方衙门只在社会自己不能解决纠纷的时候介入,一旦介入到正式堂讯的阶段,便要做出明确的有法律根据的判断。也就是说,法庭调解不是中国的古代传统,而是共产党面对处理离婚争执的发明和制度创新。这也许是革命立法传统对当前法律制度的影响中最为明确和重要的一面。

3.劳动法

在离婚法和法庭调解制度之外,革命立法的另一主要传统是劳动法。作为"无产阶级先锋队"的中国共产党当然自始便十分重视劳动立法,要为劳动人民争得公平和有尊严的待遇。1933年的《中华苏维埃共和国劳动法》,因此对8小时的工作日、安全的工作环境、合理的休息时间、加班工作的待遇、保护妇女和未成年工人、劳动福利等诸多方面做了明确具体的规定。中国共产党当时的立场是要为所有的劳动人民争取其应有的权利,在正规工人之外,还包括非正规的临时、非全日、季节性工人,甚至纳入了农村的雇工、苦力、工匠("乡村手艺工人"),以及家庭佣人("家庭仆役")。

今天回顾,我们还可以看到另一个历史趋势的起源。在苏维埃地区,当时的共产党不仅是革命党,也是个执政党。因此,我们可以把后来革命胜利之后的一些演变趋势追溯到苏维埃时期。首先可以看到的是把党政官员和工人一起纳入劳动法所保护的"职工"范畴。按照当时的意识形态来说,这是完全合理的做法:共产党乃是劳动人民的先锋队,代表的是劳动人民的利益,其机关和机构的人员当然应该被纳入与工人相一致的劳动者范畴,当然应该享受同等的法律保护和待遇。正是这样的起源为后来革命胜利之后的一系列变迁埋下了伏笔。

其后,在毛泽东时代为了限制农村人口大量无秩序地涌入不可能为他们提供充分就业机会的城市,共产党建立了一整套的法规,严格限制把"民工""临时工""季节工"等转化为正式职工。1958年更树立了户籍制度,严格限制农村人民进入城市,把农村孩子限定于其母亲(而不是父亲)的户籍。由于中国长期以来城乡在工资和一般生活水平上的差别,这些劳动规则在有意无意之中造成了一个区分为两个等级的劳动者的制度。

进入改革时期,处于劳动法规保护之外的"非正规"工人大规模兴起。先是农村乡镇企业的"离土不离乡"员工,由于其农村户籍,根本就谈不上城市职工的劳动法律保护和社会保障福利。其工资初始时是依据农村的工分制度来支付的。再则是20世纪90

年代的大规模"离土又离乡"农民工进城打工浪潮,绝大多数农民工都被当作临时工、季节工等非正规劳动力来使用,也谈不上劳动法规的保护和正规职工的待遇和劳动保障。再其后是国有企业的"抓大放小"和"减负"改革,以及大规模的中、小国有企业员工的"下岗"。结果是使用非正规员工的非正规经济部门的快速扩展,时至今日,已占到所有城镇就业人员中的63%。如果加上他们留在家乡就业的家人,足足达到总就业人员的83%。而处于国家正规劳动法律保护的国有单位和其他大企业的(白领)职员和(蓝领)工人,在总就业人员中所占比例则只是所有就业人员中的六分之一,且其中约半数是党政机关、事业单位和国有大企业的职工。这样,正规工人俨然已经成为一个特权阶层,而大多数的劳动人民则处于劳动法规的保护及其社会保障制度之外。

迄今国家劳动法规(体现于1995年的《中华人民共和国劳动法》及2008年的《中华人民共和国劳动合同法》)所做的,主要是为当前的社会经济现实提供法律依据。由此,《劳动法》明确限定受到劳动法律保护的"劳动关系"法律范畴,确定为受雇于具有"法人"身份的"用人单位"的全日、全职正规职工。至于那些不具有法人身份的、不是法定正式用人单位的企业的职工则被宽泛地纳入"劳务关系"范畴,只适用一般的民事法律,不适用劳动法。此外,2005年来,"劳务派遣公司"和"派遣工"大规模兴起,主要是为正规"用人单位"(主要是国有单位和大企业)组织非正规的廉价劳动力。这样,更提高了非正规员工所占的比例,更突出正规与非正规员工间的身份等级、工资和福利上的巨大差距。

当然,其差别归根到底是长期以来的城乡差别,但今天要比以往悬殊得多。我们可以毫不犹豫地说,这是今天中国贫富悬殊的严峻社会危机中的关键差别和问题。

(八)不明智的盲目移植

在中国近百年的立法历史和司法实践之中,既有明智抉择的例子,也有众多不那么明智地盲目仿效西方的例子。拙作的重点在于为中国法律的发展探寻可行的符合中国实际的优良图景和方案,但我们也不可忽略过去的错误例子。其中,我们尤其需要避免盲目仿效和移植,拙作也探讨了几个这方面的实例。

1.取证程序

首先是试图移植西方基于其对抗性法律制度(和法律程序主义)的取证程序,坚持从毛泽东时代的法庭(法官)调查制度转入西方式的主要由当事人负责的"当事人主义"取证制度。其改革的动机是促使进中国法律的"现代化"("与国际接轨"),当然也有减轻法庭负担的动机,在刑事方面则更有削减法官权力的动机。但是,用于离婚法,这样的取证程序改革所导致的是一系列出乎预期之外的后果。首先,中国法律制度缺乏西方那种证人取证的实施条件,在实际运作中,证人多拒绝出庭。这样,在既没有证人举证,也没有法官深入当地调查的情况下,法庭无法证实法律条文所关心的一些问题,例如丈夫是否真的虐待妻子或第三者是否真正存在。结果是离婚法庭越来越脱离法律条文的原意,越来越趋向形式化的操作,成为简单地惯例性拒绝当事人的第一次离婚申请,而批准第二次申请。如果从事调解,一般都只是形式上的调解,不具有实质意义和作用。这样的结果实际上违背了法律条文的原意,是盲目移植不实用的、未经真正了解的西方法律形式的结果。它既不适用于中国,也脱离了西方取证制度的真髓,包括其关键性的证人制度、法庭在事前的"证据开示"(discovery)制度以及双方律师的"交叉询问"(cross examination)制度。脱离这些配套制度,当事人主义取证程序只可能陷于虚设。这是个应该被引以为戒的教训。

2."刑事和解"

此外则是近几年来风靡一时的"刑事和解"运动,其推动力来自一种民族自豪感(例如,坚持和解是中华民族独有的优良传统),借口则是西方时髦的"恢复性正义"理论(restorative justice)的移植。但实质上,该运动完全没有理解西方恢复性正义的实质内容。后者的运作核心在于让犯罪人和其受害者面对面交谈,通过教会或社区的介入,试图促成犯罪人的忏悔以及受害人的宽恕。它实际上只适用于少数初犯轻罪的未成年犯罪人。但在中国则被鼓吹为符合中国和解精神的制度。其实,在中国的实际运作中,由于中国惯行的刑事拘留制度,根本就没有可能像恢复性正义那样让被告人和被害人面对面交谈,更毋庸说真正意义上的忏悔和宽恕。在中国,"刑事和解"所导致的其实主要是给予有钱的被告人用钱赎刑的机会,间或更促使被害人对被告的"漫天开价"。如此盲目地、脱离实际地模仿西方的尝试,应是我们再次需要引以为戒的经验。

3.刑讯逼供

再则是传统法律遗留下来的、今天比较广泛存在的"刑讯逼供"制度。有学者引用我的"实践历史"概念来为这一制度辩护,坚持刑讯逼供是一个具有重要实用作用的高效实践做法。这里应该说明,我绝不同意这样的意见。刑讯逼供是一个无视中国"仁政"价值理念的制度,更是一个无视现代法律基本"人权"原则的制度。它代表的是中国古代专政的恶劣一面,亟需改革。同时,我也不同意有的同人所提倡的引进、模仿西方"米兰德原则"(嫌疑人的沉默权)的做法,因为那是个完全没有考虑到中国根深蒂固的"坦白从宽,抗拒从严"制度实际的建议。(在现存制度下,被告人引用米兰德原则只可能被视作"抗拒"。)我们需要的是根据实际情况的可行改革。目前最实际的办法,也许是在刑讯中录像的方法。借此可遏制侦查人员滥用违法的刑讯逼供手段。

以上简略综述说明的是,中国过去的法律实践历史既展示了融合中西法律的明智抉择的例子,也同时告诫我们要避免盲目模仿。我们下面要做的工作,是根据实践所展示的方向来试图勾勒出一个能够进一步融合中西法律的图景。

二、未来的方向和图景

我曾经多次申明,这样的工作不是一个人或几个人,甚或一代人所能做到的。如何建立一个具有中国主体性、符合中国实际的法律制度是一个需要长时期和众多研究人员一起来探索的问题。我这里只能在自己的三卷著作基础上，试图再迈进一步，指出一些初步的方向性想法。

首先，调解显然已经被证实是个具有很强的实用性的传统和制度，今天仍然充满生命力。它的理论基础不是韦伯所谓的形式—理性主义，而是韦伯所认为的与之对立的实体主义正义。它的出发点是道德理念，不是韦伯所认可的法律公理。它不重逻辑而重实用，不重抽象原则而重实际效果。在实际运作中，它要求的是紧密连接经验事实，而不是抽象法律逻辑的运用。这些都是韦伯所认定为实体主义的特征。

调解在今天中国法律制度中与从西方引进的形式化法律共同存在，并且与之形成一种相互补充和辅助而不是相互对立和排除关系的现实，也许是对韦伯的理论最好的挑战。中国真有必要像韦伯提倡的那样在逻辑上把民事法律制度完全整合于一个自我封闭、排除不同逻辑的形式理性主义吗？

在韦伯的理想类型建构中，像中国现今这样把形式主义和实质主义混合是不可接受的。他虽然承认实体主义法律也可以是"理性"主义的("实体理性主义"是他建构的四大理想类型——形式非理性、实体非理性、实体理性、形式理性之一)。但是，在这点上韦伯的思路并不十分明确。因为在他的理论中，"理性"主义概念既包含系统性和可预期性，更包含形式逻辑性，而中国今天的调解制度在他眼中肯定只具备前者而不具备后者。无论如何，在韦伯眼中，它肯定不是形式理性的理想制度。对韦伯来说，即便是经历了相当高度形式理性化的英美普通法传统也具有很不理想的实体主义成分——他尤其不认可其陪审团制度，认为它违反了形式理性法律制度依赖掌握专业知识、词汇和逻辑的专家的优良特征。他认为，依赖由普通人民组成的陪审团只可能导致非理性的后果。（Weber,1978:889—890）

这里，我们也许能窥见韦伯形式理性主义的偏激性、狭窄性。在他关于法律史的宏观叙述中，他完全没有从以下的角度来考虑英美普通法：它与其说是实体主义的，不如说是实体主义和形式主义的混合体。它其实源自两者之间的长期拉锯。一方面，它是一种重经验轻抽象法理的"判例法"，特别强调之前的判例在法律制度运作中的关键作用；但另一方面，我们上面已经看到，历史上美国普通法经历了兰德尔（作为哈佛法学院院长）那样极力把法律形式理性化的演变，结果树立了所谓的法律"古典正统"。虽然如此，我们还要看到兰德尔的哈佛同事霍姆斯（Oliver Wendell Holmes, Jr.）所代表的占据与"古典正统"几乎同等地位的法律现实/实用主义，它也是近乎主流的传统。两股潮流事实上长期并存、拉锯，可以说共同造就了美国的法律体系。两者之间的关系具体地体现于长期以来举足轻重的最高法院的九名大法官之间的分歧和拉锯。

如果我们借用韦伯自己的"形式主义"和"理性主义"两大理想类型范畴来反思他的历史叙述，便可以看到他所总结的这两种"主义"的结合其实造成了一个具有特别强烈的封闭性和普适要求的传统。正如韦伯所指出的，"形式主义""非理性"源自巫术时代，一方面高度非理性，但另一方面则特别强调高度形式化的仪式，因此显然是具有高度封闭和排他性倾向的传统。而"理性主义"的核心则在于演绎逻辑,它固然是极其精确严密的思维方法,但也具有强烈的自以为是绝对真理的倾向,自以为可以超越时空、自以为乃普适的真理。两种传统的汇合事实上造就了高度封闭、排他的法律专业化团体。后者则正是韦伯所特别认可的,把他们称作是捍卫和组成形式理性主义法学的主要"担纲者"(韦伯,2005:167—173)。

但后者也是韦伯自己指出的形式理性法律所面临的最严重危机的肇因。他敏锐地指出,二十世纪初期法律制度所面临的主要问题是其高昂的律师费用,造成劳动人民不能和资本家同样依据法律来维护自己权益的局面。(韦伯,2005:225)实体主义的"社会主义"法律运动的兴起正源自这样的"阶级问题"。根据韦伯的分析,社会主义的核心理念是人人应该只占有其自身劳力所创建的价值和财产。

虽然如此,韦伯本人是反对这样的"革命法律"的。他把"革命法律"追溯到法国革命及其"自然法",认为自然法最终之所以解体是因为它经不起严格的演绎逻辑考验(Weber,867—871)。他认为,二十世纪初期的社会主义法律同样如此,因为劳动价值明显并不仅仅来自劳动,也产自资本(Weber,1978:870—871)。由此,他最终把社会主义法律贬为实体主义的法律,明确区别于他所认可的形式理性主义法律。

对韦伯来说,一个深层的反对实体主义的原因是他认为实体主义是与专制紧密联结的。他之所以特别认可形式理性的部分原因,是他认为由于其高度的专业化、形式化和逻辑化,它直接挑战实体主义专制君主的权力,起到遏制外来权力介入法律的作用,由此导致法律的独立化。（Weber, 1978:812—813）他对革命法律的判断是，它是实体主义的，它缺乏形式理性主义那样的遏制专制权力和趋向法律独立的内在动力。也就是说，它会轻易陷于专制权力的控制。

但是，历史上的革命立法明显不仅仅具有专制的倾向，也具有司法独立和民主的倾向。革命拒绝的是旧政权与其法律体制，也因此具有一定的反专制倾向。美国的独立战争便是明显的例子。即便是韦伯所批评的法国革命，也在专制倾向之上具有明显的司法独立和民主倾向。关键是，革命和革命立法本身并不排除司法独立的可能。同时，韦伯所推崇的德国形式理性法律，不一定会排除专制权力和司法独立——纳粹主义统治便是例证。

更有甚者，正如韦伯自己所指出的，19世纪末期和20世纪初期，形式理性法律所面对的关键问题是其高费用的律师基本把法律公正限于资本家和有钱人（Weber, 2005:225）。韦伯没有说明的是，这个问题的根源正是他所十分称道的法律人士的高度专业性和排他性。韦伯点出的问题可以说是今天的美国法律制度的致命弱点。

与此相关也是韦伯没有说明的另一个问题是，高度程序化的形式理性主义法律也促使法律专业偏离实质正义而沉溺于繁杂的程序。今天许多美国律师的专长，与其说是法律和正义，不如说是程序及其漏洞。几乎每个财富500强的公司都聘有一大群专钻税收法律空子的律师和会计。其惯用的一个手段是把公司的利润账目从国土之内转入海外的"避税天堂"。如今，大企业不承担其应负的纳税义务已经成为普遍的现象。这是当今美国法律制度的另一个致命弱点。

在其对待实体主义的论述中,韦伯一再把形式主义和实体主义视作互不相容、完全对立的两种体系。但是,我们可以更实际地来理解现代西方法律在这方面的演变过程。它不是一个简单拒绝和排除实体理性社会主义革命正义的历程,而更多的是资本主义的逐步对劳工和社会主义运动做出妥协的过程。今天绝大多数的西方国家(及其法律制度)实际上既是资本主义性的,也是"福利国家"(welfare state)性的,其所经历的历史演变绝对不是一个简单的非此即彼的过程。

但韦伯则自始至终一贯认为形式主义和实质主义是绝对对立的。这个观点部分来自他认同的思维方式,坚决要求法律体系组成一个"毫无缝隙"(gapless)的统一体。他偏重理论上的完美整合性,无视经验上的复杂性和非逻辑性。我们要问的是:难道我们在追求中国自身的"现代性"中,除了韦伯认可的形式理性便别无选择?只能走上他所提倡的思维方式?只能模仿他早在19、20世纪之交便认为是面临严重社会不公危机的法律制度?

我个人认为,韦伯提倡的纯粹形式理性主义法律对中国来说是不合适的,也是不可能的。它不合适是因为中国法律的历史背景与韦伯心目中的德国典范十分不同。我们前面已经指出,中国近百年历史所确定的是:中国法律制度在实际运作层面上,必然是三大历史传统(古代法律、革命法律和舶来的法律)的混合体,缺一便不符合历史实际和社会现实。我们上面已经看到,在实践层面上,现当代中国为了适应社会实际,已经对引进的西方法律做出了一系列的重新阐释和改造,其中既有古代传统的延续和创新,也有革命传统的发明和演变。要单一地拒绝古代和革命传统既不符合历史实际,也不符合社会需要。如此的选择其实是不可能的,因为它只会导致法律与历史和社会的脱节,只会导致不可行且不适用的法律制度。

以上是根据中国法律实践历史经验的观察,尚未被提升到理论层面。要进入理论层面,我认为韦伯的思想和理论是个重要的资源,因为它具有全球的视野、强劲有力的和清晰的分析框架(理想类型),其中既有历史也有理论,乃是我们自己建立理论的理想对话对象和敌手,可以帮助我们对自己的历史路径进行概念提升。

一个很好的出发点是中国古代传统的思维。它和韦伯从理论到经验到理论的思维方式截然相反,是从经验到理论到经验的思维,也是今天中国人仍然强烈倾向的思维方式。要求中国立法者和法学学者完全采纳并真正适应由演绎逻辑主导的法律思想,真是谈何容易,因为中国知识分子一般都特别难以运用西方的演绎逻辑。法律专家如此,更毋庸说普通人了。其中一个关键因素是面对二元对立的建构,大多数的中国知识分子很自然地倾向于长期以来儒家所强调的"中庸"(过犹不及)思维,不会轻易采纳非此即彼的抉择,而更会倾向于兼容两者、争取其间平衡的中庸之道。同时,中国知识分子的宇宙观长期以来都比较倾向于把二元对立的事物和现象看作类似乾与坤、阳和阴的相互依赖、相互作用、相辅相成的关系而不是对立的非此即彼的关系。我们可以说,长期以来,中国知识分子在这方面的倾向是基于对大自然的认识,是一种对有机事物和世界的认识,而不是像西方现代那样的基于单一朝向,一推一拉的无机事物和机械化、工业化世界的认识。我们可以认为无机的工业比有机的农业经济先进,但我们绝对不可以把无机的因果关系认作比有机的相互作用关系更符合人间社会的实际。

中国这种既此且彼的思维习惯不仅可以见于古代,也可见于革命时代(例如,其"非对抗性矛盾"的概念),更可见于改革时代(例如"社会主义市场经济"的建构)。我个人认为,如此的思路特别适合今天中国法律面对的实际问题。韦伯型的形式理性思维不可避免地会把我们逼向在中西之间做出单一、非此即彼的抉择:要么是全盘西化,要么是完全依赖本土资源。但中国的实际显然不允许如此的抉择。今天中国实际给定的最基本的现实是,它兼有中国的(古代和革命的)传统和舶来的西方,缺一便无所谓"现代中国"。这是历史实际,也是别无可能的选择。

我认为,面对形式理性法律对中国自身实质理性法律传统的挑战,最明智的抉择是直面两者共存的现实,而后在其中追求明智的融合与超越,而不是不实际、不可能的非此即彼抉择。关键在于如何融合、如何超越。

以上提出了一系列由实践历史挖掘出来的融合中西的例子,它们正好说明如何走向如此的结合。先是在有机的因果观之上,加上中国由来已久的紧密连接经验与概念的"实事求是",以及"摸着石头过河"来探讨新型的融合的思维方式。其中,传统和现代的"实用道德主义"不失为一个仍然可用的思维方式。上面已经粗略地勾勒了一些具体的结合方案和模式;这里要做的是为其提供基于中国历史的哲学和宇宙观依据。我认为,这是中国未来立法和法律体系重组的明智方向,不是韦伯那种既拒绝中国古代传统也拒绝中国现代革命传统的思路,那种既是西方中心主义也是狭窄的现代主义的思路。中国自己的思维方式和实践历史所指出的道路才是真正具有中国主体性和可行性的道路。

参考文献:

韦伯(2005):《法律社会学》,康乐、简惠美译(《韦伯作品集》,Ⅸ)。桂林:广西师范大学出版社。

Weber, Max (1978). *Economy and Society: An Outline of Interpretive Sociology*, 2 vols. Berkeley: University of California Press.

第十一章
探寻扎根于(中国)实际的社会科学

　　我们这个世界充满对立的、相互排斥的社会科学理论,如主观主义 VS. 客观主义、意志主义 VS. 结构主义、唯心主义 VS. 唯物主义,乃至于西方 VS. 东方、普适主义 VS. 特殊主义、理想主义 VS. 经验主义或实用主义等。我们该怎样去决定用什么理论来做研究,怎样来从各种理论中选择一种?今天学者们最常用的办法是从某一种理论出发——常是当前最流行的或政权所采用的,然后搜寻可用的"经验证据"来支撑、释义或阐述该理论,而后返回到原来的理论,表明自己已经用经验证据来验证该理论。笔者认为,我们应该把理论当作问题而不是(很可能的)答案("假设")来使用。研究的目的不是要证实某一种理论,而是要借助多种不同和对立的理论来检验经验证据,依赖证据来决定对不同理论的取舍,或依赖证据来与不同理论对话,从而创立或推进适合新证据的新概括。不同理论的交锋点乃是特别好的研究问题——这是笔者多年来对自己和学生的劝勉。学术的最终目的是更好地认识真实世界,而不是阐明某一现有理论或意识形态。

固然,我们需要熟悉理论来进行这样的研究,但我们研究的目的应该是以通过经验研究发现的实际来决定对理论的选择或拒绝,或修改,追求的是最能使我们掌握和理解我们通过经验研究所发现的真实世界。需要的时候,更可以重新组合理论概念或创建新概念来适当概括自己新的研究发现。

鉴于现有理论间众多相互排斥的二元对立实态,我们需要认识到任何理论都有局限。大多数的理论从单一的基本"公理"或信念出发,而后借助演绎逻辑——常被认作西方文明独有的特征,来形成一个逻辑上统一的理论体系,将其推导至逻辑上的最终结论(类似欧几里得几何学那样——进一步的论析见黄宗智、高原,2015)。如此的要求正是把众多理论建构推向相互排除的二元对立的动力。这个现实本身便为我们说明,理论建构多是对实际的单一面的简单化,在其起始阶段,常常只是一种认识方法,借助突出单一方的简单化建构来澄清某一方面或某一因素。这样的认识应该被理解为一种方法,而不是实际本身。但这样简单化的认识却常被理想化,或被等同于实际整体,再通过演绎逻辑而绝对化,其中,影响最大的理论还会被政权或/与西方中心主义意识形态化。我们不该把那样的理论认作真实世界的实际本身。

我们需要看到,理论建构中常见的非此即彼二元,任何单一方面其实都是对实际的片面化和简单化,而真实世界其实更多是由如此的二元间的并存和互动所组成的,而不是其任何单一方。不仅主观和客观二元如此,理论和经验二元也如此。

西方与东方则更加如此。在"现代"的世界中,西方作为原来的帝国主义侵略者,对非西方世界来说,不可避免地既是被痛恨的敌人也是被仰慕的模范。对非西方世界来说,两者的并存其实是必然的实际。但西方的理论却大多有意无意地忽视了非西方的这个必然实际,凭借演绎逻辑或更简单的西方中心主义,坚持非西方世界必须完全模仿西方。这样,和其他的二元建构一样,单一方被推向排除另一方,或被推向完全吸纳或支配另一方的建构,一如主观主义 VS. 客观主义、普适主义 VS. 特殊主义等二元建构那样。

本书反对使用如此非此即彼的单一元进路来认识真实世界。我们需要认识到,非此即彼的建构,最多只能成为我们使用的一种认识方法,尽管它可以借助突出单一元来把某一方面简单化和清晰化,但我们绝对不可将其等同于真实世界整体本身。后者需要靠同时关注二元双方来掌握,需要我们把理论所提出的问题和经验证据连接起来,并关注到二元之间的关系和互动。今天,我们需要的是更多聚焦于二元的并存、相互作用和相互塑造来认识由二元组成的真实世界合一体。

以下是笔者本人对这方面的追求的回顾,目的是更好地认识真实世界,建构新的、更符合过去和现在的实际的概念。其中,连接经验和理论尤其关键,这不仅是为了更好地理解真实世界,也是为了更好地探寻其改良的道路。

一、悖论实际与理论概括:中国农村社会经济史研究

(一)《华北的小农经济与社会变迁》

笔者进入不惑之年后的第一本专著是1985年(英文版)的《华北的小农经济与社会变迁》(黄宗智,1986)。此书提出的学术理念和方法是"试图从最基本的史实中去寻找最重要的概念,然后再不断地到史料中去验证、提炼自己的假设"(中文版序,第2页),同时,以连接经验与理论为中心问题,"有意识地循着从史实到概念再回到史实的程序进行研究,避免西方社会科学中流行的为模式而模式的作风"(同上),总体目的是要创建符合经验实际的概括。在对待理论上,则有意识地同时借鉴当时的三大理论传统,即新古典经济学和马克思主义政治经济学两大经典理论,以及"另类"的实质主义理论,借助与之对话来形成自己的概念,凭经验证据来决定其中的取舍。

根据以上的研究进路,笔者首先采用了关于革命前中国农村最系统和细致的调查资料,尤其是"满铁"(日本"南满洲铁道株式会社")的"社会和经济人类学"调查,根据翔实的关于一家一户的经济实践资料来认识农家经济,并辅之以各种历史文献资料来掌握长时段的历史变迁,而后与各大理论对照。拙作得出的结论首先是,三大理论传统均有一定的洞见和是处,它们共同组成了小农的"三种不同的面貌",伴随其阶级位置而异:雇佣劳动的"经营式地主"和"富农"更适合从形式主义经济学的营利单位来理解,而受

雇的雇农和打短工的贫农,以及租地的贫农则比较符合马克思主义中被剥削的劳动者的图像。但是,在系统检视和比较两种农场的历史演变之后,出乎意料的是,华北在近三个世纪的商品化(市场化)和人口增长两大趋势下,所展示的主要现象不是农村和农业向此两端的分化,而是小农家庭农场凭借农业+手工业和打短工"两柄拐杖"的强韧持续:小农家庭农场一直占到总耕地面积的绝大比例,而雇工的"经营式农场"则一直没有能够超过10%的比例。

两种农场在劳动组织上不同,但在亩产量上则基本一致,两者主要的差别只是后者可以按需要调节其劳动力而达到较高效率的劳动力使用,而前者的家庭劳动力则是给定的,在农场面积不断缩减的压力下,只能凭借投入越来越密集的劳动力来应付生存需要。相比之下,经营式农场能够达到较适度的劳动力使用,而小家庭农场则明显趋向劳动边际报酬的递减。在其他方面则两者基本一致。由此,我们可以很具体地理解到"人口压力"的实际含义。在三大理论中,最贴近这样的经验证据的其实是"另类"的实质主义理论所突出的小农家庭农场在组织和行为逻辑上与资本主义雇佣单位间的不同:在生产决策中,它同时考虑生产和消费,不只是生产;在劳动力供应方面,它的劳动力是给定的,而不是按需要雇用的。

读者明鉴,上述的基本学术研究进路是:(一)从经验到概念/理论的方法;(二)凭借经验证据来综合多种理论传统的使用,决定其不同部分的取舍。也可以说,是一种有意识地超越各种意识形态化理论的研究进路。

(二)《长江三角洲小农家庭与乡村发展》和《中国研究的规范认识危机》

在《华北》一书之后,笔者在1990年(英文版)的《长江三角洲小农家庭与乡村发展》中沿着以上的基本研究进路,使用的依然是翔实的"满铁"微观调查材料,并辅之以笔者自己连续数年的实地追踪调查。(黄宗智,1992)在经验发现层面上,之前的华北研究使我感到意外,而长江三角洲则更使我感到惊讶。此地商品化(市场化)程度要远高于华北,但在明末清初之后,其雇工的"经营式农场"便基本消失,完全被高度市场化和家庭化的小家庭农场压倒。水稻种植越来越被棉花—纺纱—织布生产,或者种桑—养蚕—缫丝所取代。微观层面的资料所展示的是,在单位耕地面积上,比之前和华北还要高度劳动密集化的生产:棉花—纱—布生产每亩需要18倍于水稻的劳动力,桑—蚕—丝生产则是9倍。

据此,笔者在借助当时占据主要学术地位的新古典经济学和马克思主义经济学的洞见的同时,对两者都更鲜明地提出了商榷和批评。主要针对的是其在市场化(商品化)会导致资本主义生产发展的基本共识上,论证中国农村经济的"悖论"现象,并且提出了更符合中国农村经济实际的几个"悖论"概念:"内卷型商品化"(以及"剥削型商品化"和"单向的城乡贸易",或"畸形市场"),与一般关于市场的预期相悖;"没有'发展'(笔者定义为单位劳动生产率——产出/产值的提升)的商品化"以及"没有'发展'的'增长'(定义为总产量/产值的提升)",而不是经典理论所预期的两者同步并进。这就是笔者用"内卷化"或"过密化"(即借助廉价的家庭辅助劳动力进行边际报酬递减的生产)两词来表述的高度劳动密集化家庭生产以及其所推动的"内卷型商品化"。与既有的不可论证的宏大理论概念不同,这是可以凭经验证据来证实的概念。譬如明清以来从水稻+冬小麦种植转入越来越多的棉花+纺纱+织布或蚕桑+缫丝生产,无可置疑的是此类现象是伴随单位劳动日报酬递减(亦即"过密化")而进行的(譬如,占劳动投入最大比例的纺纱的按日劳动报酬只是种植水稻的约三分之一),而那样的低廉报酬是由家庭辅助劳动力来承担的(笔者称作"农业生产的家庭化")。

与《华北》不同,此书还根据比较翔实的访谈资料以及当地政府提供的数据和文字资料,把研究延伸到集体化时期和改革初年(当代部分组成全书的约一半)。使笔者惊讶的是,集体化农村经济展示了与之前的家庭农业同样的"过密化"趋势——其劳动力是给定的,其生产决策也同样受到消费需要的影响。而改革初年则更展示了与西方经验很不一样的"农村工业化",亦即"没有城镇化的工业化"。

《长江》发表之后,在1991年(英文版)的后续思考性论文《中国研究的规范认识危机:社会经济史的悖论现象》(黄宗智,1993)中,笔者更明确地论析,从西方主要理论来看待中国实际,几乎所有的社会经济现象都是"悖论的"(paradoxical)——即从现有理论上看来是一对对相互排斥的悖论现象,但实际上这些都是并存和真实的,如"没有发展的增长""过密型商品化(市场化)""没有城镇化的工业化",以及"集体化下的过密化"。这些都是与经典理论预期不相符的社会经济实际,是它们所没有考虑到的实际,需要重新来理解和概括。这就意味着长期以来由西方经典社会科学理论所主宰的中国研究学界中的"规范认识危机",也意味着中国的社会科学研究必须创建新的、更符合中国实际的概念和理论。笔者提出的"内卷化"和"内卷型市场化"等概括便是那样的尝试。此文可以看作笔者在《华北》和《长江》两本专著的基础上总结出的学术方法和理论思考,当时在国内引起了较广泛的讨论。①

　　这里需要重申,以上论述中的一个关键认识和体会,是要从经验到理论再返回到经验检视的侧重实际经验的认识方法,这与一般社会科学从理论到经验到理论的侧重理论的方法正好相反。笔者提倡的方法所要求的是,在扎实的经验研究基础上进行抽象和概括——既非纯经验堆积也非纯理论空谈,而是两者的结合,因此可以说是"双手并用"。这需要有意识地避免从抽象化概括跳跃到理想化、普适化的违反实际的理论。笔者追求的是对史实的最真实理解和概括,不是普适理论的建构。这才是"到最基本的事实中

---

① 《史学理论研究》最先以《中国经济史中的悖论现象与当前的规范认识危机》为标题发表了拙作的前半部分(1993年第1期,第42—64页)。在接下来的五期中,《史学理论研究》连载了一系列关于这篇文章以及华北农村和长江三角洲农村两本书的讨论。一开始是四位学者对拙作的简短评论(1993年第2期,第93—102页),接着是一篇论文(1993年第3期,第151—155页),再接着是关于针对拙作召开的两次会议的报道,一次是由《中国经济史研究》期刊发起的,主题为"黄宗智经济史研究之评议"(《史学理论研究》1993年第4期,第95—105页),一次是由《史学理论研究》《中国史研究》和《中国经济史研究》三个期刊联合召开的,主题为"黄宗智学术研究座谈会"(《史学理论研究》1994年第1期,第124—134页)。这一系列讨论终结于以"黄宗智学术研究讨论"为主题的六篇文章(《史学理论研究》1994年第2期,第86—110页)。《中国经济史研究》也报道了两次会议的议程(1993年第4期,第140—142页;1994年第1期,第157—160页)。

去探寻最重要的概念"的基本研究进路。

二、表达／话语与实践：法律史研究

(一)《清代的法律、社会与文化：民法的表达与实践》

从 1989 年开始,笔者在其后的 15 年中将主要精力转入了法律史的研究,部分原因是获知诉讼案件档案的开放,认为这是进一步深入研究中国社会的极好机会,部分原因是在后现代主义理论潮流的影响下,笔者对自己过去隐含的唯物主义进行了一定的反思,觉得很有必要纳入后现代主义所特别突出的"话语"层面,而诉讼案件是明显具有话语表达和实践双重层面的史料。

在详细阅读每一个案件、记入卡片、梳理和分析来自三个县的 628 起诉讼案件档案并将其与《大清律例》条文对照之后,笔者认识到的不是后现代主义所强调的,要以话语为研究的主要对象,而是话语／表达层面和实践层面的背离共存,两者共同塑造了长时段的历史变迁。笔者从经验证据逐步得出的结论是,中国法律体系既是一个包含高度道德化的表达,也是一个包含高度实用性的实践体系,两者所组成的是既矛盾又抱合的"实用道德主义"统一体。也就是说,"说的是一回事,做的是另一回事,合起来则又是另一回事"。其中关键在于"合起来"的"又是另一回事"。与后现代主义理论——例如,萨义德(Edward Said)(1978)和格尔茨(Clifford Geertz)(1983)的理论不同的是,对中国的法律体系绝对不能简单视作一套话语或意义网,而需要看到其话语表达和实践间的相互作用。

布迪厄(Pierre Bourdieu)(1977,1990)的"实践理论"的重要贡献在于突破了主观主义和客观主义(以及意志主义和结构主义,唯心主义和唯物主义)的非此即彼二元对立,同时看到人们在实践之中的两个方面,超越了形式主义的经济学和社会学,即用偏于单一方的理论建构来替代复杂互动的实践实际。相对那些理论,实践理论迈出了很大的一步。对中国法律史的研究来说,它促使我们突破了韦伯(Max Weber)所代表的西方主流形式主义的霸权,也突破了简单的法律条文主义,使我们能看到中国的法律体系所包含的两种不同但又相互依赖的逻辑。

同时,笔者深入档案的研究突出了(中国法律体系中的)实践与其表达/话语之间的不同,而这一点是布迪厄所没有考虑的。中国法律史的长时段演变其实多是由两者的背离和互动所推动的。与理论和经验间的连接一样,我们需要集中探讨的是表达和实践之间的背离和互动,而不是任何单一方面。基于此,笔者在1996年发表的(英文版)专著《清代的法律、社会与文化:民法的表达与实践》中建立了"实用道德主义"(既矛盾又抱合)的概念来表述清代民事正义体系的特色。(黄宗智,2001)与布迪厄的共鸣之处在于把真实的关键看作"实践",把"实践"看作是主观和客观,以及意志和结构互动的领域,而笔者的表达与实践二元合一的进路则更把法律历史看作是长时段中"实践"与"表达"两者互动中呈现的趋势。布迪厄则基本不考虑长时段的历史变迁,也不考虑"实践"与表达之间的背离和互动。

《表达与实践》一书的主要对话对象和理论启发是形式主义的

韦伯、后现代主义的萨义德和格尔茨，以及实践理论的布迪厄。韦伯代表的是形式主义理性的视角，那既是他的中心论点，用来代表西方现代的理想类型，也是他本人的基本思维。笔者从韦伯的理论获得的是他极其宽阔的比较视野以及对现代西方法律体系的形式主义主导逻辑的认识。后现代主义则如前所述，促使笔者更多地关注到表达层面的建构和话语，并对韦伯的形式主义/普适主义提出了强有力的批判。与韦伯和后现代主义不同，布迪厄强调的不是韦伯那样的理论化（和理想化）的"理想类型"，也不是后现代主义的"话语"，而是"实践"及其包含的"实践逻辑"，这对笔者其后逐步形成的"实践历史"研究进路和方法有深远的影响。

但是，虽然笔者明显受到三者的影响，但与三者都不同的是，笔者一贯以认识历史真实而不是建构普适理论为目标，因而特别侧重从经验证据出发的研究进路，凭此来决定对各种理论论点的取舍、重释或改组，最终目的是阐明中国的实际而不是建构理论，这是笔者提倡的"实践历史"的核心。而韦伯、萨义德与格尔茨、布迪厄则都是偏重建构普适理论的理论家。

笔者在法律史研究中选择的进路其实是过去农村社会经济史研究进路的进一步延伸。同样从大量经验材料出发，借助、关注多种理论传统并凭经验证据来决定其间的取舍或选择性修改。与之不同的是，在经验与理论间的关联之外，更关注实践与话语/表达间的关联，而避免在两者之间做出非此即彼的选择，坚持在认知过程中两者缺一不可。我们研究的焦点不该是两者中任何一方面，而应该是两者之间的连接和媒介。

以上进路使笔者看到韦伯理论的一个重要弱点：当他遇到自

己建构的"理想类型"与他转述的中国的历史实际不相符的时候，也是历史学家的他曾试图合并自己建构的两种理想类型，以此来表述其真实性质，即关于中国政治体系的世袭君主制（patrimonialism）和关于西方现代的"官僚科层制"（bureaucracy），从而组成了悖论的"世袭君主官僚制"（patrimonial bureaucracy）概念。他同时也尝试着使用"实质主义理性"的悖论概念来论析中国的治理体系。但是，他最终（在其历史叙述中）仍然偏向单一方面的选择，凭借形式逻辑的标准而把中国的政法体系简单划归非理性的世袭君主制类型和实质主义非理性类型。在论述中国以外的其他非西方"他者"时，他也同样如此，由此展示的是深层的主观主义和西方中心主义倾向。（Weber，1968［1978］；黄宗智，2001：尤见第9章；亦见黄宗智，2014b，第1卷：总序）

韦伯所建构的"形式理性"法律类型是一个既排除伦理/道德，也排除非正式法律制度的理想类型。他认为，像中国传统法律这样高度道德化的法律，最终只可能是"非理性的"，只可能促使法外威权介入法律。同理，像中国这样以道德价值为主导的法律和（非正式）民间调解制度，在他眼中也只可能是非形式理性和非现代性的。他建构的形式理性理想类型是限定于完全由形式逻辑整合的体系，也是限定于正式制度的体系。（详细讨论见黄宗智，2015b；2014b，第1卷：总序）

至于偏重话语的后现代主义理论，它虽然可以视作是对韦伯的现代主义和西方中心主义的有力批评，但在话语/表达与实践的二元对立间，同样偏重话语/条文单一方面；而笔者认为，要理解清代的法律体系，需要的是分析其话语与实践二元之间的变动关系，而不是其单一方面。

至于布迪厄,他对实践的重视和阐释对笔者影响深远。但是笔者同时也看到,他既缺乏对表达与实践背离和互动的问题的思考,也缺乏对长时段历史趋势的关注。基于经验研究,笔者认识到"实践逻辑"不仅是共时性横截面的逻辑,更是通过实践与表达二元合一的积累而形成的长时段历史趋势。两者既是相对独立的,也是相互作用的。两者间的互动关系才是笔者所集中探讨的问题,也是布迪厄没有着重关注的问题。这是笔者提倡的"实践历史"研究进路和他的"实践逻辑"的关键不同。

上述研究方法的核心是,面对理论和经验实际、表达和实践两组二元对立,我们要做的不是非此即彼的选择,而是要认识到,对真实世界来说,二元中的任何单一方面都是片面的,真正需要我们去集中关注的是两者间持续不断的相互关联和互动,而韦伯和后现代主义却都忽视了这个问题。布迪厄则虽然强调主观和客观、意志和结构二元在实践之中的互动,却忽视了实践与话语/表达之间的背离和互动。

(二)《法典、习俗与司法实践:清代与民国的比较》

在2001年第一次出版(英文版)的《法典、习俗与司法实践:清代与民国的比较》(黄宗智,2003a)专著中,笔者面对的是中西法律乃至中西文明碰撞与混合的大问题。从法典和大量实际案例出发,笔者发现的是,仅从表达或法典或话语层面出发,会形成民国时期的法律体系已经完全抛弃传统而全盘引进西方法律的错觉,看到的只是法律文本上的全面更改以及国家领导人与立法者全盘拒绝传统法律的决策。但是，从法律的实践/实际运作出发，则会看到众多不同的中国与西方法律并存和互动的实际：民国法律既包含鉴于社会实际而保留的清代法则和制度（尤其突出的是典权），也有与引进的西方法律相互妥协、适应和融合的方方面面（如家庭主义在产权、赡养、继承法律方面的顽强持续），也有充满张力的勉强并存（如妇女权利，从不符合中国社会实际的西方现代法律的妇女完全自主法则出发，结果因此抛弃了清代法律给予妇女的一些重要保护，如借助法庭来防止丈夫或姻亲强迫自己改嫁或卖淫——因为新法律不符实际地把妇女认定为独立自主抉择体，要到事后才可能制裁）。中西方法律的混合绝对不是一个简单的全盘西化过程，也不是一个简单的传统延续的过程，而是两者的并存和互动。这样，更突出经验和实践视野的不可或缺以及历史视野的必要，也突出了探寻兼容两者，甚或超越性地融合两者的必要。

　　从实践和实用的角度来考虑，法律不可能存在于简单抽象和理想的空间，在其实际运作中，必须适应社会现实，也就是说，韦伯型的形式理性理想类型和跨越时空的（形式主义理性）普适法律不仅是对实际的抽象化，更是脱离实际的理想化。读者明鉴，固然抽象化是认知的必要步骤，但理想化则不是——它多是脱离或违反实际的，用于西方本身已经如此，用于非西方的世界更加如此。简单地把西方法律移植于非西方世界，只可能产生违反实际的法律。要研究中国现代的法律，我们必须在条文之上更考虑到实际运作，考虑到条文与实践之间的关联。近现代中国的一个给定前提条件是中国与西方、历史与现实、习惯与条文的必然并存。我们不可能,也不应该做出简单的西化主义或本土主义的非此即彼抉择,必须从历史传统和社会实际来考虑立法和实际运作中的抉择。

(三)对研究方法和理论的进一步反思

与以上两本专著并行的是笔者继1991年(英文版)的《规范认识危机》一文之后对方法和理论的进一步反思。首先是根据笔者的法律史经验研究得出的结论:清代法律的一个基本特征是崇高道德理念的条文(律)和实用性的条文(例)的长期并存和互动。同时,法律条文主宰的正式审判制度与民间道德理念主宰的非正式调解实践和制度也长期并存,而像韦伯那样的理论则只考虑正式制度,无视非正式制度。更有进者,正式制度和非正式制度是相互作用的,并且在两者之间形成了一个越来越庞大的、具有一定特色的"第三领域"。笔者1993年(英文版)的《介于民间调解与官方审判之间:清代纠纷处理中的第三领域》详细论证了清代法律实际运作中的这个中间领域。(修改版见黄宗智,2001:第5章)

此后则是同年(英文版)的《中国的"公共领域"与"市民社会"——国家与社会间的第三领域》(黄宗智,1999)。此篇通过与当时在中国研究中十分流行的哈贝马斯(Jürgen Habermas)的"公共领域"概念/理论以及国内外广泛采用的"市民社会"理念/理论的对话,再次指出中国的悖论性:其关键不仅在于正式与非正式制度的并存,也在于两者互动所组成的中间领域,借此来拓展处于国家与社会之间、由两者互动而组成的"第三领域"概念。这里再次强调的是,面对理论中的二元对立,我们需要看到的不是两者中的对立或任何单一方面,而是两者之间的关联和互动。

再则是2008年的《集权的简约治理——中国以准官员和纠纷解决为主的半正式基层行政》(黄宗智,2008)。该文论证:长期以来中国的治理体系是一个(悖论的)高度中央集权和低度渗透基层的体系(不同于美国的低度中央专制权力但高度基层渗透权力——迈克尔·曼[Michael Mann]的论析)。与其相关的是"集权的简约治理"体系,国家高度依赖基层不带薪的"准官员"(由社区推荐,政府批准)来进行基层治理,只在那些准官员在执行任务中发生纠纷的时候方才介入。这也是"第三领域"的一个关键特色。

此外是1995年(英文版)的《中国革命中的农村阶级斗争——从土改到"文革"时期的表达性现实与客观性现实》(黄宗智,2003b),通过检视中国的土地改革和"文化大革命"来阐释表达/话语与实践两者间的变动关系。土改和"文革"都展示了激烈的阶级斗争话语,并导致了其与社会实际之间的张力和背离。该文阐明的首先是话语和实践既是相对独立的也是相互作用的,两者之间在"文革"期间的极端背离则最终导致"阶级斗争"被改革中的"实事求是"完全取代。考察如此的话语与社会实际和实践之间的变动关系,对真实世界的洞察力要超过单独考虑两者的任何单一方面。这个思路既受惠于布迪厄的启发,也与他有一定的不同——如上所述,他并没有关注话语与实践之间可能的背离与互动,也没有关注由两者的互动所组成的历史变迁。

在1998年(英文版)的《学术理论与中国近现代史研究——四个陷阱和一个问题》(黄宗智,2003c)中,笔者比较平实地回顾、反思了笔者自身学习和探讨理论与史实间的关联和背离的经验,由此来说明从经验研究到理论再到经验检视的学术研究进路,并突出尚待解答的中国的"现代性"问题。文章再一次强调,学习理论需要避免不加批判或意识形态化地使用理论,其中关键在于凭借经验实际来决定不同理论传统各部分的取舍,在于看到中国实际的悖论性,也在于不偏向二元对立的单一方。那样,才能够适当使用并借助现有理论的洞察力。

再则是 2000 年(英文版)的《近现代中国和中国研究中的文化双重性》(黄宗智,2005),从近现代中国历史、国外的中国研究学界,以及笔者自身经历的双重文化性角度,来探讨中西文化碰撞与混合的问题,提出了超越两者的融合的实例和设想。文章论证,我们需要区别在政治领域中的帝国主义 VS. 民族主义的非此即彼二元对立,以及双重文化性与双语性(亦即越来越多的中国以及别处青年知识分子的实际状态)中的中西并存与融合现实。在理论和学术层面上则同样需要超越普适主义(理性主义、科学主义、实证主义)和特殊主义(后现代主义、相对主义、历史主义)非此即彼的二元对立,探索其间的并存与融合。

这些论文既阐释和延伸了以上总结的基本主线,也展示了当时的一些困惑和未曾解决的问题,反映的是笔者自身核心思路的逐步形成。其中前后一贯的是拒绝在理论与经验、表达/话语与实践以及中国与西方的二元之间做非此即彼的抉择,强调要看到其实际上的二元并存和互动。在研究中要做的是认识到二元间的并存和互动,关注其间的连接和媒介。

三、带有现实关怀的学术研究

笔者2004年从加利福尼亚大学退休,之后转到国内教学,十多年来都主要以中文写作,把自己写作的主要对象从英语读者转为中文读者。在这个转变过程之中,自然而然地对中国现实问题从消极关怀(想而不写)转为积极关怀。在这个过程中,连接历史与现实很快成为笔者学术研究的新的主要动力。同时,在过去侧重经验性的实践历史研究进路之上,笔者更明确地关心另外两个问题:一是探寻建立符合中国悖论实际的研究方法和理论的道路;二是探寻解决中国现实问题的可能途径。

首先,在学术研究方面,对现实的关怀成为自己完成关于当代农村的第三卷和当代法律的第三卷的主要动力。我觉得需要对学生们说明,自己对明清以来的研究和理解对当代的现实问题具有什么样的意义?一方面是学术研究方法的问题,另一方面也是现实问题的解决路径问题。

同时,面对近年来农民的大规模进城打工以及他们所遭受的不平等待遇,笔者看到了中国面临的社会危机,并且自然而然地兴起了不平之感以及对中国未来的忧虑,希望能为这个问题做出学术性的贡献,尽自己的微薄之力。这样便很自然地将农村研究延伸到农民工的研究,作为自己在农业和法律两个领域之外最关心的第三课题,并为此写了一系列关于中国的"非正规经济"——即不带有或少有法律保护和福利的就业,包括最近快速扩展的"劳务派遣工"的论文。(例见黄宗智,2009b;2010b;2013;2017a;2017b)

此三项研究都沿用了之前的研究方法,即从经验证据到理论再返回到经验的认知进路,并同样尽可能摆脱意识形态,采用多种理论资源,目的同样是更好地认识中国实际,而不是试图建构普适理论。为此,笔者一贯地聚焦于同时掌握经验和理论、实践和话语以及中国和西方,看到它们的必然并存、互动和连接问题,试图由此来建立更符合中国实际的概括。此外,为了对青年学者们说明这是一个什么样的认知方法以及为什么要这么做,笔者写了一系列围绕实践和理论问题的方法论方面的论文。(纳入黄宗智,2015a)

(一)《超越左右:从实践历史探寻农村发展出路》

在农业问题上,首先是再一次从把现有理论当作问题的研究进路出发,再次看到了中国的悖论性。近三十多年来,中国经历了一场意义深远的农业革命,但这是和之前世界历史上的农业革命(以及根据其所得出的理论)很不一样的革命。它不是来自主要农作物因畜力和畜肥的使用(像 18 世纪英格兰的农业革命那样)而提高了产量;它也不像后来在 20 世纪 60 和 70 年代所谓的"绿色革命"中,主要由于现代投入(化肥、科学选种和机械)而提高了主要作物的产量。这是因为中国当时的现代投入并没有能够提高农民的劳动报酬——再一次是因为农业生产(在集体制度之下)和之前同样地过密化,总产量的提高多被人口的增长和劳动密集化所导致的边际报酬递减蚕食掉,以至于单位劳动生产率和农民收入并没有显著的提高。直到 20 世纪 80 年代以后,中国农业方才真正进入了新的局面。

但其动力不是像人们熟悉的过去那种农业革命动力,而是来自十分不同的三大历史性变迁趋势的交汇。一是人们伴随非农经济增长而来的收入提高所导致的食品消费转型(从8∶1∶1的粮食、肉食、蔬菜比例向当今中国大陆中上阶层和中国台湾地区的4∶3∶3比例转化),以及随之而来的农业转向越来越高比例的高值农产品(鱼肉禽、高档蔬菜、水果、蛋奶等)的种植和养殖,而那样的高值农产品则既是现代投入/"资本"(如化肥、科学选种、饲料、生物剂、塑胶膜和拱棚等)密集化的,也是劳动密集化的(譬如蔬菜、水果种植以及种养结合需要数倍于粮食的单位面积劳动投入),由此既提高了农业收入也吸纳了更多劳动力。二是从1980年开始的生育率下降终于在世纪之交体现为每年新增劳动力的缩减。三是20世纪90年代以来农民的大规模进城打工。(黄宗智、彭玉生,2007)这三大趋势的交汇带来了农业的"去过密化"以及农业总产值的显著增长,随之而来的则是六个世纪以来农业收入的第一次显著提高。在农业总产值上,展示为1980—2010年期间年均6%的增长,这远远超过之前的农业革命所做到的增长率(18世纪英国才年均0.7%,20世纪的"绿色革命"才年均2%—3%)。在农场规模上,则逐步迈向更"适度"的(亦即从"隐性失业"到"充分就业"的演变)规模,从每个农业劳动力约占有6亩耕地增加到约10亩。

因为这样的变化并不显而易见,笔者称之为"隐性农业革命",它主要见于人多地少的后发展国家(特别是中国和印度),与西方人少地多(尤其是新大陆的美国)的农业现代化模式十分不同。以上是笔者2009年出版的当代农业研究的阶段性成果《中国的隐性农业革命》专著的主要内容。(黄宗智,2010c;亦见黄宗智,2016b)

在其后续的研究中,笔者进一步论证,中国这种农业现代化模式具有多重"悖论性",它不是土地(和资本)密集的"大而粗"的农业,而主要是"劳动与资本双密集化"的"小而精"的农业。它的主体不是规模化的(雇工)资本主义企业生产单位,而主要是现代化了的小农家庭农场生产(尤其是一、三、五亩地的小、中、大棚蔬菜种植,几亩地的水果种植及十来亩地的种养结合的小农场)。它主要依赖的现代投入不是节省劳动力的机械而更多是节省土地(提高地力)的化肥、良种等投入。这样,中国与西方(尤其是新大陆的美国)形成了世界历史上农业现代化的两大截然不同类型。在如今已经高度工业化的中国,小规模农场(即现代化了的小农经济)不仅顽强持续,还组成了中国现代化的一个关键部分。

这个隐性革命从西方经验和理论来看是悖论的,是与当前的主流经济学理论不相符的模式,因此它还没有被许多学者和决策者真正认识到。其中不少人仍然沉溺于之前的经典模式,错误地以为农业现代化必须主要依赖"规模经济效益"——在计划经济时代错误地以为必须是规模化的集体大农业,今天则以为必须是高度机械化和雇佣劳动的大企业农场。而悖论的事实是,中国的新型农业革命的主体其实是使用自家劳动力的小家庭农场,以及其结合主劳动力和家庭辅助劳动力的家庭生产组织。固然,伴随着生育率的下降、劳动力的外出打工以及新(劳动和资本双密集)农业所吸纳的劳动力,农业农场的规模正在朝向更适度的劳动力与耕地面积配合演变,但它绝对不像西方经验中的主要依赖农业机械化的大农场。

决策者和学者们由于认可之前的经典理论(马克思主义经济学和新古典经济学),深信农业生产现代化必须像工业那样以规模经济效益为前提条件,没有认识到这些基本的悖论实际。为此,其在政策上也一直向农业企业公司和大农户倾斜,基本无视小规模的家庭农场。即便是2013年以来提出的发展"家庭农场"策略,实质上也是向(超过百亩的)大户倾斜,预期和依赖的仍然是较大规模的农场。(黄宗智,2014c)为此,笔者一再呼吁,要认识到几亩至几十亩的劳动和资本双密集化小家庭农场乃是今天农业发展最重要和最基本的动力。它们亟须得到政策上的重视,需要政府更积极的支持,也需要政府更积极地引导和协助组织真正以小农为主体的合作社,来为农民提供融资和产—加—销"纵向一体化"(而不是横向一体化的农业产业化、规模化)的服务,借此把更多的市场利益归还给农业生产者,而不是像当前那样,让市场利益大都被商业资本获取。

后者采用的经营方式其实大多并非真正的规模化生产,而是凭借"合同"、协议或"订单"农业等形式来利用一家一户的相对廉价的家庭劳动力及其自我激励机制来进行农业生产。许多商业资本经营的只不过是一种虚伪的"产业化"生产,只是迎合了官方的招商引资要求,来争取更多的政府补贴。经过比较系统的数据检验,笔者(和高原、彭玉生)论证,截至(具有最翔实可靠数据的第二次全国农业普查的)2006年[①],农业中的全职受雇劳动力只是全部

[①] 2016年,笔者的《中国的新型小农经济》卷尚在修订过程中,当时纳入了新数据和其讨论。

农业劳动力中的3%。中国农业迄今仍然基本是悖论的"没有无产化的资本化"和没有资本主义的现代化——其主体是使用越来越多现代投入的小农户。(黄宗智、高原、彭玉生,2012)而且,他们的资金来源很多是农民家庭成员打工的收入(尤其是"离土不离乡"的农民工),而不是商业企业的投资(或国家的补贴)。(黄宗智、高原,2013)这些事实进一步说明小家庭农场的关键性以及中国农业的悖论实际。这一系列的悖论实际既不符合教科书新古典经济学的预期,也不符合马克思主义政治经济学的预期——笔者因此在2014年完成的农业第三卷的标题中采用了"超越左右"的表述。(黄宗智,2014a)

拙作同时论证,今天农户其实既是农业生产现代化的主体,也是(通过打工)工业生产的主体,在这样的现实下,解决农民问题不仅需要农业方面的决策,更需要对经济整体的重新认识和思考。我们需要认识到中国小农农户长期持续的"半工半耕"悖论特征,认识到其对中国经济发展所起的关键作用,以及其所具备的扩大国内市场和内需的巨大潜力。

同时,我们要认识到其被迫承受的差异身份待遇乃是不经济的决策。在法律层面上,我们应该为农民和农民工提供相当于城镇市民和居民的社会福利和法律权利。对农民和农民工的公平待遇其实是提高农民生活水平和购买力最好、最快速的办法,也是扩大国内市场的关键。优先提高农民和农民工生活水平是一条"为发展而公平,为公平而发展"的道路,特别适合中国当前的实际。它既不是集体时期那种贫穷下的公平道路,也不是近年来"发展主义"下的"先发展后公平"的道路。

(二)《过去和现在：中国民事法律实践的探索》

今天中国法学界的分歧主要在二元对立的西化主义(移植主义) VS. 本土(资源)主义,一方强调西方法律的普适性,一方强调中国历史与实际的特殊性。虽然如此,在全盘引进西方法律的今天,前者无疑是"主流"倾向。这个基本事实可以见于中国法律史的研究已经日趋式微,其教员、学生、课程日益减缩。中国法律史的研究其实已经呈现一种博物馆管理员的性质,偶尔可以展示其珍藏品,但与当前的实际毫无关系,在立法层面可以说几乎完全没有(或完全放弃)发言权。法理课程和研究的内容几乎全是舶来的理论,难怪法理与法史一般各行其是,基本没有关联。

面对这样的现实,笔者的研究再次强调实践层面,而不是舶来的文本。从实际运作来看,中国当今的法律体系非常明显是一个三大传统的混合并存体,即古代法律、革命法律和从西方引进的法律。笔者在2009年出版的法律研究第三卷《过去和现在:中国民事法律实践的探索》(黄宗智,2009a)详细梳理、论证了一系列今天的法律实践中仍然延续着的古代法律传统(如调解制度,家庭主义的赡养、继承和产权法则与制度),以及当代中国一直适用的、来自革命传统的法律(特别是婚姻和离婚法律)和革命所创建的、在法律"第三领域"(即由于正式和非正式制度之间的互动所产生的中间领域)中的行政和法庭调解制度。再则是融合中西法律的方方面面(例如侵权法)。在刑法领域,传统和革命因素更加明显,尤其是一些负面的因素,例如嫌疑人权利一定程度的缺失,"刑讯逼供"

的存在以及官僚主义的干预等。其目的是要论证三大传统并存的经验实际。

在更深的层面上,笔者分析了中西方法律基本思维的不同,不仅在清代如此,在民国和当代也如此。西方强烈倾向逻辑和程序,中国则仍然展示了一定程度的道德和实质倾向。固然,从实践层面来观察,双方其实都具有对方的另一面,如中国古代的法庭断案和程序化规定,和西方法律中的非形式主义方方面面,包括人权和个人主义权利理念——我们可以质问韦伯:难道它们只是源自无可辩驳的与道德理念无关的形式主义演绎逻辑或给定"公理"?更不用说美国的法律实用主义,提倡实用性和社会改革理念,长期以来一直都与其"古典正统"的"法律形式主义"抗衡,一定程度上与之共同组成美国法律体系的实际性质。(详细论述见黄宗智,2007;亦见黄宗智,2009a,2014b,第3卷)当然,今天的中国法律已经在相当程度上学习和借鉴了西方形式化法律。虽然如此,我们仍然可以看到,中国的正义体系依旧带有侧重道德和实质真实的顽强倾向,这和西方法律很不一样。

在更深的层面上,笔者指出,过去和今天的中国法律思维在其道德主义倾向之上,还带有实用(主义)倾向的一面。正因为其主导思想是道德理念,是关乎"应然"的思想,所以它不带有形式理性逻辑那么强烈的跨时空普适主义倾向,没有将用逻辑梳理出来的抽象法则等同于实然,没有将抽象法则推向对现实的理想化那么强烈的倾向。中国长期以来的道德主义化法律相对比较能够承认自身代表的是一种理想化,不会简单地把道德理念等同于实际或给定公理,会看到理念与实际之间的差距,并接受其间需要某种媒

471

介来连接现实。这正是笔者所提出的"实用道德主义"的核心。

同时,中国法律,尤其是古代法律仍然可见于今天,也反映了一种从经验到理念/理论到经验的认知进路,要求寓抽象概念/理念/准则/法则于实际事例,坚决保持道德准则/法律原则与具体事实情况之间的连接,这和西方现代的形式理性强烈趋向把抽象推向脱离实际的理想化普适法则或理论不同。纯粹从逻辑化角度来考虑,后者肯定更简洁和清晰,而前者则显得模糊、复杂,甚至不符合逻辑。但是,从真实世界的实际来考虑,中国法律其实更贴近实际。即便是今天的中国法律,也展示出同样的倾向。譬如,中国侵权法虽然采用了西方的必分对错法理——有过错才谈得上赔偿,却又同时认定,在造成民事损失的案件中,双方都没有过错的案件普遍存在。它没有像西方侵权法那样基本拒绝考虑此种案件,将其排除于侵权法律涵盖范围之外,甚或认定其不可能存在。它从明显可见的实际出发,规定法律也可以适当要求没有过错的一方提供补偿来协助解决问题——由此修改了从西方引进的侵权法律。

基于此,《过去和现在》一书论析并提倡我们要从法律实践出发,从中找出连接社会实际和法律条文的实例——笔者把这样的研究进路称作"实践历史"。该书论证,这些实例之中既有明智的抉择的例子,也有错误的抉择的例子。笔者在探索出反映"实践智慧"的具体立法经验和错误的立法经验基础上,指出朝向应然改变的方向。其中包括如何适当地到实践经验中去探寻综合中西方法则的方法,借此来探寻更贴近中国实际的立法进路。

在2014年出版的法律第三卷的增订版中,笔者更纳入了(作为附录)另外三篇新的文章。《中西法律如何融合?道德、权利与实用》(黄宗智,2010a;亦见2014c:附录一)明确提出了融合三者的框架性设想和具体实例,并把这样的分析延伸到刑事法律领域。《历史社会法学:以继承法中的历史延续与法理创新为例》再次提出了"历史社会法学"①——这是笔者与"实践历史"法学交替使用的词——新学科的初步设想,并以传统的家庭主义和引进的个人主义并存和拉锯于继承/赡养法律为实例,提出协调中西法学与法律的具体方式。(黄宗智,2014b,第3卷:附录二;亦见黄宗智、尤陈俊主编,2009:001—016,003—031;黄宗智、尤陈俊主编,2014:1—24)再则是《重新认识中国劳动人民——劳动法规的历史演变与当前的非正规经济》,质疑近年来越来越强烈的脱离这方面的中国革命法则的倾向,并直接联结了笔者的农村社会经济史研究、农民工研究和历史社会法学研究,指出法律和社会改革的必要。

四、为"实践历史"加上前瞻性的道德理念

(一) 布迪厄的"实践逻辑"

如上所述,对现实的关怀不可避免地使笔者进入了前瞻性的

---

① 除了笔者自身的研究外,"历史社会法学"研究实例见《从诉讼档案出发:中国的法律、社会与文化》(黄宗智、尤陈俊编,2009)及其后续卷《历史社会法学:中国的实践法史与法理》(黄宗智、尤陈俊编,2014)。两书纳入笔者主编的《实践社会科学》系列丛书中的子系列《中国法律:历史与现实》——见 http://www.lishiyushehui.cn/modules/books/cat.php? cat_id=8。总系列《实践社会科学》中文部分见 http://www.lishiyushehui.cn/mod-ules/books/cat.php? cat_id=81,英文部分见 http://en.lishiyushehui.cn/modules/books/cat.php? cat_id=44。作者多是笔者几十年来在美国和中国国内的博士生,也包括其他志趣相近的本行同仁。

思考,而笔者在这方面的思考主要是通过布迪厄和韦伯的理论启发及自己的反思得出的。布迪厄特别突出的是实践,而不是现有二元对立的意志主义或结构主义的任何一方,探索的是他的所谓"实践逻辑"而不是韦伯的形式理性理想类型或马克思的阶级关系结构。首先,布迪厄批评了过去的非此即彼二元对立思想,并试图提出超越如此对立的理论概念。譬如,提出"习性"(habitus)概念:与传统马克思主义偏重客观生产关系不同,也与主观主义(意志主义)偏重主观抉择不同,争论人们的实践同时受到两者的影响。通过一生的生活习惯(地位、举止、衣着、言辞等)而形成一种习惯性的意识和倾向,从而影响(但不是完全决定)他们的实践。同时,人们在一定时空中的实践也具有一定的能动性,其行为同时也受到主观抉择的影响。这样,他试图超越结构主义和意志主义的相互排除二元对立。(Bourdieu,1977,1990)

布迪厄的"象征资本"概念则试图把马克思主义的"资本"论析拓展到非物质的象征领域,论析那样的象征资本(譬如,教育背景、特长、地位和声誉等)可以转化为物质/经济资本,而后又再转化为象征资本(从如今的世界来理解,我们还可以加上诸如企业品牌的实例),如此往复。他试图超越主观主义和客观主义的二元对立。他更针对阶级关系而提出了"象征暴力"的概念,指出强势方会对弱势方采用掩盖实际关系的"礼品"行为来进一步巩固其权力,相当于一种"暴力"。这里,我们可以看到他具有一定程度上的马克思主义内核。(Bourdieu,1977,1990)

布迪厄的"实践逻辑"对以往的主观主义理论和客观主义理论,以及意志主义和结构主义理论无疑是一种超越。这样的理论也许没有韦伯型的形式理性理论那么清晰,但明显比其单一面的"理想类型"更贴近真实世界的实际情况。

但是,布迪厄的实践逻辑也带有一定的弱点。除了上面已经提到的缺乏长时段变迁的历史感和缺乏对表达与实践背离问题的关注,他没有系统分析主观抉择的性质。"习性"说明的是某一种客观条件所导致的主观倾向。但在这种倾向以上的主观抉择呢?人们在实然层面上做出抉择的时候,到底是怎样受到主观意志的影响的?更有进者,从应然的角度来考虑,人们到底应该如何做出如此的抉择?布迪厄的"实践理论"不带有如此的前瞻维度。

(二)康德的"实践理性"

这里,我们可以借助启蒙大师康德(Immanuel Kant)而做出以下的概括:人们的主观抉择可能来自某种主观终极目标(例如某种宗教或意识形态信仰),也可以是纯功利性的(为了自己或某些人的利益),更可以是仅仅出于某一种特殊客观情况下的特殊行为。康德集中论析的则是源自其所谓的"实践理性"(practical reason)——介于"纯理性"(pure reason)和行动之间而做出的抉择:在具有自由意志的人们之中,可以凭借实践理性在众多繁杂的道德准则之中做出理性抉择,由此来指导行为。此中的关键是他的"绝对命令"(categorical imperative)——"你要仅仅按照你同时也能够愿意它成为一条普遍法则的那个准则去行动"。(更详细的论析见笔者的《道德与法律:中国的过去和现在》——黄宗智,2015b;亦见黄宗智,2014b,第1卷:总序)

康德这里的贡献在于树立了怎样在多种多样的特殊道德准则中做出抉择的标准。这是他实践理性的核心。他的论析可以为布迪厄的实践逻辑提供其所没有的道德价值维度,提供借此来从众多实践逻辑中做出抉择的方法,由此可以为其加上其所缺乏的前瞻性。布迪厄则因为罔顾"善""恶"问题,只关心(已经呈现的)实践行为,而使其"实践逻辑"最终只可能成为一种回顾性的,或旁观的(人类学)学者所观察出来的实践逻辑,不带有改变现实的前瞻性导向。也就是说,布迪厄的实践逻辑理论最终并不足以指导行为或决策的选择。布迪厄本人固然是位进步的、真诚的关心劳动民众和弱势群体的学者(此点尤其可见于他晚年的政治活动),但他并没有试图把自己的进步价值观和感情加以系统梳理。正因为布迪厄的理论缺乏前瞻性的道德辨析,它不足以指导我们关心的立法进路、公共政策或经济战略抉择等问题。

至于韦伯,康德的实践理性则提供了强有力的逻辑化论析,其足够说明韦伯对"理性"的理解只局限于理论理性,完全没有考虑到"实践理性"或道德理性,而后者正是理论理性与实际行为间的关键媒介。韦伯偏重理论理性,没有考虑到连接理论与实践的问题。这便是他归根到底是一位偏向主观主义的思想家的重要原因。

康德的"绝对命令""实践理性"思路其实和儒家的基本倾向有一定的亲和性。中国古代至当代的法律历史所展示的是,中国文明中最坚韧持续的特征之一是儒家的道德化思维,其核心长期以来可见于儒家"仁"理念的"己所不欲,勿施于人"的"黄金规则",以及据此而来的"仁治"理念。它实际上是汉代"(法家)法律的儒家化"的核心内容,至今仍然在中国的非正式民间调解以及半正式调解(包括法庭和行政调解)制度中被广泛援用。它其实完全可以被"现代化"为相当于康德的绝对命令的道德标准。它显然可以成为一个被一般公民接受和拥护的标准。它也和康德的"实践理性"一样附带有自内而外的道德抉择观点,与西方此前的"自然法"把道德视为客观存在于自然的思路很不一样。而过去的儒家思想虽然把如此的道德抉择局限于"君子",但这是个完全可以大众化、全公民化的理念(儒家自身便有"有教无类"的理念),也完全可以名正言顺地适用于今天的立法抉择。

固然,康德的出发点和儒家的很不一样。前者在于个人的绝对价值和对理性的追求,后者则在于人际关系与和谐。虽然如此,但康德的绝对命令显然也关注到人际的关系(己之所欲,亦施于人)。也就是说,它是一条和儒家的"仁"有一定亲和性的"黄金规则"。对中国来说,更重要的是,如此的前瞻性道德理念正是中国长期以来的关键性"实用道德主义"的不可或缺的组成部分,也是可以贯通古代、现当代和未来的"中华法系"的特色。(黄宗智,2016a)

这样,我们可以辨析出一条超越韦伯的形式理性和布迪厄的不具备前瞻性的实践逻辑的道路,从而得出一条凭借实践理性和道德理性的标准来决定道德准则的取舍,借此来指导实践的道路。根据这样的标准所做出的抉择显然可以一定程度地适用于他人,甚或所有人。

(三)"实践理性"和"毛泽东思想"

我们也可以从实践与理论的关联问题的角度来回顾中国的革命传统。其实过去的"毛泽东思想"便是一套聚焦于如何连接实践与理论问题的思想。我们可以想象,在大革命失败之后,而且是在中国共产党高度依赖共产国际的物质援助和政治领导的早期阶段,要脱离共产国际所设定的依赖工人阶级夺取大城市的"总路线",从实际情况出发而得出实用可行的建立(农村)根据地、游击(运动)战略以及从农村包围城市的实践方针是多么的不容易,多么地需要突破现有理论的条条框框,多么地需要从实践出发而概括出符合实际情况的方针,由此来连接基于中国实际情况的实践和马列主义理论(包括被共产国际提升到理论层面的苏联革命经验)。我们甚至可以把那段经验和革命传统视作这里提倡的学术对真实世界的认知进路的佐证,而当年的陈绍禹(王明)、秦邦宪(博古)等人,则使我们联想到今天主张简单借鉴和模仿美国经济和法律的全盘西化学者。

当然,中国共产党之所以胜利的一个关键因素在于"得民心",在其把劳动人民从阶级剥削中解放出来的马列主义意图之上,更加上了党的"为人民服务"的崇高道德理念。后者的最好体现也许是解放军的"三大纪律、八项注意",一定程度上也可见于党的"群众路线"。它们和传统的"得民心者得天下"的仁政理念有一定的关联,至今仍然起着重要的作用。在传统的村社一级,"仁政"尤其可见于村庄的简约治理和社区调解制度;在现当代,更可见于由传统非正规调解和国家正式机关之间的互动所产生的"第三领域"中的众多半正式调解体系:包括社区干部、行政机关、公安机关和正式法院所执行的调解。今天,那样的半正式体系传统更应该被延伸入涉及民生的重要公共政策的拟定和执行,可以把民众参与设定为其必备条件。如此的变化也许能够被引导成为一个来自"中国特色"传统(党自身的群众路线传统)的治理体系"民主化"/"社会化"道路。(黄宗智,2019)

毛泽东思想的洞见在于它非常清晰地认识到为众多理论家和学者所忽视的关键问题,即如何在理论和实践间进行媒介和连接。它的核心是一种认识上的方法论。它的贡献是在特定的历史情境中,能够反主流地质疑固定的认识而提出符合中国实际的不同构想。用它自己的隐喻来说,它是用马列理论有的放矢地射中于中国实际的思想。

笔者这里绝对不是要提倡把任何一种思想绝对化或宗教化,更不是要将任何人的思想构建为一种僵硬的意识形态,而是要指出在人们的认识中,理论与实践间的媒介和连接的关键性。我们可以说,毛泽东思想既为我们提供了这里提倡的认知方法的佐证和实例,也在一定程度上为我们敲响了对一切被绝对化、普适化的理论的警钟。

以上的认知方法显然不仅适用于学术研究,也适用于国家决策。从后者的角度来考虑,"实践理性"和"仁政"理念同样十分必要。正是那样的实践理性和抉择,才能够区别"善"与"恶"之间的抉择。决策者到底是为了老百姓的幸福还是一己或某种狭窄的利益而做出抉择?对中国人民的未来来说,这是个关键的问题。我们不仅不该像韦伯那样拒绝道德在立法和决策中所应起的作用,而且要提倡借助于这样的道德标准来进行前瞻性的思考。(更详细的论述见黄宗智,2014b;尤见第1卷:总序;亦见黄宗智,2015b)

五、中国实践社会科学理论的建构

回顾笔者五十多年来的经验研究,一个关键的转折点是认识到(从西方主要理论来看待的话)中国实际的"悖论性",亦即其"悖论实际"。现今的主流社会科学理论源自对西方某种经验进行抽象化之后,将其进一步理想化,进而普适化和意识形态化。其原先可能是比较符合西方实际的抽象化理论,或一种聚焦于单一维度的认识方法,但之后,则通过逻辑推理而被绝对化,或被政权意识形态化。今天新古典经济学和形式主义法学,以及众多与两者相关联的理论,被广泛引进中国,被当作是中国"现代化"和"与国际接轨"的必要构成部分,甚至在研究中国自身方面也如此。在这样的大环境之下,我们只有从中国的经验实际/实践出发,而不是从舶来的理论出发,才可能看到中国的悖论性。理论可以被当作对经验证据提出的问题来使用,但绝对不能被视作已有的答案。我们不可像今天许多的研究那样,硬把中国的历史和现实盲目地塞进西方的理论框架。这正是笔者一贯提倡从经验/实践研究出发的根本原因。(何况,即便是对西方本身的认识,也需要如此地要求连接经验与理论,而不是单一地依赖理论,或强使两者分离,或让单一方完全压倒、吸纳另一方,由此陷入非此即彼的二元对立思维习惯和框架之中。但这不是本章主题。)

其后,通过对清代和民国时期法律的研究,笔者进一步认识到,表达和实践可以是一致的,但也可能是相悖的。中国的正义体系(也包括其治理体系),长期以来一直有意识地结合高度道德化的理念/表达与比较实用性的实践,形成其"实用道德主义"的核心。而在中国近现代与当代的剧变过程中,以及在西方的强大影响下,我们更需要关注到表达与实践之间的背离,以及两者之间因此而必然会产生的既背离又抱合共存的实际。作为侵略方的西方,则不会考虑到如此的问题。正是通过对此点的认识,笔者看到了布迪厄实践理论的一个关键弱点:布氏不会考虑到近现代中国这样既拥抱又抗拒西方的实际,既要求西化又要求本土化的实际。这样的实际更需要中国长期以来对待二元实际的基本思维倾向来认识——看到二元关系中的背离和抱合,既矛盾又合一,不会像西方经典理论那样偏重非此即彼的二元对立。只有认识到中西方思维方式之间的这个基本差异,才有可能真正进入中国近代以来的历史实际。单一地关注其中任何一面,无论是全盘西化还是本土化,都只可能脱离现代中国面对的基本实际。

最后,我们也要看到布迪厄的实践理论最终是一个回顾性的理论,不带有明确的前瞻性,并不足以指导我们关于未来的思考。除了简单区别实践之中所展示的有效和失败的传统之外,我们还需要儒家长期以来关于"仁"的"黄金规则"传统,来作为我们对善法和恶法、优良的和恶劣的公共政策做出抉择的依据和标准。它类似于西方现代启蒙大师康德的"实践理性"及其"绝对命令"的"黄金规则",更是历代中国正义体系的核心,今天仍然起着重要作用。西方的主流形式主义理论则多把道德价值视作"非理性"或

"前现代"的因素。

以上的简单总结可以说是笔者自身研究和学习经历中至为关键的三步:认识到中国的悖论性才有可能连接上中国的实际和现代西方的社会科学理论,并建立扎根于实际的中国社会科学和其主体性;看到中国传统和现代社会中道德性表达和理念与其实用性实践既背离又互动和抱合,才有可能掌握中国悠久历史中的实用道德主义核心以及其对待二元合一的基本思维,这与西方非此即彼的思维十分不同;认识到儒家"仁"("己所不欲,勿施于人")的核心道德理念才有可能赋予第一、二两步的认识所不可或缺的前瞻性,才有可能认识到实践中所需要的抉择标准,以及如何贯通中国的历史、现实与未来。笔者的三本新书,《中国的新型小农经济:实践与理论》《中国的新型正义体系:实践与理论》和《中国的新型非正规经济:实践与理论》,前两者是依据以上的三层主要认识所写的前瞻性探索,是其进一步的延伸和具体化,也是经验研究方面的进一步充实。它们相当于笔者之前两套三卷本各自的第四卷。后者则主要是笔者关于农民工的过去、现在和未来的论述和探索,依据的也是上述的方法和认识。它们对笔者自身的总体认识的影响还不是很清楚,还是个正在进行的过程。

参考文献:

黄宗智(1986[英文版 1985]):《华北的小农经济与社会变迁》,北京:中华书局(2000,2006 年再版)。

黄宗智(1992[英文版 1990]):《长江三角洲小农家庭与乡村发展》,北京:中华书局(2000,2006 年再版)。

黄宗智(1993,2000[英文版 1991]):《中国研究的规范认识危机——社会经济史中的悖论现象》,文章前半部分以《中国经济史中的悖论现象与当前的规范认识危机》为标题首先发表于《史学理论》1993年第1期,第42—60页。其后全文以原标题为题,作为《后记》纳入黄宗智(2000[2006])《长江三角洲小农家庭与乡村发展》,北京:中华书局。

黄宗智(1999[英文版 1993]):《中国的"公共领域"与"市民社会"?——国家与社会间的第三领域》,原载邓正来与 J. 亚历山大编《国家与市民社会:一种社会理论的研究路径》,北京:中央编译出版社,第420—443页。修改版见黄宗智(2015a),北京:法律出版社,第114—135页。

黄宗智(2001[2007(英文版 1996)]):《清代的法律、社会与文化:民法的表达与实践》,上海:上海书店出版社。

黄宗智(2003a[2007(英文版 2001)]):《法典、习俗与司法实践:清代与民国的比较》,上海:上海书店出版社。

黄宗智(2003b[英文版 1995]):《中国革命中的农村阶级斗争——从土改到"文革"时期的表达性现实与客观型现实》,载《中国乡村研究》第2辑,北京:商务印书馆,第66—95页。

黄宗智(2003c[英文版 1998]):《学术理论与中国近现代史研究——四个陷阱和一个问题》,载黄宗智编《中国研究的范式问题讨论》,第102—134页,北京:社会科学文献出版社;修改版见黄宗智(2015a),第169—195页。

黄宗智(2005[英文版 2000]):《近现代中国和中国研究中的文化双重性》,载《开放时代》第4期,第43—62页。

黄宗智(2007):《中国法律的现代性?》,载《清华法学》第10辑,北京:清华大学出版社,第67—88页。纳入黄宗智(2009b),第8章。

黄宗智、彭玉生(2007):《三大历史性变迁的交汇与中国小规模农业的前景》,载《中国社会科学》第4期,第74—88页。

黄宗智(2008):《集权的简约治理——中国以准官员和纠纷解决为主的半正式基层行政》,载《开放时代》第2期,第10—29页。

黄宗智(2009a[英文版2010]):《过去和现在:中国民事法律实践的探索》,北京:法律出版社。

黄宗智(2009b):《中国被忽视的非正规经济:现实与理论》,载《开放时代》第2期,第51—73页。

黄宗智(2010a):《中西法律如何融合?道德、权利与实用》,载《中外法学》第5期,第721—736页。

黄宗智(2010b):《中国发展经验的理论与实用含义——非正规经济实践》,载《开放时代》第10期,第134—158页。

黄宗智(2010c):《中国的隐性农业革命》,北京:法律出版社。

黄宗智、高原、彭玉生(2012):《没有无产化的资本化:中国的农业发展》,载《开放时代》第3期,第10—30页。

黄宗智(2013):《重新认识中国劳动人民——劳动法规的历史演变与当前的非正规经济》,载《开放时代》第5期,第56—73页。

黄宗智、高原(2013):《中国农业资本化的动力:公司、国家,还是农户?》,载黄宗智、高原《中国乡村研究》第10辑,福州:福建教育出版社,第28—50页。

黄宗智(2014a):《明清以来的乡村社会经济变迁:历史、理论与现实》。第1卷《华北的小农经济与社会变迁》;第2卷《长江三角洲的小农家庭与乡村发展》;第3卷《超越左右:从实践历史探寻中国农村发展出路》,北京:法律出版社。

黄宗智(2014b):《清代以来民事法律的表达与实践:历史、理论与现实》。第 1 卷《清代的法律、社会与文化：民法的表达与实践》；第 2 卷《法典、习俗与司法实践：清代与民国的比较》；第 3 卷《过去和现在：中国民事法律实践的探索》，北京：法律出版社。

黄宗智（2014c）：《"家庭农场"是中国农业的发展出路吗？》，载《开放时代》第 2 期，第 176—194 页。

黄宗智、高原（2015）：《社会科学和法学应该模仿自然科学吗？》，载《开放时代》第 2 期，第 158—179 页。

黄宗智（2015a）：《实践与理论：中国社会、经济与法律的历史与现实研究》，北京：法律出版社。

黄宗智（2015b）：《道德与法律：中国的过去和现在》，载《开放时代》第 1 期，第 75—94 页。

黄宗智（2016a）：《中国古今的民、刑事正义体系——全球视野下的中华法系》，载《法学家》第 1 期，第 1—27 页。

黄宗智（2016b）：《中国的隐性农业革命（1980—2010）——一个历史和比较的视野》，载《开放时代》第 2 期，第 11—35 页。

黄宗智（2017a）：《中国的劳务派遣：从诉讼档案出发的研究（之一）》，载《开放时代》第 3 期，第 126—147 页。

黄宗智（2017b）：《中国的劳务派遣：从诉讼档案出发的研究（之二）》，载《开放时代》第 4 期，第 152—176 页。

黄宗智（2019）：《国家与村社的二元合一治理：华北与江南地区的百年回顾与展望》，载《开放时代》第 2 期，第 20—35 页。

黄宗智（2020，a，b，c）：《实践社会科学与中国研究》。第 1 卷《中国的新型小农经济：实践与理论》；第 2 卷《中国的新型正义体系：实践与理论》；第 3 卷《中国的新型非正规经济：实践与理论》，桂林：广西师范大学出版社。

黄宗智、尤陈俊编(2009):《从诉讼档案出发:中国的法律、社会与文化》,北京:法律出版社。

黄宗智、尤陈俊编(2014):《历史社会法学:中国的实践法史与法理》,北京:法律出版社。

Bourdieu, Pierre (1977). *Outline of a Theory of Practice*, trans. by Richard Nice.Cambridge: Cambridge University Press.

Bourdieu, Pierre (1990). *The Logic of Practice*, trans. Richard Rice. Stanford, Calif. : Stanford University Press.

Geertz, Clifford (1983). *Local Knowledge: Further Essays in Interpretive Anthropology*.New York: Basic Books.

Said, Edward(1978).*Orientalism*. New York: Pantheon.

Schurmann, Franz (1970 [1966]). *Ideology and Organization in Communist China*, new and enlarged edition.Berkeley: University of California Press.

Weber, Max (1968 [1978]). *Economy and Society: An Outline of Interpretive Sociology*, ed. Guenther Roth and Claus Wittich, trans. Ephraim Eschoff et al. 2 vols.Berkeley: University of California Press.

第四编

融合中西方的学术

第十二章
中西法律如何融合？
——道德、权利与实用①

当前的中国法律体系同时具有权利和道德理念，也具有一定的实用性，展示出三种传统——来自西方的移植、古代的传统以及现代的革命传统的混合。本章探讨的问题是，在几种传统并存的情况下，这三方面如何协调或融合？我们从其相互作用的历史中思考中国法律的未来能得到什么样的启示？本章从过去的经验例子出发，探索和反思其中所展示的逻辑，由此试图勾画出一幅符合未来需要的图景。

文章的中心论点是：中国未来的法律不一定要像西方现代法律那样，从个人权利前提出发，而是可以同时适当采用中国自己古代的和现代革命的传统，从人际关系而不是个人本位出发，依赖道

---

① 本章原载《中外法学》2010年第5期，第721—736页。纳入本书时做了一些修改。

德准则而不仅是权利观念来指导法律。同时,采用中国法律传统中由来已久的实用倾向。长期以来,道德与实用的结合,加上近百年来从西方引进的权利法律,同时塑造着中国的法律体系。

本章先从这个角度重新梳理(笔者过去研究的)传统和现代民事领域的调解制度、离婚法、赡养与继承、侵权法以及(最近的)取证程序改革,进而讨论刑事领域中国内法学界最近争议较多的刑讯逼供和刑事和解问题,通过实例来说明中国法律体系如何协调中西法律以及其所包含的道德、权利与实用两个维度。其中,既有冲突,也有融合,既有错误的抉择,也有明智的抉择。但是,总体来说,中国法律体制在近百年的变迁中所展示的是一个综合中西的大框架,既可以容纳西方现代法律的优点,也可以维持中国古代传统以及现代革命传统的优点,借以建立新型的中国法律体系。

一、调解制度

从古代贯穿到现当代的调解制度一直都是中国法律体系中比较突出的组成部分。与从个人权利出发的西方现代法律制度不同,它从人际关系出发,强调的不是对个人权利的维护,而是人际关系的和谐。它不会像西方权利法那样,过度强调对错,甚至把没有对错的争执也引向对抗性的必分胜负。它是一种倾向于妥协和忍让的体系。(当然,它的劣处是会对明显的对错采纳含糊的妥协。)它要求的不是简单负方的赔偿或惩罚,而更多的是赔礼道歉和恢复和谐。近几十年来,西方法律本身,鉴于其对抗性法律体系导致诉讼高度频繁的问题,也一直在探索"非诉讼纠纷解决"

(Alternative Dispute Resolution,简称ADR)的另类道路,其中多有借鉴中国经验之处。有关中国传统调解,以及其与西方现代权利法间的区别,已有众多的分析研究(笔者本人在这个课题上也已做了一定的探索——见黄宗智,2009:第2、4、7、8章),这里不再赘述。

这个调解制度同时具有十分实用的一面。法庭外的民间和半正式(例如,由社区干部主持的)调解制度,一直都有效地减少了正式法庭的诉讼和负担。这方面的研究也有不少积累,这里也不再赘述。

这里要特别突出的一点是笔者以往没有明确指出的一个方面,即调解制度背后的道德准则。与西方基督教对每个人的灵魂的永恒性和独立价值的信仰不同,其历史渊源起码部分来自儒家传统的伦理观。时隔两千五百年,我们今天仍然可以在众多调解案例中看到使用儒家道德逻辑的例子。调解人仍然常常会用将心比心的"道理"来说服当事人,会问:如果别人对你这样,你会怎样感受,怎样反应?

在我搜集的调解案例中,这样的例子很多,这里只举一个例子来说明:1990年前后松江县华阳桥甘露村党支部书记蒋顺林调解三名邻居的争执,一方(薛文华)要把新房子凸出于两个邻居房子的前面,但那样的话,会影响邻居们的景观、光线和空气,因此引起争执。按照当地高度现代化的规定,造房都要向村政府申请造房证,要得到邻居们的同意,以免侵犯对方权利,造成纠纷。根据该地当时的规则,妨碍景观不能成为反对对方造房的理由,但妨碍光线和空气则可以。这是源自权利观念和现代管理的一套规定,和笔者在美国洛杉矶同时期的亲身经历基本一样。虽然如此,但在甘露村的实际调解过程中,蒋顺林支书依赖的不是这些复杂的法律条文和权利规定,而是儒家的"如果人家这样对待你,你会怎样反应?"据他说,当时这样问薛文华,薛无以为对。(黄宗智,2009:45—46,49—50)显然,蒋所采用的"道理",基本是《论语》中的"己所不欲,勿施于人"的道德准则。

这里所说的儒家道德准则也许可以视作附带有类似西方启蒙现代主义大师康德(Immanuel Kant)所论证的那种独立于功利/实用考虑、足可普适化的必然性的道德含义。即它在中国道德观念中所用的诸如"天经地义"类表述,乃是不容置疑的道德准则。它类似于西方传统中所谓的"黄金规则"(golden rule),在西方则归根到底来自基督教的准则(《圣经》中的"你要别人怎样待你,你也要怎样待人"),与中国颇为不同。在康德那里和世俗化的现代,则源自对"理性",尤其是演绎逻辑的使用和信仰,并由此而产生其普适于全人类的想法。(Johnson,2008;Williams,2009)它也是西方现代所谓"人权"(human rights)的重要理论依据和来源。(Fagan,2005)当然,儒家思想进路不同,也没有像西方现代传统那样程度地坚持自己的绝对性和普适性。

从这个简单的例子我们可以看到,虽然今天众多的法律条文和规则在话语层面上依赖移植过来的权利规定,但在实际运作中真正起作用的,以及广为人们所接受的,常常是具有悠久历史的人际关系道德准则。正是从这样的观点出发,才会形成现今仍然具有顽强生命力的民间非正式以及半正式调解制度。它也可见于正规的民事法律体系,包括离婚法、继承—赡养法等,而且不限于实践,也可见于法律条文。

二、离婚法

简单总结,西方前现代的婚姻法主要来自罗马天主教会的传统教规(canons,亦称教会法规,canonical law),认为婚姻神圣不可侵犯,禁止离婚。进入现代早期,先是新教改革,而后是法国革命,采用了权利逻辑:从个人权利出发,演绎出婚姻乃是一种两个独立权利个体之间的契约关系的原则,再进而引申出离婚纠纷归根到底乃是一种一方侵犯另一方权利的行为,是一方侵权违反原来契约而导致的结果。显然,这样的理解把离婚置于对抗性的框架之中,认为婚姻契约的失效必定源自一方的过错。因此,在法律实践过程中,导致了离婚法庭上双方持久、昂贵的争执,双方分别试图证明对方乃是过错方,借此争得比对方更多的共同财产。直到20世纪60年代,鉴于其实践中的众多弊端,西方婚姻法逐渐放弃了原先基于个人权利、必争对错的离婚逻辑,而迈向无过错离婚原则。到20世纪80年代,在离婚法律程序中,一般基本不再考虑过错问题。(Phillips,1988)当然,伴随以上简述的历史演变过程而来的是越来越草率的离婚。(详见黄宗智,2009:第4章)

中国现代的婚姻和离婚法虽然受到外来权利思想的影响(尤其可见于1930年《中华民国民法》的婚姻法,也可以见于1950年的《中华人民共和国婚姻法》),但在一些节骨眼上,实施的其实是另一种逻辑:再次是从人际关系出发而不是个人权利出发,其最重要的条文是以夫妻感情为最终准则的"如感情确已破裂,调解无效,应准予离婚"。(《中华人民共和国婚姻法》,1980:第25条)感情如果尚未破裂,则应由法庭调解和好。显然,这样的法律条文的关注点是人际关系,和西方从个人权利出发的逻辑很不一样。它也不同于西方后来为摆脱个人权利逻辑链所引起的频繁争执而采用的不再考虑过错的离婚法。

从历史角度回顾,中国的离婚法当然也有其实用性的多方面:笔者已经详细论证,它的法庭调解制度主要来自革命史中的实用性需要。共产党在革命早期提倡结婚、离婚绝对自由,在江西苏维埃时期规定"男女一方坚决要求离婚的,亦即行离婚"(《中华苏维埃共和国婚姻条例》,1931:第9条),但很快就发现,如此规定过分偏激,引起民众,尤其是农村人民的强烈反对。最后,用以缓解党和农民间的矛盾的办法是:一起一起地调解有争执的离婚请求,并因此导致法庭调解制度的广泛使用。后来,更导致毛泽东时代普遍过分强制性的调解和好制度。

在改革后期,中国的离婚法却又脱离以上传统而转向西方化的离婚。其主要动力来自取证程序的改革:20世纪90年代以来,从移植而来的权利逻辑出发,为了确立当事人的权利,试图建立"当事人主义"的取证程序,用来限制"职权主义"取证程序下国家机关(公安局、检察院和法院)的权力。原来的动机主要针对刑法,但在现代化主义大氛围下,未经详细考虑便广泛用于民法,包括离婚法。结果在离婚法实施中,因为缺乏配套制度,尤其是证人制度的有效实施,导致无法证实虐待、赌博和第三者等问题,并因此趋向不再考虑过错的实践,逐渐脱离(包含对错的)法律条文的原意。① 立法者对这个趋势已经做出反思,最高法院领导人在2007年便已强调需要重新纳入原来的法官职权主义取证程序。这是对过分偏向权利逻辑的纠正。(黄宗智,2009:第5章)

今天的离婚法乃是权利和道德话语间长期拉锯的结果。首先,立法者采用了个人权利的西式话语,因此规定了一系列的权利,包括婚姻自由、男女平等、夫妻分别的以及同等的权利等条文。(见1950、1980年的婚姻法;第2、3章)这些规定确立了法律面前人人平等的现代公民理念,起了一定作用。同时,经过数十年的实践经验,逐步确立的具有不同逻辑的夫妻之间的"感情"准则,终于在1980年的婚姻法中,纳入了法律正式条文(第25条)。但其背后的指导思想明显还是人际关系的道德准则,而不单纯是西方现代的个人权利观念。再则是毛泽东时代广泛采用的法庭调解制度及其演变。三者合并,形成的是一种比较独特的离婚法体系。

同时,在离婚法的立法过程中展示了深层的实用性思维:需要通过实践经验,确认可行,并且确认是可以为广大民众所接受的,方才正式纳入法律条文。"如果感情确已破裂,调解无效",才准予离婚,这个离婚法的道德准则早在20世纪50年代初期便在司法实践和话语中广泛使用,但是直到1980年方才被正式纳入婚姻法。这样的立法过程与西方现代法律的主导思想很不一样,它要求的不是从个人权利前提出发的逻辑连贯性,所问的不是其在法律逻

---

① 参见1989年11月最高人民法院发布的"14条",即《最高人民法院关于人民法院审理离婚案件如何认定夫妻感情确已破裂的若干具体意见》(最高人民法院,1989 [1994]:1086—1087)。

辑上是否完美,而是如此的准则是否可以促进和谐的人际关系,是否会行之有效并被大多数的人民所接受。它虽然与权利逻辑很不一样,但明显具有一定的"现代性":它之被采用的标准不是皇帝的意愿或官员与仁人君子的道德性见解,而是法律面前平等的公民的意愿和道德观念。

三、赡养—继承法

西方现代法律在继承—赡养方面,同样从个人权利出发。它最关心的是比较绝对的财产权,以及由此衍生的财产继承法。在这个基本框架中,赡养义务从属于个人财产权利,而不是独立的道德准则。因此,(作为中国的典范的)《德国民法典》所规定的是有条件的赡养责任:首先,唯有在父母亲不能维持生活的情况下,子女才有赡养他们的义务。(The German Civil Code, 1900:第1602条)即便如此,还要让子女赡养人优先维持适合他们自己社会地位的生活,满足那样的条件,方才有义务赡养父母亲。(同上,第1603条)①中国的赡养思想,与西方从个人权利演绎出的赡养义务不同,不附带以上那种个人权利条件。即便是全盘移植西方法律的《中华民国民法》,也对《德国民法典》进行了一定的修改和重新理解。它在以上1602条的关于被赡养人是"不能维持生活而无谋生能力

---

① 其英文翻译版的原文是:"A person is entitled to maintenance only if he is not a position to maintain himself." (*German Civil Code*, 1900 [1907]: Article 1602);"A person is not bound to furnish maintenance if, having regard to his other obligations, he is not in a position to furnish maintenance to others without endangering his own maintenance suitable to his station in life." (Article 1603)

者"的条文之后,立即便附加:"前项无谋生能力之限制,于直系血亲尊亲属不适用之。"(第1117条)至于第1603条赡养人优先维持适合自己社会地位的生活,当时的立法者把它改为"因负担抚养义务而不能维持自己生活者",方才可以"免除其义务"(第1118条)。可见,即便是国民党移植主义下的民国法律,仍然在这些条文中掺入了中国传统中的赡养道德准则。(以上和以下的详细讨论见黄宗智,2009:第6章)

赡养父母亲的道德准则有它一定的实际根据和实用考虑。与现代都市工作的职工不同,小农经济社会下的农村人民一般没有养老金和退休金;由继承家庭农场的儿子来赡养父母实在十分必要。但是,赡养准则不仅是实用性的规则,也是"天经地义"的道德准则。因此,时至今日,农村干部劝诫不好好赡养老人的子女时,仍然会问:你自己将来老的时候,如果子女不赡养你,你会如何感受?其隐含的逻辑最终其实还是儒家的黄金规则——"己所不欲,勿施于人"。

在以上道德准则的指导精神下,1985年的继承法还做出非常实用的规定:赡养老人者可以多分财产,不赡养者少得。(《中华人民共和国继承法》,1985:第13条)这个条文既照顾到赡养道德准则,也非常实用。同时,它解决了数十年来法律条文(规定男女平等)与农村实践(仍然由儿子继承财产和承担赡养义务)之间的矛盾。(这样,儿子继承财产就不是因为他是男子,而是因为他尽了赡养义务。)这里,我们可以清晰地看到传统道德理念、现代权利思想,以及法律实用考虑二维的融合。

四、侵权法

西方侵权法的出发点同样是个人权利,因为有了不可侵犯的个人权利,才会得出侵权的概念,从而得出因侵权而必须负担赔偿责任的规定。在实际运作中,形成了必分对错的司法实践。如果没有侵权过错,便没有赔偿责任。此中的逻辑链是前后一贯的,完全符合西方现代法律的主导框架。举一个例子:美国加州的建筑纠纷一般要通过非诉讼的仲裁程序来解决,但在实际运作中,所谓仲裁是要确定哪方最终成为"优势方"(prevailing party),而所谓优势方是经仲裁法庭审查所有的主张和反主张之后,确定的合法主张金额更高的一方,哪怕只多一元。对方即成为"败方",必须承担昂贵的法庭费用和律师费(其金额常常超过争议标的本身)。(黄宗智,2009:227,注释22)

但是中国的侵权法不同。固然,在字面上和形式上,它采用了西方侵权话语及其规则,譬如:"……由于过错……侵害他人财产、人身的,应当承担民事责任。"(《中华人民共和国民法通则》,1986:第106条)但是,它又同时规定:"当事人对造成损害都没有过错的,可以根据实际情况,由当事人负担民事责任。"(同上,第132条)从西方的个人权利逻辑链来看,后一条的规定是不可思议的:法律既然把赔偿定义为有过错情况下的责任,怎么能够又规定即使没有过错,也"可以根据实际情况"而负担民事责任呢?这是前后矛盾的,是演绎逻辑所不允许的。但是,在中国的立法者眼里,这样的规定有它一定的(不言而喻的)道理:首先,法律确认一个基

第十二章 中西法律如何融合？——道德、权利与实用

本经验现实,即造成损失的事件和纠纷中,有许多并不涉及过错;但是,虽然如此,损失问题仍然存在。①

这里再次从我搜集的众多案例中,举一个例子。1989年在长江流域的一个县,一名七岁男童从村办幼儿园奔跑回家途中,与一位老妇人相撞,老妇人手中开水瓶落下,瓶中开水烫伤了男孩的胸、背、四肢、颜面等部位。(黄宗智,2009:163)在这样的情况下,立法者规定,没有过错的当事人,"根据具体情况",也可能要负一定的责任。如此的规定首先反映了中国法律偏重经验的思维方式,与西方法律形式主义之以演绎逻辑为主的思维方式很不一样。同时,它更反映深层的文化和思维方式:从中国人长期以来以人际关系,而不是个人本位为主要关注点的道德思维来看,社会责任可以完全不涉及个人权利和其逻辑链所产生的过错概念。从这样的道德思维角度来考虑,协助被损害方完全可以认作是(无过错)当事人的一种为维持人际关系和谐而履行的社会责任。(在以上的案例中,老妇人被法官说服负责男孩的部分医药费。)其隐含的道理也可以说是,如此的道德和实用逻辑,其"必然性"是可以与个人权利并行的,甚或是更高的。这里,我们再次看到传统道德观念、西方移植而来的权利逻辑,以及实用性考虑是如何相互作用,相互协调的。(详细讨论见黄宗智,2009:第6章)

从以上的简单总结中我们可以看到,如果摆脱字面形式,观察法律的实施用意以及其实践过程,当前的中国法律体系明显是由

---

① 实际运用中,在西方发达国家,这种损失相当部分可以由个人保险来承担,但是中国实际缺乏如此的制度,而国家机构最多只会承担其中一部分,损失的问题仍然存在。

道德准则、权利思想以及实用考虑共同组成的一个三维体系。它也必然如此,因为它的历史背景中既有高度道德化的古代传统,也有从西方移植的权利思想,更有在法律实践中不可或缺的实用考虑。其间的逻辑联系,与其说是西方那样的形式主义演绎逻辑,不如说是一种实用智慧。其最终的依据与其说是个人权利,不如说是人际关系的道德准则。下面我们用同样的框架来分析"刑讯逼供"和"刑事和解"问题。

五、刑讯逼供问题

对于刑讯逼供问题,1979 年的《刑事诉讼法》(1996 年修正)早已规定:"严禁刑讯逼供和以威胁、引诱、欺骗以及其他非法的方法收集证据。"(第 43 条)但是,众多的研究表明,在实际运作中,比较普遍地存在不同程度的强制性逼供手段。譬如,一个对 487 名湖北和河南两省警察的问卷调查研究,发现有 39% 的警察认为刑讯逼供"普遍存在,经常发生"(51% 认为是"个别现象,偶尔发生")。(林莉红、余涛、张超,2006:表 4)同一研究团队对 659 名湖北"民众"的问卷调查发现,足足有 47% 认为刑讯逼供"普遍存在,经常发生"(33% 认为是"个别现象,偶尔发生")。① (林莉红、赵清林、黄启辉,2006:表 4)此外,一个对广州市共 200 名警察、检察官、法官和律师的问卷调查,问及"你所知道的当事人在受到刑事指控时有没有受到威胁或者刑讯逼供",59 名被调查的律师中,足足有 84%

---

① 这里的"民众"不是来自"随机抽样"的样本,而是由 17 名武汉大学研究生通过各种渠道进行的调查,集中于武汉市和湖北省其他地区。

回答说"有一些"(62.3%)或"有很多"(21.3%)。警察中则有56%回答说有一些或有很多;即便是法官中也有30%如此回答。(检察官中则比例较低,只有18%如此回答。)(欧卫安,2009:表5)由此可见,较高比例的司法人员和民众认为刑讯逼供相当普遍。

北大法学院陈永生教授搜集了20起1995年到2005年间被澄清是冤案的系统材料,其中19件中存在刑讯。更有违法取证的例子多个,包括五起警察用暴力或诱供等非法手段迫使证人作伪证、五起警察造假(伪造物证、伪造证人证言)、三起阻止证人作证、一起贿赂证人、一起隐瞒证据、一起诱导被害人的例子。(陈永生,2007:51—53)

这些是媒体报道较多、资料比较完整的案件,但它们绝对不是仅有的案件。据统计,1979—1999年全国共立案查处刑讯逼供案件4000多件,其中1990年472件,1991年409件,1995年412件,1996年493件。(张文勇,2006:80)这里再举一个例子,是广为人知的佘祥林的杀人案。佘妻张在玉1994年1月失踪,数月后,该地发现一具女尸,被错误确定为佘妻。作为犯案嫌疑人,佘被侦查人员分组轮流审问,遭受毒打、体罚、逼供10天11夜,定罪后被判15年徒刑,其上诉被驳回。直到2005年,其妻突然归家,方才澄清真相,但佘已在监狱度过11年。(同上)

面对以上的事实,一种比较简单的意见是,中国需要尽快引进西方所用保障个人权利的规则,诸如"沉默权"("米兰达规则",Miranda Rule)和非法证据的排除规则等。但是,正如陈瑞华等学者所指出的,在中国现行刑事法律体系下,"沉默权"只可能是一种不对症的药。现行制度的主导思想/政策之一是"坦白从宽,抗拒从严"。在这样的政策和实际之下,嫌疑人使用沉默权只可能被视作抗拒行为。(陈瑞华,2007)非法证据的排除规则同样与现行制度格格不入。现今的刑法体系是由三个不同机构所组成:公安局、检察院、法院。在行政等级上,公安局和检察院处于法院之上,或起码不在法院管辖之下。在这个体制中,主要证据搜集责任和权力在公安局和检察院,法院权限根本不包括(像美国法庭那样)对证据的审判权。在一定程度上,法院审判只是在罪行确定之后的一种形式化仪式。因此,形成了陈瑞华称之为"案卷笔录中心主义"的"潜规则",即以公安局通过检察院所提交的口供笔录等书面证据为最主要的审判依据。如果被告以刑讯逼供为由提出抗辩,法官一般会要求被告提出证据,而在现行实际情况下,被告不大可能具备提出此类证据的条件,而法庭又不会传讯侦查人员。(陈瑞华,2006a;2007)作为实例,吴丹红的研究说明,在来自南方三省中级法庭的33起以刑讯逼供为抗辩理由的刑事案件中,有19件被法官认定"证据不足,不予采纳",6件被完全不予理睬,7件被认定"与客观事实不符",剩下的一件则被定作"认罪态度不好,从重处罚"。(吴丹红,2006:144)可见,试图树立排除非法证据的规则,只会和沉默权一样陷于有名无实的形式。

与移植主义观点相反的意见则主要从实用考虑出发,否定引进西方沉默权等规则,认为在中国的现实技术、资源等条件下,当前实施的拘留、刑讯制度乃是个高效率的制度。譬如,其认罪率较高,远高于西方发达国家(例如,英国和法国的约50%)。左卫民教授因此认为,现有制度无须改革。(左卫民,2009)

左教授在其论文中特别强调实证研究,并据此反对简单的移

第十二章 中西法律如何融合？——道德、权利与实用

植主义,这一点我十分赞同。但是,这里要指出,他的实用性论证的隐含逻辑其实类似中国传统法家的思路,关心的只是国家治安效率,基本无视"冤案""误判"问题。其隐含的价值辩护也许是,大多数人的利益要比少量因诬陷、侦查错误等产生的冤案重要,后者只不过是高效率的低代价。

这里需要区别这种认识的正确和错误的两面。首先,以上已经讨论,西方的个人权利本位以及对抗性法律制度不太符合中国实际乃是正确的意见。但是,纯粹从实用角度,或回顾性的实证/实践角度来考虑法律是不符合中国自己的法律传统的。中国法律制度之所以具有顽强的生命力(是人类历史中寿命最长的法律体系之一),不简单在于其实用性,而是在于其同时具有道德理念/表达和实用/实践的两面。在古代历史中,有秦始皇帝之后的所谓"法律儒家化",在法家制度之上添加了儒家的仁政理念和道德准则(Ch'ü T'ung-tsu［瞿同祖］,1961),也可以说是在父亲的严厉之上,添加了母亲的仁慈,从而形成所谓"父母官"的仁政治理理念。此外,当今中国实施的刑法制度在相当程度上源自毛泽东时代处理反革命分子的需要,给予公安和检查人员极大的权力。但是,时至今日,这样的司法已经不符合"后革命""转型"时代的实际和需要。

在我看来,刑讯逼供之普遍存在的事实亟须改革。它归根到底来自古代的专制皇权,其实并不符合中国自己的传统的另一面,即古代道德准则传统以及革命时期的"人民内部矛盾"理念传统。这里,我们并不需要援用来自西方的个人权利逻辑链以及沉默权等规则,而只需要根据传统道德准则而问:如果你被人诬陷而被投

入高压的刑讯逼供,你会有怎样的感受?即便是传统中国的刑法,也有非常明确要严惩诬告的法律条文,并给予能够为人"申冤"的"讼师"(区别于唆使人们健讼的"讼棍/师")以高度的评价。(《大清律例》,律340;见黄宗智,2007:133—134)而现代中国从辛亥革命以来,历次革命都非常明确地提倡法律面前人人平等的公民和共和理念,不应因为某公民有(未被确证之前的)嫌疑而将其排除在人民范畴之外。鉴于"反右"及"文化大革命"中相当广泛的诬陷、冤案经验,这并不是一个小问题。从长远的角度考虑,中国刑罚制度必须迈向一个使冤案、错判最小化的制度体系,绝对不应接受每年有四五百件被正式查处的刑讯逼供案这一现实。这是中国自己人际关系道德准则所要求的方向,而不仅是西方人权法律所要求的方向。它是中国法律体系实用+道德中的道德的一面。

有的公安人士和学者对西方"人权"话语特别反感,这是完全可以理解的。"人权"论明显来自西方,与西方基督教传统、现代个人主义、资本主义经济和自由民主政治传统密不可分,也因此确实与中国文化有点格格不入。许多人也因此不能接受来自联合国以及其他国际人权组织等的批评。本章强调,以儒家思想中的"黄金规则"(而不是人权思想中的康德的必然性道德权利,moral rights——Fagan,2005)来指导法律,刑讯逼供同样不可接受,对嫌疑人采用粗暴手段同样不被允许。从如何建立中国未来的、能够持久的("万世")法律体系的长远视野来考虑,更不可仅凭实用逻辑而接受这样的现实。

至于近期措施,陈永生教授提出了很实际而且有效的方案:采用刑讯中录音/像的办法。很明显,这是在现行的刑法制度下立刻便会使侦查人员感到一定约束的办法。陈更十分注重实用地说明需要在审讯过程中全程录音或录像,免得侦查人员在逼得嫌疑人认罪之后方才录下。(陈永生,2009;2008)林莉红等对487名警察的问卷调查发现,84%被调查的警察认为"审讯过程中采取全程录音、录像""能够"或"多数情况下能""有效地遏制刑讯逼供"。①(林莉红、余涛、张超,2006:表18)这是个明智的建议,也体现了本章所要提倡的兼具前瞻性道德准则理念以及实用性考虑两方面的改革进路。

此外,林莉红等的研究更说明,目前审讯制度中设有法定"办案期限"的规定,在实践中有"限期破案""破案率"等要求,也是个重要因素。被调查者中有86%认为这些制度性因素"会给办案警察带来很大的压力而容易导致刑讯逼供"。(林莉红、余涛、张超,2006:表11)从短、中期的措施来考虑,这也是个亟须改革的制度。②

最后要说明,笔者过去强调研究要从实践经验出发,为的是纠正国内法学界(和经济学界)过分偏重抽象理论和不关注实际运作的倾向,但绝对不是想提倡仅考虑实然而不顾应然,仅采纳回顾性的经验主义/实用主义,而拒绝前瞻性的道德理念或权利思想。法

---

① 陈永生更建议,要从侧面同时录入询问者和嫌疑人(而不是仅录下嫌疑人),以便更中立、精确地掌握整个询问过程。再则是给予被告方律师检阅录音/像带的机会,以便更好地保障被告辩护权利。
② 当然,近年已经有一些改良型的举措,例如2010年"两高三部"关于排除非法证据的规定以及2012年新刑事诉讼法关于强化审讯录音、录像的规定。但是,根据以上的论述,刑讯逼供问题是一个体系性的问题,而不简单是个法律条文的问题,要真正完全克服这个弊端,绝对不是仅凭条文修订便可一蹴而就的。

律体系必须两者并重,过去如此,现在也应如此。中国法律传统的真髓不单在其表达或实践,而是在两者的结合。从历史上看,中国法律长久以来便是一个"说的是一回事,做的是一回事,但是合起来又是另一回事"的体系。(这是我对清代法律的描述——见黄宗智,2007;2009)一个法律制度不仅要在实践/实施层面得到人们的支持,也要在主导理念层面(无论是道德准则还是西方的权利观点)得到民众的认可。片面强调实践/经验,可能会成为卫护现存弊端、拒绝明智改革的借口。

六、刑事和解

中国的"刑事和解"运动始于21世纪初,比较突出的是北京市朝阳区从2002年开始的"试行",之后不久便在北京市其他地区、上海市、浙江、湖南等地得到推广。近几年来,无论在学术界还是在实务界,都形成了一股影响颇大的潮流。

学术界几乎异口同声地认可这个"新"的尝试。根据2006年7月由中国人民大学"刑事法律科学研究中心"和北京市检察官协会共同召开的全国性"和谐社会语境下的刑事和解"会议的讨论综述,与会的200多名学者、法官、检察官和律师,基本全都认可这股新潮流。(黄京平、甄贞、刘凤岭,2006)部分原因当然是,会议是响应中央提出的"和谐社会"理念而召开的。

其中主要有两种意见。一种把这股潮流看作是与世界发达国家接轨的一个动向,认为西方从20世纪70年代开始,兴起被害人与加害人之间和解的运动,并得到相当广泛的使用("victim-offender-reconciliation"或"victim-offender-mediation",简称 VOR 或 VOM)。部分学者更把中国的刑事和解等同/比照于西方这个所谓的"恢复性正义"(restorative justice)运动。在这样的视野下,"刑事和解"被建构为中国法律体系进一步"现代化"和与国际前沿接轨的运动。(黄京平、甄贞、刘凤岭,2006)

这里需要指出,西方的"恢复性正义"主要是对其对抗性司法制度和它的频繁诉讼率的一种"另类"反应,特别强调被害人与加害人的面对面交谈,由社区、教会、家庭成员和亲友等参与,由此促使被害人与加害人的和解。它的着重点在加害人的悔过以及被害人之得到心理安慰。它附带有基督教的影响,尤其是其忏悔、宽恕思想,具体可见于(多被人们认作恢复性正义最早案例的)1974 年加拿大安大略省(Ontario)的一起案件:在一位基督教门诺派教徒(Mennonite)的中介下,两名破坏了共 22 个家庭财产的未成年犯人与他们的受害者相见,取得较好的和解结果。美国则从 20 世纪 70 年代在明尼苏达州(Minnesota)开始,逐渐采用由中立的第三者促成受害人与加害人之间和解的方法;同时,在印第安人部落中,采用其调解惯习来处理其中发生的刑事案件。加拿大也用同样的办法来处理土著群体中的刑案。(McCold,2006;Marshall,1999;亦见施鹏鹏[2006]关于法国制度的研究)作为一种在西方的另类运动,它一定程度上类似于同时期民事法律中兴起的非诉讼纠纷解决运动。(虽然,有的恢复性司法提倡者强调两者的不同,因为恢复性正义更加明确强调完全脱离现存以国家与被告相对立的法律制度,欲用聚焦于受害人与加害人之间的制度来取代之。)两者都在一定程度上借鉴非西方文化,ADR 则更多借重中国经验。(Subrin and Woo,2006;范愉,2000,2007;黄宗智,2009)

但是,需要说明的是,西方当前的法律体系仍然主要是对抗性的,其中另类的和解制度适用率仍然比较微小。在美国的联邦主义司法制度下,全国的统一司法数据缺失,而调解制度则更缺乏系统材料,但我们可以窥见一个大致的轮廓:以数据比较充分的弗吉尼亚州(Virginia)为例,根据通过调解人员和组织搜集的材料,2002—2003年(民、刑事)调解适用率只达到民、刑事案件总数的0.7%,其中家庭关系(尤其是抚养纠纷)的案件占很大部分(73%)。数据中没有清楚区分民、刑事案件,而是以青少年和家庭关系法庭(Juvenile and Domestic Relations Court)、处理轻案(轻罪以及金额4500美元以下)的法庭(General District Court),以及处理较重案的法庭(Circuit Court)来区分案件。三者在该年的调解案件总数中所占的比例分别为79%、19%和2%。(Virginia Judicial System,2004;亦见Philip C. C. Huang[黄宗智],2010:220—221)可见,刑事调解的适用率比0.7%的民、刑事案件总体适用率还要低得多。也就是说,在美国的司法体系中,调解仍然只是一个非常边缘的制度。

虽然如此,但中国法学界部分人士把恢复性正义看作西方法律发展的前沿,并把这样的认识纳入了自己以西方"发达"经验为典范的意识。其中一种意见是把中国正在试行的刑事和解制度等同于西方的恢复性正义,把后者的话语和理论直接移植于中国。另一种意见则援用西方个人权利逻辑,把刑事和解视作确立被害人权利的一种措施,认为之前的西方法律比较偏重嫌疑人(相对国家公安、检察机关)的权利,缺乏对受害人的关怀;恢复性正义则纠正了那样的偏向,特别关注被害人的权益。在这样的理解下,恢复

第十二章 中西法律如何融合？——道德、权利与实用

性正义被纳入主流的权利主义逻辑,不顾其边缘实际。(见黄京平、甄贞、刘凤岭,2006:109,111,尤见对甄贞、李翔、石磊、陈兴良等意见的转述;亦见宋英辉等,2008)具有讽刺意义的是,两种不同理解都同样把比较边缘的恢复性正义建构为西方法律的前沿,并试图借此来建立中国刑事和解运动的正当性。

与这种"国际接轨"相反的意见则认为,"刑事和解"很好地体现了中国所特有的优良法律传统,尤其是其"和谐""息事宁人"的传统。用之于刑法,具有中国特色,与西方恢复性正义很不一样。正如葛琳博士的研究论证,中国长久以来便已在刑事案件中使用和解,其中包括源自唐代的"保辜"制度——在斗殴致伤的案件中,规定一定的期限,等看到期满后的伤情,方才定罪量刑,部分目的是促使加害人积极协助被害人的治疗。此外,法律认为亲属间及过失伤害的案件,尤其适用调解,但同时禁止重案中的"私和"。这是一套相当完整的"刑事和解"制度。具有讽刺意义的是,它被视作落后的中国古代"民刑不分"法制传统,乃是促使用调解于刑事案件的一个重要原因。(葛琳,2008)其后,在中国自己的现代革命传统中,也有一定的用调解于刑事的经验。陕甘宁边区司法工作的主要领导人(后任华北人民政府司法部部长)谢觉哉便鲜明地指出:"我们要去掉那些与人民隔离的、于人民无利的东西。比如硬说刑事不能调解,有些轻微的刑事,彼此已经和解不愿告状,又何必硬要拉他们上法庭?"(引自赵国华,2009:36)(解放区的法律传统显然是中国今天法律体系的三大传统之一,但仍然是个很少被人系统研究的领域——简单介绍见侯欣一,2008。)

北大法学院教授陈瑞华综合以上多种意见,更提出"刑事和

解"可能成为一种来自实践经验、具有中国特色的制度,既可以具有类似西方"恢复性司法"的功能,也具有中国特色的调解/和谐功能。陈瑞华认为,它甚至可能成为一种"第三条道路",不同于一般以惩罚为主的对抗性"国家追诉主义"刑法模式,而是由国家与已经认罪的被告人合作的模式。更有甚者,被害人与加害人之间的和解可能成为一种(与"公力合作模式"不同的)"私力合作模式"。(陈瑞华,2006b)可以看出,陈教授对"刑事和解"的期望非常之高,认为它具有庞大的发展空间。他转引一项关于北京市七个区2003年7月1日至2005年12月31日的调查,提出了比较醒目的数据:在所有的轻伤害案件中,刑事和解的适用率居然高达14.15%。(陈瑞华,2006b:24)如此的数据使人感到,刑事和解在短短几年的试用中,覆盖面便已相当宽阔,大有前途不可限量的势头。

但是,根据其后的调查研究,在近几年的实践经验中,"刑事和解"明显具有一定的局限。一个比较系统的研究是对率先试行刑事和解的北京市朝阳区2002年(该年区检察院正式制定了《轻伤害案件处理程序实施规则(试行)》)至2007年五年中实际运作的调查。根据该区的经验,刑事和解实际的适用率较低。以2006年为例,该年该区共办理公诉案件2826件,其中轻伤害案件480件,而适用刑事和解的只有14件,占轻伤害案件仅2.9%。(封利强、崔杨,2008:表2)

根据其他一些比较扎实的调查,湖南、广东、重庆等地的经验基本一样。湖南从2006年10月31日出台《湖南省检察院关于检察机关适用刑事和解办理刑事案件的规定(试行)》到2008年年底的两年零两个月中,全省适用刑事和解案件共3959件(嫌疑人

5028人,占同时期批捕、起诉部门审结刑事案件总人数的2.6%。(罗凤梅、单飞、曾志雄,2009:114)此外,广东省珠海市香洲区人民检察院的经验是:2006至2007年间,该院提起公诉的3018件案件中,仅有17件适用刑事和解,只占总案件数的0.5%。(黄峰、桂兴卫,2008:86)再则是重庆市武隆县(现武隆区)的经验:2004到2008年公诉部门共受理轻微刑事案件128件,其中使用刑事和解案件6件,占4.7%。(钟文华、徐琼,2009:77)在众多调查报告中,规模较大的是宋英辉等课题组基于东部三个较大城市七个区检察院在2005/2006年的研究,每个检察院处理的案件总数在年300到1400之间,其中适用刑事和解案件的比例最低的是0.5%,最高的是4.4%。(宋英辉等,2008:表1)可以说,此项研究确认了以上转述的其他不同地区的数据。从目前的调查材料来看,刑事和解适用范围要比原来的期望狭窄得多。(虽然如此,仍然超出调解在美国的适用率甚多。)

在上述有限的幅度之内,"刑事和解"近几年在适用范围和条件上,已经形成了一些共识。实务界的北京市检察院副检察长甄贞教授以及学术界的范崇义教授同样指出,刑事和解主要适用于依法应判三年以下有期徒刑的轻微刑事和交通肇事案件,主要是初犯、偶犯、过失和胁从犯,以及未成年犯,较多是与被害人之间存在亲属、邻里、同事、同学等关系的犯罪人。(黄京平、甄贞、刘凤岭,2006:114)这基本也是北京市朝阳区的经验,而其检察院2002年制定的《轻伤害案件处理程序实施规则(试行)》更界定,适用条件包括事实/证据清楚充分、加害人认罪、被害人同意,再犯、累犯者不适用等。(封利强、崔杨,2008:109)根据宋英辉等的较大规模研究,刑事和解案件中轻伤害案件所占比例最高(47%),交通肇事次之(21%)。其余主要是未成年人和在校(成年)学生案件,也有少量的盗窃、收购赃物、敲诈勒索、轻微抢劫等案件。(宋英辉等,2008:521,621)

以上经验所展示的"实践逻辑"是比较实用性的:轻伤害、初犯、偶犯、过失和未成年犯者对社会危害性比较低,适用赎罪、悔过原则,而亲属、邻里、同事、同学间都比陌生人间更适合用认罪、赔礼道歉、赔偿等和解方法。其背后的主导道德准则也许可以视作"和谐"理念。

至于刑事和解的实施程序,朝阳区经验基本是:首先由检察院的案件承办人审查、决定是否适用刑事和解;然后先征求受害人意见,受害人同意之后才告知被害人如果能够取得受害人谅解并积极赔偿其损失,可能不再被追究刑事责任;最终要由检委会决定采用什么样的措施。在和解过程中,朝阳区强调受害人与被告人完全自愿自主,承办人原则上不参与对赔偿金额的协商,也不予以审查。双方达成协议之后(朝阳区一般要受害人提交"不予追究犯罪嫌疑人刑事责任"的书面请求),再由检察机关审批,决定相应措施。(封利强、崔杨,2008:110—111)其中,主要的选择有:在审查批捕阶段,不批捕;在审查起诉阶段,酌定不起诉或建议公安机关撤销;在提起公诉阶段,向法院提出缓刑或从轻处罚量刑建议。(宋英辉等,2008:621;亦见宋英辉等,2009:9)

在这样的刑事和解程序中,我们可以看到三种理论因素的影响。一是西方舶来的权利思想。根据其思路,"刑事和解"的关键在于确立被害人权利,其目的之一是要限制(国家)检察官的权力,特别强调当事人的自主性。另一是来自等同/比附西方"恢复性正义"的思想,认为刑事和解的主要目的是促成被害人得到心理上的安慰,对加害人则促成其忏悔,由此来"恢复"社区平衡。第三种理论因素则来自对中国传统调解的理解,以民间的亲邻和社区调解为典范,坚持当事人的自愿性以及调解的非强制性。

首先,我们应该明确,恢复性正义观点其实对中国现实的意义不是很大。正如一项关于广东省珠海市的调研所指出的:在实际运作中,较高比例的加害人受到羁押,在和解过程中主要由其亲属或律师代表,本人在羁押中不可能(像恢复性正义的核心主张那样)面对面和被害人交谈、道歉、表示悔过,而更多的是由亲属代表本人。(黄峰、桂兴卫,2008:90—91)在朝阳区,在抽样的177名普通(不限于纳入刑事和解程序的案件)嫌疑人中,被刑事拘留的比例高达97%,之后被正式逮捕的为91%。正如研究者所指出的:北京市在司法实践中很少使用缴纳保证金的制度(虽然法律条文规定可以采用),对于没有固定住处的农民工尤其如此。在抽样的177名嫌疑人中,只有11人(几乎全都先被刑事拘留)能取保候审。2003年,北京市政法委出台新规,把嫌疑人是否积极解决赔偿作为是否采用强制措施(逮捕)的考虑因素之一,但其对恢复性正义型的实用效果影响不明确。(封利强、崔杨,2008:114—115)在中国现今的刑事制度下,"恢复性正义"的核心要求——让受害人与加害人面对面交谈,由此来进行两者的精神上的"恢复性"和解,一定程度上仍然只是空谈。

至于援用传统社区调解的意见,则失于对中国调解传统比较简单化的单一维认识,忽视了中国现代革命传统中所形成的其他调解经验，包括带有不同程度的强制性+自愿性的干部调解、"行政调解/调处"以及法庭调解。它其实也混淆了中国传统的"细事"与"重案"之分，更毋庸说现代的民事与刑事之分：在前者中，国家基本是个局外人；而在后者中，国家乃是当事一方。鉴于此，不应简单援用传统的、主要是以"和稀泥"妥协为主的社区调解，而应更多借鉴现代革命传统中更为丰富的调解经验——可以是部分强制性、能够鲜明地确定过错而又不违反被害人和国家机关意愿的制度。（详见黄宗智，2009：第2、4、7、8章）

在近年的刑事和解实践中，其实已经采用了更为多元的调解方法。根据宋英辉等关于东部三个城市的调查报告，我们可以看到，只有部分协议是主要由当事人双方自己（或其亲属或代理人）达成的；有的由检察院案件承办人主持，或消极促成，或积极参与；有的则由人民调解委员会主持，也有由所在社区、单位或学校促成或帮教的。（宋英辉等，2009：10—11，7—8；亦见陈瑞华，2006b；肖仕卫，2007）这样的多元做法其实更符合中国现代的调解传统。

在刑事和解的运作中，正如众多学者已经指出的，一个主要弊端是被害人可能"漫天开价"。在朝阳区等的试行规则下，被害人具有决定是否要求启动和解程序的权利，几乎等于是对加害人是否被追究刑事罪名的决定权。为此，被害人可以对加害人（或其家属）施加高压，借此获得最高的可能赔偿，形成一种半制度化的可能敲竹杠的状况。同时，也加重了法律上不公平的问题：具有经济条件者可以通过高额赔偿促使原告"谅解"和检察机关不起诉或提议从轻量刑，在一定程度上以金钱来赎罪；不具备经济条件的则只能承受法律惩罚。这样，在实际运作中，刑事和解有可能变质为有钱人以钱赎刑的制度。

面对这样的问题,由相对中立的第三方来主持和解并适当参与协商,乃是对此类倾向的一种制约。因此,不应该用权利逻辑来坚持给予被害人完全自主的权利。(更不用说试图把这样的权利逻辑提高到西方限制国家权力的"公民社会""理论"。)当然,这不等于是要否定受害人自愿原则,只是要适当制约金钱赔偿的滥用。

显然,目前刑事和解制度尚处于一个摸索、试验阶段,根据中国在离婚、赡养、民事赔偿等方面的立法经验,去正式立法还有一段距离。在赔偿额问题以外,还存在众多的实际运作问题,诸如怎样提高效率(广东珠海的经验指出,对检察机关案件承办人来说,起诉只需一两天时间,和解则要投入三倍以上的时间——黄峰、桂兴卫,2008:93;亦见宋英辉等,2008:131)、如何建立检察机关考核指标的配套制度(逮捕不诉比例高的话,会影响现用批捕效率考核指标,从而抑制刑事和解的适用——封利强、崔杨,2008:114—115;亦见宋英辉等,2008:31)、对加害人再犯的预防力较弱(目前还缺乏明确的经验证据)等。

笔者这里关注的主要是理论逻辑上的问题,认为既不能盲从西方的个人权利逻辑,也不能迷信或误解西方另类的恢复性正义;两者其实都不大符合中国实际。要建立一个经得起时间考验的制度,需要更精确掌握中国自己古代和现代的传统理论和经验,配合当前的实践经验。只有这样,才能逐步建立一个行之有效而又能受人民欢迎的制度。

七、结论

简单总结起来,现今中国的民、刑事法律体系不可避免地是一个多元的混合体,其中的成分来自三种不同传统:中国古代、西方现代以及中国现代革命。这是个给定现实。因此,今天中国法学的一个重要命题是,怎样协调、融合这些不同的传统来创建一个适用于当今实际的法律体系。要避免什么样的盲点和误区?

以上的讨论说明,不可过分依赖任何单一传统的理论/理念,因为那样会造成不符实际的、不能实施的,甚或引发弊端的后果。上面看到的具体例子是:取证程序改革中,不合适地援用英美("当事人主义")取证制度于中国民事领域的离婚制度,导致不符合法律原意的后果;现今"刑事和解"试验中,过分偏重受害者的绝对"权利",加重了有的被害人趁机"漫天开价"的弊端;同时,不合适地等同/比附西方的恢复性正义,导致对西方和中国制度的误解。同时,也看到用"实用"和"中国传统"作为借口而为"刑讯逼供"弊端辩护;另外,不合适地简单援用传统社区调解逻辑于刑事和解,忽视了现代革命传统中更丰富多元的部分强制性但仍然尊重当事人意愿的调解经验。

明智抉择的例子则主要包括,没有死板地从属于西方权利逻辑,也没有感情用事地坚持中国传统,而是考虑到不同的历史背景、适当采用中国原有的道德准则+实用性的立法进路,经过试验而确定行之有效和为人民所接受,方才纳入正式法律条文。其中,在离婚法领域,既采用来自西方的原则(现代男女平等理念、公民理念),也采用中国人际道德准则(以夫妻感情为标准)以及革命传统的法庭调解。在继承和赡养法中,融合西方的男女平等财产继承权利和中国传统赡养道德准则,并实用性地把两者结合,在继承权利中掺入了赡养与否的标准。在赔偿法中,实用性地融合(西方的)"过错赔偿"以及(中国的)"无过错赔偿",其依据是实际情况(在涉及损失的纠纷中,既存在有过错的案例也存在无过错的案例),由此出发,没有犯像西方形式主义法律那样,把侵权理论等同于(所有涉及损失纠纷的)实际情况的错误。这样,很好地反映了中国在理论和经验的关系中,坚持连接经验与理论的思维方式。最后,在新近的刑事和解运动中,同样正在通过实践来摸索一条符合中国实际的融合中西法律的路径。

从以上经验得出的启示是,即便在法理层面,也不可像移植主义那样只依赖西方的个人权利逻辑,把它认作普适的唯一选择,而是需要立足于对历史的清醒认识,同时考虑到中国自己的道德准则和现代革命传统的适用,并采用中国长期以来的实用性思维。同时,不可感情用事地坚持仅仅依赖中国本身的传统,要照顾到现当代的移植传统,尤其是屡经中国现代历次革命所确认的公民理念。通过近百年的实践经验,中国其实已经确定了融合中西的大方向,并做出了不少明智的抉择;当然,我们也不要忽视其中的错误经验。

参考文献:

陈瑞华(2006a):《案卷笔录中心主义——对中国刑事审判方式的重新考察》,载《法学研究》第 4 期,第 63—79 页。

陈瑞华(2006b):《刑事诉讼的私力合作模式——刑事和解在中国的兴起》,载《中国法学》第5期,第15—30页。

陈瑞华(2007):《证据法学研究的方法论问题》,载《证据科学》第1/2期,第5—31页。

陈永生(2007):《我国刑事误判问题透视——以20起震惊全国的刑事冤案为样本的分析》,载《中国法学》第3期,第45—61页。

陈永生(2008):《刑事诉讼法再修改必须突破的理论误区——与柯良栋先生〈修改刑事诉讼法必须重视的问题〉一文商榷》,载《政法论坛》第4期,第106—127页。

陈永生(2009):《论侦查讯问录音录像制度的保障机制》,载《当代法学》第4期,第70—81页。

《大清律例》,见薛允升(1970)。

范愉(2000):《非诉讼纠纷解决机制研究》,北京:中国人民大学出版社。

范愉(2007):《纠纷解决的理论与实践》,北京:清华大学出版社。

封利强、崔杨(2008):《刑事和解的经验与问题——对北京市朝阳区刑事和解现状的调查》,载《中国刑事法杂志》第1期,第108—115页。

葛琳(2008):《中国古代刑事和解探析》,载《刑事司法论坛》第1辑,北京:中国人民公安大学出版社,第145—166页。

侯欣一(2008):《试论革命根据地法律制度研究》,载《法学家》第3期,第24—31页。

黄峰、桂兴卫(2008):《刑事和解机制的探索与实践——以某基层检察院的和解不起诉为切入点》,载《中国刑事法杂志》第4期,第86—94页。

黄京平、甄贞、刘凤岭(2006):《和谐社会构建中的刑事和解——

"和谐社会语境下的刑事和解"研讨会学术观点综述》,载《中国刑事法杂志》第 5 期,第 108—115 页。

黄宗智(2007[2001]):《清代的法律、社会与文化:民法的表达与实践》,上海:上海书店出版社。

黄宗智(2009):《过去和现在:中国民事法律实践的探索》,北京:法律出版社。

林莉红、赵清林、黄启辉(2006):《刑讯逼供社会认知状况调查报告(上篇,民众卷)》,载《法学评论》第 4 期,第 117—135 页。

林莉红、余涛、张超(2006):《刑讯逼供社会认知状况调查报告(下篇,警察卷)》,载《法学评论》第 5 期,第 123—140 页。

罗凤梅、单飞、曾志雄(2009):《刑事和解适用实效实证研究——以湖南省为分析样本》,载《湖湘论坛》第 4 期,第 114—116 页。

欧卫安(2009):《律师辩护、权利保障与司法公正——来自法律职业群体的调查报告》,载《广州大学学报》第 1 期,第 41—46 页。

施鹏鹏(2006):《法国刑事和解程序及其借鉴意义》,载《社会科学辑刊》第 6 期,第 116—121 页。

宋英辉等(2008):《我国刑事和解实证分析》,载《中国法学》第 5 期,第 123—135 页。

宋英辉等(2009):《检察机关适用刑事和解调研报告》,载《当代法学》第 3 期,第 3—11 页。

吴丹红(2006):《非法证据排除规则的实证研究——以法院处理刑讯逼供辩护为例》,载《现代法学》第 5 期,第 143—149 页。

肖仕卫(2007):《刑事法治的"第三领域":中国刑事和解制度的结构定位与功能分析》,载《中外法学》第 6 期,第 721—734 页。

薛允升(1970):《读例存疑》,黄静嘉编校,五册。台北:成文出版社。引用以黄静嘉编律号、例号，如律89，例89-1。

张文勇(2006):《刑讯逼供的历史回顾与现实反思》，载《湖北警官学院学报》第4期，第78—82页。

赵国华(2009):《中外刑事和解实践之概要比较》，载《江苏大学学报》第4期，第35—40页。

《中华民国民法》(1929—1930)，收入《六法全书》，上海：上海法学编译社。

《中华人民共和国婚姻法》(1950)，收入湖北财经学院编(1983)《中华人民共和国婚姻法资料汇编》。

《中华人民共和国婚姻法》(1980)，同上。

《中华人民共和国继承法》(1985)，收入《中华人民共和国法规资料汇编1985》(1986)，北京：法律出版社。

《中华人民共和国民法通则》(1986)，收入《中华人民共和国法规资料汇编1986》(1987)，北京：法律出版社。

《中华人民共和国刑事诉讼法》(1979)，1996年修正，http://www.law-lib.com/law/law_view.asp?id=321。

《中华苏维埃共和国婚姻条例》(1931)，收入湖北财经学院编《中华人民共和国婚姻法资料选编》(1983)。

钟文华、徐琼(2009):《刑事和解的困境与对策——以公诉环节轻微刑事案件和解司法实践为视角》，载《中国刑事法杂志》第12期，第77—78页。

最高人民法院(1989):《最高人民法院关于人民法院审理离婚案件如何认定夫妻感情确已破裂的若干具体意见》，收入最高人民法院研究室编(1994)《中华人民共和国最高人民法院司法解释全集》，北京：人民法院出版社，第1086—1087页。

左卫民(2009):《范式转型与中国刑事诉讼制度改革——基于实证

研究的讨论》,载《中国法学》第 2 期,第 118—127 页。

Ch'ü T'ung-tsu(瞿同祖)(1961).*Law and Society in Traditional China*. Paris: Mouton.

Fagan,Andrew(2005)."Human Rights,"Internet Encyclopeida of Philosophy,http://www.iep.utm.edu/hum-rts.

The German Civil Code(1907[1900]).*Translated and Annotated,with a Historical Introduction and Appendices*,by Chung Hui Wang.London: Stevens and Sons.

Huang,Philip C. C. (2010).*Chinese Civil Justice,Past and Present*.Lanham,Maryland: Roman and Littlefield Publishers.

Johnson, Robert (2008). "Kant's Moral Philosophy," *Stanford Encyclopedia of Philosophy*,http://plato.stanford.edu/articles/kant-moral.

Marshall,Tony F. (1999)."Restorative Justice: An Overview,"Home Office,Research Development and Statistics Directorate.

McCold,Paul (2006)."The Recent History of Restorative Justice,"in Dennis Sullivan and Larry Tifft,eds. *Handbook of Restorative Justice*.London and New York: Routledge.

Phillips, Roderick (1988). *Putting Asunder: A History of Divorce in Western Society*.Cambridge,England: Cambridge University Press.

Subrin,Stephen N. and Margaret Y. K. Woo (2006). *Litigating in America: Civil Procedure in Context*.New York: Aspen Publishers.

Virginia Judicial System(2004).*Mediation Information System Reports*, http://www.courts.state.va.us/courtadmin/aoc/djs/programs/drs/mediation/resources/resolutions/2004/march2004.pdf.

Williams Garath(2009)."Kant's Account of Reason,"*Stanford Encyclopedia of Philosophy*,http://plato.stanford.edu/articles/kant-reason.

第十三章

中国古今的民、刑事正义体系
——全球视野下的中华法系[①]

"中华法系"作为人类历史上五大法系之一,[②]与西方法律的一个关键不同是把民事和刑事正义视作一个交搭的互动体,同属于一个各部分相互作用的"正义体系"。长期以来,中国的法律思想一贯认为,不涉及罪行的民间"细事"纠纷应该优先由社会自身来处理,国家机器要在社会自身不能解决的情况之下方才介入。这是儒家关乎"仁政"和(可以称作)"简约治理"(黄宗智,2008;

[①] 本章原载《法学家》2016 年第 1 期,第 1—27 页。感谢白凯、高原、景风华、尤陈俊、张家炎和朱景文的细致阅读和建议。纳入本书时做了一些修改。
[②] 学界一般把西方大陆法系、西方(英美)普通法系、伊斯兰法系、印度法系和中华法系并列为世界五大法系。韦伯关于西方"形式理性"法律的历史,以及其与世界其他主要法系的不同的论述,迄今为止仍影响最大。(Weber,1978:chap.Ⅷ;641—900)

2014a.3:第3章)的一个重要组成部分,被表达为"礼",或者是礼化的法,而不单纯是法。以往论者多关注到(汉代)成文法的"儒家化",主要是其等级化(尊卑关系)(Ch'ü［瞿同祖］,1961)和道德化(马小红,2014),但相对忽视了其非正式正义方面,即优先由社会自身的道德观念和习惯来处理民间细事纠纷。正因为如此,成文法才会保留其(秦代以来)"以刑为主"的特色。如此关乎非正式(民间)正义的抉择,绝对不是有的论者所谓的"前法律"(pre-legal)、"前国家"(pre-state)或"原始"的(正义)体系(primitive[justice] system),而是由汉代高度发达的法律体系和国家政权有意识地做出的抉择,甚至可以视作一种"后[法家]法律"的选择。

虽然如此,但其后由于社会本身常常不能仅凭其非正式的纠纷解决机制成功地处理所有的纠纷,因此也需要一定程度的国家权力的介入。起码从唐代以来,历代律典因此实际上逐步纳入了越来越多关乎民间细事的内容。但是,成文法律一直维持了原先的基本框架,即以处理罪行为主,并且因此在表达层面上,把大多数关乎民间细事的条文加上了刑罚的包装,但绝对不是全部。而且,在司法实践中,处理民间细事其实多不用刑。与西方的现代大陆法系相比,中国古代成文民事法律固然显得比较单薄,但配合整个非正式纠纷解决体系来理解,无疑组成了一个极其庞大的民事正义体系。

本章所采用的"正义体系"(justice system)一词中的"体系"表达的含义要比"制度"宽阔:体系不仅包括"制度",更包括其理论和实际运作(实践)。"正义体系"则比"法律体系"宽阔,"法律体系"(legal system)一词很容易被限定于"正式"(formal)的成文法(法典)(positive law 或 codified law)及其运作,从而忽视"非正式"(informal)的、具有重要性的维护正义、解决纠纷的不成文体系,特别是长期以来逐步形成的民间社区(尤其是村庄)、宗族组织等的调解体系。后者在中华法系中扮演了特别重要的角色,不是一般现代西方主要基于正式化(形式理性化)法律的理论所能理解。当然,"正式"和"非正式"两大部分之间还具有庞大的中间和相互作用的"第三领域"。(黄宗智,2014a.1;第5章)因此,我们更需要掌握非正式和正式体系之间的交搭性和互动性。

对今天的研究者来说,有清一代关乎正义体系实际运作的材料要远多于之前的中国历代王朝,再加上20世纪的实地调查口述史资料,我们不仅能够掌握其法律的表达/话语层面,也能看到其整个正义体系的实际运作层面,由此而重新思考法学界过去一些关于中华法系的盲点和误区。主要包括:(一)因为只考虑到律典而忽视了非正式正义体系,以为中国古代的正义体系只有刑事领域而没有民事领域;(二)以为即便有民事法律,也是由刑罚所主宰的,不可和(西方)现代的民法(私法)相提并论;(三)即便是抓住了上述中国正义体系的主导思想,也由于缺乏对其实际运作的认识,看不到其非正式正义体系的实际作用,因此也看不到其与成文法律体系间的交搭和互动;(四)所以,也看不到来自两者互动的历代成文法的演变。

进入现代,中国采纳了西方法律的"民法"和"刑法"话语,因此似乎和传统法律完全断裂、隔绝。有的论者因此得出"现代化"等于"全盘西化"的观点。但实际上,即便是当今的中国,其正义体系在实际运作中仍然延续了之前的基本设想——尽可能由社会自身的非正式正义体系来处理民间的纠纷,并且依然把民、刑事正义视作一个相互交搭的连续体,使二者相互关联并相互作用。国家仍然继续采用民间调解,以及一系列介于民间调解和国家正式正义之间的半正式制度和方法。同时,在当代的表述和理论层面上,更明确地说明,要凭借非正式(和半正式)正义体系来减轻国家正式正义体系的负担。其逻辑是,民间的非正式调解机制能够使民间的矛盾最小化,从而避免许多矛盾激化为诉讼或刑事案件。这其实是对古代以社会调解机制优先于正式法律体系的现代化表述。它和古代的思维具有明显的连续性,仍然把民、刑正义看作一个交搭和互动的整体。

有的学者忽视了中国现今正义体系的这些非正式方面,或者认为其只是一个落后的制度,最终必须被消除,因此也看不到当今中国的正义体系和古代的正义体系之间的延续和关联。本章论证,只有认识到中国非正式正义体系的历史和演变,才能够认识"中华法系"的特色及其在世界各大法系中的位置,尤其是其与如今已经大规模引进的西方正式法律理论—条文—话语之间的异同。没有如此的理解便不可能真正认识、理解当今中国的正义体系整体,更不用说设计既具有中国特色又具有充分现代性的正义体系。

与中国不同,现代西方的大陆法系和普通法系长期以来都习惯于高度的形式化和程序化。因此,我们如果仅从现代西方法学理论框架来检视中国的正义体系,便很容易忽视中华法系高度依赖非正式正义的特点。在这方面,西方最近几年兴起的"世界正义工程"(WJP)及其所主持的衡量、排列全球102个国家的"法治指数"(Rule of Law Index),便是一个例证。一方面,WJP 明智地采用了较为宽阔的"正义"(justice)范畴,不限于成文法律,与笔者这里所用的"正义体系"概念基本相符,并且同样比较关注其实践,强调需要从使用者(普通公民)视角来衡量"法治"。这是它的优点。但是,WJP 所采用的"法治指数"的计算迄今只纳入了八个正式正义的一级"要素"(factor),完全没有把非正式正义纳入其指数。

虽然如此,但 WJP 已经看到并承认非正式正义的重要性,并已经决定要纳入"非正式正义"(informal justice)范畴作为其"法治指数"的计量,将其补加在原先设定的八大要素之上作为第九要素。(WJP,2015:13;亦见 Botero and Ponce,2010)以后如果真的纳入其指数,无疑将会是一个重要的进步,对正确理解、衡量中国的正义体系整体会具有深远的意义。但是,到目前(2015 年的"法治指数")为止,WJP 仍然困扰于怎样把这个"非正式正义"要素纳入其量化的全球比较之中,怎样在其与不太重视非正式正义的西方国家之间建立量化的可比性。(WJP,2015:160)它仍然没有把已经初步建立起来的"非正式正义"的估量数据纳入其"法治指数"的计算和排列之中。在这个问题上,显然还需要一个探索过程。

目前,一个明显的障碍是中西方学者错误地倾向于把西方近几十年来兴起的 ADR 简单等同于中华法系的非正式正义。本章论证,清楚掌握两者间的不同,才能更符合实际地理解中国和其他具有深厚"东亚文明"传统的国家(特别是日本和韩国)的正义体系,才有可能做出与西方正义体系的更精确的比较。

第十三章 中国古今的民、刑事正义体系——全球视野下的中华法系

一、中华法系中的民事部分与刑事部分

（一）非正式与正式正义

对法史的研究来说，清代与之前历代王朝的一个重要不同是，具有较丰富的关乎实际运作的资料，它们允许我们不仅能够看到其成文法律，更能看到其诉讼案件档案；同时，也能看到其非正式正义体系，不仅看到其"礼"或"和谐"的理念，更能通过20世纪社会调查的口述史资料看到其实际运作，由此得出更真实的关于正式和非正式正义体系的整体图像。

我们首先要认识到，古代正义体系中的律典之所以会"以刑为主"，是因为它能够凭借其庞大有效的非正式正义体系来解决大部分的民间细事纠纷。有充分的史料让我们看到，在清代与民国时期，几乎每个民间社区都具有一个调解体系，凭其来解决民间细事的纠纷。一般来说，是由纠纷双方都尊重的社区或宗族人士出面斡旋于两者之间，要么促使一方认错和赔礼道歉，要么促使双方互让和妥协，借此来"息事宁人"。同时，经过长时期的司法实践，历代法典本身也早已逐步纳入了一定比例的关乎民间细事的条文——这是成文法在实际运作中应对社会变迁而做出的补充，为的是更好地处理一些社会本身所不能解决的民事纠纷。

譬如，秦汉以来，中国便已经形成诸子均分家庭财产的社会惯习。① 根据清代的详细资料，我们可以看到，一般的家庭都会先把家庭的财产拆分为几个相等的部分，而后采用公平随机（如抓阄）的办法来确定哪个儿子继承哪一份，并由亲邻或（村庄）有名望的人士（如村长或"首事"）见证，立定文书（注明土地的具体界限和房屋的具体划分）来证明各个兄弟所得部分。长久以来，这一直是个有效的做法。对此，明清成文法只简单表示认可，说明"其分析家财田产……止以子数均分"，并没有提到惩罚。（《大清律例》，例88-1）②

从上述分家的实例我们也可以看到，财产权利在习惯和法律中是不言而喻的。长期以来，在民间社会的土地继承、租佃和买卖关系中，财产权利其实一直都稳定运作。（没有稳定的产权，何言继承、买卖、租佃？）固然，《大清律例》没有用正面的表述来确认财产权利，只规定盗卖田宅——包括"盗卖，换易，及冒认，若虚写价钱实立文契典卖，及侵占他人田宅者"等都是要受到惩罚的，其轻重伴随涉及的土地面积而定。（律93）在实际运作中，国家正式正义体系是维护这样的不成文权利的，这是无可置疑的事实。我们只有认识到正式法律体系是以非正式正义体系为给定的前置条

---

① 研究者多使用"习惯法"一词。笔者认为，我们需要区分被成文法接纳和维护的惯习（如诸子均分和典权）、没有被其纳入的惯习（如土地交易中的亲邻先买权），以及被其拒绝的惯习（如"田面权"）。第一种可以称作"习惯法"，第二、三种则应该简单称作"习惯"。其实，最简洁的方法是简单使用"成文法"和"习惯"两词。更详细的讨论见黄宗智，2014b：11—13；2014a.2。

② 本章对《大清律例》的引用根据黄静嘉对薛允升（1905）《读例存疑》的编校与其所补加的律、例号。

件,才能看到两者的结合其实组成了比较完整的关乎民间财产权利的正义体系。

又譬如,"多代同堂"一直是儒家关于家庭组织的一个理念。虽然如此,但在实际生活中,已婚的兄弟妯娌多难免会闹矛盾,在父母去世之前便需要分开。在《大清律例》中,我们可以看到,成文法一方面说明要维护大家庭的理念"凡祖父母、父母在,子孙别立户籍、分异财产者,杖一百"(律87),另一方面后来考虑到社会的实际需要,在此律下的第一条例中,补加了"其父母许令分析者,听"的条文(例87-1;薛允升注:此条系《明令》)。我们可以从清代的诉讼案件和民国时期的口述史料看到,民间的已婚兄弟其实大多在父母在世的时候便即分家。以上的例子正好既说明了古代成文法所表述的理念,也说明其在面对社会实际惯习时所做出的调整。这里所阐明的是,两者之间,也就是正式正义和非正式正义之间的互动和联结。

正是如此的民、刑事正义体系的联结,赋予了儒家礼—法并用的正义体系以具体的、实际运作的内容。无论在概念层面上,还是在实际运作层面上,如此的民、刑两大正义体系的并存、互补和互动都是中国正义体系(和儒家"简约治理")的关键。忽视任何一方,便不可能理解其另一方。非正式民事正义体系是正式刑事正义体系的先决社会条件,缺此,中华法系便不会维持"以刑为主"的成文法体系。看不到此点,我们便不可能理解"以刑为主"成文法律体系的真正意义,也不可能认识到中华法系的特点。

有的论者①之所以认为中国古代没有民法,正源自没有认识到古代非正式正义体系与正式正义体系之间的互补和关联。其实中华法系一直处理着大量的民事纠纷,大部分由社会的非正式调解机制来解决,其所不能解决的小部分则由被纳入了以刑为主的成文法中的民事条例来处理。两者实际上共同组成了一个庞大的民事正义体系。

也有论者认为中国古代正义体系中,完全谈不上任何"权利"。其实,古代即便没有"权利"的话语或表达,在许多方面其实也具有其实际。以上我们已经看到,中国古代其实长期以来一直具有稳定的土地房屋财产权,在租佃、买卖和继承中显而易见,既受到民间惯习的保护也受到正式法律体系的保护。在继承方面,古代社会其实严格遵循诸子均分的习俗和法律条文,乃至几乎完全排除了一个父亲剥夺任何一个儿子的继承"权利"的可能。成文法还补充说明如此的规则:"不问妻妾婢生,止以子数均分。"(例88-1)我们可以从清代的案例中看到不少关于儿子相对义子,和"妾婢生"的儿子相对妻生的儿子,通过诉讼来维护其应得财产的"权利"的记载。事实是,虽然中国古代法律没有"权利"之名,但在其正义体系运作之中,其实具有相当于维护不少权利的实际。

坚持把古今中外截然划分,拒绝考虑其相似和交搭之处,使人们既误解了中国的过去,也误解了中国的现在,在反对现代主义的意图之下,实际上反而强化了现代主义,硬把现代中国逼进古今二元隔绝和中西二元对立的框架之中。考虑到古代民事正义体系的

---

① 对此论点,从梁启超到王柏琦再到滋贺秀三的论证,以及学界对其之长期纠缠,俞江做过有用的叙述。(俞江,2001:35—38)

全部,包括非正式和正式体系,以及实践和话语两个方面,我们才能看到中国当代的法律体系和古代法律体系实质上的延续性。忽视古代的现代性以及现代的古代性,便不可能真正理解任何一方。打通对中国古今认识的关键在于,既不陷于简单的现代主义,也不陷于简单的"文物主义"。

笔者之所以用"文物主义"(antiquarianism)来形容把中西古今对立的观点,是因为它说到底乃是一种博物馆意识,要求"还原"其珍品,原封原状地展览。这样的观点其实既把其与当时的社会环境和实际运作隔绝,也把其与当今的现实隔绝。如今中国的法史研究之脱离现实的困境正来自如此的文物主义。正是在这样的错误认识下,法史学界基本放弃了关于当前立法问题的发言权,也放弃了"中华法系"在今天的全球法学界中的发言权。如今主流观点甚至简单认为中华法系"已经解体",[①]一举切断了古今的历史连接。

(二)表达与实践

"法律儒家化"也意味着国家法律表达和话语的高度道德化,即便司法实践多与那样的表达和话语有所背离。更具体地说,《大清律例》中的"律"表述的多是道德理念,而"例"则多是指导具体法律实践的条文。我们也可以把"例"理解为斡旋于道德化表达/话语和社会实际之间的成文条文。

[①] 例见李贵连,1994;张晋藩,1996:58—59。亦见百度百科关于"中华法系"(2015)的论述。

上文已经说明，清代（相对）丰富的档案材料，配合20世纪实地调查得来的农村口述史资料，使我们能够看到非正式正义体系的运作，以及其与"以刑为主"的正式正义体系之间的交搭和互动。关乎民间细事的纠纷——譬如，民间的分家和继承纠纷、农村邻里间关乎地界的细小纠纷、婚姻纠纷、买卖土地（包括典卖）纠纷、债务纠纷等，大多可以通过民间调解来处理。但是，也有一定部分的纠纷没有能够仅凭民间调解机制来完全解决，双方坚持其立场而拒绝在调解人斡旋之下认错和道歉或互让和妥协，因此使矛盾激化而"闹上公堂"，要求政府正式机构来强制干预。国家的正式制度因此也就迫不得已必须介入。长期下来，国家成文法逐渐根据实践经验而设定了一系列的民间细事法则。

譬如，明清法律均允许迫不得已而典卖土地的人在期限满后"备价取赎"，这是得到法律认可的民间习惯，既是一种保护穷人的惯习，也是（儒家）道德化的国家成文法律。法律就此在其律条中规定"若典主托故不肯放赎者，笞四十"（律95）。但是，有清一代，伴随其社会经济变迁，有的地方地价不断上涨，导致有的出典土地者敲竹杠、凭借威胁要回赎土地而向典主讨要"找贴"（即原典价和市场现价的差价或其一部分），不然便回赎。有的更伴随地价的进一步上升而一再讨要如此的"找贴"。面对这样的社会现象，雍正八年（1730）立例规定只允许"凭中公估找贴一次"（例95-3），而乾隆十八年（1753）更规定，没有注明"绝卖"的典契，超过三十年，"概不准找赎"（例95-7）。两条新例都是司法官员经过实践经验而提出的建议，之后被正式纳入成文法。它们是成文法律适应社会变迁和实践需要而添加例条的实例。之后，社会习惯便因新定的成文法而改变。① 两条新例说明的是,在法律道德表达/话语和社会实际间出现张力和矛盾的时候,司法实践会先在其间斡旋,而后促成成文法的修改/补充,最后更促使社会惯习本身也改变。(详细论证见黄宗智,2014a.2:第5章)

再譬如,无子夫妇为了自己老年的赡养,根据习俗和成文法会选择一个嗣子来赡养自己并承继宗祧。明清法律条文原先规定,嗣子应是被继承人的侄子,"先尽同父周亲,次及大功小功缌麻"(例78-1),是为所谓的"应继"人选。但在社会实际中,有的侄子不一定和被赡养人(孀妇)相处得好。因此,为了适应现实需要,乾隆四十年(1775)定下新例,规定"无子立嗣,若应继之人平日先有嫌隙,则于昭穆相当亲族内,择贤择爱听从其便",即所谓"爱继"(例78-5)。这也是法律通过长期的实践之后,因应社会现实而创立新条文的实例。用如今的话语来表述,这是新的民事立法,也赋予了孀妇一定的选择嗣子的"权利"。之后,无子的孀妇逐渐享有越来越独立的选择嗣子的权利,直到民国时期的大理院在其司法实践中完全将此当作法定权利。(白凯,2007:第2、3章)

正是这样的成文法变迁,逐步丰富了《大清律例》的"民事"内容。清代晚期,在《大清律例》的"户律"下,关于民事的关键四章("户役""田宅""婚姻""钱债")中,共有46条律和130条例(薛允升,1905;黄宗智,2014a.2:18),等于是一部具有相当规模的"民法"。正因为如此,才有可能在进入民国最初的二十年中,在(从西

---

① 苏州沈氏家族1659至1823年的土地交易记录簿提供了一个清楚的例证:截至1729年,在55份账目中,有28份有两次以上的找贴;在1744到1823年间的488份中,则只有5份带有找贴。(洪焕椿,1988:90—145;亦见黄宗智,2014b:73—74)

方移植的)新民法典尚未拟定之前,仍然沿用《大清现行刑律》中(废弃了刑罚包装)的"民事有效部分"为国家的既定民法。由此,我们可以看到《大清律例》和《中华民国民法》之间的延续性(特别显著的是新法典对"典权"的援用,成为其范本 1900 年的《德国民法典》所完全没有的独立一章)。如果清代没有相当丰富的成文民法的积累,民国不可能会沿用其"民事有效部分"二十年。

同时,实践法史的视角更使我们看到,法律的"儒家化"不仅是(瞿同祖所特别突出的)等级化,即一种狭义的"礼",强调的是不同等级间的尊卑关系(Ch'ü,1961),或(马小红所论证的)道德化,即广义的"礼"(马小红,2014),也不仅是本章上面强调的非正式民事正义体系的逐步确立,以及后来的平民化。伴随雍正帝开启的开豁贱籍(例如"乐人"和"雇工人"),平民和贱民之间的区分显著弱化,不同等级逐渐趋同(虽然父母子女和夫妇之间的尊卑关系仍旧)(经君健,1981;黄宗智,2014a.1:62—63)。到 19 世纪,瞿同祖所特别强调的等级关系在中国的法律体系(即成文法和其实际运作)之中已经不再占据中心地位,法律已经高度"平民化"(或"小农化"——白凯,2014)。至此,法律已经从原来主要参照上层社会的生活来立法,转为主要依据一般老百姓的生活来立法。这是个仅从法律文本或思想和制度来考虑所看不到的历史演变。我们需要同时考虑到表达/话语和实践,才能看到这些相当根本性的变化。由此,才能够认识到"中华法系"从汉代中期到帝国晚期之间的变化。

同时,区别实践和法律条文,我们才能够看到民、刑事正义体系之间的相互作用。其实,中国历代(成文)法律变迁的主要动力不在其基本理论框架(如联结非正式与正式正义),因为它在汉代中期伴随"法律儒家化"的确立之后便基本定型。之后的演变的动力其实更多来自长期积累的实践经验,按照实践需要而制定成文法。有清一代,主要体现为律文的基本不变和例条的应时增补。

在这里,我们还需要看到尚未被正式立定、正在形成中的法律。譬如,18世纪到19世纪上半期,伴随人口增长而产生日益紧张的人地关系和社会危机,贫苦人家买卖妻子也日益频繁。对此,刑部逐步形成了斡旋于法律条文与社会实际之间的立场,在1818年做出说明,将不再把丈夫因贫穷所迫而出售妻子视作违反"买休卖休律"(即"纵容妻妾犯奸"律367)的"犯奸"行为而惩罚。其后,在1828年的一起案件中,刑部做出了更明白的解释:在"赤贫待毙"的穷人中,如果妻子为了生存也自愿被卖予别人为妻,法律不该将其视作犯奸行为而惩罚她或出卖她的本夫。(《刑案汇览》,3:1395;亦见黄宗智,[2003,2007] 2014a.2:148—149,158—159)这是刑部在司法实践层面上适应社会变迁的实例。

根据苏成捷(Matthew Sommer)搜集的272起案例(主要来自四川巴县,也包括四川南部县和直隶宝坻县)中175起由县官明确断案的关于卖妻行为的案例,卖妻诉讼多数情况下要么是本夫在卖掉妻子之后,进一步勒索后夫,因此导致纠纷,要么是妻子或娘家反对该项买卖,因此诉诸衙门。苏的材料显示,法庭对那些案件的判断关键在于被卖妻子/娘家是否确实反对被卖:如果没有反对,一般县官会容许该项"买卖"成立,但如果妻子或其娘家反对,则县官不会容许,会判定让被卖妻子回归娘家,也会惩罚本夫(掌责轻罚)。当然,也会惩罚"成交"之后无理勒索的本夫。同时,苏成捷发现,仍然有几件(来自刑科题本命案的)案例还是依据原来的"买休卖休律"(而不是刑部所采纳的新立场)来断案的。(苏成捷,2009:362—364,366—367,384)这些例证其实正好说明成文法及其实践在变动之中所呈现的矛盾状态。从中我们可以看到清代的正义体系面对日益严峻的社会危机,在司法实践中对成文法进行的修改,以及(可能的)新条例形成的过程。

从这里我们可以看到,坚持要用所谓的历史原有的话语来讨论司法实际,与坚持只能用现代的话语来描述或贬低中国古代法律,同样是狭隘的观点。事实是,古代和现代的中国正义体系的实际运作不仅与西方现代的话语既相悖也相符,也与中国自身的古今话语既相悖也相符。要理解中国古代的正义体系,我们需要同时考虑成文法和司法实践,把两者看作一个统一整体之中的组成部分。关键在于认识到其实际运作,并予以最可能精确的表述,而不在简单选择古代或现代的话语。坚持只能够用古代话语来讨论古代司法实践,其实是一种极端的、狭隘的话语主义——我们是否认为话语和实践必定是一致的?或者话语才是最终真实?我们该如何来表述其与实践的背离?我们需要做的是,看到正义体系整体是由表达和实践两者合并组成的——亦即我所谓的"说的是一回事,做的是一回事,但合起来又是另一回事"。如此,方有可能掌握正义体系整体的实际内容和性质。

(三)道德与实用

连带相关的是,道德理念和法律的实用性运作之间的微妙关系。其间,既有张力和矛盾,也有演变和相互适应。我们上面已经看到,中国古代法律的一个基本特点是,由社会自身根据其道德价值观来处理民间的"细事"纠纷,不得已方才依赖国家正式体系来处理。这是个基于道德理念的想法,包括"和""仁""让""忍"等可以被视作"礼"所包含的价值观。同时,古代法律也有非常实用性的一面,例如承认不是所有细事纠纷都可以在民间解决,必要的时候国家要凭借成文法律和正式正义体系介入(但尽可能由其基层的机构来处理——即"州县自理")。而且,国家法律可以按实际需要而补加、修改成文法律来应对社会实际。这也是我所谓的"实用道德主义"既包含崇高的道德理念也包含实用性的适应社会实际维度的古代正义思维。(黄宗智,[2001,2007]2014a.1:165—171)。一个好的例子是上述关于分家的立法——律文规定的是不分家的儒家理念,例文确立的是如果父母亲允许则可以分家的实用规则。

其实,非正式正义和正式正义的有机结合是"实用道德主义"的最佳例子。前者依赖的主要是道德价值而不是成文法律,在实际运作中,迄今仍然主要以儒家的"黄金规则""己所不欲,勿施于人"("别人如果对你这样做,你会怎样感受?")为主导原理(黄宗智,2015),而后者依赖的则主要是成文(比较形式化)的法律。从这个角度来考虑,前者主要源自儒家道德理念("仁""和""礼"),后者则主要源自法家思想("法""刑"),当然,也包含后来在"儒家化"下所纳入的道德理念。因此,"实用道德主义"表述的也就是中国法史学界长期以来一贯强调由儒、法结合而组成的古代法律思想("阳儒阴法"),也是汉代上半期"法律儒家化"概念所表达的核心。当然,也是作者这里所要表达的"非正式"和"正式"正义结合体系的概念基础。

这就和韦伯论析中的长时段西方法律中的"形式理性"化十分不同。韦伯认为,现代西方法律的形成过程是(伴随现代社会日益世俗化的大潮流)逐步把道德价值排除于法律体系之外。这是因为,在他的分析中,道德是具有特殊性的,与普适的形式化逻辑截然不同,而法律原则和制度必须做到以普适的形式理性一以贯之的地步,由此才会具有高度的常规性和可预测性,而特殊化的道德介入法律,则只可能导致法律之外的因素的介入,特别是统治者权力的介入,最终只可能导致违反法律逻辑的、不可预测的、特殊和偶然的——也就是"非理性"的结果。(Weber, 1978:654—658,809—901)对韦伯来说,即便是英美的普通法系,也具有一定的非形式理性化因素,特别是其所依赖的由非法律专业人士(不懂法理和逻辑的人)来组成陪审团的制度。(Weber, 1978:889—891)因此,用韦伯所建构的"理想类型"来理解中国礼法合一、高度道德化的正义体系,最终只可能把其认作"实质非理性"的体系。(Weber, 1978:845)韦伯虽然提出了"实质理性"的理想类型(Weber, 1978:656—658, 868—870),但其实并没有真正把其当作一个重要的类型。在其对西方现代形式理性法律的形成历史过程的论述中,他基本把非西方的各大法系都视作"实质非理性"的,与现代西方的"形式理性"法律构成一个截然对立体。(黄宗智,2014a.1:总序,第9章;赖骏楠,2014)

据此,从上述关于韦伯的总结中我们也可以看到,现代西方法律所具有的强烈的正式化和形式主义化倾向。韦伯根本就没有考虑非正式的民间正义。即便是其对（基督教）教会法的分析，所突出的也只是其"形式理性化"的趋向，并没有认真考虑"神父"在其教区中所起的作用，包括调解。（Weber, 1978: 828—830）由此可以见得，韦伯所建构的理想类型与其关于历史的叙述，一如"后现代主义"者所批评的那样，是带有一定的"西方中心主义"倾向的。对他来说，中华法系（和伊斯兰、印度的法律体系）说到底只是"他者"，其所起的作用主要是作为关于西方法律叙述的陪衬。

在美国的"古典正统"法学理论传统中，韦伯的形式理性主义观点得到最清晰和集中的表达，其代表者是1870到1895年任哈佛法学院院长的兰德尔（Christopher Columbus Langdell）。他特别强调，法学和法律应该像欧几里得几何学那样，从几个普适"公理"（axioms）出发，凭借演绎逻辑而得出一系列的普适"定理"（theorems）。（黄宗智、高原，2015: 162—163；亦见屈茂辉、匡凯，2014）他本人，在其所发表的极其有限的著作中，试图直接使用上述方法于合同法。（Langdell, 1880: 1—20）更重要的是，他在开设的课程中，一贯强调如此的方法，由此对美国的法学界整体起到了塑造性的影响。虽然如此，但兰德尔的理论自始便受到其法学院的同事霍姆斯（Oliver Wendell Holmes）的质疑和挑战，并且开启了美国第二主流的法律思想，即法律实用主义（legal pragmatism）。（Grey, 2014: 第3、4章）

现代西方法律的前提性个人权利总则，其实明显与基督教关于个人灵魂的永恒性有一定的关联，但在韦伯心目中，它是一种不言自明的公理（而不是特殊的道德价值），其余都可以凭演绎逻辑推论出来。如上所述，在他的论述中，道德是非理性的，是要从"形式理性"法律中排除的。但中国的正义体系则既包含"和"与"仁"的儒家道德理念,也包含法家的比较形式化的法律,与韦伯偏向单一面的"形式理性"十分不同。两者的联结可以说比单一依赖"礼"或"法"、道德或逻辑、非正式或正式正义,具有更灵活适应社会变迁的弹性,更能兼顾实用。"中华法系"之所以能够长期成为包括日本和朝鲜在内的"东亚文明"(East Asian Civilization——一个美国高等院校课程如今普遍采用的历史范畴)①的正义体系典范,可以说一定程度上是源自如此的结合的特征。

更有进者,这里提倡的是不仅要看到非正式和正式、实践与法典、道德与实用性的双维,更要看到其交搭和相互作用。实际上,非正式和正式之间存在由两者的交搭和互动所组成的庞大的第三领域:非正式调解一直以来都会考虑到正式法律,在一定程度上,后者是前者运作的一个原则性的框架,并且在其历代历史演变中,纳入了越来越多因应实际需要的民事条款,两者之间显示了相当程度的交搭。而且,两者还处于半制度化的拉锯、交涉框架之中。清代和民国的史料说明,民间纠纷一旦升级到正式诉讼,社区或亲族便会加劲调解或重新调解;而在调解过程中,会考虑到诉讼的进程,其中县令对呈禀的陆续批示尤其关键,会直接影响到当事人和调解人的意见。在那样的情况下,纠纷中有的当事人一方会认错,或双方相互退让,并由原告向县衙具呈要求撤诉销案,说明双方已经和解并"见面赔礼"。这就是我所谓的正义体系中的"第三领

---

① 其中,影响最大的无疑是费正清及其合作者的两本教科书,《东亚:伟大的传统》(Reischauer and Fairbank, 1958 and 1960)及《东亚:现代的转型》(Fairbank, Reischauer and Craig, 1965),深深影响了几代美国学生。

域"。(黄宗智,2014a.1:第5章)中国正义体系整体的这些方面是只考虑单一正式化制度或单一话语层面所看不到的实际运作。

二、中国今天的非正式正义体系

(一)当代中国非正式民事正义体系的概貌

如表1所示,如今中国的基层非正式正义体系(调解)首先是由农村的村民调解委员会和城镇的居民调解委员会组成的,统称"人民调解"。改革后期的2005—2009年间,在年均1030万起经过调解解决的各种各样民间纠纷中,共有530万起(52%)是由这样的基层民间调解委员会解决的。这些委员会和传统社会的社区"德高望重"人士(或"首事")固然有一定的不同,是纳入了社区干部的"委员会",但仍然不失为当今最接近古代原来意义的民间调解力量,基本没有强制威权的干预,主要是由村/居民自愿通过第三方斡旋来解决纠纷。[①](详细论析见黄宗智,2014a.3:第2章)

---

① 同时,伴随国家治理一定程度上的松弛化,历史上完全非正式民间的调解——由诸如社区、亲族、学校、朋友、同事中受人尊重的人士来调解的机制也重新恢复。虽然如此,但因缺乏系统记录和统计,其实际数量不好估计。

表1 改革初期和后期各种主要类型调解的总数(万)

	人民调解	行政调解			司法调解	
1978—1983	村、居民调解委员会	基层司法服务	消费者协会(工商管理部门)	公安部门	民事法院(一审结案)	总数
每年平均处理纠纷/案件数[①]	800	—	—	—	53	853
调解结案数	710	—	—	—	37	747
调解结案%	89%	—	—	—	70%	88%
2005—2009	村、居民调解委员会	基层司法服务	消费者协会(工商管理部门)	公安部门	民事法院(一审结案)	总数
每年平均处理纠纷/案件数	1030	70[②]	75	840	492	2507
调解结案数	530	63	67	247	168	1075
调解结案%	52%	90%	89%	29%	34%	43%

数据来源:朱景文编,2011:表4-2,第303—304页;表4-4,第334—335页;表4-13,第372—373页;表4-15,第374页;表4-16,第376页。

①1981—1985年数据。
②没有2006年数据。

与改革前期相比,这种由人民调解处理的纠纷数量并没有太显著的扩增,但调解的成效则似乎明显下降。之前上报的成功解决纠纷的调解在所有这些纠纷之中所占比例达到极高的89%,如今则是52%。这个差别首先是因为之前在毛泽东时代整个正义体系偏重调解并夸大了其成效。同时,之前的社区调解多由社区最主要的干部(如村支书和村委会主任)来执行,带有一定程度的威权,如今则更多由一般干部和社区民众中信誉较高的人士来组成,基本是自愿性的。同时,如今大量的村庄,伴随大规模的人口流动(2.7亿的农民工),已经从原来(传统和集体时代)比较紧密和封闭的"熟人社会"变成比较松弛的"半熟人社会",其人事关系多村外化和多样化,难怪社区本身的调解成效没有之前那么高。虽然如此,但人民调解如今仍然起到很大的作用,如表1所示,在基层社会的每两起纠纷之中,仍然有一起是由社区调解解决的。这个事实本身便说明非正式正义体系如今的重要作用。(同上)

在基本是自愿性的基层社会调解之外,还有众多的半正式调解——有政权机构参与的各种各样的调解。首先是"行政调解"中基层政府的法律服务机构(包括司法所、法律服务所等)所做的调解。那样的调解仍然比较强调村民和居民的自愿性,但也有一定的行政权力的参与,因为这些机构是政府部门下属的机构,其调解人员多是政府部门的司法干部,或具有半干部身份的人员。这种基层政府"法律服务"的调解也是个工作量不小的非正式正义体系,每年平均处理约70万起纠纷。而正是因为行政权力的参与(下一节再详细分析),这类调解成效较高,成功率达到所有受理纠纷的90%。

再则是相应市场化和消费社会到来的需要,近年来在工商管理部门下组织起来的新型"消费者协会",如今在调解关于消费方面的纠纷中已经起到较大作用,2005—2009年平均处理75万起纠纷,其中成功通过调解处理的案件也达到较高的比例(89%),和基层政府的"法律服务"成效差不多。① 这是传统的基本完全自愿的调解机制和现代革命所建立的政党—国家政府体制间的互动结合的产物。在实际运作之中,它虽然带有一定的强制性,但也尽可能斡旋于经营者和消费者之间,促成双方都能接受的协议。(朱景文编,2011:408—417)

然后是行政权力介入程度更高的公安部门下的所谓"治安调解",其主要是一些涉及轻罪(殴打他人[轻伤]、偷窃、赌博等)的案件和涉及犯罪人和受害人两方的纠纷,由公安部门直接处理。在公安部门受理的年均 840 万起案件之中,有 29% 是由调解来处理的。这是个数量相当大的范畴,(2006—2009 年)年平均调解处理 247 万起这种案件/纠纷。② 毋庸说,像这样的案件/纠纷的调解,会比消费者协会更高度依赖政府威权和强制性。虽然如此,但它并不简单是由权力机构来断定过错或妥协方案,而是试图让纠纷双方"自愿"达成协议,应当被视作带有一定调解成分的纠纷解决方法。③

最后是法院调解(也称"司法调解")。这样的调解无疑也带有一定的强制性,因为其主要是在法律框架下来考虑问题的,而且一

---

① 工商部门一度处理了大量的合同纠纷,在 1990 年最多时达到 45 万起,但之后式微。2009 年只处理了 1.2 万起,合同纠纷已经转为主要由法院处理。(朱景文编,2011:377—378)
② 此外还有相当大量的(道路)交通事故调解,缺乏统计数据,其中有不少是口头或现场的调解。(朱景文编,2011:347)
③ 行政调解并不限于公安机构,国家各部门都具有一定的调解机构,但所处理的案件数量都远低于工商和公安部门。(朱景文编,2011:379—389)值得特别一提的是,国家人力资源和社会保障部门下属的仲裁机构所做的劳动纠纷仲裁,数量不小,需要分别讨论,见下一节。

定程度上依赖法院的威权——当事人都知道,法院如果调解不成,将会径直判决,这就和西方如今的调解(mediation)把调解和法庭审判截然分开十分不同(下面再详细讨论)。虽然如此,但众多案例显示,法院仍然会尽可能达到双方都能够接受的协议,尤其是在继承或离婚中的财产分割、兄弟姊妹间赡养责任如何分担、侵权案件中的赔偿额度、债务案件中偿还的具体安排、合同纠纷中的责任与金额分配等类型的案件中,双方大多会在审判员斡旋下而达成可执行的解决方案(黄宗智,2014a.3:184—192)。这也是个数量较大的范畴,在年平均总数将近五百万(492万)起的民事案件中,每三起中有一起(168万)是经过上述调解而结案的。

　　与改革前期相比,改革后期的民事法院调解的不同首先是案件数量的大规模上升。如表1所示,达到几乎十倍于之前的数量,从约50万起到几乎500万起。这主要是市场化所起的作用:如今"合同纠纷"占到所有民事(一审结案)案件中的不止一半,剩下的主要是"权属"(涉及各种权利和侵权)的纠纷和"家事案件"(如离婚和继承),分别各半。此外,改革初期以来的另一主要变化是调解成功比例显著下降,从所有(一审结案)民事案件中的70%下降到34%,也就是说,从每三起案件中的两起下降到一起。其中部分原因无疑是由于之前在毛泽东时代偏重并夸大了调解。另一原因是,20世纪80年代以后,由于民事案件数量大规模上升,法庭面对的压力越来越大,因不堪重负而倾向于比较省事的判决而避免很花时间的调解。但从世纪之交以来,司法政策和法院重新强调调解,促使其有一定程度的回升。其成效最近几年大致平稳于表1所列的比例,即每三起民事案件之中,成功调解处理一起。

应该说明,以上不是一个全面的叙述。譬如,近年来有不少新型的"专业调解"尝试。一个重要的领域是"物业调解",影响到许多城镇社区业主,多是开发商遗留的问题和物业公司服务的问题所引起的纠纷。另一大类是"医疗调解",主要是医患之间的纠纷:在中国医疗制度激烈变化(市场化)的大环境下,医患纠纷数量大规模上升(据卫生部统计,每年超过百万起),也是个相当大规模的问题,但目前还缺乏系统数据。这些方面已经兴起不同性质的调解尝试,包括人民调解模式、行政调解(房地产主管部门和卫生部门)以及法院设置的"诉前调解"等。(朱景文编,2011:419—432,433—445)这些无疑是重要的动向。

上述统计估量虽然不能反映中国调解的全貌,但应该可以说明其大致情况。简言之,如今在(被统计的)每年平均约2500万(2507万)起的纠纷之中,有约1100万(1075万)起,也就是说所有民事和(公安部门所处理的)轻微刑事纠纷中的约43%,是通过(一定程度的)调解来解决的。这就是如今中国的非正式正义体系的核心内容。①

有的论者可能会认为,我们不该把行政部门和法院所调解的案件一并归纳在"非正式正义体系"(调解)范畴之下。这里要说明,在所有被统计为"调解"解决的案件中,比较纯粹自愿性的人民调解结案数占到足足一半(1030万中的530万)。剩余的是涉及不同程度强制性的半正式调解——从较轻微强制性的基层法律服务调解和消费者协会调解(共130万),到较大强制性的公安部门和

---

① 民事案件数量远高于刑事——2009年刑事一审案件总数才77万(朱景文编,2011:3,表0-2),而民事案件总数则是492万。

法院调解(共415万)。即使我们把带有强制性的调解排除于"非正式正义"之外,比较纯粹自愿性的调解无疑仍然是中国整个正义体系中的一个非常重要的部分。下面将进一步分析非正式和半正式调解间的异同。

(二)非正式和半正式调解

中国早在解放区正义体系的传统中,便区分了三个不同层面的非正式和半正式调解,即"民间调解""行政调处"和"法院调解"。在(民间)"调解"和(行政)"调处"两词中,有较明确的区别。① 民间调解最接近"调解"一词原先的含义,即通过第三方的斡旋,由当事人双方自愿达成解决纠纷的"协议",而后要么"赔礼道歉",要么互让妥协,"见面服礼"。在"行政调处"之中,则掺入了一定比例的强制性,因为第三方不仅仅是本社区(受人尊重)的非正式人士,而是掌握一定权力的国家机构干部/官员,在运作中很可能会依赖其权力而对当事人施压,甚或简单命令。再则是"法院调解"。与西方的 ADR 调解机制不同,中国的调解并不清楚划分法庭调解和法庭判决,基本是由同一个法庭在同一个案件处理过程中进行,调解不成,便即由同一审判员(们)进入判决。而西方的调解则十分不同,是和法庭程序完全分开的程序(下面还要讨论)。两者相比,中国的半正式法院调解显然带有较高的强制性。

---

① 如今中国已经基本不再像解放区时期那样比较明确区别"调解"和"调处",基本不再采用"调处"一词。部分原因是,毛泽东时代大规模使用行政和法院调解,使得两者之间的区别越来越模糊。(黄宗智,2014a. 3:131,171)

半正式调解的优点是,适当加上一定程度的强制性能够显著地扩大调解的适用范围并提高其成效。这样把调解大规模纳入政府和法院部门,是革命时期中国共产党在解放区推广的制度。在其运作中,如果适当平衡引导自愿和强制压力,确实既能够提高成功结案率也能一定程度地缓冲(由对抗性的判断对错而导致的)当事人之间的仇恨。

但是,这一制度的负面则是:它可能陷入过分的强制性,导致名义上是调解,但实质上是僵硬的行政或法院权力的一种"滥用"。毛泽东时代的离婚法律实践,也是当时占到民事案件大多数的案件,便是一个重要的例子。回顾历史,它的起源是在20世纪20年代,由于婚姻自由革命思想的浪潮,共产党比较激进地采纳了夫妻双方任何一方要求离婚即行离婚的立场,并于1931年把其正式纳入了《中华苏维埃共和国婚姻条例》(1931:第9条)。但是,很快发现,革命军人和农村人民大多反对如此的法律规则。军人当然不愿意在自己离家服役期间看到在家媳妇和自己离婚。农村的父母也不希望看到自己一辈子一次性的结婚大花费,因小夫妇闹矛盾动辄离婚而被浪费。面对那样的反应,党很快就在司法实践层面上做出了一系列的回退,最终把社区和行政调解设定为法院受理有争执的离婚案件的前置条件,更规定法院本身在判决之前也必须先试图调解和好,调解无效,方才允许离婚。那样,等于是用一起一起调解离婚纠纷的方法,来试图把党和民众之间的矛盾最小化。结果导致了一个即使在比较僵硬的,几乎等于是有争执的离婚案件中,也无论如何都强制不准离婚的制度,迫使许多感情不好的夫妇长期勉强共同生活,或虽然分居但因为不能离婚,不可能找到新的伴侣。直到20世纪80年代后期,方才放宽了之前严格的离婚要求,也减轻了之前强制推动调解结案的压力。(详细论证见黄宗智,2014a.3:第4章)

但是同时,国家为适应新的社会变迁和需要,在别的司法领域扩大了行政调解的范围。首先是在20世纪90年代后期国企的"抓大放小"私有化过程中,规定法院不受理涉及下岗、买断、企业单位对其职工福利负担"甩包袱"等的纠纷,规定必须由单位本身来处理。那样,便等于让利益关系矛盾中的双方的单一方,又是强势的一方,来主宰整个调处过程。固然,有的单位领导比较公正厚道,但毋庸说,大部分都不可避免地优先考虑其本单位的利益而不是下岗人员的处境和权益,因此遗留下了众多的不满,甚至愤慨。这也是半正式调解的一个负面例子。(朱景文编,2011:21)

再则是人力资源和社会保障部门的仲裁委员会处理劳动纠纷的机制,被设定为法院受理劳动纠纷案件的前置条件,等于是在劳动人员维权行动之前多设了一道障碍。鉴于如今中国缺乏由下而上的工会,劳资双方权力地位严重不对等,工人几乎不可能通过工会"调解"来维护其权益。至于人社部的仲裁,在地方政府普遍以"招商引资"为第一任务的大环境下,也只能起到很有限的维护劳动者权益的作用。何况,大多数农民工都缺乏正式合同,被划归到临时性的"劳务派遣"范畴,法律上多被认作不属于"劳动关系"范畴,因而被排除于国家劳动法保护范围之外。2005年以来,"劳务派遣公司"大规模兴起,主要为国企、事业单位等组织临时性的"劳务派遣"工作人员,由它们来和被雇人员签订合同/协议。但它们只是一种中介组织,并不是真正的用人单位本身,资本又十分有限,劳动者根本就没有可能从它们那里获得工资和福利等方面问题的实质性处理。2015年,劳务派遣总人数可能已经达到6000万人。如今,关乎劳动者权利的整个"正义"体系,与其说是保护了劳动者的权利,不如说是维护了企事业单位的权益和国家优先发展经济的政策。(详细论证见黄宗智,2014a. 3:301—328;亦见黄宗智,2017)

其实,即便是在革命前的历史时期,如果纠纷当事人双方的地位和权力比较悬殊的话,非正式的调解机制也很容易被腐化、滥用。20世纪30年代华北(顺义县)沙井村附近的农村中便有一个鲜明的例子:一个权贵人家的17岁儿子奸杀7岁幼女,被其父通过关系包装为经过村庄调解而销案。(黄宗智,2014a. 1:57—59)如今有政府权力介入的半正式行政调解,固然有可能克服劳资之间权力不对等的问题,但在国家全力推动经济发展("是硬道理")的大政策下,地方当权者强烈倾向于偏向(大力招商引资所引进的)企业,容易忽视劳动者的权益。这是当前处理劳动纠纷中的恶劣现象,亟须纠正。

当然,调解还有过度"和稀泥"的弱点。调解人一般都比较偏向互让和妥协,而不是明辨是非。有的当事人确确实实受到不合理的侵犯,但只能接受某种妥协乃至"私了"。解放区时期和毛泽东时代,便曾经强烈批评过如此的调解,要求更明确地参照国家法律和政策来断定是非,但那样做又不可避免地带有较高的强制性。简言之,半正式调解容易引发权力的滥用,关键在于适当掌握引导和强制之间的平衡。

即便如此,我们上面看到,国家相应改革后期的社会变迁和需要,设置了由基层政府下属的调解机构来处理日益频繁的民间纠纷,并由公安部门来调解处理伴随社会高度流动性而数量日益上升的轻罪案件和纠纷。这些无疑起到较大减轻法院体系负担的作用,是应对社会激烈变迁时期所引起的大量矛盾的实用性措施。而且,用调解而不是诉讼来处理,一定程度上能够缓冲当事人长期相互敌视的后果。同时,(政府或司法)威权的介入,大规模扩大了非正式正义体系的适用范围、规模和成效。这些可以说是半正式正义体系的优点。此外,相应新社会环境的需要,由工商部门组织消费者协会来处理消费纠纷,并逐步建立新型的,房管部门下属的物业纠纷和卫生部门下属的医患纠纷调解机制,这些无疑也是具有生命力的半正式正义机制。

检视非正式和半正式调解,我们可以毫无保留地说,近乎纯粹自愿性的民间非正式人民调解体系的正面作用无疑远大于负面。它主要源自中国的传统正义体系的社会关系和道德观,大规模减轻了正式正义体系的负担,并赋予官方"和谐社会"理念以一定的实质性内容。至于半正式的行政和司法调解,它主要是中国正义体系在承继古代非正式民间调解传统之上,一定程度地添加了共产党革命全能治理传统的影响;而后,为了响应改革时期激烈的社会变迁和纠纷的需要,形成远比之前规模要大得多的新型半正式体系。对这样的半正式正义体系的估量,需要考虑到其所处的改革中的激烈社会变迁环境——一个纠纷特别频繁和对司法制度压力特大的环境。同时考虑两者,才有可能对其进行真正有意义的估量。

(三) 与西方 ADR(Alternative Dispute Resolution)相比

西方的 ADR 和中国的调解十分不同。首先,我们需要把西方 ADR 中的诉讼简易化和廉价化程序,如仲裁(arbitration)和"庭外协定"(out of court settlement),与其完全在法庭之外运作的调解(mediation)区别开来。同时,也要把西方的调解(mediation)和中国的法院调解清楚区分。譬如欧盟的部长委员会达成协议规定:调解必须是完全自愿的、调解和法庭判决程序必须完全分开、调解人绝对不可以在调解不成后担当该案审判法官。(Committee of Ministers of the Council of Europe,1998)美国基本同样,并且早就把提出法律诉讼设定为宪法规定的权利,不可被阻塞。(Hopt and Steffek,2013:1257,1283)如此的原则基本排除了中国式的法院调解,也排除了像中国一样凭借政府政策而规定提出某种法律诉讼之前必须先经过调解,或把诉讼的选择排除于某些领域之外的可能。

有的西方 ADR 论者混淆了西方上述两种不同性质的体系:一是从对抗性法庭体系演化而来的,并且基本是在其框架中运作的体系;一是来自拒绝对抗性审判体系的,是与其截然分开的体系。把两者混合,统称 ADR,再把 ADR 与十分不同的中国非正式和半正式调解相提并论,只可能导致严重的误解。我们需要先分别检视西方 ADR 的两种不同的内容,而后才能把其和中国做出比较。

下面先检视西方与正式法庭完全分开的调解。以美国为例,由于其联邦主义体制下各州法律和制度的不同(例见 Hopt and

Steffek,2013:专论美国的第25章及其对几个州的分别叙述,第1245—1328页),也由于调解的非正式性,我们很难找到精确可靠的统计数据,更没有可能获得类似于上述中国统计资料中那样比较系统的全国性数据。笔者在现阶段的研究中只能以弗吉尼亚州为例,因为该州具有比较高度制度化的调解,由法院建议当事人进入(与其完全分开的)调解程序,所以具有比较系统的数据。我们看到,2002年在全州的128万起民事案件中,进入调解程序而解决的案件总共才9457起,主要是关于儿童的"监护、探视权和抚养义务"(Custody,Visitation,and Support Cases)的案件(占73％)——这是因为家庭纠纷是最明显不能简单凭借对抗性的对错框架来理解和处理的争执。也就是说,调解案件相对诉讼案件总数才占到0.7％的比例,和中国十分不同。(Virginia Judicial System,2003:A-50,64,112,116,131;更详细的讨论见黄宗智,2014a.3:198—201,222—223)

此外,加利福尼亚州是被视作ADR前沿的一个州,其情况也基本相同。监护、探视权和抚养义务同样是主要领域,还有一些关于小金额纠纷、破产纠纷、房地产按揭(因滞付而被银行)取消(mortgage foreclosure)纠纷等的案例。(Hopt and Steffek,2013:1258,1299—1305)此外,社区调解机制微不足道,主要的机制是通过法院推荐(但是完全分开)的调解。(同上,第1258页)总体来说,调解使用的幅度明显受到其必须是完全自愿的规定的限制,和中国的实际相去很远。

英格兰(和威尔士)的情况也基本相似。调解同样也必须是完全自愿的,其相关记录被规定为属于私人和被保密的领域,不可被用于(公开的)法庭诉讼(也因此极少有系统数据)。和美国同样,调解主要被用于离婚纠纷中关于孩子监护、探视和抚养的争执。(Hopt and Steffek,2013:365—454)1996年的家庭法曾经设置了当事人必须聆听一场关于调解原则和方法的介绍的规定,期望借此促使更多的当事人选择调解,结果因为效果并不理想而被放弃——主要是因为很少有当事人因此而选择调解。(同上,第411—414页)其后的另一项(全国审计办公厅[National Audit Office]的)研究,根据2004年10月到2006年3月的数据,同样发现当事人中只有少数人(20%)对调解感兴趣。(同上,第414—415页)此外,一个"自动推荐调解"(Automatic Referral to Mediation)的测验同样发现,大多数的案例(81%)中起码有一方拒绝调解(同上,第433页)。再则是1999年到2004年在伦敦实施的一项"自愿调解计划"(Voluntary Mediation Scheme)也同样以失败告终。(同上,第437页)事实是,英格兰的诉讼费用虽然已经和美国同样达到高昂得令普通人无法承担的地步并且因此促使人们相当普遍地认为必须找出另一种制度,但在实际的探索中却是困难重重。其对抗性的诉讼习惯根深蒂固,影响巨大;譬如即便是在ADR的运作中,仍然强烈倾向于采用败诉方应该负担胜诉方的诉讼费用(法庭和律师费用)的基本原则。(同上,第387页)

在其他的西方国家中,荷兰是具有比较完整的关于调解的数据的一个例子,并且在WJP关于"公正和有效的ADR"指标的估量(第七"一级要素""民事正义"下的第7"次级要素")中,排名世界第一。(WJP,2015:121)它的数据显示,在1996到2001年的五年之中,虽然全国有2000多位在册调解人士,但他们总共才处理了

1222起纠纷案件,主要也是涉及离婚和家庭纠纷的案件,和弗吉尼亚州的性质相同。(De Roo and Jagtenberg,2002;亦见黄宗智,2014a. 3:201)固然,此后调解在荷兰有一定的扩增。但即便如此,在2004—2008年,在"所有的法律纠纷案件"(all legal disputes)之中,仍然只有3%是通过调解解决的。(Hopt and Steffek,2013:755)从以上数据来看,即便是ADR排名第一的荷兰,其调解使用率也比较低,和中国相去较远。①

在调解之外,论者多把美国的庭外协定也纳入ADR范畴,并把其与中国的调解相提并论。(例见Hopt and Steffek,2013:95;Subrin and Woo,2006:第10章)其实,美国的"庭外协定"(out of court settlement)主要是一种进入法庭诉讼程序之后,当事双方及其律师基于对诉讼成本和审判可能结果的概率("风险")考虑,在庭外达成协议,和上述的调解十分不同。固然,根据格兰特(Marc Galanter)的研究,许多法官也会在(庭外的)"法律的阴影下"(in the shadow of the law)介入,对协定起到引导作用。(Galanter,1985)但这种"庭外协定"的性质、原则和机制,和中国的非正式以及半正式正义体系都十分不同。它不带有"和谐"息事宁人的道德理念和动机,绝对不是中国式的调解,也不像中国式的法院调解那样被纳入正式的法庭程序,主要由法官来发起和推动。美国的庭外协定其实主要是当事双方(律师)在法庭程序中所主宰的一种博弈行为,与"和解"实在没有太大关系。

---

① 这方面,挪威也许是西方国家中的一个例外——有研究认为调解案件达到其民事案件总数的20%—25%,其成功率达到70%—80%。(Hopt and Steffek,2013:1159)

固然,格兰特(Galanter)在其后来标题为《消失中的审判》一文中证实,如今美国只有极少数的民事案件进入最终审判:2002年,联邦法庭(federal courts,区别于各州州立法庭[state courts])所处理的民事案件中,只有1.8%进入最终审判。(Galanter,2004:459)有论者据此认为ADR在美国起到巨大的作用。(例见Hopt and Steffek,2013:94—95)但格兰特本人在其文章中便说明,审判式微的现象不能凭ADR来解释,因为审判式微是所有民事领域普遍的趋势,而ADR则只在"某些部门或地方"(some sectors and places)中起到作用。(Galanter,2004:517)他更进一步解释,其实法庭审判式微的最主要原因是法庭费用日益高昂,审判程序日益复杂、烦琐和专业化,使其越来越成为唯有大企业公司才可能负担得起的选择。(同上,第517页)我们需要看到,如今美国的整个正式民事体系其实早已成为一个(收费高得可怕的)专业律师的博弈平台,越来越与正义无关。如此高昂的诉讼费用,是韦伯早在20世纪初期就已经指出的问题。(韦伯,2005:225)如今美国的民事法庭之所以绝少进入审判程序,主要是因为其(律师和法庭)费用远远超出一般人所能负担的额度。昂贵费用的压力才是推动"消失中的审判"的主要因素,实在不该将其和西方自身的调解或中国的调解制度相提并论。①

有的论者还把仲裁制度纳入ADR,并据此也将其与调解相提并论。(例见Subrin and Woo,2006:第10章)但仲裁在美国实际上多是一种廉价化、简易化的审判程序(如由退休法官来主持,不用

---

① 至于刑事案件中的"辩诉交易"(plea bargaining),由于被告人通过与检察官的交易,答应承认较轻的罪行而获得较轻的定罪,性质更与调解不同。

正式法庭而使用会议室或教室,借此来节省费用),大多仍然必分胜负,仍然会判出胜诉方(prevailing party)和败诉方,并规定由败诉方负担(常常是超越争执金额的)仲裁费用和胜诉方的律师费用。譬如,在加利福尼亚州相当频繁的建筑纠纷仲裁中,所谓的胜诉方,是在仲裁法庭审定双方所提出的所有"主张"的每一项之后,最终获得法庭认可比对方要高的总金额的一方,哪怕只是高出一美元。如此的制度导致双方律师鼓励其当事人尽可能提出、杜撰许许多多主张,为的就是要成为"胜诉方",避免负担高额的仲裁费用。① 这样的仲裁显然带有美国对抗性正式正义制度的深深烙印,也不该和调解相提并论。

把美国的 ADR 和中国的调解体系相比,首先我们需要认识到中国的"民间调解"/"人民调解"的历史起源——它是中国长期在儒家思想主宰的历史下形成的社会价值观和习惯,是把调解当作成文法前置条件的中华法系的一大特点。美国的 ADR 则不是由和谐理念或社会惯习而来的制度,而主要是由于正式诉讼制度的成本越来越高,产生了两种不同的反应,一是在其对抗性正式制度框架之内建立减低成本的仲裁和庭外协定制度,一是拒绝整个过分对抗性和昂贵的正式正义体系的"另类"制度。前者与中国的调解制度性质很不一样,后者则只是一个作用较小的另类和边缘制度,和中国的调解相去较远。

近年来在西方的 ADR 运动中固然有不少关于社区调解的论说,但因为其社会一贯以来大多缺乏如此的调解机制,社区调解其

---

① 2004 年 6 月 28 日对洛杉矶 Moss,Levitt and Mandell 律师公司的资深建筑纠纷专家 Rodney Moss 的访谈。亦见黄宗智,2014a. 3:204—205。

实一直都只起到非常有限的作用。最近比较详细的关于美国调解的研究,在其论述中只简单用一句话来打发了这个课题。(Hopt and Steffek,2013:1258,关于美国的第 25 章,第 1245—1328 页)。关于英格兰的调解的论述则提都没有提。(Hopt and Steffek,2013:关于英格兰的第 6 章,第 365—454 页)这里,有的读者可能会联想到牧师/神父对其教堂会众间的纠纷所偶尔可能起的调解/教谕作用,然而这只是现今大量纠纷中作用微乎其微的一种机制,完全没有被纳入上引研究的论述。

但如今西方法学界已经习惯把调解和庭外协定与仲裁统称 ADR,并把 ADR 与中国的调解制度相提并论,甚至简单等同起来,由此混淆了性质截然不同的现象。首先是混淆了西方自身作为对其对抗性制度的简易化和廉价化的庭外协定和仲裁制度,和作为对其对抗性制度的反动的另类的调解,并因此严重夸大了真正意义的调解在西方社会所起的作用。所说明的其实不是调解的实际,而只是论者对现有西方正式体系的深层不满,所反映的是试图把 ADR 认作另一种制度选择的主观愿望。而后,再进一步把美国的 ADR 和中国的调解等同起来,因此引起了更严重的误解。结果是,既看不到美国的调解的实际,也看不到中国的调解的特点。

调解之所以能够在当代中国起到远远比西方要大得多的作用,主要是因为其长期以来在中国社会中所积累的厚重传统。人们早已比较普遍地习惯于调解的理念、价值观和运作机制,因此在如今的社会中也比较容易接纳各种各样的调解,以及由其延伸而来的一系列不同的半正式调解(行政调解和法院调解)。西方在近半个多世纪中兴起的 ADR 的历史则正好相反。它成长在习惯于对抗性、高度正式化的正义体系的社会之中。美国的 ADR 庭外协定和仲裁制度主要源自其正式制度的(相对)简易化和廉价化;其"另类"的、真正的调解制度则只是一个作用较小的边缘制度。我们不能在西方的 ADR 和中国的调解之间简单画上等号,更不该以为西方的 ADR 是更"先进"和"现代化"的制度,甚至认为它是中国所必须模仿的制度。

这里,我们需要进一步追问:具有长期采用"中华法系"历史传统的"东亚文明"国家——尤其是日本和韩国,是不是也展示了上述的中国的非正式正义的特点?回顾历史,日本早在其"奈良时代"(702—810)和"平安时代"(810—1185)便已"引进"了中国的唐律作为其政法典范,采用了中国的行政和法律制度。在后来的德川时代(1603—1868),更把儒家理学(日语称"朱子学")设定为国家的统治意识形态以及其正义体系的主导思想。长期以来,和中国一样,在民事方面,主要依赖宗族和社区的调解来优先处理民间纠纷,不能解决才会进入国家的正式正义体系。而且,国家成文法同样以刑为主,虽然也同样介入民事领域。(Henderson,1965: 48—49,55,61)

与中国既相似而又有一定不同的是,日本在德川时代便已建立了相当高度形式化(制度化、程序化)的法庭(日语称作)"调停"程序。其中包括:原告的诉状必须具备村长的印章以及当地领主"大名"的认可,审判之前必定要先经过调停,调停最多共八次,调停不成才会进入判决等。(详细论证和案例见 Henderson,1965: 131—166)这些是清代县官处理"细事"案件中所没有的形式化程序,带有一定的日本特色。但总体来说,它大致相当于一种(如今中国称作)"法院调解",与西方把"调解"和"审判"截然分开的制度很不一样。

之后,进入近现代,日本的民事正义体系,除了仍然以原来的民间非正式调解为前置条件外,在"法院调解"之中,更区别了"和解"与"调停"两大程序:前者以妥协为主,后者则带有更多的审判性。两种程序都允许当事人选择脱离法庭程序(由和解或调停"委员会"来主持),但也可以由法官来主持;而且,即便是进入了两种程序之中的任何一种程序,当事人仍然可以随时放弃,要求进入审判程序。[①](Henderson,1965:183—187)显然,日本的近现代制度与其之前德川时代的制度既有一定的延续性也有一定的不同。

如今,日本的诉讼频率要远低于美国(别的不用说,美国每10万人中有365名律师,而日本只有16名,美国是日本的足足23倍——Magee,2010:table1),明显是因为其广泛采用社区和各种社会经济组织中的民间调解所起的作用(Callister and Wall,1997;Wall et al.,1998),也是因为其法院的和解和调停体系所起的作用(Henderson,1965:尤见6—12,37—43,48—49;Ficks,无日期)。如今,遇到纠纷,民间调解仍然是大多数日本人的第一选择。即便进入法庭程序之后,采用"调停"/"和解"程序的案件也达到进入审判程序的案件总数的足足两倍,其中有55%成功结案。(Hopt and Steffek,2013:1079—1080;Henderson,1965:191—201)也就是说,每

---

① 日语所用的"调停"一词源自中国古代(战国时期)的儒家经典《周礼》,其含义和现代汉语基本一致。自德川时代(1603—1868)以来,日语"调停"的含义则大致相当于如今汉语中的"法院调解"。(日语含义的详细讨论见 Henderson,1996:6—12)至于日语中的"和解"一词,也源自《周礼》,如今主要用于法庭"和解"程序。"调解"则是现代汉语用词,不见于日语。(《大汉和辞典》,10:10944,10947)

两起民事诉讼案件之中,有一起是通过"调停"/"和解"成功解决的。这是一个比如今中国的法院调解成效(三起中一起)还要高的比例,显然同样远远超出调解在一般西方国家所起的作用。

至于韩国,本章将不详细讨论,这里只指出,和日本一样,其正义体系早就以中华法系为典范;而且,民间调解如今在其城乡社区和社会经济组织中,仍然同样起到很大的作用。(见 Sohn and Wall,1993;Wall et al.,1998)同时,部分由于儒家思想的影响,部分由于日本统治时期的影响,韩国早在20世纪初期便已广泛采用法庭调解的制度。(Lewis,1984:尤见第1、6章)

"世界正义工程"(WJP)的"法治指数"目前完全没有从调解的成效率的角度来考虑日本—韩国—中国与西方国家的不同。虽然如此,但它在民事正义(第7"一级要素"[factor])的"公正和有效的 ADR"(次级要素[subfactor])下,比较正确地对日本和韩国做出了较高的估量:日本的分数是较高的0.87,韩国的是更高的0.90。而在"民事正义"一级要素的排名下,日本在102个国家中位于第14,韩国则是更高的第7。(WJP,2015:104,132)虽然如此,这里要指出,WJP 如果把日—韩—中(远远超过西方)的民间调解成效以及减轻正式法庭负担的功能纳入其对 ADR 的估量,所得出的指数会更高。

也就是说,我们需要认识到,源自儒家思想的"中华法系"非正式正义传统,如今不仅在中国,也依然在其他"东亚文明"国家起到较大的作用,远远超过一般的西方国家。据此,才可能符合实际和有效地把其与西方国家相比。

(四)当代中国正义体系中的民、刑事交搭

上面我们已经看到,中国的调解机制如今相当规模地被用于公安部门来处理轻微的刑事案件。如此的"行政调解"显然已经从民事延伸进入了刑事领域。更有进者,2002年以来,中国司法界兴起了一股在刑事法院(以及检察院)制度内也推行"刑事调解"(或"刑事和解")的潮流,宣称这既是基于中国优良调解传统的"发展",也是源自西方"修复性正义"(restorative justice)运动和理论的做法,试图(在"与国际接轨"的大潮流上)把"刑事和解"说成是世界/西方最先进的一种法学理论。(见黄京平、甄贞、刘凤岭,2006:109,111所转述、总结的各方意见)

其实,西方"修复性正义"的核心在于让加害人和被害人面对面交谈,由社区、家庭或教会成员参与,促成被害人与加害人的相互了解,重点在于加害人的悔过和受害人的宽恕。其中,基督教关于忏悔和宽恕思想的影响比较显著。它的实用性其实非常有限,主要限于未成年人(以及印第安人部落)和轻罪中较小比例的案件。但在中国刑法的实际运作中,被羁押的加害人根本没有可能与受害者面对面交谈,根本就谈不上什么忏悔和互谅。实际上,刑事和解导致了不少滥用的实例,尤其是允许有权有势者凭借权钱而(等于是)收赎罪行,也造成有的受害人"漫天开价"的现象,完全脱离了调解的理念,当然也与"修复性正义"拉不上关系。(McCold,2006;Marshall,1999;黄宗智,2010:730—735)

虽然如此,但经过十多年的试用,这股"刑事和解"潮流看来已

经稳定于以下的范围之内:主要限于轻伤害罪和交通肇事等案件。和解较多用于未成年人,以及邻里、亲属、同学、同事等之间。其适用度则大多仅在所有刑事案件中的几个百分点的幅度之内,和一开始时的一些主观奢望和浮夸相去较远。(同上;亦见朱景文编,2011:364—366)

固然,混淆民、刑事也容易导致一系列的问题,包括上述的靠权钱来收赎刑罚,乃至于权力的滥用。但我们这里要强调的是,和公安部门调解部分轻罪相似,如今的刑事调解潮流也展示了中国历来的民刑不截然分开、非正式和正式体系相互交搭的传统倾向。如此的实例再次提醒我们,不要过分简单援用西方的民事和刑事、私法和公法截然分开的思维来审视中国的正义体系。那样的话,容易无视中国古今的非正式正义体系,也容易忽视中国正义思想拒绝把两者设定为绝对分开的、对立的二元的倾向。过去如此,今天(在全盘引进西方法律理论和条文之后),仍然相当程度如此。

固然,如今中国的正义体系已经模仿西方而建立了制度上截然分开的民、刑事法律和法院制度,而且不再像古代那样把民事法律加以刑罚包装而辅加入"以刑为主"的成文法。但是,即便如此,当今的正义体系显然仍然援用古代正义体系的核心原则,即不涉及罪行的民间纠纷应该优先由社会本身的道德价值观和调解机制来处理,以及先借非正式正义来减轻正式正义体系的负担。此外,更把非正式正义的调解通过半正式化而大规模延伸入行政和法院体系。同时,上面已经看到,如今的正义体系在正式化的民、刑事体系之间,仍然采纳了相当程度的交搭和互动,特别是在公安部门下设置调解体系,也在刑事法院体系下设置调解体系,相当系统地尽可能把轻微刑事案件的处理调解化、去刑事化——也就是说,把刑事案件民事化。在这些方面,无疑是继承了中华法系原有的一些基本特色。

三、世界正义工程(WJP)与非正式正义

"世界正义工程"(WJP)是在 2006 年由美国律师协会(American Bar Association,该年的会长是 William H. Neukorn)作为该协会的一项主要工程而发起的,并且主要是由美国一些基金会和律师公司所资助的,其总部设于美国首都华盛顿。即便如此,它仍具有一定的全球性:试图尽可能客观地来估量全球各国(2015 年已经纳入 102 个国家)的"法治",并且相当程度上关注实施,而不仅仅是由某种相对比较高度意识形态化的价值观所主宰。譬如,在衡量民事正义和刑事正义的一级"要素"(factor,共 8 个)中,它纳入了"没有腐败"(Absence of Corruption)、"秩序与安全"(Order and Security)、"管制执行"(Regulatory Enforcement)几个实用性要素,在 44 个次级要素中纳入了一般公民的视角,如"可使用性和可负担性"(Accessibility and Affordability)、"没有不合理的耽搁"(No Unreasonable Delay)、"有效执行"(Effective Enforcement)等。如此的实用观点既贴近美国法学在"古典正统"(classical orthodoxy)理论之外的近乎主流的"法律实用主义"(legal pragmatism)传统,也与该组织是由在职律师们而不是"象牙塔"里的教授和理论家们所发起和组织有关。即便是在政治体制方面,它的衡量标准也并没有简单拘泥于诸如选举制度和多党制度的形式,而更聚焦于立法

机构和司法机构能否在实际运作中有效限制政府权力的问题。正因为如此,在其2015年的"法治指数"排行之中,相当威权化和历来基本由一党统治的新加坡被排于第10名,在美国的第21名之上。中国香港排名第19,也在美国之上。(WJP,2015)

同时,前文已经指出,它采用了较为宽阔的"正义"概念来替代比较狭窄、倾向单一突出成文的"法律"的概念。同时,已经正式采纳了"非正式正义"(informal justice)作为其所计量的第九要素(虽然目前尚未把其数据纳入"法治指数"的计算之中)。(WJP,2015:13,160)

我们可以从其对中国的"民事正义"和"非正式正义"的估量窥见其走向和所面对的困难与矛盾。2015年6月,进入其网站搜索,在其正式出版的《2015年法治指数》中,我们在中国的"民事正义"要素下看到,中国在"没有不合理的耽搁"(次级要素7.5)下获得0.73的较高指数,但在"有效执行"(次级要素7.6)下则只获得中等的0.48,而在"公正和有效的非正式纠纷解决机制"(impartial and effective ADRs)(次级要素7.7)下,也只获得中等的0.52。(WJP,2015:76)但同时,也许是因为WJP已经认识到如此的评估并不能正确反映中国民事调解体系,在同年同月中,通过其网站的"互动数据"(interactive data)按钮,再通过"国家雷达"(country radars)按钮进入中国数据,看到的则是次级要素7.6的中国指数是0.73,次级要素7.7也是0.73的较高指数。(http://data.worldjusticeproject.org/# groups/CHN)两组数据差别很大,我们因此要问:如此的矛盾数据是否正反映了WJP所面临的,如何处理非正式正义的含义和数据的疑难? 较高的估量指数是否来自对"非正式正义"的估量而被纳入了"民事正义"的估量？我们还要问的是，如果纳入，又怎样能使其与不太重视非正式正义体系的现代西方法律体系对比？

目前，中国在全球102个国家的指数中，总排行较低，是第71名。其中原委是三个关键一级要素。一是第一要素"政府权力（是否被有效）制约"（Constraints on Governmental Powers）。二是第三要素"开放政府"（Open Government）。三是第四要素"基本权利"（Fundamental Rights）。（WJP,2015:76）但本章不打算进入政治体制和人权方面的讨论，将前后一贯聚焦于非正式正义以及其与正式正义之间的关联的讨论。①

目前，WJP所使用的估量方法是对每个国家从其三个最大城市"抽样"得出的1000人面对面（或通过电话或网上联系）做访谈/问卷调查。另外，从每个国家平均选出25位"专家"进行访谈。据WJP的自我表述，这两组人，一是"代表性人口调查"（Representative Population Polls,简称RPP），一是所谓的"合格人士问卷调查"（Qualified Respondents' Questionnaires,简称QRQ）。在法治指数的计算中，两组的数据被赋予同等的数值。也就是说，几位专家的意见无疑是最关键的，被给予1000名普通人的等值。但目前，相对于其他国家的平均25名，WJP在中国的专家组显然还比较薄弱，只有八位人士列名（报告声称有的没有列名）。而且，这八位人士之中，包括两位外企（惠普公司）专业人士、两位外国法律公司（MMLP Group）律师、两位非政府组织人士，只有两位中国（中国政法大学）法学教授，没有在职的中国律师、法官或法律机构人

---

① 朱景文（2014）有较全面的讨论。

员参与。(WJP,2015:173)这显然不是一个理想的状态。

此外则是 WJP 对发达国家的明显偏向。最关键的一点是把访谈对象局限于(各国三大)城市的居民。这对美国那样非常高度城市化的国家来说也许并不那么关键(因为其务农人口如今才占全国人口的不到 1%),但对发展中国家,譬如中国和印度来说,则严重脱离实际。当今世界的农村人口仍然占到全球总人口的约一半。像 WJP 那样,完全忽视农村和农民,是个比较严重的偏向,足使我们质疑其整项工程的客观性。WJP 自身也已经表明了今后要纳入农村方面调查的意图(WJP,2015:169;Botero and Ponce,2010:26—27),但到底是否会做和怎样去做,尚待观察。

应当说明的是,WJP 的研究方法是由其两位关键人员(执行主任 Juan Carlos Botero 和首席研究员 Alejandro Ponce 设计的,前者是曾经在世界银行工作过的经济学家,后者的工作背景也和世行有一定的关联。整套方法源自世行的诸多发展指数,包括其估量世界各国社会公平程度的基尼系数(Gini index)以及其全球治理指数(Worldwide Governance Indicators)。问题是,世行的社会公平基尼系数依赖的基础是世界各国的收入统计数据,而后加以整理和排名,而 WJP 用的则主要是质性判断的问卷调查。具体来说,其"代表性人口问卷"多以假设的"具体"情况来要求填卷者提出意见、猜测或判断。以其第一个问题为例:"假定政府将在邻近你住处的地方建造一项工程(如火车站或公路),你和你的邻居有多大可能会有机会向其表达你们的意见? 选择:很可能,可能,不大可能,很不可能。"在"合格人士问卷"中,对"民商事法律"专家使用的问卷的第一个问题是:"假如你国家的环境保护机构通知一个工业工厂它违法污染一道河流,最可能的后果是？选择:公司将遵守法律,公司将贿赂威权人士使其无视该违法行为,没有效果,不知道。"①WJP最终的"法治指数"是根据这样的质性问卷来给予量化的分数和排名的,其问卷的主观性明显较高,量化过程也显然不可避免地带有一定的主观性。以基尼系数的0.00到1.00来表达这样的估量,再对102个不同国家进行精确的排名,未免有点夸大了其原始资料的精确度。

固然,WJP的"法治"理念与其使正义体系概念更加宽阔(纳入全球的比较)和相对客观(采用比法律更宽阔的)的意图是可嘉的,也是重要的。这里不是要完全否定、拒绝此项工程,而是要指出其目前的一些弱点。其对非正式正义的忽视和对农村的忽视是相互关联的,也是其不能理解像中国这样的国家的关键原因。同时,也鲜明地反映了西方现代正义体系对非正式正义的忽视和欠缺。要进一步迈向其理念的实施,WJP需要重新审视其在这些方面的基本概念和方法。

举例说,如果按照本章的思路来考虑,我们可以想象:对民事正义的估量,可以从社会现实(譬如,用每千人中的民间纠纷数量来估量社会冲突度)出发,而后分别检视其非正式(和半正式)和正式正义体系所起的作用,从而估量全世界各国的异同。之所以要从现实中的纠纷频率出发,是因为纠纷的频率可能主要源自多种和正义体系并无直接关系的社会—历史原因。譬如,资源相对人口的贫缺、激烈的改革和社会变迁、社会不平等、种族矛盾等,不一

---

① "代表性人口问卷"见Botero and Ponce,2010,从第55页开始。"合格人士问卷"在其后。

定主要来自正义体系的不足。同是具有厚重"中华法系"传统的中国和日本,如今显然处于很不一样的历史和社会变迁状态,更不用说两者和美国之间的不同了。我们要追问,在所有的民事纠纷之中,非正式正义(调解)成功解决了多大比例的纠纷?在所有的民事诉讼案件中,"半正式"的法院调解又起到何等程度的作用?怎样估量美国和日本诉讼频率之间的悬殊差距?在刑事正义体系方面,则也许可以从刑事案件频率(如每十万人中的严重刑事暴力案件数)出发(适当纳入监犯数量和死刑所占比例的估量),分别检视非正式和正式正义体系所起的作用(当然也要考虑到欠缺有效枪械管制的因素)。我们可以估量非正式正义(可能)解决和避免了什么样的、多大比例的刑事案件。纳入类似以上的考虑,也许会有助于我们理解和估量如今非正式(和半正式)正义所起的作用。

四、对研究中国法史、法理和立法的意义

今天,我们首先需要的是国内外研究中国的学者的自省。近百年中,中国的法史和法理的研究一直困于中西和古今二元对立的思维框架。那是个部分源自西方理论和演绎逻辑思维习惯的框架,其基本出发点是要求法律体系完全整合于演绎逻辑,由此普适于全世界。遇到不同的正义体系,如此的思路只可能陷入二元对立的观点。韦伯作为西方现代对法学界影响最大的理论家,便是最鲜明的例证。他认为,现代法律的形成过程是一个从非理性到理性,从实质主义的道德思想到形式主义的演绎逻辑,从具体和特殊到抽象和普适的演变过程。在他建构的理想类型中,两者是完

全对立的。而韦伯迄今仍然是这种西方现代主义法学影响最大的代言者和理论家。他说明的是现代西方法律思想的核心。我们还看到,美国的"古典正统"创始人兰德尔的思路是和韦伯一致的。

在近现代中国,由于西方对中国的冲击(从侵略到半殖民化和支配),国家的领导者,原先是出于重建国家主权(废除"治外法权")的考虑,后来是出于自身的思考,也基本全盘接纳了西方的现代法律和法理,拒绝了中国传统的正义思想。直到毛泽东时代对此的反动,走到了几乎完全拒绝西方法律的极端。而后,在改革时期,再次全盘引进西方法律和法学,再度拒绝传统法律思想。在那样的激烈反复过程中,难怪中国法学界会一直困扰于要么是全盘西化,要么是本土主义的二元对立,一直没有能够在其间找到平衡、综合或超越。由此,也造成了法史和立法、过去和现在的完全隔绝,促使法史学界局限于脱离实践的研究,同时也促使如今青年法学学生无视中国传统法律的历史。

如此的困境的一种表现是,法史学家们陷入一种"文物主义"的思想困境:中华民族的历史传统是伟大的,但也是如今已经解体并与当今世界无关的。如此的思路和脱离实践的(简单的)历史主义直接相关,其所用的修辞是要"忠于"或"还原"历史,坚持只能用古代自身的话语和概念来描述、理解古代,拒绝使用任何现代话语和概念于古代法史的论析。同样的态度和思想甚至可以见于一些认同中国上层文化的美国(汉学和)历史学家们,他们宁愿把中国的"大传统"视作一个完全不同的实体。同时,也可以见于一些"后现代主义"学者,他们认为那样才是"去西方中心化"的学术,才是尊重中国文化的历史学术。

殊不知,这是似是而非的逻辑。正是这样的观点才真正犯了现代主义的错误,才真正认为唯有西方才具有民法/民事正义,而中国古代没有。它忽视了古代正义体系的基本概念框架,即要求民事纠纷优先由社会自身来解决,也忽视了成文法中实际存在的关乎民事的内容。因此,它也认识不到古代的正式正义体系为什么会有意识地主要采用刑法的表达来说明其基本的民事原则,也就不能理解其真正含义。同时,它认识不到古代和现代中国正义体系的延续性,把古代和现代置于僵化了的隔绝之中,并把中国与西方当作完全对立的二元,认为必须在其间做出非此即彼的选择,进而促使法学界陷入要么是现代主义或西方主义,要么是对其反动的"古代主义"或"本土主义"。这样的对立和划分其实既不符合现代中国的中西必然并存的基本实际,也不符合古代正义体系的实际。

其实,如今中国正义体系的实践,不仅和舶来的西方表达不同,在古代也多与中国自身的表达不同。要更好地掌握中国的实际,我们需要同时考虑实践和表达/话语,既要看到其相符之处,也要看到其相背之处,对待今天如此,对待过去也如此。坚持仅仅使用中西方任何一方的话语,等于是认定表达必定是与实践一致的,也等于是说无论是古代还是现代,我们只需要掌握其话语便能够掌握其正义体系的全部实际。如此便自然而然地陷入极其简单的话语主义,乃至于盲目接纳表达,或宣传,甚至停止独立思考。其实,正是表达和实践两者的背离之处,才更能让我们看到整个正义体系的真实,对待现当代从西方引进的话语如此,对待中国自身的古代话语也如此。

一个相关的问题是,有的西方和中国学者认为,既然西方现代的正义体系远远优于已经过时的中华法系,那么其 ADR 制度也必然优于中国的非正式正义和调解体系。中国因此必须模仿西方的 ADR 制度,并像 WJP 那样按照西方的 ADR 标准来衡量中国的调解。我们已经看到,这样的观点导致了对中国古今调解体系的完全误解,也导致了对西方调解制度作用的严重夸大。说到底,它再次是将中国和西方设置为二元对立体,再次是西方优越的观点,再次是(西方)现代主义的、隔绝中西方的观点。

笔者长期以来一直强调,我们需要打通中西和古今。打通中西,才能够直面中国传统和西方影响并存的中国现代基本实际,认识到两者既必然并存、拉锯和矛盾,也必然磨合与混合。从这样的实际出发,才有可能求同存异、取长补短,由此超越。同样,打通古今,才有可能协调和融合,乃至超越。

其中的一个关键是抛开从理论前提出发的思维。如果从西方设定的"公理"(如人权)出发,依赖演绎逻辑而得出定理,像韦伯和兰德尔要求的那样,只可能得出西方那样的强烈倾向前后一贯的"形式主义理性"法律结论,并且只可能得出中国是与其矛盾的"他者",完全陷入二元对立的铁笼之中。(更详细的论析见黄宗智、高原,2015)我们需要做的是,从必须直面中西并存实际的中国实践出发,挖掘和建立不同于西方的理论概念,再返回到实践/经验中去检验。近百年来中国在其正义体系的实践之中——正如其近年来在经济发展的实践之中,已经对西方以及中国传统法律的理论做出了一系列的选择、修改和重新理解,使其适应如今中国的社会实际。其中的明智抉择需要我们去挖掘、论证、归纳和理论化。如此的研究进路方有可能摆开西方法学所设定的理论框架、摆开中西古今的二元对立,从而探寻符合中国现实的理论建构和出路。

在我看来,吸纳不同的文化,把二元对立和非此即彼转化为二元并存、综合或融合,才是中国文明的真正核心特点。它既展示于中国对待二元(譬如,乾坤或阴阳)的思维,也展示于中国的历史经验(法家和儒家、儒家和佛教、耕种文化和草原文化),其关键在于把被对立的二元综合起来,在其并存和相互作用中探寻其综合与超越。具体到正义体系和法律制度,则是历史中的儒家与法家、民事与刑事、非正式与正式正义的交搭并存、相互作用以及融合合一。在现当代则是古代和现代、中国和西方、实质理性和形式理性、道德理念和实用性实践、非正式与正式正义体系的综合合一。如此的视野方能允许我们在中西矛盾并存的实际之中,探寻超越的道路,并推进中华法系的特殊性和普适性,把其真正置于全球视野中来认识和理解。

参考文献:

白凯(Bernhardt Kathryn,2007):《中国的妇女与财产(960—1949)》,上海:上海书店出版社。

白凯(Bernhardt Kathryn,2014):《中国妇女史中的明清转型?——来自法律角度的检视》,载黄宗智、尤陈俊编(2014),北京:法律出版社,第27—53页。

《大汉和辞典》(1955—1960),12卷,东京:大修馆书店。

《大清律例》,引用根据黄静嘉编校的薛允升(1970)《读例存疑》所用律号和例号。

洪焕椿编(1988):《明清苏州农村经济资料》,南京:江苏古籍出版社。

黄京平、甄贞、刘凤岭(2006):《和谐社会构建中的刑事和解——"和谐社会语境下的刑事和解"研讨会学术观点综述》,载《中国刑事法杂志》第5期,第108—115页。

黄宗智(2008):《集权的简约治理——中国以准官员和纠纷解决为主的半正式基层行政》,载《开放时代》第2期,第10—29页。

黄宗智(2010):《中西法律如何融合?道德、权利与实用》,载《中外法学》第5期,第721—736页。

黄宗智(2013):《重新认识中国劳动人民——劳动法规的历史演变与当前的非正规经济》,载《开放时代》第5期,第56—73页。

黄宗智(2014a):《清代以来民事法律的表达与实践:历史、理论与现实》。第1卷《清代的法律、社会与文化:民法的表达与实践》;第2卷《法典、习俗与司法实践:清代与民国的比较》;第3卷《过去和现在:中国民事法律实践的探索》,北京:法律出版社。

黄宗智(2014b):《〈历史社会法学:中国的实践法史与法理〉:导论》,载黄宗智、尤陈俊编(2014),北京:法律出版社,第1—26页。

黄宗智(2015):《道德与法律:中国的过去和现在》,载《开放时代》第1期,第75—94页。

黄宗智、高原(2015):《社会科学和法学应该模仿自然科学吗?》,载《开放时代》第2期,第158—179页。

黄宗智(2017a):《中国的劳务派遣:从诉讼档案出发的研究(之一)》,载《开放时代》第3期,第126—147页。

黄宗智(2017b):《中国的劳务派遣:丛诉讼档案出发的研究(之二)》,载《开放时代》第4期,第152—176页。

黄宗智、尤陈俊编(2014):《历史社会法学:中国的实践法史与法理》,北京:法律出版社。

经君健(1981):《论清代社会的等级结构》,载《中国社会科学院经济研究所集刊》第3集,北京:中国社会科学出版社,第1—64页。

赖俊楠(2014):《马克斯·韦伯"法律社会学"之重构:观念论的力量与客观性的界限》,载黄宗智、尤陈俊编(2014),第396—431页。

李贵连(1994):《近代中国法律的变革与日本影响》,载《比较法研究》第1期,第24—34页。

马小红(2014):《中华法系中"礼""律"关系之辨正——质疑中国法律史研究中的某些"定论"》,载《法学研究》第1期,第171—189页。

屈茂辉、匡凯(2014):《传统法学的几何学范式论析》,载《法学家》第3期,第133—144页。

苏成捷(Matthew Sommer)(2009):《清代县衙的卖妻案件审判:以272件巴县、南部与宝坻县案子为例证》,载邱澎生、陈熙远编《明清法律运作中的权力与文化》,台北:联经出版事业股份有限公司,第345—396页。

韦伯(2005):《法律社会学》,康乐、简惠美译,载《韦伯作品集Ⅸ》,桂林:广西师范大学出版社。

《刑案汇览》(1968),8册,台北:成文出版社。

薛允升编(1970):《读例存疑》,黄静嘉编校,五卷,台北:成文出版社。

俞江(2001):《关于"古代中国有无民法"问题的再思考》,载《现代法学》第6期,第35—45页。

张晋藩(1996):《中国古代民事诉讼制度通论》,载《法制与社会发展》第3期,第54—61页。

《中华法系》,百度百科,http://baike.baidu.com/link? url=tf5EXmL KceMEa4IIZyHX19aXluu3aQd6p21ZLBURVRkIUmh-r_15kyZv4f3CmiY0C8 HiwHhTRXXurvRt_044J。2015 年 7 月查阅。

《中华苏维埃共和国婚姻条例》(1931),纳入湖北财经学院编《中华人民共和国婚姻法资料选编》(1983),无出版处。

朱景文(2015):《论法治评估的类型化》,载《中国社会科学》第 7 期,第 108—124 页。

朱景文编(2011):《中国人民大学中国法律发展报告 2011:走向多元化的法律实施》,北京:中国人民大学出版社。

Botero, Juan C. and Alejandro Ponce (2010). "Measuring the Rule of Law," World Justice Project, Working Papers Series, No. 001, http://papers.ssrn.com/so13/papers.cfm? abstract_id=1966257&download=yes.

Callister, Ronda Roberts and James A. Wall (1997). "Japanese Community and Organizational Mediation," *Journal of Conflict Resolution*, v. 41, no. 2(April): 311—328.

Ch'ü Tung-Tsu(瞿同祖)(1961). *Law and Society in Traditional China*. Paris: Mouton.

Committee of Ministers of the Council of Europe (1998). "European Principles on Family Mediation," http://www.mediate.com/articles/EuroFam.cfm(accessed July 2005).

De Roo, Annie and Rob Jagtenberg (2002). "Mediation in the Netherlands, Past-present-future," *Electronic Journal of Comparative Law*, 6.4(Dec.), http://www.ejcl.org/64/art64-8.html(accessed July 2005).

Fairbank, John King, Edwin O. Reischauer and Albert M. Craig(1965). *East Asia: The Modern Transformation*. Boston: Houghton Mifflin.

Ficks, Erik. n. d. "Models of General Court-Connected Conciliation and Mediation for Commercial Dispute in Sweden, Australia, and Japan," http://sydney.edu.au/law/anjel/documents/ZJapanR/ZJapanR25/ZJapanR25_09_Ficks.pdf(accessed July 2015).

Galanter, Marc(2004)."The Vanishing Trial: An Examination of Trials and Related Matters in Federal and State Courts," *Journal of Empirical Legal Studies*, v. 1, no. 3(Nov.): 459—570.

Galanter, Marc (1985). "'A Settlement Judge, Not a Trial Judge': Judicial Mediation in the United States," *Journal of Law and Society*, 12.1 (Spring): 1—18.

Grey, Thomas C. (2014). *Formalism and Pragmatism in American Law*. Leiden: Brill.

Henderson, Dan Fenno (1965). *Conciliation and Japanese Law: Tokugawa and Modern*. 2 volumes. Seattle: University of Washington Press.

Hopt, Klaus J. and Felix Steffek, eds. (2013). *Mediation: Principles and Regulation in Comparative Perspective*. Oxford: Oxford University Press.

Langdell, Christopher Columbus (1880). *A Summary of the Law of Contracts*. Boston: Little, Brown, and Company.

Lewis, Linda Sue(1984)."Mediation and Judicial Process in a Korean District Court," Ph. D. dissertation, Columbia University.

Magee, Stephen P. (2010)."The Optimum Number of Lawyers and a Radical Proposal for Legal Change," http://buckleysmix.com/wp-content/uploads/2010/10/Magee.pdf (accessed July 2015).

Marshall, Tony F. (1999). "Restorative Justice: An Overview," Home Office, Research Development and Statistics Directorate.

McCold, Paul (2006). "The Recent History of Restorative Justice," in Dennis Sullivan and Larry Tifft, eds. *Handbook of Restorative Justice*. London and New York: Routledge.

Reischauer, Edwin O. and John K. Fairbank (1958 and 1960). *East Asia: The Great Tradition*. Boston: Houghton Mifflin.

Sohn, Dong-Won and James A. Wall Jr. (1993). "Community Mediation in South Korea: A City-Village Comparison," *The Journal of Conflict Resolution*, v. 37, no. 3 (Sept.): 536—543.

Subrin, Stephen N. and Margaret Y. K. Woo. (2006). *Litigating in America: Civil Procedure in Context*. New York: Aspen Publishers.

Virginia Judicial System (2003). http://www.courts.state.va.us/reports/2003/SECTIONa.pdf (accessed 2009).

Wall, James A. Jr., Michael Blum, Ronda R. Callister, Deng Jian Jin, Nam-hyeong Kim and Dong-won Sohn (1998). "Mediation in the US, China, Japan, and Korea," *Security Dialogue*, v. 29, no. 2: 235—248.

Weber, Max (1978 [1968]). *Economy and Society: An Outline of Interpretive Sociology*, edited by Guenther Roth and Claus Wittich, trans. by Ephraim Fischoff et al. 2 vols. Berkeley: University of California Press.

World Justice Project (WJP) (2015). *Rule of Law Index*. World Justice Project.

第十四章
怎样推进中国农产品纵向一体化物流的发展？
——美国、中国和"东亚模式"的比较①

本章首先从比较中国和美国的农业体系出发，论析两种不同体系所包含的不同逻辑，说明并解释两国农产品物流体系之间的不同。进而论析中国大陆农业和日本及中国台湾地区以小农场为现代农业主体的基本共同点，进而分析日本—中国台湾地区比较发达的新型物流体系的基本结构，及其所展示的组织和运作逻辑，说明其对中国大陆的启示。最后，据此评析国家改革期间的农业政策和最新动向，借此来指明中国发展新型农产品物流体系的道路。

本章考虑了三种主要政治经济模式和理论：一是美国（相对市场经济而言的）资本主义"规制型国家"（regulatory state），二是日

---

① 本章原文发表于《开放时代》2018年第1期，第151—165页。纳入本书，做了些许修订。

本和中国台湾地区所显示的资本主义"发展型国家/地区"（developmental state/region）及其基于社区合作社的农业纵向一体化体系，三是中国大陆的半国企（国有和国有控股）半民企经济实体（Szamosszegi and Kyle，2011；黄宗智，2012：10）之上的"发展型国家"及其可能形成的类似日本—中国台湾地区经验的农业合作社。笔者认为中国未来有可能会形成一种比较独特的新型政治经济模式。

一、中国和美国农业体系的基本不同

中国的农业体系和美国极其不同。今天，中国的农业仍然是个以小农场为主体的体系，劳均耕地面积约 10 亩（2012 年卫星测量总耕地面积 20.2 亿亩，2016 年务农人口 2 亿，户均耕地面积 10 亩）。这和美国的农场完全不同，其平均面积将近 2700 亩（450 英亩）。

美国农业的主体是大型农业公司和大型企业化家庭农场。其最大的 2% 的农场占农业总产值的 50%，最大的 9% 的农场（平均规模超过 10000 亩）占农业总产值的 73%。（USDA，2005：图 3、图 5）其中，有的更是"双向一体化"（横向与纵向一体化）的大型农业企业（agribusiness），集生产、物流和销售于一体。由于美国的农场大多不仅是高度机械化的，也是高度自动化的实体，它们的雇工并不是很多。以广为阅读的《大西洋月刊》（*The Atlantic*）（2012 年 7/8 月号）报道的一个特别突出的"典型"家庭农场为例，它实际上是个占地 33 600 亩（5600 英亩）的企业，除了农场主，还雇有 2 名全职人员,另加众多季节性(外籍)短工。(Freeland,2012)今天,美国所有较大的农场所雇全职(具有公民或长期居留身份)的"合法"职工共有约80万人,另有100—200万的"非法"移民季节性短工。(Rodriguez,2011)虽然如此,由于历史原因,仍然有许多人把上述实际虚构为一个"家庭农场"(family farm)体系,甚至将其等同于美国"国性"的核心。我们需要认识到,那是个源自美国民族主义的虚构,不是对其农业和物流体系的真实写照。(黄宗智,2014b:108及其后)

正因为其农场规模较大,美国才有可能形成由许许多多、各种各样的公司所组成的物流体系,组成一个紧密连接的纵向一体化"供应链"和销售链,从包装、加工、储藏、运输到销售和配送。在生鲜产品领域,它能够组成快速、高效、全程"无断链"的"冷链"等。当然,这一切与其高度发达的交通和信息体系直接相关。与此相比,在中国,企业公司很难把千千万万分散的小农户整合成一个纵向一体化的物流体系,除了较少的例外,因此中国一直没有能够形成像美国那样的物流体系。

固然,美国农业也有一定数量的规模相对较小的农场,主要是生产高值农产品的小农场,尤其是从事有机农业的农场(虽然其产值达到农业整体的36.8%,但它们只占到所有农业用地中的3.6%,而占地96.4%的大田农业,所生产的则只是总产值的63.2%)(USDA,2013:11),其农业的大头依然是大田农业。这也再次为我们说明,美国的稀缺资源主要是劳动力而不是土地,与中国人多地少的基本国情截然不同。与其相比,中国近三十年来发展的(笔者称作)"劳动与资本双密集"的高值小规模"新农业"(蔬果、肉禽鱼、奶蛋等),如今占地规模已经达到全国总耕地面积的三分之一,比美国的比例高出将近十倍(其在农业总产值中所占的比例是三分之二,约四倍于"旧农业"的大田谷物种植——后者占地 55.9%,产值占比则才 15.9%)。(见本书第 2 章,表 2.4;亦见黄宗智,2016:15、表 4)

与大型的大田作物农场不同,美国较小型的农场多借助专业合作社(Agricultural Cooperatives)来进行销售。其主要形式是"销售合作社"(marketing cooperatives),区别于供应合作社(supply cooperatives),后者主要为会员联合起来购买农资以便获取最好的折扣。前者则在农产品销售量中占到重要的地位:譬如,占鲜奶的 86%,棉花的 41%,谷物和油籽的 40%,蔬果的 20% 等。(USDA,2000)这些合作社对农产品提供规模化的分级、包装、运输、储藏、销售等纵向一体化服务,而后按股份或销售额分红,起到的是与物流企业公司并行的纵向一体化作用。

这里需要指出,美国的专业合作社在 20 世纪后半期经历了基本的转型。在 20 世纪 20—30 年代兴起的合作社多是保护型—服务型的较小规模合作社,其主要目的是通过联合来平衡小农场与大市场间的不平等交易关系。但是,伴随 20 世纪后半期的农业产业化及农场的规模化和企业化,保护型的小合作社逐渐被营利性的公司化大合作社取代。后者所提供的其实主要是规模化的加工、运输、销售等服务,其功能与一般物流企业相似。伴随新型全球化经济/贸易的广泛兴起及更高度标准化物流要求的提出,这些新型合作社不再把小农场主视作应该被保护和为之服务的主体,而越来越多地将其仅仅视作一个与其他要素(资本、土地、技术投入)相同性质的、需要遵循最优化配置逻辑的"生产要素",以便实现最高利润。(Hogeland,2006)如今,较大型的合作社大多已经成为和一般物流产业公司相似的追求利润最大化的实体。

处于整个物流体系顶端的是美国的农产品交易所。其中最早的(成立于1848年)是芝加哥交易所(Chicago Board of Trade)。它于2005年成为一个上市的股份公司,2007年被纳入芝加哥商业交易所(Chicago Mercantile Exchange,简称CME),组成如今美国最大的商品交易所公司,即CME集团(CME Group)。如今,CME已经成为一个以期货(futures——预定未来交货日期价格的交易合约)交易为主的交易所,所涵盖的货品范围已经超出了原来的农产品,纳入了金、银、石油等期货。一方面,农产品的期货交易固然能够促使交易者(生产者和消费者)在一定程度上对农产品价格的走向做出具有某种根据的预期,在理想情况下可以做出更优的经济决策;另一方面,这也可以成为生产者的一种保险行为(如对冲买卖、套期保值等),尽可能使其所冒市场风险最小化。但是,它如今已经附带了越来越大的投机性。众多投机者凭借对市场价格走向的猜测来牟利。譬如,进入期货交易的投机者,可以以1∶10或更高的杠杆比例来投资(如凭3700美元来购买一个价值45 000元的实货——如1000桶石油的合同),借此来扩大其投资的可能利润。而且,投机者可以凭借产品期货的合同来进行虚拟金融产品的买卖,而不是实货的交易,甚至可以进入完全脱离实货的交易,凭借其对市场价格波动的预测来赌博牟利。那是一种带有巨大风险的交易行为——2008年的金融海啸便是实例。("Commodities Futures Contract",2017)也就是说,美国的农产品交易所已经高度金融产品化，其性质已经近似于金融市场的证券交易所，并且同样可以进行电子交易。这就和中国大陆多是以现买现卖而不是期货和衍生资本为主的交易十分不同，也和日本—中国台湾地区的大型批发市场交易不同（下文还要讨论）。

美国政府农业部（United States Department of Agriculture，简称USDA）的主要任务是规制（regulatory）——实施法规，监督、保证食品安全，提供信息等，目的是让市场机制良好运作，但并不直接组织、投入农产品的生产或物流。其农业体系基本是由民营公司所主宰的——既有批发和食品配送等公司，也有上述公司化的合作社，并有众多经营包装、运输、冷链、销售等不同物流环节的公司。总体来说，其纵向一体化的主体乃是企业化的公司而不是政府。

主导美国整个农业体系的经济理论是：政府的功能应被限定于确立市场的外部条件（法规、监管、技术和信息服务等），来确保市场规律的运作，但不可"干预"自由市场的运作。虽然众所周知，美国政府从1933年开始，也积极给予众多农场各种各样的补贴，但其背后的理论（意识形态）依据是自由市场的逻辑和理论：农产品的需求相对其他消费品来说，不具备同等的弹性（人们消费食物的量是有自然限定的），因此，久而久之，会导致其实物价格滞后于消费市场整体。所以，要由政府来维持农产品与其他消费品间的"对等"（parity）关系；不然，农场主的收入相比第二、第三产业将会日益下降，使农场主陷落至低收入的贫困阶层。这个补贴政策背后的意识形态是根据古典和新古典市场主义理论形成的自圆其说的理论，其基本主导概念仍然是市场供应—需求的平衡，仍然基本拒绝政府"干预"市场运作，前后一贯地坚持自由竞争性的市场乃是

第十四章 怎样推进中国农产品纵向一体化物流的发展？——美国、中国和"东亚模式"的比较

资源配置的最佳方式。(Mansfield,1980:93—100)

与美国相比,我们立即可以看到,中国农业如今的"纵向一体化"体系是多么不同。如上所述,中国农业的主体如今是户均耕地面积仅10亩的小农户,与美国户均耕地面积2700亩的农场截然不同。正因为农业的主体是小农户而不是大的单位,中国农业的纵向一体化只可能高度依赖小农户自己,以及千千万万的小商小贩。以河南省为例:进入交易的农产品,42%是由小农户自己销售的,40%是由小商贩销售的。(薛选登,2012)最近,国务院发展研究中心系统研究了从山东省临沂市苍山县(今兰陵县)到上海市(600公里)的生菜供应链,发现其物流损耗率为21%—35%。总体来说,中国的生鲜农产品(也是中国"新农业"的主要产品)在其物流过程中的损耗为25%—30%,而美国则控制在7%以下。至于猪肉,该项研究得出的结论是,供应链的开端主要是由小屠户组成的,一般都没有冷冻设备;那样,既造成高损耗,也影响食品安全,与美国具有完整冷链的新型物流体系十分不同。(Development Research Center of the State Council[国务院发展研究中心],2016:27—32)

如此情况决定了中国农产品纵向一体化(物流体系)的基本结构。中国的批发市场所面对的交易者,只有少数是较大型的农场、公司和批发商,大多数是小农户和其所依赖的小商小贩。其所交易的农产品一般都欠缺规范化的包装和分级。正因如此,中国的批发市场很难形成发达国家中比较普遍的那种大型交易,也缺乏动力、条件和资源来为小交易者提供储藏设备和电子信息化等服务。在中国,除了一些大城市的大批发市场,农产品批发市场主要

都是比较粗糙的,没有现代化信息、储藏服务的(也许可以称作)"毛坯"批发市场,有的只是一个大棚,甚至只是一块空地。

除了小农场和小商贩的因素,另一个重要原因是,中国的批发市场大多是由几个不同的政府部门和机构出资组建的。在中国借助地方政府及政府各部门机构的竞争机制来推进经济发展的政策下,它们最关心的与其说是为小农户服务,不如说是为本单位创收和盈利。它们更关心的是自身"资本"投入的"回报",而不是推进和发展农产品市场。在建设用地的高市价压力下,为了满足其投资者的回报要求,这些批发市场大多会收取较高的摊位费,而且基本谈不上提供新型储藏和信息化等服务。其中的交易多是双方的现货、议价、对手交易,较少有美国农产品的大型电子化、金融化的(类似于证券市场)的期货交易(参见本书第9章)。

如此的交易体系既源于小农经济的现实,也源于政府所扮演的角色,两者在一定程度上是互为因果的。在散漫的小生产者的现实下,我们较难想象更为现代化的批发市场。在营利性(讲究资本回报率)而不是服务性的政府部门行为的竞争机制下,我们也较难想象类似于东亚经验的那种真正公益性的批发市场。当然,这里也有中国相对落后的基础设施(尤其是其公路体系)因素的影响。

最近几年来,农产品电子商务大有异军突起的态势,成为一时的议论焦点。其论者指出,电子商务近几年一直在以三位数的增长率极其快速地发展,以至于2015年,国家商业部宣称要在2000多个县每县设立一个电商服务中心和100家村级电商服务点;而阿里巴巴集团则宣称,要在3—5年中投资100亿元,建立1000个县级的运营中心,10万个村级服务点。(洪涛、张传林,2015年2月:45、54)这些令人鼓舞的消息,会使我们联想到,也许手机和互联网正好能够解决中国的亿万小农户和亿万消费者的连接问题,可以成为更新中国物流体系的捷径。但是,细看《2014—2015年中国农产品电子商务发展报告》中的经验证据,我们会认识到,农产品电子交易总额(800亿元)其实仅占农产品物流总额(33 000亿元)的2.4%(第47页)。更重要的是,在全国共约4000户的农产品电商中,仅有1%是"盈利"的,4%是"持平"的;88%则是"略亏"的,7%是"巨亏"的。(第52页)报告还指出:"许多农产品的安全性不高,农药残留、激素残留等不安全因素还大量存在。"根据国家工商总局2014年下半年对92批农产品电子商务样品的监测,"手机(交易的农产品)行业正品率仅为28.57%","化肥农资样品正品率仅为20%"。(第52页)可以看出,在缺乏规范化、冷冻储藏和运输、基础设施等基本条件的情况下,电子商务这条捷径可能起的作用还是比较有限的。

总体来说,中国目前的农产品纵向一体化体系,不仅是个旧式的、低效的体系,也是个高损耗和高成本的体系。这是中国小农户在大市场中所面对的主要困境,是其在农产品物流方面所面对的几乎无法克服的困难。正因如此,虽然中国的农业劳动力成本远低于美国,但其农产品价格却多已高过美国,在土地密集的大田农业(粮食、棉花、油菜)方面尤其如此(地多人少的美国土地价格相对低廉),在国际市场上缺乏竞争力(见本书第8章后记)。至于新农业方面,它因为主要是劳动和资本双密集化的用地较少的高附加值生产,还勉强能够在国际竞争中占据一席之地,但其前景并不乐观；而且，在国内，已经较普遍形成"种菜赔，买菜贵"的吊诡现象。（黄宗智，2017：尤见 138—139）其中的一个关键原因是，其物流成本要远远高于美国。据估计，中国粮食的物流成本占其总成本的约 40%，生鲜产品（亦即笔者所谓的新农业产品）的物流成本与总成本之比则为约 60%；而美国前者才 10%—20%，后者约为 30%。（刘运芹，2014）根据国家发展和改革委员会公布的数据，2015 年中国的物流费用占 GDP 比重为约 16%，要比美国同比高一倍（国家发展和改革委员会，2016），而且看来是没有考虑损耗的一个数据。这是中国如今农产品价格已经高于国际市场价格的一个重要原因。这样下去，中国农业，无论新旧农业，面临的挑战都还非常大。

面对上述现实，笔者在这里要提的问题是：该怎样改造、发展中国的物流体系？

二、模仿美国模式？

国家发展和改革委员会在其 2010—2015 年的《农产品冷链发展规划》中，把对未来的主要希望寄托于发展"第三方的"大物流企业公司（国家发展和改革委员会，2010：尤见第三节之四）。目前这些实体在沿海发达地区固然有一定的发展，但对中国农业整体所可能起的作用比较有限。这主要是因为小生产者（而不是企业化的单位）仍然是农业主体，与其打交道的交易成本非常之高。何况，小农场展示了能够压倒大生产单位的强韧活力和创新力。部分原因是在中国的"半工半耕"社会形态下，它依赖的主要是家庭

第十四章 怎样推进中国农产品纵向一体化物流的发展?——美国、中国和"东亚模式"的比较

的较廉价辅助性劳动力。我们因此一再看到,大型企业公司最终多通过订单、合同等方式来借助这些廉价小生产者进行农业生产,企业本身则从农业生产中退出,多演化为限于流通领域的商业资本,而且多是"贱买贵卖"型的旧型商业资本。它们与小生产者是处于敌对阵营的,凭借尽可能压低收购价和提高销售价的方式来赢利。它们不是新物流体系中能够为小农户连接大市场的一种创业性、开拓性的"贱买贱卖"的高效新型物流资本,即凭借扩大营业额来扩大利润。上面我们已经看到,作为农业生产主体的小农户及其不可或缺的小商小贩,导致了整个物流体系和批发市场乱哄哄的小交易局面,根本就谈不上物流中的规范化、"无缝隙供应链"和"无断链"的"冷链"等基本新型物流要求。

国家多年来一直都在试图借鉴美国模式,政策上一直都向规模化农业企业(龙头企业、大户、耕地面积超过100亩的"规模化""大家庭农场")倾斜,给予其各种各样的补贴、优惠和奖金,试图通过他们来"带动"中国农业的"产业化",并提倡尽量促使"资本下乡"。20世纪90年代实施这个基本政策之后,国家在2004年以来连续不断的中央一号文件中多次重申并加强这个政策的力度,包括大力推动"土地流转"。(黄宗智,2017:尤见第2节)但那样的农业实体充其量也只是农业整体的较小部分。在全国的耕地中,可能只有约六分之一已被流转(一个常用的数据是2014年的3.4亿亩),其中,社区亲邻朋友间的流转占到较高比例:如果是三分之二的话,规模化的农场才占到总耕地面积中的六分之一的三分之一,即十八分之一。也就是说,不到6%,与国营农场占地的5%近似。即使更高,应该也不会超过10%。其中,大型农业企业公司(龙头

企业)可能占到其中的约10%,即总耕地面积的约1%或更少。

这里的关键原因是,在大田谷物农业中,小农场的每亩净收益一般仍然要比雇工的(横向一体化)大农场高约一倍。也就是说,规模化的大田农业需要从国家获得约相当于其自身每亩净收益的补贴才具备与小农场竞争的能力。这正是决策者在上海市松江区调查的实际发现(虽然被有关领导人建构为证明了其对规模效益的信赖),因此上海市政府才会为所谓的(大)"家庭农场"提供大约相当于其本身净收益的补贴和额外奖励。在高度工业化和城镇化的上海市区,缺乏愿意种地的本地(户籍)农民,那样的政策也许是可以理解的,但被当作全国的典范来推广,则有点脱离实际了。(黄宗智,2014b:112—113)而在劳动和资本双密集的高附加值新农业中,小农场所占优势更加明显。家庭经营的小、中、大棚(约一、三、五亩规模)劳动成本更比雇工经营(横向一体化)的大农场低很多,因为它可以依赖自家的辅助劳动力,并依赖自家劳动力的自我激励机制,而不必依靠劳动力成本较高的雇工,更不需要聘用管理雇工的人员。在非定时但频繁的劳动密集生产活动中,家庭辅助性劳动力要比定时的全职雇工具有更大的优势。(黄宗智,2016、2014b)至于国家2007年以来提倡的"专业合作社",同样也是个意图模仿美国的规划。其设想中的合作社是以企业化的农场为主体的,即让处于同一专业的单位联合起来追求其共同的利益,按股或按营业额来分红,所想象的是一个美国型的基本完全(资本主义)企业化的大经济环境。但实际上,中国当前的农业实际主体仍然是小规模的小农家庭农场,而不是专业化的企业型农场。而且,一般小农户缺乏对"专业"农产品市场的认识和联合意向,其所认同的仍然主要是村庄社区的人脉关系。正是由于设想和现实的脱节,所谓的专业合作社中,真正符合国家政策设想的合作社,也只不过占所有所谓专业合作社中的一个较小比例(可能才10%—20%,甚或更少),而"虚""伪"与"失败"的合作社估计可能占到所有在册合作社数量的30%或更多,其余则是两种性质兼有的合作社。(黄宗智,2015a;尤见27—32;亦见黄宗智,2017:140—144;参较Hu,Zhang and Donaldson,2017)

事实是,在中国目前的农业经济现实下,对美国或想象中的美国模式的借鉴模仿政策说到底是一种空想,离现实较远,在短中期根本不可能起到大规模的作用,最多只能造就通过国家补贴来"发展"的少数相对富裕的农户,不太可能起到推动大多数小农农场发展的作用。我们亟须反思多年来国家偏重大农户、不顾小农户的政策。

三、东亚模式的启示

最近,国务院发展研究中心在亚洲开发银行的资助下,与美国著名智库兰德公司合作,历经两年多的研究,提出了中国应该模仿"东亚"模式的政策建议。该报告中肯地指出,中国大陆小规模农业的实际,与美国基于大规模农场的实际截然相背,但与同样是基于小农场的日本和中国台湾地区农业则比较近似。所以,在农产品物流方面,中国大陆应该借鉴的是日本和中国台湾地区的经验,而不是美国的经验。(Development Research Center of the State Council,2016;尤见xvi-xviii、62—65)

这正是笔者多年来的基本建议,这里借此机会再一次梳理主要数据和其所包含的逻辑。日本今天的务农户户均耕地面积约为 30 亩,中国台湾地区约为 15 亩,相对中国大陆的劳均 10 亩(总耕地面积 20 亿亩,务农人员约 2 亿人)、户均 10 亩,与美国户均 2700 亩形成了极其鲜明的对照。[1] 正如以上论述,分散的小规模农场决定了中国大陆今天的农产品物流体系的基本状态,即没有组织化的小农户,加上千千万万的小商小贩,再加上没有新式设备的毛坯型批发市场的低效率、高损耗、高成本物流体系。这些基本现实也正制约着试图模仿美国模式的政策的可能作用。

　　在如此的局面下,中国大陆的批发市场不可能具备发达国家的条件。以其物流体系的"第一公里"为例:在发达国家中,规范化的包装、分级和信息搜集等都是不可或缺的条件。其中,通过信息技术做到产品的可追溯性(traceability)是进入新型物流体系的前提条件。譬如,肉产品要具备"繁殖—饲养—屠宰—加工—冷冻—配送—零售"全流程各个环节的可追溯性,确保其屠宰、加工和运输环节等冷链达标,方能确保其具备进入大批发市场的条件及其相关信息的准确性和肉食品的安全。在中国大陆目前的物流体系下,如此的产地包装和分级的普及范围非常有限。绝大部分批发市场的交易并不具备那样的条件。

　　但日本和中国台湾地区已经做到了。它们的物流体系是由两

---

[1] 这里使用的日本、中国台湾地区和美国的数据来自 Development Research Center of the State Council,2016:9—10。但该报告采用的中国大陆数据(每农户平均耕地面积 37.5 亩)显然过高。这里采用的户均 10 亩的数据是根据中国大陆卫星测量的耕地面积计算得出,务农人员约 2 亿,即劳均 10 亩。

个基本制度性条件组成的：一是基于社区而层层上延的农业合作社（日本称作"农协"），它们是从生产者到批发市场的规模化纵向一体化的关键，进行初步的规范化加工、定级和包装，然后沿着不同行政层级的合作社层层上延进入批发市场，具备高效、快速、可靠的储藏、冷冻、运输等条件；二是由政府当作公益性服务而投资、设置的大型批发市场，其可以提供冷藏和电子信息化等服务，由此而具备一体化的新型物流条件。当然，高度发达的交通条件——特别是公路和铁路，是不可或缺的基础设施条件。

日本和中国台湾地区的合作社与中国大陆的"专业合作社"很不一样，它们覆盖了几乎所有的农民。这是因为两地政府在20世纪50年代初期便比较明智地将基层支农资源和管理让渡给了农村社区组织，由农民的合作社自主运作。正因为如此，两地的合作社虽然一贯强调自愿参与和退出，但农民的参与率都达到90%以上，几乎覆盖全体农民。（黄宗智，2015a）但中国大陆2007年以来推动的专业合作社采用美国模式，脱离了农民的基本村庄社区实体，设想的是偏离实际的以专业化、企业化农场为依据，让农业大户合并起来追求自身专业的共同利益的最大化。① 因此，农民参与率较低。即便纳入所有的所谓"合作社"（官方数据是涵盖全国约三分之一的农户），包括"伪""虚"和"失败"的合作社，真正的合作社的覆盖率充其量也才占其在册数量的约20%，也就是说，只占所有农户的6%—7%。（黄宗智，2017：140—147）同时，传统的（计划经济时代遗留下来的）供销社，目前也基本没有在新物流体系中起

---

① 中国台湾地区也有农业专业合作社，但所起作用比较有限，其销售额只占到所有农业合作社在批发市场总销售额的14%。（Chen，2015：table 2）

到作用。其更新和改制仍然有待未来。而在日本和中国台湾地区,基层基于农村社区的合作社在新型物流体系的"第一公里"中的设定和施行标准化的农产品包装和分级方面,便起到了至为关键的作用。(国务院发展研究中心,2016:xvii)中国大陆今后如果能够改用日本—中国台湾地区模式,成功地借此纳入并改造规模庞大的旧供销社这个计划经济遗留下来的制度资源(全国共有2.9万个基层社,33.8万个基层网点——中华全国供销合作总社,2017),将其纳入新型的农业合作社,应该能够借此建立一个比较新型的物流体系。一定程度上,那样的合作社—供销社其实等于是回归其建立初衷,而不是后来所形成的低效机构。

此外,另一个不错的动向是,成都市自从2009年以来,已经采用由地方政府直接拨款给每个村的办法,来改进村庄的公共服务,其重点在改善水利、道路、桥梁、垃圾池等设施,并已收到一定的成效。初始时其每年向每村拨款20万元,2017年预计可以达到60万元。(田莉,2016)其实,物流也可以被纳入这样一个制度,要么划归现有的"公共服务"范畴,要么另设专项。除了目前强调的基础设施之外,还可以将进入城镇市场的比较优良的农产品纳入标准化的包装和产品定级,而后由乡镇、县(区)、市、省(区、市)级的合作社来负责建立完整的供应链,包括加工、储藏、运输。生鲜产品则尽可能通过改组的供销社来建设完整无断链的冷链。当然,大批发市场也要配备新型的配套设施,而承担那样的责任则非地方政府莫属。这就需要大量的投资来推动这样的公益服务,将其视作与道路、桥梁等基础设施相似的公共服务。中国台湾地区的市、省级批发市场便正是如此与合作社搭配的。(《台湾地区农产品批发市场年报》,2015)这要比中国过去多年来花费于龙头企业和大户补贴的资源投入,更能为真正的农业主体——小农户提供其所必需的新型和高效纵向一体化服务。

日本和中国台湾地区的大型批发市场(日本称作"中央卸卖市场")广泛采用拍卖的方法来确定某一等级的某一产品的市价,这是个公开、透明的操作方式。同时,还在有限程度上采用期货交易,虽然没有像美国那样,把农产品市场也基本纳入全国高度金融化的商品投机交易体系,但政府组办的批发市场通过有效地搜集农产品交易信息并将其广泛传播,使生产者、中间商和消费者都能够据此做出决策。当然,政府的严密监督和管理也是不可或缺的基本条件。("农产品物流",MBA 智库百科;张京卫,2008)

在美国农业的整体中,政府所起的作用主要是规制和监督,不像日本和中国台湾地区那样,领导组织农业合作社并直接设立大型公益性批发市场。上文已经说明,美国的农产品交易场所多是私营企业公司所设置的,而美国政府农业部(Department of Agriculture of the United States)的职责主要是规制市场的外部条件,包括监督(食品安全等)、提供信息等,虽然也提供被设想为维护市场供需均衡的农业补贴,但并不直接介入农产品的生产、物流和销售。后者基本上都是由企业化农场、专业合作社、民营农业公司和农产品交易所(公司)包办的。政府所扮演的角色要远小于日本、中国台湾地区。此外,日本和中国台湾地区的农产品交易市场以现款现货交易(现货现买,亦即美国之所谓"spot-trading")为主,而美国的农产品交易市场则广泛采用期货(futures)交易,并且包括金、银、石油等高价期货,其实质已经类似于金融市场中的证券市场,有大量的投机资本进入,并不适用于中国。

在基于村庄社区的由下而上的农业合作社与政府由上而下的公益性投入、监督和策划的搭配和协作下,日本和中国台湾地区都成功地组建了高效的新型农产品物流体系。上面我们已经看到,在"第一公里"中,基层合作社与政府协同设定规范化的包装和分级,为众多农产品建立了可追溯(traceability)的基本条件,而后通过更高级的农业合作社与农会(日本则是农协)进行储藏、加工、运输而进入新型的批发市场,而后从那里进入各种各样的货物配送渠道,最终送达个体消费者,完成从田间到餐桌的整个物流链条。

此中关键是农产品生产后的"纵向一体化"。我们已经看到,分散的小生产乃是新型物流体系发展的主要瓶颈,而其根源乃是资源禀赋的制约(人多地少)所导致的小农场。那不是一朝一夕所能克服或转化的问题。即便是日本—中国台湾地区,在20世纪50年代建立合作社体系之后,已经经历了将近70年的发展,如今其农场的规模也仍然和中国相差无几。这也说明,在较长时期中,小农场仍将是中国大陆农业的基本现实。何况,中国大陆的农业比日本和中国台湾地区的规模要大得多(2亿农业从业人员,相对于日本的250万和中国台湾的77万),其从小农场到大企业的所谓"转型"谈何容易。

总而言之,中国人多地少的劳动密集型小农业并不需要横向的一体化、规模化,但确实需要规模化的纵向一体化。在这个问题上,日本和中国台湾地区的历史经验说明的是,借助由下而上的、基于农村社区的农业合作社(日本"农协")把无数的小农组织整合起来,促使农产品经过规范化而进入纵向一体化,乃是一条行之有效的道路,比仅仅依赖对中国来说不符实际的企业化美国模式,要有效得多。虽然如此,但我们并不否认美国型的物流企业在某些发达地区能起到一定作用。同时也说明,只有政府积极创办公益性的新型大批发市场来配合合作社的作用,才能形成一个大制度框架来组建新型的物流。农业合作社和大批发市场的搭配和协作,乃是日本和中国台湾地区(及韩国)成功发展现代化农业物流体系和提早进入发达国家/地区行列的关键。

这也是原来占据日本—韩国—中国台湾地区人口大多数的小农之所以没有沦为社会的贫穷底层的关键原因。应该说,它是世界上小农经济国家/地区进入发达国家/地区行列至为成功的实例。当代中国已经在马克思主义模式的计划经济和集体农业下经历了盲目信赖横向一体化规模效益的错误,而后又在新自由主义英美模式理论下经历了同样的错误,今天亟须采用真正符合中国小农经济实际的,由东亚型农村合作社与东亚型公益性批发市场两者组成的纵向一体化发展道路。

四、"发展型国家"模式?

以上论述也许会使人联想到所谓的"发展型国家"(developmental state)理论。它是针对美国理论模式中设定的国家和市场经济的二元对立提出的理论。美国依据的是古典和新古典自由主义经济理论强调的市场"看不见的手"的关键作用,坚持要尽可能使国家"干预"最小化。针对这样的理论,"发展型国家"理论说明,在日本及其后韩国、中国台湾(以及中国香港与新加坡等)

这些较后发达的国家和地区所采用的不是两者对立的模型，而是两者在政府领导下搭配和协作的模式。政府将发展市场经济设定为其主要目标，不仅积极设计和领导经济发展，也采用推进发展的政策来协助民营企业，并为民营企业提供各种各样的扶持，由此实现进入发达国家和地区行列的发展。

根据该理论创始者查默斯·约翰逊（Chalmers Johnson）的分析，这个模式中的政府行为迥异于美国的"规制型国家"（regulatory state，日语译为"规制指向型国家"），乃是一种"发展型国家"（developmental state，日语译为"发展指向型国家"）。在约翰逊的分析中，"英美"模式和日本模式同样是以市场经济和"资本主义"为主的，但一个将国家功能和作为限于规制经济的外部条件，即防御违规的行为，为的是让市场机制无干预地运作，使其充分发挥其"看不见的手"的功能；另一个依赖的则是国家领导发展的政策，通过国家干预市场并扶持企业来促进发展。（Johnson，1982；亦见Johnson，1999——此篇是他十几年后针对批评他的模式的议论所做的一个总结性梳理、回应和澄清）

这个针对古典和新古典（新自由主义）经济学的政治经济学理论，在约翰逊之外，主要包括麻省理工学院（MIT）经济系的讲座教授阿姆斯登（Alice Amsden，1943—2012）提出的以韩国为实例的"被指导的市场"（guided market）概念，以及伦敦经济学院的韦德（Robert Wade，1944—）提出的"被治理的市场"（governed market）概念。这些理论概括当然和我们上文的论析有一定的交搭。有的发展型国家模式论者甚至认为，它们也完全适用于中国近几十年的经验，因为在中国从计划经济转向市场经济的过程中，国家无疑起到了关键的推动和参与作用。(参见黄宗智,2015b)我们这里要问的是,中国是否真的可以被简单看作一个符合此理论的国家?如果中国今后在农业领域也采用日本的模式,是不是将会更完全地符合"发展型国家"模式?

在笔者看来,我们首先要考虑到社会主义的理念在中国的政治经济体系中是一个不容忽视的因素。别的不说,中国经济实体的一个基本特点是,国有和国有控股企业仍然占到全国非农经济国内生产总值的将近一半,远超过一般的"发展型国家"。(Szamosszegi and Kyle,2011;黄宗智,2012:9—10)而且,中国的政党—国家政治体制在改革期间的经济发展中所起的作用实际上远超过日本政府在其发展中所起的作用(黄宗智,2015b)。

至于农业方面,中国大陆的规模无疑要比日本的大得多:日本农业的面积和人员规模只相当于中国大陆的约1.7%,中国台湾地区只相当于中国大陆的0.4%。而如今它们建立新型纵向一体化体系的过程已经跨越了将近70年,中国大陆的类似过程肯定还会长得多。而且,即便中国大陆真正采纳了日本和中国台湾地区基于农村社区的合作化模式,其未来所形成的具体组织形式及其对中国政治经济体系整体的影响还是个未知之数。此外,我们还要考虑到,小农是中国共产党革命最主要的社会基础,也是改革期间经济快速发展的主要劳动力,还是近三十年来新农业革命的主体,更是中华文明整体的基本根源。其在未来的中国所可能占据的位置和具有的影响,应该说还是一个现有任何理论都不可能预见的问题。

约翰逊本人一贯特别强调,我们研究者要破除"新古典经济学"(neoclassical economics)把单一种经验——约翰逊称作"英美模式"(Anglo-American model)和"英美经济学"(Anglo-American economics)普适化的强烈冲动。因为,真实世界绝对不能那样来理解。要认识真实的世界,我们必须兼顾历史经验的特殊性,并对其进行适当概括,虽然这并不排除其概括也可能适用于某些其他国家的可能,但绝对不可能也不应该追求普适性的理论。约翰逊认为,那样的追求只是一种英美中心主义,即试图把全球都纳入源自其自身的经验概括,并且要求全球来模仿其发展模式。(Johnson,1999)

约翰逊在其原作出版17年后解释道,他提出的"发展型国家""模式"主要是从对日本的"通商产业省"(Ministry of International Trade and Industry,简称MITI)的档案研究中概括出来的,其专著较详细地论述了该省在1925年之后,尤其是二战后的一系列发展型政策和行为,并且前后一贯地突出了日本的特殊性。据约翰逊自己回忆,他的书稿只是在斯坦福大学出版社极盛时期的总编贝尔(Jess Bell)①的一再坚持下,才在最后加上了一篇关于"日本模式"的结论章,但他从来无意把日本模式建构为一个普适的模式,因为那样的话,只会违反他自己一贯的认知进路。(Johnson,1999:39—43)这和笔者一贯强调的从实践历史中挖掘有经验范围限定的理论概括的学术研究进路比较相似。(黄宗智,2015c)

约翰逊的"发展型国家"基本没有考虑农村社区合作社所起的作用;其关注的重点是工业发展。而且,我们还要考虑到,20世纪

---

① 笔者第一本研究农业的专著《华北的小农经济与社会变迁》(黄宗智,2014a[1986])的标题便是与这位贝尔编辑多次协商之后才最终定下的。

90年代以来,日本农协在其经济体中所起的作用无疑一直在缩减,因为农业在整个国民经济中所占比例日益降低,已经低于2%,其经营活力也已经没有之前那么强盛。(Godo,2001)虽然对于农民和农业来说,它无疑仍然十分关键。

中国今天的农业和农民在国民经济整体中所占的比例要比日本高出许多,而且其城乡一体化肯定需要漫长的时间。此外,中国大陆今天的经济实体乃是一个半国企、半民企的体系,其国有企业几乎与民营企业平分天下,远远超过其在日本、中国台湾地区所占比例。何况,中国共产党领导下的政党—国家政治体制也和日本的政经体系十分不同。我们也许可以把中国目前的政经结构描述为半国企半民企经济体之上的"发展型国家",既非有的学者常用的"国家资本主义",也非经典的社会主义,也不是约翰逊论析的"资本主义发展型国家",当然,更非英美的"资本主义规制型国家"。也就是说,中国和日本有许多比较基本的不同之处。虽然如此,但没有疑问的是,对中国如今面对的农业和农村进一步发展的紧迫需要来说,东亚模式的合作社乃是全球历史经验中最具有指示价值的一个模式。美国式的纯资本主义农业生产和以企业为主体的纵向一体化模式,其实已经在近几十年的实践中被证明是个功效比较有限的进路。

最后,以农村社区为依据的农业合作社,如果真能成为中国建立新型农业纵向一体化物流体系的基本模式,不仅将会促进农业发展并提高农民的农业收益,借此解决目前的城乡差别问题,也将会推动农村社区的复兴。当然,此篇文章的主要目的,是说明东亚型农业合作社对中国农业生产和物流,及农民、农村、农业"三农问题"所可能起的作用。

参考文献:

国家发展和改革委员会(2016):《2015年全国物流运行情况通报》,载国家发展和改革委员会网站,http://yxj.ndrc.gov.cn/xdwl/201605/t20160531_806054.html,最后访问日期:2017年9月。

国家发展和改革委员会(2010):《农产品冷链物流发展规划》,载国家发展和改革委员会网站,https://www.lookmw.cn/doc/afztni.html,最后访问日期:2017年10月。

洪涛、张传林(2015):《2014—2015年我国农产品电子商务发展报告》,载《中国商论》第Z1期,第44—54页。

黄宗智(2012):《国营公司与中国发展经验:"国家资本主义"还是"社会主义市场经济"?》,载《开放时代》第9期,第8—33页。

黄宗智(2014a):《明清以来的乡村社会经济变迁:历史、理论与现实》。第1卷《华北的小农经济与社会变迁》;第2卷《长江三角洲的小农家庭与乡村发展》;第2卷《超越左右:从实践历史探寻中国农村发展出路》,北京:法律出版社。

黄宗智(2014b):《家庭农场是中国农业的发展出路吗?》,载《中国乡村研究》第11辑,福州:福建教育出版社期,第100—125页。

黄宗智(2015a):《农业合作化路径选择的两大盲点:东亚农业合作化历史经验的启示》,载《开放时代》第5期,第18—35页。

黄宗智(2015b):《中国经济是怎样如此快速发展的?——五种巧合的交汇》,载《开放时代》第3期,第100—124页。

黄宗智(2015c):《实践与理论:中国社会、经济与法律的历史与现实研究》,北京:法律出版社。

黄宗智(2016):《中国的隐性农业革命(1980—2010)——一个历史和比较的视野》,载《开放时代》第2期,第11—35页。

黄宗智(2017):《中国农业发展三大模式:行政、放任与合作的利与弊》,载《开放时代》第1期,第128—153页。

刘运芹(2014):《中美农产品物流发展的主要差距及原因探析》,载《对外经贸实务》第11期,第85—87页,http://www.agri.cn/V20/ZX/sjny/201412/t20141201_4259597.htm,最后访问日期:2017年11月。

"农产品物流",MBA智库百科,http://wiki.mbalib.com/wiki/%E5%86%9C%E4%BA%A7%E5%93%81%E7%89%A9%E6%B5%81,最后访问日期:2017年11月。

《台湾地区农产品批发市场年报》(2015),http://amis.afa.gov.tw/doc/105年报.pdf。

田莉(2016):《成都市推进村级公共服务和社会管理改革的实践》,载《成都发展改革研究》第3期,http://www.sc.cei.gov.cn/dir1009/223968.htm,最后访问日期:2017年10月。

薛选登(2012):《日本农产品物流发展经验及对河南的启示》,载《林业经济》第5期,第125—128页。

张京卫(2008):《日本农产品物流发展模式分析及启示》,载《农村经济》第1期,第126—129页。

中华全国供销合作总社(2017):《全国供销合作社系统2016年基本情况统计公报》,http://www.chinacoop.gov.cn/HTML/2017/02/03/112357.html。

Chen, Cheng-Wei (2015). "The Impact of Agricultural Cooperatives on Agricultural Marketing: The Taiwan Experience", http://ap.fftc.agnet.org/ap_db.php?id=510&print=1,最后访问日期:2017年10月。

"Commodities Futures Contract", 2017, Investopedia, www. investopedia. com/terms/c/commodityfuturescontract.asp,最后访问日期:2017 年 10 月。

Freeland,Chrystia (2012). "The Triumph of the Family Farm," The Atlantic, July/August, http://www.theatlantic.com/magazine/archive/2012/07/the-triumph-of-the-family-farm/308998/.

Godo, Yoshihisa (2000). The Changing Economic Performance and Political Significance of Japan's Agricultural Cooperatives. ANU Research Publications,https://openresearch-repository.anu.edu.au/handle/1885/40441.

Development Research Center of the State Council of the People's Republic of China(国务院发展研究中心)(2016)."Improving Logistics for Perishable Agricultural Products in the People's Republic of China," Manila, Philippines: Asian Development Bank.

Hogeland,Julie A. (2005)."The Economic Culture of U. S. Agricultural Cooperatives," *Culture and Agriculture*, v. 28, no. 2: 67—79. http://web.missouri.edu/~cookml/AE4972/Hogeland.pdf.

Hu,Zhanping, Qian Forrest Zhang, and John A. Donaldson (2017). "Farmers' Cooperatives in China: A Typology of Fraud and Failure," in *The China Journal*, no. 78(July): 1—24.

Johnson,Chalmers (1982).*MITI and the Japanese Miracle: The Growth of Industrial Policy, 1925—1975*.Stanford,Calif. : Stanford University Press.

Johnson,Chalmers (1999). "The Developmental State: Odyssey of a Concept," in Meredith Woo-Cumings,ed. ,*The Developmental State*, Chapter 2: 32—60,Cornell,CA: Cornell University Press.

Mansfield,Edwin (1980)."The Role of Government in U. S. Agriculture," in *Economics: Principles, Problems, Decisions*, New York: W. W. Norton &

Company.pp. 93—103.

Rodriguez, Arturo(2011)."Statement of Arturo S. Rodriguez, President of United Farm Workers of America," before the Senate Committee on the Judiciarys Subcommittee on Immigrants, Refugees, and Border Security, October 4, https://www.google.com/#q=Statement+of+Arturo+S.+Rodriguez%2C+President+of+United+Farm+Workers+of+America.

Szamosszegi, Andrew and Cole Kyle(2011)."An analysis of state-owned enterprises and state capitalism in China," for the U. S. -China Economic and Security Review Commission, Oct. 26: 1—116. http://www.uscc.gov/researchpapers/2011/10_26_11_CapitalTradeSOEStudy.pdf.

USDA(United States Department of Agriculture), Economic Research Service (2013)."Farm Size and the Organization of U. S. Crop Farming," ERR-152, http://www.ers.usda.gov/publications/err-economic-research-report/err152.aspx#.Uo0gt8SfivY.

USDA(United States Department of Agriculture)(2005)."U. S. Farms: Numbers, Size and Ownership," in Structure and Finance of U. S. Farms: 2005 Family Farm Report, EIB-12. http://www.ers.usda.gov/publications/eib-economic-infor-mation-bulletin/eib24.aspx#.Uo0fp8SfivY.

USDA(United States Department of Agriculture)(2000). "Understanding Cooperatives: Agricultural Marketing Cooperatives," Cooperative Information Report 45, Section 15, https://www.rd.usda.gov/files/CIR45-15.pdf.

第五编

进一步的前瞻性探索

第十五章
重新思考"第三领域":中国古今国家与社会的二元合一[①]

在长时段的历史演变中,中国的"国家"和"社会"无疑是紧密缠结、频繁互动、相互塑造的既"二元"又"合一"的体系。这里首先要说明,"国家"政权——从皇帝和中央的六部到省、县等层级的官僚体系,无疑是个实体,而"社会"——包括村庄和城镇社区,无疑也是个实体。我们不该因为两者互动合一而拒绝将那样的实体概括为"国家"和"社会",但我们同时要明确,在中国的思维中,"国家"和"社会"从来就不是一个像现代西方主要理论所设定的那样的二元对立、非此即彼的实体。在西方,譬如古典和新古典自由主义经济学,它要求的是国家"干预"最小化,让市场经济的"看不见

[①] 感谢佩里·安德森(Perry Anderson)、高原、白德瑞(Bardly Reed)和白凯(Kathryn Bernhardt)的批评与修改建议。

的手"自然运作,毫无疑问的是将国家和社会——经济二元对立起来。马克思主义则仅仅是把国家视作"上层建筑"中的阶级关系的一个部分,明显偏向将生产关系视作基本实际,在概念上基本将国家吸纳入社会结构。但是,它又强烈倾向于在社会主义革命之后,将国家政权扩大到近乎笼罩社会的地步,却同时对未来的远景提出了国家消亡的终极理念。① 总体来说,其隐含的逻辑也是国家和社会的二元对立,非此即彼。我们要质疑的是那样的思维,论证的是需要关注到两者间的互动合一,而不是拒绝国家机器或民间社会存在的历史实际。

我们需要认识到国家与社会间的并存、拉锯、矛盾、互动、相互渗透、相互塑造。对中国来说,由于具有悠久的二元互动合一思维传统,其实际上比西方现代主流社科理论更能理解国家—社会间的关系,更能掌握其全面,而不是像西方两大理论那样,偏向其单一维度的"理想类型"理论建构。后者虽然初衷可能是要突出其单一面以便更清晰地聚焦于一方,但后续的思考则多将那样的片面化进一步依赖演绎逻辑来建构为一个整体模式,继而将其理想化,甚或等同于实际。

譬如,我们可以在韦伯的理论中看到,作为历史学家的他虽然偶尔超越了自己作为理论家构建的单一面的"形式理性""理想类型",将中国的法律体系认定为一个(可以被理解为)"悖论统一"

---

① 这样的逻辑固然可以凭借命题、对偶和综合的辩证理论来理解,但即便如此,其基本出发点仍然是先设定了国家和社会的二元对立、非此即彼,与中国的既对立又合一的阴阳、乾坤宇宙观很不一样。前者的具体实例是从资本主义到无产阶级革命再到社会主义新生产方式的演变,后者则是延续不断的二元互动关系,虽然可能此消彼长,但谈不上什么辩证对立与综合。

的"实质理性"体,但是在对全球各大类型的法律体系的历史叙述中,最终还是简单地将西方和非西方概括为二元对立的"形式理性"和"实质非理性"两大"理想类型"。(Weber,1978:第 8 章)正因为如此,他的理论思想不仅显示了强烈的主观主义倾向,也显示了深层的西方中心主义。(黄宗智,2014b,第 1 卷:总序,亦见第 9 章)

在思考传统中国的政治体系时,韦伯展示了同样的倾向。作为历史学家的他,曾经提出可以被理解为悖论统一的"世袭君主科层制"(patrimonial bureaucracy)来概括中国的政治体系。但是,最终他同样简单地将现代西方的行政体系概括为"科层制",而将传统中国概括为"世袭君主主义"(patrimonialism),再次展示了深层的偏向二元的单一方,及偏向西方的倾向。(黄宗智,2014b,第 1 卷:第 9 章,亦见总序)古典和新古典经济学理论在对待"国家 VS. 社会/经济"二元上,也类似于韦伯,将现代西方建构为真正的"理想类型",将中国(和其他非西方国家)建构为其对立面。那样的倾向在近几十年中,更被"新保守主义"政权意识形态化。

如此的倾向应该被视作如今我们建构关于实际,尤其是关于中国实际的理论概括的主要障碍之一。本章从这样的基本思路来梳理中国国家与社会关系的实际,以及其对中国实际的恰当和不恰当的概括,试图由此来建构一个比西方主流理论更符合中国实际/实践的理论概括——重点在国家和社会之间的互动,目的是更精准地认识中国古代、现代和当代的国家—社会关系。

首先,我们要澄清一些关于国家和社会的实际——多是被西方主要理论和研究所混淆的实际,进而梳理关于国家和社会之间的关系的误解,目的是更好、更精确、更强有力地对之进行理论概括。这里论析的重点是国家和社会互动中所产生的政法和政经体系,包括其治理体系,成文法律中道德化的"律"和实用性的"例",国家正式法律体系和社会非正式民间调解体系的互动和相互塑造,以及国家和经济体系之间的二元合一。

正是在正式和非正式正义体系的长期互动之中,形成了作为本章主题的"第三领域"。它既非简单的国家正式体系,也非简单的社会/民间非正式体系,而是在两者互动合一的过程中所形成的中间领域,具有其特殊的逻辑和型式。本章将论证:由国家和社会互动所组成的第三领域之所以在中国特别庞大,是由于中国比较独特的"集权的简约治理"传统——一个高度集权的中央帝国政权和一个庞大的小农经济的长期结合,既避免了分割(封建)的政权,又维护了低成本的简约治理。本章将借此来突出一些中国社会—经济—法律中容易被忽视的实际和逻辑。同时,文章将指向一个对理解西方本身也带有一定意义的"另类"认识和研究进路。

一、中国历史中的"第三领域"

晚清和民国时期的历史资料与之前的有很大的不同,譬如在法律方面,之前的史料多局限于"表达"("话语"和条文)层面,偶尔有一些关于(可以称作)"典型"的案例,但缺乏"法庭"实际操作中的记录(诉讼案件档案)。更有进者,还可以将那些关于实际运作的史料和20世纪兴起的现代社会学、人类学、经济学的实地调查资料和研究来对比和认识。借此,能够比其之前任何历史时期

第十五章　重新思考"第三领域"：中国古今国家与社会的二元合一

都更精准地掌握真实的实际运作。此中，除了诉讼档案，最好的资料来自日本"满铁"（"南满洲铁道株式会社"）研究部门在20世纪30年代后期和40年代初期所做的"经济与社会人类学"调查，包括使用系统的马克思主义生产力（土地资源、农具、牲畜、肥料、技术、人口等）和生产关系（自耕以及租佃和雇佣关系）的框架仔细调查当时诸多村庄一家一户的生产情况，得到的结果被列入16个系统大表。据此，我们可以看到比一般历史资料要翔实得多的基层社会实际生活状态。它们也含有细致的关于当时的商品交换（市场）的调查资料。此外，还有比较详尽的关于村庄治理、纠纷解决及各种各样的社会组织的翔实材料。我们可以根据这些资料来形成对基层社会比较全面和可靠的认识。笔者几十年来的研究所特别关注的，先是关乎农业经济的方方面面及村庄的治理体系，之后逐渐纳入了关乎国家法律的司法实践和村庄处理纠纷的民间调解。

1983年笔者（通过美中学术交流委员会）获批准到农村基层做第一手研究，十多年中一直坚持在村庄（松江县华阳桥大队）做实地调查——1983年、1984年、1985年、1988年、1990年、1991年、1993年、1995年共八次，每次两到三周，采用的主要是（"满铁"最好的调查资料所用的）聚焦于单个课题（但随时追踪在意料之外的发现）与几位最了解情况的村民座谈的方法，每天两节，上午从8点到11点半，下午从2点到5点，总共不止200节，借之与晚清和民国时期的历史资料对接、核实，并探究其演变。这是笔者进入不惑之年后的两本主要专著《华北的小农经济与社会变迁》（黄宗智，2014a[1986]，第1卷）和《长江三角洲小农家庭与乡村发展》（黄宗智，2014a[1992]，第2卷），以及其后关于正义体系的三卷本《清代的法律、社会与文化:民法的表达与实践》(黄宗智,2014b[2001],第1卷)、《法典、习俗与司法实践:清代与民国的比较》(黄宗智,2014b[2003],第2卷)、《过去和现在:中国民事法律实践的探索》(黄宗智,2014b[2009],第3卷)的主要研究资料和方法。下面总结的首先是5本专著中所论证的关于本章主题的基本认识。

(一)村庄自治情况及纠纷处理

在村庄的治理和纠纷解决机制的实际运作方面,笔者认识到,在华北平原,基本所有的村庄都有一定程度的村庄自治制度。几乎每个村庄都具有同村村民所公认的数位有威望的人士,多称"会首"或"首事",来主持村庄一般的公共事务,包括社区服务和治安、季节活动、宗教仪式(如果有的话,包括村庄的"庙会",有的拥有寺庙和"庙地"),有的时候还涉及纳税和自卫(在盗匪众多的民国时期,有的被调查的村庄甚至设有自卫的"红枪会")。村民间的纠纷,也由这些首事中的一位或多位(遇到重大纠纷或案情时)来主持村庄的调解。(黄宗智,2014a[1986],第1卷:203—213)江南的小村落(如松江地区的"圩"),更多是以宗族为主的聚居点,以及其上跨越一个个小"圩"的较大的自然村或行政村,不具有与华北同样的首事制度,而是由宗族自身或特别受尊重的个别村民来主持村务,包括社区内部纠纷的调解。总体来说,华北和江南两地相当高度自治的村社,都包含具有一定"中国特色"的民间调解组织和机制。

在此之上,还有基层社会和国家政权互动所产生的"半正式"

第十五章 重新思考"第三领域":中国古今国家与社会的二元合一

治理和正义体系。譬如,19世纪在华北平原普遍存在的"乡保"制度。所谓"乡保",是由地方显要向县衙推荐的、不带薪但经县衙批准的半正式准官员。譬如,19世纪,在具有详细涉及乡保委任或乡保执行任务而产生纠纷的档案资料的直隶宝坻县,平均每20个自然村有一名乡保,他们是连接县衙与村庄社区的关键人物,负责协助(县衙户房)征税、传达官府谕令和处理纠纷等事务。他们是官府原先设计的三维制度蓝图——治安的"保甲"、征税的"里甲"及说教的"乡约"三个体系(Hsiao,1960)——在实际运作中逐步合并而形成的单一简约体系的主要人员,是处于村庄社区自生的治理体系之上的协调社区和政府的关键人物。(黄宗智,2014a[1986],第1卷:193—199)以上的基本情况组成了笔者所说的"集权的简约治理"体系,即在高度集中的中央政权和官僚体系之下,实行了非常简约的基层治理(下面还要讨论)。

1990年之后,由于中国地方政府档案材料的开放,笔者转入了以清代(主要是被保留下来的1800年之后的)县衙门诉讼档案为主的研究,并结合实地调查,试图进一步了解中国基层社会及其治理和正义体系的基本情况。在之后的20年中,完成了上述的另外三本以法律和司法实践为主的专著。

其中一个重要的相关发现是,清代有相当高比例(不少于三分之一)的诉讼案件是由县衙门和村庄社区的互动来解决的。当事人一旦告上法庭,社区的民间调解体系便会(因为纠纷激化)重新或加劲调解;而在那样的过程中,县官对案件的初步反应和后续的批词(当事人和调解人经过榜示、衙役传达或其他途径获知)会直接影响社区调解的过程,包括促使当事人某一方或双方退让,从而达成协议。然后,要么由当事人或村首事具呈撤诉(双方已经"见面赔礼""俱愿息讼"),要么当事人不再配合诉讼进展或提交"催呈"。在那样的情况下,县衙门几乎没有例外地会允许销案或任其自然终结。在司法层面上,清代法律体系的基本原则是民间的"细事"(清政府对民间"民事"纠纷的总称谓)应该优先由社区自身来处理。因此,面对当事人(或调解人)具呈要求销案的情况时,县衙几乎没有例外地(除非涉及官府认作犯法的严重"刑事"案情)都会批准。在笔者研究的来自三个县的1800年之后的628件诉讼案件档案中,有不止三分之一的案件是这样终结的。正是根据那样的经验证据,笔者提出了正式和非正式正义体系之间的"第三领域"概括,借以描述通过国家机构和社会调解之间的互动来解决纠纷的机制。(黄宗智,2014b[2001],第1卷:第5章)

此外,检视19世纪宝坻县的99起涉及乡保的案件档案,我们看到,在基层治理的实际运作中,县衙一般要在乡保由于执行任务而产生了纠纷时,或需要更替乡保人员时方才介入,不然基本任凭半正式的乡保来适当执行其任务。这也是通过第三领域来进行非常简约的基层治理的经验证据。(黄宗智,2014a[1986],第1卷:193—199;亦见黄宗智,2007:11—13)

(二)"集权的简约治理"

基于以上总结的实际,笔者建构了"集权的简约治理"的理论概括(黄宗智,2007)。上文所表达的治理实际是:一方面是中央高度集权,另一方面是基层极其"简约"的治理。国家将村社的大部分事务,包括纠纷,认定为"细事"。县政府除了征收一定的税额,尽可能避免介入村庄事务。而且,其所征收的税额比较低,19 世纪后期和 20 世纪初期才相当于农业产值的 2%—4%,区别于西方和日本封建制度下的 10% 或更多。(Wang,1973a,1973b)这是中国进入"现代国家政权建设"之前的基本制度。它与迈克尔·曼所概括的西方现代政府的"低度中央集权,高度基层渗透"特征正好相反,是个"高度中央集权,低度基层渗透"的体系(Mann,1984,1986);当然,它也和韦伯建构的现代带薪专业官僚制度、高度规则化和程序化的"科层制"(bureaucracy)治理体系很不一样(下面还要讨论)。

"集权"和"简约"的帝国治理体系自始便与中国小农社会经济特早兴起,特早成熟,特早支撑高密度人口,特别强韧地持续至今紧密相关。两者的结合稳定了中央集权(区别于封建分权),包括由民众步兵组成的庞大的军队(区别于封建主义制度下的由贵族组成的骑士军队)。高密度人口也导致了紧密聚居的村庄及其自治和纠纷解决机制的形成。两者相辅相成,形成与西方的封建分权(和后来的中央低度集权)十分不同但更具基层渗透力的政经体系。中国在汉代便已形成的"帝国儒家主义",所表达的正是如此的集权的简约治理意识形态。

集权的简约治理正是第三领域半正式治理广泛兴起的基本制度框架——依赖的不是正规的带薪人员(韦伯型官僚体系),因为他们对国家来说既负担过重也威胁到中央集权,而是不带薪的、低成本的来自社会的半正式人员。

二、20世纪的演变

(一)村庄治理

进入民国时期,我们可以看到国家权力向基层农村的延伸:首先是在县行政级以下设立了"区"政府(有正式官员和武装——直隶顺义县被划分为8个区,每个区公所管辖40个村,1928年每个区平均有14名保卫团员和13名警察)。(黄宗智,2014a[1986],第1卷:234—237)。同时,建立了半正式村长制,即不带薪酬但具有半正式身份(县政府认可)的村长(有的村庄还有村副)。与此并行的是,添加了新的征收,特别是新设的"摊款"(包括"村摊警款""村摊学款"等新型征收),20世纪30年代华北平原总税额从之前占农业产值的2%—4%上升到农户总收入的3%—6%(黄宗智,2014a[1986],第1卷:238—243)。这些是类似于"西方的(现代民族)国家建设"(Western state-making)(Tilly,1975)的变化,由此将基本分为3个层级的正式政府组织(中央、省、县)改为4个层级(中央、省、县、区)。同时,把之前非常简约的、最基层的半正式乡保体制(平均每人负责20个村庄)改为在每个行政村设立半正式村长的制度,加强了国家对村庄的渗透力。虽然如此,但后者的性质仍然是一种国家权力机构和乡村民间组织结合的第三领域体系——依赖的是由村庄推荐、县政府批准的不带薪的半正式人员。(黄宗智,2014a[1986],第1卷:203—211)

同时,我们还看到,伴随"现代国家建设"和更多的征收而来的还有不少变质和"腐化"的现象,主要是民国时期基层社会中"土豪劣绅"和"恶霸"的兴起。由于国家征税力度加大,有的社区原有的有威望的人士拒绝承担吃力不讨好的新型征收任务,拒绝出任那样高压下的村长。在有的村庄,"土豪劣绅"和流氓型的"恶霸"趁机出来掌握村务——在"满铁"调查的村庄中便有关于此类现象的基于对村民访谈的详细记录。有的恶霸成功获得官府的认可,成为鱼肉村民的"半正式"势力。(黄宗智,2014a[1986],第1卷:229,245—247)这是"现代国家政权建设"的另一面,是伴随战乱(军阀战争和日本侵略)而呈现的现象,更是国家政策和村庄社区利益冲突所导致的现象。这应该被视作第三领域的一种反面类型。他们后来成为中国农村土地革命重点打击的对象之一。

(二) 商会

中国自明代以来便有会馆组织,但主要是基于地域关系的组织。(何炳棣,1966)伴随20世纪的工商业而来的是更多、更大规模的(主要是在大城市,如北平、上海、天津、苏州、厦门、汉口等)新型"商会"组织。它们不是纯粹非正式的民间组织("市民社会"),而是得到官府认可和支持的,甚至由其协助组建的半正式机构。在处理商务纠纷时,它们起到重要的作用,要么通过说理和传统的和谐道德理念对纠纷进行妥协性的调解,要么根据新法规或正义的"公断"("理断")来处理商业领域中的纠纷。必要的时候,商会还会借助官府的强制权力,甚或由商会转交政府正式机构(警察署或法院等)来处理。它们是20世纪上半期伴随新的社会经济情况和新型政府商业政策而兴起的新型第三领域组织。它们也起到协助政府推行新商务法规的作用。(章开沅、马敏、朱英[主编],2000;马敏、朱英,1993;赵珊,2018,2019)

它们与之前的乡村组织的相似之处在于,仍然具有基于人际关系(一般是一种同业半熟人社会而不是熟人社会)的调解功能;不同之处在于具有更多政权的直接或间接参与——商会在对纠纷提出"理断"之后,若不被遵从,可以要求政府权力机关直接介入。它们是国家与社会二元合一的比较突出的正面实例。

如今,关于晚清和民国时期的商会已经积累了较大量的研究。其中,一个主要倾向是借助哈贝马斯(Jürgen Habermas)的"公共领域"概括及20世纪90年代以后极其流行的"市民社会"概念来认识中国的商会。(马敏、付海晏,2010)此点将于本章第五节的第二部分再讨论。

(三)其他第三领域组织

在民国时期我们还可以看到另外几种国家与社会互动形成的第三领域治理模式。首先是清末和民国时期由官府和民间协同创建和管理的新型学校。一方面,国家借助基层半正式"劝学所"——由政府认可和民间领导的不带薪半正式人员组成——来推动并监督基层社区所设立的新型学校。另一方面,村庄社区自身筹款建立新校舍(或利用原有的庙宇)和聘雇新老师来取代之前的私塾。辽宁省海城县(今海城市)有这方面的比较详细的档案资料,足以说明晚清"新政"时期开启的这样的第三领域中国家和社

第十五章　重新思考"第三领域"：中国古今国家与社会的二元合一

会协同办学的显著成绩。截至1908年,仅海城县便建立了333所新型学校。它是国家和社会协同追求推广新型教育的成功实例,由国家制定目标,社会积极参与。(Vanderven,2003,2005,2013;亦见樊德雯、熊春文,2006)

白德瑞(Bradly Reed)根据巴县档案(他在四川省档案馆"蹲"了一年半)的细致研究证明,清代县政府的大部分人员是半正式的"吏役"——他们多不是"在册"的正式人员,收入多源自一种"惯例"性(而不是正式官定)的服务报酬。其中,县衙各房中刑房收入最多,主要是诉讼费用方面的收入,包括诉讼"挂号费"、传票费("出票费""唤案费")、勘察土地费("踏勘费")、"结案费""和息费"等。(Reed,2000:附录D;Ch'ü,1962:47—48)(户房人员数量最多,刑房次之。)正因为如此,各房当领导的"典吏"在就职之前要交纳比较昂贵的"参费"(100两到1000两)。之后,每位进入该房的常在书吏要交一定的参费给这位典吏。这样,每位典吏等于是"承包"了该房的职务。遇到房内的纠纷,县令会要求该房自行解决(一如其对待村庄纠纷那样),见其不能解决,方才介入。这些是巴县档案中涉及各房纠纷的诉讼档案所展示的县衙实际运作模式,其简约运作原理和上述的乡保体系基本一样。总体来说,各房吏役存在于官府和社会中间的灰色地带,其中大部分实际人员并非在册的正规人员,但仍然工作于衙门之内。他们绝对不是正规体系中的"官僚",其社会身份毋庸说也迥异于县官。(Reed,2000:尤见第2章)白德瑞借此推进了瞿同祖之前关于地方政府的研究。瞿同祖早已证明,县令不是简单的科层制官员,因为他上任之初便会带有非正式的、从属于他私人的"幕友"和"长随",而且他从官职

621

所得的收入，大多远高于在册的薪俸。（Ch'ü, 1962）因此，即便是县官本人，也带有起码部分"半正式"第三领域的性质，不简单是现代"科层制"类型的人员（下面还要讨论）。

三、当代中国计划经济时期的演变

以上这一切都随着共产党领导下的集体化和计划经济体系的建立而改变。首先，国家在县以下设立正式的乡镇政府，对社会基层的渗透力要远高于帝国时期。然后，通过新型革命政党的组织，在村级设立党支部，更加强了政党—国家渗透基层的权力。19世纪帝国时期的中央、省、县三级正式机构加半正式的乡保制度，以及民国时期的中央、省、县、区四级加半正式村长的制度，被改为中央、省（直辖市）、地区（市）、县、公社（乡、镇）加大队（行政村）的制度。后者由于计划经济的建立和土地产权的集体化，但对基层村庄实施了前所未见的近乎"全能"的管理。虽然如此，但村级的大队长和支部书记并不是国家正式的领薪官员（"吃国家饭"的"国家干部"），而是"吃集体饭"的"集体干部"，他们几乎全都来自社区本身并代表社区利益，一定程度上也延续了传统的国家—社会在最基层的第三领域的互动关系。

其次，这一时期国家还通过计划经济体系，基本把民国时期第三领域的商业部分（商会）吸纳进国家治理体系，完全由国家的工商部门来管理，对最基本的产品（粮、棉等）实施"统购统销"，既终止了之前的市场经济的绝大部分（农村集市除外）功能，也终止了其前的半正式商会治理和纠纷解决体系。

虽然在以上的政治体制之下出现了部分问题,特别是国家对社会—经济的过分管控,但必须承认这一时期也取得了一些成就。譬如,在工业发展上,1952—1980年间,取得了年均增长11%的成绩(这是根据美国比较敌视共产主义的珀金斯教授的权威性计量研究得出的结论,见 Perkins and Yusuf,1984),为后来改革时期的经济发展奠定了重工业的基础。同时,在美国"遏制和孤立"(containment and isolation)中国的外交政策下,中国"两弹一星"事业在短期内取得了辉煌的成绩,确保了共和国的安全。此外,在公共卫生和民众教育方面,通过群众动员,包括"文革"时期在每村设立一名"赤脚医生",基本控制了流行性传染病,人均预期寿命接近发达国家水平。在"民办官助"的"小学不出队,中学不出社"的国家和社会第三领域协作下(详细论证见 Pepper,1996,它是美国的中国研究中经验证据至为翔实的专著之一),识字率也接近发达国家的水平。以上两点正是诺贝尔经济学奖得主阿玛蒂亚·森和其合作者在关于印度和中国经济之比较的专著中特别强调的结论。(Drèze and Sen,1995:第4章)

四、改革时期的演变

今天回顾,那个时期的计划经济乃是相对短暂的现象。首先,改革中农业返回到以一家一户为主体的"承包制",取代过去土地由集体所有和管理(小额的自留地除外)的体系,将土地使用和管理权划归一家一户,基本取消了农业中的计划经济。其次,大规模压缩"统购统销"农产品所占比例,除了一定程度的粮棉收购,国家基本放开了占比愈来愈高的经济作物,任由市场机制来运作。因此,国家相对农村基层经济的权力大规模收缩,逐步转向占比越来越大的市场经济。再次,国家虽然从1980年开始实行计划生育,一段时期内也坚持从农村提取税费,但在2006年废除了之前的税费,并在2015年之后,放松了原先的"计划生育政策"。如今,基层农村治理已经从"全能"转化为"放任"多于"管控"的局面。(黄宗智,2017a)

在治理体制层面上,改革时期最关键的变化也许是,中央在追求经济发展目标(被数字化为GDP增长)的过程中实施了发挥中央和地方"两个积极性"的战略(毛泽东1956年便已提出,2018年的十九届三中全会上又特别强调。参考《人民网评:更好发挥中央和地方两个积极性》,2018):一方面是中央统一策划、定方针、定指标、定人员,并牢牢控制人事权力(地方官员的选拔,以及"目标责任制"的考核)和财政权;另一方面则是地方政府在既定指标之外具有较大的自主权,在财政收入的支配上也如此(无论是在1980年之后的"包干"制下,还是在1994年之后比较偏重中央的"分税"制下),并允许招商引资灵活决策,以及在GDP增长考核中对企业宽免或减轻税收,放松对环境的保护,允许企业雇员的"非正规"或"半正规"行为。(黄宗智,2010)

(一)关于今天的"行政发包制"

笔者最近偶然拜读了周黎安教授关于"行政发包制"的几篇关键文章以及他2017年出版的著作《转型中的地方政府:官员激励

第十五章 重新思考"第三领域":中国古今国家与社会的二元合一

与治理》,深感他对笔者以上论述的"集权的简约治理"和其所引发的"第三领域"的一些关键部分做了贴切而又深具洞察力的论析。周黎安的"行政发包制"是对"集权的简约治理"国家所采用的一个重要机制的很好的论析;他对"内包"和"外包"的鉴别很好地区别了行政体系内部的发包关系及其和外部社会间的发包关系;他的"官场+市场"论析很好地纳入了国家和社会经济间的互动、互补、互塑关系。

"行政发包制"包括"内包"和"外包",既突出了改革期间治理体系的最基本实际,即同时依赖中央和地方、国家和社会来推进经济发展,又重构了极具影响力的委托—代理理论来协助阐明中央—地方、国家—社会经济两对行为主体间的关系和运作逻辑。(周黎安,2018)周黎安的理论既照顾到中国的特殊实践,又考虑到两对主体间的信息不对称、利益不同、激励机制不同等委托代理理论所特别关注的问题。近年来委托代理理论更被用于关于政府治理的分析,虽然大多仍然局限于借用市场经济的合同理论,但周黎安率先将政府和社会—经济视作一个二元合一的互动互塑体,真正超越了新古典经济学长期以来所设定的国家与市场之间壁垒森严的非此即彼、二元对立的思维。

根据周黎安的论析,一方面是在中国特有的"行政发包制"下,中央政府一层层地将发展目标委托/发包给地方政府来推动经济发展(地方政府具有比中央更完全的地方信息乃是这对委托—代理关系的一个重要成因),又以地方官员仕途的晋升竞争为激励机制,来推动以 GDP 增长挂帅的地方官员间的"锦标赛"。地方政府及其官员积极运作的是,向新兴且占比越来越大的民营企业伸出

"帮助的手"(区别于有的政经体系中的"无为的手"或"掠夺的手"),为其提供基础设施、资源(特别是土地)和税收优惠等,有的还出台具有战略性远见的各种关键措施,借此来推进辖区内工商企业的发展。[①] 另一方面则是社会/经济体中的民营企业家们在市场竞争环境中创业和发展,借助官方的扶持和优惠政策,取得了比在一般市场经济中更显著的成绩。

双方行为主体是相互依赖的,也是相互塑造的,共同推动了改革期间中国举世瞩目的 GDP 增长。这个见解精准贴切地捕获了改革时期经济发展中一个至为基本的事实,也是一个关于"集权的简约治理"和第三领域的强有力的理论概括。它既突破了一般委托—代理理论主要聚焦于市场中个体/公司间横向契约关系的局限而聚焦于垂直的"行政发包制",又借助了其重要的问题意识——委托—代理双方间的二元互动和不同信息、不同利益、不同激励机制等问题——来拧出中国实际的特点和机制,可以说是个重要的学术理论贡献。

与周黎安之前提出的"锦标赛"论析相比(周黎安,2007;亦见周飞舟,2009),其新"政场"(行政体系中的官员们的竞争类似于市场经济中的竞争机制)+"市场"理论明确加上了国家与经济/社会间的互动,与其之前主要关注行政体系的论析颇不一样。新的理论的视野更加宽阔,聚焦点不仅在行政体系内部的层级关系和激励机制,而且在行政体系与社会—经济体系间的关系,强调两者间的相互激励,由此形成强有力的论析。譬如,民营企业高度依赖国

[①] 一个具体实例是重庆市,见黄宗智(2011)。

家的扶持,国家的行为则受到市场经济的检验和约束。

这样的论析不同于新古典教科书经济学的论析。正如周黎安指出的,一种理论(Lin, Cai, and Li, 2003)争论改革时期的中国政府选择了适合中国(劳动力特别丰富的)"比较优势"的资源禀赋的政策,从重工业转向了轻工业,从资本密集型产业转向了劳动密集型产业,通过市场机制进行了更优的资源配置,由此推进了中国经济发展。那是一个完全接受市场机制决定一切的西方(古典和新古典)自由主义经济学的理论,同时也是单一地突出"政策"的观点,是对中国政经体系的特殊运作缺乏了解的论点。笔者这里还要补充指出,中国的"官场+市场"机制的形成有一定的历史背景和偶然性,不简单是某种经济决策的结果(下面还要讨论)。(黄宗智,2015a)

周黎安又指出,另一种理论(张维迎等)则将中国的发展完全归于政府的退出以及市场"看不见的手"的资源配置和营利机制所起的作用(即古典自由主义经济学的核心观点,也是英美"新保守主义"的核心观点),进而争论中国今天的发展中所存在的不足是政府干预市场过多所致。它同样完全没有照顾到中国在转型和改革中通过政府和民企、国家和市场的协作来推动经济发展的实际,更不用说关乎其政经体系的实际运作的特殊形式和逻辑了。另外,在我看来,它(和上述林毅夫等的理论一样)也没有考虑到计划经济时代的贡献,尤其是重工业基础的建立及超乎一般发展中国家的教育和卫生水平,为后来的发展做了重要铺垫。(Drèze and Sen, 1995)

周黎安的"行政发包制"理论也不同于魏昂德(Andrew

Walder)和戴慕珍(Jean C. Oi)等的"公司型国家"(corporatist state)理论。后者根据改革早期的乡镇企业而把基层政府定位为一个类似于企业的单位,认为其受制于"硬预算约束"(不挣钱便要倒闭)的机制,同时又具有资产所有权和管理权力合一的类似于私企的灵活性和激励机制。也就是说,地方政府成了一个类似于市场经济中的公司的实体。魏昂德等人固然是要拓宽新古典经济学关于市场机制和私营企业乃是经济发展关键动力的理论,但在一定程度上也协助维护了主流市场主义观点,只不过再次申明了新古典经济学关于市场的核心信条。(Oi,1992;Walder,1995)

实际上,20世纪90年代以来,中国经济发展的主要内容不再是魏昂德等人的理论所依据的80年代乡镇政府主导的乡村工业化,而是以省(自治区、直辖市)、市和县政府为主的招商引资;动力不再来自地方政府兴办和拥有的类似于私企的乡镇企业,而是来自地方政府招引和推动的国内外企业资本投资。新经济局面的运作机制和之前有一定的不同,因为它的关键在于周黎安所说明的政府与企业协同组成的逻辑,而不简单是市场经济竞争的逻辑。笔者还会加上地方政府采用诸如低于成本的地价、税收优惠,以及"非正规工人"的使用、放松环境保护等行为——促使中国成为全球资本回报率最高的去处,借此吸引资本和推动GDP增长。(黄宗智,2010)周黎安的理论对后者论述不多,可能也对后者重视不够。

和魏昂德、戴慕珍相似,钱颖一等也聚焦于解释为何改革期间的中国没有像计划经济时代那样受困于科尔奈所强调的"软预算约束"问题,借用了"中国的联邦主义"范畴来说明,中国的地方政府由于自身的税收激励,对其属地的企业施加了"硬预算约束"。他们的行为等于是"保护市场的联邦主义"(market protecting federalism),或称"保存市场激励"(preserving market incentives),凭此推进了中国的经济发展。(Montinola, Qian and Weingast, 1995; Qian and Weingast, 1997)

再则是查默斯·约翰森(Chalmers Johnson)、艾丽丝·阿姆斯登(Alice Amsden)和罗伯特·维德(Robert Wade)等论析的"发展型国家"(developmental state)理论(Johnson, 1982, 1999)。他们突出了行政部门在"东亚"(日本、韩国、中国台湾)的发展中国家和地区所起的关键作用,其理论敌手主要是主流古典和新古典自由主义经济学理论——要求国家对市场的干预最小化,论证的是"东亚"国家和地区积极参与、协助市场经济和发展的成功经验。在这点上,他们和周黎安的论析有一定的交搭之处。但是,他们并没有考虑到中国在"政场"(区别于"市场")中所采用的比较特殊和关键的"行政发包制",也没有关注到中国社会—经济的特殊组合(在国内非农经济生产总值中,国企如今占到将近一半。参见黄宗智,2018:160—162)以及国家和社会相互塑造的"第三领域"的特征和机制。

同时,周黎安的理论还有助于我们理解上述机制所附带的一些不良后果。一是国家采用的"GDP挂帅"目标责任制下的(地方官员们之间的)"锦标赛",使得他们在一段时期内相对忽视社会公正和民生、公共服务、环境保护等领域;二是造成了一种相当强烈的"地方主义"倾向(周黎安称作"属地化"效果),地方官员各自只关心其管辖的地方,并且导致了各省(自治区、直辖市)、市、县间的显著差异和隔离(尤见周黎安,2017:第10章)。另外,我们还可以看到由于政府和地方经济配合不良而产生的反面或变质现象,譬如部分存在的"形象工程",不符合地方实际资源禀赋条件的决策,甚至是社会经济发展中有些地方官员的逐利和贪污行为等。

关键在于,要看到政府和市场关系之间的协调与不协调,良好结合与不良结合。那样的话,既可以认识到其成功的秘诀,也可以认识到其采用的逐利机制的反面后果——官方GDP锦标赛政策所引发的不顾福利(社会保障)、劳动权利及环境污染等诸多反面现象。至为重要的是,中央和地方("政场"),以及国家和社会—经济("市场")是较好地相互支撑,还是由于相悖或偏向而产生了反面效果。

从以上的讨论我们应该可以看到,周黎安所谓"行政发包制",其"内包"与"外包",及"官场+市场"的机制也可以从"集权的简约治理"和"第三领域"来认识和理解:"行政发包制"是中国长期以来在中央集权体制下所采用的一个重要的简约治理方式,而国家与社会—经济体系的二元合一则是中国长期以来的"第三领域"中的一个基本特色。

(二)传统中国的"行政发包制"

用于传统中国,周黎安以上的论析既有其洞见,也有其不足。周黎安并没有将中国的官员体系与韦伯的现代"科层制"简单画上等号。他没有像有的理论争论那样(周雪光,2016),简单将地方官员等同于西方和韦伯型的科层制,仅将"吏治"划归(周黎安的)

"行政发包制"理论,与正式官员相对立。正如周黎安论证的那样,实际上地方的"官治"和"吏治"两者都属于他论析的"行政发包制"。需要区别的是,处于官僚体系整体之中(包括晋升激励和监督机制)的"内包"地方官员,和处于其外的"外包"地方吏役。因为前者也是"行政发包制"中的人员,譬如,在行政体系职位固定的收入外,还掌控一定的"额外"资源和收入("陋规"),并享有相当的自主权,但仍然受到行政体系的晋升激励与较严密的监督和管控,乃是"政场"中"内包"的人员,区别于没有受到那样管控和激励的,工作于国家和社会边界中的"外包"吏役。正如周雪光和周黎安共同指出的,前者——由于其在官场的晋升机会——是从地方到地方、从层级到层级流动性较高的人员,后者则一般主要是当地社会中的人员,是长远任职于同一地方的基层人员,不具有官员的流动性和晋升机会。(周黎安,2016,2014)

虽然周黎安没有明确具体说明,但我们需要认识到,清代的县官不仅仅是个韦伯意义上的领薪科层制官员。一般来说,他们来自其职位的"半正式"收入要远超过其正规收入,而且上任之初便会带有非正式的私人"体制外"的幕友和长随,尤其关键的是"刑名"和"钱谷"两大幕友。他们实质上是县令私人的从属,不可简单从正式的(科层制)官僚体系来理解。这一切瞿同祖早已详细论证。(Ch'u,1962)也就是说,县官虽然无疑部分属于正规的官僚体系,即韦伯意义上的"科层制"内的"官僚"/公务员,但是我们也需要看到他们同时也属于中国式的"行政发包制",是其"内包"的人员。

至于"吏役",我们同样也不可以像周雪光(2016)那样,将其简单理解为和科层制内的官僚对立的"行政发包制"人员,而应该像周黎安论证的那样,辨别行政体系中的"内包"县官和"外包"吏役。(见周雪光[2016]和周黎安[2016]之间的论争)吏役和县官不同,他们不受同等的官僚体系内部监督和晋升激励。吏役一般是来自社会的不带薪人员,或仅带有小额"工资"(远低于其职位所能为其提供的收益),主要是(可以称作)"体制外"的、来自社会的,但处于国家和社会间的第三领域人员。

虽然如此,但在其洞见之外,周黎安理论的一个可能弱点是,在比较有限的经验依据上,基本完全接纳了传统儒家意识形态所建构的关于胥吏和衙役的话语的定论(周黎安,2016:51—54;亦见周黎安,2017,第2章第3节简短得多的讨论,没有再次重复之前的论点)。笔者过去已经详细论证,帝国儒家道德主义官方话语建构了高度道德化的"父母官"以及高度不道德的"吏役"两种对立形象,将前者理想化为仁治的代表,而将后者丑恶化为"衙蠹"(或"爪牙"),一如同一话语体系将县官建构为凭道德说教息讼的人员,将"讼棍"和"讼师"丑化为唆使民众兴讼的人员。这些古代官方所采用的话语建构并不符合实际,只是一种话语惯习和策略,将好的治理完全归功于被认定为具有崇高道德的、通过科举选拔的县官,而将治理体系中的腐败和不足,完全归罪于与其相反的"恶毒"吏役和讼棍。这是笔者论证的道德主义话语和实用主义运作,即"表达和实践"相悖的一个侧面。(黄宗智,2014b[2001],第1卷:112—114,123—128,151—154,171—176)

周黎安之所以接纳了官方的建构,可能部分是由于对帝国官方话语缺乏反思,部分也是由于将"逐利"型道德真空化的社会投射于传统中国,认为如果缺乏处于中央的行政体系之内设定的"内包"管控和自利激励机制,便会导致完全由逐利机制主导的"衙蠹"现象。笔者这里要指出,正如上述白德瑞的专著所详细论证的,即便是巴县的胥吏和衙役,实际上也主要将自身视作准官员,并试图向正式官员的道德准则看齐。他们一般都只按照人们可以接纳的惯例来收费,和官方话语表达中的"衙蠹"很不一样。他们的实际行为在一定程度上受到传统仁政理念的影响,也受到传统人际/社区关系网络的约束。固然,由于官府监督比较松散,吏役自主空间较大,也难免会有一些恶劣的案例,但整体来说,正如白德瑞所概括的,吏役的实际性质主要乃是一种正式与非正式二元合一的"法外的正当性"(illicit legitimacy)或"法外的(韦伯意义上的)科层制人员"(illicit bureaucrats),当然也可以称作"半正当"(semi-legitimate)的第三领域人员,区别于韦伯建构的"科层制"理想类型中的公务员。古代吏役如果真的都像官方话语建构的"衙蠹"那样,就不可能有被多个朝代持续援用的那种强韧生命力。(Reed, 2000;亦见 Ch'ü,1962:第 3 章,第 4 章;黄宗智,2007;周保明,2009,尤见第 8 章)这也许是周黎安理论所需要修正的一点。

(三)国家与村庄的关系

至于今天的国家与社区间的关系,在 2006 年免除税费之后,国家政权一定程度上从村庄退出。税费一旦免去,便意味着村庄不再是乡镇政府税收的重要来源。因此,对乡镇政府来说,村庄的治理任务已经成为一种无酬的负担。在 GDP 增长挂帅的"行政发包制"("内包")治理体系下,农村对于官员们的"锦标赛"和政绩已经无关紧要。在既无税收也无政绩激励的实际下,乡镇政府已经成为周飞舟所谓的"悬浮型"政府,无意管理村务或提供公共服务,不再是之前的具有高度基层渗透力的政府。(周飞舟,2006)结果是,村级公共服务在中央政府设立的医保和教育体系之外,较普遍地出现了危机(在广大中西部地区尤其如此,苏南集体资源比较丰厚的地区及山东省具有集体"机动地"的地区等除外,见黄宗智,2019)。

此外,还导致了其他的反面现象。一种是近年来的"富人治村"现象——唯有本村的富户(或经商致富,或由于土地征收补偿而致富)才有资源和"本事"来办理村务,其中固然有出于为家乡服务动机者,但也难免会有不少借此追逐一己私利者。另一种则是使我们联想到土地革命前的村庄"恶霸"的"混混"(陈柏峰,2011):在税费减免之前,他们的产生类似于之前由于不堪"摊款"重负而引发的混混掌权现象;在免除税费之后,则是源自村庄政权真空而衍生的腐化现象。

更有进者,在第三领域的变质反面运作中,我们还应该纳入诸如"拆迁公司"兴起的实际,它们强制甚或借助其他社会势力来对付反对拆迁者或"钉子户"。(耿羽,2015)另一种实例是城乡"劳务派遣公司"的兴起。它们受国企或民企委托来代理聘用没有或少有社会保障的"劳务派遣关系"员工("临时性、辅助性或者替代性"的"劳务关系"人员,区别于受劳动法律保护的"劳动关系"),或对原本具有劳动关系的员工进行"改制"。在那样的国家目标和劳工利益相悖的情况下,难免会出现压制性治理和司法现象。(黄

宗智,2017b,2017c)

周黎安概括为"政场"中的"行政发包"的"内包"和"外包"治理体系和机制,一定程度上也使人联想到农村土地制度中的"承包制"。固然,后者主要不是为了推进 GDP 发展,而是在从计划经济到市场经济的转型中采用的一种制度,但从作为土地产权最终所有者的国家与集体和农户之间的关系来看,它也是一种"内包型"的"发包"制度。原先是(等于是)国家有限地"发包"给村集体,改革后则由集体再转包("外包")给小农农户,但国家实际上仍然一直保有最终所有权(村庄土地买卖必须经过国家的批准),包括其征用权。原先的承包集体便具有一些自主权,而后来的承包农户则享有相当高度的自主权,基本可以自己确定生产什么、销售什么、吃什么,结果推进了("资本和劳动投入双密集化的")高附加值"新农业"([高档]菜果、肉禽鱼等)的发展,其所得收益基本全归农户自身。那是个既像市场经济中的发包和承包,又像行政外包的安排。此点也许更进一步说明,中国的政经体系中的"第三领域"是多么强烈地倾向发包与承包的运作模式,包括不完全的产权以及不简单是韦伯型科层制的实际运作。①

至于中央和地方政府间的"行政发包"关系,当然也使我们联

---

① 20世纪80年代以来,虽然中央政策一直没有给予"新农业"的主体小农应有的支持,而是一直偏重规模化的农业企业,但由于小农户在市场经济环境中追求自身利益的激励机制,"新农业"仍然获得了可观的快速发展,其产值在1980年到2010年间,一直以年平均6%(可比价格)的比率快速增长(远高于历史上其他的农业革命),到2010年"新农业"占到农业总产值的将近60%,远比(占地约56%的)旧农业的"谷物"所占的农业总产值比例16%高。这是个需要单独详细论析的问题,这里只点到为止。(黄宗智,2016a,2017a;黄宗智,2014a:第3卷)

想到革命根据地时期的中央和根据地间的关系。后者具有相当大的独立性,这既是革命策略的有意抉择,也是当时历史环境(在革命和抗日战争之中一再被"围剿",联络机会和通讯技术比较有限等)中无可避免的结果,同时无疑也是"两个积极性"的历史经验的重要来源,与一般委托—代理研究的西方市场经济和法律体系下的合同关系环境十分不同。对如今的"行政发包制"也许也不能脱离那样的历史背景来认识。

最后,在当前的"项目制"治理的体制下,要么中央"内包"给地方政府,要么政府"外包"给社会的承包实体,给予项目承包者一定程度的自主和自理空间(即便没有"内包"的监控机制和晋升激励,也仍然有"外包"的验收监督)。即便是学术研究人员承包的"项目",也从属于那样的"外包"逻辑。如今,构建"发包"与"承包"关系(以及其所涉及的各种各样复杂的委托—代理关系)确实已经成为中国政法和政经体系中一个关键的运作方式。而且,它和"行政内包制"同样既具有正面也具有反面的实例,既可能形成结合国家提倡和奖励,承包者积极推进的互补,也可能导致个人弄虚作假的逐利、走形式等欺骗性行为。

其中关键的差别是,国家所发包的项目在目标设定及激励机制层面上是否真正符合社会及个人的良性目标的实际需要和追求,而不是行政体制中可能出现的脱离实际的意识形态化或形式化决策。后者一个突出的实例是国家"狭隘"地追求"粮食安全"而将种植双季稻(早稻+晚稻+越冬作物)"发包"强加于粮农,但粮农明确知道那样做是不划算的(过分密集的投入导致的边际效应递减,其他投入的高价等),实际上两季稻谷种植的净收入还不如一季单季稻,从而导致作假和不满。(黄宗智、龚为纲、高原,2014:145—150)另一个实例是国家推行美国模式的企业型"专业合作社",以奖励和税收优惠为激励,但因为完全不符合中国强韧持续的"新农业"小农经济实际,导致部分"虚""假"合作社的兴起。(黄宗智,2017a)在学术领域中则呈现为,学术官僚们设定的形式化和数量化目标和管理/监督,导致大规模的脱离实质的走形式、赶时髦理论或赶时髦计量技术,以及"剥削"研究生劳动等非实质性学术的恶劣现象。其中的关键仍是发包的决策者所采用的目标、激励和管理机制是否和承包者所追求的良性价值与实质性学术一致。

五、"第三领域"司法和治理

(一)政法体系中的典型"第三领域"

在中国的政法体系整体中,正义体系部分具有至为清晰和完整的关于第三领域的统计数据,因为司法体系中有比较明确的划分和按之统计的数据;而行政体系则并不具有同等明确的划分,因此也没有相关的统计数据。我们可以通过正义体系的资料,更清楚地掌握整个非正式到半正式再到正式的连续体的图像,并比较精准地区别民间的和高度政府机构化的两端之间的各种处理纠纷的渠道,对中国的政法和政经体系中的第三领域整体形成一个比较全面和附带有"量"的概念的认识。

表1:2005—2009年各种主要类型调解的数量(单位:万起)

	人民调解	行政调解		司法调解		
	村、居民调解委员会	基层司法服务①	消费者协会(工商管理部门)	公安部门	民事法院(一审结案)	总数
每年平均处理纠纷/案件数	1030	70	75	840	492	2507
调解结案数	530	63	67	247	168	1075
调解结案比例	52%	90%	89%	29%	34%	43%

数据来源:朱景文(主编):《中国人民大学中国法律发展报告2011:走向多元化的法律实施》,北京:中国人民大学出版社,2011年,第303—304页,表4-2;第334—335页,表4-4;第372—373页,表4-13;第374页,表4-15;第376页,表4-16。

①该项没有2006年数据。

表1列出的是2005—2009年全国每年(平均)约2500万起纠纷的不同处理渠道,从左侧相对最为非正式的"村、居民调解委员会"("人民调解")处理的约1000万起,到至为正式化的法院体系调解和审结的将近500万起。中间各渠道所处理的近1000万起则主要包含(乡镇级的)半正式"法律服务所"处理的70万起,工商管理部门指导下的半正式"消费者协会"处理的75万起,以及公安部门处理的840万起。

固然,即便是至为"非正规"的村庄"人民调解",一般也有村干部参与(但如今已不像1978—1983年改革初期那样以村支书和大队长领导或亲自处理为主,而是主要依赖一般干部和本村社区有威望的民间人士。参见黄宗智,2014b[2009],第3卷,尤见第2

章:18—55),堪称主要是非正式和半正式第三领域的处理渠道。至为正式化的法院所处理的500万起,也包括一定比例(34%)的(非正式的或第三领域的半正式的)由调解机制来结案而不是审结的案例。我们因此需要清楚认识,整个正义体系所代表的是一个从非正式到半正式再到正式的连续体。表1左侧和中间的相对非正式和半正式渠道的调解结案数,占到所有案件的不止80%。

与西方的正义体系相比,中国的正义体系具有两大特色:一是高度依赖非正式的民间调解——西方法庭则基本不调解,在法庭体系之外进行的真正的调解只占很低比例(美国不到2%,即便是被认作典范的荷兰也大致如此);二是庞大的中间领域——非正式和半正式渠道占到所有纠纷解决渠道的80%,在2500万起纠纷中,以成功解决纠纷的妥协性、部分妥协性的调解和行政调处结案的数量则达到1000万起。在西方,由于缺乏非正式调解体系,也就根本谈不上由其与正式法庭体系互动而产生的第三领域纠纷处理。正如上文已经说明的,与西方的正义体系不同,中国的正义体系长期以来一直高度依赖非正式的民间调解机制,以及由其和正式法院判案结合而形成的中间的第三领域(这也是承继"中华法系"传统的"东亚"国家和地区——尤其是日本和韩国——与西方的主要不同,见黄宗智,2016b)。我们可以据此分析其中所包含的逻辑和机制。

从中国和西方的比较我们可以看到,第三领域形成的基本条件是儒家治理传统所长期和广泛依赖的民间调解,缺此便不会有由其与正式审判机制互动而产生的第三领域的纠纷调解和治理。正因为中华法系具备西方所没有的庞大的社会—民间非正式"民事"纠纷处理传统,才可能形成古代的"以刑为主"的正式法律体系;正因为其庞大的非正式纠纷调解制度,才会形成由其与正式法律系统互动而产生的半正式体系。而在"现代化"(包括现代工商业、市场经济和城镇化)的客观环境下,原来的村庄熟人社会逐渐转化为半熟人社会,甚至类似于大城市中的陌生人社会,不可能再仅仅依赖社会在儒家道德理念的塑造下所形成的完全基于人际关系(由大家认识的有威望的人士出面主持调解,依靠和谐和互让的道德理念来调解纠纷,以及通过赔礼道歉的方式来维护社区的人际关系)来解决纠纷的调解机制,而必须不同程度上依赖政府威权,遂形成了众多的半正式渠道。在"转型"的剧变过程中,社会矛盾特别尖锐,数量也特多,尤其需要那样的纠纷解决机制。

西方的经验则很不一样。从 20 世纪 70 年代以来逐步兴起的,常被等同于中国的调解体系的"非诉讼纠纷解决"(Alternative Dispute Resolution, ADR)制度的起源和逻辑与中国完全不同。因为法庭制度的费用过高,达到了一般人无法承受的程度,所以西方社会采纳了一些较低成本的制度。譬如,花费低一些的"仲裁",由退休法官使用会议室或课室而不是正式法庭来"仲裁",但其实质上仍然是必分胜负的审判,败诉方必须承担(仍然是较昂贵的)仲裁诉讼费用。又譬如,由当事人及其律师,出于对胜负概率的计算而在庭审前达成的"庭外协定"。两者实质上都和中国以妥协为主并由在任法官带头实施的调解性质十分不同。西方真正的调解,由于必须完全脱离法庭制度和不带任何强制性,只可能是成效很低的纠纷解决方式。(黄宗智,2016,尤见第 16—21 页)

长期以来,中国的非正式与半正式的治理/政法体系都源自传统的"简约治理"。一方面,它是儒家传统的一个重要治理理念——尽可能让社会本身凭借其道德价值观来处理纠纷;另一方面,它也是出自(韦伯所谓的)"世袭君主制"(patrimonialism)下中央集权政权组织的结构性需要:集权的中央政法体系至为担心的是回归封建制度下的领主分权分地。集权的皇帝依赖的是官员对其自身(和皇朝)的忠诚,其治理方式又是一层层地依赖同样集权的地方官员,而每多隔一层便会加大失去那种个人化忠诚的风险。因此,十分需要尽可能简化官僚层级结构,尽可能使其与皇帝的中央权力的隔离最小化。这是正式官员基本截止于县一级(在19世纪平均约25万人口)的"低基层渗透力"的肇因之一,也是"简约治理"的一个重要起源。集权和简约治理实际上乃是相互关联、相辅相成的一个二元合一体制。(黄宗智,2007;亦见黄宗智,2014b[2001],第1卷:183—184,185—188)

同时,国库的有限收入也和其直接相关。上面我们已经看到,相比西方的前现代封建主义制度,中国在"简约治理"的理念下从社会中抽取的税收一直都较低——占农业产值的2%—4%,相对于西方和日本封建制度下的10%或更多。(Wang,1973a,1973b)那样的"简约"税收正是简约治理的一个基本动机,也是其反映,两者是相辅相成的统一体。在农耕社会中,国家收入相比工业社会要少得多,促使政权趋向依赖最简约的、最低成本的非正式和半正式治理机制。

当然,这一切并不是说第三领域的司法完全是正面的。我们知道,行政和公安"调解"都很容易变质为仅仅是形式上的调解和妥协,实质上容易成为只是名义上的调解,基本由权力方说了算。

在那样的实际运作情况下,所谓"调解"很可能成为剥夺当事人提出诉讼权利的借口。在20世纪90年代后期的(中小)国企工人"下岗"过程中,国家规定法院不受理涉及国企员工福利的争执,将其交由企业方来处理,目的是让中小国企"甩包袱",推进经济发展。那样的措施也许可以视作转型中迫不得已的抉择,但无疑带有一定的压制性。在未来的远景之中,我们也许应该期望国家与社会之间更为均衡的互动。

(二)国家机构的社会化与社会机构的国家化

在理论层面上,哈贝马斯(Jürgen Habermas)论述18世纪伴随资本主义经济而兴起的"资产阶级公共领域"(bourgeois public sphere)的著作,和我们这里的主题也有一定的关联。他的《公共领域的结构转型》(*The Structural Transformation of the Public Sphere*)主要内容其实并不简单是后来被广泛意识形态化的"公共领域"理念/理论(被民主和自由主义人士等同于反威权主义统治的"公民社会"[civil society]理想类型),更是关于18世纪之后"公共领域"由于"社会的国家化"和"国家的社会化"(state-ification of society and societalization of the state)而逐渐消失的实质性历史演变。其"公共领域"指的是18世纪在西方(英国和法国)伴随资产阶级兴起而来的处于旧国家政权范围之外的新公议传统,是资产阶级与国家政权对立的一个现象,而其书随后论证的则是(书题所标明的)"公共领域的结构转型",即由于国家和社会相互渗透的长时段历史趋势,与国家对立的公共领域逐步消失。哈贝马斯尤其关心

第十五章　重新思考"第三领域"：中国古今国家与社会的二元合一

的是(非理性的)"群众化社会"(mass society)与专制政府(德国的纳粹主义政府)的结合与兴起。(Habermas,1989;黄宗智,2003[1993,2015a])

20世纪90年代,伴随苏联和东欧共产党政权的崩溃,人们从哈贝马斯这本书中汲取的不是著作的实际历史内容,而是其对于18世纪古典自由主义"(资产阶级的)公共领域"的理想化设定,包括对社会和国家关系的二元对立的设定,将其理解为一种对古典自由主义民主理念的追求。这在关于中国晚清及民国时期的商会研究文献中比较显著(马敏、付海晏,2010),这些研究相对忽视了哈贝马斯"社会的国家化"和"国家的社会化"关于19世纪和20世纪的历史演变实际的有用概括,对于西方如此,对于中国更是如此。

我们这里论述的第三领域一定程度上也可以通过"国家的社会化"来认识。譬如,如今国家机构纳入了之前主要依靠社会的纠纷解决调解机制,包括由第三领域中的乡镇政府下属的法律服务所进行调解,由工商部门指导下的消费者协会调解消费者与生产/销售者之间的纠纷,以及由公安部门和法院进行相当大量的调解。这主要是为了降低治理成本。同时,也可以通过"社会的国家化"来认识社会机构如何转化为半正式或正式政府机构(包括民国时期的商会),如乡镇级的简约的乡保转化为正式的乡镇政府机构,村级非正式首事自治转化为(先是半正式的村长制,而后是)半正式的大队的党支部书记和大队长,后来又转化为如今的半正式村"两委"的党支部书记和村委会主任。非正式的民间调解之转化为有干部参与的"调解委员会"调解也是社会的国家化的实例。此中的关键是国家和社会的二元互动合一。

我们同时也要认识到,以上所举例子在中国历史中的起点不是西方近现代之前的相对分权,但更强地渗透基层农民社会的封建领主制传统,而是中国的皇朝大国的"集权的简约治理";不是18世纪兴起的资本主义和与国家对立的古典自由主义(和"资产阶级公共领域"),更不是19世纪后期的"资产阶级公共领域"的"结构性转型"和消失,当然也不简单是伴随现代化而来的"民族国家建设"和韦伯所提出的现代科层制,而是在传统的集权的简约治理大框架中伴随工商业的兴起而产生的一些新现象,包括清末和民国时期的商会。也就是说,我们需要将现有理论"历史化",即将其置于历史情境和演变中来认识,这样才可能从中选出有用部分,或将其重构来认识与西方十分不同的中国古代及其现代化过程的实质内容,才可能建构扎根于中国实际的理论。

六、结语

纵览中国"第三领域"的形成和演变的历史,我们可以看到,其根源绝对不是西方的分隔的封建制度,也不是资本主义社会和现代民族国家科层制的兴起,更不是18世纪资产阶级和国家对立的"资产阶级公共领域",或其之后的结构性转型和消失,而是集权的皇朝国家与小农社会之间的结合,以及其在近现代的演变。由此产生的具有特殊逻辑的第三领域,是一个具有一定"特色"的中国传统,是一个中央集权大国和基层小农社会相结合形成的政法和政经体系传统。

第十五章　重新思考"第三领域"：中国古今国家与社会的二元合一

伴随工商业的发展及国家财政收入的扩增,西方形成了以"科层制"为主的专业化(领薪)、规则化、程序化的公务员体系,在上层受约束于其民主理念和三权分立,在基层则具有强大的渗透力,包括公共服务能力。中国的近代—现代—当代演变则十分不同:在上层维持了高度中央集权的体制,以及一定程度的科层制化官僚体系;在基层虽然短暂地在计划经济体系下,凭借革命政党—国家治理体系形成了高渗透力的政经体系,但之后伴随改革和民营企业的兴起,国家和社会间的关系开始转向,2006年废除农村税费之后,国家一定程度上从村庄退出,村庄内部的公共服务出现危机。国家治理重新返向相对"简约"型的基层治理状态。

同时,在民营企业快速扩展的实际下(如今已经占到非农国内生产总值的一半以上),国家相对社会—经济的控制一定程度上松弛化,两者之间出现更多的搭配、合作、互动,由此扩大了"第三领域"。伴之而来的是治理体系中更广泛地使用"行政发包制"的"内包"和"外包",激活、贯彻、推广了党内的中央和地方"两个积极性"结合的传统,借此推动了举世瞩目的GDP发展。同时,也推广了国家和社会—经济的现代型第三领域结合,包括在"项目制"治理下的"内包"和"外包"被广泛用于全社会,导致了第三领域的更大规模扩展。

但是,由于国家与社会结合的主要目标是GDP增长,公共服务、社会公正、劳动法规、环境保护等领域被相对忽视。而且,由于其所依赖的主要是私人逐利激励机制,在行政发包体系的实际运作中,难免会出现地方政府官员贪污腐败、商人攫取暴利等反面现象,也出现了地方本位主义("属地化")的后果,导致不同地方间的隔离和显著差异。此外,由于采用了常常是不符实际的形式化、数据化管理和监督手段,形象工程、虚伪的示范区等变质现象产生,即便在学术界也相当突出。

在正义体系中,非正式正义(民间调解)的顽强持续,半正式调解的大规模扩增,在相对低成本地解决大量纠纷方面做出了突出成绩。但是,也可以看到其中的反面运作,即所谓妥协性调解实质上变成过度威权化的体系,仅具调解形式而不具调解实质,容易成为威权化的命令型纠纷处理,甚至以调解名义拒绝公民凭借诉讼来争取正义。

在西方,现代国家建设的一个主要内容是新型的(公务员)"科层制"体系和凭借正式法规的治理,高度渗透基层社会的权力及公共服务。其发包关系主要见于市场经济和正式法制下的个体或公司间的横向委托—代理契约/合同关系,较少有官僚体系内部的垂直内包关系,以及国家和社会—经济之间的外包关系,亦即中国式的第三领域型的"行政发包制"下的"内包"和"外包"。

我们还需要注意到,正因为中国的治理体系很大部分是来自政府与社会的互动(而不是政府单一方采用某种政策或治理模式),两者任何一方的剧变都会直接影响其互动下所产生的第三领域。在传统社会中,社会是个具有紧密人际关系和相关(儒家)道德理念的社会,"行政发包制"的运作和今天的社会环境十分不同。如今,个人"逐利"的价值观广为盛行,很大程度上取代了传统儒家道德价值观和社区亲邻关系的约束。因此,在"行政发包制"的第三领域中,比较容易出现腐败和牟一己私利的行为。未来亟须重建既承继传统又具备现代性的道德价值来应对目前的道德危机。

第十五章 重新思考"第三领域":中国古今国家与社会的二元合一

当然,在现当代中国也出现了一定程度上类似于西方科层制的国家机构。在较高度专业化的和新型的领域中,需要并形成了类似于西方现代国家建设的专业化、程序化的公务员制度和科层制机构,诸如新设的金融、环保、食品安全、疾病控制和预防、药品监管等行政机构。虽然如此,但"第三领域"机构和治理仍然在快速和大规模地扩充。也就是说,对中国的治理体系绝对不可仅从韦伯型的科层制理论来理解。

本章提倡的是,要通过变动中的社会—经济和变动中的政法—政经体系间的互动来认识中国传统和现代的治理体系。其中,"集权的简约治理"所形成的第三领域的简约治理模式,包括"行政发包制"的"内包"和"外包",乃是一个根本性的起点和特征,十分不同于西方低度集权和高度渗透的现代科层制。我们需要的是将西方理论置于其历史情境中辨析,与其对话和将其重构,来建立扎根于中国实际的新理论概括。

中国古代的第三领域,说到底乃是一种君权与"子民"(亦可见于父权相对于子女和夫权相对于妻子)之间权力悬殊的互动合一关系,今天仍然是个"大哥"和"小弟"之间的合一,容易导致强势方设定与社会需要相悖的目标、过分依赖个人逐利机制及脱离实际的形式化监督管理等反面现象。但是,伴随社会组织的成长,也许未来的中国能够走出一条国家和社会间权力更为均衡且更能良性互动的新道路,既能够约束国家采用脱离实际的或压制性的政策,也能够形成更大能量的现代国家—社会二元合一的治理体系。

我们可以想象由下而上的但也受到国家认可和扶持的"国家化"社会组织,譬如,建立带有国家领导和扶持的,但是基于村庄社区由下而上运行的、村民积极参与的、真正服务于村民的(如为农产品提供"纵向一体化"的加工和销售物流服务的东亚型)合作社("农协")(黄宗智,2018,2015b)、城镇社区组织,以及商会、工会和其他社会组织,包括各种各样的专业组织,也包括社会—国家协同提供公共服务、福利、劳动保护、保险等的组织。另外还有由社会高度参与的"社会化"国家机构,如纳入社会参与的乡镇法律服务所、消费者协会,以及公安部门和法院的调解组织等。在治理体系上,一方面固然应该在某些领域,特别是现代专业化程度较高的新型领域建立所必需的"科层制"和"公务员"化机构;但另一方面,也可以在多方面承继、更新中国比较特殊的国家和社会携手的低成本第三领域机构和组织。一种可能的远景是,形成一个既具有中国特色也是"现代化"的"'中度'国家集权"+"较高度渗透社会"的第三领域(特别是农村公共服务方面)的现代中国式政法体系。因为,历史已经告诉我们,国家和社会在第三领域的良性携手,能够释放出极大的能量。

参考文献:

陈柏峰(2011):《乡村江湖:两湖平原"混混"研究》,北京:中国政法大学出版社。

樊德雯、熊春文(2006):《乡村—政府之间的合作——现代公立学堂及其经费来源(奉天省海城县:1905—1931)》,载《中国乡村研究》第4辑,北京:社会科学文献出版社,第79—124页。亦见黄宗智、尤陈俊主编(2009):《从诉讼档案出发:中国的法律、社会与文化》,北京:法律出版社。

耿羽(2015):《当前"半正式行政"的异化与改进——以征地拆迁为例》,载《中国乡村研究》第12辑,福州:福建教育出版社,第79—95页。

何炳棣(1966):《中国会馆史论》,台北:台湾学生书局。

黄宗智(2019):《"实践社会科学:国家与社会和个人之间"专题导言》,载《开放时代》第2期,第13—19页。

黄宗智(2018):《怎样推进中国农产品纵向一体化物流的发展?——美国、中国和"东亚模式"的比较》,载《开放时代》第1期,第151—165页。

黄宗智(2017a):《中国农业发展三大模式:行政、放任与合作的利与弊》,载《开放时代》第1期,第128—153页。

黄宗智(2017b):《中国的劳务派遣:从诉讼档案出发的研究(之一)》,载《开放时代》第3期,第126—147页。

黄宗智(2017c):《中国的劳务派遣:从诉讼档案出发的研究(之二)》,载《开放时代》第4期,第152—176页。

黄宗智(2016a):《中国的隐性农业革命(1980—2010)——一个历史和比较的视野》,载《开放时代》第2期,第11—35页。

黄宗智(2016b):《中国古今的民、刑事正义体系——全球视野下的中华法系》,载《法学家》第1期,第1—27页。

黄宗智(2015a):《中国经济是怎样如此快速发展的?——五种巧合的交汇》,载《开放时代》第3期,第100—124页。

黄宗智(2015b):《农业合作化路径选择的两大盲点:东亚农业合作化历史经验的启示》,载《开放时代》第5期,第18—35页。

黄宗智:(2014a)《明清以来的乡村社会经济变迁:历史、理论与现实》。第1卷《华北的小农经济与社会变迁》;第2卷《长江三角洲的小农家庭与乡村发展》;第3卷《超越左右:从实践历史探寻中国农村发展出路》,北京:法律出版社。

黄宗智:(2014b):《清代以来民事法律的表达与实践:历史、理论与现实》。第1卷《清代的法律、社会与文化:民法的表达与实践》;第2卷《法典、习俗与司法实践:清代与民国的比较》;第3卷《过去和现在:中国民事法律实践的探索》,北京:法律出版社。

黄宗智(2011):《重庆:"第三只手"推动的公平发展?》,载《开放时代》第9期,第6—32页。

黄宗智(2010):《中国发展经验的理论与实用含义——非正规经济实践》,载《开放时代》第10期,第134—158页。

黄宗智(2007):《集权的简约治理:中国以准官员和纠纷解决为主的半正式基层行政》,载《中国乡村研究》第5辑,第1—23页。亦见黄宗智(2008):《集权的简约治理——中国以准官员和纠纷解决为主的半正式基层行政》,载《开放时代》第2期,第10—29页。

黄宗智(2003):《中国的"公共领域"与"市民社会"——国家与社会间的第三领域》,载黄宗智(编)《中国研究的范式问题讨论》,北京:社会科学文献出版社,第260—285页。本文原载邓正来、J. 亚历山大编(1999):《国家与市民社会:一种社会理论的研究路径》,北京:中央编译出版社,第421—443页。英文版见 Philip C. C. Huang, "'Public Sphere'/'Civil Society' in China? The Third Realm between State and Society," *Modern China*, 19, 2 (April 1993), pp. 216—240。中文修订版见黄宗智(2015):《实践与理论:中国社会、经济与法律的历史与现实研究》,北京:法律出版社,第114—135页。

黄宗智、龚为纲、高原(2014):《"项目制"的运作机制和效果是"合理化"吗?》,载《开放时代》第5期,第143—159页。

马敏、付海晏(2010):《近20年来的中国商会史研究(1990—

2009)》,载《近代史研究》第 2 期,第 126—142 页。

马敏、朱英(1993):《传统与近代的二重变奏——晚清苏州商会个案研究》,成都:巴蜀书社。

《人民网评:更好发挥中央和地方两个积极性》,2018,人民网,http://opinion.people.com.cn/n1/2018/0301/c1003-29841981.html,2019年1月访问。

章开沅、马敏、朱英主编(2000):《中国近代史上的官绅商学》,武汉:湖北人民出版社。

赵珊(2019):《塑造与运作:天津商会解纷机制的半正式实践》,载《开放时代》第 2 期,第 53—68 页。

赵珊(2018):《清末民国天津商会商事纠纷理断型式研究》,天津商业大学硕士学位论文。

周保明(2009):《清代地方吏役制度研究》,上海:上海书店出版社。

周飞舟(2009):《锦标赛体制》,载《社会学研究》第 3 期,第 54—77 页。

周飞舟(2006):《从汲取型政权到"悬浮型"政权——税费改革对国家与农民关系之影响》,载《社会学研究》第 3 期,第 1—38 页。

周黎安(2018):《"官场+市场"与中国增长故事》,载《社会》第 2 期,第 1—45 页。

周黎安(2017):《转型中的地方政府:官员激励与治理》(第二版),上海:格致出版社。

周黎安(2016):《行政发包的组织边界:兼论"官吏分途"与"层级分流"现象》,载《社会》第 1 期,第 34—64 页。

周黎安(2014):《行政发包制》,载《社会》第 6 期,第 1—38 页。

周黎安(2007):《中国地方官员的晋升锦标赛模式研究》,载《经济研究》第 7 期,第 36—50 页。

周雪光(2011):《权威体制与有效治理:当代中国国家治理的制度逻辑》,载《开放时代》第 10 期,第 67—85 页。

Ch'ü,T'ung-tsu(瞿同祖)(1962). *Local Government in China under the Ch'ing*. Cambridge, Mass. : Harvard University Press.

Drèze, Jean and Amartya Sen(1995). *India: Economic Development and Social Opportunity*. New Delhi: Oxford University Press.

Habermas, Jürgen (1989). *The Structural Transformation of the Public Sphere: an Inquiry into a Category of Bourgeois Society*, trans. by Thomas Burger. Cambridge, Mass. : M. I. T. Press.

Hsiao, Kung-ch'üan(萧公权)(1960). *Rural China: Imperial Control in the Nineteenth Century*. Seattle: University of Washington Press.

Johnson, Chalmers(1999). "The Developmental State: Odyssey of a Concept," in Meredith Woo-Cumings(ed.), *The Developmental State*. Ithaca, New York: Cornell University Press, pp. 32—60.

Johnson, Chalmers(1982). *MITI and the Japanese Miracle: The Growth of Industrial Policy, 1925—1975*. Stanford, Calif. : Stanford University Press.

Lin, Justin(林毅夫), Fang Cai(蔡昉), and Zhou Li(李周)(2003). *The China Miracle: Development Strategy and Economic Reform*, revised edition. Hong Kong: The Chinese University Press.

Mann, Michael(1986). *The Sources of Social Power, I: A History of Power from the Beginning to A. D. 760*. Cambridge: Cambridge University Press.

Mann, Michael (1984). "The Autonomous Power of the State: Its Origins, Mechanisms and Results," *Archives Européennes de Sociologie*, 25, pp. 185—213.

Montinola, Gabriella, Yingyi Qian, and Barry R. Weingast (1995). "Federalism, Chinese Style: The Political Basis for Economic Success in China," *World Politics*, 48(Oct.), pp. 50—81.

Oi, Jean C. (1992) "Fiscal Reform and the Economic Foundations of Local State Corporatism in China," *World Politics*, Vol. 45, No. 1(Oct.), pp. 99—126.

Pepper, Suzanne (1996). *Radicalism and Education Reform in 20th Century China*. Cambridge, Eng.: Cambridge University Press.

Perkins, Dwight and Shahid Yusuf (1984). *Rural Development in China*. Baltimore, Maryland: The Johns Hopkins University Press.

Qian, Yingyi and Barry R. Weingast (1997). "Federalism as a Commitment to Preserving Market Incentives," *Journal of Economic Perspectives*, Vol. 11, No. 4(Fall), pp. 83—92.

Reed, Bradly W. (2000). *Talons and Teeth: County Clerks and Runners in the Qing Dynasty*. Stanford, Calif.: Stanford University Press.

Tilly, Charles (1975). "Western State-Making and Theories of Political Transformation," in *The Formation of National-States in Western Europe*. Princeton, N. J.: Princeton University Press, pp. 601—638.

Vanderven, Elizabeth (2013). *A School in Every Village: Education Reform in a Northeast China County, 1904—1931*. Vancouver: University of British Columbia Press.

Vanderven, Elizabeth (2005). "Village-State Cooperation: Modern Community Schools and Their Funding, Haicheng County, Fengtian, 1905—1931," *Modern China*, 31, 2(April), pp. 204—235.

Vanderven, Elizabeth (2003). "Educational Reform and Village Society in Early Twentieth-Century Northeast China: Haicheng, County, 1905—1931,"Ph. D. dissertation,University of California,Los Angeles.

Walder,Andrew (1995). " Local Governments as Industrial Firms: An Organizational Analysis of China's, Transitional Economy," *The American Journal of Sociology*, Vol. 101, No. 2(Sept.) ,pp. 263—301.

Wang, Yeh-chien (1973a). *Land Taxation in Imperial China, 1750—1911*.Cambridge, Mass. : Harvard University Press.

Wang, Yeh-chien (1973b). *An Estimate of the Land Tax Collection in China, 1753 and 1908*.Cambridge, Mass. : East Asian Research Center, Harvard University.

Weber, Max (1978). *Economy and Society*, 2 Vols. , edited by Guenther Roth and Claus Wittich.Berkeley: University of California Press.

第十六章

探寻中国长远的发展道路：从承包与合同的区别谈起[①]

今天的中国经济，一方面在特殊的政党—国家体系下，中国共产党仍然起到主导性的作用，国家仍然拥有主要生产资料，尤其是土地和其他主要自然资源，同时通过一个高度集权的财政体系来调控资本。它仍然是一个社会主义国家体系，即便已经不是一个计划经济体系。另一方面，它同时也是一个生机勃勃的市场经济，其中私有企业占据非农生产总值的约60%，而具有独立经营权的市场化小农场则占据农业总产值的很高比例，即便他们并不拥有自家农地的所有权。我们该怎样来认识这样一个既是社会主义的

[①] 本章是作者最新的三卷本(《中国的新型小农经济：实践与理论》《中国的新型正义体系：实践与理论》《中国的新型非正规经济：实践与理论》——黄宗智，2020a,b,c)的后续和扩延思考。三卷本中已经详细论证的内容不再一一注明出处。

也是市场经济的,既是中国传统(古代和革命传统)的也类似于西方市场经济的混合体?

鉴于社会主义和资本主义市场经济间的极大不同,我们是不是只能认为两者只可能有一方才是"正确"或"真实"的?我们是不是只可能要么认同于目的论的全盘西化道路,要么认同于目的论的本土化道路,就像许许多多中国现当代思想家(也包括西方的中国研究者)那样?如果不然,我们要怎样才能够抓住现当代不可避免的中与西、古与今以及市场经济与计划经济的并存和混合这个基本实际?

本章将进一步探讨,面对两者必然并存的现实,我们能否提出一种迥异于一般非此即彼的思路?能否想象两者不仅是并存,更是相互作用、相互塑造,甚至共同形成一个超越双方任何一方的整体?能否形成一个能够更好地释放两者诸多方面的创造性能量的结合?一个超越二元对立思维的整体可能是一个什么样的图像?

但在进入以上较为宽阔的问题的探索之前,我们需要先澄清市场合同与中国社会主义政党—国家采用的行政发包/承包制度的不同。两者常被调换使用或合并为一(如"承包合同"),由此而导致对两者不同含义的混淆。我们需要说明它们的不同出发点,然后才能进入两者之间,以及市场经济和社会主义政党—国家体系之间,进行怎样可能将其创新性地结合起来的讨论。

一、合同 VS. 承包

"合同"概念的核心是在横向市场交易中两个具有同等谈判权

力实体间达成的、受到法律保护的协议。"发包"/"承包"关系则是纵向的、多是由国家发包给某人或某实体(如某官员或农民/农户)来承包的责任,虽然也同时附带给予后者一定的自主权力。这里要注意,"权力"多被人们不精确地用"权利"——即受到法律和法庭保护———词来表达,实际上"权利"主要只适用于"合同",不适用于"发包"/"承包"。

(一)历史起源的不同

首先是两个概念/制度起源的不同。在西方,"合同"主要来自市场交易关系中的协议。固然,在当代之前,中国也有颇多类似西方的合同协议(Zelin,Ocko and Gardella,2004),但在当代,承包(与合同)制度的起点和西方十分不同。在社会主义革命中,几乎所有的生产资料都被改造为国家所有。改革肇始,从国有基点出发,国家逐步将社会主义(和计划经济)体系改为一个"社会主义市场经济"体系。先是国家决定将农村土地的所有权和经营权分割开来,将后者发包/承包给农户。发包自始是,并且现在仍然是一个由上而下的举措,而不是两个平等体之间的协议。其实,发包给农民的"责任田"/"承包合同"原来还附带有纳税乃至义务工的责任。即便国家将经营权基本让给了农户,使其可以为市场而自主生产,但实际上农户仍然处于国家最终管控的权力之下。正如赵晓力在检阅了多份"承包合同"及相关诉讼案件材料之后敏锐地指出的:土地承包的实质主要是借助法院来执行国家的行政管理,树立可以通过法院来确定和保护的权利。(赵晓力,2000)

下面我们将看到，承包其实是官方话语中的"社会主义市场经济"的一个重要部分——国家占有农地的最终所有权，通过发包/承包方式将其经营权转让给农民（虽然国家规定部分农户必须生产粮食，无论其回报多么低）。当然，国家也可以随时征收农地的经营权。

（二）概念基础

合同与承包制度的历史变迁趋向是在十分不同的概念基础上形成的。在市场合同初具雏形时，讨价还价是合同订立过程的一部分。一方可能在某方面稍微让步，对方也会同样在另一方面做出某种让步，直到双方达成都可以接受的协议。那样的讨价还价可能受到当时市场情况的影响，在某一产品或房子处于"买方市场"的情况下，买方可能因为市场需求较低而获得更好的优惠价格；反之亦然。典型的合同会经过这样一个讨价还价过程。即便是行将被雇用的就业者也可以在"卖方市场"的情况下，要求并获得更好的就职条件，和买房子或产品的人一样。在那样的市场合同文化中，完全由单一方来确定合同条件相对少见。

但在改革期间的中国，一般情况则恰好相反。逐步市场化是国家的决定，承包是国家由上而下的发包，因此，国家与承包农民之间并不完全对等。承包一方，虽然其与国家的关系被称作"承包合同"，但一般其条件都是完全由对方确定。那样的"承包合同"无疑直接影响到市场中的合同关系。在那样的大环境下，即便签订的是市场中的"合同"，一方也常会根本就看不到合同文本，或者要在最终阶段才能看到,并必须立即签署——因此而导致"霸王合同"的称谓,并没有实际的讨价还价过程。众多的市场交易合同实际上更像"承包"而不像对等双方间的"合同"。正是不对等的"承包合同"塑造了中国与众不同的合同文化。

(三)劳动法律中合同逻辑的不同使用

劳动法律乃是市场合同关系中的一个比较特殊的领域。这主要是因为资方和劳方比较明显的权力不对等。社会主义理论将其表述为阶级剥削,即劳动者生产的"剩余价值"之被资方榨取。资本主义社会当然不会接受这样的理解。直到 1929—1933 年经济大萧条之后,其方才推动改革,依赖的是合同理论的理想类型,借之来倡导必须改革雇佣关系而使其更接近合同理念中的关系,包括确立劳动者组织工会和进行集体谈判的法定权利,以及设立法定的社会保障——如失业保险和退休与医疗保障。在美国历史中,它们一般被与罗斯福总统的"新政"相联系。这是"福利国家"的核心,其目的是纠正资本主义过激的方方面面。正是那样的措施起到了促使资本主义经济在其历史性的危机之后恢复和延续的作用。

但是,在最近几十年中,合同的逻辑则被借用于相反的方向来让资方避免劳动保护和社会保障等责任。它导致了所谓的"中介公司雇员"(agency worker)或"劳务派遣工"(dispatch worker)使用的兴起(多是通过中介公司而不是实际的厂方来雇用的),名义上主要是临时性的或"半职"/钟点工人,一般不带有就业保障或福利。合同理论则被借用来赋予这样的雇佣关系以正当性——其逻辑是,这样的雇员实际上享有与资方同等的权利,因为他或她完全可以自由地决定是否接纳如此的合同。如今在实际运作中,这样的雇用方式已经常常不限于临时工而被用于长期的正规全职工。劳动关系研究者将这样的工人称作"precariat",即结合"precarious"(不稳定)和"proletariat"(无产者)两词的新创词,我们也许可以译作"危难工人"。如今,这个"危难工人"群体已经占到西方所有就业人员中的约20%。(Standing,2011)

社会主义的中国则从一开始便展示了一个截然不同的演变过程。共产党革命自始便在理论上将生产资料归为全民所有,土地和资本同样是国家而非私人所有。共产党则是这个新制度和社会主义理念的监护者。工人的权利和社会保障自始便已被确立。

伴随改革的来临,共产党政党—国家采纳了市场化的决策,将市场经济,包括承包与合同的制度,纳入了中国的政经体系。以上已经看到,第一步是将土地的所有权和经营权拆分开来,将经营权发包给农户,由他们自主经营为市场服务的生产。其后,由乡镇和村庄集体广泛设立计划外的乡村企业,让乡镇政府和村庄集体在市场的"硬预算约束"下经营其所创办和拥有的企业。这些企业原先多是通过旧的集体制度来雇用员工,一开始采用的是集体制度下的工分制,当然谈不上城市产业工人所有的福利。20世纪90年代后期,在"抓大放小"的决策下,中小国企进行"甩包袱"的私有化改制,为的是加强企业在市场经济中的活力。结果是那些企业的员工们基本失去其所享有的福利。同时,私有企业广泛兴起,乡镇企业也广泛私有化,大量的农民工进入城镇就业,许多缺少相关的保护和福利保障。这样,城镇工人大多数都成为(国际劳工组织所谓的)"非正规工人",即没有或少有法律保护和福利的工人,区别于之前享有那样的保护和保障的"正规工人"。

在最近的十年中,中国更引进了西方的"中介公司雇员"(agency worker)制度。2008年的《劳动合同法》将其表述为"劳务派遣工",定义为处于"劳务关系"而不是(受到旧劳动法保护的)"劳动关系"下的员工。名义上,这样的雇用方式只被用于"临时性、辅助性或替代性"的员工,但实际上则被相当广泛地用于长期的全职员工。新兴的劳务派遣工无疑也属于我们称作"非正规工人"的范围。在实践层面上,中国和西方的不同在于,2010年,新兴的劳务派遣工加上原有的非正规人员,已经达到所有城镇员工总数的不止75%,远远超过西方的20%。在这样从正规化返回到非正规化和去正规化的反向演变中,合同理论被吊诡地用于相反的目的。

固然,也有一些试图抑制这样的趋势的举措。譬如,人力资源和社会保障部在2013年宣称,要企业们在三年之内达到劳务派遣工不超过其员工的10%的目标。但其作用比较有限。非正规化的总体趋势实际上无法阻挡。

至于那些之前的正规工人们对被去正规化所提出的抗议,政府规定国家法院不受理那样的诉讼,要由企业本身来处理。最近几年,国家更扩大了这个政策的适用范围,确定其不仅包括国有企业,更明确地包括所有其他类型的"企业"(如集体企业和事业单位乃至于私营企业)。只要其"改制"是由"政府主导"的,即要么已经获得政府批准,要么是由其执行或主导的,法院就会裁定不受

理。(黄宗智,2020c;赵刘洋,待刊)

可以见得,中国政党—国家和法律之间的关系与西方有一定的差别。在西方,经国家颁布的法律一般凌驾于政府行政权力之上;在中国则不然,政府行政权力发挥了重要作用,它可以将某一类型范围内的诉讼争议置于法院受理范围之外,通过行政权力的干预及调解制度来处理某些诉讼纠纷。

(四)国家行政体系内的发包

国家行政体系之内的发包同样是由上而下的不平等关系。高度集中的社会主义政党—国家体系完全掌控体系内官员的委任和升降,包括更改或终止他们的职责、权力和资源。也许最重要的是,所有官员都受制于体系内源自反腐需要而在20世纪80年代后期和90年代设立的"双规"铁律和制度:经过"举报"和初步调查之后,任何官员在被正式审查期间,都可以被约束在规定的地点和规定的时期中(实际上没有固定期限),完全与外面隔离,不得与家人或其他任何人(当然包括律师)接触。即便是最高层级的官员(包括政治局常委、省长等)也如此。它是一个无可抗拒的党内的纪律制度。

但我们也要考虑到另一方面:一名承包某一地方职责的官员享有相当程度的自主权力,他们被有意识地塑造为中央政权的一个较小规模的翻版,具有远远大于一般的西方国家地方行政官员的权力,不受同等程度的三权分立和平衡的制约。

中国的地方政权制度被周黎安教授称作"行政发包制"。他将中国的这种"官(员市)场"的机制比喻为"市场"。他论析,"官场"中的竞争和激励机制类似于市场中的机制。他特别突出"官场"中的晋升"锦标赛"激励机制,并有意地将"官场"和"市场"并列("官场+市场"),认为正是两者的连同作用推动了中国举世瞩目的经济发展。(周黎安,2018,2014,2007;亦见黄宗智,2019)在他的英文文章中,他更完全地采用了"合同"一词来将"行政发包制"表达为"行政合同制"(administrative contracting)。(Zhou,2019)

周教授的论析非常清晰地指出了地方政府和市场经济在中国经济发展中所起的至为关键的作用。他特别突出了中国地方官员间争取晋升的激励和竞争机制,通过新古典经济学的"市场"和"合同"话语,比较有效地与(倾向市场经济和合同目的论的)西方和中国新自由主义经济学家们进行了沟通。

但是,我们也需要指出,他的理论一定程度上也混淆了行政发包与市场合同之间的差别。他创建的"官场"一词,由于非常有意识地将其比喻为经济市场,难免会混淆两者在历史起源、重点和逻辑间的差别,既混淆了行政发包制度的部分内涵,也混淆了市场合同与行政合同的不同。

那样的误导性其实可更清晰地见于被人们更为一般地混合使用的"权力"和"权利"两词。行政发包中所发包的是责任和权力,不是法律和法庭所维护的权利,一如土地联产承包责任制中的"经营权"那样。正如我们上面所论述的,无论是农民还是地方官员都没有太大可能通过法院渠道来抗拒社会主义政党—国家的强大治理体系。

但同时,我们也要认识到,周黎安教授的论析确实起到协助不少读者认识到中国行政发包制的重要作用,使其不至于下意识地简单将之贬为与市场经济相矛盾的政治体系,因而拒绝认真来认识和理解。虽然如此,但要真正认识中国这个体系的含义和实际运作,我们还需要看到承包制与合同制的不同。简单想象一个官僚层级之间的"合同制"其实会使我们严重误解其所包含的由上而下的政治体系。我们需要认识到"发包"与"合同"在概念上的深层分歧,以及其逻辑和实际运作间的差别。

固然,周教授所借助的"委托—代理"理论领域早已拓宽了原始合同理论的范围。它考虑到合同两方的不同利益和激励,以及其间的"不对称信息"(asymmetry in information),考虑到可能由其产生的"道德风险"(moral hazards)和可能滥用。它也考虑到两方之间的权力不对等问题,尤其是在劳动法律领域中,一如我们上面论述的那样。但即便如此,它逻辑上的出发点仍然是市场中的横向对等合同关系,并不能贴切地处理纵向的由上而下的行政发包中的权力关系,更没有考虑到中国社会主义政党—国家体系的实际运作。周黎安的贡献在于突出了中国特殊行政体系的关键性,并阐明了其中的一个关键机制,但他仍然需要进一步澄清我们所有研究者都必须面对的"话语隔阂"问题,即怎样来澄清"承包"与"合同"之间的差别。两者都需要被置于其政治经济大环境中来认识和理解。

(五)中国法律中的承包法与合同法

这里首先需要说明的是,虽然在学术和大众化使用中,承包和合同两词多被混淆,但在中国的法律条文中两者其实一直都是被明确区分的。

2002年(修改)的《农村土地承包法》开宗明义地说明:"本法所称农村土地,是指农民集体所有和国家所有依法由农民集体使用的耕地、林地、草地,以及其他依法用于农业的土地。"(第2条)"农村土地承包后,土地的所有权性质不变。承包地不得买卖。"(第4条)"承包方承包土地后,享有土地承包经营权,可以自己经营,也可以保留土地承包权,流转其承包地的土地经营权,由他人经营。"(第9条,2019年增加)(《中华人民共和国农村土地承包法》,2002,2019)

1999年的《中华人民共和国合同法》同样明确指出:"本法所称合同是平等主体的自然人、法人、其他组织之间设立、变更、终止民事权利义务关系的协议。"(《中华人民共和国合同法》,1999:第2条)

显而易见,国家法律其实比较清楚地区分了承包和合同两个词语和概念。我们需要做的是,进一步阐明两者的不同政治经济环境。

(八)"集权的简约治理"传统

其中,一个重要部分是中国传统的"集权的简约治理"。(黄宗智,2008)古代的帝国政权无疑是个高度集权的体系,但它同时也十分有意地试图使其体系尽可能简约。一个原因是要避免过多层级的划分,因为那样会直接威胁到集权的中央——由于其高度依赖地方官员对皇帝/皇朝的忠诚,每多一层便会添加一层离心的威胁。二是要尽量减少行政经费,因为前工业的农业国家的税收十分有限。在19世纪,每个最底层的县令治理的人口平均高达25万人。而且,县政府机构一般只比较低度(韦伯型的)"科层制化",即被分化为专业化部门和垂直的科层制体系。结果是比较简约的基层治理体系。

这就和西方形成比较鲜明的对照。其历史起源部分在西方的封建主义制度,其中央集权程度要远低于中华帝国,虽然其从基层所提取的税费要相对高于中国——后者在帝国晚期仅占农业产出的2%—4%,前者则一般占约10%(如西方和日本的封建主义制度)(Wang,1973a,1973b)。其二,当然也来自现代西方的民主政体传统——其三权分立的相互制约和平衡。

结果是,与西方相比,中华帝国具有比较高度的中央集权,但只有比较低度的基层"渗透权力",与西方的低度中央集权和较高度基层渗透权力不同,一如迈克尔·曼(Mann,1984)所概括的那样。中国的行政发包制度首先需要置于那样的历史框架中来认识。

(七) 分块的集权体系

更有进者,曼的分析框架并没有考虑到中华帝国的另一关键特征。其高度集权的中央其实有意将自身分割为多个权力性质类似中央的地方小块——也许可以称作一个"分块的集权体系"。地方上的最高官员是在该管辖地代表皇帝的人员。他当然是由中央全权委派的官员,并且是被置于相当严密的官员控制体系中的人员,但他在地方任职期间却具有相当高度的、一定程度类似于皇帝的自主权力,也同样较低度受到现代西方民主政府那样的立法和司法权力的制约。同时,他的权力范围更多是地方块块型的,而不是处于更高度条条划分的现代专业化科层制体系的制约之下。

正是以上历史背景协助我们认识"集权的简约治理"和"分块的集权体系"今天仍然存留下来的治理框架。它具有较高度的中央集权,但只有相对低度的基层渗透力,同时又是较高度集权的地方政府权力,没有像现代西方专业化官僚体系那样被更高度地条条化,也没有受制约于那样的三权分立和平衡。正是这样的传统协助我们认识和理解今天的中国在这些方面与现代西方治理体系的不同。

进入当代,传统的中央集权体系被在战争和革命斗争过程中形成的现代共产党政党—国家体系更为高度地集权化,也更为高度地细致化,并且仍然较低度受制约于立法和司法权力。那些特征也可见于同样是模仿中央的较小型地方政权。虽然,伴随工业化和(韦伯型)现代科层制体系的建设,中国的治理体系一定程度上也已趋向了类似于西方的专业化和条条化。

但我们仍然可以看到简约治理持续的痕迹。这部分是由于中国仍然拥有庞大的农村,仍然受制约于比较低微的农村基层财政收入,仍然因此而趋向基层的简约治理。此点尤其可见于 2006 年废除农业税费之后基层村庄内部的公共服务的衰退。乡镇政府不再能够从村庄获取财政收入,伴之而来的是其从村庄内部的公共服务的退出,遗留下来的是村级内部公共服务的危机——未经修补的道路和桥梁、未经疏浚的河流和小溪等——那是"低度基层渗透力"比较具体的形象。

更重要的也许是,国家机构一定程度上仍然继承了古代的"分块的集权体系",地方政府仍然享有类似于中央的集权性质的权力,既没有同等程度地受像现代西方那样更高度条条化的科层制体系的垂直化分解,也没有受到同等程度的三权分立的制约。相对来说,其仍然享有远大于现代西方地方政府的集权。这样的一个体系当然也带有一定的弱点,如条条和块块结合所导致的双重领导(垂直的中央部门领导和横向的地方政权领导)及事权不清的问题。它也会导致地方主义,以及不同地方间的相互隔离和显著差别。但是,上面我们已经看到,地方政府块块型的强势权力在改革的快速发展过程中,起到了至为关键的作用。

二、二元对立与二元互补

我们固然需要认识到中国与西方的不同,以及合同与承包的不同,来更好地认识中国今天的治理体系的实际运作,但同时要警惕陷入中西二元对立非此即彼的思维习惯,因为那样的对立思维只能促使我们再次不仅误解中国,也误解西方。

(一)二元对立

二元对立思维最常见的误失是陷入两种陷阱:一是认为西方的道路乃是唯一的道路,认为中国必须走那样的"转型"道路。那是个来自目的论的西方主义或现代主义(包括"早期现代主义")思路,只可能遮蔽中国的历史趋向和实际,只可能无视现当代中国的最基本实际,即西方与中国的、西化与中国传统(包括古代和革命传统)的并存。其对立面则是目的论的中国优越性,多源自一种中华文化自我优越感,认为中国的道路必定是最佳道路,因为它是中国的。那样的思路很容易成为完全拒绝西化改革的极端保守主义。两种对立观点相互将对方推向极端,要么是出于反对过分西方中心主义或全盘西化主义的动机,要么是出于反对过分中国中心主义的动机。两者的共同点是无视两者并存的现当代中国的基本实际。

在过去的百年中,我们已经看到众多这样的非此即彼二元对立思维。在法学领域,一方是要求西化的移植论,提倡全盘引进西方的法理和法律,并以为那样做才能够符合逻辑上整合的形式主义法理和法律的要求。其对立方则相反地提倡"本土资源化",认为中国的法源应该是传统法理、法律或民间习惯。在经济学领域,我们可以看到同样的对立,一方提倡完全采纳西方的自由和新自由主义经济学及其理论依据(理性经济人、纯竞争性市场、"看不见的手"、国家"干预"的最小化等),与其对立的是传统主义者或马克思主义者,或两者的结合。在历史学领域,一方在"早期现代"和近现代中国只看到逐步西化或现代化的趋向,另一方则只看到其对立面的"中国中心论"。我们应该清醒地认识到,上述两者任何一方都没有抓住近现当代中国的中西化并存和互动的基本实际。

(二)互补的二元

我们要做的不是将中西建构为非此即彼的二元对立,而是要从现当代的中国和西方、传统和现代在中国必然并存的基本实际出发的概括。两者的并存——无论是语言、文化、话语、思想倾向和思维、实践、治理、社会经济等,还是学术理论——乃是现当代中国的给定实际。

我们该怎样去认识共存的实际以及两者在中国是如何互动、互塑和结合的?过去和现在的摸索有什么长处和短处?两者最佳的结合方案——既是基于中国实际又是为人民谋求幸福的——是什么样的道路?有没有一条超越中西两者间的对立而结合两者来释放双方的创造能量的长远道路?

中国在过去四十年中相对成功地、比较特殊地结合了市场机制和国家能力来推进极其瞩目的发展,这已经是没有疑问的事实。真正的问题是:两者到底是怎样互补、互塑地结合而做到了比任何单一方更优越的成绩的?

(三)农地承包与乡村发展

回顾过去四十年,农村土地联产承包责任制无疑是推进中国农业转化的基本政经制度框架。它从党中央有意地采纳了承包制出发,给予农民大体上独立的"经营权",让其能够自己决定为市场生产什么、销售什么,让其能够从其产品的市场价值和增值获得一定的利益。同时,国家积极提供了现代投入(化肥、良种、农机)。那样的(国家与农民的)结合推动了中国改革期间的"隐性农业革命",使许许多多农户得以转向高附加值农产品的生产(特别是高档蔬果和肉禽鱼),大多是进一步既劳动密集化也"资本"(现代投入)密集化的新型农业(如拱棚蔬菜、种养结合),如今已经达到接近农业总产值的三分之二,借此转化了中国的农业生产。(黄宗智,2016a)

虽然有一些错误的认识一直都在影响着国家的部分农业决策和学术界的论著,即认定高度机械化(和较低度劳动密集化)的美国型大规模农场乃是农业现代化的最终必由道路,认为中国农业必须朝着那样的方向发展,才可能真正现代化。(与其相反的一种意见则是一般的马克思主义意见,同样认为那样的途径是必然和不可避免的,但认为它是不可取的,乃至于要推翻的资本主义方式。)事实上,中国农业现代化的道路如今已经可以确定了——主要是高附加值的新型小规模家庭农业,并且,由于中国如今仍然有2亿农业从业人员,劳均才10亩耕地、户均才约15亩(相对于美国的户均约450英亩,即2700亩),将长期如此。鉴于中国长久以来的人口高度密集的"内卷"型小农业,这其实是必由之路。它也是对中国来说资源配置至佳的道路,和美国的主要是高度机械化和低度劳动投入的农业十分不同。中国的新型农业是"劳动和资本双密集化"的,而又差不多全是小规模的农场(即"去内卷化"的农业,区别于"经济规模化"的大农业)。它的比较高度密集化的土地使用使得中国农业的单位土地产值远高于美国。美国型的农业只可能促使大量农民失业和单位土地产量大规模降低,不可能承担中国大量人口的食物需要。

(四)结合国家与市场

如果说中国的新农业革命较好地展示了中国结合现代投入和小农家庭农场,以及国家的高度中央集权的政经体系和小农的市场化自主经营,那么城镇企业则较好地展示了集权的中央和地方国家体系与市场化企业的结合,如以上论述那样。更有进者,鉴于西方高度发达的跨国企业,中国新兴的私营企业唯有通过高度集权的国家体系的扶持才有可能与其在全球化的市场中竞争——唯有中国国家体系才具有足够的力量来与西方巨型的全球化企业竞争。唯有中国"分块的集权"地方政府的扶持(通过土地资源供应、基础设施建设、不严格的劳动力使用、税收减免、松弛了的环境保护等)才有可能招引到外国资本的投资,唯有国家权力才有可能使中国成为全球回报率(不止20%)最高的资本去处。

我们已经看到,国家体系本身还需要一个有效的地方官员激励机制,一个能够促使他们为中国在全球市场的竞争上效劳的机制。具体的实施方案是激励地方官员们在管辖地的GDP发展成效方面的竞争,并给予他们足够的权力来激发他们的创新性和经营性,而又同时严密掌控他们的评审和晋升。其实施方式正是行政方面的"发包"制度,以及设立地方官员间推动属地GDP发展的晋升"锦标赛"。

那样的一个治理制度也需要市场机制和约束来执行。地方官员面对的难题是,他们的行为必须要在市场中见效。市场的竞争机制成为他们施政的重要激励和约束。他们不仅要对上级负责,还要对市场的约束负责;他们是否成功地为地方企业建设了良好的发展环境,采用了符合辖地资源禀赋的举措,推动了具有市场竞争力的企业发展?正是在那样的框架中,中央政府制造了一个国家和企业相一致的目标和激励。而那样的机制则赋予了中国企业在国内和国际市场中的竞争力。

高效结合地方政府和企业的激励机制是通过实践产生的,是在实践中被证实有效而形成的,首先是在农业方面的承包制度,而后是乡镇企业方面的蓬勃发展,再后来是省、市、县政府的"招商引资"所推动的企业发展。国家成功地促使其地方官员们成为推动发展的力量,而在其中成长起来的企业则是通过政府在税收优惠、土地和基础设施及财政资助等方面的扶持成为更具有市场竞争力的实体。两者的结合成功地使中国成为全球资本第一选择的去处,成为推动中国经济快速发展的关键动力。市场经济的合同关系及行政体系的承包关系被证明是特别适合中国"转型"经济的结合。

这里的"转型"一词需要我们谨慎地来使用。我们不要再次陷入目的论的西化主义,似乎中国要发展和现代化的话,只能完全模仿西方。那正是"转型"一词比较普遍的含义。我们需要认识到中国已经展示了的既是西式也是中国式的发展道路,而不是一条非此即彼的道路。

这里,"社会主义市场经济"这个常用的官方话语,一定程度上包含、捕获了上述的特殊中西结合。它是在改革实践过程中所形成的一个战略性框架,如今已经经过相当程度的实验,有可能会成为中国式的可持续现代化进路,有别于我们长期以来惯常性使用的"全盘西化"/现代化、"资本主义发展"或"市场合同经济"等概念。"社会主义市场经济"一词,一般在学术界(尤其是国外学术界)被普遍视作没有实质意义的官方用词,但实际上颇有可能不仅仅是一个"转型"过程中的体系,而且是一条可持续的中国型的、适合中国实际的发展道路,不仅在短期之内如此,也许更在长期中如此。当然,它更是一个处于形成和演变中的过程,不是一个给定理论或意识形态。

(五)中西结合的反面现象

更有进者,我们不可忘记近年来发展中的反面现象。在发包制度的不对等权力关系下,在国家相对农民的权力悬殊的实际下,一方当然难免会成为忽视另一方利益的支配方。一个真正可持续的结合不仅需要考虑到其成功的方方面面,也要考虑到其反面。

我们应该承认,劳动保护和福利在发展经济和招商引资的大目标下被暂时置于一旁。改革四十年来,中国一直在大力压缩旧的劳动制度,如今已经将"正规工人"所占比例减少到城镇就业人员的仅仅约25%。但是,为了长远的发展,中国特别需要扩大国内市场来支撑更可持续的经济发展,当然也要考虑到社会稳定和社会公平。中国迟早须将"去正规化"的洪流颠倒过来。如今这样让全国城镇就业者中的不止75%成为"非正规工人"(相比西方的20%),严重约束了国内的市场发展,经济上是不可持续的,当然也是不公平的。

第十六章 探寻中国长远的发展道路:从承包与合同的区别谈起

至于农业,国家迄今仍然没有充分重视小农场的关键性,也没有充分重视小农特别需要的现代化市场物流体系。那迄今仍然是中国农业的软肋。如今应该充分认可并支持小农农业的优越性和可持续性,并给予其更大的支持——不是简单由上而下完全由国家支配的措施,而是要让小农充分发挥其自身的积极性,纳入由下而上的农村(社区)参与能量来配合国家的组织。所谓"东亚合作社"是一个由于高度历史偶然性而形成的体系,足可被当作中国的典范。明治日本的由上而下的农政(将地方政府主要任务设定为扶持农业现代化),由于美国的占领和统治(在其认同于罗斯福总统"新政"的进步官员们的影响下),被改革为一个纳入由下而上的基于农村社区的(综合性)"农协"制度,较偶然地组成了迄今至为成功的小农经济现代农产品"物流体系"(即为小农农产品进行加工和销售的"纵向一体化")。它既保障了城乡之间较为均匀的收入和公平,也起到了维护农村社区活力的重要作用。(黄宗智,2018)

在中国,土地承包的制度确立了一个比较均匀的土地分配制度和优质的小农新农业的兴起,小农经济并没有因为国家有的政策偏重大型规模化农业而受到过大的压制。即便没有得到国家充分的重视,它仍然已经成为中国新型农业的基岩。今天中国可以借助东亚型的农村社区合作社来推动新型农业的进一步发展。与其仍然依赖高成本低效率的、由千千万万小商户+大商业资本所组成的物流体系,不如转向由小农社区组成的合作社。它们既可以高效地推进农产品的物流,也可以让小农保留更高比例的市场收益,由此进一步提高小农的收入。它们还可以振兴农村社区,并为

675

国家政策提供由下而上的支持和能量。

国家和社会权力悬殊的搭配,如土地承包制度下的国家和小农,过去确实导致了一些无视小农利益的举措,诸如地方在征地中的过激手段、土地交易中的勾结和贪污、不顾小农利益的农业政策(如强加于一些小农过分集约化和低回报的双季早稻+晚稻种植+小麦)等。(黄宗智、龚为纲、高原,2014)一如任何权力悬殊两方的关系,没有由下而上的制约,很难避免不顾人民利益的错误行为。一个好的政治经济体系发展方向是国家和社会经济间、国家机器和人民间,逐步达到较为均衡的搭配。

除了诸如以上简略转述的问题,我们应该承认,改革所确定的主要政治经济框架"社会主义市场经济"可以被理解为一个包括搭配市场化和中国源自"集权的简约治理"和"分块的集权体系"的"行政发包制"政经体系。两者的结合已经展示了庞大的能量和创新成绩。那是个应该被进一步深化的成功框架。它不是依赖简单的西化或中化,而是脚踏实地地从成功的实践中概括出来的进路。对长远的发展道路的探索不应该是仅关注成功实例的一个过程,而应该是个不停地探寻怎样更好地结合西方和中国来组成一个长远的中国发展道路的过程。

三、儒家化的法家法律和社会主义市场经济

"社会主义市场经济"战略性概念背后的思维的一个类似的历史先例是西汉时期的"法律的儒家化",常被表述为"阳儒阴法"。

(一)法家法律的儒家化

从其前的秦代的法家法律出发,汉武帝时期在儒家思想,尤其是在董仲舒的影响下,做出的选择不是简单地废除法家法律,而是创新性地将其"儒家化"。汉朝统治者从儒家的思想中,特别选择了其以"仁"("己所不欲,勿施于人")和"仁政"为核心的道德理念,将其与法家以惩罚为主的刑法结合成为一个更宽阔的整体。儒家的一面为法家提供(我们今天也许会称作)"软实力",将其严峻实用的法律体系温和化,让两者合起来组成一个更可持续和威力比任何单一方都更为强大的体系。实用性的法家法律及其严峻的惩罚制度被改为一个更为宽阔、基于儒家和谐理念的社会非正式调解的体系。正式的国家法律与一个非正规的调解正义体系并存;严峻的治理被道德化的治理温和化;威权的父亲与慈爱的母亲结合("父母官")为一个更长远、更可持续的体系。正是在那样的思维框架下,中国形成了持续两千多年的"中华法系"的核心,并将其扩延到整个"东亚文明"圈(在中国之外,主要包含日本、朝鲜和越南)。它是一个既慈祥又严峻的、既道德又实用的体系,两者共同组成了笔者所谓"实用道德主义"的正义体系。

当然,该体系也带有一定的弱点和问题。许多基层的纠纷并不能被社区调解机制解决,不少需要进入正式的法庭来处理、判断。但该体系具有逐渐纳入那样的经验的实用能力,逐步添加了所需要的正式条文来适应现实需要,从而形成了越来越多、越来越细的关于"细事"(大致相当于今天的"民法")的"例"(区别于

"律")。同时,伴随着社会变迁,它也从原先特别强调身份尊卑关系的法律而越来越趋向以大多数的民众为主要对象的实用性法律体系,逐步淡化了统治阶层和一般民众间的差别。(Ch'ü,1962;Bernhardt,1996)到了清代,法律体系已经和汉代、唐代的颇不一样。儒家化的法家法律不是一个一蹴而就的结合,而是一个在形成基本大框架之后,逐步改进和细化的过程。虽然如此,但无可置疑的是其结合儒家和法家为一个整体的创新的明智性和可持续性。

(二)社会主义市场经济

中国今天的"社会主义市场经济"框架一定程度上带有类似的思维和可能。中国共产党领导下近乎全能的政党—国家体系,成功地克服了帝国主义和日本侵略并取得中国革命的胜利,但那样的政党—国家,加上后来模仿苏联而建立的计划经济政经体系,虽然成效不小,但是并没有能够推动可以与资本主义市场经济比拟的经济发展。改革的必要性越来越明显,经历了"大跃进"和"文化大革命"的比较极端的群众动员和排外意识之后更是如此。那样的背景导致了向市场经济转向的改革,目的是推动可与西方资本主义市场经济竞争的发展。但社会主义的理念并没有被放弃;源自儒家、马克思主义和中国共产主义的"为(劳动)人民(服务)"的治理理念也没有被放弃;共产党的领导和治理及其对生产资料的最终所有(或控制)权也没有被放弃。

这样,市场经济被纳入了一个仍然是社会主义的、生产资料为

第十六章 探寻中国长远的发展道路：从承包与合同的区别谈起

国家所有的、高度中央集权的政经体系。其所采用的不是简单像苏联和多个东欧国家那样，完全朝向私有市场经济、终止共产党治理的"转型"，而是共产党治理的延续和国家之继续占有或掌控主要生产资料。在那个基本框架中，一步步地，先是通过承包制度将土地的经营权让给农民，但国家仍然掌控农地的最终所有权。其后是让乡村政府在计划外创办市场化的乡村企业，后来又让其私有化。同时，鼓励私企的广泛发展，并将中小国企私有化，逐步建立了一个私企和国企接近平分天下的局面（非农生产总值中二者的贡献达到6∶4的比例）。

这些变迁制定了新农业革命的政治经济框架，导致一个劳动和资本双密集的市场化新型小农经济的兴起，主要是高附加值农产品的生产，它基本转化了中国的农业。同时，国家仍然采用发包—承包制度来紧密管控地方官员，但又授予了他们较大的自主权，来推动国家主导的GDP发展。那样的体系激发了地方官员们的创业和创新积极性，使其积极协助属地内的企业推动蓬勃的市场经济发展。

如今，那样的一个政经体系和市场经济的结合已经成为一个客观存在的现实，给予"社会主义市场经济"一词实实在在的含义。国家和企业、社会主义主要生产资料国有制和市场机制结合起来，推动了过去四十年的蓬勃经济发展并赋予了中国企业国际竞争力。它们通过实践经验，证明了结合集权的国家和市场经济，以及行政发包制与市场合同制的高效性。不过，这显然也是一个逐步摸索的过程。

(三) 问题

同时,我们不可忽视伴随成功而来的一些问题。非正规人员在就业者之中所占的庞大比例,已经对国内市场的发展形成严重的约束,当然也包括其所意味的社会不公。

未来的纠正途径已相当清楚。在农业领域,小农仍然严重受制于缺乏一个良好高效的现代物流体系来协助他们从市场发展获得更多的收益。迄今他们只能依赖低效昂贵的小商小贩+大商业资本的销售和加工体系,或者同样低效的国营供销社体系。那也是一个尚待处理的经济和社会问题。同时,社会不公不仅对经济不利,也严重制约了社会和国家在治理方面搭配的能力。一个可能的改善方案是将国有企业利润的一定部分用于民生,特别是农民工——之前已经有过这样的地方上的成功实验。(黄宗智,2012)

四、一个新型的第三领域?

最后,我们要考虑到中国的"第三领域"(黄宗智,2019),它有助于我们更完整地认识和理解中国目前的政经和治理体系,也许也可以被视作对"社会主义市场经济"的一个方面的新阐述。

（一）历史背景

长期以来,中国的政经体系中一直都存在一个由集权的简约治理体系中国家与社会之间的互动而产生的第三领域。国家治理不仅高度依赖社区的非正规自治（如社区纠纷调解）,也依赖一个由非正规体系与国家正规体系互动而产生的半正规体系。（黄宗智,2019）

这个第三领域在社会基层可以具体见于社区调解和衙门对案件的处理两个并行的体系间的互动。一旦纠纷一方具呈控告对方,社区调解人士便会重新或加劲调解。同时,当事人和调解人士会通过知县对陆续呈禀的批示——要么被榜示,要么由衙役/乡保传达,而获知衙门对其诉讼的逐步反应。那些批示会直接影响正在进行中的社区调解,促使一方或双方退让,由此使纠纷得到解决。然后,当事人会具呈要求销案,或者不再催呈或配合衙门调查。案件便会因此被撤销,或自然中止。这样的结果占到所有细事诉讼案件的起码三分之一（有如此明确记录的）,实际上有可能多达三分之二（包括记录中止的）。

集权的简约治理体系框架也促使行政体系广泛使用另一种半正式的治理方法。一个比较突出的例子是处于国家和社会间的半正式（由社区威望人士推荐,衙门认可的不带薪）"乡保"一职。在19世纪的宝坻县,每个乡保要负责平均20个村庄的治理事务（包括征税、纠纷处理和传达衙门指示等）。衙门一般都让他们自行其是,除非他们在执行任务的过程中产生了纠纷或控告方,衙门才会介入。这些操作方式也是"简约治理"的具体实例。

县令对待其属下各房的治理模式基本相同:各房的人员大多是不带薪酬的半正式人员,分别负责各房的职务(最主要的是管征税的户房和管纠纷的刑房)。那些房同样会被知县放任自行其是,要到他们执行任务中产生了纠纷或申诉时,县令才会介入。其治理方式其实可以很好地用今天的"发包"和"承包"两词来表达。每房的主要负责人等于是承包了其职责——为了获取该房的收入,须交付一定的(可以称作)"承包费"(高收入的户、刑两房在晚清时期需要交高达千两的"参费")。县令同样基本让他们自行其是,虽然他们要按照一般人可接受的方式来执行任务,不然,便会产生纠纷,那样的话,县令便需要介入。那也是简约治理的实例。

(二) 今天的第三领域

以上是今天更为宽广的第三领域治理——包括行政发包/承包制中的政府的"内包"和其与行政体系之外的社会间(如社区或个人)的"外包"——的历史背景。即便是在计划经济时期的农村集体制度中我们也能看到其痕迹。其如今已经成为被更为广泛使用的一个体系。

譬如,在 2005 年到 2009 年的五年之中,全国平均每年的 2500 万起(有记录的)纠纷之中,有足足 1000 万是在第三领域处理的(另外有 1000 万是由社区主要是非正式——虽然带有村干部的参与——的调解处理的),包括乡镇的法律事务所(70 万起),工商部门指导的消费者协会(75 万起),以及公安部门进行的调解(840 万起),区别于更为高度正式化的法院调解和判决(500万起)。在以上所列由第三领域机构处理的案件中,有380万(38%)是被调解结案的。(在更高度非正式的"村、居民调解委员会"处理的1000万起纠纷中,则有一半是被成功地调解结案的。)(黄宗智,2016b)

至于如今的行政发包和承包制度,应该可以说是中国现有政经体系中至为突出的一个特征。虽然其参与双方权力比较悬殊,但它不只是一个简单由上而下的官僚制度,更是在上级和下级、国家和社会两者长期互动的历史过程中所形成的,其中既包括"社会的国家化"(state-ification of society),也包括"国家的社会化"(societalization of the state)。两者的结合很好地展示于如今的半正式纠纷解决的操作方式,既非纯粹国家的行为,也非纯粹社会的现象,而是两者的互动和结合。那其实是改革期间十分快速扩展的一个政治—社会现象。今天被广泛使用的行政发包/承包制度要从这样的角度来认识和理解。

(三)项目制

由国家挑选和资助的项目发包制度也如此,它结合发包与合同、行政体系内部(各层级间)的内包与政府和社会间的外包。这个制度如今被如此广泛地使用,有的社会学理论家甚至将其比拟于计划经济时代的"单位制",论说新制度是一种韦伯型的现代化/"合理化"(或"科层制化"),并且已经取代了单位制而成为中国治理模式至为关键的制度和机制。(渠敬东,2012)更为重要的也许是,项目制的用意是要借助其竞争和激励机制来推动政府内部各层级间的以及政府与外部社会间的承包者(包括学术单位和研究者)的积极性。一个依赖行政内部的晋升激励和管控机制,一个依赖外部社会中的激励,包括项目竞争、延期和再次获取新项目等激励机制及国家的监督(如验收)。它的用意是要通过竞选和验收来结合市场竞争和政府调控。

当然,有不少滥用的实例,包括指令性的项目(如推广双季稻种植)、不符实际地偏重低效的规模化大农场、"虚""伪"的合作社、腐败等滥用国家资源的现象。(黄宗智、龚为纲、高原,2014)同时,项目制所依赖的激励主要是"私利"而不是"公德"或社区利益,容易导致无视公共利益的价值观和行为,更加突出日益严重的社会道德真空问题。虽然如此,我们也不可否认,与一般行政发包/承包制度相比,项目制所指定的目标相对更加明确(如道路设施、退耕还林、扶贫、盖社区楼房等)。它能激发项目发包前的竞争,以及承包实体方的创新性和积极性。在政府内部,承包的官员们固然要对社会主义政党—国家的监控负责。外包的承包者也要受到验收和再次申请项目等的监督。以后如果能够更明确地将社区改良(包括村庄公共服务和社区物流服务等)设定为一个重点目标,应该可以起到一定的振兴社区和社会道德的作用。总体来说,项目制的优点也许确实超过它的弱点。它可以被视作一个结合行政发包和市场合同的机制——无疑也属于第三领域。

(四)社会主义市场经济

在总体的政治经济大框架层面上,这个快速扩展的第三领域,包括其对承包与合同的广泛使用,是可以被认作官方用词的"社会主义市场经济"所包含,但一般被忽视的一个重要内容和机制。"社会主义"说明其仍然存续的高度集权的社会主义政党—国家中央及分块的地方政府,仍然掌握着主要生产资料的所有权和/或控制权,但已经向快速扩展的竞争性市场经济逐步出让范围越来越宽广的权力,为的是要更好地推进经济发展。正是两者的成功搭配推动了快速的经济发展以及伴之而来的越来越宽广的国家与社会二元合一的第三领域,而不是许多人心目中的非此即彼的国家—社会二元的必然对立。那可能正是中国的政治经济体系的独特之处,结合了西方和中国,现代和传统(包括古代和革命)——它是一个可能形成的新型的"中华"政经体系的部分内容,既不同于中国过去也不同于现代西方。如果能够明确规定国营公司利润的一定比例须用于公益和民生,则更加如此。[①](黄宗智,2012)

未来的框架已经相当明了。改革时期所形成的"社会主义市场经济"总框架,具体化为同时依赖一个强势的政府和竞争性的市场,以及其中的关键性行政发包/承包逻辑和市场合同逻辑,已经被证实为一条有效的道路。如今所需要的是,解决国内市场仍然比较薄弱和农村比较贫穷等问题。要赋予"社会主义市场经济"真正的长远可持续性,不是要放弃重要生产资料的国有或国家掌控,也不是要放弃其社会主义国家的行政内外包制度,更不是要采纳

---

① 特别值得一提的是另外两个可能起到长时期作用的概念。一是区别国有和公有:有的国有资产权可以被转给代表社会总体的各层人民代表大会。一是区分宏观与微观经济:由中央来进行宏观调控、由市场机制来主宰微观运作。这里不对这两个重要的话题展开讨论。

完全像现代西方那样的资本主义经济、代表制民主和韦伯型科层制政府,而是要继续推进社会和国家的更为均衡的搭配。这不仅是为了制约两者间权力悬殊所可能导致的错误决策和判断,也是为了进一步释放社会主义+市场经济、社会主义国家+高度发达的社会间所形成的两者共同参与的新型、半正式的第三领域。

参考文献:

黄宗智(2008):《集权的简约治理——中国以准官员和纠纷解决为主的半正式基层行政》,载《开放时代》第2期,第10—29页。

黄宗智(2012):《国营公司与中国发展经验:"国家资本主义"还是"社会主义市场经济"?》,载《开放时代》第9期,第8—33页。

黄宗智、龚为纲、高原(2014):《"项目制"的运作机制和效果是"合理化"吗?》,载《开放时代》第5期,第143—159页。

黄宗智(2016a):《中国的隐性农业革命(1980—2010)——一个历史和比较的视野》,载《开放时代》第2期,第11—35页。

黄宗智(2016b):《中国古今的民、刑事正义体系——全球视野下的中华法系》,载《法学家》第1期,第1—27页。

黄宗智(2018):《怎样推进中国农产品纵向一体化物流的发展:美国、中国和"东亚模式"的比较》,载《开放时代》第1期,第151—165页。

黄宗智(2019):《重新思考"第三领域":中国古今国家与社会的二元合一》,载《开放时代》第3期,第12—36页。

黄宗智(2020,a,b,c):《实践社会科学与中国研究》。第1卷《中国的新型小农经济:实践与理论》;第2卷《中国的新型正义体系:实践与理论》;第3卷《中国的新型非正规经济:实践与理论》,桂林:广西师范大学出版社。

渠敬东(2012):《项目制:一种新的国家治理体制》,载《中国社会科学》第5期,第113—130页。

赵刘洋(待刊):《中国地方政府主导的企业改制中的劳动争议:基于诉讼案件的研究》。

赵晓力(2000):《通过合同的治理——80年代以来中国基层法院对农村承包合同的处理》,载《中国社会科学》第2期,第120—132页。

《中华人民共和国合同法》,1999,http://www.npc.gov.cn/wxzl/2000-12/06/content_4732.htm。

《中华人民共和国农村土地承包法》,2002,http://www.npc.gov.cn/wxzl/gongbao/2002-08/30/content_5299419.htm。

周黎安(2007):《中国地方官员的晋升锦标赛模式研究》,载《经济研究》第7期,第36—50页。

周黎安(2014):《行政发包制》,载《社会》第6期,第1—38页。

周黎安(2016):《行政发包的组织边界:兼论"官吏分途"与"层级分流"现象》,载《社会》第1期,第34—64页。

周黎安(2018):《"官场+市场"与中国增长故事》,载《社会》第2期,第1—45页。

周黎安(2019):《如何认识中国?——对话黄宗智先生》,载《开放时代》第3期,第37—63页。

Bernhardt, Kathryn (1996). "A Ming-Qing Transition in Chinese women's History? The Perspective From Law," in Gail Hershatter, Emily Honig, Jonathan N. Lipman, and Randall Stross (eds.), *Remapping China: Fissures in Historical Terrain*. Stanford, Calif.: Stanford University Press.

Ch'ü T'ung-tsu(瞿同祖)(1962), *Local Government in China under the Ch'ing*. Cambridge, Mass.: Harvard University Press.

Mann, Michael (1984). "The Autonomous Power of the State: Its Origins, Mechanisms and Results," *Archives européennes de sociologie*, 25: 185—213.

Standing, Guy (2011). *The Precariat: the New Dangerous Class*. London: Bloomsbury Academic.

Wang, Yeh-chien (1973a). *Land Taxation in Imperial China, 1750—1911*. Cambridge, Mass.: Harvard University Press.

Wang, Yeh-chien (1973b). *An Estimate of the Land Tax Collection in China, 1753 and 1908*. Cambridge, Mass.: East Asian Research Center, Harvard University.

Zelin, Madeleine, Jonathan Ocko and Robert Gardella (2004). *Contract and Property in Early Modern China*, Stanford, Calif.: Stanford University Press.

Zhou Li-an (2019). "Understanding China: A Dialogue with Philip Huang," *Modern China*, v. 45, no. 4: 392—432.

第十七章
国家—市场—社会：关于中西国力现代化路径不同的思考[①]

在国家与社会、国家与市场的关系问题上，现代西方需要我们从其双重性来认识和理解。一方面，如英美主流自由主义的表达和理论那样，它带有崇高的自由民主理念，也有令人羡慕的先进的经济发展；但另一方面，它也有其贪得无厌的一面，可以相当具体地见于其帝国主义和殖民主义的历史实际，也可以见于其全球化主义。

[①] 本章的经验论述依据的主要是笔者的小农经济研究——《明清以来的乡村社会经济变迁：历史、理论与现实》(三卷)和《中国的新型小农经济：实践与理论》《中国的新型非正规经济：实践与理论》，也来自笔者的正义体系研究——《清代以来民事法律的表达与实践：历史、理论与现实》(三卷)和《中国的新型正义体系：实践与理论》。相当部分的内容可见于笔者近15年来发表的文章。为了方便读者，也在参考文献中连带注明。《探索与争鸣》2019年第11期发表了经过刊物编辑较大幅度修改的版本，这里纳入的是经过笔者重新修订的原稿。

社会科学的两大主要理论和意识形态——自由主义与马克思主义——则主要强调其单一面。西方理论的影响是如此之强大，即便是在受害于现代西方的"第三世界"国家中，也同样似乎只能要么仅是偏重其正面，要么仅是偏重其反面。中国便是一个例子，在其近现代史中，一再从一端转向另一端，似乎不可能同时考虑到其双重性。先是表现在清政府对西方的（逐层）拒绝，后是国民党执政时期对其的模仿意图；到中华人民共和国的计划经济时期再度拒绝，再到如今的改革时期，再度试图借鉴。但是，从历史实践来考虑，现代西方的实际，区别于其本身的主流和反主流表达、理论和意识形态，从来都是双重的。

只有区别西方的英美新自由主义意识形态与其历史实际的不同，我们才能够跳出凭借其建构的理想化普适理论的陷阱来认识现当代中国，才可能通过对比现代西方和中国的实践历史来认识两者在建立现代国力、国家和市场关系，以及国家和社会关系之间的不同历史路径。那样，才能够建立一个具有中国主体性的社会科学，想象一个超越现有西方主流理论范围的未来。那既是认识中国实际的关键，也是设想一个不同于西方现代化的长远道路的关键。

一、现代西方的双重历史实际

我们可以先从国家与市场的关系进入讨论。亚当·斯密在1776年针对17、18世纪的"重商主义"提出，没有国家干预的自由贸易，包括城乡、不同地区和不同国家之间的贸易，是对双方都有

第十七章　国家—市场—社会：关于中西国力现代化路径不同的思考

利的。抽象地说,甲地能够较便宜地生产某产品 A(后人将其更明确精准地表述为:"资源禀赋"方面的"比较优势"),而乙地则须花较高的成本;但在产品 B 方面则正好相反——两地交换无疑对双方都有利,可以使两地都降低其产品 A 和 B 的总成本和价格,由此促进经济整体中的分工、效率提升和增长。据此,斯密争论自由市场经济乃是推动经济发展的关键动力。(Smith,1976[1777]:尤见第四编[Book Ⅳ])

之前的重商主义理论则认为,存在贸易逆差的国家会受损,而存在顺差的国家受益(由于获得更多金银,能够赖以建立强大的军队),因此,必须凭借国家的(贸易)保护主义来促使贸易逆差最小化,顺差最大化,亦即如今反全球化的新重商主义的核心观点,那无疑是失之片面的。

亚当·斯密的目的是为市场经济争得其自由发展的空间,他认为它会推动全经济体的广泛增长。他没有可能预见到后来的帝国主义—殖民主义的侵略全球实际,他更不可能预见到如今的全球化经济实际。全球化固然有其推进贸易双方和全球经济发展的一面,但也有其主要由发达国家,特别是其巨型跨国公司凭借使用发展中国家的廉价劳动力来获得更高利润,并在国力(和经济发展水平)不平等的两方的国际交易之中,占据交易利益的大头的一面。

如今,跨国公司的贪婪行为已经不简单是一小撮人或公司的,而是全球化的金融市场整体的运作逻辑。核心是一个(上市)公司在金融市场的股价,它才是主宰公司管理人员行为的真正"老板"。一个公司的股价和股值主要取决于其营业的利润率;一般来说,公司的利润率越高,其股价对收益的比率也越高。这是因为,股票评估专业人士一般都会根据一个公司近年的利润率来预测其前景,由此直接影响到购买股票者的抉择,进而影响到公司的股价和股值。苹果公司,作为目前全球股值最大最成功的上市公司,便是至为"典型"的例子。它通过中国台湾地区的富士康公司来雇佣超过百万的中国廉价劳动力,来为其在中国——特别是郑州和深圳——进行手机零件的生产和装配。如今,仅郑州35万员工的富士康厂便能生产苹果公司 iPhone 总数的一半。这样,苹果公司可以凭借富士康公司所能接受的较低利润率———一般才约7%——来降低其产品的劳动成本(而中国地方政府则为了属地的发展为其提供了各种各样的激励,包括免税或减税、基础设施、贷款、低成本劳动力等)。苹果公司自身则主要集中于利润率最高的——不止30%——设计和销售两端,因此而占有全球智能手机行业的90%的利润(即便在销售手机的总数量上仅占其12%),凭此获得了令几乎所有的上市公司羡慕的高利润率、高股价和高股值。①(Barboza,2016;黄宗智,2018a)

正因为如此,它的股票会被绝大多数的股票分析专家评为最好的股票,能够让购买者获得较高额的回报,由此成为众多基金组织和千千万万私人投资者最想拥有的股票之一,并促使股价(及其股价相对利润的比例 price/earnings ratio)持续上升。股价和股值则成为对公司管理人员表现评估的至为关键的一个标准。如今,这样的逻辑已不简单是任何个人或一小撮人或公司的恶意的后

---

① 当然,此中原因也包括其在爱尔兰设立公司总部来避免、减轻美国国家的税额等其他利润率最大化的手段。毋庸说,其高超的销售和服务也是其成功的重要因素。

果,而是一个被人们视作定理的超巨型金融市场的无可辩驳的制度化基本运作逻辑。在那样的制度中,追求利润最大化(和尽可能压低劳动力成本)乃是理所当然的事。①(黄宗智,2017)

这也是促使跨国公司执行许多不顾劳动者利益的举措,包括雇佣外国廉价劳动力("外包")而威胁到本国人民的就业机会的原因。跨国农业公司会不顾其产品的可能毒性而尽力推销;跨国制药公司会无视患者(尤其是贫穷国家的患者)的生死而尽量提高其所发明的药品的价格。此类行为是同一逻辑所导致的后果,也是许多人反对全球化的原因。

斯密的后人,从古典自由主义到新自由主义经济学和新保守主义,将斯密的自由市场理论建构为适用于一切经济发展的意识形态。他们争论道,经济发展,也可以说,资本主义发展的历史,全过程是出于"理性经济人"在市场经济竞争中所做的最优化抉择;在市场竞争的交易、定价大环境中,他们的抉择将会促成"资源的最佳配置",推进螺旋式的发展,导致最大多数人的幸福("水涨船高")。他们借助斯密反对重商主义的论述,而特别突出如此的逻辑唯有在没有国家对经济"干预"的"放任"(laissez faire)条件下,方才能够让自律的市场的"看不见的手"充分发挥作用。他们将如此的理念建构为所有现代经济发展的普适经济"科学"。

---

① 2019年8月19日,由192位美国大公司执行总裁组成的"商业圆桌"(Business Roundtable)组织发表了具有其中181位总裁署名的声明,一反其1997年以来明文定下的总原则——公司应该"以其股票拥有者的回报为主要目的"(简称"股东至上"[shareholder primacy])——而指出,公司还应该考虑到客户、员工、供货商、社区等的利益。(*Washington Post*, August 19, 2019)毋庸说,真正的改革尚待未来。(新宣言见"Statement on the Purpose of a Corporation," 2019)

那样的建构无疑是言过其实、失之片面的概括。它不符合资本主义经济发展的实际历史。我们已经看到,在其早期的17、18世纪重商主义时期,它是由新兴民族国家大力推进的:国家为了在国际争夺中扩充国力和战力,大力支持(能为其提供财政收入的)贸易公司的扩展。大英帝国赋予东印度公司垄断权力便是很好的例子,该公司甚至一度拥有相当规模(25万人)的军队,更成为统治印度殖民地的政府机构。也就是说,国家实际上直接卫护和推进重商主义下的国际贸易和资本主义发展。但斯密以来兴起的主流自由主义经济学理论,却将资本主义的经济发展建构为完全是由国家"放任"的市场经济来推动的,甚至将资本主义前期的两个世纪中的发展历史,都重构为放任型政府和市场"看不见的手"的运作的结果。至于其后的19世纪,亦即古典自由主义经济学的极盛时期,也使用了同样的建构来论述帝国主义和殖民主义国家的实际,从而将其作为侵略的借口。再其后,就连1929—1933年的资本主义经济大萧条之后兴起的福利国家通过社会保障和劳动立法给予了资本主义经济重兴的生命力的历史实际,也被他们建构为基本是自由主义市场机制的历史。再其后,他们更将发达国家和其巨型跨国公司推动的全球化建构为同样的放任主义市场经济。

新自由主义经济理论的影响是如此之强大,有些带有批评观点的论者虽然强调了新自由主义理论并不适用于所有的国家,论证它被一些后发展国家的实际经验所证伪,但仍然将主要西方现代国家特别是英国和美国的历史经验,基本全让给了新自由主义理论,仅将其批评意见限定于某些后发展的国家。

笔者这里要特别强调的是,即便是从主要的新自由主义的英

第十七章 国家—市场—社会:关于中西国力现代化路径不同的思考

国和美国的历史实际来回顾,新自由主义理论建构也是片面的话语/理论,绝对不该被认作历史的真实写照。资本主义国家的实际历史显然是一个双重性的历史。总体来说,资本主义经济的发展历史一直是和国家密不可分的,和新兴西方现代民族国家的国际竞争和频繁的战争及其后对欠发展地区的帝国主义侵略密不可分,更和之后的资本全球逐利历史密不可分。从这样的角度来考虑,放任型市场经济无疑仅是一种单一面的、理想化了的虚构,遮蔽了另一面的实际。当然,它也绝对不仅仅是为大多数人带来最大幸福的道路。在这点上,马克思—列宁关于资本主义—帝国主义的论析相对比较明晰,与(新)自由主义的建构截然不同。

也就是说,我们需要认识到现代西方的实际的双重性格:一方面是其比较崇高的民主自由理念、治理制度及蓬勃的现代化工业经济发展,也包括其所建构的自由市场主义和近几十年的全球化主义;另一方面则是其重商主义时期的民族国家的军事竞争和战争,其后对后发展国家/地区的侵略(如大英帝国的海上霸权),以及再其后(尤其是美国)的全球霸权追逐(美国在其境外全球各地拥有约 800 个军事基地便是最具体的例证)(Vine,2015;根据 Johnson,2007 的扎实专著研究,在 2006 年共 737 个),包括其跨国公司的制度化无穷逐利,不顾劳动者的利益。两个方面缺一不可。面对这样的双重历史实际,我们绝对不可仅仅依赖任何单一方的理论来认识、理解。

但是,不仅在现代西方的自我表述中,甚至也在近现代发展中国家的历史之中,却充满对现代西方偏向单一面的认识和理解。一是简单地追随西方建构的自由民主主义的一面,一是拒绝资本主义和市场经济的马克思主义的一面。中国本身一定程度上便经历过对这两个截然不同的认识的态度：一是国民党政府之试图模仿现代西方资本主义的中华民国；二是拒绝现代西方资本主义的共产主义革命政权和计划经济时期的中华人民共和国；三是改革时期的借鉴模仿新自由主义市场经济发展的当代中国。

伴随单一面的认识而来的是对现代化路径的截然对立的认识。在西化和追求民主自由理念的时期，中国的改良思想错误地以为民主和自由的政治经济体系乃是现代化和现代国力的关键。中国的戊戌变法和五四运动时期的主流思想都显示出其深层的影响。而中国共产党在其领导的革命时期，则相反地将自由民主和市场经济贬为完全是"资产阶级"所制作的虚构，将其认作不过是遮蔽阶级剥削和帝国主义侵略实际的虚构。在前一阶段，领导者没有认识到西方现代国家能力建设的双面实际；在后一阶段，领导者则没有认识到市场经济推动经济发展的能力。我们需要将现代西方主流理论置于一旁，聚焦于中西实践历史的不同，才有可能认识到其历史实际，才有可能设想一个不同于西方主流的社会科学、不同于西方的现代化路径。

二、现代国家能力

乍看起来，现代西方自由民主政府的权力似乎要远低于高度中央集权的中国古代国家，更不用说当代共产党政党国家体系下的国家。但那仅仅是单一面的，乃至于错误的认识，因为，正如历史社会学家迈克尔·曼（Michael Mann）所说明，现代西方国家虽然

第十七章　国家—市场—社会：关于中西国力现代化路径不同的思考

是低度中央集权的国家,但却是拥有高度基层渗透力的国家。相比来说,中国古代的国家虽然是高度中央集权的国家,但却是仅具低度社会基层渗透力的国家。(Mann,1984,1986)

在国内过去的论析中,有过错误地将政府的"中央集权"度简单等同于强大国力的论析,忽视了其基层政府运作机制与西方的不同,也就是说,混淆了中央政府(相对地方政府)的集权度和国家能力两个不同概念。① 实际上,正如曼所论析的,国家基础设施渗透基层力才是现代西方国力真正的特征,而不是中央政府的集权度。

现代国家能力和资本主义工业经济及市场经济的密不可分,更和民族国家间的竞争及战争密不可分。正是现代工业经济发展赋予了现代西方国家机器和现代国家军队不可或缺的远远超过农耕社会经济的财政收入。它也和现代西方(韦伯型的)专业化、条

---

① 李强针对王绍光和胡鞍钢的著作《中国国家能力报告》的评论较清楚地指出了此点,但是,王—胡指出中国财政体系在1990年代初期已经过分偏重地方分权,需要加强中央政府的权力,无疑是极其重要的学术和政策贡献,并且被中央采纳实施。而且,他们非常清晰地认识到中国政府在其经济发展及社会保障中所需要起的作用。但同时,一定程度上,他们的部分论析确实将"国家能力"较简单地等同于"中央集权"度。(李强,2011;王绍光、胡鞍钢,1993)至于西方政治学关于国家能力的一些论述,可以参考薛澜等,2015的叙述,但总体来说,距离中国的历史实际较远。至于美国的中国研究学者们对这方面的研究,称得上五花八门,几十年来都没有形成"共识",一定程度上仍然是各种各样对原先的"极权国家"模式(见下文)的某种修正。其中,许多难免仍然带有要么是来自新自由主义的"极权模式",要么是与其相反的,同样来自新自由主义的"公民社会"模式的影响,说到底大多都仅凭借西方理论来认识中国(刘鹏,2009转述了不少文献)。本章从历史视角来指出新自由主义意识形态的误导,从"集权的简约治理""第三领域"和共产党的特性及其"社会动员"的传统来讨论国力问题,与以往的这些研究颇不相同。下文将与这些文献进行更直接和详细的对话。

697

条化和高渗透力的科层制体系密不可分,同样和其财政收入紧密相关,那是决定西方现代民族国家基层渗透力的关键条件。一定程度上,它更和自由民主政治体系的建立——那是企业家们从贵族和王权那儿争得权利和权力的一个历史过程——紧密相关。资本主义工业+市场经济+现代科层制国家+自由民主体系乃是现代西方国力缺一不可的来源,乃是现代西方国家能力这个多因素化合物的关键组成因素。

三、中国国力的不同的现代化路径

回顾中国革命历史,它的现代国家能力建构历史路径和西方截然不同。首先,它的历史背景不是侵略他地的帝国主义—殖民主义国家,而是被侵略的"半殖民地"国家。而且,在其革命过程中,它主要依赖的绝对不是资本主义工业经济,而是中国农村的小农经济,与现代西方民族国家兴起的过程截然不同。中国革命所面对的最艰难问题是:怎样才能在那样的社会经济基础上,建立一个能够与现代工业经济国力和军力抗衡的政治经济体系。

众所周知,中国革命所发明的是,凭借共产党的组织力量来动员小农社会中的民众("群众路线"),凭借高度依赖民众支持和情报的游击战和游动战术来与现代工业化的国家军力抗衡。它靠的不是国民党(和日本侵略者)所倚赖的最高度工业化和现代化的城市中心地带和运输枢纽,而是在偏僻的交通不便的省际交界的落后地区所建立的革命根据地。它采用的不是阵地战,而是游击战术。凭此,逐步赢得了抗战和内战中的优势和最终胜利。这些因素虽然在过去的学术研究中多被关注到,但并没有学者从对比中西现代国力建设路径不同的角度来论析,没有学者真正认识到中国革命建立的国家能力的基础是多么不同于一般的现代工业化国家。

那是中国革命的真正独特之处。它居然能够在小农经济的基础上凭借革命政党组织和动员民众的力量来对抗现代工业国家的国力,不仅出人意料地取得了对掌控中国城市现代工业、拥有配备美式装备的军队的国民党的相对优势和最终胜利,更是对更高度现代工业化的日本侵略者进行了有效抗御。后来,由此传统而来的国力和军力,甚至更出人意外地在朝鲜战争中,争得了与当时全球现代工业和军事能力最先进最强大的美国打成平手的拉锯局面。这些经验和成绩展示了一种迥异于现代西方的获得国力和军力的模式,乃是出乎一般预料的历史实际。其后,中国更凭借共产党领导的国家的组织能力和决心而取得"两弹一星"的成功,在仍然是以农业为主的薄弱工业经济基础上,取得能够面对原子弹和氢弹威胁庞大的现代西方资本主义工业国家的敌视("遏制并孤立"[containment and isolation])而确保国家安全的成绩。这也是迥异于一般关于现代化和现代民族国家能力的论析的历史实际。

这里,我们不妨借助(制度经济学所常用的)"路径依赖"这个概念来讨论中国现代的政治经济体系。显然,它不可能像西方那样凭借资本主义工业化市场经济+科层制+自由民主国家来进行"现代国家建设",因为那些条件在中国都缺乏历史基础,其现实与现代西方相隔距离实在太远。它必须沿着自己已经走出的革命历史路径来进行其现代国家的建设。

正因为其特殊的、深深扎根于社会和革命历史的国力建设路径，中国后来不会像苏联和东欧大部分国家在"转型"过程中那样简单接纳"休克治疗"的方案而试图全盘采纳西方的模式，试图浓缩西方历时多个世纪（从重商到"放任"，到帝国主义—殖民主义，再到全球化中的霸权）的发展路径。对中国来说，那是完全不可思议的选择。中国的选择是要沿着已经开辟的历史路径来建立其与西方截然不同的现代化，包括其国力的现代化。

今天，我们无论是在关于中国古代还是在关于现当代的政治经济体系的思考中，都需要从中国本身的历史路径、本身的古代和革命经历出发来思考，而不是试图模仿实际上在中国不可能的西方现代化历史路径，更不用说其片面化了的不符实际的新自由主义理论所建构的路径。这是中国近现代历史所指向的，也是必然的方向。它是在革命（及受到古代影响）的原有路径上添加借鉴模仿西方的进路，而不是简单的全盘模仿西方的进路。那才是中国发展道路之与西方的不同及其所以相当成功的关键。

四、中华帝国的治理传统

以上所说的选择背后不仅是中国革命的传统，也是中华帝国的一些关键传统，包括被革命传统所承继与改造的古代传统。

（一）集权的简约治理

首先是笔者称作"集权的简约治理"的传统。（黄宗智，2007）

在中央政府层面,中华帝国固然是个高度集权的体系,皇帝拥有远大于西方民族国家国王的生杀大权。但是,正如上文历史社会学家曼指出,它不具有西方现代民族国家的基层渗透力。后者既拥有伴随资本主义发展,尤其是工业经济的发展而来的几何级数的国家财政收入增长,也拥有伴随现代深入基层社会的韦伯式科层制的条条式专业化公务员体系——无论是在基层公共服务还是在控制能力上,都远超过基于农耕经济的中华帝国。

与其不同,中华帝国有意识地采用了尽可能简约的治理方式。那既是出于卫护中央集权的有意选择(集权的体系高度依赖官员个人对皇朝/皇帝的忠诚,每多隔一层便会多一层的离心威胁),也是出于对农耕社会的有限财政收入的考虑。因此而形成的制度是在基层层面高度简约的治理体系:县令乃是中华帝国最低一层的直接由中央委任的官员,在19世纪,平均每位县令要管理约25万人口。(黄宗智,2019a)

在县衙门内部,相当广泛采用(可以称作)"行政发包"的制度来委托某当地人为其各房体系中的主要(承包)负责人,由其出资来"承包"该房的责任和其所附带的收入,之后将房内的其他职位也进一步分别由房主"发包"给各房内部的任职者。[①] 这个做法在收入最多的刑房和户房两房尤其明显。而县令在执政中一般都会让各房自行其是,不会直接干预各房的运作,只有在其执行任务中遇到纠纷,或者需要更替人员时方才介入。这些是已经被详细的经验研究所证实的实际,县政府的各房的运作乃是"简约"治理的

[①] 这里借用的是当今中国的用词,也是周黎安教授的用词和论析框架,来表达笔者对当时县政府的组织逻辑的研究和认识。(周黎安,2018)

一个简单明了的实例。(黄宗智,2019a)它是中华帝国集权的简约治理行政体系"特色"①的具体形象,和高度渗透基层的带薪酬的现代科层制公务员体系十分不同。

(二)分块的集权体系

同时,笔者也将其称作"分块的集权体系"。那也是中华帝国行政体系与韦伯型科层制体系的一个基本不同。中华帝国时期逐步形成的国家治理体系的一个基本原则是,地方政府都是模仿中央的小规模复制体,而县令乃是皇帝和中央政府的地方代表。正因为如此,其权力结构也与中央相似,高度集中于县令一人("父母官")。也就是说,其权力组织主要是块块型的,而不是现代科层制中的各部门高度条条化的体系。一定程度上,地方政府本身也是个集权的简约治理体系,是中央政府的小型复制品。这也是其仅具有低度渗透基层权力的一个原因。它和高度条条化、专业化和具有巨大基层渗透力的现代西方政府截然不同。(黄宗智,2019b)

(三)第三领域

更有进者,在集权的简约治理体系与相对被简约治理的基层社会的互动过程中,还逐步形成了一个相当庞大的笔者称作"第三

---

① 所谓"特色",当然仅仅是相对西方理论、从西方主流理论视野来判断的"特色";我们若将那样的视野颠倒过来,依据中国经验的理论来判断,当然便会看到西方众多的悖论"特色"之处。

第十七章 国家—市场—社会：关于中西国力现代化路径不同的思考

领域"的体系。在那个第三领域中，形成了较多的"半正式"——既非纯国家也非纯社会——的组织和治理形式。一个具体的例子是19世纪处于国家和基层社会交接点上的关键性"乡保"——他是个没有薪酬的、由社会威望人士推荐但须县衙委任的半正式官员，平均每人管辖20个村庄。他是原来的基层治理蓝图中的负责治安的保甲、征税的里甲和主管社会道德教育的乡约（Hsiao,1960）简约化合为单一半正式职位的关键性基层治理人员。相对乡村社会，他一方面代表县衙的官方威权，包括执行县衙派下的任务和传达县衙饬令；另一方面，则代表民意（包括处理民间纠纷）并协调地方显要向县衙举荐人员等的工作，既是相对乡村的政府代表，也是相对政府的乡村代表——较为典型的"第三领域"人员。（黄宗智,2001［1996］;黄宗智,2019a）

一如县衙内部各房的运行模式,19世纪的相关地方档案资料显示，县令一般都会让乡保们自行其是，要到乡保执行任务中引起纠纷或委任新乡保的时候方才会介入。其所采纳的同样是简约的治理方法，在正常运作中，基本任由乡保像承包"行政外包"①的人员那样来执行其职权。县令要遇到问题/纠纷方才会直接介入（譬如，对某乡保滥用权力问题的处理），更多的时候是因其辞职或"退休"而必须重新选人方才介入。（黄宗智,2007,2019a）

第三领域另一具体的例子是，非正式的民间调解和正式的县衙办案两者间的互动所形成的"第三领域"纠纷解决机制。一旦（民间细事）纠纷一方提起诉讼，村庄社区便会重新启动或加劲进

---

① 即不处于正式官僚体系晋升机制之内的、负责在其之外的社会中运作的"外包"人员——又是周黎安教授的用词。（周黎安,2018；亦见黄宗智,2019a）

行村庄内部的非正式纠纷调解。同时,通过县衙榜示或衙役传达,纠纷双方或调解人士会获知县令对案件中的双方逐步的呈禀的批复内容,而那样的批复会直接影响到村内的调解,常会促使一方或双方让步,由此达成协议,终止纠纷。然后,会由纠纷一方或调解人士具呈县衙,说明纠纷双方已经达成协议并已"见面赔礼",借此恳请县衙销案。县衙则会几乎没有例外地批准。那样的纠纷解决过程是由民间非正式的调解和县衙间的互动达成的——笔者称之为典型的"第三领域"运作,乃是整个正义体系中的一个重要组成部分。档案中有这种记录的纠纷占到所有县衙处理的细事纠纷案件的三分之一;如果我们纳入没有结案记录,但很可能是因为双方不再配合案件审理的进程(但又没有具呈销案)而使案件记录中止的那些案件的话,其总比例可能高达三分之二。那也是集权的简约治理体系中的一个关键组成部分。(黄宗智,2001[1997]、2019a)

五、当代的中国国家体系

以上三大古代治理传统的特色,一定程度上仍然可见于今天的治理体系,与中国革命传统同样赋予了中国更显著的迥异于西方现代治理体系的"特色"。

(一) 通过革命政党组织动员社会的现代国家能力

以上我们已经看到,由于客观历史情况,现当代中国别无选择地只能"发明"迥异于现代西方的途径来建设足可与拥有高渗透能力的现代西方(和日本)国家抗衡的国家体系;通过社会动员来克服物资和财政资源的贫缺;通过极其高度组织化的民主集中制的庞大革命党组织来动员众多民众;通过特殊的战略——尤其是基于民众支持和情报优势的游击战和游动战来克服相对落后的军火方面的不足,来与高度工业化、机械化的拥有现代装备的国民党和日本军队抗衡;通过偏僻地区的根据地而不是城市中心地带,来与国民党和日本军队基于城市和运输枢纽的现代化驻点抗衡。最后还凭借通过这些传统获得的国力和军力(虽然没有国内战争那样的民众支持的维度和游击战维度),在朝鲜来与当时世界上最强大最先进的美国机械化军队抗衡,并且居然能够争得僵持拉锯的平衡局面。

以上这一切尚未被主流经济学、社会学和政治学充分重视,但应该被视作对一般现代化理论强有力的挑战并促使对其的修改,开阔我们对国家能力的根据的认识眼界,包括国家与社会、国家与市场的关系。也就是说,应该成为对一般的西方现代化理论和理念的强有力的挑战。

(二)当代的简约治理及分割了的集权体系

在国家治理方面,现代中国也摸索出了与西方十分不同的行政体系。其形成过程再次与西方现代迥然不同。先是凭借共产党政党组织来推进国家机器现代化的尝试,而且走到了全盘计划经济的极端,结果其行政体系成了一个臃肿低效和高度官僚化的庞然大物，虽然在有些方面，如重工业发展和"两弹一星"工程上，仍然展示了可观的功效，但是，总体来说，无疑是步履艰难和低效治理体系的一面高过其成功高效的一面，并且形成了一个高度"官僚主义化"的僵硬的、妨碍社会创新力的体系，缺乏市场经济那样的创新性、激励性和高效性，也形成了对未来的改革的严重阻碍和沉重负担。

在"大跃进"和"文化大革命"时期，中国试图依赖革命时期的社会动员能量来改进这个臃肿的体系，但最终导致了混乱，包括弄虚作假，以及脱离实际的极端"革命"暴力行为，不仅没有激发建设性的动力，还严重伤害了国家的经济发展。虽然在基层卫生和民众教育等方面，也起到可观的作用。那些经验说明的是，共产党政党国家的社会动员能力必须配合真正符合民众的愿望和能够得到民众持续拥护的目标——如之前的抗日战争、解放战争及基层卫生和教育方面的政策——才会发出强大和可持续的能量；反之，不符实际或民众利益的政策——如"大跃进"和"文化大革命"的过激方面——则会导致混乱，乃至于相反的后果。

在痛定思痛之后，中国方才采纳了建设市场经济，以及凭借中央放权和激发社会与地方政府的积极性来激活沉重低效的官僚和计划经济体系的方法。其中，至为突出的改革，不是简单来自西方的现代化模式，而是通过承继和改组古代和革命传统中的特殊机制来激发整个政治经济体系的活力和渗透力。一方面凭借市场经济的竞争机制和个人创新与逐利的激励来推动在市场化中兴起的私有企业的发展；另一方面，又借助地方政府的分割成块块的高度集中的权力来克服计划经济遗留下来的官僚体制障碍，凭借地方政府的强大自主权力来克服官僚体系本身所形成的保守、臃肿、低效等政治体制性毛病。更具体地举例来说,在沉重的官僚体系的压制下,要创办一个民营企业,必须办好几十个不同部门的程序和图章,需要花费极大的精力和成本,但在块块化的地方政府的集权权力的积极赞助、支持下,那些体制性障碍可以被轻而易举地克服。

一定程度上,这也是和革命经验直接相关的中央和地方"两个积极性"传统的延续。当时,在抗战和内战的客观环境中,中央的根据地和各地的偏远地区的根据地缺乏(电报和收音机之外的)电子信息网络。而且,在敌人一再的"围剿"之下,只可能高度依赖各个地方的自主性来建设和卫护全国19个不同革命根据地的治理和发展,由此而形成了中央和地方"两个积极性"的传统,进而影响到后来的发展模式。

这一切是通过也是源自古代第三领域/集权的简约治理传统的"行政发包"制度来执行的——中央在"经济发展是硬道理"的大目标下,一方面放权给地方,一方面又通过中央高度集权化的组织体系,在设定的"目标责任制"下,凭借官员晋升的激励机制来激发地方官员(关键的省、市、县级的领导干部,如党委书记和省、市、县长)的积极性。在以GDP发展率为主要指标的机制下,激发了地方政府和当地企业之间的合作,促使地方政府向企业伸出"帮助的手"(而不是"无为"[放任]或"掠夺的手"),由此而激发了地方政府和企业之间的具有极其强大能量的合作,推进了经济发展,并克服了极其昂贵的创业的体制性障碍成本的问题(除了最后一点,其余见周黎安,2007,2018)。

当然,这样的做法也引发了一定程度的"官商勾结"的贪污腐败现象,但同时,市场竞争的机制又对政府和企业都形成了一种有力的"优胜劣汰"选择,既加强了动力,又抑制了地方政府官员们可能的不经济行为,一定程度上约束了不符合当地资源禀赋或不过是形象工程等缺乏市场竞争力的官僚主义型的不经济决策。(黄宗智,2019a)

正是这样的"第三领域"的政府+企业、国家+市场的携手并进机制,大力推动了各地的快速经济发展;正是这样的机制在中国官员和企业之中选择了最能干的经济人才和最具生命力的企业;正是这样的机制造就了中国改革以来几十年中的9%—10%的GDP年增长率。也就是说,每七到八年翻一番的经济增长率。在1979年到2017年间做到了"举世瞩目"的GDP增长到之前的34.5倍的成绩,成为世界上仅次于美国的第二大经济体。(《中国统计年鉴》,2018:表1-2)虽然,我们必须同时认识到,以人均生产总值来计算的话,中国目前的水平还仅是美国的1/6.7——根据一般的国际衡量标准,中国仍然只是个"中等收入"而不是个"发达"国家。(同上:附录表1-5)

虽然如此,但我们同时还要认识到,以上的成绩是有代价的。地方政府和私营企业的发展成绩中的一个十分重要的因素是,廉价的农村剩余劳动力。正是长期潜在农村的剩余劳动力,组成了改革期间新兴国内外企业的大多数的劳动力。他们几乎全是被当作"非正规工人"来使用的,即没有或少有法律保护和福利保障的劳动力,几乎全都被置于非正规的、理论上是"临时性、暂时性、替代性"的"劳务关系"下,而非具有法律保护和社会保障的"劳动关

第十七章 国家—市场—社会：关于中西国力现代化路径不同的思考

系"中的正规工人。他们是全球资本之所以能够在中国获得高达20%甚至更多的年回报率的一个关键因素，也是中国之所以能够成为全球资本的第一理想去处的关键原因。如今，农民工、下岗工人和劳务派遣工人已经达到城市就业人员中的大多数，占75%以上。加上较显著的城乡差别，它是中国今天社会不公问题的主要来源。（黄宗智，2009、2010、2019b、2020c）

这种不公平是个不符合国家社会主义理念的实际，也是个不经济的实际，直接影响到国内市场的发展，也是如今中国社会经济的头号问题。固然，国家宪法和共产党党章都非常明确地将为人民服务、最广大人民的根本利益、共同富裕等一再设定为奋斗目标，其背后毋庸说是具有深厚革命传统的社会主义理念，也是和古代的"仁政"理念带有一定关联的道德价值。迟早，国家应该会对改革数十年以来的"让一部分人先富起来"的权宜措施下的劳动去正规化和非正规化决策做出反思，做出相反方向的决策和改革。

当然，要真正贯彻那样的转向，恐怕必须抑制一些具有强势权力人员的既得利益——这不像纸上谈兵那么容易。历史上的既得利益者罕有自愿放弃自身的利益来造福全民的先例。这就更要依靠中国特有的政党国家体系的中央集权权力。中国是否真能朝向那样的方向来进行二次改革，无疑要取决于政党国家体系的组织和动员的贯彻能力。这当然还是个不可确定的未知因素，但社会公平理念无疑乃是中国共产党的一个称得上根深蒂固的理念，也是其在国家宪法和党章中所一再明确表达的核心道德价值，更是其治理正当性的来源。当然，这并不意味着市场经济将会被再次废弃，而主要是在目前已经被认定的"社会主义市场经济"大框架中如何来实施和贯彻的问题。

同时，这并不意味着中国不需要采纳西方的许多经验，譬如市场经济的活力及激励和竞争机制，再如其具有相当高渗透力的科层制体系，如今已经可见于不少中国的国家部门之中，特别是必须具备高度专业化知识或新设立的部门，诸如财政、外交、卫生、食品安全、医药、工业信息等部门。这些是需要相对高度条条化的部门，也是直接关乎渗透社会基层的国家能力的部门。但这并不意味着中国将和西方完全相似，而忽视其有许多截然不同的方面，譬如党政机构中相对特殊的、革命的或传统的部门，如组织、军事、宣传、纪律、文化、农业、公安等。一定程度上，中国的治理体系，一如其政党国家各部门，必定会不可避免地具有迥异于西方的"特色"，必定会同时来自中国（古代、革命和现代西方的）三大传统。其中，至为突出的是既来自古代传统也来自现代革命传统的通过国家和社会二元互动产生的、源自"第三领域"中政府与社会—市场互补的国家能力。

六、"社会主义市场经济"的内涵与可能的未来

目前，"社会主义市场经济"——虽然常被学术界认作一种官方用词——的大框架已经有一些比较明晰和可以初步确定的内涵。首先是中国的经济结构。如今，国有或国有控股企业在非农国内生产总值中的占比大约是40%，与之相对的是民营企业占60%。（黄宗智，2012）前者主要是大型企业。这是个接近两分天下的结构，与现代西方资本主义国家十分不同，也迥异于所谓"发

第十七章 国家—市场—社会：关于中西国力现代化路径不同的思考

展型"的东亚国家。在后者之中，国家固然相对较高度介入经济运作，积极领导、扶持企业发展，采取各种各样的措施来推进国家的经济发展，迥异于仅是"规制型"的现代西方国家（regulatory state）。相比自由主义的国家，东亚国家固然更为积极地介入市场来推动经济发展，亦即所谓"发展型国家"（developmental state）（Johnson，1982，1999，是主要关于日本发展经验的研究；亦见黄宗智，2018b），"国家指导的市场"（guided market）（Amsden，1991，是主要关于韩国的研究），或"国家治理的市场"（governed market）（Wade，1990，是主要关于中国台湾的研究）。他们的共同点是，认为国家比新自由主义建构的放任国家更为积极地参与了经济发展，通过国家设定发展战略、贷款和补助、价格调整，乃至介入企业管理等措施，导致与纯市场机制很不一样的资源配置（特别是资本投入）的后果，由此来挑战新自由主义经济学的主流理论，在经济学和政治学界都起到较广泛的影响。其中的关键是，国家与企业之间的关系不是对立的，而是协作的——尤其可见于日本和韩国的政府与"财阀"（zaibatsu、chaebol）间的紧密关系。

中国的"社会主义市场经济"则与以上两者都不同，首先可以见于主要生产资源尤其是土地仍然基本是国有的现实，也可以见于其国有企业占生产总值的较高比例的国营企业。显然，在中国现有的模式中，中国国家能够发挥不仅是远大于西方自由民主主义国家，更是大于东亚发展型国家的作用。（黄宗智，2020a）

当然，其未来的具体形态仍然是个未知之数。但目前我们已经可以看到一些清晰明了的初步设计和可能方案：譬如，设定国有企业，作为全民所有的企业，应该将其利润的一定比例用于民生——这是个已经具有一定实践经验和比较清晰且实际可行的模式,是个已经被证实可以扩大国内市场,为经济整体提供长远可持续的动力的措施;(黄宗智,2011)又如,部分国有企业所有权可以逐步转化为由各层人民代表大会所有,受到法律保护,借此来更进一步确保其利润被用于民生/民众福利。

此外,我们已经可以看到另外一些清晰明了的建设性建议:譬如,将政府行为基本限于宏观经济的调控,将微观经济行为基本让给市场自律和法律保护。国家的调控不仅可以通过货币供应调控,还可以通过政府制定国家金融机构的利息率、税收政策等西方国家常用手段来进行,还可以凭借国家所严密管控的金融体系来收放融资贷款,通过国家所有的生产资料(特别是土地)的收放来进行调控,必要的时候,还可以凭借政党国家更为强大的管控权力来进行,当然也包括国营企业的行为。但同时,又凭借法律来维护微观层面的私营企业和市场经济机制的运作(虽然必要的时候,国家仍然可以凭借行政手段将某种类型的纠纷置于法院受理范围之外,譬如,企业"改制"所引起的劳动纠纷)。(黄宗智,2020c)

以上一切应该足够说明中国政治经济体制和现代西方的深层不同。我们绝对不可简单认为,中国的现代化只能全盘引进、完全依据西方国家的经验来执行,当然更不能仅依赖其新自由主义理论单一面的意识形态建构来执行。

七、传统"第三领域"的现代化

在以上众多因素所组成的近现代中国政治经济体系(即包括

国家与市场、国家与社会的)这个化合物中,最少为一般社会科学研究所关注的是正式国家和非正式社会之间互动所组成的"第三领域"。这和西方主流理论将国家与社会—市场建构为二元对立的思维直接相关。一个明显的对比是,现代西方社会没有像中国那样基于传统紧密聚居的社区组织和儒家道德理念所产生的非正式纠纷调解机制,因此也谈不上由其与正式国家体系互动所产生的第三领域的半正式纠纷处理,所以,根本就想象不到中国古代和现代的正义体系中起到庞大作用的第三领域。(黄宗智,2020b)同时,对中国古今的治理体系中(源自集权的简约治理和分块的集权体系)的发包与承包的运作方式也一样,不能通过"放任国家"的模式来认识和理解,也不能通过"极权国家"的模式来认识和理解,当然也不能仅通过韦伯型的科层制体系来认识和理解。它是中国治理思想和实践中的一个核心概念。"发包"和"承包"如今已经成为中国治理体系中的一个主要关键词。(黄宗智,2019b)

此外还有中国进入工业化进程之后形成的一些崭新的第三领域体系的传统。在清末和中华民国时期,中国的中心城市相当广泛地兴起了新型第三领域的"商会"。它们既是政府领导设立的也是社会自身生成的一种组织,既类似于传统基于地缘关系的"会馆",又是新型的基于共同职业/专业(商业)的组织。它们相当广泛地执行半正式、半官方的职务,包括处理同业纠纷、传播国家法规、推进地方经济和公共服务等。这也是西方现代历史中罕见的现象。这样的商会今天仍然较少见,但未来说不定会成为第三领域中的另一重要实例。医疗卫生①、环境保护、农产品加工和销售("纵向一体化")、农村公共服务等领域也许也会展示类似的趋向。

更有进者,在集体化时期,农村社区的大队长和党支部书记一定程度上也是第三领域的半正式人员——吃的是社区的"集体饭"而不是国家的薪俸,既代表社区的利益也代表国家的政策。他们是发挥中国国家组织动员能力的一个关键。过去在城镇中的"单位"组织,同样也是半官方、半民间的组织,也是一个关键性的组织。这些是基于中国迄今仍然广泛存在于紧密聚居的村庄和城镇社区的实际的现象,同样相对罕见于现代西方。如今的村两委和城镇的社区组织也同样。

更有进者,现代西方自由民主国家没有近似中国共产党这样的既深深嵌入社会又高度组织化、集中化的组织。正是这样的国家与社会的关系超出了西方新自由主义理论的认识范围。西方学术据其二元对立思维,多将中国的政党国家合一的政治体系置于一个国家 VS. 社会的二元对立、非此即彼的框架中来理解,由此将中国共产党简单认定为一种"极权"(totalitarian)组织,将其排除于社会之外,简单纳入完全控制、压制社会的"极权国家"(totalitarian state)的范畴之内,并将国家与市场之间的关系也纳入同一概念,认为两者不可能二元合一,而必定是像其理论所建构的那样二元对立。因此,也只能将中国的国家—社会想象为一个国家极权管控市场和社会的体系。

在中国的革命时期,共产党似乎颇像那样的想象中的组织。

---

① 田孟博士的新专著是很有意思的关于目前基层医疗卫生困境的论析和如何改良的思考(2019a、2019b)。

第十七章　国家—市场—社会：关于中西国力现代化路径不同的思考

在敌人全力压制和打击的环境中,作为一个地下党组织,它当然只可能由最先进和积极的革命分子来组成,对待社会的态度当然也只可能是一个积极的精英团体对待要争取、动员、领导的相对落后的社会,只可能形成一种主要是由上而下的组织和动员态度及作风。(然而在稳固的根据地中,则展示了相对比较符合国家与社会二元合一理念的实际。)在执掌全国政权之后,一度由于建立了计划经济,也似乎颇像西方所想象的完全由上而下的"极权"管控体系。但是,西方新自由主义理论建构的"极权"模式所没有考虑到的是,即便如此,中国共产党革命之所以胜利也是因为它获得了广大民众的支持——绝对不像极权模式想象的那样,作为"魔鬼"似的组织,它完完全全地控制、摆布或迷惑了没有自身意愿的中国人民。①

何况,中国共产党如今的客观情况已经十分不同。党和社会间的关系不再简单是革命地下党相对其所动员的落后社会,而更多是社会的代表性力量——当然,不是通过西方式的投票选举来选定,而是党组织按照其理念来选择党员。如今,共产党的组织逻辑已经从一个代表占人口少数的"无产阶级"的革命地下政党,转化为一个多元结合、拥有9000多万党员的巨大执政政党——相当于全球第16大国家的总人口,仅在第15名的越南(9.6千万人口)之后(Worldometers,2019)。它已经纳入了社会的主要不同阶级和

---

① 美国一般人民正是通过这样的思路来想象中美朝鲜战争的,他们不会进一步追问:一个后发展国家真能仅凭"极权的共产党"的管控来和全球最强大、最高度现代化的国家打成平手?因此,也认识不到中国共产党组织动员社会的特殊能力,更看不到中国人民的意愿。

阶层:工人、农民、知识分子、企业家、商人等。同时,它已经从仅尊奉马克思主义的革命理论转化为一个马克思主义和新自由主义兼容的组织,从仅代表劳方转化为兼容资方与劳方(有的学者会说偏向资方)的组织。而且,也已经在其治理体系中纳入众多从西方移植的形式主义法理和法律。

新自由主义的非此即彼二元对立的"极权"概念不能想象,今天的共产党组织中竟然会有类似于西方社会和政治中的左中右、进步和保守及其间的中间意见的分歧,以及新自由主义和马克思主义及其间的不同意见。笔者认为,中国共产党不应该被简单视作一个"国家"或"政府"的统治管控组织,被设想为一个与社会对立的组织,而更多应该被认识为一个同时带有国家与社会互动性质的组织,未来应该更加如此:一方面,它相当高度"嵌入"社会;另一方面,作为"执政党",它当然也与非政府的社会不同。其中的关键也许是,它对自身的要求是作为全社会的最崇高和先进理念与人士的组织,而不是像西方社会科学根据其习惯的二元对立思维而建构为管控、摆布全社会的"极权"组织。正因为中国共产党乃是一个深深"嵌入"社会的组织,它才有可能发挥社会动员的强大能力。

当然,在国家和社会权力、国家和市场权力非常悬殊的情况下,如此的组织确实可能成为一个似乎近似西方社会科学关于中国共产党的"极权"建构,似乎一切都由党中央说了算、完全谈不上民众的意愿的体系。在革命和计划经济时期,实际似乎确实比较接近那样的建构和想象。但回顾近40年的演变,中国已经将命令型的计划经济改革为指导/引导型的半社会主义半市场经济,已经

第十七章 国家—市场—社会：关于中西国力现代化路径不同的思考

将农地的经营权让渡给了农民,已经大规模地建立了"以法"和"依法"的治理,并辅之以第三领域的治理和运作,大规模地维持来自社会的非正式民间调解以及半非正式半正式、半调解半判决性的基层法律服务所、消费者协会、公安调解等众多第三领域的组织方式和治理。(黄宗智,2020b)而且,正如周黎安教授指出的那样,将国家与社会合作互补的"第三领域"扩延到基层社会"综合治理"的战略性大方针下(周黎安,2019:45—46),结合正式机构的"打击""惩罚"和社会参与的"防范""改造""教育"等方法,包括对青少年的犯罪、改造和教育等措施,来进行尽可能高效和较低成本的"综合性""社会治安"。这个体系在1990年代便已形成,并被确认为具有中国"特色"的综合性社会治安方案。而且,在治理体系的整体中,大规模地援用发包与承包的(经过现代化的)传统简约治理模式。

根据郁建兴教授(2019)对中央最新(十九大)关于乡村振兴思路的解读,其战略性的思路是"三治结合",即"法治、自治、德治"的结合。其实施方案具有两个主要方面,一是加强党的引导作用(包括要求未来村两委领导合于同一人——村书记),一是加强民众各种形式的参与,包括村合作组织;同时,又辅之以"法治"和"德治"。这样的思路与本章提出的思路带有一定程度的交搭。笔者更要特别指出,法治+德治的框架更应该被理解为一种源自中国长期以来基层治理的"第三领域"做法,在"法治"方面,不仅要包括成文正式法律,还要包括民间非正式调解以及源自正式法治和非正式调解互动的"第三领域"的组织和机构,譬如乡镇级的"法律服务所",即"半正式"的法律服务和调解及司法机构。而且,一旦考虑到非正式和半正式的基层治理,我们便不可避免地会采纳古代和革命传统中的"德治"维度——因为它是调解的根本,不会将"法治"简单认识为现代西方的高度形式主义化成文法律。(黄宗智 2020b)

以上一切都和现代西方的发展路径形成比较鲜明的对照。中国无疑将会循着近百年来已经根据实践摸索出来的,相当明显的不同于西方的道路前进。正因为其不同于,乃至于相反于西方的历史起源,其现代化的道路也必定会十分不同于西方。其中的关键在于不同的国家与社会、国家与市场间的关系的历史经历。我们不可一再坚持必定要依据西方新自由主义非此即彼的二元对立思维惯习所建构的理想类型化理论来认识中国的过去、现在和未来。恰当和创新性地概括、总结、建构中国的现代转型实际才是我们学者应该努力去做的研究和理论建构。

八、想象一个未来的图景

最后,我们要进一步问:根据以上从实践历史概括的思路,我们如何想象一个中国未来的、新颖但长远的国家与社会、国家与市场的图景?

(一)国家与社会和市场的二元合一而非二元对立

我们首先要认识到,西方19世纪自由主义建构的放任国家和完全由市场"看不见的手"所主导的政经体系理想类型,即便对西方自身的经历来说,也是一个虚构多于实际的理论。西方资本主

第十七章 国家—市场—社会：关于中西国力现代化路径不同的思考

义经济发展的实际从其早期开始便带有积极的国家参与,在其后期更带有积极地通过福利国家来缓和资本主义的贪婪剥削性的政策,并且自始至终,都与国家为了战争而建设现代军事能力紧密相关。自由主义经济学是为了争取市场经济不受国家干涉和限制的权利而兴起的,随后被建构为普适真理,但绝对不可简单等同于实际全面。19世纪的英国资本主义工业发展,如果没有国家法律、货币和财政体系方面所起的作用,如果没有国家将伦敦建设为一个国际财政中心,如果没有国家军力(海上霸权)作为经济扩张的先锋和后盾,如果没有国家和大型跨国公司的积极携手,是不会形成帝国主义的实际的。对中国知识界来说,由于经历过大英帝国在中国发起的鸦片战争和后来的"瓜分"中国,新自由主义的英美国家的这一面的实际应该是比较容易认识到的。

至于后期,我们还要认识到,在1929—1933年的经济大萧条危机中,如果没有国家的积极措施及福利国家的兴起来缓和资本主义的无限逐利本质,它是不会获得新生命力的。之后,在全球化的过程之中,客观局势已经十分不同于19世纪的大英帝国工业那样几乎垄断国际贸易(和海上霸权)的程度。在今天众多国家的全球化的竞争过程中,任何国家都更不可能仅凭借虚构的"放任"国家来在全球化贸易中稳占其地盘。今天,在全球化的竞争体系之中,强大的国力其实要比19世纪时期必要得多——正是那样的动力,形成、巩固了美国的全球军事和经济中的第一霸权建设(尤其可见于其遍布全球的800个军事基地)。在那样的历史实际下,"放任国家"的理想类型是个更加远离历史实际的"理论",更完全地是一种将资本主义经济理想化的虚构,实际上是为了扩大资本主义的政经体系的"软实力"的话语建构和意识形态。①

面对如此的现实,我们更加需要构建中国自身的理论和发展途径/模式。我们已经看到,鉴于其历史背景,中国是不可能真正简单模仿现代西方的发展模式的,不仅需要,也不可避免地会形成十分不同于西方的发展道路。其中的关键乃是不同的国家与市场、国家与社会间的关系。中国的国家几乎必然会更加嵌入于,而不是像新自由主义构建的那样二元对立于市场和社会。

问题是,我们能否想象一种迥异于西方、扎根于中国的(古代、革命、计划经济和改革)这些主要传统的图像? 在笔者看来,中国国家要比虚构、夸大了的"放任"国家具有更强大的作用是必须的,也是必然的。国家与社会和市场更紧密地结合也是必然和必须的。

(二) 中国长远的"第三领域"VS. 英美短暂的"第三道路"

这里,有的读者也许会联想起,在西方近几十年的国家与社会和市场的关系的历史中,以上论述的"第三领域"路径与世纪之交在英国和美国一度影响较大的"社会民主"(social democracy)"第三道路"(The Third Way)思路是否有一定的交搭之处? 那是个处于保守的新自由主义意识形态和左派的社会主义之间的"进步"的"中靠左"(center-left)派的意图和思路,强调国家应沿着福利国家的进路起到更为积极和公平的社会福利方面的作用,拒绝放任无

---

① 当然,在特朗普总统的领导下,美国所展示的则已经成为不再带有"软实力"的资本主义贪婪性的至为狰狞的面貌。

为的新保守主义(新自由主义)国家理论。其主要理论家乃是英国的社会学理论家安东尼·吉登斯(Anthony Giddens),他强调的是,国家应该更积极地推进社会公正、环境保护、教育、基础设施等方面,更积极地协调公共部门与社会组织的合作。(Giddens,1998)但是,实际上,在世纪之交的短暂的影响(主要是英国[新]劳动党的托尼·布莱尔首相[Tony Blair,1997—2007]之后,也包括对美国克林顿总统[Bill Clinton,1993—2001]的影响)之后,"第三道路"思想便逐渐式微,主要是因为私有产权制度在英美根深蒂固,新自由主义的资本主义体系、全球化体系和意识形态占据几乎不可动摇的地位。"第三道路"实际上并没有能够对其经济体系形成真正的挑战,主要只局限于社会措施的方面。

但中国今天的实际很不一样,再次是因为其起点不同:英美的"第三道路"尝试是在稳固的私有产权制度、放任国家—全球化意识形态的环境中试图推行的。中国的改革环境则正好相反:它是在全盘公有化和计划经济化后的出发点上开始的,虽然如今已经进展到民营企业占据非农国内生产总值的大约60%,但大型国企仍然掌控40%,国家仍然拥有关键生产资料的所有权,包括至为关键的土地所有权。在农村,土地产权仍然属于国家,国家仅对农民出让了土地的经营权,不包括其所有权,并且保留了按需要征地的权力。这就给予了中国的"社会主义市场经济"十分不同于英美"第三道路"的经济基础。中国国家所可能起的作用和所能动员的资源,远比英美型第三道路要宽阔。它具有更可能实施和持续的经济基础和制度空间。

同时,我们也要考虑到,历史经验已经告诉我们,国家与社会权力过度悬殊的话,可能会导致严重的历史性错误——一如过去的计划经济体系、"大跃进"和"文化大革命"等抉择那样。如今中国正在摸索的方向是,怎样更好地结合国家与社会—市场。两者的二元合一无疑是国家能力和发展的关键,怎样将其做到最好乃是未来的关键问题。笔者初步倡议的是,逐步走向两者间更加对等的权力关系,让社会积极参与成为重大公共决策中的最主要的测验,让高度发达的社会力量来抑制当权者决策中所可能犯的错误。中国如果真能做到重大公共政策必须获得社会的积极和持续参与、结合由上而下的领导和由下而上的参与,才是确立了能够发挥最大能量的国家与社会—市场间的关系的政治经济体系和道路。更多、更大的民众参与应该能够起到防御或缓解长期以来的官僚主义体制性问题的作用。如此的治理当然会更高度渗透社会基层,但其性质会与现代西方国家高度渗透基层的科层制权力的模式迥然不同。它的国力将源自政党—国家和社会间更紧密的互补互动和携手合一,不简单是垂直条型的韦伯科层制或新自由主义所建构的放任国家,而更多会是第三领域型的组织。

更有进者,中华文明长期以来的"己所不欲,勿施于人"的道德理念,既是古代的"仁治"、现当代的"为人民服务"及"共同致富"的理念的依据,也是"不争霸"的全球国际关系理念的依据。以自身长期的道德理念为依据,而不是"纯竞争性自由市场""理性经济人"等新自由主义经济"科学"的排他和唯我独尊的、单一面的和美化资本贪婪性的建构(并成为强加于人的自我追逐最大利益、最大霸权的借口)。中国的理念应该会接纳、尊重其他文明的价值选择,它不会以自身的选择强加于他人;它会想象一个更加和谐的世

第十七章 国家—市场—社会：关于中西国力现代化路径不同的思考

界,更加互补互助的社会,乃至于一个道义化的全球经济体系。这才是真正符合中国历史走向的道路。我们作为社会科学研究者,应该根据过去的实践经验概括出中国与西方不同的现代化路径,并着力将其进一步理论化、系统化,让其不仅成为能够适当概括中国历史经验的新型全球化社会科学,更成为对中国长远发展道路的初步概括。

参考文献：

黄宗智(2007[2001])：《清代的法律、社会与文化：民法的表达与实践》,上海：上海书店出版社(英文版1996)。

黄宗智(2007)：《集权的简约治理：中国以准官员和纠纷解决为主的半正式基层行政》,载《中国乡村研究》第5辑,福州：福建教育出版社,第1—23页。亦见《开放时代》2008年第2期,第10—29页。

黄宗智(2009)：《中国被忽视的非正规经济：现实与理论》,载《开放时代》第2期,第51—73页。

黄宗智(2010)：《中国发展经验的理论与实用含义》,载《开放时代》第10期,第134—158页。

黄宗智(2011)：《重庆："第三只手"推动的公平发展？》,载《开放时代》第9期,第6—32页。

黄宗智(2012)：《国营公司与中国发展经验："国家资本主义"还是"社会主义市场经济"？》,载《开放时代》第9期,第8—33页。

黄宗智(2017)：《中国的非正规经济再思考：一个来自社会经济史与法律史视角的导论》,载《开放时代》第2期,第153—163页。

黄宗智(2018a)：《中国的非正规经济再思考：一个来自社会经济史与法律史视角的导论》,载《中国乡村研究》第14辑,福州：福建教育出版社,第1—15页。

黄宗智(2018b):《怎样推进中国农产品纵向一体化物流的发展？——美国、中国和"东亚模式"的比较》,载《开放时代》第1期,第151—165页。

黄宗智(2019a):《重新思考"第三领域":中国古今国家与社区的二元合一》,载《开放时代》第3期,第12—36页。

黄宗智(2019b):《探寻中国长远的发展道路:从承包与合同的区别谈起》,载《东南学术》第6期,第29—42页。

黄宗智(2020,a,b,c):《实践社会科学与中国研究》。第1卷《中国的新型小农经济:实践与理论》;第2卷《中国的新型正义体系:实践与理论》;第3卷《中国的新型非正规经济:实践与理论》,桂林:广西师范大学出版社。

李强(2011):《国家能力与国家权力的悖论——兼评王绍光、胡鞍钢〈中国国家能力报告〉》,http://www.aisixiang.com/data/47341.html。

刘鹏(2009):《三十年来海外学者视野下的当代中国国家性及其争论述评》,载《社会学研究》第5期,第189—213页。

田孟(2019a):《富县医改:农村卫生事业的制度变迁与现实困境》,北京:社会科学文献出版社。

田孟(2019b):《理顺农村三级医疗卫生机构关系的政策建议》,载《中国农村卫生》第9期。http://www.snzg.net/article/2019/0530/article_42207.htmlhttp://www.snzg.net/article/2019/0530/article_42207.html。

王绍光、胡鞍钢(1993):《中国国家能力报告》,沈阳:辽宁人民出版社。

薛澜、张帆、武沐瑶(2015):《国家治理体系与治理能力研究:回顾与前瞻》,载《公共管理学报》第3期,第1—12页。

郁建兴(2019):《乡村治理的新议程》,http://www.aisixiang.com/data/118020.html。

《中国统计年鉴》(2018),北京:中国统计出版社。

周黎安(2007):《中国地方官员的晋升锦标赛模式研究》,载《经济研究》第 7 期,第 36—50 页。

周黎安(2018):《"官场+市场"与中国增长故事》,载《社会》第 2 期,第 1—45 页。

周黎安(2019):《如何认识中国?——对话黄宗智先生》,载《开放时代》第 3 期,第 37—63 页。

Amsden, Alice H. (1989). *Asia's Next Giant: South Korea and Late Industrialization.* New York and Oxford: Oxford University Press.

Barboza, David (2016). "How China Built 'iPhone city' with Billions in Perks for Apple's Partner," *The New York Times*, Dec. 29. https://www.nytimes.com/2016/12/29/technology/apple-iphone-china-foxconn.html.

Giddens, Anthony (1998). *The Third Way: The Renewal of Social Democracy.* Cambridge, England: Polity Press.

Hsiao Kung-ch'üan (萧公权) (1960). *Rural China: Imperial Control in the Nineteenth Century.* Seattle: University of Washington Press.

Johnson, Chalmers (1982). *MITI and the Japanese Miracle: The Growth of Industrial Policy, 1925—1975.* Stanford, Calif.: Stanford University Press.

Johnson, Chalmers (1999). "The Developmental State: Odyssey of a Concept," in Meredith Woo-Cumings (ed.), *The Developmental State.* Ithaca, N. Y.: Cornell University Press, pp. 32—60.

Johnson, Chalmers (2007). *Nemesis: The Last Days of the American Republic.* New York: Henry Holt and Company.

Mann, Michael (1984). "The Autonomous Power of the State: Its Origins, Mechanisms and Results." *Archives européennes de sociologie* 25: 185—213.

Mann, Michael (1986). *The Sources of Social Power, Vol. I: A History of Power from the Beginning to A. D. 1760.* Cambridge: Cambridge University Press.

Smith, Adam (1976[1776]). *An Inquiry into the Nature and Causes of the Wealth of Nations.* Chicago: University of Chicago Press.

"Statement on the Purpose of a Corporation," 2019, https://opportunity.businessroundtable.org/ourcommitment/.

Vine, David (2015). "The United States Probably Has More Foreign Military Bases than Any Other Nation, People, or Empire", *The Nation*, Sept. 14, 2015.

Wade, Robert (1990). *Governing the Market: Economic Theory and the Role of Government in East Asian Industrialization.* Princeton: Princeton University Press.

Washington Post (2019). "Group of top CEOs Says Maximizing Shareholder Profits no Longer Can be the Primary Goal of Corporations," August 19. https://www.washingtonpost.com/business/2019/08/19/lobbying-group-powerful-ceos-is-rethinking-how-it-defines-corporations-purpose/.

Worldometers (2019). "Countries in the World by Population (2019)," https://www.worldometers.info/world-population/population-by-country/.

第十八章
"小农经济理论"与"内卷化"及"去内卷化"[①]

今天,在笔者最初提出"内卷化"概念的35年之后,并在其已经成为常被人们使用的概括时来重访此课题,为的是更清晰简约地说明这个现象和小农经济理论的关联,也是要借助多位其他学者和笔者自身所增添的有用概括来进一步澄清"内卷"的实质含义,同时,加上笔者关于中国农业经过近几十年的一定程度的"去内卷化"过程之后所凸显的演变机制和理论逻辑的研究。由于中国的小农经济乃是全球存在最长久和体量最大的小农经济体,也是"内卷化"程度最高的经济体,而其新近的演变,包括"去内卷

[①] 本章的经验论述依据的主要是笔者的小农经济研究四卷本(包括新出版的第四卷),以及新出版的《中国的新型非正规经济:实践与理论》,也包括笔者的正义体系研究四卷本(包括新出版的第四卷)(黄宗智 2020a、b、c,2014a、b、c)。相当部分的内容可见于笔者近15年来发表的中、英文文章。为了读者方便,也在参考文献中连带注明。原文载《开放时代》2020年第4期,第126—139页。

化",又是比较突出的小农经济现代化实例,足可更明晰地说明其中的原理和演变机制,并澄清其与西方从封建主义到资本主义社会经济历史经验的不同。更有进者,小农经济,不仅在中国也在全球众多其他发展中国家,是最近几十年在全球大规模兴起的"非正规经济"——根据国际劳工组织的定义,没有或少有法律保护和社会福利的劳动者所从事的经济活动——的主要来源,其从业人员数量如今已经达到大部分发展中国家城镇劳动力的一半到四分之三以上,在中国最多。它无疑也和小农经济的"内卷化"和"去内卷化"直接关联。目前,中国这方面的未来走向既充满疑问又充满希望。

一、内卷化的两个基本实例

这里,我们再次从笔者35年前所表达的"从最基本的史实中去寻找最重要的概念"的方法来进入讨论(黄宗智,2014a,第1卷[1986],中文版序)。回顾中国从1350年到1950年六个世纪的农业史,其间至为突出的演变无疑是伴随棉花经济的兴起而来的农业进一步"内卷化":此前,中国没有人穿着棉布;其后,几乎所有的中国人都穿着棉布(丝绸的进一步推广无疑也十分重要,但其穿着限于上层社会);仔细观察棉花—棉纱—棉布的生产,我们会看到,在长江三角洲,一亩棉花的种植、纺纱和织布总共需要180个工作日(其中最耗时间且报酬最低的环节是纺纱,占约一半时间),18倍于一亩水稻所需的工作日,但其所带来的总收益仅是水稻的数倍,亦即意味着单位劳动投入报酬严重递减。这就是被笔者称作

(农业)生产的"内卷化"的核心实际(黄宗智,2014a,第 2 卷[1992])。它说明,棉花—棉纱—棉布相对水稻更高的按亩收益是以每个工作日的收益递减为代价的,而那些报酬递减了的劳动大多是由家庭的辅助性劳动力——妇女、老人和小孩儿——来承担的(笔者将之称作农业生产的"家庭化")。而从水稻转入棉花—棉纱—棉布背后的一个关键动力,显然乃是人地压力:在长江三角洲,1393 年人均耕地为 3—4 亩,到 1816 年,仅为 1—2 亩;(黄宗智,2014a,第 2 卷[1992],尤见附录 B)平均每户农民种植面积从15—20 亩减少到 5—10 亩(同时期英格兰户均种植面积约为 750亩,美国今天的户均种植面积约为 2700 亩)。当时,一个小农户仅仅简单种植(平均面积或以下的)水稻已经无法生存。

固然,这个变化带来农业经济的进一步商品化和市场发展,在一定程度上也导致了地区性的"分工"(具体表现为松江府的所谓"衣被天下")。虽然,它并没有呈现亚当·斯密所特别关注的制造业内的分工,即其开宗明义地给出的实例:生产纺织业所用的一枚针须经过 18 个环节的制造过程;进行分工的话,十来个工人一天可以生产数万枚针,而由单一工人来完成全过程的生产的话,一天可能连一枚针都生产不了——由此大幅度提高了劳动生产率,亦即我们所说的"发展"或"现代化"的核心。斯密的论析完全没有考虑中国明清时期那样的棉花生产背后的高密度人口对农户和土地的压力。(Smith,1976[1776])笔者将这两种动力(商品化和"内卷化")的结合称作"内卷型商品化",它在中国历史上虽然附带有一定的地区分工,但并没有显示斯密关注的制造过程中那样的分工和其单位劳动生产率的显著上升。在一定程度上,中国的演变型式与其说是展示了市场需求乃是至为关键的现代经济"发展"(其核心含义乃是平均每个劳动日报酬的提高)动力,不如说是高密度人口压力下的生存需求推动的劳动报酬递减的"内卷型商品化"。

其后在20世纪60年代,我们可以在同一个地区中看到更为鲜明和极端的"内卷化"实例:为了提高稻谷亩产量来应对加重了的人地压力(源自半现代化的公共卫生大规模降低了死亡率),当时政府大力推动"双季稻"(即早稻+晚稻+冬小麦)的种植,其口号是:"消灭单季稻!"逻辑似乎十分简单:每亩地多一茬水稻,可以将每亩稻谷产量提高几乎一倍。① 其中的问题是,加一茬稻谷,需要增加约一倍的劳动和肥料等投入,所带来的收益增长则远低于一倍。这首先与地力相关,多一茬会导致产量递减。再则是双季稻的价值要低于单季稻(就连作为副产品的稻草——用来织草绳、草包等副产品——都不如单季稻),而且,农民又都更喜欢吃单季稻。这导致单位工作日报酬的递减。在改革之后,当地农民获得了一定程度的经营自主权,全都选择不再种植双季稻。(黄宗智,2014a,第2卷[1992])但是,政府出于"粮食安全"的考虑,至今仍然在全国一千个"产粮大县"中强力推动高度"内卷化"的双季稻种植。这个来自今天的基本实例鲜明地说明"内卷化"在中国农业中仍然非常重要。(黄宗智,2020a;黄宗智、龚为纲、高原,2014)

如今,"内卷化"一词已经相当广泛地用于农业经济领域之外,被用来表达几乎是所有没有质变而仅是劳动投入越来越紧密(以

---

① 当时十分有限的拖拉机所发挥的作用,吊诡的不是节省劳动力,而是使得两季稻谷之间非常紧张的"双抢"(早稻抢收、晚稻抢插,要在每年8月10日前完成)成为可能,实际上推动了更高度的"内卷化"。

及边际回报递减)的现象,包括非农业领域的这种经济现象,以及经济领域以外的各领域中的类似现象,包括行政体系的"内卷化",政策措施的"内卷化",社会动态的"内卷化",甚至(在"应试教育"体系中)学习的"内卷化"等。笔者这里要阐明的是其起始的根本性含义及机制。

二、"内卷化"概括的内涵

笔者提出的"内卷化"概括在一定程度上受到格尔茨(Clifford Geertz)对印尼水稻种植的概括的影响,虽然主要是对用词的影响。格尔茨对比印尼人口稀少的边缘地带的刀耕火种的旱稻种植和人口密集的核心地区的高度劳动密集化的水稻种植,后者劳动密集程度高得多,由此达到高得多的产量,但并没有赋予农民更高的单位劳动报酬。格尔茨借此突出水稻经济中的高度密集化现象。然而,格尔茨并没有仔细考虑单位劳动力收益递减的问题,也没有考虑从水稻种植转入其他劳动投入更为密集的农业作物中所展示的农业内卷。(Geertz, 1963)笔者借用了其用词"农业内卷化"(agricultural involution),但在实质层面上,这些年其实更多采纳了以下几位主要农业理论家的论说。

首先是农业经济史理论家瑞格理(Anthony Wrigley)。他极具洞察力地点出了农业经济和工业经济的基本不同。前者受限于低能量的人力和畜力(如马力,充其量只能够达到相当于7个人的人力);后者则通过"矿物能源"(主要指煤炭和蒸汽机的实例),使一个人能够"生产"数百倍于之前的能量(一名煤炭工人一年能够"生产"200多吨煤炭——其后来的效果可以鲜明地见于如今人们常用的一辆轿车便达到数十匹到几百匹马力的能量)。(Wrigley,1988)瑞格利说明的是农业经济和工业经济的基本不同:显然,农业经济由于其"有机能源"的局限,远比工业经济更容易进入内卷状态。也就是说,我们不可以动辄将源自工业经济的理论用于农业,反之亦然。

譬如,像新古典经济学那样将工业经济中呈现的一些原理简单用于农业,像舒尔茨(Theodore Schultz)那样,简单地认为只要由市场竞争机制来配置资源,包括劳动力,便能做到资源的最佳配置。据此理论前提,他认为(市场化了的)农业经济中不可能有"劳动力过剩",据此将人口因素完全排除在自己论析的范围之外,坚持只要加上现代的投入(如机械),便会推动经济螺旋式发展。他完全没有考虑像中国(或印度)那样高度"内卷化"农业的客观实际及其对能够节省劳动力的机械化的阻力,也没有考虑它们与人少地多的(新大陆美国)地区间的根本差异。(Schultz,1964;黄宗智,2014a,第3卷[2009]:第7章)

而后是裴小林。他既具备对中国农业特点的认识(加上之前在计委工作时积累的经验和知识),也具备对西方经济学理论的认识。他极具洞察力地指出,土地和人一样,乃是一个有机体,其生产力是有极限的,不可能无限地扩大。在笔者的理解中,这等于是将中国传统农学中具有深厚意义的"地力"概念加以系统化和现代经济学的形式化说明,论证土地上的人口压力所导致的高度内卷现象和其极点。和笔者一样,裴小林的理论指出的是中国人多地少的基本国情必定会使中国农业历史及其发展途径与地多人少的

西方(尤其是在14世纪黑死病导致人口减半之后的英国和新大陆的美国)十分不同。(裴小林,2008;裴小林,待刊)

再则是农业经济理论家博塞拉普(Ester Boserup)。她非常清晰地阐明,在前工业经济中,人口压力其实是导致技术变迁的关键动力。在最低劳动投入和最高土地(相对劳动投入)产出的25年一茬(到树木重新成长)的森林"刀耕火种"(或6到10年一茬的灌木"刀耕火种")生产中,根本没有动力来发明和使用锄犁等农具。要到由于(人口压力导致的)土地限制而须在固定土地上生产谷物,以及从隔年休耕到一年一茬或更多茬的劳动(相对单位土地的)密集化过程中,才会产生对各种各样的技术和工具的需求和发明。也就是说,只有在人口压力迫使劳动报酬递减的过程中,才会出现新技术和器具的发明。此点洞见特别有助于我们认识中国前工业时期伴随劳动密集化而来的极其显著的高水平农业技术的发展;同时,也能解释其农业经济后来之抵制借助机械化来减少劳动投入的原因。(Boserup,1965;博塞拉普,2015[1965])

在美国的中国研究中,三代扎实的社会经济研究都聚焦于中国的人口问题,从卜凯(John Lossing Buck[Buck,1937a、b])到何柄棣(Ping-ti Ho[Ho,1959]),再到珀金斯(Dwight Perkins[Perkins,1969]),给予了我们关于中国人口和农业历史的比较可靠的经验轮廓。他们的研究可以被视作给予上述理论家们的概括比较有力和可靠的基本经验支撑。

对笔者来说,以上这些重要的洞见已经成为笔者如今对"小农经济""内卷""内卷化"和"内卷型商品化"等概括的认识的重要组成部分,都是对理解中国的农业历史及其动力和问题的不可或缺的认识。它们共同证实的是,简单的意识形态化的新自由主义经济学理论绝对不适用于中国的传统农业。譬如,舒尔茨之坚决认为市场的资源配置竞争机制会完全排除人地压力,完全无视上述三代美国关于中国经济的最好的研究。

其后,更有一组影响颇大的人士,进而争论,如果中国这个经济体与西方经济体的市场化程度基本相似,其农业必然会达到与西方同等的经济发展和生活水平,无论其人口压力如何,在18世纪便如此。其提出的所谓经验"证据"其实都是凭借理论来杜撰的虚假"证据":譬如,"估计"18世纪中国农民每人有两套丝织服装,另加10套棉布服装。又譬如,凭借杜撰"产后堕胎"(指贫穷农民在生存压力下的溺婴行为)的荒唐建构来争论中西生育率的明显差别其实并不存在,争论产后堕胎其实应该被理解为相当于西方晚婚的"理性""生育控制",凭此完全抹掉中国与西欧在人口历史上的差别。如今,其中国与英国18世纪等同论(虽然美其名曰"去西方中心化"),不仅与之前优秀的人口—农业研究相悖,更被后来的相对优秀的经验研究直接证伪。(例见 Maddison, 2001, 2007; Allen et al., 2011; Vries, 2015)这里就不再赘述了(更详细的论述可见黄宗智, 2002, 2016a)。

三、"去内卷化":人多地少地区的农业现代化

更有进者,环顾全球不同国家和地区的农业现代化(及来自工业的投入)经验,我们可以辨别两个主要的不同演变模式。一是人少地多的国家和地区,尤其是像新大陆的美国那样的农业经济。

第十八章 "小农经济理论"与"内卷化"及"去内卷化"

其农业现代化的最基本特征是农业机械的大规模使用。其最关心的不是节省土地,而是节省相对稀缺的劳动力,而最好的节省劳动力的办法是使用农业机械(特别是大型拖拉机)。因此,1970年,美国平均每个农业男性劳动力便拥有一台拖拉机,日本则是45个才拥有一台,中国则是960个才拥有一台。(黄宗智,2014c:表1;亦见黄宗智,2020a)(当然,用化肥来提高地力,乃至于用除草剂来节省劳动力,也起到一些作用,但机械的大规模使用乃是其至为突出的特色。)美国1970年所使用的播种机,一天可以种240亩(40英亩)耕地;到2005年,其所广泛使用的机械一天可以耕种2520亩(415英亩)耕地;到2010年,更是达到5670亩(934英亩)耕地,是1970年的24倍,其最新、最大的农业机械价格可以达到50万美元一台。同年,收割机的效率也达到1970年的12倍。(USDA,2013:23)其农业特征所在,是适应人少地多的客观情况的生产,即相对土地密集而不是劳动密集的生产——特别是土地相对密集的"大田"大豆和小麦,也是如今其价格之所以低于中国的重要原因,当然也是中国大规模从美国进口这两种谷物的重要原因。它是一个典型的(笔者称作)"大而粗"的农业现代化模式。(黄宗智、高原,2014;黄宗智,2020a)

相比来说,中国农业迄今的现代化则主要是由"小而精"的农业推动的,特别是改革后的1980年以来(被笔者称作)"隐性农业革命"的"新农业";诸如高附加值的一、三、五亩的小、中、大拱棚蔬菜,一到数亩地的果园,小规模(十来亩地)的种养结合(如"小麦+养猪")的小农场。它们都是(笔者称作)劳动与现代投入("资本")"双密集化"的"新农业"。如今,那样的"新农业"已经达到中国农业生产总值的三分之二,占中国农业的大头。它是中国近几十年中的"隐性农业革命"的核心。(之所以称之为"隐性"是因为它与以往的农业演变不同,不是某[几]种作物的亩产量的提高,而是整个农业结构的转化,不容易洞察。)(黄宗智,2010;亦见黄宗智,2016b)

其背后的动力乃是"三大历史性变迁的交汇":一是1980年以来强力实施的计划生育,导致2000年以后每年新增加劳动力数量的递减;二是农民的非农就业大潮流,促使几乎每个农户都变成"半耕半工"的农户,由此减轻了人地压力;三是伴随中国经济发展而来的人们食品结构的根本性变化:即从8:1:1的粮食、蔬菜、肉食的结构转向4:3:3的城市中产阶级(及中国台湾地区)的食物结构,由此而产生的市场需求,特别是对(高档)蔬果和肉禽鱼的大量需求。(黄宗智、彭玉生,2007)

正是上述的隐性农业革命的"新农业",亦即相对劳动密集化的新农业,代表了中国的内卷化农业的现代化。和之前的谷物、棉花—棉纱—棉布、桑蚕丝等相比,一定程度的劳动与现代投入(如化肥、良种,而不是机械化)双密集化带来了较高的收入。小农经济的新农业是一种能够在小面积的土地上吸纳更多劳动力并给予其耕作者更高的工作日日均收入的农业,也就是说,能够给予农业一定程度的"去内卷化"。这是中国近年来的农业现代化的一个重要内容。

虽然如此,但相比美国来说,它仍然是相对高度劳动密集化的"小而精"农业,而不是相对低度劳动密集化而更高度"资本化"(特别是机械使用)的农业。两者之间的基本差异十分鲜明。我们绝对不可以将农业现代化的性质简单想象为美国模式的规模化的大农场机械化生产,更不可想象"小农经济"会完全消失。它们是不同的农业,一个是新型的高附加值现代小农业,一个是机械化的大规模农场农业。

但是,相比蓬勃发展的中国城市经济,中国的农业和农民收入仍然要落后得多。而且,农村过剩劳动力的大规模非农就业,普遍导致村庄社区整合性的衰落。因此,中国政府近年来一直都明确承认,农业—农民—农村的"三农问题"乃是中国社会经济的头号问题,在2003年以来连续十六年的"中央一号文件"中,一直都特别聚焦于该问题。

但是,详细阅读这些文件,我们可以看到,直到两三年前,决策层一直都明显受到西方的农业"转型"模式的深层影响,一直以为,其中的关键乃是规模化问题,必须借助规模化经营模式来克服农村的落后与贫穷。因此,其具体措施的重点一直都是推进规模化的"龙头企业"和"大户"的发展,2013年以来更试图全面推广成规模的(百亩以上的)所谓"家庭农场"。直到2018年和2019年方才明确认定新型小规模农业的重要性,以及"小农经济"对中国农业和社会的关键性。今后我们应该会看到,越来越符合中国实际需要的,针对小农业的措施。(黄宗智,2020a)

四、理论传承

英语学术界长期以来的理论多聚焦于西方封建小农户向资本主义农场主的"转型",主要是新古典经济学和马克思主义两大理论传统。它们共同认为,小农经济必将伴随现代化/资本主义经济的兴起而消失,农业经济将伴随资本主义的兴起而成为企业型雇主和农业雇工所组成的农业经济体系。但这完全不符合中国现当代农业经济的实际——中国至今的农业劳动投入总量中,仅有3%是来自受雇的农业长工和短工,其余都来自小农户。(黄宗智、高原、彭玉生,2012;黄宗智,2020a)

迄今最强有力和符合前工业化的非西方小农户的理论论析,其实既不是新古典经济学也不是马克思主义理论,而是"小农经济理论"。它的开创者乃是俄国的恰亚诺夫(Alexander V. Chayanov),这是针对1861年农奴解放之后的(自由的)小农经济占到绝大比例时期的俄国农业经济的论析。这是一个在相当程度商业化的环境中的小农经济,是与(列宁在《俄国资本主义的兴起》中所论析的——Lenin,1956[1907])初步资本主义化的富农经济共存的经济体。

恰亚诺夫的贡献正是在于其对资本主义农业/企业和小农经济的截然不同的逻辑的认识,他的理论说明前者是以雇工和营利为主的生产单位,而后者则是以自家劳动力和生存为主的单位,即便部分是营利型的,但较少会完全脱离自身家庭的生存考虑。后者的经济决策同时受到营利和消费两方面的影响,而在19世纪晚期及其后,尤其是在西方,蓬勃兴起的资本主义生产单位则完全是以生产营利(而不是自身家庭的生存消费)为主的单位。这是一个根本性的差别。对大部分的发展中国家来说,它远比新古典经济学或马克思主义符合其农业的实际。(Chayanov,1986[1925])

此外,恰亚诺夫还根据当时俄国个别地区中呈现的实际而极具洞见地指出,在沉重的人口压力之下,小农经济会几乎无限地投入更多的劳动力来提高土地的产出,直到其边际报酬接近于零,为的是家庭成员自身的生存。而资本主义农业,在劳动力边际报酬降低到市场工资水平之下时,便会停止雇佣更多的劳动力,因为那样是会亏本的。虽然,在恰亚诺夫观察的经济体中,那只是在极其有限的地区出现的现象,而恰亚诺夫也仅仅连带关注到这样的现象,并没有将其置于自己关于19世纪后期俄国农业论析的核心。(Chayanov,1986[1925]:第3章)他根本就没有想象到,在中国明清时期的长江三角洲,他所认识到的这种个别地区存在的现象居然已经成为农业经济整体中至为基本的事实。正是如此的推向(凭借劳动密集化来将单位土地生产率推到接近其极限)的小农农场逻辑使其能够承受一个资本主义单位所不能承受的高额地租(以收益的一定比例——40%—50%计算)和地价。正是如此的组织性趋势为我们说明了小农经济的最基本的性质及其与新兴的资本主义经济之间的至为鲜明和关键的不同。

笔者的研究已经证明,那正是长江三角洲明清时期至为重要的长期趋势。到明清之际,之前(半资本主义型的)雇工经营的经营式地主便已衰落,到19、20世纪则已经完全消失、绝迹。中国这样的农业历史实际其实至为鲜明地证实了恰亚诺夫理论在这方面的洞察力。虽然,即便是在恰亚诺夫自身至为关注的俄国经济中,由于大部分地区都没有经历中国如此幅度的人口压力,并没有出现如此明确的完全不同于西方历史经验的巨大历史实际。

正因为在恰亚诺夫所研究的地区中,并没有呈现中国如此鲜明的实例,而同时,他的小农经济理论又并不适用于认识西方从封建领主制下的农业到资本主义农业的转型,恰亚诺夫理论在西方的影响一直都没有能够达到主流的新古典经济学和马克思主义经济学两大理论传统那样的程度,因为他的小农经济理论实际上主要适用于中国和其他人多地少的发展中国家,但并不适用于西方。同时,在他至为关心的苏联,小农经济却又在斯大林强制推行规模化集体农业之后,基本被消灭掉。恰亚诺夫本人也被斯大林处死。

虽然如此,但在西方学术界,恰亚诺夫的理论仍然被保留和传承了下来。他相当普遍地被视作"小农经济理论"的主要创始者。他主要依据的经验实际是19世纪后期和20世纪初期的俄国的小农户,即在1861年农奴解放之后的俄国农民,其至为根本的逻辑——结合生产与消费于一身,以及主要依赖家庭劳动力而不是雇佣劳动力,其生产决策同时受到两者的影响——乃是无可辩驳的基本实际和理论洞见,适用于大部分发展中国家的小农户。

另外,在其他几位突出的学者的推动下,特别是在(俄裔的)英国农村社会学理论家特奥多·沙宁(Teodor Shanin)的努力下——包括协助恰亚诺夫著作翻译和出版以及鼎力协助学术期刊《小农经济研究》(Journal of Peasant Studies)的长期持续,在关于非西方的发展中国家的农村研究中,小农经济理论一直屹立不倒,至今仍然不失为一个显要的理论传统。而且,在后革命时期的俄罗斯,它获得了一定程度的复兴。但是,它当然一直没有能够取代两大主流理论——新自由主义和马克思主义——关于西方本身的农业历史的研究。这是可以理解的。也正因为如此,今天才会有这么多人坚决将后者当作普适经验,要用西方框架中的封建农民/小农(feudal peasant)和现代资本主义农场主(capitalist farmer)的用词来

第十八章 "小农经济理论"与"内卷化"及"去内卷化"

表达中国过去的(后封建时代)小农以及改革时期的新农业的历史演变。笔者认为,我们应该承继"小农经济"这个理论传统的真知灼见而用之来了解、认识中国(和其他客观情况相似的发展中国家)的农业经济的过去、现在和未来之与西方的演变过程的巨大差异。我们须拒绝将中国完全纳入西方的历史模式。其实,恰亚诺夫关于小农经济的至为关键的特点和逻辑的论析,正是在中国才获得至为清晰和完全的证明,即便它在西方已经被资本主义经济的兴起和其理论所掩盖。

为此,我们研究中国(或其他小农经济体)的学者们,使用英语时,应该坚决采用"peasant",即小农一词来表达其历史实际。"小农"一词所呼唤的正是小农经济理论的传统,其洞察力远远超过根据西方封建经济到资本主义农场农业的转型形成的新自由主义经济学,以及一般的马克思主义经济学。后两者的论析预期小农经济的消失,其实不符合中国的过去、现在与未来的实际,用于中国带有极其严重的误导性。小农经济理论则能够为我们说明中国农业的"内卷化"和"去内卷化"的巨大历史演变实际。

在长时段的中国后封建时期的帝国时期中,中国的小农实际上与西方的"封建小农"十分不同:他们,相对地主来说,并没有西方封建式的人身依附关系。中国的地主大多只是庶民,和西方的贵族封建领主或庄园主十分不同。我们绝对不该将他们等同于西方的封建小农。相对而言,他们更类似于西方在中世纪中期封建制度衰落之后及工业投入兴起之前的自由小农。同时,我们不该将中国改革时期的小农表达为西方的后封建、资本主义农场主。实际上,中国今天的小农仍然与之前的帝国时期的小农十分相似:

741

他们经营的仍然是小块土地,他们仍然居住在人际关系相对紧密的村庄中,他们仍然主要是自耕者而不是雇佣经营者,他们仍然处于沉重的人多地少的土地压力之下。

笔者的研究还进一步表明,如此的小农户在进入现代工业经济发展的情况下,会采用与西方不同的路径,主要依赖提高地力的化肥(和科学选种)等现代投入("资本")的劳动与"资本"双密集化的现代化模式,而不是英美/西方的节省劳动力的高度机械化的资本主义农场模式。前文中我们已经看到,在1970年的美国农业中,平均每个男性劳动力已经拥有一台拖拉机,而日本的小农则是平均每45个男性劳动力才拥有一台,中国则是平均每960个男性劳动力才拥有一台。同时,美国每公顷耕地仅仅使用89公斤提高地力的化肥,而日本则达到386公斤,中国为157公斤。(黄宗智,2014c:表1)今天,即便是中国的所谓农业"龙头企业"或"大户"也仍然主要依赖相对廉价的小农户而不是雇工来为其耕种。它们实际上是从事农产品加工或销售的大型商业企业,而不是资本主义式雇工农场。(黄宗智,2020a)它们和西方的农场完全不同:上面我们已经看到,时至今日,农业雇工(长工与短工)仅相当于农业劳动投入总额的3%。

以上的不同既来自历史特点也来自未来的走向的不同,绝对不可和西方的封建主义向资本主义演变的模式混为一谈。依据后者的经验,只会使用不符实际的虚构模式来认识中国以及与中国相似的发展中国家的农业历史。

第十八章 "小农经济理论"与"内卷化"及"去内卷化"

五、不同于西方的新型小农经济的第三条发展道路

恰亚诺夫关于小农经济的论析不仅创立了迥异于新自由主义和马克思主义的理论来认识其特殊的机制,还指出了一条不同的前瞻道路。作为一位深切关心、同情普通人民的民众主义(民主导向的民众主义,区别于带有感情化民族主义的和个人崇拜倾向的民粹主义——虽然,在西方学术界,常被使用同一用词"populism"来讨论)学者,恰亚诺夫除了上述的犀利洞见,还试图提出一条迥异于资本主义市场经济和马克思主义计划经济的方案和理念。与新自由主义学者不同,他认为资本主义是一个以个人逐利为主导理念的理论(在这点上是与马克思主义一致的),而恰亚诺夫更关心的则是大多数人民的幸福(即"民众主义"的崇高理念),特别是小农农民的幸福。同时,与马克思主义理论不同,恰亚诺夫明确精准地认识到市场机制动力的关键性,并对计划经济(即由国家来控制民众经济行动)带有深刻的保留。正因为如此,他初步提出了一个既非资本主义也非马克思主义计划经济的第三条道路的农业合作社设想。他初步认识到,小农户将会受到大市场中的商人和资本家的摆布而损失其自家生产的回报的很大部分。为此,他提出了组织发展农户合作来应对大市场的设想,即由小农户自身合作来组织其农产品生产之后的加工和销售来应对大市场,将农业生产的收益尽可能保留为农户本身所享用,而不是被中间商或资本家所攫取。

如此的理念无论在西方还是在非西方都一直带有相当大的影

响,但是,表面看来,迄今似乎仍然没有在任何地区或国家被完整地建立起来。由此,人们对合作社的倡议的反应大多是:这虽然可能是个不错的理念,但很难实现,并不实际。

殊不知,非常类似于恰亚诺夫的理念的合作社,居然会在日本、韩国和中国台湾地区("东亚"地区),由于一系列的历史偶然因素,被成功地建立了起来,并对他们的发展经验都起到至为关键的作用和贡献。其起源为日本明治后期设定的地方行政模式:将基层地方政府的主要任务设定为发展现代化农业,由他们来为小农户提供现代农业要素(特别是化肥和科学选种)。那个制度不仅有效地推进了日本本国的农业发展(Hayami and Yamada,1991),也推进了当时被日本占领的朝鲜和中国台湾的农业发展(虽然主要是为了日本本国的利益)(Ban,1979:92—93;亦见 Kang and Ramachandran,1999:尤见第792页,表6;Lee and Chen,1979:78;亦见 Ho,1968;Amsden,1979)。

固然,那基本是个依赖政府行政命令和手段的模式。但是其后,在二战之后,美国占领军司令部的农业相关部门,由于相当偶然地由一批认同罗斯福总统"新政"的进步官员们所领导,形成了要在日本建立独立的小农经济,基本消灭其前的地主经济的总体设想(尤见 Cohen,1987;黄宗智,2020a:282—283),立法将农村土地所有规模限定于每户45亩以下,并且,为了阻止城市资本侵占农地,立法禁止外来资本进入农村。同时,勒令地方政府部门将其所控制的资源转给农民自组的合作社来控制,由农民为其自身的利益而组织农产品的纵向一体化加工和销售,并在其上,由政府出资设立新式的农产品批发市场,使用公开透明的拍卖机制来给农产品定价。那些批发市场为农户们的合作社提供完整的现代化服务(储藏、冷冻设备,之后还包括电子化信息服务)。由此,日本农业形成了比较独特的应对市场的组织,为农民们(而不是中间商和大型批发公司)保留了其产品收益的大头。(黄宗智,2015;黄宗智,2018;黄宗智,2020a)

这个体系的起点是由基层政府来提供农业的现代投入,先是由于日本的殖民统治而被设置于韩国和中国台湾地区(虽然是为了日本自身的利益,而不是殖民地民众的利益)。其后,战后美国政府又偶然地由于在韩国和中国台湾地区的决定性影响,而将在占领日本时期形成的模式移植于该两地,形成了类似的以小农经济为主体的农业体系(同样废除地主经济,确立小自耕农经济),又建立了类似的基于村庄的合作社和规模化的现代型批发市场。

其结果是,在日本、韩国、中国台湾地区同样地保护了小农户的利益,避免了一般的城乡差别和农村的贫穷问题,促使三地的(衡量社会分配公平度的)基尼系数都达到醒目的水平,在全球处于相对公平的行列;同时,不仅在社会公平层面上,也在民众参与政治层面上,达到了一定程度的农民参政"民主化"效应。那正是设计日本农业改制的"进步"的美国占领军官员们所期望的效果。毋庸置疑,这个非常成功的农业现代化转型经验,是以上两个国家和中国台湾地区得能于20世纪70年代至90年代便进入发达国家和地区行列的重要原因,当然也是其社会相对公平的理由,更是其"非正规经济"在整体经济中占据较低比例的根本原因(下面还要讨论)。

固然,日本在经历了初期的农业发展"黄金时期"(1945—

1970)之后,伴随农业占国内生产总值比例的缩减(2013年仅为1.2%),小农人数逐步缩小,规模化生产逐步扩大,原先基于小农经济的合作模式逐步遭遇到一系列的挑战,逐步促使原先的合作社合并,已经逐步呈现与其原来的旨意不一致的动态,但其成功的历史成绩是毋庸置疑的。

对今天的中国来说,仅是农产品物流方面(从社区到合作社,再到国家设立的服务性批发市场运作的透明性和高水平服务),便足以使中国低效的供销社体系,或小商贩到政府部门的营利性、缺乏现代化服务的批发市场体系,相形见绌。源自集体化时期的供销社,远不如东亚模式中的真正扎根于农村社区的合作社。最严重的是,其如今的社会不公问题——根据不仅是国际组织也是中国自身统计部门提供的基尼系数,中国大陆的社会公平度排名远在日韩和中国台湾地区之下。这具体地说明了党中央所认定的"三农问题"的核心。总体来说,"东亚"的经验是一个可供中国大陆学习的经验。(黄宗智,2020a)

六、"内卷化""去内卷化"、小农经济与"非正规经济"

显然,农业经济之"内卷化"与否,以及其"去内卷化"过程是否伴随相当高度的社会不公,和当前全球经济中大规模兴起的非正规经济直接相关。这里,中国再一次是比较鲜明的例子。正是其长期以来的农村劳动力过剩及其报酬低廉,为工业化转型提供了大量的劳动力。农民工(即被国家划分为具有农民身份的城镇就业人员)的数量如今已经超过三亿,占到城镇将近四亿的就业人员总数的 75% 以上。(黄宗智,2020a;黄宗智,2020c)他们既为全球化企业投资中国提供了廉价的劳动力(当然也是其对全球资本具有强大吸引力的主要原因),也为中国的企业提供了廉价的劳动力。在全球化经济体系中,它已经成为一个基本组成部分。这一切都和前现代农业的高度"内卷化"直接相关。

而过去的农业"内卷化"所确定的劳动与现代投入双密集化的"小而精"的"去内卷化"现代转型模式,和西方的地多人少的"大而粗"的模式相比,其间的关键差别正在于劳动报酬的高低。中国的"去内卷化"固然在一定程度上,相对过去的"内卷化"农业,由于转入高附加值的,较多使用现代化肥—良种投入的"劳动与现代投入双密集化"的"隐性农业革命",农业劳动报酬有一定的提高;同时,由于计划生育的大规模推动和农民非农就业的大潮流,扩大了劳均用地(平均每个劳动力拥有耕地面积从六七亩增加到十亩),也帮助提高了小农和农民工的劳动报酬。但是,相比美国"大而粗"(平均2700亩的农场)的模式,即主要通过大型农业机械的使用来提高劳动生产率,其间的劳动报酬差异当然非常大。美国农场主雇佣的劳动力的报酬和生活水平之高,基本排除了其为全球化资本提供大量廉价劳动力的可能,在这点上当然与中国十分不同。

中国的非正规经济从业人员,相比正规经济的从业人员,基本没有旧劳动法律所保护的关于每周工作时间、超时须支付超额工资、为劳动者提供安全的工作条件等保障,也大多没有最基本的医疗保险和退休金。这些人员如今被纳入 2007 年的新《劳动合同法》,法律上属于"临时性、辅助性或者替代性"的"劳务关系"而不是正规的"劳动关系",是由中介公司而不是真的使用其劳动力的企业与其签订合同的——在法律上,后者对其仅是"用工单位"而不是"用人单位",不须对其负劳动保障和社会保障的责任。正是那样的新法律框架基本废除了旧劳动法对劳动者的保护和保障的规定,允许大规模的低成本劳动力使用,包括长期的全职工人(而不仅是临时性和非全职的人员)。而那样的用工条件,只要超过农民工在农村所可能挣的钱,便会有"半工半耕"农户的人员愿意干。(黄宗智,2020c;黄宗智,2017a;黄宗智,2017b)

由此,我们可以看到,小农经济理论所剖析的小农经济生产+消费合于一体,为我们指出了其为何会导致中国那样的极高度的"内卷化",包括后者在工业发展期间的"去内卷化"型式,并由农村过剩劳动力为工业发展提供廉价非正规劳动(以及凭借其劳动所得来支撑"劳动与现代投入双密集化"的"隐性农业革命")。这些变化和当前全球化经济中所兴起的巨型"非正规经济"都是直接相关的。正由于此,如今不仅在中国,更在一系列其他的小农经济型的发展中国家——亚非拉国家——中大规模兴起的"非正规经济"已经吸纳各地的一半到四分之三的城镇劳动力的都直接相关。(黄宗智,2009;黄宗智,2020c)

与此相比,成功地建设了类似于恰亚诺夫所提出的纵向一体化农业合作社的日本、韩国和中国台湾地区,却在20世纪后期便已成功进入发达经济体的行列,并展示了相当高的社会公平度。它们的非正规经济从业人员所占比例要远远低于中国大陆。这就再次说明,恰亚诺夫原先关于小农经济特别需要让小农们自身为其产品提供纵向一体化的加工和销售服务的建议是多么了不起的远见。他的提议虽然(除了在苏联强制进入集体化农业之前,曾经对苏联一半的农民起到可观的作用[Shanin, 2009])后来在苏联没有得到长期实施,却吊诡地在东亚的日韩和中国台湾地区的现代化过程中起到至为重要的作用。

七、中国的未来?

目前中国的非正规经济及其相关法律,显然乃是一种权宜措施,并因此未被纳入编纂新民法典的工程之中。中国的劳动法律在改革四十年间的总体趋势固然是"去正规化"——越来越以"非正规"的"劳务关系"和合同关系来取代之前的社会主义"劳动关系"和劳动法律。但是,国家宪法(和《中国共产党章程》)已经一再确定,中国的法律体系的主导和终极道德理念乃是"中国最广大人民的根本利益",不是短期的"让一部分人先富起来"。以劳务合同关系来取代之前的社会主义劳动法仅是响应国家经济发展和融入全球化的经济需要的暂时措施,不是政党国家的长远目标。我们应该可以期待,国家迟早会处理其所认定的"三农问题"的这个方面。(黄宗智,2020b;尤见第8章;亦见黄宗智,2020c)

我们可以据此来探寻中国的未来发展途径。与以上论析的东亚地区的"发展型政府"的资本主义经济体相比,中国如今虽然尚未达到"发达国家和地区"的水平,但无论在经济体制上还是在国力上,其潜能实际上都居于"东亚模式"的国家和地区之上。在经济体制和理论层面上,中国的自我定义乃是一个"社会主义市场经济",相比"东亚"的所谓"发展型"国家和地区政府而言(对日本的论析见 Johnson,1982,1999;对韩国的论析见 Amsden,1989;对中国台湾地区的论析见 Wade,1990),理论上要更加重视民众和社会公平;在运作实际上,由于在中国的"社会主义市场经济"体制下,约40%的国内非农生产总值仍然来自国有(或国有控股)企业,而且国家基本控制了全国的土地所有权,国家的权力和能力无疑要远大于基本是高度私有资本主义的东亚模式政府。譬如,国家有权动用国企的利润来服务于社会公平,有权为扩大国内市场而大力推动底层人民收入水平的提高,借此来维持可持续的发展——我们已经在中国的一个直辖市(重庆)看到如此的成功试点实验(黄宗智,2011);又譬如,过去地方政府大规模借助来自土地增值的收益(即土地财政)来支撑城市基础设施建设,未来应该可以借助同样的资源来支撑农村的公共服务,为的不仅是社会公平,而更是扩大国内市场和树立更可持续的经济发展。如此的措施也可见于另一个重要城市(成都)的实验。如今,我们已经能够看到这样的提议:将部分国有企业所有权适当划归各级人民代表大会,以保证其收益被用于民生和公共服务。(黄宗智,2019,2020c)

也许,中国的"内卷化"小农经济仍然有可能为恰亚诺夫的小农经济理论传统和其连带的纵向一体化合作社建议提供恰亚诺夫本人所没有想象到的淋漓尽致的证明和推进,中国的"社会主义市场经济"也有可能为之提供其所没有想到的在新自由主义(资本主义)和马克思主义(计划经济)以外的至为具体可行的,更为公平和更具有崇高道德理念的第三条道路的具体模式。正因为如此,我们要坚决承继并发扬恰亚诺夫小农经济理论所遗留下来的洞见,要坚决采用至为符合中国历史实际的小农的英语用词"peasant",

并采纳"新型小农经济"(new peasant economy)的中英文表述来提出对中国的乡村和农民的未来的设想。那应该会是"社会主义市场经济"大框架之下的新型小农经济、综合性农业合作社和新型农产品物流体系,会是恰亚诺夫为小农经济在高度商品化的经济大环境中所提出的基本设想的实施、完善和推进。也许,合作化的新小农经济+新型的农村社区,能够和"社会主义市场经济"结合成为一条迥异于现代西方的极其霸道的资本主义+帝国主义+全球化资本主义的历史演变道路,为全球发展中国家的小农户(和其在城镇的非正规经济就业人员)开辟一条新型的、有民众尊严的工农业现代化模式和道路。

参考文献:

博塞拉普,埃斯特(Ester Boserup,2015[1965]):《农业增长的条件:人口压力下农业演变的经济学》,北京:法律出版社。

黄宗智(2020a、b、c):《实践社会科学与中国研究》。第1卷《中国的新型小农经济:实践与理论》;第2卷《中国的新型正义体系:实践与理论》;第3卷《中国的新型非正规经济:实践与理论》,桂林:广西师范大学出版社。

黄宗智(2019a):《国家—市场—社会:中西国力现代化路径的不同》,载《探索与争鸣》第11期,第42—56页。

黄宗智(2019b):《探寻中国长远的发展道路:从承包与合同的区别谈起》,载《东南学术》第6期,第29—42页。

黄宗智(2018):《怎样推进中国农产品纵向一体化物流的发展?——美国、中国和"东亚模式"的比较》,载《开放时代》第1期,第151—165页。

黄宗智（2017）：《中国的劳务派遣：从诉讼档案出发的研究（之一）》，载《开放时代》第3期，第126—147页；《中国的劳务派遣：从诉讼档案出发的研究（之二）》，载《开放时代》第4期，第152—176页。

黄宗智（2016a）：《我们的问题意识：对美国的中国研究的反思》，载《开放时代》第1期，第155—183页。

黄宗智（2016b）：《中国的隐性农业革命（1980—2010）——一个历史和比较的视野》，载《开放时代》第2期，第11—35页。

黄宗智（2015）：《农业合作化路径选择的两大盲点：东亚农业合作化历史经验的启示》，载《开放时代》第5期，第18—35页。

黄宗智（2014a）：《明清以来的乡村社会经济变迁：历史、理论与现实》。第1卷《华北的小农经济与社会变迁》；第2卷《长江三角洲的小农家庭与乡村发展》；第3卷《超越左右：从实践历史探寻中国农村发展出路》，北京：法律出版社。

黄宗智（2014b）：《清代以来民事法律的表达与实践：历史、理论与现实》。第1卷《清代的法律、社会与文化：民法的表达与实践》；第2卷《法典、习俗与司法实践：清代与民国的比较》；第3卷《过去和现在：中国民事法律实践的探索》，北京：法律出版社。

黄宗智、龚为纲、高原（2014）：《"项目制"的运作机制和效果是"合理化"吗?》，载《开放时代》第5期，第143—159页。

黄宗智（2014c）：《"家庭农场"是中国农业的发展出路吗?》，载《开放时代》第2期，第176—194页。

黄宗智、高原（2014）：《大豆生产和进口的经济逻辑》，载《开放时代》第1期，第176—188页。

黄宗智、高原、彭玉生（2012）：《没有无产化的资本化：中国的农业发展》，载《开放时代》第3期，第10—30页。

黄宗智(2011):《重庆:"第三只手"推动的公平发展?》,载《开放时代》第 9 期,第 6—32 页。

黄宗智(2010a):《中国的隐性农业革命》,北京:法律出版社。

黄宗智(2010b):《中国发展经验的理论与实用含义——非正规经济实践》,载《开放时代》第 10 期,第 134—158 页。

黄宗智(2009):《中国被忽视的非正规经济:现实与理论》,载《开放时代》第 2 期,第 51—73 页。

黄宗智、彭玉生(2007):《三大历史性变迁的交汇与中国小规模农业的前景》,载《中国社会科学》第 4 期,第 74—88 页。

黄宗智(2002):《发展还是内卷？十八世纪英国与中国——评彭慕兰〈大分岔:欧洲、中国及现代世界经济的发展〉》,载《历史研究》第 4 期,第 149—176 页。

裴小林(2008):《论土地生产率极限法则:一个改进的马尔萨斯理论和不同发展阶段的反向逻辑》,载《中国乡村研究》第 6 辑,福州:福建教育出版社,第 221—266 页。

裴小林(待刊):《用一个动态产权理论检验英格兰和中国的农业和工业革命》,载 Rural China 和《中国乡村研究》。

Allen, Robert, Jean-Pascal Bassino, Debin Ma, Christine Moll-Murata and Jan-Luiten van Zanden (2011). "Wages, Prices, and Living Standards in China, 1738—1925: in Comparison with Europe, Japan, and India," *Economic History Review*, 34 S1, pp. 8—38.

Amsden, Alice H. (1989). *Asia's Next Giant: South Korea and Late Industrialization.* New York and Oxford: Oxford University Press.

Amsden, Alice H. (1979). "Taiwan's Economic History: A Case of Etatisme and a Challenge to Dependency Theory," *Modern China*, Vol. 5, No.

3(July),pp. 341—379.

Buck, John Lossing (1937a). *Land Utilization in China*. Shanghai: University of Nanking.

Buck, John Lossing (1937b). *Land Utilization in China: Statistics*. Shanghai: University of Nanking.

Chayanov, A. V. (1986 [1925]). *The Theory of Peasant Economy*. Madison: University of Wisconsin Press.

Cohen, Theodore (1987).*Remaking Japan: The American Occupation as New Deal*.New York: Free Press.

Geertz, Clifford(1963).*Agricultural Involution: The Process of Ecological Change in Indonesia*.Berkeley: University of California Press.

Hayami Yujiro, Vernon W. Ruttan and Herman M. Southworth(1979). *Agricultural Growth in Japan, Taiwan, Korea, and the Philippines*. Honolulu: University of Hawaii Press.

Hayami Yujiro and Saburo Yamada(1991).*The Agricultural Development of Japan: A Century's Perspective*.Tokyo: University of Tokyo Press.

Ho, Ping-ti(1959).*Studies in the Population of China*.Cambridge, Mass. : Harvard University Press.

Ho, Samuel(1968)."Agricultural Transformation under Colonialism: The Case of Taiwan," *Journal of Economic History*, Vol. 28 (September), pp. 311—340.

Johnson, Chalmers(1982).*MITI and the Japanese Miracle: The Growth of Industrial Policy, 1925—1975*.Stanford, Calif. : Stanford University Press.

Johnson, Chalmers (1999) " The Developmental State: Odyssey of a Concept," in Meredith Woo-Cumings(ed.) , *The Developmental State*.Ithaca

N. Y. Cornell University Press, pp. 32—60.

Kang, Kenneth and Vijaya Ramachandran (1999). "Economic Transformation in Korea: Rapid Growth without an Agricultural Revolution?" *Economic Development and Cultural Change*, Vol. 47, No. 4 (July), pp. 783—801.

Lee, Teng-hui and Yueh-eh Chen (1979). "Agricultural Growth in Taiwan, 1911—1972," in Hayami, Ruttan, and Southworth (eds.), *Agricultural Growth in Japan, Taiwan, Korea, and the Philippines*. Honolulu: University of Hawaii Press, pp. 59—89.

Lenin, V. I. (1956 [1907]). *The Development of Capitalism in Russia*. Moscow: Foreign Languages Press.

Maddison, Angus (2007). *Chinese Economic Performance in the Long Run, 960—2030 A. D.* Organization for Economic Cooperation and Development (OECD).

Maddison, Angus (2001). *The World Economy: a Millenial Perspective*. Organization for Economic Coooperation and Development (OECD).

Perkins, Dwight (1969). *Agricultural Development in China, 1368—1968*. Chicago: Aldine.

Shanin, Teodor (2009) "Chayanov's Treble Death and Tenuous Resurrection: an Essay about Understanding, about Roots of Plausibility and about Rural Russia," *Journal of Peasant Studies*, 36: 1, pp. 83—101. https://doi.org/10.1080/03066150902820420.

Smith, Adam (1976 [1776]). *An Inquiry into the Nature and Causes of the Wealth of Nations*. Chicago: University of Chicago Press.

USDA (United States Department of Agriculture), Economic Research:

Service.2013."Farm Size and the Organization of U. S. Crop Farming," ERR-152.http://www.ers.usda.gov/publications/err-economic-research-report/err152.aspx#.Uo0gt8SfivY.

Vries, Peer (2015). *State, Economy, and the Great Divergence: Great Britain and China, 1680s to 1950s* .New York: Bloomsbury Publishing PLC.

Wade, Robert (1990). *Governing the Market: Economic Theory and the Role of Government in East Asian Industrialization*. Princeton: Princeton University Press.

Wrigley, E. Anthony (1988).*Continuity, Chance and Change: The Character of the Industrial Revolution in England*.Cambridge, England: Cambridge University Press.

附 录

从二元对立到二元合一：建立新型的实践政治经济学

本文提倡建立一个基于中国实践的新政治经济学。以此为主题的文章不可能是一篇研究性论文，必然主要是一篇思考性论文，并且不仅是回顾性也是前瞻性的论文。它主要是笔者基于六十年来的学术研究所得出的一些思考的系统总结和综合。它以从实践出发的思维方式的论析开始，进入中国如今结合社会主义与市场经济，以及国有企业与民营企业，还结合小农经济与现代经济，以及独特的政党国家与经济体系等比较罕见的实际。作为陪衬和对手，本文针对的是长期以来占据霸权地位的，突出演绎逻辑、市场主义与科学主义的英美古典和新古典自由主义经济学和法学，以及伴之而来的意识形态和世界观。本文提议借助中国传统的，以及今天在实践中仍然展示的二元合一思维，来建立具有超越性的结合中西的新宇宙观。在一定程度上，本文也是对经典马克思主义政治经济学的重释。笔者指出中国实践历史和改革经验之与它们的一系列不同,借此来指向一个符合中国实际的、综合的、具有超越性的新型实践政治经济学。笔者要倡导的总体方向可以称作一个正在形成中的(民众)参与式的社会主义市场经济(区别于官僚主义管控型的社会主义计划经济)。这尚待中国在较长期的实践摸索过程中来建构和澄清。

一、思维方式

思维方式也许是所有理论的最基本元素,而正是在这个层面上,中国在实践中展示了与西方显著的不同。

(一)二元对立与二元合一

古典自由主义政治经济学将政府和经济建构成一个二元对立体(duality, dualistic, dualism),要求将经济设定为一个独立于国家的体系,尽可能将国家的"干预"最小化。它将"无为""放任"(laissez faire)的国家设定为前提理念,要求让经济体系充分发挥其由"理性"个人意志和市场经济竞争机制来运作并决定价格的优势,借此来达到最佳的资源配置,并推动无限的经济发展。

经典马克思主义则将国家设定为"上层建筑",仅是为"下层建筑"——生产方式/生产关系服务的组织和意识形态。资本主义生产方式中的国家不过是代表资产阶级利益的上层建筑,只可能是一个维护其统治阶级利益的体系,与无产阶级是对立的,谈不上是什么独立于生产关系的国家体系。如今领导中国的中国共产党,经过四十多年的改革之后,早已不简单是马克思主义意义中的单一阶级(无产阶级或劳动者)的组织——它实际上已经成为一个包含诸多阶层的组织,人数(9000多万人)超过一个中等国家的总人口(如越南和德国),包括工人和农民、知识分子、企事业单位工作人员、社会组织专业技术人员和管理人员、党政机关工作人员、学生、少数民族等,乃至于代表全体人民。(中共中央组织部,2021)作为一个"政党",共产党不同于自由主义民主代表制中那样的仅代表一种利益或群体的政党,而是一个总揽政治体系权力的(我们可以称作)"超级政党"。① 由其领导的"政党国家"当然也不是一个自由主义型的"无为"国家。我们需要破除上述两种前提设定,才能认识和适当思考当今在实践和变动之中的中国的新型政党国家和政经体系:它是一个国家与经济二元合一的结合体(dyad,dyadic)②,两者之间的互动、相补、协同、合一远远超过相互对立和非此即彼。

(二)无机世界观与有机世界观

现代科学的主流世界观主要来自物理学和数学。它基本扎根于牛顿力学,主要是关于"力"在无机的物/机械的运动中的定律。

---

① 这是汪晖的用词(汪晖,2014)。
② "dyad""dyadic"两词主要来自社会学的教科书,主要指夫妻俩,或类似的关系,作为最小的"社会"单位,长期互动结合,可以算是比较接近中文"阴阳"一词的含义,但并不带有那样的整体性世界和宇宙观,而且,"dyad"一词相对比较罕见,与"dualism"(二元对立)的普遍使用形成鲜明的对照。

在数学方面,则特别认可古希腊的欧几里得几何学。关于后者,笔者和高原(理论物理学博士)在《社会科学和法学应该模仿自然科学吗?》一文中曾对其做了以下说明:

> 演绎逻辑的典范是欧几里得几何学。在其几何学体系中,首先给出的是一组最基本的"定义"(definitions)。这些定义界定了点、直线、平面等等这些几何学将要处理的最基本的对象。紧接着这组定义的,是五个"公设"(postulates,第一公设是"从任意一点出发可向任意一点做一条直线")和五个"一般观念"(common notions,第一个一般观念是"和同一事物相等的事物,它们彼此亦相等")。"公设"和"一般观念"一起,形成作为推理前提的"不证自明"的"公理"。此后任何一个涉及具体几何问题的命题,都可以通过对概念、公理和其他(由概念和公理推导出的)已知命题的组合运用,推导而出。(林德伯格[Lindberg],1992:87—88——原注)譬如著名的毕达哥拉斯定理(勾股定理):"直角三角形斜边的平方和等于两直角边的平方和"便可由基本的公理推导而出。这是一个在设定的前提条件下的数学—逻辑世界中适用的方法,一定程度上适用于物质世界,但用于人间世界,只可能是脱离实际的建构。(黄宗智、高原,2015:164)

英美的古典和新古典自由主义经济学便试图像欧几里得几何学那样,将数学中的演绎逻辑用于经济:它从设定个人的绝对理性的"公理"/"定义"出发,进而凭演绎逻辑建构一个完全理性的经济和市场体系,即基于其所设定的理性个人的抉择所导致的纯竞争性市场经济体,争论其必定会导致供需均衡、资源的最佳配置和持续的经济发展。

其后,在均衡理论受到大萧条和滞涨危机的挑战之后,自由主义经济学进而试图将理论重点从宏观经济学转入微观经济学,仍然借助数学模式来再次构建科学化、绝对化的理论。但实际上,新自由主义经济学已经从宏观的"大理论"退回到微观的"小理论",一些新的能够较为准确地预测经验事实的规律其实仅适用于目前被称为"市场设计"的较狭窄的范围(譬如,解决拍卖市场组织、住院医与医院匹配、器官移植匹配等问题)。(高原,2022a)虽然如此,古典和新古典经济学,作为先是占据全球海上霸权的大英帝国的,后是拥有军力和金融霸权的美国的统治意识形态,迄今仍然深深主宰着一般的教科书经济学,更毋庸说人们常用的科学话语和经济话语。

至于中国,首先是其实际情况与理论传统都和那样的演绎逻辑化建构很不一样。中国历史悠久的文化和世界观是一个主要基于人与生物的有机的世界观,比较接近现代"生命科学"(life sciences)而非"物理科学"(physical sciences)。其基本认识源自人类社会与农业的有机世界。中国传统的"天理"世界观主要是一个基于有机体的二元或多元互动整合性世界观,也是基于人和人际关系的道德世界观,与现代西方比较单维化的无机世界的思维方式很不一样。其中,互动结合多于对立推拉。对待人间世界,不仅看到人"理性"的一面,更将无法被形式化与公理化的道德和感情的方面纳入其中。

西方从其演绎逻辑的传统到今天的物理无机世界观,则惯用二元对立的思维,非此即彼。譬如,将人设定为单维的"理性人"(作为"定义"或"公理")便是一个很好的例证;将人化约为单一面的"经济人"或"阶级人"也是;将国家和经济设定为二元对立体,要求经济独立于国家当然也是。

那样的思路不能接纳超越简单的理性"公理"与形式化建构而纳入非理性的感情和道德思想。中国的思路的根基则在道德理念,特别体现于儒家的"仁者""君子""明明德""中庸",以及"修身、齐家、治国、平天下"等治理理念。①

中国这种道德化和有机的二元和多元整合的世界观在一定程度上持续至今。许多中国人仍然不习惯将人间世界单一面化,无机化,更不习惯过分极端的物理化和数学化设定,过去如此,今天,尤其是在实践中,在一定程度上仍然如此。其根深蒂固的思维方式,不是二元对立而是二元互动合一,不是无机的推拉世界而更是有机的生物(包括人)并存互动的世界,不简单是演绎的世界观,不会简单将"理性"虚构或形式化为公理或定义,而更倾向于道德理念和实用考量的结合。

后者即笔者详细论证的中国传统法律思想所展示的"实用道德主义"。如今的法律固然纳入、模仿了西方的形式化、演绎逻辑化法理思路,但也保留了传统的在二元之中探寻调解、调和的思路。两者合一,共同组成今天中国的正义体系。(黄宗智,2014a)

---

① 其后,在宋明理学中,一定程度上将"物"从"理"的道德准则区别开来,将原来的"天理"改组为新的"公理"建构(汪晖,2004),一定程度上已经在有机的世界观中纳入了包括无机的"物"的世界观。虽然,这仍然和高度道德化的"理"紧密相连。

从现代的不同科学领域的视角来考虑，中国的基本思维方式，显然与西方现代科学最常用的两大方式——演绎和归纳——都有一定的不同。上面讨论了其对以演绎逻辑为主导的单一化思维的基本拒绝。至于归纳，作为现代科学思维，则主要扎根于实验室的实验，实际上不是人间世界一般所能做到的，也没有在中国的道德化和实用化世界观和思维中占据主导地位。

也许最贴近中国如今的现代世界观和科学思想的，乃是生命科学，特别是医学界所广泛采用的"合理推测"。笔者和高原在之前合写的一篇文章中，是这样来总结演绎、归纳以及合理推测这三种思维方法的：

> 美国实用主义创始人皮尔士（Charles Sanders Peirce, 1839—1914）指出，人们十分惯常使用的推理其实既不是演绎也不是归纳，而是一种凭借经验证据推导出来的合理猜测。譬如，如果我们知道，这些球都是同一壶里的球，也知道此壶里的球都是红色的，那么，如果从壶里拿出一个球来，它必定是红色的。这是演绎推理，在设定的条件下，是无可置疑的。但如果我们并不知道壶里所有的球都是红色的，而是经过从壶里拿（抽样）出好几个球，看到它们都是红色的，由此推测壶里的球多半全是红色的。这是归纳，有一定程度（概率）的可信性，并且可以经过反复实验而证实。但是，如果我们看到一个红色的球，并知道旁边壶里的球全是红色的，凭此猜测，这个球多半是从该壶里拿出来的，那样的推测，既不同于演绎也不同于归纳，仅是一种合理猜测。这是一个不可确定的猜测，

因为这个红球很可能另有来源。在自然科学领域,这样的因果猜测等于是个初步的假设,可以通过演绎推理来设定相关假设而后通过实验来验证。皮尔斯把这种理性猜测称作"abduction",即尚待精确化、确定的合理猜测,而不是相对较可确定的归纳(induction),更不是可以完全确定的演绎(deduction)。皮尔士指出,这样的猜测其实是人们在日常生活中常用的理性推理,也是医学诊断中的一个常用方法,其实是自然科学设置初步"假设"的常用方法。他争论,这样的合理猜测乃是演绎和归纳之外的第三科学方法……(黄宗智、高原,2015:168)

上述引文中的"合理推测"也许还可以用"推断"来更精准简练地表达。它和演绎的不同是没有前提设定,因此不可能像演绎那样(根据自我制定的定义而成为)绝对真实。同时,也不可能像归纳那样,在实验室重复试验,达到完全肯定。它的进路是从实际出发来推测断定可能的真实。那样的思维其实正是最适合探究人类社会实态的进路。它不允许从前提定义的设定而达到不可怀疑的绝对真实,也不可能通过一再的实验来达到几乎无疑的确定,但在面对有限经验证据的实际中,能够经过严谨的探索而达到较高概率的准确性和真实性。这正是如今的医学界诊断病人疾病和病源并进行治疗所采用的进路和方法。其对错则呈现于治疗之有效或无效。

在我看来,正是这样的科学方法相对更适用于社会科学,包括这里提倡要建立的新政治经济学,而不是经过某种"普适"前提设定而演绎出的"普适真理",也不是通过在人类社会不可能做到的反复试验归纳出的比较绝对的"真实"。

它是一个能够与人类的道德理念相结合的思维方式——医学到底是遵从治病救人道德理念的科学(体现于医生们的"希波克拉底誓言"),与中国的"最大多数人民的根本利益"治理道德理念带有一定的亲和性。它也能够容纳中国的二元互动结合的有机世界观——其主要对象是有机的人和生物。笔者认为,这样的世界观,虽然由于欧几里得几何学和牛顿物理学的威力极其强大的演绎—归纳思维和意识形态的传统,一直未被西方世界采纳为主流、首要的科学世界观,因此也未被试图模仿自然科学的社会科学广泛采纳,但其实是更符合人类社会实际的研究进路。摆开脱离实际的,过分科学主义的演绎和归纳,社会科学才能凭借推断的思维来达到最符合实际的概括和理论。

更有进者,我们如果能够在谨慎扎实的推断之后,再类似医学那样,从排除、推断进入"确诊",再通过实际治疗(实践)而确认有效,便能据此积累精准可靠的认识、结论和概括。中国的新型政治经济学可以有意地模仿医学科学的认识模式,而不是一味地依赖脱离实践的演绎而作茧自缚,或像归纳那样追求在人类社会中实际上不可完全复制的"实验"——结果其实多是脱离实际的虚构。

今天回顾,我们也许可以说,西方文化在进入启蒙时代之后的科学时代/理性时代之后,相当广泛地将之前源自对一个全知、全善、全真、全权上帝的信仰转向了对绝对化的"科学"和"理性"的信仰,并因此而从诸多不同的自然科学中特别突出了具有最绝对无疑的"真实"的牛顿物理学和数学,而将相对不那么绝对的生物学、医学等其他生命科学领域置于次级的地位。然而,对认识和理解人间世界来说,更贴近我们社会科学实际需要的不是将真实的人间世界虚构为被演绎化的单一面的那种绝对"真实",或将人间世界的研究虚设为可以达到像实验室那样在完全设定的条件下依据归纳而得出的绝对真实。更接近我们关于人类社会和经济的社会科学实际需要的是像医学诊断中那样经过推断(排除、推断、确诊)后,再进一步求证于实践(治疗)的进路。

有的读者也许会认为,牛顿物理学和数学之所以在人们心目中占到自然科学的中心和领导地位,是与它们在工业革命中所起到的巨大作用直接相关的。那样的思路当然有一定的道理,但是我们也要承认,医学的发达导致人们平均预期寿命不止成倍地增长,也绝对不可轻视,何况在研究生命(科学)而不是无机物体中,它乃是最适合其研究对象主体的进路和方法。这是因为,牛顿物理学与数学的结合所形成的物理科学与工程学能够或者容易处理的,是自然界中结构化程度高,能够被精准数学化预测的那一部分经验事实,而自然界中同样存在大量难以被结构化,从而无法被形式主义科学把握的经验存在。与生命相关的自然对象,正是属于这一范畴。人类社会和经济当然更是如此。

在无机世界中,(死的)物体不会对外来的推拉做出有机世界中的生物与人那样的各种各样不同的反应。生物与人之间的关系不会是单一面的推拉和某种固定的因果,而是带有生物的某种"主体性"的反应,从而形成某种互动关系。简单将那样活的"关系"设定为单一面的"死的"无机推拉,其实是片面的,甚至是无稽的。

最后,我们还需要简单考虑经典马克思主义的辩证唯物论。

后者的出发点其实和自由主义与演绎逻辑一样是二元对立的(譬如,资本主义生产方式中的资本家与劳动者的二元对立的生产关系和阶级矛盾)。虽然,经典马克思主义还带有超越二元对立而进入跳跃性的质变的思路——通过社会主义革命而进入高一层次的、没有阶级矛盾的社会主义生产方式。我们固然可以将那样的思路视作一种综合对立二元的思路,但实际上,它并不真像有机世界中的二元(和多元)互动结合的常态,而是一种不同的质变性、跳跃性的综合。

经典马克思主义的辩证唯物论思维其实一直没有在中国真正完全扎根,即便在革命时期也没有,更毋庸说在改革时期了。在这方面,中国共产党更倾向于将二元视作不仅是对立体,而更是互动结合体。在经典马克思主义的"对抗性矛盾"之上,毛泽东便添加了"非对抗性矛盾"的"人民内部矛盾"的建构。而且,面对被苏联形式化了的马克思主义理论,毛泽东一再强调理论必须结合实践,即"从实践中来,到实践中去",认为这样才能使经典马克思主义适用于中国,拒绝简单地接纳任何理论为给定不变的绝对真理和普适模式。在中国改革时期,面对之前的一些过分主观化、演绎化的倾向,从实践出发的思维更完全地成为主导性思维——被表达为"实践是检验真理的唯一标准"。我们可以将那样的认识视作中国的思维方式对马克思主义思维方式的重释,也可以将其视作后来对其更宽广的重释的先声。

返回到经济学,中国近年来从西方引进的由演绎逻辑主导的自由主义经济学(也有试图以归纳为主导的经济学,尤其是量化研究),大多将其设定为先进和典范,试图全盘移植其理论、逻辑和方法。在以西方为先进和"与国际接轨"的国家主导思路和政策下,在学术、学科、学刊等层面上,相对现代西方来说,中国无疑是模仿和"与国际接轨"多于创新。但在国家真正的实践中,显然并不简单如此。

(三)从机械的二元对立和人类与生物的二元合一到综合两者的未来

为了进一步阐明二元对立和二元互动合一思维的不同,我们可以以中西学术关于"关系"的运作研究为例。今天的中西方学术界较多关注"关系"在中国社会中所起的作用。在西方学术界,主要将其理解为一种或推或拉的"关系"。譬如,不少学术研究考虑到在中国政商关系中,企业多有与政府官员"拉关系"的做法,突出那样的关系在其实际运作中所起的作用。

但是,一如周黎安(2021)关于中国政商关系的新作论证,首先,在实际运作中,"关系"绝对不仅是一个单向的,在某单一时刻中的"关系",而更多是一个双向的,带有历时变迁的关系,需要从二元互动的角度来认识和理解,而不是像许多学者那样将其简单化为一个单向的关系。

更有进者,政商关系绝不简单限于非正规的人格化关系,更有其制度化正规的一面。譬如,地方政府与属地企业间一般还签有正规的合同,带有制度和成文法律的约束。而且,政企间的关系还连带着正式化的官僚体系中的为经济发展而制定的官员们的"锦标赛"式的,分别为自己仕途而竞争的一个正式制度。它是与关系体系共同运作的。而且,政商间的关系不会仅集中于单一时刻,而是一个跨越时间的过程,譬如,某一企业也许一开始会得到地方政府(为了发展地方经济)特别的青睐,但是,进入制度化了的官僚体系为发展经济而进行的"锦标赛"之后,可能会被另一新兴的企业(对政府制定的国内生产总值增长指标具有更重要贡献的企业)所取代。周黎安将这样的实际运作等同于笔者所论析的政府与民间双向互动的"第三领域"中间地带,两者互动合一而不是非此即彼。周黎安将其表达为一种"混搭"式的多维和跨越时间的过程性关联,区别于简单单一面的推拉和仅限于某一时刻中的"关系"。

周黎安文章所没有讨论的是,我们还可以将今天的实际运作层面上的政商关系,更具体化为国企和民企间的相互作用,两者间的关系绝不简单是非此即彼、或分别或对立的,而更多是相互依赖和互动的。譬如,笔者详细论证的地方政府基础设施公共服务部门的国有企业与民营企业之间,特别鲜明的是在房地产业建设用地开发的过程中,国有企业基础设施的建设,以及民营企业楼房建设间的合作、互动,乃至于分享收益。(详细讨论见黄宗智,2021a)

在更宽广和理论化的层面上,对国家与社会或经济、政府与社会或经济,西方习惯的主流基本思维同样是二元或对立的,一如自由主义和新自由主义经济学所建构的那样。它要求的是,国家角色的最小化和自由竞争的最大化,明显将国家与经济两者建构为对立体。而中国的实际,包括其深层的认识,则一向都是二元并存互动乃至于合一的。传统中国的世界观毋庸说明显如此。在今天官方正式认可的话语中,即便表面上常常似乎完全采纳了西式的二元对立表述和逻辑,但在实际运作(实践)层面上,所展示的仍然基本是阴阳二元共存和互动互补,而非对立和截然分开的二元对立,譬如,政与法、党与政、社会主义和市场经济等的二元双向结合互动。

此间的微妙差异,实际上乃是基本思维方式的不同。中国在深层的思维方式和实践中,在很大程度上仍然展示了传统的,基于有机和自然世界的二元互动合一的思维方式和世界观。西方的主流形式主义经济学和法学思维,坚决将人设定为单一面化的"理性"经济人,排除非理性感情,将经济设定为单一面化的理性经济人所主导的体系,便是实例。而中国的基本思维则仍然是将这一切视作有机的、多维和多元的,乃至于多元合一的有机体,并且是个历时的演变过程,而不是单一时刻的机械世界的推拉。

(四) 从落后的自然世界观到先进的二元或多元互动合一的宇宙观

固然,我们也要认识到,中国之对单一面化的机械世界观的拒绝,颇有可能乃是中国文化久久没有能够发展出像西方那样的牛顿物理学似的机械化科学革命的部分原因,亦即所谓的"李约瑟问题"——中国,虽然在17世纪之前,在科技方面领先于西方,但为何没有能够像西方那样在17世纪便较早进入现代科学革命?——的可能解释之一。(Lee,2017,尤见第337—339页)

相比中国的传统科学,牛顿力学的特殊和关键的突破是其结合了关于地球引力的归纳与通过演绎将"力"精准数学化,使其广泛适用于机械的制造,借此打通了数学化和机械化(Mahoney,

1998),而中国长期以来的宇宙观一直缺乏类似的数学化和机械化演绎。

但是,在之后的物理科学实际发展过程中,中国的世界观所起的作用与之前很不一样。中国的传统宇宙观更容易掌握之后的科学发展,特别是19—20世纪的后牛顿时代的一系列科学进展,包括电磁学、量子物理学和相对论等。

我们可以先从医学来进入这个讨论。中国固然十分需要并且已经向西方大规模学习其非常精准的现代医学,但那样的发展在很大程度上是基于将人的身体视作一个无机机械体的主导思想而来的,因而发明了众多非常先进的测验器,以及对人体的各个局部进行像对机械那样的修补,甚至截切而代之以人工仪器的医治方法。西医学在那些方面无疑乃是极其先进的,也是中国一直在积极学习的。(Porter,2006:80—83)

固然,西方的现代医学绝对不是简单地源于牛顿力学的世界观,而是受到从实际出发的人体解剖学、临床观察、病理学和生理学,以及有机和生物化学、细菌研究和免疫学等的影响。不然,它不可能达到今天相对其他传统(如印度和中国)医学近乎压倒性的优势。(Porter,2006:80—83)

虽然如此,但中国并没有放弃其传统医学。后者的优点是比现代医学更倾向于将人体视作一个充满二元互动、相互作用的有机整体(holistic);而且,在当代更有意和明智地采纳了将传统中医学和现代西医学结合为"两条腿走路"的医学制度框架。如今,中国的医疗体系乃是一个能够克服西医学的缺陷(相对缺乏整体观,缺乏人与宇宙间的有机关联视野的潜力)并超越西医学的医学进路。

即便在西方尖端的医学发展方面,二元互动的视野实际上也已经呈现巨大的潜力——以人们最近普遍的经验为例,在人类应付新型冠状病毒感染疫情的过程中,便可以看到借助激发人体内在防疫能力来防御疫病的进路,反映了一种超越牛顿力学机械观的思路。目前西方整体的医学健康体系对局部性治病的关注远多于对整体性人体健康的关注,惯常借助像对待机器那样的切除、修补、消灭或替代的方法,远多于预防,并因此衍生出一个越来越昂贵的高度机械化医疗体系。未来,中国的结合传统医学和引进西方医学的"两条腿走路"的模式,其实具有建立一个潜力更强大的综合性新型医学模式的可能。

目前,中国虽然仍然处于偏重西医学多于中医学的状态,在一定程度上还没有充分展现中医学的潜力,但在其已经确立的"两条腿走路"的总体框架中,已经显示了未来可能更加兼顾两者互动合一的长远发展道路。譬如,我们已经能够看到,相当广泛地使用针灸来替代西式的麻醉药,既廉价也高效和低风险。我们也可以看到借助平衡身体整体来根治疾病,而非修补、更替身体部分,同样具有纠正西医学的偏颇的宽广发展空间。譬如,在前沿的淋巴癌医治中,可以将病人自己的T细胞"改编"后注入病人身体,借助病人身体内生的免疫能力来消灭其淋巴癌,即嵌合抗原受体T细胞免疫疗法(CAR T-cell therapy)。("CAR T Therapy",n.d.)当然,中(草)药,近几年来在国家积极扶持下,也已经展示了巨大的发展空间。(中华人民共和国国务院新闻办公室,2016)

更有进者,即便是在物理学领域本身,电磁学(电波及磁力间的二元互动)及量子物理学的兴起,实际上也已经远远超越了牛顿的推拉机械观。虽然,现今人们由于在日常生活中都只能直接感觉、认识到机械——如汽车和各种各样的家电,如洗衣机、洗碗机、冷暖气、吸尘器等——所起的作用,而看不到,感觉不到更微妙的电磁力/学(electromagnetism)和量子物理学所起的作用,仍然强烈倾向于完全接纳古典的牛顿机械世界观。电磁学和量子物理学,更不用说爱因斯坦的相对论,实际上还没有真正重构人们的科学观和宇宙观,也没有重构形式主义的经济学和法学,及其对演绎逻辑的使用。譬如,一般人们对电磁力和电磁学所包含的二元互动合一而非推拉动力的实际,都视而不见。这是因为我们在日常生活中,很自然地接纳牛顿的推拉机械观。至于电磁学所包含的电波和磁力之间的阴阳似的相互作用,以及电子本身便带有的阳阴(正负极)之分,则更难理解和掌握。即便人们大多看见过或听见过并感觉过,由两者互动而产生的电闪与雷鸣,但不会因此联想到(阳性的)动态电波和分子,及其与(阴性的)静态和磁力之间所产生的相互作用,当然更谈不上用电波物理学或分子物理学——更不用说相对论,来替代基于自己的日常生活中显而易见的一推一拉的机械关系所形成的认识。一组中国电子工程学的教授们的教学经验说明,借助阴阳观能够显著提高(中国)学生们对电磁学理论的理解。(Zhang, Qu, and Wang,待刊)

生命科学和医学,正如前文所述,由于所处理的对象乃是有机世界而非无机世界,相对更加能够包容中国的深层的阴阳太极宇宙观。其实,那样的宇宙观,若能更进一步结合前沿的物理学中的重大突破,其潜力应该是巨大的。它指向的是一个更整体化,全面化,更多纳入(二元乃至多元的)互动合一的宇宙观,而非简单的非此即彼二元对立的机械观。也就是说,未来的走向不会是简单的中西二元对立,而会是具有超越性的二元结合。

二、中国发展经验中的二元结合

(一)理论与实践

在实践层面上,改革时期的中国实际上绝对没有简单地模仿西方。中国没有像俄罗斯和东欧那样简单地拒绝马克思主义和社会主义革命的传统,也没有简单地采纳"休克疗法"的市场主义和资本主义模式,而是坚持既保留又改革之前的经典马克思主义和计划经济。赵刘洋对此进行了较好的总结讨论。(Zhao,2022)

这部分是由于中国长期以来,一直都惯常地区别理念和实施、理论和实践。不仅经济思想如此,法律也如此,其所反映的是一种与现代西方基本不同的思维方式。总体来说,当代中国的法律哪怕在理论和话语层面上,有时候似乎完全接纳了西方的权利法理和话语,以及演绎逻辑,但在实施层面上,仍然多会根据实际情况和问题做出必要的选择性修改。这部分是由于长期以来的(可以称作)"实用主义"的思维,特别清晰地体现于传统中国的最成熟的清代法律对"律"与"例"的区别:律代表的是一种理想状态——譬如,父母在不可分家。但实际上,那样的律条很可能会脱离现实,因为已婚兄弟妯娌间难免会闹矛盾,因此,例条适应实际地提出,如果父母允许,便可以分家。而中国的基本法理,并没有像西方那样坚持实践必须与法律条文完全吻合,而是一种实用道德主义的二元并存结合的思路,允许理念在实践(实际运作)中重释,乃至于相悖,由两者结合成为单一正义体系。这就是笔者在对中国法史的研究中提出的"实用道德主义"概括的基本含义。(黄宗智,2014a,第1卷)西方的思维方式则将"实用主义"和"道德主义"两者都对立于形式逻辑,不像中国这样将其视作一个多元互动合一体。

在中国当今的正义体系中,还根据同样的思路制定了一系列具有中国特色的、扎根于实际运作而不是西方话语和逻辑的法律。笔者已经长篇论证,其实例包括婚姻法,譬如,建立比较独特的以夫妻感情是否"确已破裂"作为判断对单一方的离婚主张支持与否的准则,而不是西方高度逻辑化的,原先是必分对错,后来在20世纪60年代到80年代间,由于过分昂贵和不断的关于离婚的法庭争执,改为完全不再考虑对错(nofault)的进路。在侵权法领域,先模仿西方而设定有过错才谈得上赔偿的基本原理,但继而似乎违反逻辑地设定即便没有过错,也有社会责任。再则是在继承法领域,先设定男女平等,但又进而设定,鉴于赡养父母的实用考虑,财产继承方面可以有分别。这些仅是几个对引进的西方形式化法理的实用性修正和重释的实例。(黄宗智,2014a,第3卷)

更重要的是,中国传统的独特调解体系至今仍然在中国的正义体系中占据至为重要的地位,并将长期如此。以2005年到2009年为例,在全国每年2500万起有记录的纠纷之中,有足足43%是经民间(村或城镇居民调解委员会)调解、行政调解,或法院调解结案的(黄宗智,2016b:11,表1),和西方的仅有几个百分点十分不同。这样经妥协来处理纠纷当然也和中国的二元合一(及中庸)的基本思维直接相关,十分不同于二元对立、必分对错的思维方式。

(二)国家和经济、国有企业和民营企业的并存互动

自由主义经济学一贯将经济体系与国家视作对立的二元,要求将国家的角色尽可能最小化,亦即所谓的"无为""放任"国家。但在改革后的今天的中国,在经济层面上便有众多对中国和西方的重释,以及综合两者而非从二元对立做出单一选择的实例。毫无疑问,中国的经济体系如今已经是结合积极参与经济的"有为"政府和相当高度的市场化环境,以及国有企业和民营企业的一个结合体。如今国有企业和民营企业两者接近"平分天下",二元并存,互动,合作,结合。

以上做法,部分是由于中国长期以来对理念和实用两者既分离又抱合的思维,结合理念与实践二维为一体。在一定程度上,它反映的也是传统的"中庸"之道的思维方式,但如今融合的不再是(汉武帝和董仲舒开启的)儒家和法家的二元结合,也不是之后的儒、佛的二元结合(乃至于儒、释、道的三元结合),而是今天的中西结合,传统与现代结合。

而且,如今中国已将有的国有(和国有控股)企业部分市场化,商业型国有企业(区别于服务型国有企业)尤其如此。有众多(据统计,约一千个)大型国企已经在国内的上海或深圳证券交易所上市,有的甚至在香港或纽约的交易所上市,并因此既受到市场盈利机制的激励,也受到市场竞争机制的约束。虽然如此,但国有企业

在受到一定程度市场进入机制的约束和激励之后,仍然一定要接受政党国家的领导。这也是一种特殊的社会主义+市场化的二元结合实践进路。(黄宗智,2022a)

这样的实际在一定程度上被官方所谓的"社会主义市场经济"概括捕获。我们也可以将其称作"市场化的社会主义(计划经济)"来表明其历史先后。首先是在两者的并存合作过程和架构中,由国家来协助民企发展。正如上文已经转述的周黎安新作所论证的,一方面中国借助正规的地方官员间的,由国家设定的"业绩"竞争制度和机制来激发官员们的积极性,使他们为了发展经济而积极向民营企业伸出"帮助的手",推进由地方政府协助市场经济中的民营企业的发展;另一方面,又借助市场竞争机制和盈利激励来推动民营企业的发展,并通过市场经济的竞争机制来淘汰不经济的地方政府的"形象工程"。这无疑不简单是公与私、政府与经济、官和民的二元对立,而更多是两者的互动结合。(周黎安,2021)

更有进者,笔者论析的不仅是地方政府和企业之间的关系,也包括国企和民企之间的关系。以重庆市在黄奇帆领导下(2001—2009年任副市长,2009—2016年任市长)的15年的地方政府为例,市政府通过中央划拨,加上廉价收购亏损国企所掌控的建设用地,总共储备了三十万亩建设用地。模型化地来说,政府征收一亩建设用地的成本才约一万元(一亩地种庄稼一年的纯收入约为三百元,乘以三十),然而一旦加上城市化的基础设施,其市值将达到原来的十倍,达到约十万元。那样的增值可以被用来支付政府"八大投"基础设施公司的开销。然后,地方政府在将那样的"熟地""转让"给民营房地产开发商时,可以再获得一定比例的可预期增值,即建好"房子"时的约一百万元市值。在整个过程中,国有企业和民营企业其实是紧密合作、共同分利的。正是那样的机制推动了重庆市房地产业的蓬勃发展,实际上乃是其整体经济发展的关键动力。我们可以大略估算,重庆市政府从其三十万亩建设用地中所获得的收益不止三千亿元,堪称重庆市发展的至为关键的动力,远远超过其从"招商引资"所获得的资本。在整个过程中,地方政府和开发商实际上一直合作并分享新兴房地产业中的巨大收益,联手推动了中国经济体系中至为关键和巨大的房地产业的蓬勃发展。(黄宗智,2021a)

那是"土地的资本化"的具体实例,乃是中国世纪之交以来经济快速发展的一个与其他发达国家截然不同的发展经验"特色",乃至于"秘诀",与西方的私营企业主要是通过在金融市场"上市"(initial public offering, IPO)来融资十分不同。赵燕菁(2014)率先指出两者在融资功能方面的相似性。

它反映的不仅是地方政府和民营企业的合作,还是国有企业与民营企业的合作与互动,两者共同成为中国经济近二十多年快速发展的关键动力。相对西方,乃至于已经进入发达国家行列的"东亚"的日本和韩国,这都是较少见的发展经验、动力和机制。

此外,我们要考虑到最近几年国家经济政策的战略性转向,即从"一部分人先富起来"的权宜决策向社会主义的"共同富裕"大目标的转向。其中包括2013年以来的"一带一路"倡议,明确借助平等互利的贸易(区别于榨取和剥削型的贸易)的经验,以及中国自身的基础设施建设经验,来协助其他发展中国家的发展,也推动自身的进一步发展,包括为国有的基础设施公司(一般是较高水平且较廉价的产业)开拓广大的国外市场。(黄宗智,2020b)然后是2016年以来针对将近一亿最贫困农民的"精准扶贫"工程。再则是2017年国务院印发《划转部分国有资本充实社保基金实施方案》,提出将国有企业股权的10%划转给社会保障基金。而后是2018年以来的"乡村振兴战略规划"等各项工程。(黄宗智,2021d)它们共同突出了中国转向兼顾经济发展和社会公平的大目标,展示了在"土地的资本化"之后,(笔者称作)"资本的社会化"的方向和进程。如今的中国确实已经不简单是社会主义或市场经济的任何单一方,而是两者的二元互动结合。

(三)小农经济与现代农业

从主流的西方理论视角来看,中国的实际只可能是悖论的。中国的农村尤其如此。不少西方和中国的论者都认为,中国要更完全地"现代化",必须遵循西方国家的现代化模式,将农村人口压减到像发达国家那样的占总人口的极低比例,通过城镇化来减少农村人口,将农业完全改为规模化、产业化的大农场生产,借助工业经济中的规模经济效益来提高农民收入,方才能够真正进入现代化的"发达国家"行列。

但是,由于中国农村人口相对土地资源的极其高度密集化的基本国情,今天中国虽然已经成为全球第二大经济体,与众多发达国家比肩(虽然在人均收入上尚未进入"发达"国家的行列),但是,农村户籍人口仍然占到总人口的很大部分。城镇常住人口虽然达到60.6%,但其中有超过四分之一(占总人口的16.2%)不是城镇户籍人口而是农村户籍人口。其中,相当比例还会返回农村。仅算户籍人口的话,城镇化的比例才44.4%(2019年数据)。(国家统计局,2020)同时,4.4亿名城镇就业人员中有将近3亿人是农村户口的"农民工"。(黄宗智,2020a,第3卷)

根据始于1997年的最权威的三次全国农业普查数据,2016年中国仍然有三亿名务农人员(包括一亿名每年从事农业生产经营活动一个月以上,六个月以下,即仅是[可以称作]"副业型"的务农人员),劳均耕地面积仍然仅仅约为7亩到10亩。两亿农户的户均耕地才10亩,和美国的户均2700亩地的"家庭农场"实在不可相提并论。但是,许多论者受到关于规模经济效益意识形态的深层的影响,也受到中国过去那样角度的官方表达的影响,严重高估了规模化农业在中国所占的比例。

我们从中国最权威的三次全国农业普查便能知道,规模化农业在中国所占的实际比例其实一直较低。在这个问题上,中国最精准的数据乃是三次全国农业普查中农业雇工在所有农业从业人员中所占比例。笔者与高原、彭玉生早已详细论证,2006年,农业雇工数量仅达到所有农业从业人员的3%;而且该比例之后没有明显的变化——到2016年的第三次普查,仍然是3%。笔者与合作者将这个现象表达为"没有无产化的资本化"。真正关键的农业变迁实际上在于小规模的一家一户的"新农业",如一、三、五亩地的拱棚蔬菜,几亩地的果园,和一二十亩的种养结合农场,其关键在于"资本和劳动双密集化",不在于简单的规模化。这是一个伴随中国人民食物消费转型而来的变化:从传统的8∶1∶1的粮食∶肉食∶蔬菜比例到如今的4∶3∶3的比例。(黄宗智、高原、彭玉生,

2012；黄宗智，2021b）

最近几年，官方的政策终于出现一定的转向，给予"小农经济"前所未见的关注，并正式表明，其乃中国最基本的实际，并将相当长期仍然如此。因此，我们很有必要将顽强的现代小农经济也纳入对中国的政治经济体系特点的考量中。（黄宗智，2021b；黄宗智，2020a，第1卷）在话语层面上，也很有必要避免借用来自英语的"农场主"（farmer）一词来替代中国常用的"小农户"（peasant household）一词，在不知不觉中将中国的户均10亩的小农户农场等同于美国的户均2700亩地的农场。

首先，小农经济的第一产业经济逻辑和第二、三产业十分不同。它主要是有机的生产，借助的仍然不可避免地是有机生物能源，即人和土地，而不简单地像第二产业那样主要依赖无机（矿物）能源和机械。

当然，如今显然两者都有，尤其在"大田"农业（特别是粮食种植）中，已经显示了（由小农户凭其非农打工所得来支付的机耕播收服务的）相当程度的机械化，但那样的现代产业化是带有一定限度的，因为农业不可能完全脱离其有机基本实际（土地、人力，和/或兽力）。（黄宗智，2020a，第1卷）

同时，（部分现代化了的）小农经济的基本生产单位仍然不是个人而是家庭，不仅是单一就业者的劳动和生产，还是家庭成员辅助性地参与的生产体。它仍然可以借助市场机会成本较低的家庭辅助性劳动力（妇女、老人，乃至于儿童）来承担一个产业工人所不可能承担的低收入——笔者称作"农业内卷化"的关键组织背景和机制。这是它长期以来的基本运作逻辑。（黄宗智，2020a，第1卷）

正是这样的特殊条件,推进了中国改革期间的(笔者称作)"新农业革命",主要是高附加值小规模农业的发展。它们是"劳动和资本双密集化"的新农业。到 2010 年,这样的新农业已经占到农业总产值的 2/3,总耕地面积的 1/3,为人口密集的中国式农业现代化做出了巨大贡献。(黄宗智,2020a,第 1 卷;亦见黄宗智,2016a)

同时,中国的现代小农农场的经济决策在一定程度上仍然会考虑家庭的消费需求。譬如,可以房前房后种植(自留地似的)自家消费的蔬菜,或从经济作物转回粮食生产来用于家庭的消费。更有进者,乡村的小农经济仍然具有较强大的退出市场经济的潜能——某些产品或食物价格过高的话,它仍然可以转向依赖自家的生产来糊口。而且,相对大市场而言,小农家庭仍然带有一定的可退可进的潜能。无论是作为生产者还是消费者,他都和城市个人化的人员在经济决策上有一定的不同,不可简单当作(或者认为必须或必然将成为)大市场经济的人员来看待和分析。(黄宗智,2020a,第 1 卷)

最重要的是,它和城市间的贸易关系迄今仍然是不对等的,仍然输出远多于输入,仍然主要取决于城乡间在收入上的巨大差别,仍然主要由农村为城市提供优质产品,特别是优质粮食、肉禽鱼和蔬果,远多于反向进入农村的城市产品。今天的城乡贸易仍然带有中国长期以来的"城乡差别"的烙印和特征,并不符合斯密所建构的,基于英国 18 世纪的农业革命和早期工业化共同发展的动力而来的城乡平等互利贸易的构想。(黄宗智,2020a,第 1 卷)

要达到城乡更高度融合的地步,中国还需要更显著地提高农村居民的收入,并需要做到(自然)村村户户通路、通互联网,一如

2018年发布的《乡村振兴战略规划(2018—2022年)》提出的那样,才可能进入更完全双向化的对等市场交易。中国可以借助"新农业"来进一步实现更繁荣的城乡双向、平等互利贸易,更大规模地促进小规模农业的进一步发展,包括更高附加值的农产品种植,也包括面向国内外市场的有机农业。譬如,目前的新农业是以1/3的耕地来生产2/3的产值,即1∶2的比例,仍然与美国的以3.6%的耕地来生产高值作物(主要是菜果—坚果—浆果和花卉),达到36.8%的农业总产值的水平,即1∶10的比例相去甚远。(Macdonald et al.,2013:表1)同时,在有机农业方面,中国仅占到全球产值的6%,也和美国的47%(及欧盟的37%)相差很大。(刘石,2018)应该说,中国的农业还有较大的市场发展空间。(黄宗智,2021b)

即便如此,中国农业的主体相当长期仍然将是(经过一定程度现代化的)小农农场经济。正因为如此,笔者长期以来一直提倡中国农村的发展不能仅靠"规模化"的设想,以及城镇化的"出路",还需要依赖双向的国家援助+乡村社区和小农参与,尤其是村庄社区(或"集体"或"合作")的自愿积极参与,才有可能全面推动城乡间的真正彻底的良性互动和交换,真正带动乡村的完全"现代化发展"。(黄宗智,2021b)为此,中国需要更深入地动员更深层的、更符合乡村实际特点的资源和组织,而不是简单地试图实现农业规模化、乡村城镇化、村庄治理官僚化。

(四)恰亚诺夫理论与东亚模式

小农经济的现代化转型遵循的不是像工业那样简单的"规模经济效益"原理,而是更复杂的"差异化的最优"(differential optimums)原理。(Chayanov,1991[1927],尤见第1、2章)首先,在农业生产中,我们要区别比较倾向于规模经济效益的养殖业和更多倾向于差异化最优的种植业。后者之中,既有可以规模化的环节——如大田(主要指粮食)农业中的机耕播收,也有不适用于机械的管理环节,包括除草和后续的施肥及管理。更重要的是,需要持续和不定时的密集劳动投入的小规模"新农业"[1]那样的农场特别适合使用家庭的劳动力,而不是相对昂贵的雇工经营模式。我们绝对不可仅凭简单的"规模经济效益"(越大越好)的逻辑来思考和认识农业。

更有进者,相对现代的"大市场"而言,我们需要借助恰亚诺夫的另一关键概括,即区别简单的规模经济效益的"横向一体化"和更关键的相对市场而言的"纵向一体化",亦即考虑到小农户面对大市场所不可或缺的产品加工、包装、运输(对生鲜产品来说,尤其关键的是全程的保鲜冷冻链)、销售的物流体系,包括精准可靠的产品标准化和根据市场需求来定价格的基础设施体系。

在十月革命之后十年的苏联,恰亚诺夫乃是当时比较强大的合作社运动——其成员们占到全国六千万人口的三分之一

---

[1] 或是利用"范围经济"而不是规模经济的一二十亩的种养结合小农场。

(Chayanov,1991[1927]:ix)——的主要理论家。他清楚地提出基于农村社区小农户的合作社理论,包括上述的差异化最优和纵向一体化理论。但是,之后最终被苏联政府执行的政策是,基于简单、错误的规模经济效益理论来废除小农经济,凭借由上而下的命令型执行来推动大规模集体农业,取代小农经济。恰亚诺夫本人则被斯大林处决。

  吊诡的是,由于历史上的巧合,恰亚诺夫的设想竟会在以小农经济为本的东亚(主要是日本和韩国)得以实现。在美国占领军总部的一组认同罗斯福总统"新政"的进步官员的影响之下,日本立法废除地主经济,确立自耕小农经济,并排斥外来资本进入农村社区。同时,命令将政府支农资源转交给社区合作社,由其自下而上地建立基于社区的"农协"合作社,让其组织农资购买农产品加工、运输、销售的纵向一体化服务。(Cohen,1987)此外,在全国由国家投资建立(带有冷冻服务链的)提供高效廉价服务的大型批发市场,将小农户生产和全国性大市场连接起来,对农产品定规格、定价格,促使"农协"成功地成为具有全国声誉的"品牌",实现了恰亚诺夫之前提出的基于小农经济的"纵向一体化"的市场化、现代化设想。因此,也建立了在全球范围内比较醒目的没有显著城乡差别的现代化小农经济。韩国虽然不像日本那样处于美国的占领之下,但由于美国的决定性影响,也基本遵循同一种改革进路并达到类似的结果。(详细论证见黄宗智,2015;亦见黄宗智,2020a,第1卷)中国可以借鉴如此的东亚模式来真正克服农村(相对)贫穷和城乡差别的问题。当前的乡村振兴战略规划可以成为采用这样进路的契机。错误的观点是,借助西方模式和思路,认为唯有"规模经济效益"才是真正的"现代化"。

三、国家与经济和社会的二元结合而非对立

(一)中国的"超级政党"

按照西方形式化理论的思路,建构理论必须遵循形式化演绎逻辑上的整合,不多考虑真实世界中几乎不可避免的二元并存的既有张力和矛盾,又有互动和结合的实际。正因为如此,西方才会建立像自由主义和新自由主义那样的(古典和新古典)经济学,将明显是复杂事物中的双元和多元一元化,并将后者等同于不言自明的"真理""科学"和"规律",譬如:(没有非理性感情的)"理性经济人"、(没有不对等交易的)"纯竞争性市场"、(没有不理性因素的)供需均衡和(没有不合理的)最佳资源配置等"公理"和"定律",然后像几何学那样设定(抽离真实世界)的"定理",依赖演绎逻辑将其推演到一系列的定律和公理。

形式主义法学同样。美国法学界代表性人物兰德尔(Christopher Langdell),1870年到1895年任哈佛大学法学院院长。他用一生的精力来集中一贯地呼吁将法律体系建构为欧几里得几何学式的逻辑上整合,类似于自然科学的"科学",因而成为美国法学的所谓"古典正统"(classical orthodoxy)的领导人。虽然,在实际运作中,美国的正义体系显然是"古典正统"形式主义和法律实用主义两大传统的结合体,其最高法院的实践便一直包含两者之间的拉锯。(黄宗智,2020a,第2卷,尤见第1章;黄宗智,2007)

但是,政府和市场的二元对立一直都是古典正统法学的基本思维和定律之一。并且,据此模式,社会科学界才会在 20 世纪 50 年代便开始将西方的民主自由制完全对立于其所建构的"极权主义"(totalitarianism)模式,将共产主义和共产主义国家建构为与自由民主完全对立,近乎上帝和魔鬼似的对立的体系和国家。

对共产党的认识,西方迄今影响力最大的模式仍然是原来的"极权主义"模式。为此,美国芝加哥大学的顶尖政治学家邹谠教授三十多年前便花了很大的力气将"极权"改构为"全能"一词,试图将其去妖魔化、中性化。(邹谠,1986)先生之努力在中国的学术界和部分的西方学术界确实取得了较大的影响。虽然如此,但在西方的政治界和大众中,"极权"迄今仍然是最通用的词汇,仍然使人们将中国想象为一个被享有"极权"的共产党的一小撮人完全控制、摆布的国家和人民。

我们固然需要直面共产党所具有的高度集中的权力,但是,这里先要说明一些其与众多西方人的不符实际想象的不同。首先是中国共产党的实际性质和规模。在九千多万名党员中,只有不到十分之一是官员、干部。(中共中央组织部,2021)如上所述,其成员近乎是全体人民的代表。即便在意识形态层面上,经过对经典马克思主义的一系列重释,也已离其甚远。如今,它与其说是一个代表无产阶级/劳动人民的政党,不如说是代表全国人民的政党。在意识形态层面,它实际上是经典马克思主义和经典自由主义两者的部分因素并存互动,亦即市场经济化了的社会主义。这就和"极权主义"模式的想象显然不同。

"极权主义"模式完全没有考虑到,如果真像它想象的那样,中国共产党和中国革命在面对比其更强大和更高度现代化的敌人的战争中,是绝无可能取得胜利的。它之所以胜利,依赖的至为关键的力量乃是民众的支持。它能够"如鱼得水"似的和民众融合。正因为如此,共产党的军队才能够比敌人,无论是日本军队还是国民党军队(由于民众的支持得以在敌后运动中)具有更完全的情报,更准确地估计敌人的力量和动向。正是那样的民众支持和力量(日本军队的"三光"政策便是针对这样的力量而采取的),才让共产党有可能进行有效和独特的人民战争,包括游击战,移动、迂回战术,在敌后进行骚扰破坏的工作,并能够快速、出其不意地集中力量打击敌人。(黄宗智,2022b)

更有进者,它所依赖的不仅是民众的支持,更是共产党的(笔者借助人们常用的"政党国家"一词称作)"政党军队"独特的组织功能。其中一个重要的能力是党组织的可聚可散、可分可合的能力。之所以能够如此,是因为基层的党小组能够自我维持秩序和军纪,但仍然依从中央的统一领导。在面对比自己强大的敌人时,能够分散为小到以党小组(三十来人的)为基本单位的排,维持士气,在敌后打击敌人(这正是游击战和在敌后运动的一个关键条件);要集中力量打击敌人时,也可以通过军队纪律加上党组织很快将分散的小组重新聚合。(黄宗智,2022b)

正是那样的能力,在朝鲜战争中成为一个重要的优点和力量,弥补了中国人民志愿军(以下简称"志愿军")在火力、设备、运输、后勤、制空权、制海权等诸多方面的不足,最终使其与比其强大得多的美国军队打成平手,促成板门店的谈判和协商。当时,志愿军将美军(和"联合国军")从临近鸭绿江击退到(三八线以南的)三七线——部分由于麦克阿瑟将军严重低估了志愿军的战斗力。美方在李奇微(Matthew Bunker Ridgway)(于1950年圣诞节)接任美国军队(而后加上"联合国军")的统帅之后,重振了其军队低沉的士气,并采纳了一种针对中国军队关键弱点的(被中国的研究者称作)"磁性战术"——借助其机动能力轻易地一天撤退三十公里,让中国军队能够刚好跟上,连续七天,等其筋疲力尽,士兵们所带的七天粮食耗尽之后,才全面反攻。因此在第四、第五次战役中获得一定的胜利。当时,许多观察者认为,美军(和"联合国军")完全可以再次推进、返回到鸭绿江。(黄宗智,2022b)

在那样的情况下,如果没有中国军队可聚可散的有效抗击,志愿军很可能会全盘失败。当时所依赖的是"政党军队"特殊的可散到党小组的三十人的排的能力,军队分散在敌人的后方,逼迫敌人必须逐个击破才能稳妥进军,借此来抵制、拖延敌军的进攻。这为巩固三八线的防御争得了关键的时间,最终形成拉锯的战争局面,促使板门店的谈判成为可能。(黄宗智,2022b)

正是那样的组织特性,使"政党军队"特别能够在困难中仍然处于高士气的状态。与此类似,在改革期间,是中国的政党国家体制既集中又分开地依赖中央领导和(带有一定自主性的)地方实施来推进发展,通过一种"发包"与"承包"的中央—地方关系来激发地方的积极性,包括地方官员们围绕中央设定的"业绩"标准展开的(周黎安称之为)"锦标赛",激发其能动性和积极性,由其配合市场经济和其中的私有企业来推动中国突出的经济发展。回顾抗战时期的19个分别自主而又整合为一的根据地的成功实例,可以看到党组织的这种可聚可散特殊能力的另一方面,也和改革的经济发展中地方政府所扮演的特殊角色直接相关。

(二)共产党与官僚体系的不同

相比更完全正式化的官僚体系,党组织具有更灵活的一面,不像正规官僚体系那么容易僵化,不会简单陷入相对民众的高高在上的官僚体系的弊端,具有一定程度的避免僵化的能力,以及脱离群众的过度自上而下的管控的弊端。这些特点都可以见于中国革命和中华人民共和国的历史,也可以见于作为"政党军队"的人民解放军不断在水灾、地震等灾难中所一贯起到的特殊的援助作用。它说明了其具有强大的为人民服务的纪律和传统。这些都是"极权主义"模式所完全没有考虑到,没有看到的特点。

虽然如此,但我们也要认识到,政党国家的政府长期以来不可避免地带有官僚主义的弊端和倾向,一如《中国纪检监察》杂志刊发的文章所明确指出的,官僚们有相对民众的高高在上、作威作福的倾向,媚上欺下的倾向,以及脱离实际的形式化倾向,一切(为了自身的仕途)以满足上级为主的众多官僚主义恶劣倾向。(黄月,2020)

西方所谓的现代型专业化科层制—官僚体系也带有同样的倾向。官僚主义问题绝非是西方没有的,唯有中国的官僚体系才有的弊端和特征。即便是创建现代"理性科层制"理想类型的韦伯本人,也认真考虑过科层制所导致的"铁笼"似的弊端,提议依赖最高领导人的权力来克制那样的弊端。(赖骏楠,2016)

但我们也要据实地直面中国官僚体系所管辖的范围相对大于

西方(特别是英美那样的自由主义国家)的事实。人们需要经常和其打交道,不像在西方自由主义国家的社会生活中仅偶尔需要和官僚体系打交道。同时,上引的《中国纪检监察》文章所没有说明的是,相比西方的"科层官僚制",中国的"官僚主义制"集权程度更高。在最恶劣的情况下,它可能会导致完全脱离实际的决策和强制执行,出现像"大跃进"那样的错误。这是在中国近百年的共产党历史演变的过程中可以看到的实际,也是其历史上一再"整党"的主要原因之一。而克服官僚体系弊端乃是毛泽东发动"文化大革命"的初衷之一,当然也是中国今天和未来所必须直面的一个重大任务。(黄宗智,2021c)

仅凭党与行政+法律的既分开又结合的治理模式,亦即仅凭专业化的科层制体系和相关法规来制约高度集权的超级政党及其潜在的官僚主义,是不足以克服其可能与官僚主义紧密结合的问题的。要克服官僚主义问题,说到底我们最终仍然需要在共产党自身的特殊传统和性质中寻求答案。正是出于这样的考量,笔者多次提出要依赖民众广泛、积极参与国家提倡的关乎民生政策的实施,应该将其设定为政策实施的一个不可或缺的维度,借其来测量民众对政府政策和作为的认可与否,借其来制约官僚主义形式化错误的弊端,借其来配合中国的政党国家体制,借助其能量来实施、贯彻政策,使其能够更完全、更优良地设定和实施国家政策。当然,这里设想的绝对不是像"文化大革命"那样暴力化的"群众运动"。

在当代中国的历史中,早期的农业合作社便是一个超越官僚主义的重要例证。它依赖的正是基层党组织和民众基于其自身利益的紧密结合,实际上乃是一个成功的实例。它是一个基于两者间共同利益的工程,一种尚未受到"官僚主义"的脱离实际、自上而下,带有勉强性和命令式工程弊端影响的治理和政策模式。它做到的是,通过基层党组织引导的合作来克服众多贫困农户面对的生产资源不足的问题,达到更佳的"资源配置",凭此推动农业的发展;同时,也借此大规模吸纳生产、技术以及领导能人入党。我们需要将那个阶段的合作化与大家否定的,后来的命令型集体化、"大跃进"和计划经济,清楚地区别开来。我们可以将其视作一种中国特色的党和民众二元结合的体现和道路。(高原,2022b,2018;仝志辉,2018;黄宗智,2022b)

  中国如今可以借助的另一项资源是,笔者所论述的中国长期以来的"集权的简约治理"和"第三领域"治理的传统,可以将其发扬光大,重塑、重建为与今天和未来的中国政经体系配合的治理方式,真正实现党的"为人民服务"和"共同富裕"的崇高理念。即便是集体化和计划经济时期具有极其高度渗透力的共产党政权,在一定程度上也长期依赖乡村基层的半正式化政权组织,既依赖基层社区的自治能力,也依赖政党的领导和控制能力。两者结合,才能更充分地发挥共产党在中国革命中的既分散又集中的特殊组织性潜力。依赖那样的官僚体系外的党与民众的二元结合互动的特殊关系才是中国共产党治理体系的真正秘诀,不是西式的"科层制"或自由民主主义的政府最小化,当然也不是西方凭其二元对立世界观所建立的"极权"虚构,而是处于中国革命的群众路线和西方的民主两大传统之间的民众积极参与的(可以称作)"人民主义"的治理进路。(黄宗智,2021e)

四、回顾与前瞻

总而言之,中国新型的政治经济体系,经过百年的革命与执政的历史,历经众多演变、更新和改革,已经形成一个与过去的历史十分不同的实体。其中,既有传统的和革命的因素,又有全面转型的、与西方接轨的改革,因此形成了一个不是任何现有理论所能包含的实体。

它显然与传统的两大政治经济学理论不可能真正完全相符,其实际既包含与两大意识形态在一定程度上相关联的一些部分,但也包含与其不同的部分。而且,其形成既包含一定程度的必然性,也包含一定程度的偶然性。其结果是历史上的一个未曾有过的,并且还在演变中的实体。即便是其自身对此新体系的认识和理解,虽然已经展示了一些创新性的总结、概括和话语,但仍然还与能够既全面又深入地概括新体系的实际有较大的差距,更毋庸说充分洞察其诸多崭新的运作机制。

我们特别需要将一般从理论出发的认识进路颠倒过来,从中国迄今的实际运作出发,对之前的理论和研究进路进行全面反思,从中国的实践及其深层的思维方式来掌握、概括其已经展示的一系列新现象。尤其是党与政府、党与人民、地方政府与经济、国企与民企、社会主义与市场经济、中国传统与现代西方、中国共产党的革命传统与执政传统等的并存、互动、结合,包括那样的结合所形成的新现象、新特点、新机制。它们都尚待系统地概括和理论化。我们既要照顾到其特殊的成功一面,也要考虑到其所显示的问题,包括处理那些问题的道路和方案。

上述的进路在一定程度上可通过以现代医学为代表的合理推断的进路来认识、研究、理解和推进。医学所代表的其实是现今的三大科学思维——演绎、归纳、推断——中最符合中国实际需要的进路。它在相当程度上源自有机的生物学,处理的主要是人类和生物世界而不是牛顿的物理和机械世界,更不是虚拟的演绎世界。它能够纳入二元和多元互动结合的认识和思维。它更带有崇高的拯救生命的道德理念,特别符合中国的深层道德意识+有机的思维习惯。同时,它也特别强调从经验证据和实际运作出发,而不是演绎化了的虚构,或在人类社会不可能进行的实验室证明的归纳。它不会像一般的牛顿物理学和数学那样追求虚构的绝对真实。而且,它处理的主要是人们在生活中遇到的实际问题,没有将自身绝对化和普适化的冲动。正是那样的认识进路所积累的知识和概括,正是那样既有明确道德理念又有限定范围的实用倾向,才是特别适合中国的社会科学的思维和研究进路。

以纵向跨时的(区别于横切面的)关于不平等的研究著称的皮凯蒂(Thomas Piketty)——其研究模式如今已被用于全球约一百个国家的研究团队——最近提出"参与式社会主义"(participatory socialism)的设想。作为出发点,他指出,欧盟诸国中最先进的德国和瑞典已经采用了企业员工与资本家分享管理权的制度。正是那样的制度,乃是他的"参与式社会主义"设想的起点。(Piketty, 2021)在这方面,我们可以在中国看到一些类似的思路和倾向。2021年11月11日审议通过的《中共中央关于党的百年奋斗重大成就和历史经验的决议》已经明确提出要让"党围绕增强政治性、先进性、群众性,推动群团工作改革创新,更好发挥工会、共青团、妇联等人民团体和群众组织作用"(《中共中央关于党的百年奋斗重大成就和历史经验的决议》,2021)。这样的决议在一定程度上已经指出与(民众)参与式社会主义相似的前瞻方向。当然,其中的关键在于这些"群团"是否真会成为民众参与式的组织。

更有进者,国务院发展研究中心研究员江宇最近提出"党建就是生产力"的新设想。(江宇,2021)他提出,借助党建来推动国有企业生产力的发展,在其过程中吸纳、增加新型的党员。其中,一个关键做法是"加强党的基层组织建设,健全以职工代表大会为基本形式的民主管理制度,充分调动了国有企业广大职工的积极性、主动性、创造性"。(江宇,2021)也就是说,要借助党建来推进职工参与国有企业的管理,借此来使国有企业发挥更大、更民主参与的作用。

这样的设想实际上乃是一种类似于上述的参与式社会主义的模式。其不同在于借助与人民紧密结合的中国共产党的特殊历史传统和当代使命,特别采用共产党历史中通过设定党民合一的理念来将党律和企业的民主化有机地结合起来的方法,借助新生能量来推动党和企业的共同发展。如此的前瞻性进路也许可以称作中国共产党领导下的参与式社会主义市场经济的发展,当然也是中国特色的企业管理民主化的道路。

这是一个和政党国家中简单的官僚化管理截然不同的发展进路,也是清楚说明中国共产党历史上的双重性质的实例,需要清楚地与一些之后的自上而下的错误(如"大跃进"),以及过度暴力的"群众运动"(如"文化大革命"),或简单的"铁笼"式官僚主义科层制化进行区别。

我们如果将这样的动向延伸到农村,完全可以借此理解本文提倡的农村社区(民众成员)参与式的共有合作社。那样的最基层由党支部领办和农民为自身利益而参与社区资源使用和管理的模式已经初步在"烟台模式"中得到实施与展示。(于涛,2020;江宇,2020;陈义媛,2020;黄宗智,2021a;杨团、刘建进、仝志辉,2021;黄宗智,2022b)正是村庄社区成员的合作化组织,以及城镇企业单位的职工大会,给予了参与式社会主义市场经济具体的实例,也是我们这里要倡导的新型的政治经济学方向。

建立这样的实践政治经济学绝对不是一朝一夕的工作,也不是几个人甚或一代人所能做到的。这是因为,中国的新型政治经济体系仍然处于变动和创新的阶段和状态之中,仅有部分的现象和运作机制已经相对清楚,可供观察和概括,甚或理论化。但我们也要承认,其大部分的特性和运作机制还在形成过程中,仅能初见端倪,谈不上一个完整的认识和概括,更不用说完整的对其运作机制的理论和话语建构。一个对以往两大经典政治经济学传统进行反思,并开放性地从实践出发的新型实践政治经济学,才可能真正认识和理解中国这个新型政治经济体系的实际。在一定程度上,它不可避免地和中国的实践同样处于摸索过程之中,并将较长期如此。它所提出的对其自身的道德化目标的表述乃是"最大多数人的根本利益",那是可以确定的,但创建新型的实践政治经济学体系不是一个可以简单总结或理论化的过程,而是一个需要在实践中和在理论建构中逐步摸索的过程。这正是本文所提倡的新型实践政治经济学的最主要内容。

参考文献：

陈义媛(2020):《农村集体经济发展与村社再组织化——以烟台市"党支部领办合作社"为例》,载《求实》第6期,第68—81页。

高原(2022a):《反思二战后新古典经济学理论的重心转移——从一般均衡理论到"新微观理论"》,载《开放时代》第1期,第133—146页。

高原(2022b):《乡村治理中的第三领域:从合作化到乡村振兴》,载 *Rural China: An International Journal of History and Social Science*, Vol. 19, No. 1, pp. 31—50。

高原(2018):《工业化与中国农业的发展,1949—1985》,载《中国乡村研究》第14辑,福州:福建教育出版社,第196—217页。

郭成龙(2015):《农村电子商务模式探析——基于淘宝村的调研》,载《经济体制改革》第5期,第110—115页。

国家统计局(2020):《中华人民共和国2019年国民经济和社会发展统计公报》,国家统计局网站,http://www.stats.gov.cn/tjsj/zxfb/202002/t20200228_1728913.html。

黄月(2020):《警惕公权力运行中的"内卷"现象》,载《中国纪检监察》第24期,第36—37页。

黄宗智(2022a):《市场主义批判:中国过去和现在不同类型的市场交易》,载《开放时代》第1期,第118—132页。

黄宗智(2022b):《从简约治理的第三领域到党民结合的第三领域》,载 *Rural China: An International Journal of History and Social Science*, Vol. 19, No. 1, pp. 1—30。

黄宗智(2021a):《从土地的资本化到资本的社会化:中国发展经验的新政治经济学》,载《东南学术》第3期,第79—95页。

黄宗智(2021b):《资本主义农业还是现代小农经济?——中国克服

"三农"问题的发展道路》,载《开放时代》第 3 期,第 32—46 页。

黄宗智(2021c):《农业内卷和官僚内卷:类型、概念、经验概括、运作机制》,载 Rural China: An International Journal of History and Social Science, Vol. 18, No. 2, pp. 169—191。

黄宗智(2021d):《中国乡村振兴:历史回顾与前瞻愿想》,载《中国乡村研究》第 16 辑,桂林:广西师范大学出版社,第 30—53 页。

黄宗智(2021e):《民主主义与群众主义之间:中国民众与国家关系的历史回顾与前瞻愿想》,载《文史哲》第 2 期,第 5—15 页。

黄宗智(2020a):《实践社会科学与中国研究》。第 1 卷《中国的新型小农经济》;第 2 卷《中国的新型正义体系》;第 3 卷《中国的新型非正规经济》,桂林:广西师范大学出版社。

黄宗智(2020b):《中国的新综合性视野和远瞻性愿景:"一带一路"倡议与亚投行》,载《学术月刊》第 7 期,第 93—104 页。

黄宗智(2016a):《中国的隐性农业革命(1980—2010)——一个历史和比较的视野》,载《开放时代》第 2 期,第 11—35 页。

黄宗智(2016b):《中国古今的民、刑事正义体系——全球视野下的中华法系》,载《法学家》第 1 期,第 1—27 页。

黄宗智(2015):《农业合作化路径选择的两大盲点:东亚农业合作化历史经验的启示》,载《开放时代》第 5 期,第 18—35 页。

黄宗智(2014a):《清代以来民事法律的表达与实践:历史、理论与现实》。第 1 卷《清代的法律、社会、与文化:民法的表达与实践》;第 2 卷《法典、习俗与司法实践:清代与民国的比较》;第 3 卷《过去和现在:中国民事法律实践的探索》,北京:法律出版社。

黄宗智(2014b):《明清以来的乡村社会经济变迁:历史、理论与现实》。第 1 卷《华北的小农经济与社会变迁》;第 2 卷《长江三角洲的小农家庭与乡村发展》;第 3 卷《超越左右:从实践历史探寻中国农村发展出路》,北京:法律出版社。

黄宗智(2007):《中国法律的现代性?》,载《清华法学》第 10 辑,北京:清华大学出版社,第 67—88 页。

黄宗智、高原(2015):《社会科学和法学应该模仿自然科学吗?》,载《开放时代》第 2 期,第 158—179 页。

黄宗智、高原、彭玉生(2012):《没有无产化的资本化:中国的农业发展》,载《开放时代》第 3 期,第 10—30 页。

江宇(2021):《国企五年大发展充分证明"党建就是生产力"》,搜狐网,https://www.sohu.com/a/498775484_100082376。

江宇(2020):《"烟台经验"的普遍意义》,载《开放时代》第 6 期,第 13—26 页。

赖骏楠(2016):《马克斯·韦伯"领袖民主制"宪法设计的思想根源》,载《人大法律评论》第 1 辑,北京:法律出版社,第 151—179 页。

刘石(2018):《中国有机农业发展的纠结》,新浪博客,http://blog.sina.com.cn/s/blog_5a3c6ad90102zhxx.html。

仝志辉(2018):《20 世纪 50 年代乡村改造:没有"乡建派"的乡村建设》,载《开放时代》第 3 期,第 50—55 页。

汪晖(2014):《代表性断裂与"后政党政治"》,载《开放时代》第 2 期,第 70—79 页。

汪晖(2004):《现代中国思想的兴起》下卷,第二部,北京:生活·读书·新知三联书店。

杨团、刘建进、仝志辉(2021):《烟台经验:党组织在乡村振兴中发挥的作用和潜力》,载《经济导刊》第 8 期,第 23—27 页。

于涛(2020):《组织起来,发展壮大集体经济(全文)——烟台市推行村党支部领办合作社、全面推动乡村振兴》,红旗网,http://www.hongqi.tv/mzdxueyuan/2020-02-25/17476.html。

赵燕菁(2014):《土地财政:历史、逻辑与抉择》,载《城市发展研究》第1期,第1—13页。

中共中央组织部(2021):《中国共产党党内统计公报》,新华网,http://www.xinhuanet.com/politics/2021-06/30/c_1127611673.htm。

《中共中央关于党的百年奋斗重大成就和历史经验的决议》,2021,中国政府网,http://www.gov.cn/zhengce/2021-11/16/content_5651269.htm。

中华人民共和国国务院新闻办公室(2016):《中国的中医药》,爱思想网站,https://www.aisixiang.com/data/126023.html。

周黎安(2021):《地区增长联盟与中国特色的政商关系》,载《社会》第6期,第1—40页。

邹谠(1986):《中国廿世纪政治与西方政治学》,载《国际政治研究》第3期,第1—5页。

Chayanov, Alexander (1991 [1927]). *The Theory of Peasant Cooperatives*, translated by David Wedgwood Benn, with an Introduction by Viktor Danilov. Columbus, Ohio: Ohio State University Press.

"CAR T Therapy," n. d., Cedars Sinai 网站, https://www.cedars-sinai.org/programs/cancer/we-treat/hematology/treatment/car-t-therapy.html,2022年2月2日访问。

Cohen, Theodore (1987). *Remaking Japan: The American Occupation as New Deal*. New York: Free Press.

Lee, KeeKok(利基国)(2017). *The Philosophical Foundations of Classical Chinese Medicine: Philosophy, Methodology, Science*. Roman and

Littlefield: Lexington Books.

Lindberg, D. C. (1992). *The Beginnings of Western Science: The European Scientific Tradition in Philosophical, Religious, and Institutional Context, Prehistory to A. D. 1450*. Chicago: University of Chicago Press.

Macdonald, James M., Penni Korb, and Robert A. Hoppe (2013). "Farm Size and the Organization of U. S. Crop Farming," 美国农业部网站, https://www.ers.usda.gov/webdocs/publications/45108/39359_err152.pdf?v=6445.7.

Mahoney, Michael Sean (1998). "The Mathematical Realm of Nature," in D. Garber and M. Ayers (eds.), *The Cambridge History of Seventeenth-Century Philosophy*. Cambridge University Press, pp. 702—756.

Piketty, Thomas (2021). *Time for Socialism: Dispatches from a World On Fire, 2016—2021*. New Haven: Yale University Press.

Porter, Roy (ed.) (2006). *The Cambridge History of Medicine*. New York: Cambridge University Press.

Zhao, Liuyang (2022). "China's 'Economic Miracle' and the Universal Modernization Model," *Modern China*, Vol. 48, No. 1, pp. 53—72.

Zhang, Wenhao, Shanshan Qu, and Jie Wang (待刊). "Application of Chinese Yin-Yang Principle in the Teaching of 'Electromagnetic Fields and Waves'," *International Journal of Electrical Engineering and Education*, https://journals.sagepub.com/doi/10.1177/0020720920954156.

代后记
实践理论与中国研究：法学与社会科学

笔者多年来一直提倡"实践社会科学"的研究进路，写了多篇文章和三本书，也编辑了一套"实践社会科学"系列丛书（共51本）。① 本文与之前论述的不同之处在于：聚焦关于中国正义体系的研究来作为最贴切多维的实践社会科学例证；清楚区分布迪厄（Pierre Bourdieu）和笔者所谓的"实践"与一般的"经验"；检视受到帝国主义侵略或占领的后发展国家的"双重文化性"大环境对布迪厄的单一文化体的实践理论的意义；说明中西方在深层思维方式层面上的不同，特别是在对待主客观二元关联问题上；重访韦伯（Max Weber），从既是理想类型建构理论家又是比较历史学家的双

---

① 参见黄宗智（2022b,2018,2015,2007），以及笔者主编的"实践社会科学"系列丛书。见历史与社会高等研究所网站，中文版：https://lishiyushehui.cn/book/category/81；英文版：https://en.lishiyushehui.cn/book/category/44。

维角度来论析他的思路,说明笔者对其的双维认识和使用,并将其与布迪厄实践理论做出比较。以上的论析是置于建立新型的实践政治经济学大框架中来讨论的。

一、布迪厄的实践理论与中国

布迪厄实践理论中的"实践"所指的,首先是一个意图超越西方主流社会科学理论中主观理论与客观事实二元对立的思维。不同于"经验"及其所指的已经发生的事实(experience),包括历史事件,或个人的经验,即与"主观"对立的"客观"事实,布迪厄的"实践"不是与主观或客观任何一元对立的,而是一个意图超越主客观二元的,产生于其互动的理论范畴。(Bourdieu,1990[1980]:第1章;Bourdieu,1977)真实的世界不在主客观的二元对立,而在其二元互动和合一,即"实践"。

举例说,布迪厄的一个关键概念是"习性"(habitus)——人的实践既源自其一生积累的习性(布迪厄最关注的是阶级惯习),也来自其行动时面对某一时刻所做出的,常是紧迫情况下的抉择。也就是说,"实践"乃是由行动人的客观背景和临时的主观抉择两者所共同组成、产生的结果。在布迪厄看来,正因如此,实践的"逻辑"常是模糊不清的,不像单一面的主观理论(或被"客观化"[objectify]的主观理论)那么清晰易懂。实践既不是简单地由主观因素推动的,也不是简单地由其对立面的客观因素推动的,而是产生于两者在某一时刻或生命期中结合起来的抉择和行动。布迪厄特别突出地批评一般主流理论之试图将自身的主观理论单一面构建为客观实际或实践。(Bourdieu,1990[1980]:第3章,第5章;Bourdieu,1977:1—30,78—87)

布迪厄另一个相似的关键概念是"象征资本"(symbolic capital),它源自相关的主观性"资本",如学位、头衔、地位等,这些其实都可以被转换为客观的、实际的资本。他通过这个概念意图说明的也是,主观与客观并非对立,而是可以在实践中相通和相互转换的。他的目的之一是借此来拓宽马克思原来对资本的唯物主义论析。这是布迪厄所追求的超越主客观二元对立的另一重要实例。(Bourdieu,1990[1980]:第7章;Bourdieu,1977:171—183)如今,他这个"象征资本"概念在学界影响极大——几乎所有社会科学领域都已经惯常地使用源自布迪厄实践理论的"社会资本""文化资本""政治资本",乃至(中国特色的)"关系资本"等衍生概念和用词。

在西方长期以来占据主流地位的理论传统中,布迪厄提出"实践逻辑"(logic of practice)来取代主流的形式化演绎逻辑乃是了不起的,具有颠覆性的理论贡献。他试图超越的不仅是长期以来的主客观二元划分与对立的主流思想传统,更是被形式化理论所占据的主流思维和理论与意识形态传统,如古典和新古典自由主义经济学(和法学),尤其是他们之坚决将自己的主观建构"客观化"为经验实际。对布迪厄来说,过度"经济主义"(economistic)的马克思主义思想也如此。(Bourdieu,1990[1980]:第2章,第9章)布迪厄的用意是用实践,及其即便是模糊的、不可形式化的逻辑,来取代之前的主流理论和思维的逻辑。这是颠覆之前的理论传统的新思维、新理论,不仅对唯心主义的形式主义主流思想如此,一定程度上对唯物主义的马克思主义理论也如此。

我们要区别他所开启的从实践出发的认识和研究进路,与人们常见的从理论——并且常是背后带有政权推动的理论,即"意识形态"——出发的研究。他的实践理论从超越主客观对立二维的"实践"出发,来对现有理论和意识形态做出批评、重释、创新。它是触发笔者多年来倡议的"实践社会科学"研究进路的理论思维。

虽然如此,我们也要直面布迪厄实践理论的局限之处。"习性"虽然超越了主客观非此即彼的二元对立,但并没有进一步纳入与考虑到:即便是实践,也几乎必定会连带着的对其自身的主观话语"表达"的维度。虽然我们可以借"实践"范畴来超越主客观二元对立的思维习惯,但这并不说明主客观二维不再存在。我们要拒绝的是其连带的非此即彼的思维,不是其二维存在的实际。然而,布迪厄基本没有考虑到,关于某种实践的话语"表达",既可能是与实践相符的,也可能是与其充满张力、产生背离,甚或充满矛盾冲突的主观建构,并因此起到深远的影响。布迪厄的"实践论"固然批评了庸俗的阶级决定论,也批评了庸俗的主观理论决定论,但这并不等于消灭了主客观二维的实际存在。也就是说,我们在他指出的"实践"之上,还要考虑到其连带的主观话语表达,以及实践与表达两者间的关联。

更有进者,布迪厄虽然做过关于一个前现代、非西方的社区(阿尔及利亚卡比利亚地区[Kabylia])的人类学深入观察研究(当然也长期深入分析了他所身处的法国社会),但仅试图重构该地在法国侵入之前的文化状态,聚焦于文盲的农民,并没有真正关注两者共存的双重文化体中的客观与主观,以及实践与表达的问题。

他仅懂得一点当地的"柏柏语"（Berber），而没有认同其文化，不像他来自当地的主要研究助手萨义德（Abdelmalek Sayad），一辈子都感受到身处双重文化中的矛盾和煎熬。（Goodman & Silberstein，2009:30—32;"双重文化性"见黄宗智，2005）如果从布迪厄主要仅关注单一文化体的思路，转入对现代世界中的"第三世界"后发展国家和地区的关注，我们便会立刻认识到，在现代西方的支配之下，后者实际上多已处于侵略国与被侵略国的双重文化，以及双重不同的主客观二维体系之下。对那样的环境中的"实践"的认识和研究，必须考虑到两种文化并存以及其间的张力和矛盾或超越，研究对象已经不再是一个单一文化体或国家、社会下的"实践"。

要研究这样的实践，我们不仅要关注单一文化体或社会中的主客观二维互动，还要关注到两个并存文化体之间的主观和客观，以及话语表达和实践的双维互动。而且，跨越长时间段之后，无论是某种常见的实践还是与其相关的表达，都可能形成一种具有巨大影响力的历史趋势。布迪厄并没有关注到那样广泛存在于"第三世界"中的实践，更毋庸说其实践与话语表达之间所可能存在的不同，因此，也没有进一步考虑那样经历长时段历史演变的制度化了的"实践"。

作为一位人类学和社会学家（主要在学科层面上），布迪厄关注的主要是同一时刻横切面的结构，与历史学家们关心的纵向的历时演变，包括长时段的演变趋势问题十分不同。他对于"习性"的概括，乃是一个局限于个人一生（即便是可以代表某一阶级中的人）的概括，并不可简单适用于一个国家、社会、文化体系或制度。如果从长时段的表达与实践角度来考虑，后发展国家的"现代"处境大多不简单是一对主客观间的张力和矛盾,或单一文化体中的实践和表达,而是侵入的西方和被侵略的国家自身原有的两对主观与客观、两种实践与表达之间的不同和张力。对我们主要研究非西方的后发展国家的学者们来说,这是不可避免的关键实际和问题。

布迪厄当然也没有特别关注发展中国家的双重主客观二维在长时间段中不同的变迁,其"习性"概念的重点是在单一文化和单一时刻或人生时间段之中形成的习性,没有双重文化并存的维度。他探索的问题不包括在双重文化并存间所形成的不同主客观四维之间的张力和矛盾所导致的抉择与行动,也不包括其跨越长时段的变迁。相比后一种情况(四维世界的历史变迁),布迪厄关注的仅是简化得多的单一文化体在某单一行动时刻中的主客观二维所产生的实践,谈不上长期的制度化实践积累而成的实践倾向和趋势,更毋庸说区别那样的实践及其连带的表达层面在长时段实践中的倾向和趋势,包括两者间的张力、背离或综合。

这是我们近现代中国研究与布迪厄之间的一个关键不同。在我们的主题"中国"中,无论是他所论析的"实践""习性",还是"象征资本",都会涉及双重文化之间的不同以及其间的张力、矛盾和互动。当然,也包含长时段的变迁中所积累的趋势。举一简单的实例,多年以来,中国的学术与西方现代各个社会科学学科在"接轨"的过程中,都显示了多重张力和矛盾。其中,不仅包含模仿西方的主观理论来认识中国的经验或结合主客观的实践,也包含与其相反的,有意无意地坚持仅沿用中国文化和意识的主观概念,来认识中国的已经受到西方重大和深层影响的经验和实践。譬如,在改革时期的中国学术实践中,要么将中国的独特经验和实践硬塞进西方的主观理论建构,要么有意无意地坚持使用中国自身原有的主观概念来认识中国今天很大程度上已经改变了的经验和实践。在那样的大环境的学术实践中,主客观、表达与实践间的不同和张力毋庸说将会变得更加复杂、多维,但它是我们如今在中国(也是在其他后发展国家)常见的状态。它是至为关键的实际,不可能被简单纳入布迪厄那样简化了的一对主客观在单一文化体中的某时刻所产生的实践。

二、中西间的深层不同

在前现代到现代的转型过程中,西方带有更多成分的延续和渐变,而在中国,则可以看到更大、更尖锐的分歧和演变,包括上述两套文化体系中的主客观四维之间更鲜明的矛盾和背离,远比在西方的单一文化中表现得尖锐和激烈。中国传统面对的不仅是现代技术和机械化及其思维的挑战,更是西方文化整体对中国文化长期以来的价值观和思维的深层挑战。

也就是说,对中国的近现代而言,西方代表的不仅是实践层面的,更是主观理论和话语表达层面的全面挑战。在那样的过程中,客观的经验和主观的理论,以及实践与其表达,更可能会带有深层的、长时段的不同。因此,我们特别需要考虑到的不仅是布迪厄关注的一对主客观二元合一的超越,更是中西方文明与文化传统间的长时段和深层的不同。对中国的近现代来说,后者毋庸说乃是至为关键的问题,不仅是传统与现代间的张力和矛盾,更是中西国家之间,也是中国文化和西方文化之间的张力和矛盾。即便是对个人实践的理解,也要考虑到其单一方文化的习性,更要考虑到其在两种文化并存、互动的大环境中所面对的张力和矛盾。

这正是笔者长期以来研究和论述的中国近现代与西方近现代的一个比较突出的基本不同。后者虽然带有一定的剧变,但我们仍然能够看到其主观文化、价值、思维方式等方面的基本延续,当然也包括其实践。正因如此,布迪厄的"实践"分析主要倾向于综合单一文化体中的主客观,而不见跨越文化体的研究,也不见两种不同文化体中的实践间的背离和长时段演变。但是,受他的"实践理论"——意图超越主客观二元对立的思维上的综合——深度影响的笔者自身,则在接纳他的启发之后,不可避免地需要更多关注到在过去和现在的中西并存影响中,实践与表达间的差别和背离。布迪厄基本不考虑那样的制度和国家或文化整体中的主客观四维间的互动,而笔者则一贯更多关注跨越文化边界的表达与实践间的背离。

正因如此,我们一旦将布迪厄的"实践"概念用于中国近现代研究,便会发现其实"实践"这个范畴本身还需要更深一层的分析和认识。简单的超越主客观对立的二维远不足以运用于更为复杂多维的中国近现代的历史演变过程。无论是"象征资本"还是"习性"概括,或单一的主客观体所产生的实践,都仅足以照亮(相对于整个国家与民族的灾难)较有限的部分或"场域"。它们固然能够丰富我们对"阶级"和"资本"的认识,但对制度、国家和民族整体来说,远远不足以就此指导我们的研究。我们需要的是,将其洞见拓宽到能够包含我们关心的主题整体中的实践。

三、中西文化思维方式上的不同

更有进者,我们要认识到,在对待布迪厄所特别关心的主客观二元的关联问题上,中国的基本思维方式实际上一直都与西方十分不同。中国没有像西方那样,偏向依据像欧几里得几何学那样,从几个给定的定义(definitions)和公设(postulates)出发,依据演绎逻辑来认识宇宙,并据此而逐步组成了(西方长期以来的)主流形式主义思维方式。(黄宗智、高原,2015)固然,那样的思维方式有它的优点,特别适合用于可以完全数学化和机械化的世界,也因此在一定程度上推动了西方早于其他文明体进入机械化时代,从而成为在"现代发展"方面领先全球的区域。(更详细的讨论见黄宗智,2022a)

长期以来,中国没有采纳那样简化了的宇宙观,一直更倾向于一种二元和多元并存互动的,更贴近有机的现代生命科学(life sciences),而不是无机的机械世界的宇宙观。在有机的世界中,一个生物,更不用说人,会对外来的动力做出某种主体性的反应,这与无机世界十分不同。据此,中国的思维方式倾向于二元和多元并存互动的思维,远过于一元的一推一拉的无机的机械世界。不仅对待宇宙如此,对待(如今称作社会科学的)理论建构也如此。它从来没有接纳像西方现代时期的形式主义经济学和法学那样的,扎根于欧几里得几何学的,从几个前提定理出发,凭借演绎逻辑而得出一系列可以完全确定和计算的结果的进路。固然,后者特别适用于机械化和数学化的世界,也是西方特早进入机械化时代的一个重要动力。一定程度上,中国的有机世界观,妨碍了其更早应用无机的世界观。我们甚至可以将此点视作中国落后于西方现代化早期的机械化发展的肇因之一。(更详细的论析见黄宗智,2022a)

从这一方面来看,中国文化一直更倾向于符合前机械世界实际的,更贴近生物世界的宇宙观。它拒绝数学化的演绎逻辑下的二元对立、非此即彼的思维,而特别倾向于生物世界中的二元(或多元)主体间的互动合一的宇宙观,如乾坤、阴阳,并将其推广延伸到对主观和客观、人与自然、物与自然,乃至于人与宇宙间的关系的思维。

笔者在另文中已经详细论析,如此的思维固然可能延迟了中国进入现代机械革命的进程,但对未来的科学进展来说,也许是一套更能容纳二元与多元互动结合的新科学世界中的宇宙观,在生命科学和医学相关的领域尤为明显。正是那样的思维,更适合如今和未来的中国。(黄宗智,2022a)

四、中国正义体系的宇宙观和实际运作

以上总结的论析实际上并不来自主观推理,而主要来自笔者自身关于清代以来的中国法律和更广义的正义体系实际运作的研究。在上述问题的方方面面上,中国的正义体系乃是很好的例证。正因为其不像社会经济史(即笔者20世纪90年代之前的主要研究领域)那样涉及的主要是客观层面上的问题,而必然要包括主观层面的法律/表达/概念/理论和客观层面经验事实的双维,也包括

司法实践及其话语表达的双维,它必然不仅包含法律条文,更有实际运作。因此,中国的正义体系实际上乃是对其文化整体的极好缩写。正是这样的议题,特别适合我们认识、理解中国长期以来的文化整体及其中的多维的主客观层面和变与不变,包括法律条文的表达与司法实践间的背离或结合等各个方面。正是如此课题的研究促使笔者形成本文前半部分所述关于布迪厄实践理论的再思考。

中国法律,和更广义的正义体系,实际上非常鲜明地展示了表达与实践的并存与互动合一(dyadic integration),而不是二元对立(dualistic opposition)。首先是汉代以来的儒法合一的基本框架,既讲究儒家的道德理念,尤其是仁治和礼,又纳入法家的严厉执法,形成了一个具有特强生命力的二元合一、双重性质并存的正义体系。

还有,不简单限于"正式"的由衙门处理的(主要是)刑事案件,更广泛地依赖民间社区(村庄、小城镇)在儒家仁治与"和"道德理念主导下逐步形成的非正式的民间的调解体系。我们确切地知道,到19、20世纪,中国几乎所有的村庄社区,都具有一个由社区威望人士组成的调解"细事"纠纷的非正式正义体系。

而且,结合上述的正式和非正式正义体系,还形成了一个半正式"第三领域"(third sphere)的正义体系。在第三领域中,非常有意识地由国家司法机构和民间调解互动合作来处理纠纷,并给予那样的纠纷处理优先于衙门正式审判的地位。只要社区威望人士能够促使纠纷双方达成调解协议,国家正式的司法衙门几乎毫无例外(除非涉及严重罪行)都会优先允准、支持那样的解纷结果。

以上根据翔实的经验证据得出的结论不仅来自笔者主要依据的诉讼案件档案研究,也来自之前深入华北与江南自然村社区组织——根据南满洲铁道株式会社(以下简称"满铁")实地调查和笔者自身在20世纪八九十年代实地跟踪调查的研究。日本侵略者的满铁在30年代后期开始对中国基层社会进行可以称作现代社会和经济人类学的(主要依据马克思主义的生产方式和生产关系理论框架而做的)大规模精准系统研究,它们更带有详细丰富的关于村庄社区解决纠纷的记录材料。笔者由于早年认识到这些材料之特别丰富和精准性,在1975年之后便开始对其进行系统搜集和研究。它们首先成为笔者之后完成的《华北的小农经济与社会变迁》(黄宗智,1986)和《长江三角洲的小农家庭与乡村发展》(黄宗智,1992)两本社会经济史专著的主要依据。

此外,得助于20世纪80年代中国开放对基层社会和地方政府档案的研究,笔者有幸通过美中学术交流委员会成为首批获准进入该研究的学者,前后八年进入满铁之前调查的乡村社区进行跟踪调查,并深入搜寻、查考华北和长江三角洲两地的地方政府档案,尤其是成规模的诉讼案件档案。此前,人们只能隐约猜到,但无法确切证实地方政府部门的实际运作状态,尤其是其司法实践。

以上两大类资料结合,为我们提供了扎实和精准可靠的中国基层社会经济形态,包括其正义体系的实际运作的系统依据。那样的条件乃是笔者的《华北的小农经济与社会变迁》《长江三角洲的小农家庭与乡村发展》两书,以及之后的《清代法律、社会与文化:民法的表达与实践》(黄宗智,2001)和《法典、习俗与司法实践:清代与民国的比较》(黄宗智,2003)两套双卷本专著的主要依据。

再则是后续的,根据同样性质的材料写就的《过去和现在:中国民事法律实践的探索》(黄宗智,2009)及《超越左右:从实践历史探寻中国农村发展出路》(黄宗智,2014)。这两本书是2004年笔者从美国加利福尼亚大学(洛杉矶校区)退休之后在回国教学和学术研究中完成的,是笔者从美国学术界转入中国学术界,从对中国现在和未来的消极关怀转入更积极全面的关怀之后完成的著作。它们是根据之前的主要是历史研究的延伸,结合关于中国现实的研究而写的两卷,共同形成了笔者关于农村社会经济和基层正义体系两个学术领域的两套三卷本。

回国后期,带入比较明确的前瞻性思考和研究之后,笔者接着分别完成了上述两套书的第四卷,即《中国新型的小农经济:实践与理论》(黄宗智,2020a)和《中国的新型正义体系:实践与理论》(黄宗智,2020b)。它们是从实践出发,加上前瞻维度和对未来的路径选择思考的研究。

正是通过上述的经验研究,笔者最终形成了本文上半部分总结的研究进路和下半部分总结的基于中国司法实践的基本认识。正是那样的经验认识,扩大、深化了笔者对实践理论的认识和使用,既援用了布迪厄关于超越主客观二元对立的理论洞见,也拓宽了其理论意涵,使其能协助我们认识中国这样的后发展国家与西方现代化经验的基本不同。两条研究路线同样是从实践研究出发,超越主客观二元对立的现代西方基本理论思维的著作。其不同之处主要在中国,作为后发展国家,必须面对远比西方早发达国家要复杂得多的受帝国主义侵略和支配的大历史环境,那是个必须肩负双重文化挑战的过程。笔者从上述研究得出的方法论方面的结论是,我们需要将实践理论置于那样的大环境中来理解、认识、使用、推进,才可能真正洞悉中国(及其他类似的发展中国家)今天的历史处境和未来出路。

五、清代中国法律体系中的"实用道德主义"

细读《大清律例》,我们可以清楚地看到其显然是非常有意识地结合崇高道德理念和实用性双维来组成的。"律"所表达的是一种理想化的道德社会。譬如,"凡祖父母、父母在,子孙别立户籍、分异财产者,杖一百"。但是,在此律条之下的"例"则不同,它非常实用性地考虑到,已婚的兄弟妯娌之间难免会闹无休无止的矛盾。据此,国家做出了调和主观道德理念和实际情况的"例"条:"其父母许令分析者,听。"(薛允升[著]、黄静嘉[编校],1970:第 2 卷,87-1;黄宗智,2001:22—25)

笔者将这样的基本法律构想称作"实用道德主义"——它是《大清律例》结合(我们今天称作)主观与客观、表达与实践双维的办法,既尊重道德理念,也考虑到其实用性的运作。借此,超越两者的简单二元对立、非此即彼。上述的简单例子说明的是《大清律例》,乃至"中华法系"整体的基本组织结构是将道德理念和实用考量视作一个互动合一的有机整体。(黄宗智,2001)

在对待民间"细事"(民事)纠纷方面,则既依赖国家法律的"仁"与"和"的道德理念,也实用性地依赖农村和城镇中广泛存在的民间调解组织和机制。一如上述,我们确切知道,从晚清的 19 世纪到民国时期,几乎每个自然村都具有由本社区威望人士(华北村庄称"首事")组成的非正式调解组织来处理村庄大部分的"细事"纠纷(区别于涉及严重罪行的"重案")。它们展示了首先是(笔者称作)"(中央)集权的(社区)简约治理"的司法(和治理)模式,尽可能使"正式"官府的负担最小化,让民间广泛存在的"非正式"调解组织来处理"细事"纠纷。(黄宗智,2001)

在那样的正式与非正式体系结合的框架下,更形成了一个可以明确鉴别的,由正式的政府衙门和非正式的民间调解组织互动结合来共同处理纠纷的(笔者称作)"第三领域"。即,如果村庄自身的初步调解失败,当事人之一去投诉衙门,由于事情闹大了,村庄的调解人士会重新启动或更积极地试图调解。在一方投诉衙门之后,当事人会陆续获知(或通过衙门榜示,或通过衙役知会,或通过其他方式)官府(多是县令的刑名幕友所做的)对诉状和辩词等的初步批示,如质疑其所陈"是否属实",或饬令衙役、乡保"查情",或因证据不足而认为"碍难准理",或干脆批示"不准"等。同时,社区调解人士会加劲调解(用今天的话语来说,"做双方的工作");在大部分的案例中,会促使双方达成共识或妥协。部分案件的当事人会就此具呈禀明官府撤诉,衙门会例行地批准。如果当事人没有正式具呈撤诉,官方一般也会简单终止调查办案。在笔者研究的 628 起来自巴县、宝坻和台湾地区淡水—新竹三个县级档案的案例中,有不止三分之一的案件是这样解决的。(黄宗智,2001:第 5 章,附录表 A.3)

今天,这种非正式和半正式传统纠纷处理机制仍然健在,同样起到重大作用。以具有完整现成数据的 2005 年—2009 年为例,在全国每年平均 2500 万起有记录的纠纷之中,有足足 2000 万起是通过非正式和半正式的调解渠道来处理的。其中,1075万起(即所有纠纷中的43%)成功地就此调解结案。(黄宗智,2016a:表1)

以上总结的多元合一纠纷处理制度乃是"中华法系"的一大"特色",与西方近几十年为节省昂贵的必分对错和胜负的法庭费用而兴起的"非诉讼纠纷解决"制度十分不同。后者的司法整体是一个几乎完全依赖单一维的法庭审判体系。对于非正式的解纷处理,则非常明确地将其与诉讼划分开来,非此即彼,不允许跨越或兼用两者。因此,调解一般只能占到所有纠纷解决方式中的几个百分比(一般不超过2%—4%),与"中华法系"的国家(包括受到其深层影响的日本和韩国)十分不同。笔者将中国这样的治理方式称作"(中央)集权的(基层)简约治理"的体系。以上这些细节都已在笔者关于清代以来的中国正义体系的四卷本中详细论证。(黄宗智,2014;黄宗智,2020)

改革以来,中国大规模采纳西方现代法律的表达,包括个人权利和必分对错的法理,但在实践和实际运作中,则常常明显地背离其法律条文中的表达,按照中国长期以来已有的惯习来处理一系列的西方表达和中国实际情况之间的不同,常常有意无意地在实践之中,结合或综合两者,时有遵从西方表达的司法实践,但也常有调和或混淆西方理论和表达来适用于中国实际需要的实践,更有中国自身发明的表达和法理。

笔者已经详细指出多宗这样的实例。譬如,在离婚法的条文中,突出了西方没有的"感情是否破裂"法理,它和西方建构、实施的单一方过错原则的主观建构十分不同,也和西方在1960年到1980年间由于众多长期争执的离婚案件的高昂费用而放弃了那样的过错建构,决定在离婚法中不再考虑过错问题(这是"无过错离婚"[no fault divorce]的实际含义,不是说离婚案件中不涉及过错)的剧变十分不同。(黄宗智,2014,第3卷:104—111;第5章)

又譬如,在家庭男女财产继承中,虽然采纳了西方的男女平等继承原则,但在司法实践中,却依然考虑到源自"中国特色"的"孝"的道德理念——子女须赡养父母亲的准则,以是否尽了赡养父母责任为准来决定子女多得或少得。(黄宗智,2014,第3卷:149—154)

再譬如,在侵权行为赔偿条文中,虽然在表达层面上采纳了西方法理中的过错原则(没有过错便谈不上赔偿),但在实施过程中,则较广泛采用,即便没有过错,也可以要求当事人适当承担赔偿受害者部分损失的社会责任。在这方面,它和德国的"另类""公平正义"理论有一定的交搭,但其间的差别是,后者由于不符合有过错才谈得上赔偿的基本法理和逻辑,一直没有被纳入德国的民法典。这就再次说明,西方面对互动的双元,会几乎没有例外地将其视作二元对立体而选定其中之一。中国则不同,虽然在诸如上述的方方面面,似乎已经采纳了西方的主观表达,但在司法实践中仍然展示了众多与那样的表达不相符的基于中国实际情况的实用考量。(黄宗智,2014,第3卷:140—149)

我们也许可以将中国目前的整体正义体系称作一种虽然采纳了西方的形式化表达,但一定程度上仍然采用中国惯习的司法实践的体系,两者合而为一。也就是说,我们不可简单地从其主观建构或话语表达来认识其实际运作。中国的法律体系虽然似乎已经完全采纳了西方法律的基本法理,并讲究引进的逻辑上的整合性和演绎逻辑性,包括其必分对错的基本逻辑进路,以及讲究个人"权利"等的原则,但是在实践/实际运作层面上,仍然对其进行了一定程度的中国化转释。仅看其表达层面的条文,中国似乎已经全盘西化,即既与主张全盘西化的人士的要求和企望相符,也与本土资源者对其的批评和拒绝相符,但在实际运作(司法实践)层面上仍然保留了一定程度的中国"特色"。我们也可以说,在主观的理论、话语和表达层面上,中国法律条文似乎已经完全西化,不再具有中国主体性,但在实践(实际运作)层面上,中国的司法则常常带有中国特色,间或一仍其旧,间或创新。

如上的简单示例说明,在司法实践层面上,中国明显保留了其正义体系中的主体性,包括援用一系列"中华法系"的传统和特色,并且还展示了一定程度的创新。譬如,在离婚法方面,采纳了新型的,具有中国"特色"的、不论对错的夫妻是否确已"感情破裂"的法理准则来决定是否允许单方请求的离婚。(固然,如今在法庭的司法实施的层面上,一定程度上已经越来越简化为拒绝第一次的夫妻单一方申请,但例行地允许第二次离婚申请的司法实践。)

尤其是在非正式和半正式的纠纷调解运作层面上,如上文所述,仍然高度维持了其长期以来的传统。笔者据此认为,正是在司法实践层面上,中国的正义体系承继了自身传统和革命过程中所形成的一定的主体性,并没有像法律条文表现的那样全盘接纳引进的西方法律和法理。未来很可能将会更多地、更深层地展示中国独特的主体性。并且,不仅在司法实践中如此,在法律条文表达层面上也可能如此。

笔者进一步提出,正是在那样的磨合中西方两者的实际运作中,我们才能看到中国真正具有长久生命力的司法实践。不同于表达层面,它不简单试图全盘移植西方法律条文和法理。虽然,(起码目前)仍然以一种"与国际接轨"的态度来处理法律的正式条文,但长远来看,真正具有生命力的不是那样表面的模仿和"现代化"或"西化",而是实践之中正在逐步形成的一种带有更多、更明确的中国主体性抉择的法律体系的构建。虽然,目前大多仍只可见于实践/实际运作中,但从更长远的眼光来看,正是这些方面的超越简单引进的适用,才是具有真正长期生命力的抉择,才真正展示了中国未来的法律体系和(广义的)正义体系的走向。它将会包括援用传统的非正式民间调解,采用半正式的民间与国家法律互动的第三领域调解,更包括上述的灵活适应实际需要的各种各样的司法实践。也就是说,一旦国家和全社会达到对这样的司法实践的正当性具有充分信心的地步,中国将会逐步形成更有自信的,结合与超越中西的新型中华法系,不仅在司法实践层面上如此,在法理和表达层面上也会如此。

六、中国正义体系中的实践与布迪厄实践理论的异同

笔者从诉讼档案和实地调查资料中得出的关于中国的民事正义体系中的实践的认识,和布迪厄理论无疑是带有一定亲和性的,虽然也有一定的不同。其亲和性在实践的关键性:它展示的是,中国正义体系最实在的方面是其实践/实际运作,不像表达层面那样常常仅是不符合实际运作地引进理论、理念。20世纪以来,在表达层面上,中国的正义体系展示了三轮几乎是全盘的改革和反复:先

是民国时期对西方民事法律的近乎完全的移植(虽然,也有例外,譬如在"典"相关的法律条文上,基本保留了《大清律例》的法理[黄宗智,2014,第 2 卷]),而后是革命时期和中华人民共和国前期对其的几乎完全拒绝,再是改革时期对其的再次全盘引进和模仿。但是,从实践层面上看来,中国的正义体系其实一直都保留着一定程度的持续不变的中国主体性和特色。这样的实际运作中的正义体系和布迪厄实践理论当然是亲和的。主观的理论建构只能说明其表达层面,不能反映其实际运作。后者实际上乃是源自主观建构和实际情况之间的互动结合,是超越主客观分歧的范畴。无论是中国正义体系中的实践还是布迪厄理论中的实践都如此。

据此实例,我们可以进一步说,两者都指向采纳实践进路的社会科学研究,因为它们都比目前的主观和客观任何一方更能精准地展示实际运作。无论是中国正义体系的实践还是布迪厄的"习性"或"象征资本"都如此——它们超越了非此即彼的仅凭主观或仅凭客观的研究进路,而聚焦于来自两者互动结合的实践和实际运作。

固然,笔者以上论述和采用的"实践"概念和布迪厄的也具有一定程度的深层不同和分歧。首先,布迪厄并没有进一步对实际运作和其话语表达之间的分歧做出论析。笔者从关乎实际运作的司法档案和基层运作材料中发现的则是,在实际运作的层面上,道德化的司法条文与实用性的司法实践的背离合一至为关键,乃是布迪厄所完全没有考虑和讨论的问题。中国实践中的广义正义体系的特点甚至可以总结为,"说的是一回事,做的是一回事,合起来则又是另一回事"。这是布迪厄实践理论没有涵盖的维度,更不用说借此来阐明实践和表达间的张力和互动所形成的长时段的历史趋势。

更有进者,我们一旦掌握了正义体系背后的实践逻辑,也就能够洞察中国如今的小农经济背后的实践逻辑。在过去几十年中,人们多依据西方现代的理论和表达中所展示的从小农户家庭为主的农业经济体向规模化、机械化农业转型的模式,错误地以为那也是中国农业现代化所必经的道路,因此,长期忽视中国的不同实际——在沉重的人口对土地的压力下,小农经济必将长期延续的实际。在那样的"基本国情"下,中国农业的现代化出路其实不在不可能的全盘(西化)规模化,而在小农经济本身。但是,长期以来国家政策一直都偏重规模化农业,实际上是完全采纳和模仿了西方的主观理论建构,忽视了中国自身的客观实际,以及其小农经济在实践/实际运作中所展示的中国式农业现代化道路。尤其是,笔者称作"劳动与资本双密集化"的新型高附加值小农经济,即主要是小规模的1、3、5亩地的拱棚蔬果,几亩地的果园,一二十亩地的肉禽鱼蛋奶的生产,在实际运作中,到2010年已经占到农业总产值的三分之二和总耕地面积的三分之一。那是伴随着中国人的食物消费比例,从之前粮食、蔬菜、肉食的8∶1∶1转化为香港及台湾地区早已展示的4∶3∶3。正是新的市场需求推动了实践之中的中国式农业现代化革命。(黄宗智,2014b,第3卷;2016b)2018年以来,国家的《乡村振兴战略规划》终于认识到并纳入了这样的小农经济实践中所展示的(笔者称作)"新农业革命",并将理论和话语表达改得更贴近中国的实际与实践。

七、瞿同祖、韦伯、布迪厄

根据实践历史和实践社会科学的视角,我们需要连带说明,在中国传统的法律历史之中,长期以来其实一直展示了一定程度的历时演变,并不像有的研究者所认为的长久不变。这里,我们可以以瞿同祖的《中国法律与中国社会》(Ch'ü,1961)原作为例:其第1版原作所采用的关于帝国时期的中国法律论析的主要理论框架乃是取自韦伯(Max Weber)所建构的理想类型中的以"身份"(status)、"等级"和"差异"为主的"前现代"法律体系。不言而喻的是,一如韦伯所提出的,其与现代性的以目的合同(purposive contracts)为主的法律体系乃是截然不同的。(Ch'ü,1961:133,尤见第280—281页的结论,仅1页多;Weber,1978[1968]:Chap.Ⅷ,ii,666—752)但是,该书第1版出版后,瞿同祖在经过本领域专家们反映和他自己的进一步反思之后,在第2版添加了新的长达10页的结论(Ch'ü,1965:280—289)。主要添加的是,说明中国明清时期,尤其是雍正时期的法律所经历的变动——废除了乐户、丐户、堕民、疍民等社会下层"贱民"身份标签("雇工人"亦如此[黄宗智,1992:第5章]),用来说明中华法系在帝国时期已经展示了重要的变化,即越来越以平民,而不是不同身份为其主要对象。

根据清代的诉讼档案,尤其是18、19世纪的诉讼案件档案,我们可以清楚地看到,当时的诉讼主体几乎全是一般平民,罕见具有上层身份地位的有功名或爵位者。也就是说,在司法体系的实践中,其主要主体已经变成类似于韦伯构建的现代平民,社会已经不再像帝国早期的汉代（及以前）那样以"身份"为主导性组织原则。白凯（Kathryn Bernhardt）曾经撰文说明，我们可以将那样的演变认识为"中国法律体系的农民化"（peasantization of the law）。（Bernhardt,1996）

虽然如此，但瞿同祖在新的、扩大了的结论中，仍然强调、重申，儒家的"礼"和身份等级上下之分，包括官民、长幼和男女之分，基本一仍其旧。而且，法律较少关注"民法"维度，仍然集中于"刑法"和身份。直到后来西方法律进入中国，才会看到逐步、缓慢的本质性变化。（Ch'ü,1965:280—289）

瞿同祖争论的要点固然是对的，但是，正如白凯后来进一步论证的，虽然中国法律长期以来带有一定的延续性，但我们也可以在明清时期看到一系列的变化，即便在妇女身份层面上也如此。白凯特别突出妇女产权方面的一些关键变化。其中一个重要实例是，原有法律规定，在丈夫没有儿子的情况下，必须按序"先尽同父周亲，次及大功、小功、缌麻，如俱无，方许择立远房及同姓为嗣"，孀妇无权过问。到1500年，为了照顾到孀妇的处境，相应实用需要，才对此做出了调整：孀妇如果不能与嗣子相处，则可以"择立贤能及其所亲爱者"为嗣，是为"爱继"，区别于之前的"应继"。到清代乾隆时期，法律更允许孀妇一开始便选定"爱继"为嗣。（Bernhardt,1999:64,68—72）

又譬如，笔者论证，18世纪后期和19世纪初期，长时段的人口增长导致日益紧张的人地关系和社会危机，贫苦人家出卖妻子来维持生计也日益频繁。1818年，刑部率先表态，不再把丈夫因贫穷所迫而出卖妻子视作违反"买休卖休"律的"犯奸"行为而加以惩罚。1828年,刑部做出了更明白的解释:在"赤贫待毙"的穷人中,如果妻子为了生存也自愿被卖予别人为妻,法律不该将其视作犯奸行为而加以惩罚。(黄宗智,2016:8)正是在那样的"仁"道德理念加上实用性考量之下,法律适应实际情况的演变而做出了调整。

这里再次展示了中华法系在其原来的以身份和"礼"为主的框架之上,在帝国后期已经完全演变为深层的"实用道德主义"基本框架和思维。此中,包括国家人口,尤其是农民所占比例的扩增,促使法律体系日益"农民化",包括废除之前的"贱民"身份中的多种范畴。再则是法律伴随实用性的考量而演变,如孀妇处境,及赤贫夫妻处境的实用需要而进行司法实践的修改。这里,我们更毋庸指出,人们已经比较广泛知道的,在农民社会中所兴起的各种各样的土地的租、典和买卖的(目的)合同关系——它们大多被法律认可(田面权除外)(黄宗智,1986:尤见第5、12章;黄宗智,1992:尤见第6章)。我们可以说,帝国后期的中华法系已经不再是简单的完全以儒家"礼"中的以身份体系为主的体系,不再是韦伯提出的简单前现代"身份"社会和"卡迪司法"类型。它已经逐步迈向更深层的兼顾道德理念和实用的"实用道德主义"。正是那样深一层的法律体系特色,将会主导后来在面对西方的挑战之后的中国反应和司法实践。

这就更加明确说明,像韦伯那样将西方和非西方简单划分为现代西方的"形式理性"(formal rational)和非现代西方的"实质非理性"(substantive irrational)两大主要类型乃是不符合历史实际的。从那样的角度来考虑,布迪厄所清楚区别和超越的主客观二元划分,以及意图超越那样二元对立的两者的"实践理论"及其研究进路，对韦伯体系的理论来说，乃是具有颠覆性和超越性含义的贡献。正是将其进一步扩延到对西方与中国（和非西方）不同的论析中，才会让我们看到中国在现代化过程中的司法实践所展示的与西方现代道路的不同，包括其主体性。借此，我们才可能真正完全超越（一如后现代主义者所指出的）韦伯原来不可避免地带有的"西方中心主义"和"（西方）现代主义"的偏见和不足。

也就是说，正是在布迪厄的实践理论的基础之上，我们才能看到非西方与西方之间的真正不同，看到非西方在现代化过程中的非西方主体性和特殊性，跳出西方中心主义中的将主观理论客观化的牢笼。也就是说，经过拓宽了的实践理论研究进路，超越了布迪厄的单一文化体视野，我们才能认识到并超越西方的西方中心主义和现代主义，认识到非西方文明的主体性和特殊性，当然也是与西方不同的"现代性"。那样，才能逼近非西方真实的传统和其不同于西方的现代性。

在学界对韦伯的认识和理解中，有的学者没有认识到韦伯思想中既有其作为理论家和"理想类型"（ideal-type）构建者的一面，也有其作为历史学家的另一面。正如笔者在《清代的法律、社会与文化：民法的表达与实践》（特别是结论章）（黄宗智，2001）中，开宗明义地说明，作为历史学家的他，使用的概括框架实际上是由理性与非理性、形式与实质两双对立类型交叉形成的四大类型，即形式非理性、实质非理性、实质理性和形式理性。他认为，第一类型可见于历史早期的形式非理性制度，譬如，依赖神谕来解决纠纷；第二类型，实质非理性，主要是完全处于统治者意愿下的制度；第三类型，实质理性，可见于后来的诸如自然法、社会主义法，一定程度上乃至英美普通法——它们依赖的是法外的统治者意愿,或道德理念,或民众惯习,或社会主义价值观等;第四类型,形式理性,则是现代西方的独立的、专业化的和逻辑化的形式理性法理。这里,我们要注意到,韦伯的"形式理性"理想类型是一个比较狭窄的类型,它排除的不仅是君主的专断权力,还包括崇高的道德理念、社会公正、民众惯习和利益。

韦伯的"实质理性"类型概括是笔者长期以来一直比较看好的,与实质主义理论传统比较近似的一条思路,类似于恰亚诺夫的小农经济理论、美国的实用主义传统(如美国法学界的霍姆斯[Oliver Wendell Holmes]和哲学界的皮尔士[Charles Pierce]),和布迪厄的"实践理论"。实质、实用、实践的"三实"理论其实乃一脉相通,都应该划归"实质理性"。因此,在拙作中,笔者最终从那里出发来概括、阐明中国正义体系的基本性质。不过,一如笔者在新作《黄宗智对话周黎安:实践社会科学》(黄宗智、周黎安,待刊:第1章)中详细说明的,"三实"理论都比较欠缺明确的前瞻性。正因如此,笔者最终采用的关于中国正义体系的特色的缩写并不简单是实质理性,而是"实用道德主义"。"实用"所表达的意思不言自明,"道德主义"则说明"三实"主义都比较欠缺前瞻性。正是"道德主义"的维度说明其乃一个崇高道德理念与实质/实用/实践主义的二元结合体。(黄宗智,2001:179—184;黄宗智、周黎安,待刊:第1章)

韦伯本人则并没有将那样的归纳充分展开,而且,没有将那样的认识纳入自己对全球法律类型的最终二元对立划分。作为普适理论建构者的他,最终主要突出的仅是高度简化了的两大主要类型,即实质非理性与形式理性,将现代西方等同于形式理性,将传统非西方全简单划归实质非理性,即他之所谓"卡迪"法。这正是他被后现代主义者视作一位"西方中心主义"和"现代主义"理论家的原因。我们可以说,正是他的"西方中心主义"和"现代主义"促使他在概括中华法系时,对自己初步论析了的第三类型"实质理性"范畴基本无视,最终完全依赖简单化了的形式理性与实质非理性的二元对立来区分西方与所有历史上非西方的主要法律传统。这也是笔者为何在《清代的法律、社会与文化:民法的表达与实践》(黄宗智,2001)一书中从他的"实质理性"范畴出发,来论证中国的正义体系(及"中华法系")乃是一个结合"实质理性"和前瞻性的儒家"仁治"道德理念的"实用道德主义"体系。

韦伯的思维既有其深奥全面的一面,也有其简单化了的西方中心主义和现代主义的一面。忽视其中任何一面,都不能真正认识到这位非常复杂的历史社会理论家思想的整体。正是其思想体系中所包含的理论与历史双元,既矛盾又整合,给予了他的理论思想更顽强的生命力,远超过那些一维的完全整合了的"现代理性"思想和理论家,如古典和新古典自由主义的亚当·斯密(Adam Smith)、舒尔茨(Theodore W. Schultz)、诺斯(Douglass C. North)、科斯(Ronald H. Coase)等类型的纯粹"形式理性"经济理论家,或美国的"古典正统"主要代表人兰德尔(Christopher Langdell)那样的形式理性法理学家。他们仅能看到"纯"理性和单一的演绎逻辑的一面,以及逻辑上完全单一整合的理论,不像韦伯具有复杂得多的多面多元性。虽然,韦伯最终仍然没能突破其自身的"形式理性"和"西方现代中心主义",而将其所简略提到的"实质理性"范畴应用于其他主要的非西方文明,但也正因如此,他最终主要是一位建构比较狭窄的抽象理想类型的理论家,特别看好形式化逻辑和理论思维,而不是主要忠于历史经验的历史学家,当然也不是看好(中国今天的治理理念中的)"最广大人民的根本利益"的人士。不然的话,我们也就谈不上布迪厄实践理论对他的颠覆性,或中国的"实用道德主义"的特殊性了。

八、结语

现代西方的二元对立主流形式主义理论思维和中国基于生物世界观中主、客观二元互动合一的思维十分不同。在当今的世界中,牛顿力学和欧几里得几何学模型的演绎逻辑仍然称霸于社会科学界,这是因为人们大多还没有真正认识到科学界之后的复杂得多的思维,包括电磁学中的二元互动合一原理,也没有认识到无机世界之外的有机生命世界中的基本原理,更没有认识到其中真正前沿的二元与多元互动结合的思维。反倒是中国传统中的多元互动合一的有机世界观更能与20世纪以来的一系列(相对牛顿机械观而言的)对之前的科学的颠覆性思路"接轨"。

而且,不仅在法学领域中如此,在经济学领域也如此。笔者和周黎安教授已经通过历时四年的持久对话来说明,中国经济的实践模式与西方是多么不同。此中包括国家与社会经济互动合一而不是二元对立的"第三领域",国企与私企接近平分天下的"社会主义市场经济",政商之间的二元合一,更包括中央与地方惯常使用的"发包"与"承包",以及政府治理实践中广泛使用的官场内部的既涉及非正规"关系"也涉及正规制度与法律合同的"内包",与政府和民间社会之间类似的"外包"实践。(黄宗智、周黎安,待刊)

那样的实际运作展示的正是中国长期以来的二元互动而非对立的基本思维方式,以及中国治理实践中的主体性与创新。今天,它们已经成为体现中外文化体系互动结合中的中国的"特色"要点。它们指向的是,中国与西方不同的主体性和中国特色的国家与社会二元结合模式,以及中国如今和未来的迥异于西方,尤其是英美自由主义模式和意识形态的思路。

笔者这几年来倡导基于实践中的二元互动和多元合一的科学观来创建新型的实践政治经济学,不再将简单二元对立的机械思维等同于"现代科学"。(黄宗智,2022a)在更广泛的各种社会科学(包括法学)中,则以结合主客观的"实践"为研究的主题和出发点,据此将其与互动合一及更为多元的宇宙观结合起来推进未来的社会科学研究,不再受缚于主、客观二元对立、非此即彼的简单宇宙观,不再将"科学"和"逻辑"简单等同于高度单一面化和简化了的,主要适用于机械世界的牛顿力学和欧几里得演绎逻辑观来认识。

此中的关键概念和进路在于从实践及其所展示的非西方文化的主体性出发来认识中国(及其他后发展国家)的历史演变,即笔者长期以来所谓的"实践社会科学",包括"新型的实践政治经济学"的研究进路和理论思维。这是一个与布迪厄的实践理论带有一定的关联和亲和性的,更是和中国如今已经开始展示的理论主体性密不可分的思路。它将会是中国超越中西方二元对立的主要方向和进路。

参考文献：

白凯（Kathryn Bernhardt, 2007）：《中国的妇女与财产（960—1949）》，上海：上海书店出版社。

黄宗智（2022a）：《从二元对立到二元合一：建立新型的实践政治经济学》，载《开放时代》第4期，第141—161页。

黄宗智（2022b）：《国家与社会的二元合一：中国历史回顾与前瞻》，桂林：广西师范大学出版社。

黄宗智（2020）：《中国的新型小农经济：实践与理论》，桂林：广西师范大学出版社。

黄宗智（2018）：《探寻扎根于（中国）实际的社会科学》，载《开放时代》第6期，第159—177页。

黄宗智（2016a）：《《中国古今的民、刑事正义体系——全球视野下的中华法系》，载《法学家》第1期，第1—27页。

黄宗智（2016b）：《中国的隐性农业革命（1980—2010）——一个历史和比较的视野》，载《开放时代》第2期，第11—35页。

黄宗智（2015）：《实践与理论：中国社会、经济与法律的历史与现实研究》，北京：法律出版社。

黄宗智（2014a）：《明清以来的乡村社会经济变迁：历史、理论与现实》。第1卷《华北的小农经济与社会变迁》；第2卷《长江三角洲的小农家庭与乡村发展》；第3卷《超越左右：从实践历史探寻中国农村发展出路》，北京：法律出版社。

黄宗智（2014b）：《清代以来民事法律的表达与实践：历史、理论与现实》。第1卷《清代的法律、社会与文化：民法的表达与实践》；第2卷《法典、习俗与司法实践：清代与民国的比较》；第3卷《过去和现在：中国民事法律实践的探索》，北京：法律出版社。

黄宗智（2009）：《过去和现在：中国民事法律实践的探索》，北京：法律出版社。

黄宗智(2007):《经验与理论:中国社会、经济与法律的实践历史研究》,北京:中国人民大学出版社。

黄宗智(2005):《近现代中国和中国研究中的文化双重性》,载《开放时代》第4期,第43—62页。

黄宗智(2003):《法典、习俗与司法实践:清代与民国的比较》,上海:上海书店出版社。

黄宗智(2001):《清代的法律、社会与文化:民法的表达与实践》,上海:上海书店出版社。

黄宗智(1992):《长江三角洲小农家庭与乡村发展》,北京:中华书局。

黄宗智(1986):《华北的小农经济与社会变迁》,北京:中华书局。

黄宗智、高原(2015):《社会科学和法学应该模仿自然科学吗?》,载《开放时代》第2期,第158—179页。

黄宗智、周黎安(待刊):《黄宗智对话周黎安:实践社会科学》,桂林:广西师范大学出版社。

薛允升(1970):《读例存疑》,黄静嘉编校,台北:成文出版社。

Bernhardt, Kathryn (1996). "A Ming-Qing Transition in Chinese Women's History?" in Gail Hershatter, et al. (eds.), *Remapping China: Fissures in Historical Terrain*. Stanford University Press, pp. 42—58.

Bernhardt, Kathryn (1999). *Women and Property in China, 960—1949*. Stanford University Press.

Bourdieu, Pierre (1990[1980]). *The Logic of Practice*, trans. by Richard Nice. Stanford University Press.

Bourdieu, Pierre (1977). *Outline of a Theory of Practice*, trans. by Richard Nice. Cambridge: Cambridge University Press.

Ch'ü, T'ung-tsu(瞿同祖,1965).*Law and Society in Traditional China.* Paris: Mouton and Co., 2nd(enlarged) edition.

Ch'ü, T'ung-tsu(瞿同祖,1961).*Law and Society in Traditional China.* Paris: Mouton and Co., 1st edition.

Goodman, Jane E. & Paul A. Silverstein(2009).*Bourdieu in Algeria: Colonial Politics, Ethnographic Practices, Theoretical Developments.* Lincoln: University of Nebraska Press.

Weber, Max(1978[1968]).*Economy and Society: An Outline of Interpretive Sociology*, Vol. 2: Economy and Law (Sociology of Law), edited by Guenther Roth & Claus Wittich. Berkeley & Los Angeles: University of California Press.